현대 영문법의 이해

영어 문장의 생성 원리

Understanding Modern English Grammar

현대 영문법의 이해

영어 문장의 생성 원리

Understanding Modern English Grammar

박 병 수 지음

한국문화사

현대 영문법의 이해: 영어 문장의 생성 원리
Understanding Modern English Grammar

1판1쇄 발행 2014년 10월 30일
1판2쇄 발행 2015년 4월 10일

지은이 박 병 수
펴낸이 김 진 수
펴낸곳 **한국문화사**
등 록 1991년 11월 9일 제2-1276호
주 소 서울특별시 성동구 광나루로 130 서울숲IT캐슬 1310호
전 화 (02)464-7708 / 3409-4488
전 송 (02)499-0846
이메일 hkm7708@hanmail.net
홈페이지 www.hankookmunhwasa.co.kr

ISBN 978-89-6817-178-9   93740

이 도서의 국립중앙도서관 출판시도서목록(CIP)은 e-CIP 홈페이지
(http://www.nl.go.kr/cip.php)에서 이용하실 수 있습니다.
(CIP제어번호: CIP2014030039)

이 책이 제시하는 <**현대 영문법**(modern English grammar)>은 우리가 살고 있는 이 시대에 통용될 수 있는 21세기의 영문법이다. 21세기의 영어가 20세기의 영어와 다를 바 없고 19세기의 영어와도 크게 다를 바 없지만 영어를 보는 눈과 영문법을 설명하는 방식은 크게 다르고 새로워졌다. <현대 영문법>은 영어 문장구조의 생성 원리가 무엇이며 영어 문장은 무엇으로 어떻게 이루어져 있는가를 밝히는 문법이다. 이러한 <현대 영문법>을 우리나라의 일반 독자에게 소개하고 우리의 영어 학습자, 특히 중급 이상 고급영어 학습자의 영어사용능력을 향상시키는 데 도움이 되도록 하기 위해 이 책을 썼다.

우리나라에서 지금껏 통용되어온 영문법은 **전통 학교 영문법**(traditional school grammar)에 속한다. 그런데 대체로 19세기말 20세기 초 유럽에서 정립되어 주로 일본을 통해 들어온 전통 문법은 20세기 중반 이후 약 반 세기에 걸쳐 발전해온 현대 언어학의 혁혁한 성과를 반영하지 못하고 있다. 때문에 오늘의 시대에 걸맞고 이론적으로 건전하며 실제 영어 학습에 활용할 수 있는 영문법 체계를 개발하는 것은 우리나라의 영어학과 영어교육의 발전을 위해 시급한 과제다.

<현대 영문법>은 1950년대 중반 미국 언어학계에서 대두하여 유럽은 물론 한국, 일본, 중국 등 세계 전역으로 확산된 **생성문법**(生成文法 generative grammar)에 이론적 근거를 둔다. 그리고 <현대 영문법>은 현대의 **논리학**과 **의미론**의 연구성과를 적극적으로 수용하고 필요할 때마다 **의미**와 **문맥**을 충분히 활용한다.[1] 그렇다고

---

[1] 논리적 실증주의의 시대였던 20세기 초반까지만 해도 의미나 문맥에 바탕을 둔 문법 설명은 주관적이고 비과학적이라고 하여 배척되기까지 했지만, 그것은 의미의 문제에 과학적으로 접근하는 "의미론(semantics)"과 문맥과 담화(discourse)를 배경으로 언어의 사용을 연구하는 "화용론(話用論 pragmatics)"이 발달하지 않았던 때의 이야기였다.

"의미론"은 언어연구의 한 전문분야로서 언어표현의 의미가 연구대상이다. 의미론은 단어, 구, 문장이 어떻게 의미를 나타내는가, 어떻게 단어의 의미들이 결합하여 구의 의미가 되고 어떻게 구의 의미들이 결합하여 문장의 의미를 구성하는가를 밝히려고 한다.

"화용론"은 언어학의 또 다른 한 분야로서 언어행위에 참여하는 화자와 청자 그리고 그들이 처해 있는 대화의 상황을 변수로 의사소통의 원리를 연구한다.

의미론과 화용론에 앞서 언어의 발음과 청음을 연구대상으로 하는 "음운론(phonology)"

해서 이 책을 읽기 위해 생성문법이나 현대 언어학에 대한 사전 지식이 꼭 필요한 것은 아니다. 기초적인 학교문법 지식만 있으면 누구라도 이 책을 읽고 공부할 수 있도록 하였다. 이 책은 생성문법의 입문서나 해설서가 아니고, 영어 학습에 실질적인 도움이 되도록 디자인된 실용적인 고급 영문법 책이다.

이 책은 다음과 같이 구성된다. 아울러 이 책이 다룰 문제들의 견본을 대강 제시해 둔다.

제1장은 <현대 영문법>의 이론적 기초가 되는 생성문법의 기본적인 개념과 용어들을 소개하고 생성문법 이론의 정신과 목표가 무엇인지를 밝힌다. 그리고 이것이 영어 문장의 생성원리를 밝히는 데 어떻게 공헌하는지를 보여줄 것이다.

제2장에서는 동사 42유형을 수립하고 각 유형의 용법과 의미를 밝힌다. 이를 바탕으로 다음과 같은 문제에 접근한다. "I feel hungry."와 "The metal surface feels cold."와 "The bottom feels like downy flakes."에서 *feel*은 다 같은 동사인가? "There seems (to be) a magic in the very name of Christmas."에서는 to be를 생략해도 되는데 "There seems to be a bug in the program."에서 to be를 생략하면 안 되는 이유가 무엇인가? "She enjoyed playing tennis."는 말이 되고 ~~*She enjoyed to play tennis.~~는 왜 말이 안 되는가? "He persuaded the local people that they should stop the demonstration."은 정문(正文 grammatical sentence)인데 ~~*He expected the local people that they should stop the demonstration.~~은 왜 비문(非文 ungrammatical sentence)인가?[2]

제3장은 전치사의 의미를 바탕으로 동사와 전치사가 결합하여 새로운 유형의 동사를 형성하는 과정을 다룬다. arrived at Seoul은 틀렸고 arrived in Seoul만 맞는가? 둘 다 맞는가? on September 11, 2001처럼 날짜에는 on을 쓰고 in September처럼 달에는 in을 쓰는 이유가 무엇인가? show up(나타나다)과 speed up(속도를 내다)의 'up'에 무슨 공통점이 있는가? "What are you looking for?"라고 해도 되고

이 있고 문장의 구조를 연구대상으로 하는 "통사론(syntax)"이 있다. 여기에 아득한 과거에서 오늘날까지 언어가 진화해온 과정을 연구하는 "역사언어학(historical linguistics)"을 합하면 정통 언어학의 핵심 영역을 이룬다. 영문법 연구는 통사론의 영역에 포함된다. 오늘날 생성문법의 엄격한 이론적 바탕 위에서 의미론과 화용론은 물론 언어학 전 분야의 연구결과를 활용함으로써 과거에 꿈꾸지 못했던 새로운 영문법 연구가 가능하게 되었다.

[2] 정문과 비문에 대해서는 다음 <일러두기> 참조.

"For what are you looking?"라고 해도 되는데, 왜 "Which rabbit are you looking after?"는 되고 *After which rabbit are you looking?은 왜 비문인가? "Think new. Think creative."같은 표현은 어떻게 가능한가?

제4장은 형용사의 유형을 다룬다. Mary is hard for us to beat.는 자연스러운데 *John is willing for us to please the boss.는 왜 말이 안 되는가? "It's such nice weather."는 정문이고 *It's so nice weather.는 비문인 이유가 무엇인가? "He *left* the room upset."은 "Upset, he left the room."으로 어순을 바꾸어 말해도 되는데 "He *pushed* the door open."은 "*Open, he pushed the door.로 바꿀 수 없는 이유가 무엇인가?

제5장에서는 가산명사와 불가산명사의 근본적인 차이가 무엇인지를 밝힌다. *They bought a furniture.... *We need an equipment.... 등에서 왜 furniture나 equipment는 셀 수 없는 명사인가? fruit는 a lot of fruit, a lot of fruits 둘 다 가능한데 vegetable은 왜 a lot of vegetables만 가능한가? groceries와 grocery의 차이가 무엇이며 10 pieces of groceries에는 무슨 문제가 있나? 10 grocery items가 맞나? 10 groceries items가 맞나? 아니면 둘 다 맞나? departure time, departures times, departure times, departures time 중 어느 것이 맞는가? Two coffees please.에서처럼 coffee가 복수가 되는 것은 왜 가능한가? difficulty와 difficulties는 어떻게 다른가? injustice와 injustices의 차이가 무엇인가? I got a headache.처럼 headache에는 부정관사가 붙고, I got flu.처럼 flu는 무관사인 이유가 무엇인가?

제6장에서는 관사 용법의 원리를 제시하고 정관사, 부정관사, 그리고 무관사 명사구의 의미와 용법을 밝힌다. 대화에 처음 등장한 사물을 가리킬 때 정관사를 쓸 수 있는가? 대화의 시작으로 "The book that I ordered yesterday has just arrived."를 말하는 문맥과 "A book that I ordered yesterday has just arrived."를 말하는 문맥은 어떻게 다른가? "She didn't want to become a traitor." "He turned traitor."처럼 traitor에는 왜 관사가 붙기도 하고 안 붙기도 하는가? The Straight of Dover, the Gulf of Mexico, the Alps, the Mississippi River 등 고유명칭에는 관사가 붙고 Lake Victoria, Central Park, Waikiki Beach 등에는 관사가 붙지 않는 이유가 무엇인가?

이 문제들은 영어문장의 생성원리를 설명하는 데 핵심적인 영역일 뿐만 아니라 우리 한국의 영어학습자가 특히 어렵게 느끼는 부분들이기도 하다.

이런 문제들에 대하여 이 책은 **명시적인 설명**을 제시하려고 한다. 명시적인 설명이란 문제를 명백히 하고 그 문제의 해결책을 확정적으로 제시하는 것을 말한다. 어떤 현상이 왜 이렇게 되는지, 왜 그렇게 안 되는지에 대하여 구체적인 설명을 제시해야 한다. 해답의 윤곽을 보여주는 데 그친다든가, 문제 해결의 방향만 암시하고 넘어간다든가, 문제가 풀렸는지 미결의 문제로 남았는지 분간할 수 없는 상태에서 논의를 끝내는 것은 명시적인 설명이 아니다.

<현대 영문법>이 20세기의 생성문법에 이론적 기반을 두는 새로운 영문법이라고 해서 갑자기 하늘에서 떨어졌거나 땅에서 솟아난 것은 아니다. 역사적으로 볼 때 생성문법도 전통문법의 오랜 전통을 계승 발전시켜 온 유구한 인문학적 노력의 결과이다. <현대 영문법>이라고 해서 전통적인 영문법의 연구 성과를 경시하거나 무시하는 일은 없으며, 다만 영문법의 문제를 새로운 시각에서 바라보고 새로운 해결책을 제공함으로써 보다 나은 설명력을 지닌 영문법을 가지고 독자에게 다가가려고 노력할 뿐이다.

영문법을 올바로 이해하면 영어를 잘 배우는 소중한 도구가 된다. 이 책은 영문법의 진수를 이해할 수 있게 해 줄 것이며 그것은 심화 발전된 영어사용능력의 초석이 될 것이다. 영어 전문가들은 더욱 넓은 시각과 깊은 통찰력으로 영어의 숲을 보고 영어의 나무를 관찰하는 기회를 가지게 될 것이다. 그리고 생성문법이 무엇인지 궁금한 독자들에게는 그 궁금증을 풀어줄 것이다. 필자는 이 책이 중급 이상 고급 영어 학습자와 영어 교육 전문가에게 유익하고 흥미 있는 읽을거리가 되고 나아가 우리나라의 영문법 연구와 영어교육의 발전에 작은 보탬이 되기를 희망한다.

저자 박 병 수

byspark2002@empas.com

|감사의 말씀|

필자가 이 책을 쓰게 된 동기는 우리나라 영어학의 선구자이셨던 고 趙成植 선생님의 격려의 말씀에서 비롯되었다. 필자의 게으름과 부족함 때문에 책을 제 때에 마치지 못하여 선생님께 보여드리지 못하게 된 것이 너무나 죄송스럽다.

졸고를 처음부터 끝까지 읽고 비판해 준 임경섭 교수, 홍성룡 교수, 문승철 교수, 조세연 교수, 이한규 교수, 김종복 교수, 그리고 특히 문체의 문제를 일깨워준 이우경 박사에게 깊은 감사를 드린다. 지적해준 문제점들을 모두 수정보완하려고 최선을 다했으나 아직 부족하고 아쉬운 점들이 남아 있을 것이다. 앞으로 지속적으로 보완할 수 있기를 바란다. 어려운 여건 속에서도 우리나라의 인문학 분야의 출판에 일념으로 정진하시는 한국문화사의 김진수 사장과 편집진 여러분에게 심심한 감사를 드린다.

1. <현대 영문법>은 필자가 이 책에서 제시하는 필자 자신의 현대 영문법을 가리킬 때 사용한다. 각괄호 없이 현대 영문법이라고 쓰면 보통명사이고 <현대 영문법>은 고유명칭이다.

2. 책에 제시된 모든 예문들은 문법사항의 설명과 서로 연결되어 이 책 내용의 핵심을 이룬다. 예문 하나하나를 정독하고 그 의미를 음미하기를 권한다. 이에 도움이 되도록 모든 예문에 우리말 번역을 붙였는데, 이들은 단순히 번역에 그치는 것이 아니고 관련된 문법사항과 해당 어휘의 용법을 익히는 데 도움이 되는 유기적 장치다.[3]

3. 예문에 두 가지 괄호 ( )와 { / }를 사용한다. 소괄호 ( )는 생략할 수 있는 선택사항을 나타내고 "/"가 있는 중괄호 { }는 양자택일의 대안을 나타내는 데 사용한다. 예를 들면, "He agreed (very) reluctantly.(그는 (아주) 마지못해 동의했다.)"는 "very"가 선택사항이어서 있어도 되고 없어도 된다는 뜻이다. 결국 ( )는 "He agreed very reluctantly.(그는 아주 마지못해 동의했다.)"와 "He agreed reluctantly.(그는 마지못해 동의했다.)" 두 예문을 한꺼번에 제시할 수 있게 하는 기호이다. 그리고 "Their objections are {partially/totally} valid."에서처럼 중괄호 { }는 그 안의 두 요소 중 어느 것을 사용해도 좋다는 뜻이다. 그래서 이 예문은 "Their objections are partially valid."와 "Their objections are totally valid." 두 예문을 한꺼번에 제시한 것이다. 그러나 그것이 "Their objections are partially totally valid."를 대신하지는 않는다. 중괄호는 양자택일을 의미하지 양자를 다 선택하는 것을 의미하지 않는다. 그리고 그것은 둘 중 어느 것도 선택하지 않은 "Their objections are valid."를 의미하지도 않는다. { }는 선택사항 중 적어도 하나는 반드시 선택해야함을 의미한다.

4. 별표 *와 중간줄을 비문(非文)을 표시하는 데 사용한다. 가령 *He agree very

---

[3] 예문들은 일차적으로 인터넷 그리고 소설, 수필, 시 등 문학 작품, 일간신문, 방송 등에서 가져왔다. 어느 경우든 영어 모국어 사용자로부터 나온 정통적인 자료만을 사용하도록 했다.

~~reluctantly.~~는 비문이라는 뜻이다. 비문은 정문(正文)이 아닌 문장을 말한다. 정문은 "정형의 문장(well-formed sentence)" 또는 "문법적인 문장(grammatical sentence)"을 뜻하고, 비문(非文)은 "비정형의 문장(ill-formed sentence)" 또는 "비문법적인 문장(ungrammatical sentence)"을 일컫는 용어이다. 예를 들면, Bill works hard. You work harder.등은 정문이고 *~~Bill work hard.~~ *~~Your work harder.~~ *~~Hard works Bill.~~ 등은 비문이다. 주어진 단어들의 연결이 정문일 수도 있고 비문일 수도 있는데 그것이 정문인지 비문인지는 오로지 모국어 사용자가 판정한다. 문법학자나 언어학자가 판정할 일이 아니며 규정할 일은 더욱 아니다. 정문과 비문은 자연현상이다. 마치 해가 뜨고 달이지고 하늘에 별이 흐르는 것이 자연현상이고 그것은 천문학의 설명 대상이며 과학기술이 발달하면 국민경제가 향상되고 통화량이 증가하면 물가가 오르는 것은 자연현상이며 그것은 경제학의 설명 대상이듯이, 정문과 비문의 구별은 자연현상이며 그것은 생성문법의 설명 대상이다. 정문의 구조를 규명하는 것이 문법이지만 비문이 왜 비문이 되는지를 밝히는 것이 정문이 왜 정문이 되는지를 밝히는 데 큰 도움이 될 수 있다. 때문에 생성문법 연구에서는 비문을 논증의 자료로 자주 사용한다. (그러나 이 책에서는 결정적인 이점이 있다고 생각되는 경우를 제외하고는 비문을 자료로 사용하는 일을 자제한다.)

세 가지 기호를 모두 사용할 수도 있다. 즉, "He {agrees/*~~agree~~} (very) reluctantly."는 두 개의 정문 He agrees very reluctantly. He agrees reluctantly.와 두 개의 비문 *~~He agree very reluctantly.~~ *~~He agree reluctantly.~~ 등 모두 네 가지를 동시에 나타낸다.

5. want$_1$, want$_2$, want^{12}, want^{20}처럼 아래첨자와 위첨자를 단어에 붙일 수 있다. 아래첨자는 주어진 문맥에서 단순히 단어들의 용법과 의미를 서로 구별하기 위한 용도이고 위첨자는 동사의 유형을 나타내는 고유번호로 사용한다. 가령 He wanted^1 *this book.*과 He wanted^2 *to leave early.*에서 wanted$_1$과 wanted$_2$는 이 두 예문에서 용법이 서로 다르다는 것을 나타낼 뿐이다. 동사의 유형을 구별할 때는 He wanted^{18} this book.과 He wanted^4 to leave early.처럼 위첨자를 사용한다. V^4, V^{18}에 쓰인 위첨자 4나 18은 <현대 영문법> 동사 유형의 고유번호이다.

|차례|

제1장

〈현대 영문법〉의 이론적 기초
생성문법(Generative Grammar)이란 무엇인가

동사의 유형과 용법

제4장

형용사의 유형과 용법

제5장

명사의 성질과 유형: 가산성과 불가산성

관사의 용법

현대 영문법의 이해

영어 문장의 생성 원리

Understanding Modern English Grammar

제1장

<현대 영문법>의 이론적 기초

생성문법(Generative Grammar)이란 무엇인가

1.1 생성문법의 목표와 무의식적 언어능력 (Unconscious Linguistic Competence)

〈현대 영문법〉의 이론적 기초는 **생성문법**(generative grammar)이다. 생성문법의 목표는 모국어 사용자의 **무의식적 언어능력**(unconscious linguistic competence)의 본질을 밝히는 것이다. 따라서 그 **무의식적 언어능력**이란 어떠한 능력을 두고 하는 말인가를 잘 이해하는 것이 **생성문법** 이해의 첫걸음이 된다.[1]

---

[1] 생성문법의 이론은 지속적으로 수정되어왔다. 이론 수정 중에서 가장 중대한 변화는 80년대 초반에 "변형규칙"의 불필요성을 주장하는 이론이 등장한 사건이었다. 이 이론을 비변형 생성문법(non-transformational generative grammar)이라고 한다. 이로써 오늘날 생성문법은 종래의 변형규칙의 역할을 유지하려고 하는 이론과 그것을 폐지한 이론으로 크게 양분되어 있다고 말할 수 있다. 변형규칙을 유지하려는 학파는 촘스키의 주도로 "지배결속(government and binding) 이론," "원리 매개변수(principles and parameters) 이론," "최소주의 프로그램(minimalist program)" 등으로 변용 발전해 왔으며 비변형적 생성문법은 스탠포드의 언어학자 조앤 브레즈넌(Joan Bresnan)이 창시한 "어휘기능 문법(lexical-functional grammar, LFG)"과 역시 스탠포드의 아이반 사그(Ivan Sag)가 이끄는 "핵어 중심 구구조 문법(head-driven phrase structure grammar, HPSG)"이 대표적이다. 그 중 필자는 HPSG의 이론을 지지한다. 이 세 이론은 <박병수, 윤혜석, 홍기선 공저, 『문법이론』 한국문화사, 신영어학총서 제11권, 1999년>에 소개되어 있다. HPSG의 이론모형으로 영어통사론을 다루는 교과서로 <Jong-Bok Kim, Peter Sells 공저, *English Syntax: an Introduction,* Stanford 대학 CSLI Publications, 2008년>이 있다.

필자의 언어학적 배경은 <Ivan A. Sag, Thomas Wasow, Emily M. Bender 공저, *Syntactic Theory: A Formal Introduction (Second Edition)*, Stanford 대학 CSLI Publications, 2003년>의 이론이다. 실제 영문법 문제를 공부하는 데 중요한 참고서는 <Rodney Huddleston, Geoffrey

여기서 무의식적 언어능력이란 모국어 사용 능력을 말한다. (외국어 능력을 두고 하는 말이 아니다.) 따라서 우리는 먼저 우리 모국어인 우리말 예문을 가지고 이 문제를 생각해보려고 한다.[2]

우리가 우리말을 자유자재로 사용할 수 있는 것은 우리 각자가 우리말의 **언어능력**을 보유하고 있기 때문이다. 그렇다면 그 언어능력이란 과연 **어떤 성질의 능력**인가? 이를 이해하기 위해 다음과 같은 문제 하나를 검토해보기로 한다.

다음 (1)은 코페르니쿠스가 지동설을 주장한 역사적 맥락에서 한 말이라고 상정하고 "그러나" 다음에 이어질 문장으로 가장 적절한 것이 아래 (a~h) 중 어느 것인가?

(1) "사람들은 해가 돌고 지구**는** 가만있다고 생각했다. 그러나 _____."
    a. 코페르니쿠스**는** 해**는** 가만있고 지구**는** 돈다고 주장했다
    b. 코페르니쿠스**는** 해**는** 가만있고 지구**가** 돈다고 주장했다
    c. 코페르니쿠스**는** 해**가** 가만있고 지구**는** 돈다고 주장했다
    d. 코페르니쿠스**는** 해**가** 가만있고 지구**가** 돈다고 주장했다
    e. 코페르니쿠스**가** 해**는** 가만있고 지구**는** 돈다고 주장했다
    f. 코페르니쿠스**가** 해**는** 가만있고 지구**가** 돈다고 주장했다
    g. 코페르니쿠스**가** 해**가** 가만있고 지구**는** 돈다고 주장했다
    h. 코페르니쿠스**가** 해**가** 가만있고 지구**가** 돈다고 주장했다

이 중에서 (b)가 가장 적절하다고 생각하지만 (c)나 (a)가 적절하다고 생각하는 사람도 있을 수 있다. 그러나 (e~h) 중 어느 하나가 적절하다고 하는 사람은 아마 없을 것이다. 그 당시 보통 사람들의 상식과 코페르니쿠스의 혁명적 주장을 대비

K. Pullum 공편, *The Cambridge Grammar of the English Language*, Cambridge 대학 출판부, 2002년>이다. (앞으로 이 책은 "Huddleston & Pullum(2002)"라는 이름으로 자주 인용될 것이다.) 그리고 언어학적 의미론의 교과서인 <James R. Hurford, Brendan Heasley, Michael B. Smith 공저, *Semantics: A Coursebook (Second Edition)*, Cambridge 대학 출판부, 2007년>과 어휘의미론의 명저인 <Anna Wierzbicka 저, *The Semantics of Grammar*, John Benjamins Publishing Company, 1988년>가 큰 도움이 되었다.

[2] 지금부터 1.1절이 끝날 때까지 "우리"는 한국어를 모국어로 사용하는 우리 모두를 보편적으로 지칭하는 말로 사용한다. 즉 그것은 "한국어 모국어 사용자(Korean native speakers)" 또는 "한국어 토박이"를 가리킨다.

시키는 (1)과 같은 문맥에서 "사람들은 ~라고 생각했다. 그러나 코페르니쿠스가 ~라고 주장했다"고 말하는 것은 매우 부자연스럽다. 또 (d)도 무언가 어색하다.

이처럼 우리(=한국어 모국어 사용자)는 모두 (1)과 같은 맥락에서 문맥을 올바로 판단하는 능력이 있다. 그러한 판단력은 바로 우리가 보유하고 있는 **언어능력**에서 나오는 것이다. 그러나 왜 (b), (c), 또는 (a)가 문맥에 맞고 그 나머지는 맞지 않는지, 그러한 판단력의 근거가 무엇이냐고 묻는다면 대답하기 어렵다. 그 판단력의 근거가 되는 우리의 언어능력이 **무의식적 능력**이기 때문이다. 즉 우리는 그것을 알기는 알지만 그것이 무엇인지, 그것이 왜 그렇게 되는지 의식적으로 설명할 수가 없다.

다른 예로 아래 예문들 중 어느 것이 자연스럽고 어느 것이 어색한지 알아보자.

(2) a. 나의 살던 고향은 꽃피는 산골.
   b. *나의 읽던 책은 <토지>.
   c. 내가 읽던 책은 <토지>.
(3) a. 학교종이 땡땡 친다.
   b. *선생님은 학교종이 땡땡 친다.
   c. 선생님은 학교종을 땡땡 친다.

(2a)와 (3a)는 자연스러운 반면 (2b)와 (3b)는 매우 부자연스럽고 어색하다. 만약 한국어를 배우는 외국인 친구가 (2b)처럼 말했다면 그렇게 말하지 말고 (2c)처럼 말해야 한다고 고쳐주고 (3b)처럼 말했다면 (3c)와 같이 말해야 한다고 고쳐줄 것이다. 우리 한국어 토박이들 중에 (2b)나 (3b)처럼 말하는 사람은 아무도 없다. 바꾸어 말하면 (2b)나 (3b)는 정상적인 한국어가 아니다. 우리는 (2a), (2c), (3a), (3c)는 정문(正文grammatical sentence)이고 (2b)와 (3b)는 비문(非文ungrammatical sentence)이라고 판단한다. 그러나 그것이 왜 그렇게 되느냐고 묻는다면 그것은 결코 간단한 문제가 아니다. 생성문법학자들은 토박이의 그와 같은 능력을 **문법성** (grammaticality) 판단(능)력이라고 부른다. 우리는 누구나 우리말에 대한 문법성 판단력을 가지고 있지만 그 능력의 근거가 무엇인지 설명하는 것은 별개의 문제다. 문법성 판단의 근거가 되는 우리의 언어능력은 **무의식의 영역**에 속하기 때문이다.

또 다른 예로 다음 두 문장 사이에 의미 차이가 있는지 생각해보자.

(4) a. 어머니는 <u>순이가</u> 즉시 떠나도록 했다.
    b. 어머니는 <u>순이를</u> 즉시 떠나도록 했다.

이 두 예문은 얼핏 들으면 별 차이가 없는 것 같지만 좀 깊이 생각해 보면 무언가 다른 점이 있는 것 같다. 둘 다 "순이가 즉시 떠나도록 어머니가 유도, 종용, 또는 설득을 했거나 무슨 조치를 취했다"는 뜻으로 거기에는 의미 차이가 없으나 어머니의 유도, 종용, 설득의 결과가 어떻게 나타났는지에 대해서 무언가 다른 점이 있는 것 같다. (4a)의 경우에는 어머니의 충고를 받고 순이가 실제로 즉시 떠났는지는 미지수인 것 같다. 즉시 떠났을 수도 있고 떠나지 않았을 수도 있다. 이와는 대조적으로 (4b)의 경우에는 순이가 즉시 떠난 것이 기정사실로 느껴진다.[3] 이렇게 "-가"와 "-를"의 격조사 차이에서 발생하는 그 미묘한 의미의 차이를 우리는 알 수 있다. 그러나 그것이 왜 어떻게 해서 그렇게 되는지 즉 그러한 직관이 어디서 나오는지 설명하는 것은 별개의 문제다. 우리는 예문 (4)가 보여주는 의미적 사실을 알고 있지만 그 사실의 원인을 설명할 수는 없다. 그러한 의미에 대한 인지능력은 우리의 **무의식적 언어능력**에서 나오는 것이기 때문이다.

다음은 영어 예문을 들고 영어 원어민의 경우를 살펴보기로 한다. 영어 원어민이 다음 예문 (a)와 (b)에 대해 어떤 문법성 판단을 내리는가를 생각해보자.

(5) a. John is eager to please Mary. (존은 메리를 기쁘게 해 주고 싶어 한다.)
    b. ~~*John is easy to please Mary~~.
(6) a. ~~*John is eager for us to please~~.
    b. John is easy for us to please. (존은 우리가 기쁘게 해 주기 쉬운 사람이다.)
(7) a. ~~*It is eager to please John~~.
    b. It is easy to please John. (존을 기쁘게 하는 것은 쉽다.)

---

[3] 아무리 생각해 봐도 이 두 문장 사이에 의미차이는 없는 것 같다고 생각하는 사람도 있을 것이다. 사실은 학자들에게도 이 "~게 하다" 사동문(causative constructions)의 문제는 논란의 대상이다.

영어 원어민은 (5a)는 정문이고 (5b)는 비문이라고 판단한다. 또 (6a)가 비문이고 (6b)가 정문이라고 판단하고 (7b)가 정문이며 (7a)는 비문이라고 판단한다. 그와 같은 판단은 즉각적이고 일률적이다. 판단하는 데 머뭇거림도 없이 한결 같은 판단을 한다. 그러나 그들에게 왜 하나는 정문이 되고 다른 하나는 비문이 되는지, 즉 그러한 문법성 판단의 근거가 무엇인지 묻는다면 우리가 앞에서 우리말 예문의 문법성 판단의 근거가 무엇인지 설명할 수 없었던 것과 같이 그들 역시 이를 설명할 능력은 없다.[4]

영어 원어민의 무의식 언어능력을 보여주는 예를 한 가지만 더 살펴본다.

(8) Flying dishes can be dangerous.

이 문장은 "날아가는 접시가 위험할 수 있다"는 뜻으로 해석될 수도 있고 "접시를 날리는 것은 위험할 수 있다"는 뜻으로 해석될 수도 있다. 이와 같이 한 문장이 두 가지 (이상) 다른 뜻으로 해석될 수 있을 때 그 문장은 **"중의성(重義性 ambiguity)"**이 있다고 한다.

그러나 사람들이 일상에서 말을 주고받을 때는 그들이 처한 상황에 맞추어 말을 주고받으며 의사소통을 할 뿐이지 문장에 뜻이 하나 있는지 둘 있는지까지 신경 쓰지 않는다. 일상에서 화자는 말을 하고 청자는 그 말을 알아들으면 그것으로 충분하다. 그러므로 영어 원어민이 (8)을 들었을 때 그 중의성을 인지하지 못하

---

[4] 사실은 위의 문장들은 모두 아래 문장의 구조와 관련된 것이다.
(a) John is eager to please. (존은 (누군가를) 기쁘게 해 주고 싶어 한다.)
(b) John is easy to please. (존은 기쁘게 해 주기 쉽다(=존은 쉽게 기뻐한다).)
(a)와 (b)는 단어 하나만 서로 다를 뿐 구조적으로 동일한 구문처럼 보인다. 그러나 이 둘은 구조적으로 동일하지 않다. 만약 동일하다면, (5)~(7)에서 eager가 있는 문장이 정문이면 easy가 있는 문장이 비문이 되고 반대로 easy가 쓰인 문장이 정문이면 eager가 쓰인 문장이 비문이 되는 그와 같은 현상이 나타날 리가 없다. 사실은 eager와 easy의 어휘적 속성이 다르기 때문에 그러한 구조적 차이가 생기는 것이지만 여기서 그 문제를 자세히 다루지는 않겠다. (이 문제를 포함해, 형용사의 속성에 대해서는 제4장에서 다루게 된다.) 지금 중요한 것은 easy와 eager가 쓰이는 (5)~(7) 예문들의 문법성에 대하여 모든 영어 원어민들은 즉각적인 판단을 내린다는 사실이 중요하다. 그리고 그들이 그러한 판단의 근거가 무엇인지를 설명할 수 없다는 사실이 중요하다. 즉 그들 원어민은 무의식적 언어능력을 가지고 있다는 것을 확인하는 것이 중요하다.

고 자기의 상황에 맞는 한 가지 뜻으로만 이해하는 것이 정상이다. 그러나 그렇다고 해서 그가 (8)의 중의성을 인식할 능력이 없다고 할 수는 없다. 그 이유는 영어 원어민이 다음 (9)와 같은 문장을 정확히 구별해서 사용하는 것을 보면 명백해진다. "날아가는 접시는 위험하다"는 뜻일 때는 반드시 (9a)를 사용하고 "접시를 날리는 것이 위험하다"는 뜻일 때는 반드시 (9b)를 사용한다.

(9) a. Flying dishes <u>are</u> dangerous.
     b. Flying dishes <u>is</u> dangerous.

이를 혼동해서 "날아가는 접시는 위험하다"는 뜻을 전달하고 싶은데 (9b)를 말하거나 "접시를 날리는 것은 위험하다"는 뜻을 (9a)로 표현하는 영어 원어민은 단 한 사람도 없다. 다른 말로 말하면 (9)에서 are와 is를 잘못 사용하는 영어 원어민은 없다.

비록 (8)을 듣는 순간에는 그 중의성을 인지하지 못했을지라도 (9a)와 (9b)를 정확히 구별하는 능력이 있는 것으로 보아 (8)의 중의성도 완벽하게 이해하고 있음이 틀림없다. 이 사실은 다음 예들에서 더욱 명백해진다.

(10) a. Flying dishes **are** dangerous and you must handle them carefully.
      (날아다니는 접시는 위험하니 조심스럽게 다루어야 한다.)
      b. Flying dishes **is** dangerous and you must not do it.
      (접시를 날리는 것은 위험하니 그런 짓은 하면 안 된다.)
(11) a. *??~~Flying dishes are dangerous and you must not do it.~~
      b. *??~~Flying dishes is dangerous and you must handle them carefully.~~

영어 원어민은 (10)은 정상적인 문장이고 (11)은 비정상적인 말로 판단하는 데 아무 어려움이 없다. (10a)는 "날아가는 접시는 위험하니 그것을 조심스럽게 다루어야 한다"는 뜻이므로 정상적이다. 그러나 (11a)는 "날아가는 접시는 위험하다"고 한 다음에 "그리고 그것을 하면 안 된다"고 하니 무슨 말을 하는지 알 수 없다. 그리고 (10b)는 "접시를 날리는 것은 위험하니 그렇게 해서는 안 된다"는 뜻이므로 정상적이지만 (11b)는 "접시를 날리는 것은 위험하고 그것을 조심스럽게 다루어야 한다"고 하니 앞뒤가 맞지 않는 말이다. 다시 말하면 (10)에서는 are와 is를 올바로 사용하고 있어서 정문이고 (11)에서는 is를 사용할 곳에 are를 사용하고 are를 사용할 곳에 is를 사용했기 때문에 비문이 된 것이다. 결국 영어 원어민은 이 사실을 명백히 알고 있지만 그것을 의식하지 못할 수가 있다.

이렇게 정문과 비문을 구별하는 문법성 판단력과 문장의 중의성에 대한 판단력은 **무의식적 언어능력의 영역**에 속하는 것이다. 상식적인 용어로 **언어 직관**(linguistic intuition)이라고 부르기도 하는 **무의식적 언어능력**은 한국인을 한국어 원어민이 되게 해주고 미국인이나 영국인을 영어 원어민이 되게 해주는 능력이다. 그러한 무의식적 언어능력을 눈에 보이고 들을 수 있게 할 뿐만 아니라 의식적으로 생각할 수 있고 논의할 수 있도록 드러내놓은 것이 곧 문법이다. 즉 문법이란 무의식적 언어능력의 문서화라고 할 수 있다. 영어 문법이 영어 원어민의 무의식적 언어능력을 반영하기 위해서는 다음 두 가지 사항이 필수적이다.

(12) ① 영어 문법은 모든 영어 정문을 생산하고 이해하되 단 하나의 비문도 생산해서는 안된다.
② 영어 문법은 모든 영어 정문이 왜 정문이 되는지를 설명하고 모든 비문이 왜 비문이 되는지를 설명할 수 있어야 한다.

예를 들면 영어 문법은 (5a), (6b), (7b), (8), (9), (10)은 정문이고 (5b), (6a), (7a), (11)과 같은 것은 비문임을 판별할 뿐만 아니라 왜 그것이 정문이 되고 비문이 되는지를 설명할 수 있어야 한다. 이렇게 할 수 있을 때 "문법이 정문을 **생성한다**(The grammar generates the sentences)"고 말하며 그러한 능력을 갖춘 문법을 **생성문법**(generative grammar)이라고 한다.[5]

---

[5] 언어능력이란 무엇이며 어떻게 작용하는가 하는 문제를 언어연구의 최우선 과제로 삼아야 한다고 처음으로 주장하고 그 연구 방법을 체계화한 언어학자가 노암 촘스키(Noam Chomsky)이다. 그는 일찍이 언어연구의 목적을 다음과 같이 천명했다. "The fundamental aim in the linguistic analysis of a language L is to separate <u>the grammatical sequences which are the sentences of L</u> from the ungrammatical sequences which are not sentences of L and study the structure of the grammatical sequences. The grammar of L will thus be a device that **generates** all of the grammatical sequences and none of the ungrammatical ones." (L이라는

영어 **생성문법**이란 영어의 모든 정문을 낱낱이 생성하는 문법이다. 결국 영어 생성문법은 영어 문장(English sentences)이 무엇으로 어떻게 이루어져 있는가를 규명하는 **규칙 체계**(a system of rules)이다. 문장은 **단어**(words)들로 이루어져 있으나 단어들이 바로 문장을 구성하는 것이 아니고 단어들이 결합하여 **구**(phrases)를 이루고 **구가 결합하여 문장을 형성한다.** 그러므로 문장의 구조를 규명하려면 먼저 **구의 구조**를 규명해야 한다. 따라서 생성문법의 규칙 체계의 개발은 구의 구조를 규명하는 **구 구조 규칙**(phrase structure rules)을 수립하는 작업에서 출발한다.

1.2 영어 구 구조 규칙(English Phrase Structure Rules)과 나무그림(Tree Diagrams)

구 구조 규칙은 구의 **구성 성분**(constituency)을 규정하는 규칙이다. 구의 **성분** (constituent)은 단어(들)이고 단어들이 결합하여 구를 형성하고 구들이 결합하여 문장을 이룬다. **구 구조 규칙**은 단어와 구가 결합하여 문장을 구성하는 과정을 규정한다.

다시 말해 단어들이 결합하여 구를 구성할 때 그 단어들을 그 구의 **성분**이라고 한다. 그리고 그 구가 다른 단어나 구와 결합하여 또 다른 구를 구성한다면 그 구 자체도 성분이다. 즉 단어와 단어가 결합하여 구를 구성하고 단어와 구 또는 구와 구가 결합하여 구를 구성하고 그 구들이 결합하여 하나의 문장을 이루는 데 는 엄격한 **제약**(constraints)이 따른다.

가령 the, student, was라는 세 단어가 주어질 때 the와 student는 결합하여 [the

한 언어의 언어학적 분석의 근본 목적은 L의 문장인 문법적 연속체들과 L의 문장이 아닌 비문법적 연속체들을 분리하고 문법적 연속체들의 구조를 연구하는 것이다. 따라서 L의 문법은 모든 문법적 연속체를 **생성하고** 비문법적 연속체는 단 하나도 생성하지 않는 하나의 **장치**이다.) (Noam Chomsky 저 *Syntactic Structures* (네덜란드 Mouton 출판사, 1957년), p.13.) "문법적 연속체"란 문법적인 문장을 말하고 문법이란 문법적 문장을 **생성하는 장치**라고 정의한다. 이 장치가 곧 무의식적 언어능력의 이론적 구현이다. 이 문맥에서 "장치(device)"란 컴퓨터 소프트웨어와 같은 형식체계(formal system)를 가리킨다고 해도 좋고 언어를 담당하는 뇌의 신경회로망으로 이해할 수도 좋다. 이 책은 『變形生成文法의 理論』이라는 책명으로 이승환 · 이혜숙 교수에 의해 번역, 출판되었다. (범한출판사, 1966년).

student]라는 구를 형성할 수 있지만 the와 was는 결합하여 구를 형성할 수 없다. 이는 그 세 단어들이 각기 나름대로의 제약이 있어서 그 제약이 서로 맞을 경우에만 결합하여 구를 이룰 수 있기 때문이다. 이와 같은 **어휘 제약**(lexical constraints)는 단어와 단어의 결합가능성을 결정하는 가장 기본적인 조건이다. the와 student는 어휘 제약이 서로 맞아 [the student]라는 구를 이루고 the와 was는 어휘 제약이 맞지 않아 [*the was]라는 구를 형성할 수 없다.

한편 어휘 제약이 맞더라도 어순이 바뀌어 *[student the]가 되면 구를 형성할 수 없다. 어휘 제약이 충족되더라도 **어순 제약**(word order constraints)이 충족되지 않으면 두 단어는 결합할 수 없기 때문이다.

두 단어 in과 chemistry는 어휘 제약이 맞아 [in chemistry]라는 구를 형성한다. 그러나 *[chemistry in]은 어순 제약을 위배하므로 구가 될 수 없다.

또한 단어 interested는 구 [in chemistry]와 결합하여 [interested [in chemistry]]라는 구를 형성할 수 있다. 그것도 단어 interested가 in chemistry와 같은 구와 결합할 수 있는 어휘 제약이 있기 때문이다. 그러나 어순이 뒤바뀐 *[[in chemistry] interested]는 영어의 구가 아니다.

그리고 단어 was는 구 [interested [in chemistry]]와 결합하여 [was [interested [in chemistry]]]이라는 구를 형성할 수 있다. 그러나 어순이 뒤바뀐 *[[interested [in chemistry]] was]는 영어의 구가 아니다.

결국 두 개의 구 [the student]와 [was [interested [in chemistry]]]가 결합하면 아래 (1a)와 같은 문장이 형성되나 이 두 구의 순서가 뒤바뀌면 (1b)와 같은 비문이 된다.

(1)   a. [[The student] [was [interested [in chemistry]]]]
           (그 학생이 화학에 관심이 있었다.)

      b. *[[was [interested [in chemistry]]] [the student]]

      c. *[[Student the] [was [interested [in chemistry]]]]

      d. *[The student] [[interested [in chemistry]] was]]

      e. *[The student] [was [interested [chemistry in]]]]
           etc.

뿐만 아니라 구가 아닌 것이 하나라도 있으면 전체가 비문이 된다. (c), (d), (e) 가 그러한 경우다. *[Student the]가 비문이므로 이것이 정문의 구인 [was [interested [in chemistry]]]와 결합하더라도 (1c)처럼 비문이 된다. (1d)는 *[[interested [in chemistry]] was]가 정문의 구가 아니므로 정문의 구인 [The student]와 결합하더라도 비문이다. (1e)는 [chemistry in]이 정문의 구가 아니므로 [interested [chemistry in]]이 정문의 구가 아니다. 따라서 [was [interested [chemistry in]]]도 정문의 구가 아니며 비록 정문의 구인 [The student]가 그 앞에 오더라도 정문이 될 수 없다.

따라서 구의 성분이 결합하여 구를 형성할 때 반드시 다음 두 가지 조건을 지켜 야 한다.

(2) ① 성분 조건: (구의 성분이 될 수 있는) 올바른 요소들이 결합해야 한다.
② 어순 조건: 성분의 어순이 올바로 되어야 한다.

결국 구의 성분 조건과 어순 조건을 일반적으로 진술하는 것이 **구 구조 규칙** 이다.

한편 구의 성분 중에는 큰 성분이 있고 작은 성분이 있어서 큰 성분이 작은 성분들을 포함할 때, 그 큰 성분은 작은 성분들로 구성되어 있다고 한다. 다시 위의 예로 돌아가서 보면, 큰 성분 [the student]는 두 개의 작은 성분 the와 student 를 포함하고 있다. 따라서 [the student]는 the와 student로 구성되어 있다. 또한 큰 성분 [interested in chemistry]는 두 개의 작은 성분 interested와 [in chemistry]를 포함하고 있으므로 [interested in chemistry]는 interested와 [in chemistry]로 구성되 어 있다. 그리고 큰 성분 [was interested in chemistry]는 두 개의 작은 성분 was와 [interested in chemistry]를 포함하고 있으므로 [was interested in chemistry]는 was 와 [interested in chemistry]로 구성되어 있다. 마지막으로 가장 큰 성분인 [the student was interested in chemistry]는 두 개의 작은 성분 [the student]와 [was interested in chemistry]를 포함하고 있다. 그 큰 성분은 문장이라 부르며 그것은 [the student]와 [was interested in chemistry]로 구성되어 있다. 이와 같이 구성 성분

이란 큰 성분이 작은 성분을 포함하는 **위계 관계**(hierarchical relation)이다.

그리고 어순이란 성분들의 **선적인 순서**(linear order)이다. 시간적으로 또는 공간적으로 앞과 뒤의 관계가 어순이다. 큰 것이 작은 것을 포함하는 구성성분의 관계가 **종적인 상하 관계**(vertical, hierarchical relation)라면 성분들의 어순은 **횡적인 평면관계**(horizontal relation)이다. 따라서 문장의 구성 성분을 규정하는 구 구조 규칙은 문장 성분들의 **종적인 위계 관계와 횡적인 어순 관계를** 정의하는 규칙이다.

문장이란 횡적인 평면 관계와 종적인 상하관계로 이루어진 구성성분들의 결합체이다. 이런 결합체의 구조를 효과적으로 보여줄 수 있는 도구가 바로 아래 (3)과 같은 **나무그림**(tree diagram)이다.

(3)

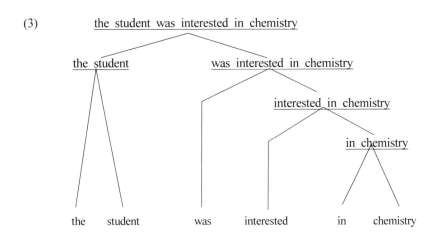

이런 나무그림에서 **구성 성분의 결합 관계는** "위의 성분이 아래의 성분을 포함하는" 또는 "아래의 성분이 위의 성분에 포함되는" 관계로 나타난다. 즉, 포함하는 성분이 포함되는 성분으로 **구성되어 있다** (또는 **이루어져 있다**). (또는 포함되는 성분이 결합하여 포함하는 성분을 **구성한다** (또는 **이룬다**).) 그리고 성분들의 **어순**은 "왼쪽에서 오른쪽으로 배열된" 성분들의 **순서**로써 보여준다.

우선 "위에서 아래로 (looking from **top down**)" 내려다보면, 정점에 있는 문장 [the student was interested in chemistry]가 두 개의 **구 성분**(phrasal constituent) [the student]와 [was interested in chemistry]를 포함하고 있어서 위의 성분이 아래의

두 성분으로 구성되어 있다. (구성 성분은 밑줄로 표시하였다.) 그리고 [the student]가 [was interested in chemistry]를 선행하는 어순이다. 또한 구 성분 [the student]는 단어 the와 단어 student를 포함하므로 the student는 the와 student로 이루어져 있고 the가 student를 선행한다. 구 성분 [was interested in chemistry]는 단어 was와 구 성분 [interested in chemistry]로 이루어져 있으며 was가 [interested in chemistry]를 선행한다. 구 성분 [interested in chemistry]는 단어 interested와 구 성분 [in chemistry]로 이루어져 있고 interested가 in chemistry를 선행한다. 끝으로 구 성분 [in chemistry]는 단어 in과 구 chemistry로 이루어져 있다.

다음 "아래에서 위로 쳐다보면(looking from **bottom** up)" the와 student가 결합하여 구 [the student]를 형성한다. 다른 한편 in과 chemistry가 결합하여 구 [in chemistry]를 형성한다. 또한 단어 interested와 구 [in chemistry]가 결합하여 구 [interested in chemistry]를 형성하며, 단어 was와 구 [interested in chemistry]가 결합하여 구 [was interested in chemistry]를 형성한다. 최종적으로 구 [the student]와 구 [was interested in chemistry]가 결합하여 문장 (1a)를 형성한다.

나무그림 (3)은 문장 (1a)의 구조를 분석한 결과다. 그러한 결과에 이르는 과정을 구체적으로 그리고 일반적으로 밝히는 것이 **구 구조 규칙**이다. 이를 위해 먼저 모든 **단어**(word)들을 일단 **문법범주**(grammatical category)로 분류할 필요가 있다. 즉 student와 chemistry는 **명사**(noun), was는 **동사**(verb), interested는 **형용사**(adjective), the는 **관사**(article)로 분류한다. 또한 한 단어가 다른 단어 또는 구와 결합하면 **구**(Phrase)가 형성된다. 관사 the와 명사 student가 결합하면 **명사구**(Noun Phrase) "the student"가 되고 전치사 in과 명사 chemistry가 결합하면 **전치사구** (preposition phrase) "in chemistry"가 된다. 그리고 형용사 interested는 전치사구 in chemistry와 결합하면 **형용사구**(Adjective Phrase) "interested in chemistry"가 되며 동사 was는 이 형용사구와 결합하면 **동사구**(Verb Phrase) "was interested in chemistry"가 된다. 이와 같은 방식으로 구 구조 규칙을 수립하기 위하여 다음 5대 문법범주가 도입된다.

(4)   5대 문법범주(Five Major Grammatical Categories)의 목록

① 명사 N(=Noun)과 명사구 NP(=Noun Phrase)

② 동사 V(=Verb)와 동사구 VP(=Verb Phrase)

③ 형용사 Adj(=Adjective)와 형용사구 AdjP(=Adjective Phrase)

④ 전치사 P(=Preposition) 와 전치사구 PP(=Preposition Phrase)

⑤ 관사 Art(=Article)

여기에 가장 큰 범주인 문장 S(entence)를 추가하면 6대범주가 된다.[6]

단어의 문법범주인 N, V, P, Adj, Art는 **어휘범주(lexical category)**라 하고 구의 문법범주인 S, NP, VP, PP, AdjP 등은 **구범주(phrasal category)**라 부른다. 이 범주들을 사용하여 다음과 같이 구범주의 성분과 어순을 규정하는 구 구조 규칙을 수립할 수 있다.

(5) ① S→NP VP

② NP→Art N

③ VP→V AP

④ AdjP→Adj PP

⑤ PP→P N

구 구조 규칙에 사용하는 화살표→는 "구성된다"는 뜻이다. 화살표의 왼쪽은 구이고 화살표 오른쪽은 그 구의 성분이며 성분들의 어순은 놓인 순서대로 앞의 성분이 뒤의 성분을 선행한다. 즉 구 구조 규칙 (5)①은 문장 S(=Sentence)가 명사구 NP와 동사구 VP로 구성되어 있으며 NP가 VP를 선행한다는 뜻이다. NP는 Art과 N으로, VP는 V와 AdjP로, AdjP는 Adj와 PP로, PP는 P와 N으로 각각 구성됨과 동시에 앞에 놓인 성분이 뒤에 놓인 성분을 선행한다는 것을 각 구 구조 규칙이 규정한다.

규칙 (5)를 차례로 적용하면 아래 나무그림을 얻을 수 있다.

---

[6] 문장 S(entnece)는 주어가 있는 특별한 VP라고 보는 것이 생성문법의 통설이다. 서술문은 주어가 있으나 명령문 ("Come over here.")이나 제휴문 ("Let us go down to the seas again!")처럼 주어가 없는 문장도 있다. 이 문장들은 글자그대로 동사구이다. 원칙적으로 S는 VP와 같은 것이지만 설명의 편의상 S를 하나의 범주로 인정하기로 한다.

(6)

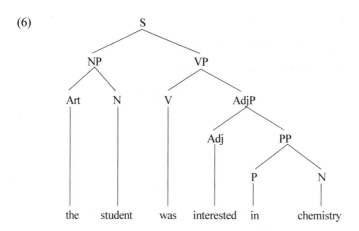

나무그림 (3)은 성분구성의 결과만 보여주는 데 비해 나무그림 (6)은 각 성분의 문법범주와 성분의 구성 과정을 보다 명시적으로 보여준다. "the student was interested in chemistry"라는 S는 규칙 (5)①에 따라 문법범주가 NP인 "the student"와 문법범주가 VP인 "was interested in chemistry"로 구성된다. 그리고 NP인 "the student"는 규칙 (5)②에 따라 "the"라는 Art와 "student"라는 N으로 구성된다. 한편 VP "was interested in chemistry"는 규칙 (5)③에 따라 "was"라는 V와 "interested in chemistry"라는 AdjP로 구성된다. 그리고 AdjP "interested in chemistry"는 규칙 (5)④에 따라 Adj(=Adjective)인 "interested"와 PP인 "in chemistry"로 구성되고 PP "in chemistry"는 P인 "in"과 N으로 구성된다.

이와 같이 구 구조 규칙에 의해 성분 분석과 어순이 결정되고 정문의 구가 형성되는 과정을 **생성(generation)**이라고 하고 구와 문장이 **생성된다**고 말한다. 즉 구 구조 규칙들이 적용되어 (1a)를 이룰 때 구 구조 규칙 (5)는 예문 (1a)를 **생성한다**고 말한다. 그리고 비문 (1b)는 규칙 (5)①을 위배하기 때문에 생성될 수 없다. 그러나 비문 (1c)는 규칙 (5)②를 위배하므로 생성되지 않는다. 마찬가지로 비문 (1d)는 규칙 (5)③을 위배하므로 생성되지 않고 비문 (1e)는 규칙 (5)④를 위배하므로 생성되지 않는다. 결국 지켜야 할 구 구조 규칙을 하나라도 어기면 비문이 되고 지켜야 할 구 구조 규칙을 모두 준수해야 정문이 된다.

그런데 사실은 구 구조 규칙 (5)는 (예문 (1a)와 동일한 구조로 되어 있는) 다음 (7)과 같은 무수히 많은 문장들을 생성할 수 있다. 물론 (4)① 명사 N의 목록에

physics, pets, man, Jane, son, her, he 등을 포함시키고 (4)③ 형용사 Adj의 목록에
fond, proud, disappointed 등이 포함되어야 한다.

(7) a. The student was interested in physics.

  b. The student was fond of the pets.

  c. The man was fond of Jane.

  d. John was proud of his son.

  e. He is disappointed with her.

   etc.

또 (4)② 동사 V의 목록에 become, became, get, got 등을 포함시키면 다음과
같은 문장들도 생성할 수 있다.

(8) a. The student became interested in physics.

  b. The student got tired of the pets.

  c. The man became was fond of Jane.

  d. John got proud of his son.

  e. He became disappointed with her.

   etc.

그러나 구 구조 규칙 (5)가 생성할 수 있는 문장들은 한계가 있다. 그로써 모든
종류의 영어 정문을 다 생성할 수는 없다. (5)는 구 구조 규칙의 한 모형일 뿐,
영어의 모든 정문들을 남김없이 생성할 수 있는 구 구조 규칙이 되기 위해서는
대폭적인 확장과 보완이 필요하다. 우선 동사구를 생성하는 규칙 (5)③을 보강하
여 아래 (9)와 같은 예문들을 생성할 수 있어야 한다.

(9) a. The sun rose.

  b. The dog chased the cat.

  c. The cat fought back.

  d. The dog ran to the door.

e. The man **put the book on the table**.

f. The girl **gave the key to the dog**.

g. The girl **gave the cat a ball**.

h. The dog **made the girl nervous**.

rose는 단독으로 VP를 이루고 chased은 the cat과 같은 명사구와 더불어 VP를 이룬다. fought은 전치사 back과 더불어, ran은 전치사구 to the house와 더불어 VP를 이룬다. 그리고 put은 명사구 the book과 전치사구 on the table과 더불어 VP를 이룬다. gave는 명사구 the key와 전치사구 to the dog과 더불어 VP를 이룰 수도 있고 두개의 명사구와 더불어 VP를 이룰 수 있다. 따라서 (적어도) 아래 구 구조 규칙 (10)을 새로 추가해야 한다.

(10) ① VP→V

② VP→V NP

③ VP→V P

④ VP→V PP

⑤ VP→V NP PP

⑥ VP→V NP NP

⑦ VP→V NP AdjP

규칙 (10)①은 동사구가 동사 단독으로 구성된다고 규정한다. 이는 예문 (9a)의 "rose"와 같은 동사를 다루기 위한 규칙이다. 이제 (5)①, (5)②, (10)①을 적용하면 아래와 같이 (9a)의 나무그림이 생성된다.

(11)

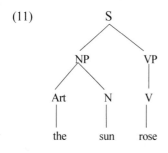

예문 (9b)~(9h)의 동사구들은 각각 다음과 같이 생성된다.[7]

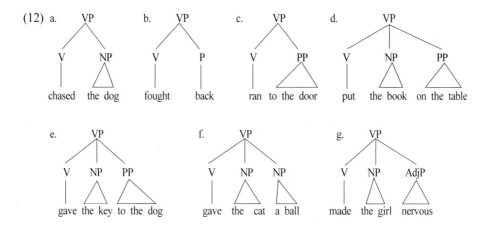

나무그림 (12a~c)에서 VP는 두 개의 성분으로 이루어지고 그 이하에서는 세 개의 성분으로 이루어져 있다.

앞에서 본 바와 같이 구조 규칙 (10)①은 동사구가 동사 하나로 이루어지는 것을 보여주는데 이와 같이 하나의 성분만으로 구성되는 현상은 동사구뿐만 아니라 형용사구, 명사구, 전치사구에도 있다. 가령 "The sea is calm. The wind is peaceful."에 나오는 calm이나 peaceful과 같은 형용사는 단독으로 형용사구를 이루고 있다. 이 경우를 다루기 위해서는 아래 (13)이 필요하다.

(13) AdjP→Adj

그러면 구 구조 규칙 (5)③과 (13)에 의해 "is peaceful" 등의 동사구가 생성된다.

---

[7] 나무그림에 나타나는 삼각형은 하나의 편법으로서 해당 구조의 상세한 부분을 생략했다는 뜻으로 쓰이는 기호이다. 명사구 NP, 전치사구 PP, 형용사구 AdjP의 구조는 아래에서 상세히 다루게 되기 때문에 여기서는 일단 삼각형으로 표시한다. 삼각형은 현재 논의하는 문제와 직접 관련성이 없는 세부사항을 생략할 때에 사용하는 편법으로 필요하면 VP나 S에 대해서도 자유로이 이용할 수 있다.

(14)

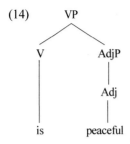

그리고 명사의 경우에는 (1a)의 chemistry가 단독으로 명사구를 형성하는 경우에 해당한다. 따라서 다음 규칙 (15)를 세울 필요가 있다. 이 규칙은 관사가 붙을 수 없는 John, Seoul 등 고유명사를 다루기 위해서도 필요하다.

(15) NP→N

그러면 이제 명사구는 관사와 명사로 구성될 수도 있고 명사 단독으로 구성될 수도 있다. 이에 따라 N이 바로 나타나는 (5)② "NP→Art N"는 다음과 같이 수정되어야 한다.

(16) NP→Art NP

그러면 이제 명사구는 관사와 명사로 구성되는 것이 아니라 관사와 명사구로 구성된다. the student, the dog, the girl 등은 (16)에 의해, 그리고 chemistry, John 등은 (15)에 의해 생성된다. 즉 명사구는 다음 두 경로로 생성된다.[8]

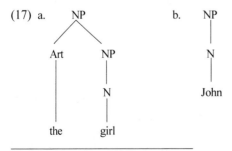

---

[8] 이는 아직 정확한 명사구의 구조가 아니다. 이에 대해서는 1.4절에서 자세히 다룬다.

명사 단독으로 명사구를 구성하는 (15)와 같은 과정이 도입된 이상 "in chemistry"와 같은 전치사구 내의 명사 chemistry도 이 규칙에 의해 생성된다. 즉 (5)⑤ "PP→P N"을 다음과 같이 수정한다.

(18) PP→P NP

그러면 "in chemistry"나 "of John"은 전치사와 명사로 구성되는 것이 아니라 전치사와 명사구로 구성된다. 그런 다음 그 명사구는 규칙 (15)에 의해 하나의 명사로 구성된다.

전치사구 역시 (7d)의 "fought <u>back</u>"은 물론 "come <u>in</u>" "get <u>out</u>" 등에 나타나는 in, out, back 등은 전치사 단독으로 구성되는 전치사구로 보아야 한다. 따라서 아래 (19)의 규칙이 필요하고 그렇게 되면 규칙 (10)③ "VP→V P"는 규칙 (10)④ "VP→V PP"에 흡수된다.

(19) PP→P

즉, 전치사구는 (18)이 규정하는 바와 같이 전치사와 명사구로 이루어지는 경우가 있고 (19)가 규정하는 바와 같이 전치사 단독으로 이루어지는 경우가 있다. 뿐만 아니라 "run <u>away from the house</u>, get <u>out of the room</u>, appeared <u>from behind the tree</u> 등 동사구에 나타나는 밑줄 친 전치사구는 전치사와 전치사구로 이루어진다. 이를 위해 다음 세 번째의 전치사구 확장 규칙이 필요하다.

(20) PP→P PP

이상을 종합하면 동사구 "ran away from the house"의 구조는 다음과 같이 된다.

(21)

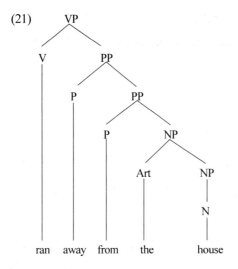

위 동사구는 동사 ran과 전치사구 "away from the house"로 이루어졌는데 전치사구 "away from the house"는 away와 전치사구 "from the house"로 이루어지고 다시 전치사구 from the house는 전치사 from과 명사구 "the house"로 이루어진다.

전치사구는 이제 세 가지 다른 성분 분석이 가능하다. 즉, 규칙 (18), (19), (20)이 각각 전치사구의 구성 성분을 규정한다.

이상 밝혀진 영어 구 구조 규칙들을 정리하면 다음과 같다.

(22) ① S→NP VP

② NP→N

③ NP→Art NP

④ VP→V

⑤ VP→V NP

⑥ VP→V PP

⑦ VP→V AdjP

⑧ VP→V NP PP

⑨ VP→V NP NP

⑩ VP→V NP AdjP

⑪ PP→P

⑫ PP→P NP
⑬ PP→P PP
⑭ AdjP→Adj
⑮ AdjP→Adj PP

구 구조 규칙 (22)를 적용하면 영어의 정문들이 생성된다. 예컨대 다음과 같이 예문 (1a)와 "The dog ran away from the house."라는 문장도 생성된다.

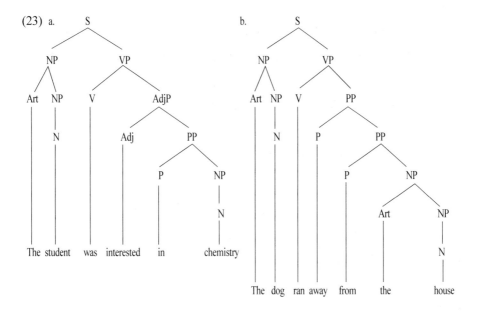

예문 (1a)의 구조 (23a)를 "아래에서 위로(from bottom up)" 보면, 명사 student는 (22)②에 의해 명사구 "student"가 되고 관사 The와 명사구 "student"는 ③과 ②에 의해 명사구 "The student"가 생성된다. 다른 한편 in과 명사구 "chemistry"는 ⑫와 ②에 의해 결합되어 전치사구 "in chemistry"가 생성된다. 또한 형용사 interested와 이 전치사구 "in chemistry"가 규칙 ⑮에 의해 결합하면 "interested in chemistry"라 는 형용사구로 생성된다. 그 다음 이 형용사구는 규칙⑦에 의해 동사 was와 결합 하여 동사구 "was interested in chemistry"가 생성된다. 그리고 이 동사구는 규칙① 에 의해 명사구 "The student"와 결합함으로써 최종적으로 문장 (1a)가 생성된다.

"위에서 아래로(from top down)" 분석해도 생성의 결과는 같다. 우선 (23b)에서 S인 "The dog ran away from the house."는 규칙 ①에 의해 명사구 성분 "The dog" 과 동사구 성분 "ran away from the house"로 구성된다. 그 동사구 성분은 규칙 ⑥에 따라 동사 ran과 전치사구 "away from the house"로 구성된다. 그 전치사구는 규칙 ⑬에 따라 전치사 away와 전치사구 "from the house"로 구성되고 이 전치사 구는 규칙 ⑫에 따라 전치사 from과 명사구 "the house"로 구성된다.

한편 나무그림은 **뿌리**(root), **가지**(branch), **마디**(node), **잎**(leaf)으로 되어 있다. 가지란 나무그림의 모든 사선과 수직선을 가리킨다. 그리고 가지와 가지가 만나 는 점이 **마디**이다. 바꾸어 말하면 마디와 마디를 가지가 연결하고 있는데, 단어와 구를 의미하는 모든 기호들이 모두 마디이다. 즉, S부터 아래로 NP, VP, Art, N, VP, V, AdjP, Adj, PP, P, NP, Art, N 등이 모두 마디이어서 S 마디, VP 마디, V 마디, AdjP 마디 등등으로 부른다. 특별히 나무의 꼭지점 S 마디는 **뿌리**라고 하고 가지의 아래 마지막 마디를 **잎**이라고 하는데 모든 잎은 어휘범주에 해당한 다. 결국 나무그림은 뿌리가 위에 있고 가지들이 아래로 뻗으며 바닥에 잎이 나 있어서 실제 나무를 거꾸로 세워놓은 형상이다.

위의 마디가 아래의 마디를 **지배한다**(dominate). (23a)를 예로 들어 말하면, NP 가 N을 지배하고 N은 "chemistry"를 지배한다. PP가 P와 NP를 지배하고 N과 "chemistry"도 지배한다. AdjP가 A와 PP를 지배할 뿐만 아니라 A가 지배하는 "interested"와 PP가 지배하는 P, NP, N, "chemistry" 등도 지배한다. VP는 V와 AdjP를 지배하고 V가 지배하는 "was"와 AdjP가 지배하는 A, PP, P, NP, "in", N, "chemistry" 등도 모두 지배한다. 마지막으로 S가 NP와 VP를 지배하고 나아가 서 NP가 지배하는 성분과 VP가 지배하는 성분들을 모두 지배한다.

이들은 하나의 마디가 다른 마디(들)을 **직접 지배하는** 경우와 **간접적으로 지배하는** 경우를 구별한다. 즉 지배하는 마디와 지배받는 마디 사이에 어떤 다른 마디가 개입하지 않을 때 **직접지배한다**(immediately dominate)고 한다. 예를 들어 (23a)에 서 S가 NP와 VP를 직접지배하고, VP가 V와 AdjP를, AdjP가 Adj와 PP를, PP가 P와 NP를 각각 직접지배한다. 그러나 VP는 Adj와 PP를 **직접지배하지는 않는다**. VP와 Adj 사이에, 그리고 VP와 PP 사이에 AdjP마디가 개입하고 있기 때문이다.

또 S와 V 사이에, S와 AdjP 사이에 VP가 개재하기 때문에 S도 V와 AdjP를 직접 지배하지 않는다.

　마디 A가 마디 B를 직접지배할 때 A를 **엄마 마디**(mother node) (또는 엄마)라고 하고 B를 **딸 마디**(daughter node) (또는 딸)이라고 부른다. 이때 같은 엄마 마디가 지배하는 딸 마디들을 서로 **자매 마디**(sister node) (또는 자매)라고 부른다. 다시 (23a)에서 VP는 S의 딸 마디이고 V와 AdjP의 엄마 마디이며 S의 딸 마디인 NP의 자매 마디이다. Adj와 PP는 VP를 엄마 마디로 삼아 서로 자매 마디의 관계를 맺고 있다.

1.3 문장 성분의 문법기능: 주어, 서술어, 핵심어, 보어, 수식어

　구 구조 규칙에 의해 문장의 성분이 밝혀지고 성분의 어순이 결정되면 문장 구조의 절반이 밝혀지는 셈이다. 그 다음에 할 일은 각 구성 성분의 **기능**(function)을 밝히는 일이다. 문장의 성분과 어순 외에 구성 성분이 문장 안에서 **무슨 기능을 수행하고 있는지**를 밝혀야 한다. 그와 같은 기능을 **문법기능**(grammatical function)이라고 부른다.

1.3.1 주어, 서술어, 핵심어, 보어

　문장의 구성성분의 가장 기본적인 문법기능은 **서술**(predication)**의 기능**과 **서술 주체의 기능**이다. 문장이란 근본적으로 "누군가가 (또는 무엇인가) 무슨 일을 한다거나 어떤 상태에 있다"는 것을 표현한다. 이때 "무슨 일을 하거나 어떤 상태에 있다는 것"이 서술의 기능이고 "누군가 또는 무엇인가"가 서술의 주체이다. 따라서 서술의 기능을 수행하는 부분을 **서술어부**(敍述語部 predicator) 또는 **술부**(述部)라고 하고 서술의 주체의 기능을 수행하는 부분을 **주어부**(主語部 subject), **주부**(主部) 또는 **주어**(主語)라고 한다. 가령 (1a)("The student was interested in chemistry.")에서 S(문장)의 두 구성 성분 NP "The student"와 VP "was interested in chemistry"

중 술부는 두 번째 성분인 VP이고 주부는 첫 번째 성분인 NP이다.

술부와 **주부**는 구 구조 규칙이 생성하는 나무그림의 지배관계를 바탕으로 다음과 같이 일반적으로 정의될 수 있다.

(1) **술부**는 S가 직접지배하는 VP이고 **주어**는 S가 직접지배하는 NP이다.

예를 들어 예문 (1a)의 구성 성분이 구 구조 규칙에 의해 나무그림 (23a)와 같이 분석되면 주부와 술부가 정의될 수 있다. 위 (1)의 정의에 따라 S가 직접지배하는 명사구 "The student"가 S의 주부이고 S가 직접지배하는 동사구 "was interested in chemistry"가 S의 술부가 된다. 즉 술부는 주부가 어떤 상태에 있는지를 서술하여 (1a)에서 <그 학생이 화학에 관심이 있는 상태에 있었다>는 것을 의미한다. 또한 나무그림 (23b)에서도 S가 직접 지배하는 NP "The dog"이 주부이고 S가 직접 지배하는 VP "ran away from the house"가 술부이다. 술부는 주부가 무엇을 하고 있는지를 서술하여 <그 개가 집에서 도망가는 행동을 했다>는 것을 의미한다.

주어와 술어 다음으로 중요한 문법기능이 **핵심어**(head)와 **보어**(complement)이다. 모든 구에는 기능적으로 중심이 되는 부분이 있고 주변부가 있는데, 중심기능을 수행하는 성분이 핵심어이고 그 나머지 주변부가 보어이다.[9] 아래 표는 동사구 9가지, 형용사구 2가지, 전치사구 3가지를 예로 그 핵심어와 보어를 보여준다.[10] 이 표가 나타내는 것은 사실상 구 구조 규칙 (22)에 모두 반영되어 있으나 여기서 핵심어와 보어의 관계에 초점을 두고 정리한 것이다. 핵심어는 반드시 **어휘범주**이고 보어는 **구범주**이다.[11]

---

[9] 보어 이외에 또 다른 주변부로서 수식어가 있다. 수식어는 1.4절에서 다룬다.

[10] 명사구는 여기서 다루지 않는다. 명사구는 동사구, 형용사구, 전치사구와 다른 구조적 특징이 있기 때문에 아래 1.4절에서 따로 다룬다.

[11] fought back에서는 결과적으로 보어가 어휘범주 back이다. 전치사구가 보어 없이 전치사 단독으로 구성되기 때문에 보어가 어휘범주이다. 이 부분은 앞 절에서 자세히 설명하였다.

(2) 구의 핵심어와 보어

구범주	예	핵심어(=중심부)	보어(=주변부)
동사구	"chased the dog"	동사(V) chased	명사구(NP) the dog
	"ran to the door"	동사(V) ran	전치사구(PP) to the door
	"ran away from the house"	동사(V) ran	전치사구(PP) away from the house
	"fought back"	동사(V) fought	전치사구(PP) back
	"got very rich"	동사(V) got	형용사구(AdjP) very rich
	"put the book on the table"	동사(V) put	명사구(NP) 전치사구(PP) the book on the table
	"gave the cat a ball"	동사(V) gave	명사구(NP) 전치사구(PP) the cat a ball
	"made the girl nervous"	동사(V) made	명사구(NP) 형용사구(AdjP) the girl nervous
	"rose"	동사(V) rose	없음
형용사구	"fond of the pet"	형용사(A) fond	전치사구(PP) of the pet
	"happy"	형용사(A) happy	없음
전치사구	"from the house"	전치사(P) from	명사구(NP) the house
	"away from the house"	전치사(P) away	전치사구(PP) from the house
	"(fought)back"에서의 "back"	전치사(P) back	없음

동사구 "chased the dog"의 핵심어는 동사 chased이고 핵심어 동사 chased의 보어는 명사구 the dog이다. 동사구 "ran to the door"는 핵심어가 동사 ran이며 핵심어 동사 ran의 보어가 전치사구 "to the door"이다. 동사구 "ran away from the house"는 핵심어가 동사 ran이고 핵심어 동사 ran의 보어가 전치사구 "away from the house"이다. 동사구 "fought back"의 핵심어는 동사 fought이고 핵심어 동사 fought의 보어는 전치사구 "back"이다. 동사구 "got very rich"의 핵심어는 동사 got이고 핵심어 동사의 보어는 형용사구 very rich이다. 동사구 "put the book on the table"의 핵심어는 동사 put이고 핵심어 동사 put의 보어는 명사구 the book과 전치사구 on the table이다. 동사구 "gave the cat a ball"의 핵심어는 동사 gave이고 핵심어 동사 gave의 보어는 두 개의 명사구 the cat과 a ball이다. 동사구 "made the girl nervous"의 핵심어는 동사 made이며 핵심어 동사 made의 보어는 명사구 the girl과 형용사구 nervous이다.

동사의 보어 중 특히 명사구 보어를 **목적어**(object)라고 부른다. 그리고 give와 같은 동사가 두 개의 명사구 보어를 거느릴 때 앞의 명사구를 **간접 목적어**(indirect object), 뒤의 명사구를 **직접 목적어**(direct object)라고 부른다.

또한 형용사구 "fond of the pet"의 핵심어는 형용사 fond이고 핵심어 형용사 fond의 보어는 전치사구 "of the pet"이다.

전치사구 "from the house"의 핵심어는 전치사 from이고 그 핵심어 전치사 from의 보어는 명사구 "the house"이다. 전치사구 "away from the house"의 핵심어는 전치사 away이며 그 핵심어 전치사 away의 보어는 전치사구 from the house이다.

한편 동사구 rose는 보어 없이 핵심어 동사 rose가 단독으로 동사구를 이루고 형용사구 "happy"는 보어 없이 핵심어 형용사 happy 단독으로 형용사구를 이루며 전치사구 back은 보어 없이 핵심어 전치사 back 단독으로 전치사구를 이룬다.

보어는 핵심어와 함께 구 형성의 **필수적인 요소**이다. 그런데 개별적인 핵심어 어휘범주가 구체적으로 무슨 구범주를 보어로 삼는가는 그 어휘범주의 속성이다. 즉 chase가 명사구 보어를 가지는 것은 chase의 한 속성이다. 또 run이 전치사구 보어를 가지는 것은 run의 한 속성이며 was가 형용사구를 보어로 삼는 것은 was의 한 속성이다. 따라서 chase가 진치사구나 형용시구를 보어로 삼는다든가 run이 명사구나 형용사구를 보어로 삼는다든가 혹은 was가 동사구를 보어로 삼는 것은 해당 동사의 속성상 허용되지 않는다. 이런 의미에서 핵심어가 보어를 "**선택한다, 요구한다, 취한다, 또는 거느린다**"고 말한다.

다시 말해 동사 chase는 하나의 명사구 보어를 거느려야 동사구가 되고 동사 run은 전치사구 보어를 거느려야 동사구가 되며 동사 give는 두 개의 명사구를 거느려야 동사구가 된다. 또한 형용사 fond가 형용사구가 되려면 of 전치사구 보어를 거느려야 하고 형용사 interested가 형용사구가 되려면 in 전치사구 보어를 거느려야 한다. 전치사 from은 명사구 보어를 거느려야 전치사구가 되고 전치사 away는 전치사구 보어를 거느려야 전치사구가 된다. 이와 같이 개별 어휘범주가 특정의 보어를 거느리는 것은 각 어휘범주의 속성이다. 그 속성을 지키지 않으면 잘못된 보어가 오게 되고 결국 비문이 발생한다. 가령 chase가 명사구 보어를 거느리지 않고 전치사구 보어를 거느린다면 *The dog chased from the house.따위의 비문이 발생하고 fond가 of 전치사구 보어를 거느리지 않고 명사구 보어나 in 전치사구 보어를 거느리면 *The girl was fond the pet.이나 *The girl was fond in the pet. 따위의 비문이 발생한다.

결국 핵심어가 보어와 함께 구를 형성할 때 하나의 원리가 작용한다. 핵심어 어휘범주 V가 보어와 결합하면 반드시 VP가 되고 Adj가 보어와 결합하면 반드시 AdjP가 되며 P가 보어와 결합하면 반드시 PP가 된다. V가 그 보어와 결합하여 PP가 된다거나 AdjP가 된다거나, Adj가 보어와 결합하여 VP가 된다거나 PP된다거나 하는 일은 결코 일어나지 않는다. 이를 다음과 같이 하나의 원리로 정리할 수 있다.

(3) **핵심어-보어의 구성 원리** (Head-Complement Principle)
어휘 범주 X는 자신의 보어 YP와 결합하여 XP를 형성한다.[12]

이 원리를 나무그림의 구조를 바탕으로 정의하면 다음과 같다.

(4) a. 구의 **핵심어**와 핵심어의 **보어**:
구의 핵심어는 구가 직접지배하는 어휘범주이고 핵심어의 보어는 그 핵심어의 자매 구이다.

b.
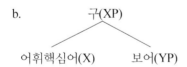

---

[12] X는 V, A, P, 또는 N을 가리키는 어휘범주 변수이고 XP(=X Phrase, X구)와 YP(=Y Phrase, Y구)는 구범주 변수이다. 이 원리를 "XP는 어휘 범주 X와 그 보어인 YP로 구성되어 있다"고 말해도 된다. 어휘 범주를 중심으로 그것이 그 보어와 결합하여 구범주를 이룬다고 말하는 것은 "아래에서 위로 쳐다보는(bottom-up)" 방식이고 구범주를 중심으로 그 구가 어휘범주와 그 보어로 구성되어 있다고 말하는 것은 "위에서 아래로 내려다보는 (top-down)" 방식이다. 시점이 아래에 있느냐 위에 있느냐의 차이일 뿐 같은 뜻이다. 이 원리에 의하면 핵심어와 그 보어의 범주가 항상 서로 다르도록 되어 있다. 지금까지의 용례에서는 이 조건이 지켜지고 있으나 다른 많은 동사의 용례에서 이 조건이 적용될 수 없는 경우가 있다. 예를 들면 I want *to see her*. She enjoys *playing tennis*.와 같은 용례에서 동사가 to부정사동사구나 ing동사구를 보어로 취하고 있다. 때문에 이 조건은 앞으로 수정되어야 할 사항이다. 이 문제를 포함해서 동사의 보어는 제2장에서 본격적으로 다룬다.

한편 어휘 범주와 보어가 결합하여 구를 이룰 때 일정한 어순이 있다. 즉 핵심어 어휘 범주가 항상 보어를 선행한다. 전치사구에서는 반드시 전치사가 먼저 오고 그 다음에 명사 보어가 온다. [in chemistry], [from Seoul], [at [the station]], [in [an hour]] 등이 올바른 어순이고 *[chemistry [in]], *[Seoul from], *[[the station] at], *[[an hour] in] 등은 잘못된 어순이다.

형용사구 역시 핵심어가 보어를 선행한다. [interested [in chemistry]], [afraid [of the dog]], [good [at tennis]]등이 올바른 형용사구의 어순이다. 보어가 선행하는 *[[in chemistry] interested], *[[of the dog] afraid], *[[at tennis] good] 등은 영어의 어순이 아니다.

동사구 역시 동사가 먼저 오는 [was [interested in chemistry]], [shut [the door]] 등이 올바른 어순이다. *[[interested in chemistry] was], *[[the door] shut] 등은 영어의 어순이 아니다.

이와 같은 어순을 아래 (5a)와 같이 정리하고 **핵심어-보어 어순 규칙**이라고 부른다. 아울러 (23a)와 (23b)의 꼭지점 S의 두 구성성분 NP와 VP의 순서를 정하는 어순 규칙도 필요하다. 그것을 (5b)와 같이 규정하고 **S 어순 규칙**이라고 부른다. 이 어순 규칙에 의거하여 *[was interested in chemistry] [the student], *[ran away from the house] [the dog]와 같은 잘못된 어순은 배제하고 정문 "The student was interested in chemistry."과 "The dog ran away from the house."와 같은 올바른 어순이 보장된다.

(5) a. **핵심어-보어 어순 규칙:**
        어휘 핵심어(lexical head)와 그 보어로 이루어지는 구 안에서 핵심어가 보어를 선행한다.
     b. **주어-술어 어순 규칙:**
        S의 두 구성 성분 중에서 주어 NP가 술어 VP를 선행한다.

1.3.2 수식어

수식어(Modifier)는 하나의 구와 결합하여 그 구를 수식한다. 수식어는 보어보다 더 외곽에 있는 주변요소이다. 보어는 필수적 주변요소이고 수식어는 선택적 주변요소이다. **부사**(adverb, Adv)와 **전치사구**가 수식어의 기능을 한다. **부사 수식어**(adverb modifier)는 동사구, 형용사구, 전치사구, 부사구를 수식하며 **전치사구 수식어**는 동사구를 수식한다.

아래 예문(6)은 부사구와 전치사구가 동사구를 수식하는 예를 보여준다. 아울러 (6a,b)는 부사가 부사를 수식하는 예도 보여준다. 밑줄 친 이탤릭체부분이 수식어이다.

(6) a. He agreed (_very_) _reluctantly_. (그는 (아주) 마지못해 동의했다.)

b. He (_very_) _reluctantly_ agreed.

c. They opened the window _carefully_. (그들은 조심스럽게 창문을 열었다.)

d. They _carefully_ opened the window. (그들은 조심스럽게 창문을 열었다.)

e. He shut the door _with caution_. (그는 조심스럽게 문을 닫았다.)

f. *He _with caution_ shut the door.

g. She put the book on the table _with caution_. (그녀는 조심스럽게 책을 테이블 위에 놓았다.)

h. *She _with caution_ put the book on the table.

(6a)에서 부사 very와 부사 reluctantly가 결합하여 앞의 부사가 뒤의 부사를 수식하는 **부사구**(Adverb Phrase, AdvP) "very reluctantly"가 형성되었다. 이때 두 개의 어휘범주가 결합하는 것이 아니고 두 개의 구범주가 결합한다.[13] 말하자면 어휘범주 very와 reluctantly가 각각 단독으로 부사구를 형성하고 그 두 부사구가 결합하여 부사구 "very reluctantly"를 형성한다. 이 과정은 다음 두 개의 구 구조 규칙에 의해 생성된다.

(7) ① AdvP→Adv

② AdvP→AdvP AdvP

---

[13] 보어는 어휘범주와 결합하고 수식어는 구범주와 결합한다. "very reluctantly"에서 뒤의 부사가 의미상 중심이 되는 핵심어이고 앞의 부사가 그것을 수식하는 수식어이다. very는 필수요소가 아니고 구조적으로 있어도 좋고 없어도 좋은 선택사항이므로 수식어이다. 수식어는 구와 결합한다는 원칙에 따라 reluctantly는 구범주이다. 부사는 언제나 단독으로 부사구를 형성할 수 있다.

규칙 (7)①은 부사 단독으로 부사구를 형성하는 규칙이다. 이 규칙은 아래 (8a)와 같은 나무그림을 생성한다. 이는 단독으로 부사구를 형성할 수 있는 here, there, now, then, still, already 등의 부사를 생성하는 데에도 적용된다.

규칙 (7)②는 부사가 부사를 수식하는 경우로 (8b)와 같은 나무그림을 생성한다. 즉, 두 개의 부사구가 결합하여 하나의 부사구를 형성한다. 선행하는 부사구 "very"가 후행하는 핵심어 부사구 "carefully"를 수식한다.

(8) a. AdvP   b.   AdvP

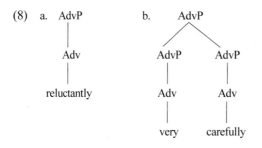

결국 (6a,b)에서 이 부사구 "very reluctantly"가 핵심어 동사구 "agreed"를 수식한다. (6c,d) 역시 부사구 "carefully"가 VP "opened the window"의 앞 또는 뒤에서 그것을 수식한다. 즉 부사구 수식어는 핵심어 동사구의 뒤에 올 수도 있고 앞에 올 수도 있다.

한편 (6e,f)는 전치사구 수식어 "with caution"이 동사구 "opened the window"의 뒤에 오는 것이 정상적인 어순이며 동사구 앞에는 올 수 없다는 것을 보여준다. 또한 (6g,h) 역시 전치사구 수식어는 동사구 뒤에 오는 것이 정상이라는 것을 보여준다.

이상을 종합하면, 동사구(VP)와 부사구 수식어(AdvP)가 결합하여 동사구(VP)를 형성하고 동사구(VP)와 전치사구 수식어(PP)가 결합하여 동사구(VP)를 형성하는 과정을 설명하기 위해서는 다음 두 개의 구 구조 규칙이 필요하다.

(9) ① VP→VP, AdvP
     ② VP→VP PP

규칙 (9)①에 있는 쉼표 ","는 VP와 AdvP 사이에는 고정된 어순이 없다는 것, 다시 말해 두 성분이 **자유 어순(free word-order)**임을 의미한다. 이 쉼표는 두 개의 규칙 "VP→VP AdvP"와 "VP→AdvP VP"를 하나로 통합하는 효과를 발휘한다.

이와 대조적으로 정문 (6e,g)와 비문 (6f,h)에 나타나는 바와 같이 전치사구 수식어와 핵심어 동사구의 어순은 **고정 어순(fixed word-order)**이다. 즉 전치사구 수식어가 항상 동사구 뒤에 와야 한다. 따라서 규칙 (9)②에서 VP와 PP 사이에는 쉼표가 없다.

구 구조 규칙 (9)에 따라 예문 (6a), (6b), (6c), (6d), (6e), (6g)의 동사구의 구조가 각각 아래 나무그림 (10a), (10b), (10c), (10d), (10e), (10g)로 생성된다.

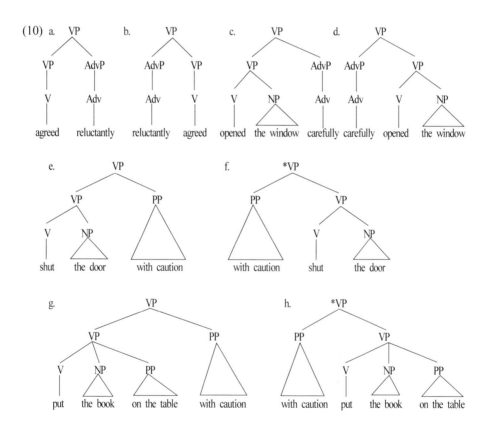

구 구조 규칙 (9)①은 나무그림 (10a) 또는 (10b)를 생성한다. 즉 수식어 부사구 "reluctantly"와 핵심어 동사구 "agreed"가 결합하여 VP가 되며 어순은 자유 어순이다. 아울러 같은 구 구조 규칙이 (10c), (10d)를 생성한다.

그러나 전치사구 수식어를 도입하는 구 구조 규칙 (9)②는 나무그림 (10e)를 생성할 수 있으나 (10f)는 생성할 수 없다. 이로써 전치사구 "with caution"이 동사구 "shut the door"의 뒤에 오지 않고 앞에 오면 비문이 되는 사실을 설명한다. 즉 "with caution"이 "put the book on the table" 앞에 온 (10h)도 같은 이유로 비문이 된다.[14]

규칙 (9)는 동사구 수식어가 반복적으로 나타날 가능성을 허용한다. 동사구와 부사구가 결합하면 다시 동사구가 되므로 그 동사구에 다시 부사구가 결합할 수 있기 때문이다. 아래 (11)과 같은 예가 그러한 경우이다.

(11) a. He put the book into the box *with caution by stealth*.
      (그는 그 책을 상자 안에 조심스럽게 몰래 넣어두었다.)

   b. He put the book into the box *stealthily with caution*.

   c. He put the book into the box *cautiously stealthily*.

(11a)는 전치사구 "with caution"이 동사구 "put the book into the box"에 결합하여 동사구 "put the book into the box with caution"이 형성되고 그 동사구에 다시 전치사구 수식어 "by stealth"가 결합한 것이다. (11b)와 (11c)의 동사구도 비슷한 과정을 거쳐 형성되는데 두 문장의 구조를 나무그림으로 나타내면 각각 아래와 같다.

---

[14] 부사의 위치는 그 의미에 따라 복잡한 변화가 있어 여기서 간단히 다룰 수 있는 문제가 아니지만, 그 윤곽을 대체로 말한다면 다음과 같다. 먼저 부사 수식어를 크게 **동사구 수식어**와 **문장 수식어**로 나눈다. 동사구 수식어는 본동사의 의미를 직접 수식하고 문장 수식어는 문장 전체의 의미와 관련된다. 그리고 부사 수식어가 차지하는 위치를 <주어 앞의 위치>, <주어와 본동사 사이의 (중간) 위치>, <본동사 뒤의 위치> 등 셋으로 나눈다. Luckily, happily, frankly, probably, moreover 등 문장 수식어는 주로 <앞 위치>에 오지만 <중간 위치>에 올 수도 있고, steadily, carelessly, enormously 등 동사 수식어는 전형적으로 <뒤 위치>에 오지만 <중간 위치>에 올 수도 있다. Happily, they didn't come again.(다행히도 그들은 다시 오지 않았다.) They happily didn't come again. *~~They didn't come again happily~~. 본동사를 수식하는 양태부사는 주어 앞 위치만 제외하고 다른 모든 위치에 올 수 있다. He walked steadily to the door.(그는 침착하게 문으로 걸어갔다.) He walked to the door steadily. He steadily walked to the door. *~~Steadily he walked to the door~~. 그러나 적당한 휴지(pause)와 억양을 동반하면 비문이 정문이 될 수도 있다. 가령 They didn't come again, happily.처럼 again과 happily 사이에 적당한 억양과 휴지를 두면 정상적인 문장이 된다. 또 Steadily, he walked to the door.는 Steadily와 he 사이에 적당한 휴지를 두면 정문이 될 수도 있다. 이런 의미에서 부사 수식어의 어순은 비교적 자유롭다고 할 수 있다.

(12) a.

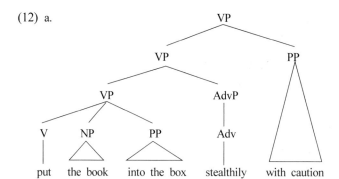

b.

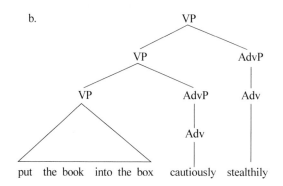

수식어의 어순 차이에서 미세한 의미차이가 나올 수 있다. (12a)는 stealthily가 동사구 "put the book into the box"를 수식하고 "with caution"이 "put the book into the box stealthily"를 수식하여 "몰래 책을 상자에 넣는 것을 조심스럽게 했다는 뜻"이고 (12b)는 cautiously가 동사구 "put the book into the box"를 수식하고 다시 stealthily가 "put the book into the box cautiously"를 수식하여 "조심스럽게 책을 상자에 넣는 것을 몰래 했다"는 뜻이 된다.

다음으로 형용사를 수식하는 부사구 수식어와 전치사구 수식어의 예를 살펴본다.

(13) a. Their objections are {*partially*/*totally*} valid.
(그들의 반대의견은 {부분적으로/전적으로} 타당하다.)

b. *Their objections are valid {*partially*/*totally*}

(14) a. His behavior is {*extremely/deceptively*} dangerous. (그의 행동은 {극단적으로/겉으로 보기엔 잘 안 나타나지만 사실은} 위험하다.)

   b. *~~They are dangerous {*extremely/deceptively*}~~.

(15) a. Their objections are valid *to some extent*.

   b. *~~Their objections are *to some extent* valid~~.

(16) a. They are aggressive *to the extreme*.

   (그들은 극도로 공격적이다.)

   b. *~~They are *to the extreme* aggressive~~.

위 예문 (13)과 (14)는 부사구 수식어는 핵심어 형용사구 앞에 와야 한다는 것을 보여주고 (15)와 (16)은 전치사구 수식어는 형용사 뒤에 와야 정문이 된다는 것을 보여준다.

먼저 부사구 수식어가 반드시 핵심어 형용사구 앞에 오는 현상을 설명하기 위해서는 다음 구 구조 규칙이 수립되어야 한다.

(17) AdjP→AdvP AdjP

앞에서 본 (9)①의 경우와 달리 이 규칙에는 두 구성 성분 사이에 쉼표가 없다. 핵심어 형용사구 앞에 그 부사구 수식어가 오는 어순이 고정 어순이기 때문이다. 이 규칙에 따라 부사구 수식어가 핵심어 형용사구 뒤에 있는 (13b)와 (14b)와 같은 것은 비문으로 규정된다.

그리고 예문 (15)와 (16)에 나오는 전치사구 수식어는 구 구조 규칙 (9)②로 설명된다. 즉 (15a)에서 전치사구 "to some extent"는 형용사구 "valid"를 수식하는 것이 아니라 동사구 "are valid"를 수식하고 (16a)에서 "to the extreme"은 동사구 "are aggressive"를 수식한다. 이들의 구조는 다음과 같다.

(18) a.

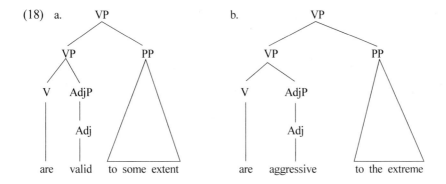

우선 (9)②에 의해 PP 수식어는 VP 뒤에 올 수밖에 없다. 즉 "to some extent"나 "to the extreme"이 AdjP 앞에 나타나는 것을 허용하는 어떠한 규칙도 없다. 형용사구와 전치사구가 결합하여 형용사구를 형성하는 것은 어떠한 경우에도 허용되지 않는다. 실제 (15)와 (16)에서 형용사구와 전치사구가 나란히 놓여 있어서 마치 두 구가 결합하는 것처럼 보이지만 그 둘은 동사구와 전치사구가 결합한 것이지 형용사구와 전치사구가 결합한 것이 아니다. 만약 형용사구와 전치사구가 결합하여 형용사구를 형성할 수 있다면 다음과 같은 명사구도 정문이 되어야 한다.

(19) a. *an [aggressive in the extreme] animal (극도로 공격적인 동물)
　　 b. *the [offensive at times] enemy (때로는 공격적인 적군)

만약에 aggressive와 in the extreme이 결합하여 형용사구 "aggressive in the extreme"을 형성한다면 그 형용사구가 animal을 수식할 수 있어야 할 것이다. 그러나 그러한 명사구 (19)는 비문이다. 그러므로 형용사구와 전치사구가 결합해 형용사구를 형성하는 것을 허용해서는 안 된다.

　그렇다면 다음과 같이 "aggressive in the extreme"나 "offensive at times"가 핵심어 명사 뒤에 오면 정문이 되는 현상은 어떻게 설명할 수 있는가?

(20) a. an animal [aggressive in the extreme] (극도로 공격적인 동물)
　　 b. the enemy [offensive at times] (때로는 공격적인 적군)

이 문제는 형용사 앞에 "is"가 생략되었다는 것을 전제하면 해결된다. 즉 (20)에서 "aggressive"와 "in the extreme"이 결합하여 형용사구를 형성한 것이 아니고 "offensive" 와 "at times"가 결합하여 형용사구를 형성한 것이 아니다. 실은 동사구 "is aggressive"와 전치사구 "in the extreme"이 결합하여 동사구를 형성하고 "is offensive"와 "at times"가 결합하여 동사구를 형성한 것이다. 다시 말해 (20)은 다음 (21)의 축소 형태라고 보면 된다.

(21) a. an animal (which is) aggressive in the extreme
      b. the enemy (who is) offensive at times [15]

수식어를 도입하는 규칙은 보어를 도입하는 규칙과 중요한 차이점이 있다. 보어는 핵심어 어휘범주와 결합하여 구범주를 형성하는 데 반해 수식어는 **핵심어 구범주**와 결합하여 구범주를 형성한다.[16] 즉 수식어를 도입하는 규칙 (9)에서는 부사구 수식어 AdvP는 핵심어 구범주 VP와 결합한다. 또한 규칙 (7)②가 보여주는 바와 같이 부사를 수식하는 부사 수식어 역시 구범주 부사구와 결합한다. 때문에 보어는 어휘범주와 결합하고 수식어는 구범주와 결합한다. 이 같은 수식어구와 핵심어구의 관계를 일반화하여 하나의 원리를 수립할 수 있다.

즉 구 XP의 핵심어는 XP가 직접지배하는 어휘범주 X이고 X의 보어는 자신의 자매 구이다.

(22) **핵심어-수식어의 구성 원리** (Head-Modifier Principle)
     핵심어 구범주 XP는 자신의 수식어 YP와 결합하여 XP를 형성한다.

이 원리를 나무그림을 바탕으로 표현하면 다음과 같다.

---

[15] 형용사가 앞에 나오는 수식어 구문으로 바꾸면 an extremely aggressive animal, the occasionally offensive enemy와 같이 된다. 이는 부사 수식어가 있는 형용사구 수식어가 핵심어 명사 앞에 온 평범한 명사구의 구조이다.

[16] 앞 절에서 본 바와 같이 동사구를 형성하는 규칙(VP→V NP, VP→V AdjP, VP→V PP, VP→V NP PP)이나 형용사구를 형성하는 규칙(AdjP→A PP)이나 전치사구를 형성하는 규칙(PP→P NP)에서 보어는 반드시 어휘범주와 결합하고 있다.

(23) a. 구 XP의 핵심어는 XP가 직접지배하는 구 범주 XP이고 그 XP의 수식어는
핵심어구 범주 XP의 자매 YP이다.

b.   구 범주 XP

　　　핵심어 구 범주 XP　　　수식어 YP

결국 핵심어 어휘범주가 보어와 결합하면 구범주가 되므로 어휘범주에 결합하는 보어는 그 다음에는 다시 나타날 수 없다. 즉 보어는 단 한번 핵심어와 결합할 수 있을 뿐이다. 대조적으로 수식어 구와 핵심어 구가 결합하면 다시 구 범주가 되므로 구 범주에 결합하는 수식어는 그 구범주에 또 결합할 수 있다. 따라서 보어는 반복될 수 없으나 수식어는 반복될 수 있다. 아래 예문 (24)는 두 개의 수식어가 연이어 나타나 있다.

(24) a. It is aggressive *in the extreme at times*. (그것은 때로는 극도로 공격적이다.)
b. They were cautious *to excess to some extent*. (그들은 어느 정도 과도하게 조심스러웠다.)

(24a)에서 동사구 "is aggressive"와 전치사구 수식어 "in the extreme"이 결합하여 형성된 형용사구 "is aggressive in the extreme"에 다시 전치사구 수식어 "at times"가 결합한다. 또 (24b)에서는 동사구 "were cautious"와 전치사구 수식어 "to excess"가 결합하여 동사구 "were cautious to excess"를 이루고 그 동사구에 다시 전치사구 수식어 "to some extent"가 결합한 예이다.[17]

한편 다음 예문(25)에서처럼 전치사구 보어를 거느리는 형용사구 뒤에도 전치사구 수식어가 올 수 있다.

(25) a. She was happy about the news *at that time*. (그는 그때 그 소식에 기뻐했다.)
b. She was fond of the doctor *at that time*. (그는 그 당시 그 의사를 좋아했다.)

---

[17] 그와 같은 방식으로 전치사구 수식어가 계속 더 반복되는 이론적 가능성은 열려 있으나 실제로는 보통 두 개 정도의 수식어 반복이 적정량이다.

이렇게 되면 두 개의 전치사구가 연이어 나타나지만 앞의 전치사구 "about the news"와 "of the doctor"는 각각 어휘 범주 happy와 fond의 보어이고 뒤의 전치사구 "at that time"은 각각 동사구 "was happy about the news"와 "was fond of the doctor"의 수식어이다. (25a)의 동사구의 구조는 다음과 같다.

(26)

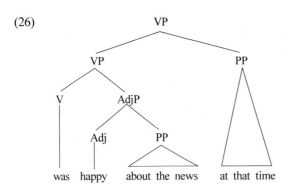

즉 형용사 핵심어 happy와 그 보어 "about the news"가 결합하여 형용사구 "happy about the news"를 형성하고 동사 was가 이 형용사구를 보어로 취하여 동사구 "was happy about the news"를 형성한다. 그런 다음 수식어 "at that time"이 그 동사구와 결합하여 다시 동사구를 형성한다.

이와 같이 보어와 수식어가 연이어 나올 때 항상 보어가 수식어를 선행한다. 때문에 이 이순이 뒤바뀌면 아래 예와 같이 모두 비문이 된다.

(27) a. *They opened *carefully* the window.

b. *She put *with caution* the book on the table.

c. *She put the book *with caution* on the table.

d. *She was happy *at that time* about the news.

e. *She was fond *at that time* of the doctor.

우선 (27a)는 수식어 carefully가 보어 the window를 선행하기 때문에 비문이다. 그 이하도 모두 같은 이유로 비문이 된다. 즉 (b)는 수식어 "with caution"이 보어 "the book on the table"을 선행하기 때문에, (c)는 수식어 "with caution"이 보어

"on the table"을 선행하기 때문에, (d)는 수식어 "at that time"이 보어 "about the news"를 선행하기 때문에, 그리고 (e)는 수식어 "at that time"이 보어 "of the doctor"를 선행하기 때문에 비문이 된다.

동사구의 수식어는 동사구와 결합한다. 동사구가 형성되어 있어야 수식어가 그 동사구와 결합할 수 있다. 그런데 동사구는 핵심어 동사와 그 동사의 보어가 결합해야 형성된다. 따라서 핵심어 동사가 보어와 결합하여 동사구를 형성한 다음에 비로소 수식어가 그 동사구에 결합할 수 있는 것이다. 다시 말해 보어가 핵심어 동사와 결합하여 동사구를 형성하기도 전에 동사구 수식어와 동사구가 결합하는 일은 일어날 수 없다. 이와 같이 "보어 먼저, 수식어 나중에"라는 어순은 보어와 수식어 결합의 선후관계에서 오는 필연적 결과다. 다시 말해 이 어순규칙은 **핵심어-보어의 구성 원리**와 **핵심어-수식어 구성 원리**의 상호작용의 자연적인 결과이다. 그 두 원리에 보어와 수식어의 어순 규칙이 내포되어 있다고 말할 수 있다.

1.4 명사구의 구조: 지정어와 수식어

the student, the dog, a ball 등 명사구에는 the, a 등 관사(Article)가 핵심어 명사 앞에 나타나는데 이 점은 동사구나 형용사구나 전치사구에는 없는 명사구만의 특징이다.[18] 따라서 구 구조 규칙에 이 특징을 반영하여 명사구는 관사와 명사가 결합하여 형성되도록 하였다. 아래 (1)이 그 규칙이다.

(1) NP→Art N

---

[18] chemistry, John 등의 명사구에는 관사가 없다. 이렇게 핵심어 명사에 따라 관사가 있는 경우도 있고 없는 경우도 있다. 이런 명사들은 명사 단독으로 명사구가 형성될 수 있게 해주는 구구조 규칙 NP→N로 도입된다. 동사, 형용사, 전치사의 경우에도 이런 현상이 있음은 이미 앞에서 보았다. 동사 단독으로 동사구를 이룰 수 있고 (VP→V), 형용사 단독으로 형용사구를 이룰 수 있으며 (AdjP→Adj), 전치사 단독으로 전치사구를 이룰 수 있다. (PP→P)

그런데 핵심어 명사 앞에는 관사뿐만 아니라 아래 예와 같이 my, his 등과 같은 **소유대명사**와 any, some, many, much, every, each, no 등 양을 나타내는 이른바 **양화사**(quantifier)도 있다.

(2)   a. a student
        b. the dog
        c. my book
        d. his books
        e. any book
        f. some book(s)
        g. every book
        h. each book
        i. no book

구 구조 규칙 (1)은 (2c~i)의 용례들은 하나도 생성할 수 없다. 따라서 용례 (2)의 모든 명사구들을 생성할 수 있도록 하기 위해서는 규칙 (1)을 수정 보완해야 한다. 이를 위해 먼저 **결정사**(Determiner)라고 부르는 새로운 문법범주를 도입할 필요가 있다. 결정사란 관사 a와 the, **소유대명사** my, our, your, his, her, their 등은 물론 양화사 any, some, many, a few, little, a little, every, each 등을 모두 하나로 묶는 문법범주이다.[19]

우선 규칙 (1)에서 관사 Art를 결정사 D로 대치하여 다음 규칙 (3)을 수립하면 일단 (2)의 용례를 모두 생성할 수 있다.

(3)   NP→D N

한편 결정사가 명사구 안에서 수행하는 **문법적 기능**을 특별히 **지정어**(specifier)

---

[19] 지금까지 명사, 동사, 전치사, 형용사 등 4대 주요 문법범주의 체계였으나 결정사가 추가되면 5대 주요 문법범주(5 major grammatical categories)의 체계가 된다. 여기에 and, but 등 접속사 그리고 Oh, Ah, Ouch 등 기타 소범주(minor grammatical categories)가 추가되면 7품사 체계가 된다.

라고 부른다. 얼핏 보면 결정사가 **수식어**(modifier)처럼 보일 수도 있고 명사의 의미를 보완하는 **보어**처럼 보일 수도 있으나 결정사는 수식어도 아니고 보어도 아니다. 핵심어 명사 앞에 붙는 지정어는 그 명사가 무엇을 가리키는지 구체적으로 지정해주는 단어이다. 다음 표는 명사의 지정어를 보어와 비교하고 수식어와 비교함으로써 지정어의 특징을 보여준다.

(4) 지정어, 보어, 수식어

문법기능 기준	문법 범주	구조상	의미상	생략 가능성	반복 가능성	어순: 핵심어 명사의 앞인가 뒤인가	예(밑줄 친 부분)
지정어(specifier)	결정사	필수	필수	없음	없음	앞	a student, <u>the</u> dog <u>any</u> person, <u>every</u> dog
보어(complement)	전치사	필수	필수	있음/ 없음	없음	뒤	a student (<u>of chemistry</u>), her interest (<u>in chemistry</u>)
수식어(modifier)	형용사/ 전치사	선택	선택	있음	있음	앞/뒤	an (<u>adorable</u>) person, a student <u>of chemistry</u> (<u>at CMU</u>)

요약하면 핵심어 명사의 보어의 문법 범주는 전치사이고 수식어의 문법범주는 형용사 또는 전치사이며 지정어의 문법 범주는 결정사이다.

그런데 지정어와 보어는 구조적으로나 의미적으로 필수요소이나 수식어는 선택사항이다. 또한 수식어는 문맥에 따라 항상 생략이 가능하고 복수의 수식어가 반복될 수도 있다. 반면 지정어는 생략될 수도 반복될 수도 없다. 보어는 문맥이 허용하면 생략될 수도 있다. 결국 수식어는 필수성이 없고 지정어와 보어는 필수성이 있으나 지정어의 필수성이 보어의 필수성보다 강하다고 할 수 있다.

(5) My college was St. Hilda's and it did have a chemistry don but **her** <u>interest</u> was organic chemistry and **my** <u>interest</u> was in physical chemistry. (내가 다닌 대학은 세인트 힐다였는데 우리 대학에 화학(계의) 거장이 있었지만 그의 관심사는 유기화학이었고 나의 관심사는 물리화학이었다.)

여기서 her interest는 문맥상 her interest in **chemistry**가 분명하고, my interest는

my interest in chemistry가 분명하므로 보어 in chemistry를 생략한 것이다. 원칙적으로 interest는 in전치사구 보어를 거느려야 되지만 (5)의 문맥에서 그것을 꼭 말하지 않더라도 오해의 소지가 없기 때문에 생략한 것이다. 이렇게 보어는 문맥상 생략될 수 있다. 그러나 단수의 보통명사 interest의 지정어 my나 her는 어떤 경우에도 생략될 수 없다. (Cf. *~~Interest was organic chemistry and interest was in physical chemistry.~~)

결정사를 생략하면 어김없이 비문이 발생한다.

(6) a. *~~He is student of chemistry~~. vs. He is <u>a</u> student of chemistry.
b. *~~Dog ran away from the house~~. vs. <u>The</u> dog ran away from the house.
c. *~~This is interesting book~~. vs. This is <u>an</u> interesting book.
d. *~~He has published book~~. vs. He has published <u>no</u> book.

단수 명사의 경우 지정어는 명사구를 이루는 필수요소이므로 단수 명사 앞에 결정사가 없으면 반드시 비문이 된다. 그리고 다음 비문 (7)이 보여주는 바와 같이 지정어의 기능을 수행하는 결정사들은 서로 배타적이어서 어느 하나가 나타나면 다른 어떤 것도 함께 나타날 수 없다.

(7) a. *~~his my book~~,   *~~my his book~~
b. *~~the a book~~,   *a the ~~book~~
c. *my the ~~book~~,   *my the ~~book~~
d. *his any ~~book~~,   *any his ~~book~~
e. *~~every my book~~
f. *some the every ~~book~~,   *the some every ~~book~~,   *every some the ~~book~~

즉 결정사 his의 지정기능과 my의 지정기능이 다르기 때문에 이 두 지정어가 함께 하나의 핵심어 명사 앞에 나타나는 (7a)와 같은 예는 비문이 된다. 그 이하 모두 같은 이유로 비문들이다. the와 a가 지정하는 것이 서로 다르므로 그 두 결정사가 함께 한 명사의 지정어로 사용될 수 없다. 핵심어 명사는 반드시 단 하나의 지정어를 가진다.

보어 역시 반복될 수 없고 하나의 핵심어 명사는 단 하나의 보어를 거느린다. 또한 명사는 전형적으로 전치사구 보어를 거느린다. a *student* of chemistry, the *student* of chemistry 등에서 전치사구 of chemistry가 student의 보어이다. 즉 of 전치사구가 전공 영역이 무엇인지 밝혀줌으로써 핵심어 명사 student(전공자)의 뜻을 완성시킨다.[20]

이와 같은 방식으로 개별 명사들은 각기 그 의미에 따라 of전치사구 보어뿐만 아니라 여러 가지 다른 전치사구 보어를 취한다. 아래 예에서 밑줄 친 전치사구가 각 명사의 보어이다.

(8) a. the *construction* of a new skyscraper (새 마천루의 건설)
　　 b. the *destruction* of the industrial centers (공업 중심지의 파괴)
　　 c. the company's *association* with insurance retailer Morgan (그 회사의 보험 소매상 모건과의 제휴)
　　 d. his *relationship* with our neighbors (그의 우리 이웃들과의 관계)
　　 e. his *commitment* to world peace (세계 평화에 대한 그의 공약 (책임, 사명감))
　　 f. her *interest* in chemistry (화학에 대한 그녀의 관심)

이와 같이 핵심어 명사는 보어가 있어야 그로 인해 명사구 전체의 의미가 완성된다. 가령 전치사구 보어 of a new skyscraper로 인해 construction의 의미가 완성될 수 있다. 그리고 핵심어 명사에 따라 특정의 보어가 정해져 있다. student, construction, destruction 등의 보어는 반드시 of전치사구이어야 하고 association, relationship 등의 보어는 반드시 with전치사구이어야 한다. 또 interest의 보어는 in전치사구이어야 하며 commitment의 보어는 to전치사구이어야 한다. 바꾸어 말하면 student, construction, destruction 등은 of전치사구가 아닌 다른 전치사구를 보어로 취할 수 없고 association, relationship 등은 with 전치사구 보어 이외 다른 전치사구 보어를 취할 수 없다. 각 명사가 정해진 전치사구가 아닌 다른 전치사구

---

[20] student가 단순히 "학생"을 의미할 때는 전치사구 보어가 필요 없다. He is a **student** (at CMU). (그는 (CMU의) 학생이다.) She is not a **student** (any longer). (그녀는 이제 학생이 아니다.) 이때 student는 단독으로 명사구를 형성할 수 있다. at CMU나 any longer는 수식어이다. 수식어는 생략할 수 있다.

를 보어로 취하면 비문이 된다. 그래서 *~~a student with chemistry~~, *~~a student in chemistry~~, *~~a student for chemistry~~, *~~his relationship of our neighbors~~, ~~the company's association in Morgan~~, ~~her interest on physics~~ 등은 명사가 각 정해진 전치사구 보어를 취하지 않아 비문이 되었다.

결국 하나의 핵심어 명사는 반드시 하나의 특정 전치사구 보어를 거느린다. 하나의 명사가 복수의 보어를 거느리는 일은 있을 수 없다. 가령 화학과 생물학을 복수전공하는 학생의 경우도 student가 두 개의 보어를 거느리는 것이 아니라 두 개의 영역을 and로 연결한 하나의 전치사구 보어를 거느린다. 즉 a student [of chemistry and biology]는 정문이지만 *~~a student of chemistry of biology~~는 비문이다. 앞의 예는 student에 하나의 전치사구 보어 of chemistry and biology가 붙어서 정문 이고 뒤의 예는 두 개의 전치사구 of chemistry와 of biology가 붙어서 비문이다.

이에 비해 구조적으로나 의미적으로 형용사 수식어는 핵심어 명사의 뜻을 수식 할 뿐이므로 생략될 수도 있다. 나아가 형용사들 끼리 모순되는 뜻만 아니면 여러 개의 수식어가 반복될 수도 있다.

(9) a. an adorable person.

b. an adorable, beautiful person.

c. an adorable, beautiful, charming person.

d. pleasant occupations.

e. pleasant, interesting occupations.

f. pleasant, interesting, instructive occupations.

(9a~c)에서 보는 바와 같이 결정사 지정어와 형용사 수식어가 함께 일어날 때는 반드시 결정사가 형용사 수식어를 선행한다. 형용사 수식어가 하나일 때나 여러 개일 때나 결정사는 항상 맨 앞에 오기 마련이다. 때문에 결정사 앞에 형용사 수식어가 오는 *~~adorable a person~~이나 *~~adorable, beautiful a person~~ 등은 모두 비 문이다.

또한 전치사구는 예문(10)처럼 명사의 보어가 될 수 있을 뿐만 아니라 수식어도 될 수 있다. 명사 수식어가 되는 전치사구는 핵심어 명사 뒤에 나온다. 아울러 명사 앞에 오는 형용사구 수식어처럼 명사 뒤에 오는 전치사구 수식어도 반복될 수 있다.

(10) a. the house <u>by the river</u>. (강가의 집)

    b. the house <u>by the river</u> <u>over the hill</u>. (언덕 넘어 강가의 집)

    c. the house <u>by the river</u> <u>over the hill</u> <u>in the village</u>. (마을 언덕 넘어 강가의 집)

다음 예에서 볼 수 있는 바와 같이 명사 뒤에 보어와 전치사구 수식어가 함께 올 때 반드시 보어가 수식어를 선행한다.

(11) a. *My* interest *in chemistry* *at that time* was physical chemistry.

      (그 당시 화학에 대한 나의 관심은 물리화학이었다.)

    b. *My ~~interest~~ *~~at that time~~* *~~in chemistry~~* ~~was physical chemistry~~.

여기서 관심의 대상인 in chemistry는 interest의 보어이고 화학에 관심을 가졌던 때를 나타내는 at that time은 수식어이다. 이렇게 보어와 수식어가 공존할 때는 보어가 수식어를 선행하는 (a)가 정문이다. 이 어순이 뒤바뀌어 핵심어와 보어 사이에 수식어가 끼어들면 비문이 발생한다. 다음 용례에서도 같은 현상을 볼 수 있다.

(12) a. She is *a* student *of chemistry* *at CMU*.

      (그녀는 CMU에서 화학을 전공하는 학생이다.)

    b. *~~She is a~~ student *~~at CMU~~* *~~of chemistry~~*.

(13) a. a professor *of physics* *at MIT* (MIT의 물리학 교수)

    b. *a ~~professor~~ *~~at MIT~~* ~~of physics~~*

(14) a. a professor *of physics* *with long hair* (긴 머리의 물리학 교수)

    b. *a ~~professor~~ *~~with long hair~~* *~~of physics~~*

이와 같은 어순은 세 개의 전치사구가 올 때도 마찬가지다. of전치사구 보어가 명사 직후의 위치를 이탈하면―수식어가 보어 앞에 오면―모두 비문이 된다.

(15) a. a professor **of physics** *at MIT with long hair*

　　　　(긴 머리를 한, MIT에 있는 물리학 교수(=긴 머리의 MIT 물리학 교수))

　　b. a professor **of physics** *with long hair at MIT*

　　　　(MIT에 있는, 긴 머리를 한 물리학 교수)

　　c. *a professor *at MIT* **of physics** *with long hair*

　　d. *a professor *at MIT with long hair* **of physics**

　　e. *a professor *with long hair* **of physics** *at MIT*

　　f. *a professor *with long* **hair** *at MIT* **of physics**

결국 명사구 안에서 지정어, 보어, 수식어의 순서는 다음과 같다.

(16) 지정어>형용사구 수식어>핵심어 명사>전치사구 보어>전치사구 수식어

즉 지정어와 수식어가 동시에 나타나면 "지정어 먼저, 수식어 나중에"의 어순이고 보어와 수식어가 동시에 나타나면 "보어 먼저, 수식어 나중에"의 어순이다.

또한 지정어와 보어는 오직 하나이고 수식어는 여러 개 반복될 수 있다. 나아가 복수의 수식어가 나타날 때 수식어들끼리의 어순은 자유 어순이다.

이상으로 명사구의 구성성분과 어순에 대해 대강 알아보았다. 그런데 앞에서 수립한 명사구 생성 규칙 (3) (즉 NP→D N)은 보어와 수식어가 있는 명사구를 생성할 수 없다. 이 한계를 극복해야 할 뿐만 아니라 명사구 안에서 지정어는 오직 하나이어야 하고 수식어는 여러 개 반복될 수도 있는 현상을 설명하려면 (3)을 대폭 업그레이드할 필요가 있다. 이를 위해 **작은 명사구**(little Noun Phrase=N')와 **큰 명사구**(big Nour Phrase=NP)의 개념을 도입하는 조치가 필요하다. N'는 "N바(bar)"라고 읽는다.[21] 동사, 형용사, 전치사 등 세 문법범주는 어휘범주에 보어가 결합되면 바로 구범주가 된다. 즉 어휘범주 동사 V와 구범주 동사구

---

[21] 작은 명사구의 명칭 "N바"는 원래 N 글자 위에 막대기(bar)를 붙였던 데서 유래한다. 막대기 하나 붙은 N은 "N single bar", 두 개 붙은 N은 "N double bar"라고 하였다. N double bar는 NP를 가리켰다.

VP, 어휘범주 형용사 Adj와 구범주 형용사구 AdjP, 어휘범주 전치사 P와 구범주 전치사구 PP의 2단계의 규모(scale)로 되어 있다. 이에 비해 명사는 **어휘범주**에 보어가 결합되면 **작은 명사구**가 되고 작은 명사구에 지정어가 결합되어 **큰 명사구**가 된다. 즉 명사는 어휘범주 명사 N보다 크고 큰 명사구 NP보다 작은 작은 명사구 N'가 있어서 3단계의 규모로 되어 있다. 3단계의 명사구 형성은 다음과 같다.

(17) 명사구 형성의 3단계
　　① 어휘범주인 핵심어 명사(N)는 보어인 PP와 결합하여 작은 명사구(N')를 형성한다.
　　② 작은 명사구(N')는 수식어와 결합하여 다시 작은 명사구(N')를 형성한다.
　　③ 작은 명사구(N')는 지정어와 결합하여 큰 명사구(NP)를 형성한다.

위의 진술을 구 구조 규칙으로 표현하면 다음과 같다.

(18) ① N'→N PP
　　② N'→Adj N'
　　③ N'→N' PP
　　④ NP→D N'

　예를 들면 어휘범주 N "student"가 그 전치사구 보어 "of chemistry"와 결합하면 작은 명사구 N' "student of chemistry"가 되고 여기에 결정사 지정어 "the"가 결합하면 큰 명사구 NP "the student of chemistry"가 된다. 아래 나무그림이 이 과정을 보여준다.

(19)

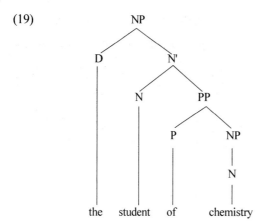

즉 전치사 of의 명사구 보어 chemistry는 1.2절에서 수립한 규칙 (22)②에 의해 생성된다. 그 규칙은 지금도 유효하다. (아래 (20)①에 옮겨놓았다.) 이 규칙은 chemistry, integrity 등 추상명사는 물론 John, Seoul 등 고유명사와 he, me 등 대명사처럼 보어도 없고 지정어도 없이 어휘범주가 단독으로 명사구를 형성하는 모든 경우에 두루 적용되는 규칙이다. 이 어휘범주 N은 단독으로 큰 명사구 NP를 형성한다. 이것이 이 어휘범주가 NP를 형성하는 유일한 과정이다. 이 때문에 고유명사 N에 보어가 결합하는 경로가 원천 봉쇄되고, N과 NP 사이에 작은 명사구 N'가 없기 때문에 오직 N'에만 결합할 수 있는 지정어가 결합할 수 있는 경로 또한 차단된다. 이로써 *the John, *the Seoul, *the he, *a me 또는 *John of the family, *Seoul in the east와 같은 비문의 명사구는 생겨나지 않는다.[22]

(20) ① NP→N

② N'→N

---

[22] The London in the 16th century(16세기의 런던), the Shakespeare of Korea(한국의 셰익스피어) 등과 같은 표현에서 고유명사에 결정사도 붙고 보어 또는 수식어도 붙는 경우가 있으나 이는 본래의 고유명사가 보통명사로 성질이 바뀐 현상으로 보아야 한다. 이때 London이나 Shakespeare는 모양만 고유명사이지 이미 보통명사화한 것이어서 "the London"은 "런던의 속성"을 의미하고 "the Shakespeare"는 "셰익스피어와 같은 사람"을 의미한다. 제6장 6.7.5절 참조.

그런데 (20)②는 student, book 등 보통명사가 보어 없이 지정어와 결합하여 "a student", "the book"과 같은 명사구를 형성할 수 있게 해주는 규칙이다. 아래 (21a) 에서 작은 명사구 N' "student"가 이 규칙에 의해 생성된다. (21b)는 보어가 없고 전치사구 수식어만 있는 큰 명사구의 예이다.

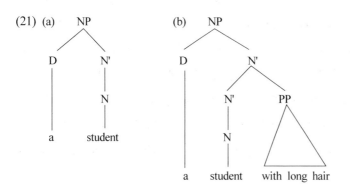

작은 명사구가 수식어와 결합하는 경로는 두 가지이다. 위의 (21b)처럼 전치사구 수식어가 핵심어 명사 뒤에 오는 경우가 그 하나인데 규칙 (18)③이 이를 생성한다. 다른 하나는 형용사 수식어가 핵심어 명사 앞에 오는 경우인데 (18)②가 이를 생성한다. 아래 (22a)가 그 예를 보여준다. 그리고 (22b)는 핵심어 명사 뒤에 전치사구 보어와 전치사구 수식어가 결합된 명사구이다.

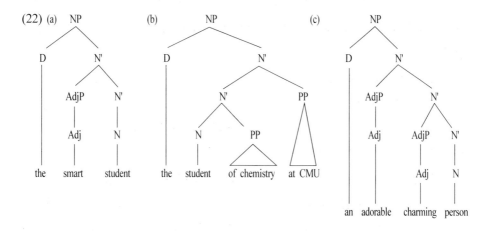

(22a)의 형용사구 수식어 "smart"는 어휘범주 단독으로 형용사구 AdjP를 형성한다. 어휘범주 단독으로 형성된 작은 명사구 N' "student"가 그 형용사 수식어 AdjP와 결합하여 작은 명사구를 이루고 거기에 결정사가 결합하여 큰 명사구를 형성한다. (22b)는 핵심어 명사 뒤에 전치사구 보어와 전치사구 수식어가 결합된 큰 명사구의 예이다. 핵심어 명사 N "student"에 전치사구 보어 "of chemistry"가 결합하여 작은 명사구 N' "student of chemistry"가 형성되고 이어 전치사구 수식어 "at CMU"가 결합하여 다시 작은 명사구 "student of chemistry at CMU"가 형성된다. 최종적으로 그 작은 명사구에 결정사 "the"가 결합하면 큰 명사구 NP "the student of chemistry at CMU"가 형성된다. 다시 말해 작은 명사구 N' "student at CMU"에는 전치사구 보어 "of chemistry"가 결합될 수 없다. 왜냐면 보어는 오직 어휘범주에만 결합될 수 있기 때문이다. 따라서 (12b)의 "*student at CMU of chemistry"와 같은 비문은 생성될 수 없다.

또한 (11a)의 큰 명사구 "My interest in chemistry at that time"의 구조도 나무그림 (22b)와 비슷하다. 전치사구 보어 "in chemistry"가 핵심어 명사 "interest"와 결합하여 작은 명사구가 형성되고 거기에 전치사구 수식어 "at that time"이 결합하여 다시 작은 명사구 "interest in chemistry at that time"가 형성되고 이에 결정사 "My"가 결합하면 큰 명사구가 최종적으로 형성된다.

한편 형용사 수식어는 N'와 결합하고 그 결합의 결과가 다시 N'이므로 거기에 형용사 수식어가 다시 결합할 수 있다. 이로써 핵심어 명사 앞에 수식어가 반복해서 일어나는 (9)의 "an adorable, beautiful, charming person"과 같은 큰 명사구의 생성이 가능해진다. ((22c) 참조.)

그러나 수식어는 NP와는 결합할 수 없다. 따라서 만약에 결정사가 일단 N'와 결합하여 NP가 된 다음에는 형용사 수식어는 더 이상 그 앞에 나타날 수 없다. 그러므로 "*adorable, a beautiful person"이나 "*adorable, beautiful a charming person" 따위는 허용되지 않는다.

결국 작은 명사구는 핵심어 명사가 보어와 결합하여 이루어지고, 수식어가 작은 명사구와 결합해서도 이루어진다. 다시 말하면 보어는 핵심어 명사와 결합하고 수식어는 작은 명사구와 결합한다. 그러나 전치사구 보어와 전치사 수식어가 함께 명사에 첨가되기 위해서는 먼저 보어가 명사에 첨가되어 있어야 한다. 핵심어 명사와 보어가 결합하여 작은 명사구를 이루면 비로소 수식어가 거기에 붙을 수 있기 때문이다. 이 같은 구성성분의 상호관계로 말미암아 <보어 먼저, 수식어 나중에>라는 어순이 유지된다. 그리고 수식어는 반복될 수도 있다. 작은 명사구에 수식어가 결합되면 다시 작은 명사구가 되고 거기에 다시 수식어가 결합될 수 있기 때문이다. 다음 나무그림은 전치사구 보어와 두 개의 전치사구 수식어가 핵심어 명사와 결합하고 있는 구조이다.

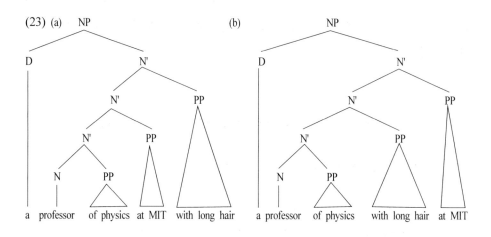

실제 두 수식어끼리는 자유 어순이다. 그러나 그 두 개의 전치사구 수식어는 반드시 전치사구 보어 뒤에 와야 정문이 된다. 즉 보어는 N과 결합하고 수식어는 N'와 결합하게 되어 있으므로 항상 이 어순이 보장된다. 만약 수식어 "at MIT"가 먼저 N'와 결합하여 작은 명사구 "professor at MIT"가 형성되면 거기에 수식어 "with long hair"가 결합되어 "professor at MIT with long hair"가 형성될 수는 있으나 그 다음에 보어 "of physics"가 결합될 수는 없다. 일단 수식어가 붙고 나면 그 명사구는 작은 명사구이기 때문에 보어는 거기에 붙을 수 없는 것이다. 보어는 오직 핵심어 명사에만 붙을 수 있다. 따라서 "*a professor at MIT of physics"나 "*a professor at MIT with long hair of physics"는 비문이다.

결론적으로 명사는 어휘 범주 명사, 작은 명사구, 큰 명사구 등 3단계의 규모로 되어 있으며 보어는 어휘 범주와 결합하고 지정어와 수식어는 작은 명사구와 결합한다. 수식어가 작은 명사구와 결합하면 다시 작은 명사구가 형성되나 지정어가 작은 명사구와 결합하면 큰 명사구가 형성된다.

1.5 영어 문장의 기본 어순

문장은 구로 되어 있어서 구의 어순이 곧 문장의 어순이 된다. 그런데 앞 절에서 본 바와 같이 구의 구성성분간의 어순과 구와 구의 어순은 구 구조 규칙에 반영되어 있다. 구 구조 규칙에 반영되어 있는 어순 관련 부분들을 따로 정리하면 다음과 같다.

    (1)   구의 기본 어순

        ① 핵심어·보어 어순 규칙: 핵심어가 보어와 결합하여 구를 이룰 때 "핵심어>
           보어"의 어순이 적용된다.

        ② 지정어·핵심어 어순 규칙: 지정어와 핵심어가 결합하여 구를 이룰 때는
           "지정어>핵심어"의 어순이 적용된다.

        ③ 피수식어 구-수식어 구 어순 규칙: 피수식어 구와 수식어 구가 결합할 때는
           "피수식어 구>수식어 구" 또는 "수식어 구>피 수식어구"의 어순이 적용된다.

보어는 핵심어 뒤에 오고 지정어는 핵심어 앞에 온다. 이 규칙은 예외 없이 적용되는 영어 어순의 철칙이다.

수식어는 피수식어 뒤에 올 수도 있고 앞에 올 수도 있는데, 이런 어순을 **자유어순**이라고 부른다.

한편 (1)에는 "주어>술어"의 어순은 반영되지 않았다. 그러나 주어를 일종의 지정어라고 보면 지정어는 핵심어 앞에 온다는 규칙을 "주어>술어"의 어순에도 적용할 수 있다. 만약 주어가 지정어이고 술어가 핵심어라는 생각을 받아들이면 위 (1)② 규칙으로 주어가 술어 앞에 오는 어순까지 다룰 수 있다.

예를 들어 opened가 명사구 the window와 함께 동사구를 이루면 (1)①에 의해 [[opened]-[the window]]의 어순이 된다. 그보다 앞서 명사구 [[the] [window]]는

(1)-②에 의하여 정해진 어순이다.

　다음 동사구 [opened the window]가 수식어 carefully와 결합하여 동사구를 이루면 [[opened the window] [carefully]] 또는 [[carefully] [opened the window]]가 된다.

　그러나 동사가 두 개의 보어를 거느릴 경우에는 (1)의 어순 규칙으로 어순을 정할 수 없다. 가령 put이 목적어 the book과 전치사구 보어 on the table을 거느리고 동사구를 이룰 때는 [[put] [the book] [on the table]]의 어순만 허용하고 *[[put] [on the table] [the book]]의 어순은 배제해야 한다. 명사구와 전치사구 보어가 자매일 때 반드시 명사구가 전치사구 보어를 선행해야 하기 때문이다. 그리고 명사구가 전치사구 보어뿐만 아니라 여러 다른 보어도 선행하는 것을 다음과 같은 맥락에서 볼 수 있다.

(2)　a. I [gave [the book] [to Mary]] vs. *I [gave [to Mary] [the book]].

　　　b. He [considered [her research] [of great value]] (그는 그녀의 연구를 대단히 귀중하다고 생각했다.) vs. *He [considered [of great value] [her research]].

　　　c. We [found [the book] [very interesting]]. vs.
　　　　*We [found [very interesting][the book]].

　　　d. They [make [Mary] [very happy]] vs. *They [make [very happy] [Mary]]

　　　e. She [asked [the man] [to leave soon]]. vs.
　　　　*He [asked [to leave soon] [the man]].

　이렇게 동사가 두 개의 보어를 거느릴 때 그 중 하나가 명사구이면 반드시 그 명사구가 다른 보어를 선행한다. 따라서 우리는 기본 어순 규칙 (1)에 다음 사항을 포함시켜야 한다.

(3)　동사의 명사구 보어는 모든 다른 보어를 선행한다.

　그런 다음 명사구 보어가 두 개이거나 전치사구 보어가 두 개일 때 즉 같은 범주의 보어가 연이어 나올 때는 어순이 어떻게 되는지 살펴보아야 한다.

(4) a. I [talked [with her] [about it]]. a'. I [talked [about it] [with her]].
   b. I [gave₂ [the boy] [the book]]. b'. I [gave₂ [the book] [the boy]].

즉 전치사구 보어 두 개를 거느리는 talked의 경우에 그 둘 중 어느 것이 꼭 선행해야 할 필요는 없다. 이때 두 전치사구는 자유 어순이다.

그런데 명사구 보어인 경우에는 문제가 있다. 두 개의 명사구 보어를 거느리는 동사는 이른 바 "수여동사"라고 부르는 동사유형인데 (4b)의 어순이 정상이다. 말하자면 주는 사람이 주어로 나타나고 받는 사람이 첫째 보어로 나타나고 주는 물건이 두 번째 보어로 나타나는 것이 정상이다. 그래서 (4b')은 "내가 그 책에게 그 아이를 주었다"는 뜻을 나타낸다. 이것은 물론 부자연스러운 문장이다. 그러나 문법적으로 하자가 없다. 다만 그 문장의 뜻이 비정상적이다. 그러나 "We may give the word a new meaning.(우리는 그 단어에 새 의미를 줄 수 있다.)"와 같은 문장은 자연스럽다.

따라서 give는 give₁과 give₂로 나누고, 전자는 명사구와 전치사구 보어를 취하고 후자는 두 개의 명사구 보어를 취하는 것으로 보아야 한다. 그리고 give₂의 첫 번째 보어는 "받는 자", 두 번째 보어는 "받는 물건"이 된다.

(5) a. I [gave₁ [the book] [to the boy]].
   a. *I [gave [to the boy] [the book]].
   b. I [bought [the book] [for the boy]].
   b. *I [bought [for the boy] [the book]].

즉 give₁의 직접목적어 the book은 "받는 물건"이 되고 to 전치사 보어 to the boy는 "물건의 행선지 또는 목표(Goal)"가 된다.

마찬가지로 buy 역시 buy₁과 buy₂로 나뉜다. buy₁은 직접목적어와 for 전치사구 보어를 거느리는데 직접목적어는 "사주는 물건"이 되고 for 전치사구 보어는 "혜택을 받는 사람"이 된다. 반면 buy₂는 두 개의 명사구 보어를 거느린다. (give₂와 같이) 첫째 명사구가 직접목적어로서 "물건을 받는 사람"이 되고 두 번째 명사구는 "사주는 물건"이 된다.[23]

결국 두 개의 명사구 보어의 어순은 자유 어순이며, 명사구 보어와 전치사구 보어가 나란히 나타날 때는 반드시 명사구가 전치사구를 선행한다.[24]

1.6 구 구조 규칙(Phrase Structure Rules)과 어휘 제약(Lexical Properties)

1.6.1 주어-동사의 일치와 동사의 보어

문장의 구성성분과 어순을 규정하는 구 구조 규칙은 영어의 모든 정문들을 생성하고 단 하나의 비문도 생성하지 않아야 한다. 가령 다음과 같이 정문 (1a), (3), (4)는 생성하고 (1b), (1c), (2)와 같은 비문들은 모두 차단해야 한다.

(1)　a. The man *opened* the window.

　　　b. *~~The man the table the window.~~

　　　c. *~~Opens the window the man.~~

(2)　a. *~~The man *agreed* the window.~~

　　　b. *~~The man *open* the window.~~

(3)　a. The man *agreed* with the woman.

　　　b. The man *liked* the woman.

(4)　a. The men *open* the window.

　　　b. The man *opens* the window.

구 구조 규칙들을 적용하면 아래 (5)와 같은 나무그림이 생성되고 이로써 정문 (1a)의 구조가 생성된다.

---

[23] 영어 어순의 기본은 <Subject-Verb-Object 주어(S)-동사(V)-목적어(O)>이다. 이 때문에 영어를 SVO형 언어라고 부르기도 한다. 이 SVO의 어순은 구 구조 규칙에 반영되어 있다. 영어이외에도 대부분의 인구어(印歐語 Indo-European languages)들이 SVO 형이고, 우리 한국어는 SOV 형이며, 고전 아랍어, 히브리어, 필리핀의 따갈로그어, 하와이어 등은 VSO 형이다. 어순은 언어 유형을 분류하는 기준의 하나이다.

[24] 주어가 술부동사를 선행하는 어순을 주어를 지정어로 보고 지정어가 핵심어 동사구를 선행하는 어순으로 볼 수 있다는 견해를 앞에서 제시했다.

(5)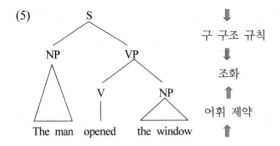

나아가 (1b)나 (1c)와 같은 비문이 생성되지 않는 이유도 잘 설명할 수 있다. 우선 (1b)는 The man, the table, the window 등 명사구만 셋 나열되어 있어서 VP를 형성할 수가 없다. VP를 형성하려면 동사가 있어야 하는데 그것이 없으니 VP를 형성할 수 없고 문장의 필수성분인 VP가 없으니 (1b)는 비문이다. 한편 (1c)에는 Opens라는 동사가 있고 the window라는 명사구도 있어서 이 둘이 VP를 형성할 수 있다. 그러나 VP가 문장의 성분이 되려면 VP 앞에 명사구가 있어야 하는데 명사구가 있기는 하나 그것이 VP 뒤에 있어서 문장 S를 형성할 수 없다. 이와 같이 (1)과 같은 경우에 구 구조 규칙만으로 정문을 생성하고 비문은 차단할 수 있다. 정문이 되는 요건들이 구 구조 규칙에 모두 반영되어 있기 때문이다.

그러나 (2)와 같은 비문이 발생하는 원인은 이와는 다르다. 구 구조 규칙만으로는 (2)의 비문을 차단할 수가 없다.

(6)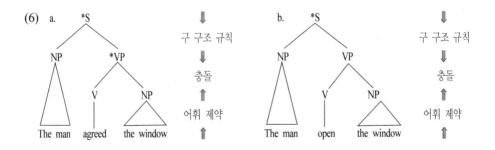

(6a)에서는 동사 agreed와 명사구 the window가 결합해서 VP가 형성되는 것을 막아야 비문 (2a)를 차단할 수 있고, (6b)에서는 명사구 "The man"과 동사구 "open the window"가 결합하여 S가 형성되는 것을 막아야 비문 (2b)의 생성을 막을 수

있는데 현재의 구 구조 규칙에는 그러한 결합을 차단할 장치가 없다.

그런데 정문의 나무그림에서는 구 구조 규칙이 바르게 적용되어 있을 뿐만 아니라 문장의 구성 요소인 각 단어들의 **어휘 제약**, 특히 동사의 어휘 제약이 올바로 반영되어 있다는 점에 유의할 필요가 있다. 즉 (1a)의 동사 opened의 어휘 제약 중의 하나가 "NP 보어가 있어야 한다"는 것인데 이 속성대로 NP "the window"가 V의 자매로 나타나 있다. 그래서 구 구조 규칙의 적용 결과와 opened의 어휘 제약이 서로 맞아서 조화를 이루고 있다. 이와 같은 조화를 위의 나무그림 (5)에서 구 구조 규칙은 위에서 아래로 가는 화살표로, 동사의 어휘 제약은 아래서 위로 가는 화살표로 나타내고 두 방향이 서로 조화를 이루고 있음을 표시했다.

이와 대조적으로, (2a)(=6a)와 (2b)(=(6b))에서는 구 구조 규칙의 적용과 동사의 어휘 제약이 서로 맞지 않아 충돌을 일으킨다. 동사 agreed는 "with 전치사구 보어를 거느리는" 속성이 있으나 나무그림 (6a)는 전치사구가 없어 이 속성과 맞지 않는다. 그래서 (6a)의 VP는 핵심어 동사 agreed의 속성상 허용될 수 없는 것이다. (나무그림에서 허용될 수 없는 비문의 VP(ungrammatical VP)를 "*VP"로 표시했다.) 즉 VP가 비문이므로 S는 비문일 수밖에 없다.

또한 (6b)에서 동사 open의 중요한 어휘 제약 중의 하나는 "그 주어가 3인칭단수이어서는 안 된다"는 것이다. 그런데 구 구조 규칙의 적용 결과 나타난 주어는 3인칭단수 명사구 "The man"이다. 구 구조 규칙은 명사구 "The man"과 동사구 "open the window"를 결합하여 S를 형성할 수 있도록 되어 있으나 동사 open의 어휘 제약이 이를 허용하지 않는다. 그 결과 (6b)는 비문이 되었다.

이렇게 구 구조 규칙의 적용과 동사의 어휘 제약이 조화를 이루면 정문이 되고 충돌을 일으키면 비문이 되는데 이런 과정을 구별하는 효과적인 방법은 동사가 문장의 본동사로 나무그림의 잎에 나타날 때 그 동사의 **어휘 제약이 함께 나타나도록 하는 것**이다. 이를 위해 먼저 동사의 어휘 제약을 기호로 나타내는 방식을 아래와 같이 정할 필요가 있다.

(7) 동사의 어휘 제약과 그것을 나타내는 기호
     a. agreed: <with 전치사구 보어를 거느린다> [COMP<PP[<with>]>]

b. opens: <NP 보어를 거느린다> [COMP<NP>]

         <주어가 3인칭 단수명사구이다> [SUBJ<NP[<3sing>]>]

c. open: <NP 보어를 거느린다> [COMP<NP>]

         <주어가 비3인칭단수 명사구이다> [SUBJ<NP[<non3sing>]>]

d. opened: <NP 보어를 거느린다> [COMP<NP>]

COMP는 COMPLEMENT의 줄임이고 SUBJ는 SUBJECT의 줄임이다. "3sing"은 "3rd person singular(3인칭단수)"의 줄임이고 "non3sing"는 "non-3rd person singular(비3인칭단수)"의 줄임이다.

그리고 어휘 제약은 **어휘의 속성(lexical properties)**으로 나타낸다. 어휘의 가장 기본적인 어휘 속성이 **범주**이다. 즉 man, window 등 어휘의 가장 기본적인 속성은 "그 범주가 명사라는 것"이고 open, agrees 등 어휘는 "그 범주가 동사라는 것"이다. 그리고 with, in 등은 "그 범주가 전치사라는 속성을 가진다"는 것이다.

이런 속성은 **속성(property)-속성가(property value)**의 **행렬(matrix)**로 나타낸다. 행렬은 대괄호 [   ] 안에 표시하는데 속성의 명칭을 앞에 놓고 그 속성의 속성가를 각괄호 <   >안에 넣어 속성 다음에 놓는다. 예를 들어 "범주가 명사이다"라는 속성은 [CATEGORY <N(oun)>], "범주가 동사이다"라는 속성은 [CATEGORY <V(erb)>], "범주가 전치사이다"라는 속성"은 [CATEGORY <P(reposition)>]로 표시한다. 필요한 경우 속성 CATEGORY를 생략하고 [N], [V], [P], [Adj] 등으로 나타낼 수도 있다. 따라서 man, window 등은 속성 [N]을, open, opened, agrees 등은 속성 [V]를, with, in 등은 속성 [P]를 지니게 된다.

다음 주어, 보어 등 문맥적 속성(contextual properties) 역시 속성-속성가의 행렬로 나타낸다. 예를 들어 "보어가 명사구이다"라는 속성은 [COMP<NP>]로 표시한다. COMP가 속성이고 <NP>가 속성가이다. 이 속성을 V에 첨가하면 V[COMP<NP>]가 되는데 이는 "보어가 NP인 속성을 지닌 V"를 의미한다. 예컨대 chase, like, hit 등 NP 보어를 거느리는 타동사들이 이 V 범주에 속한다. 그리고 속성가를 더 자세히 밝힐 필요가 있을 때는 속성가에 다시 [<   >]를 추가하여 나타낸다. 동사 agreed의 보어 [COMP<PP[<with>]>]가 그 한 예가 된다. 이 속성을 V에 추가하면 V[COMP<PP[<with>]>]가 된다. 이는 "보어가 PP인 V 중에서

PP 보어가 오직 with에 한정된 동사"를 의미한다. 바로 agree, communicate 등이 이 범주에 속한다.

한편 [SUBJ<NP[<3Sing>]>]는 "속성 SUBJ(ECT)의 속성가가 NP[<3Sing>]임"을 의미한다. SUBJ(ECT)는 "**주어-동사 일치(subject-verb agreement)**"를 통제하는 속성이다. 또한 NP[<3sing>]는 "3인칭(3rd person) 단수(singular)의 NP"를 의미한다. 이 주어-동사 일치의 속성을 V에 추가하면 V[SUBJ<NP[<3sing>]>]가 되며 "3인칭 단수 주어와 일치하는 동사", 즉 "3인칭 단수 동사"를 가리키게 된다. 바로 opens, works, goes, is, was 등 어미 "-s"가 붙은 동사가 이 범주에 속한다. 이 동사가 한 문장의 본동사가 되면 그 문장의 주어는 반드시 3인칭단수의 명사이어야 한다. (잠시 뒤 (15) 이하에서 인칭과 수에 따른 동사 형태에 대해 좀 더 상세하게 알아볼 것이다.)

반면 NP[<non3sing>]는 "비3인칭 단수(non3rd person singular)의 속성을 가진 NP" 즉 "3인칭 단수 명사가 아닌 명사구"를 가리킨다. 1인칭 단수 대명사 "I", 2인칭 단수 대명사 "you", 1인칭 복수 대명사 "we", 2인칭 복수 대명사 "you", 3인칭 복수 명사 "the girls, the men, they" 등 3인칭 단수 명사를 제외한 모든 다른 인칭과 수의 명사를 가리킨다. 그러면 V[SUBJ<NP[<non3sing>]>]는 "비3인칭 단수의 명사를 주어로 하는 동사 범주"를 의미한다. 즉 아무 어미도 붙지 않은 open, work, walk 등의 동사들이 이 범주에 속한다. 이 속성으로 인하여 I walk, you walk, we walk, the girls walk 등등은 '주어와 동사가 일치하는' 정문이 되고 ~~*He walk, *the man walk~~ 등은 '주어와 동사가 일치하지 않는' 비문으로 판정된다.

이와 같이 [속성<속성가>]의 형식으로 동사의 어휘 제약을 정의하고 이를 나무그림에 명시함으로써 동사가 제자리에 위치할 때와 잘못된 위치에 있을 때를 구별하게 된다. 각 동사의 어휘 제약을 명시하여 위의 나무그림 (5), (6a), (6b)를 다시 정리하면 아래 (8), (9), (10)과 같다.

(8)

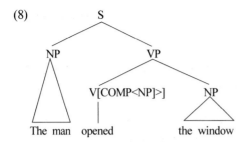

즉, 동사 opened를 지배하는 V마디에 그 어휘 제약인 [COMP<NP>]가 명시되어 있다. 어휘 opened가 나무그림의 V가 지배하는 잎에 들어갈 때 opened의 어휘 제약인 [COMP<NP>]가 V에 첨가되었다. 그러면 구 구조 규칙에 따라 VP가 V와 NP로 형성되는 과정과 opened의 어휘 제약 요구사항이 일치하게 되어 "opened the window"라는 정문의 VP를 생성하고 결국 정문 (1a) "The man opened the window."를 생성하게 된다.

다음은 (2a) "~~The man agreed the window.~~"가 비문이 되는 과정을 보여준다.

(9)

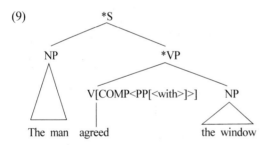

우선 본동사 agreed는 with전치사구 보어를 거느리는 속성 [COMP<PP[with]>] 이 있다. 따라서 agreed를 지배하는 V마디에 그 어휘 제약이 명시되어 있다. 이 V와 NP "the window"가 결합하여 VP를 형성하고 있는데 이는 구 규조 규칙에 따른 것이지만 그 VP는 핵심어 동사 agreed의 어휘 제약의 요구사항과 맞지 않는 다. 즉 구 구조 규칙과 agreed의 어휘 제약이 충돌을 일으켜 agreed와 the window 의 결합은 허용되지 않는다. 따라서 "agreed the window"라는 비문의 VP를 포함 하는 S는 비문이 된다. 구 구조 규칙의 적용과 동사의 어휘 제약의 요구사항이 서로 충돌을 일으킬 때는 항상 이와 같이 관련 성분들이 결합할 수 없게 되어 비문이 발생하게 되는 것이다. 결국 이 VP는 그 핵심어 V가 자신의 보어가 아닌 요소와 결합했기 때문에 **핵심어-보어 구성의 원리**를 위배한다. (1.3.1절 (3) 참조.)

또한 "주어-동사 일치"의 조건을 위배하는 비문 (2b)의 나무그림 (6b)에 동사의 어휘 제약을 표시하면 다음과 같다.

(10)

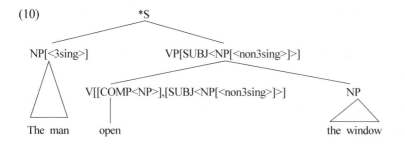

동사 open에는 두 가지 어휘 제약이 명시되어 있다. 보어에 관한 어휘 제약 [COMP<NP>]와 주어에 관한 어휘 제약 [SUBJ<NP[<non3sing>]>]이다. 이어 V인 "open"과 NP인 "the window"가 결합하고 있으므로 구 구조 규칙과 open의 어휘 제약이 조화를 이룬다. 즉 **핵심어-보어 구성의 원리**를 지키는 그 결합은 정문의 VP가 되므로 일단 합법적이다. 그러나 그 VP가 주어와 결합하는 단계에서 문제가 생긴다. 구 구조 규칙으로는 NP인 "The man"과 VP인 "open the window"가 결합할 수 있다. 그러나 그 결합은 VP의 핵심어인 "open"의 어휘 제약 [SUBJ[<NP<non3sing>]]의 조건 즉 "주어가 비3인칭단수이어야 한다"는 조건을 지키지 못한다. 즉 구 구조 규칙의 적용과 본동사의 어휘 제약의 요구사항이 충돌한다. 이렇게 해서 결국 핵심어 동사의 어휘 제약상 주어가 될 수 없는 명사구가 주어로 나타나 **"주어-동사 일치"**의 조건을 위배하는 비문이 된 것이다.

한편 정문 (3a)와 (4b)의 나무그림은 다음과 같다.

(11) a.

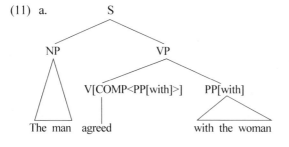

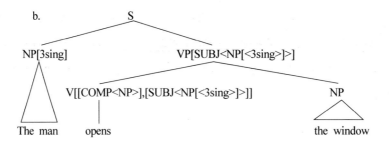

　b.

NP[3sing]　　　　　　　　VP[SUBJ<NP[<3sing>]>]

The man

V[[COMP<NP>],[SUBJ<NP[<3sing>]>]]　　　　NP

opens　　　　　　　　　　the window

　　(11a)에서는 동사 agreed의 어휘 제약과 실제로 나타난 보어가 일치한다. (11b)에서는 V의 보어 요구사항과 실제 보어가 일치하고 주어가 3인칭 단수 명사이어야 한다는 opens의 어휘 조건을 실제의 주어 "The man"이 지키고 있다. 즉 핵심어-보어 구성의 원리와 주어-동사 일치의 조건이 모두 지켜지고 있다.

　　이와 같이 동사의 어휘 제약을 V마디에 명시해줌으로써 잘못된 보어 선택 또는 주어 선택으로 인하여 비문이 발생하는 것을 차단할 수 있다. 이와 같이 어휘 제약을 명시하는 방식으로 구 구조 규칙의 한계를 보완할 수 있다.

　　형용사도 동사의 경우와 같은 방법이 적용된다.

　　(12)　a. The girls were *fond of the pet*.
　　　　　b. *~~The girls were *fond in the pet*~~.
　　　　　c. *~~The girls was *fond in the pet*~~.

　　형용사 fond는 of전치사구 보어를 취해야 하는 어휘 제약이 있다. 즉 fond의 범주는 Adj[COMP<PP[of]>]이다. 이 어휘 제약의 요구사항을 지킨 (12a)는 정문의 형용사구를 형성하고 이를 어긴 (12b)와 (12c)는 비문의 형용사구를 형성한다.

　　그리고 were와 was는 SUBJ 속성가가 다르다. 즉 were의 SUBJ 속성가는 <주어가 비3인칭단수이어야 할 것>을 요구하고 was의 SUBJ 속성가는 <주어가 3인칭 단수이어야 할 것>을 요구한다. 따라서 (12a)와 (12b)의 주어는 were의 SUBJ 속성가와 일치하고 (12c)의 주어는 was의 SUBJ 속성가와 일치하지 않는다. 결국 (12a)는 주어-동사의 일치도 바르게 적용되고 보어 조건도 지켜지는 데 반해 (12c)는 주어-동사의 일치도 제대로 되지 않고 보어 조건도 맞지 않는다. 그리고 (12b)는 주어-동사의 일치는 되나 보어 요구 조건이 맞지 않는다.

이와 같이 주어-동사의 일치 현상을 지배하는 요인은 (본)동사의 속성에서 나오는데 주어-동사의 일치의 현상을 일반적으로 다루고 can, will 등 이른 바 **법조동사**(modal verbs), **완료 조동사** have, **진행 조동사** be가 나타나는 문장의 구조를 분석하기 위해서는 **동사 형태론**(verb morphology)에 대하여 알아볼 필요가 있다.[25]

동사는 형태상 **기본형**(lexical base)과 **단어**(word)로 나눈다. 사전의 엔트리로 등재되는 형태가 기본형이고 기본형에 굴절어미가 붙어 있는 형태가 단어이다. 대표적인 동사의 형태를 정리하면 아래 표와 같다. 기본형은 알파벳 대문자로, 단어는 소문자로 표기했다.

(13) 한정형과 비한정형의 동사 형태

단어(형태) 기본형		한정 동사 형태 finite verb forms		비한정 동사 형태 nonfinite verb forms	
WALK	현재	비3인칭 단수	walk	원형부정형	walk
		3인칭 단수	walks	ing분사	walking
	과거	walked		과거분사	walked
GO	현재	비3인칭 단수	go	원형부정형	go
		3인칭 단수	goes	ing분사	going
	과거	went		과거분사	gone
SEE	현재	비3인칭 단수	see	원형부정형	see
		3인칭 단수	sees	ing분사	seeing
	과거	saw		과거분사	seen

---

[25] 형태론(morphology)이란 단어의 형태를 연구하는 언어 연구 분야이다. 기본형(base, 또는 root)에 굴절어미(inflectional affix)와 파생어미(derivational affix)를 첨가하여 단어를 형성하는 과정을 다룬다. 예를 들면, 기본형 knife에 복수 굴절어미 /-s/가 붙으면 knives가 되고 child에 그것이 붙으면 children이 되며 book에 그것이 붙으면 books라는 복수 명사가 된다. 과거형 굴절어미 /-ed/가 speak에 붙으면 spoke가 나오고 run에 붙으면 ran이 나오며 work에 붙으면 worked가 나온다. 3인칭단수 굴절어미 /-s/는 run과 결합하여 runs를 이루고 speak과 결합하면 speaks를 이루며 기본형 be와 결합하면 is 또는 was가 된다. 또 명사 파생 어미 /-ion/이 동사 invent에 붙으면 명사 invention이 나오고 decide에 붙으면 decision이 나오며, divide에 붙으면 division이 나오지만 speak, say 등에는 붙을 수 없다. 명사어미 /-ness/는 sad, happy 등 형용사에 붙어 sadness, happiness 등의 파생명사를 만들고 /-ity/는 serene, electric 등에 붙어 serenity, electricity 등이 나오지만 /-ness/가 serene이나 electric에 붙어 *serenness나 *electricness를 만들어내서는 안 된다. 굴절과 파생에 의한 단어 형성(word formation) 과정은 영어형태론의 핵심영역이다.

TAKE	현재	비3인칭 단수	take	원형부정형	take
		3인칭 단수	takes	ing분사	taking
	과거	took		과거분사	taken
HAVE	현재	비3인칭 단수	have	원형부정형	have
		3인칭 단수	has	ing분사	having
	과거	had		과거분사	had
BE	현재	단수	1인칭	am	원형부정형	be
			2인칭	are		
			3인칭	is	ing분사	being
		복수		are		
	과거	단수	1인칭	was		
			2인칭	were	과거분사	been
			3인칭	was		
		복수		were		
WILL	현재	will		없음	
	과거	would			

동사의 형태는 크게 **한정 동사 형태**(finite verb forms)와 **비한정 동사 형태** (nonfinite verb forms)로 나뉜다. 주어의 인칭과 수에 따라 변화하는 굴절 어미가 붙는 형태를 **한정 동사 형태**라 하고 형태의 변화가 없고 항상 같은 굴절 어미가 붙는 동사 형태를 비한정 동사 형태라고 하며, 한정형은 문장의 본동사로 사용되고 비한정형은 특정 동사의 보어로 사용된다. 또한 단어가 도출되는 형식이 walk처럼 **규칙적**인 동사가 있고 go, see, take처럼 **불규칙적인 동사**가 있다.

동사에 붙는 굴절 어미는 다음 여섯 가지가 있다.

(14) a. 한정형 어미: ① **3인칭 단수 현재** 어미 /-s/

② **비3인칭 단수 현재** 어미 /-0/

③ **과거** 어미 /-ed^p/ ("^{p}"는 "past(과거시제)"를 가리킨다.)

b. 비한정성 어미: ④ **원형 부정형** 어미 /-rINF/ ("rINF"는 "root infinitive(원형 부정형)"을 가리킨다.)[26]

---

[26] 부정형(infinitive form)에는 **to부정형**(*to*-infinitive)와 **원형부정형**(root infinitive) 두 가지가 있다. 예컨대 I'll have *to go*.에서 to go가 to부정형, I can *go*.에서 go가 원형부정형이다. 원형부정형은 줄여서 "원형"이라고도 한다.

⑤ **ing분사** 어미 /-ing/ [27]

⑥ **과거분사** 어미 /-ed^{pp}/ ("^{pp}"는 "past participle"을 가리킨다.)

한정형 어미 ①~③은 한정형 동사를 만들어 문장의 본동사로 쓰이도록 한다. 비한정성 어미 ④~⑥은 비한정형 동사를 만드는 어미이다. 비한정형 동사는 문장의 본동사로 사용할 수 없다.[28] 동사 기본형에 굴절 어미가 붙어 한정형과 비한정형 동사가 도출되는 과정을 다음과 같은 **형태 규칙**(morphological rules)으로 설명할 수 있다. 규칙 동사 walk과 불규칙 동사 go를 예로 든다.

(15) a. 규칙 동사   b. 불규칙 동사

　　　① WALK-0⟹'walk$_1$'   ① GO-0⟹'go$_1$'

　　　② WALK-s⟹'walks'   ② GO-s⟹'goes'

　　　③ WALK-ed^p⟹'walked$_1$'   ③ GO-ed^p⟹'went'

　　　④ WALK-INF⟹'walk$_2$'   ④ GO-INF⟹'go$_2$'

　　　⑤ WALK-ING⟹'walking'   ⑤ GO-ING⟹'going'

　　　⑥ WALK-ed^{pp}⟹'walked$_2$' ⑥ GO-ed^{pp}='gone'

"-"은 "붙는다, 첨가된다, 결합된다" 등의 뜻을 의미하며 화살표 "⟹"는 "단어가 도출된다"는 것을 의미한다.

즉, 형태 규칙 (15a)①은 "기본형 WALK에 비3인칭 단수 현재 어미 /-0/이 붙으면 'walk$_1$'이라는 단어가 도출된다."는 뜻이다. 다시 말하자면, 기본형 WALK에 아무 어미도 붙지 않으면 'walk$_1$'이 된다는 뜻이다. ②는 "WALK에 3인칭 단수 현재 어미 /-s/가 붙으면 'walks'라는 단어가 도출된다."는 뜻이다. 동사 현재형으

---

[27] 전통문법에서는 예컨대 We were playing tennis.에서 playing은 "현재분사"라고 하고 We enjoyed playing tennis.에서 playing은 "동명사"라고 하여 서로 다른 형태로 취급해왔으나 <현대 영문법>에서는 이 둘을 동일한 형태로 보고 둘 다 같이 "ing분사"라고 부르기로 한다. 즉 동일한 형태 playing이 구문적 문맥에 따라 다른 기능을 수행한다고 보면 된다.

[28] 이로써 아래와 같은 비문들은 원천적으로 봉쇄된다.

　a. {I/You/She/We/You/They} walk$_2$ . . . . (walk$_2$는 원형부정형임.)

　b. {I/You/He/We/You/They} walking . . . .

　c. {I/You/The woman/We/You/They} walked$_2$ . . . . (walked$_2$는 과거분사임.)

로는 어미 ' - s'가 붙는 형태와 아무 어미도 붙지 않는 형태 둘 뿐인데 '-s' 어미가 붙는 형태는 오직 주어가 3인칭 단수일 때만 쓰이고 **그 외 모든 경우에는** 후자가 쓰인다. (1인칭과 2인칭 단수와 복수, 3인칭의 복수에 대해서는 따로 언급할 필요가 없으나 be동사의 경우에는 따로 언급해야 한다.)

또한 WALK에 과거 어미/-ed^p/가 붙으면 'walked₁'가 도출되고 기본형 GO에 과거 어미가 붙으면 'went'가 도출된다. WALK에 원형 어미 /-INF/가 붙으면 'walk₂'가 도출되고 ing분사 어미가 붙으면 'walking'이 도출된다.

WALK에 과거분사 어미 /-ed^{pp}/가 붙으면 'walked₂'가 도출되고 GO에 과거분사 어미가 붙으면 'gone'이 도출된다.

이렇게 형태 규칙으로 기본형에서 굴절 어미가 붙어 단어가 도출될 때 그 단어는 해당 굴절 어미가 가지고 있는 속성을 추가적으로 부여받게 된다. 가령 기본형 WALK에 3인칭 단수 현재 어미 /-s/를 붙여 'walks'가 도출되면 이 단어에 "3인칭 단수 주어와 일치한다"는 속성과 "시제가 현재이다"라는 속성이 추가적으로 주어진다. 또 WALK에 비3인칭 단수 현재 어미 /-0/를 붙여 'walk'이 도출되면 이 단어는 "비3인칭 단수 주어와 일치한다"는 속성과 "시제가 현재이다"라는 속성이 추가된다. 이런 방식으로 도출된 단어들이 추가적으로 부여받게 되는 어휘 제약들을 명시하면 아래와 같다.

(16) 규칙 동사 WALK의 여섯 가지 동사 형태와 그 어휘 제약들
　　a. 한정형
　　'walk₁' ①비3인칭 단수 주어와 일치한다. ②시제가 현재이다.
　　'walks' ①3인칭 단수 주어와 일치한다. ②시제가 현재이다.
　　'walked₁' ①모든 인칭과 수의 주어와 일치한다. ②시제가 과거이다.
　　b. 비한정형
　　'walk₂' ③법조동사의 보어로 쓰인다.[29]
　　'walking' ③진행 조동사 be의 보어로 쓰인다.
　　'walked₂' ③완료 조동사 have, had의 보어로 쓰인다.

---

[29] 법조동사(modal auxiliary verbs)란 can, will, would, shall, should, may, might 등 조동사를 포함하는 동사 범주이다.

(17) 불규칙 동사 GO의 여섯 가지 동사 형태와 그 어휘 제약
    a. 한정형
    'go₁' ①비3인칭 단수 주어와 일치한다. ②시제가 현재이다.
    'goes' ①3인칭 단수 주어와 일치한다. ②시제가 현재이다.
    'went' ①모든 인칭과 수의 주어와 일치한다. ②시제가 과거이다.
    b. 비한정형
    'go₂': ③법조동사의 보어로 쓰인다.
    'going' ③진행 조동사 be의 보어로 쓰인다.
    'gone' ③완료 조동사 have, had의 보어로 쓰인다.

①은 주어-동사 일치를 결정하는 속성이고, ②는 시제에 관한 속성이며, ③은 보어에 관한 속성이다. 한정형에는 일치 속성과 시제에 관한 속성을 표시하고 비한정형에는 보어에 관한 속성만 표시한다. 굴절 어미가 붙음으로써 추가적으로 부여받게 되는 속성만 표시하면 되기 때문이다. 보어에 관한 사항은 기본형에서 주어지는 것이므로 한정형에 다시 표시할 필요가 없고, 문장의 본동사로 쓰이지 않는 비한정형은 주어-일치 현상과는 무관하므로 거기에는 일치 속성이 없다.

이와 같은 한정형과 비한정형 굴절 어미의 일치 속성과 시제 속성을 나무그림에 표시할 때는 아래와 같은 기호를 사용한다.

(18) 일치 속성과 시제 속성을 나타내는 기호 — 일반 동사의 경우

형태 \ 일치와 시제 속성		정식표기	약식표기
한정형 (finite)	3인칭 단수 현재	[SUBJ<NP[<3rdSing>]>,TNS<Pres>]	[3SingPres]
	비3인칭 단수 현재	[SUBJ<NP[<non3rdSing>]>,TNS<Pres>]	[non3SingPres]
	과거	[TNS<Past>]	[Past]
비한정형 (nonfinite)	원형부정		[INF]
	ing분사		[ING]
	과거분사		[PastPart]

모든 일반 동사의 3인칭 단수형의 두 가지 속성 즉 "①3인칭 단수 주어와 일치한다는 것과 ②시제가 현재라는 것"을 [SUBJ<NP[3rdSing]>,TNS<Pres>]로 나타

낸다. 이는 3인칭 단수의 명사구를 주어로 삼는다는 속성 [SUBJ<NP[3rdSing]>]과 시제가 과거라는 속성 [TNS<Pres>]를 하나로 묶은 것이다. 속성과 속성 사이에는 쉼표(,)를 넣는다. 그러나 이를 약식으로 표기할 때는 세 가지의 속성가 3rd(3인칭), Sing(ular)(단수), Pres(ent)(현재)를 하나로 묶어 괄호 [   ]속에 넣고 [3SingPres]라고 표기하되 쉼표를 생략한다. 그 이하 같은 요령으로 표기한다. 앞의 두 속성 [3Sing]은 일치 속성이고 뒤의 [Pres]는 시제 속성이다. 약식표기법을 적용하여 앞의 나무그림 (11b)를 다시 그리면 다음과 같다.

(19)

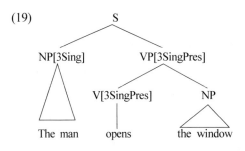

즉 핵심어 동사 opens의 어휘 제약 [3SingPres] 중에서 [3Sing]이 주어-동사 일치 속성이므로 그것이 VP에 나타나면 주어 명사구 The man의 속성과 일치하게 된다. 그리고 일치 현상과 무관한 시제 속성 [Pres]는 [3Sing]와 별도로 VP에 나타나 동사의 시제가 과거임을 표시한다. 그것은 정문 "The man opens the window now." 와 비문 "*~~The man opens the window yesterday.~~"를 구별하는 역할을 한다.

이에 비해 과거형은 모든 인칭과 수에 두루 쓰인다. 즉 인칭과 수에 관한 한 과거형은 아무 제약이 없다. 따라서 과거형에는 일치 속성 자체를 언급할 필요가 없고 시제만 밝히면 된다.

반면 비한정형은 무엇의 보어가 되는지를 나타내는 것이 중요하다. 즉 원형부정형은 can, will 등 법조동사의 보어가 되고 ing분사는 진행형 be의 보어가 되며 과거분사는 완료조동사 have와 had의 보어가 된다. 이에 따라 법조동사는 "[COMP<VP[INF]>]", 진행형 be는 "[COMP<VP[ING]>]", 완료조동사는 "[COMP<VP[ed^{pp}]>]"라는 어휘 제약을 가지게 된다. (이들 조동사의 보어에 대해서는 아래 1.6.2절에서 상세하게 다룬다.)

한편 BE 동사의 경우에는 한정형 8 가지와 비한정형 3 가지, 모두 11 가지의 형태가 있다. 그것들은 각각 다음 형태 규칙에 의해 도출된다.

(20) ① BE-PRES$_{1stSing}$⇒'am'　　　(/-PRES$_{1stSing}$/는 "1인칭 단수 현재" 어미임.)

　　② BE-PRES$_{2ndSing}$⇒'are$_1$'　　(/-PRES$_{2ndSing}$/는 "2인칭 단수 현재" 어미임.)

　　③ BE-PRES$_{3rdSing}$⇒'is'　　　(/-PRES$_{3rdSing}$/는 "3인칭 단수 현재" 어미임.)

　　④ BE-PRES$_{Plural}$⇒'are$_2$'　　(/-PRES$_{plural}$/는 "복수 현재" 어미임.)

　　⑤ BE-PAST$_{1stSing}$⇒'was$_1$'　　(/-PAST$_{1stSing}$/는 "1인칭 단수 과거" 어미임.)

　　⑥ BE-PAST$_{2ndSing}$⇒'were$_1$'　　(/-PAST$_{2ndSing}$/는 "2인칭 단수 과거" 어미임.)

　　⑦ BE-PAST$_{3rdSing}$⇒'was$_2$'　　(/-PAST$_{3rdSing}$/는 "3인칭 단수 과거" 어미임.)

　　⑧ BE-PAST$_{Plural}$⇒'were$_2$'　　(/-PAST$_{Plural}$/는 "복수 과거" 어미임.)

　　⑨ BE-INF⇒'be'

　　⑩ BE-ING⇒'being'

　　⑪ BE-ed^{pp}⇒'been'

　　(형태 규칙 (21)①은 "기본형 BE에 1인칭 단수 현재 어미가 붙으면 'am'이 도출된다"는 뜻이다. 그 이하 같은 방식으로 읽는다.)

각 동사 형태의 어휘 제약을 정리하면 아래와 같다.

(21) BE의 한정형과 비한정형의 일치 속성과 시제 속성

　　a. 한정형　'am' ①1인칭 단수 주어와 일치한다. ②시제가 현재이다.

　　　　　　'are$_1$' ①2인칭 단수 주어와 일치한다. ②시제가 현재이다.

　　　　　　'is' ①3칭 단수 주어와 일치한다. ②시제가 현재이다.

　　　　　　'are$_2$' ①모든 인칭의 복수 주어와 일치한다. ②시제가 현재이다.

　　　　　　'was$_1$' ①1인칭 단수 주어와 일치한다. ②시제가 과거이다.

　　　　　　'were$_1$' ①2인칭 단수 주어와 일치한다. ②시제가 과거이다.

　　　　　　'was$_2$' ①3인칭 단수 주어와 일치한다. ②시제가 과거이다.

　　　　　　'were$_2$' ①모든 인칭의 복수 주어와 일치한다. ②시제가 과거이다.

　　b. 비한정형 'be' ③법조동사의 보어로 쓰인다.

　　　　　　'being' ③진행 조동사 be의 보어로 쓰인다.

　　　　　　'been' ③완료 조동사 have 또는 had의 보어로 쓰인다.

각 형태에 붙는 일치와 시제의 속성을 표기하는 방법은 다음 표와 같다.

(22) 일치 속성과 시제 속성을 나타내는 기호-be동사의 경우

형태 \ 일치와 시제 속성	정식표기	약식표기
1인칭 단수 현재형 'am'	[SUBJ<NP[1stSing]>,TNS<Pres>]	[1SingPres]
2인칭 단수 현재형 'are₁'	[SUBJ<NP[2ndSing]>,TNS<Pres>]	[2SingPres]
3인칭 단수 현재형 'is'	[SUBJ<NP[3rdSing]>,TNS<Pres>]	[3SingPres]
복수 현재형 'are₂'	[SUBJ<NP[Plural]>,TNS<Pres>]	[PluralPres]
1인칭 단수 과거형 'was₁'	[SUBJ<NP[1stSing]>,TNS<Past>]	[1SingPast]
2인칭 단수 과거형 'were₁'	[SUBJ<NP[2ndSing]>,TNS<Past>]	[2SingPast]
3인칭 단수 과거형 'was₂'	[SUBJ<NP[3rdSing]>,TNS<Past>]	[3SingPast]
복수 과거형 'were₂'	[SUBJ<NP[Plural]>,TNS<Past>]	[PluralPast]
원형부정사 'be'		[INF]
ING분사 'being'		[ING]
과거분사 'been'		[Pastpart]

결국 앞에 나온 정문 (12a)와 비문 (12b)의 나무그림은 각각 아래 (23a)와 (23b)와 같다. 특히 본동사에 그 어휘 제약이 명시되어 있어서 이것이 올바른 보어 선택과 주어-동사 일치 현상을 통제한다.

(23) a.

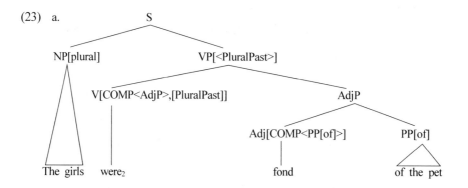

형용사 fond를 지배하는 Adj 마디에 of전치사구 보어를 요구한다는 어휘 제약 [COMP<PP[of]>]가 첨가되어 있다. 즉, 구 구조 규칙에 따라 Adj와 PP[of]가 결합

하여 AdjP를 이루고 있어서 구 구조 규칙의 적용과 fond의 어휘 제약이 일치한다. 그 다음 were$_2$를 지배하는 V에는 were$_2$의 두 가지 어휘 제약이 첨가되어 있다. 즉 형용사구 보어를 거느리는 속성 [COMP<AdjP>]와 복수 명사구 주어와 일치할 것을 요구하는 속성 [<PluralPast>]가 하나로 묶여져 V마디에 첨가되어 있다. 따라서 나무그림에서 이 두 요구 사항이 모두 충족되어 있다.

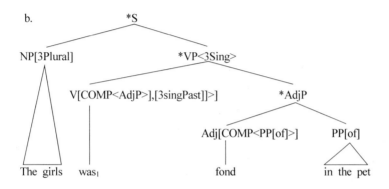

형용사구의 핵심어 Adj fond는 of전치사구 보어를 요구하는 속성이 있는데 구 구조 규칙의 적용 결과 나타난 전치사구는 in전치사구이므로 어휘 제약과 구 구조 규칙의 적용 결과가 충돌하고 있다. 따라서 이 형용사구는 비문이며 비문의 형용사구를 포함하는 VP도 비문이다. 또한 본동사 was$_1$은 3인칭단수의 주어를 요구하는데 나타난 주어는 3인칭 복수의 명사 "The girls"이다. 즉, 구 구조 규칙의 적용 결과가 was의 어휘 제약을 위배하고 있어서 주어-동사의 일치도 이루어지지 않고 있다. 따라서 (12b)는 보어도 맞지 않고 주어도 맞지 않는 비문이다.

1.6.2 조동사(Auxiliary Verbs)의 어휘 제약

조동사(auxiliary verb)에는 법조동사, 진행조동사 be, 완료조동사 have 등 세 가지 종류가 있다. 이들의 공통적인 특징은 동사구 보어를 거느린다는 점이다.

(24) a. He will _walk_. (법조동사)
      b. He is _walking_. (진행조동사 be)

c. He **has** *walked*. (완료조동사 have)

우선 will은 원형부정사 walk를, is는 ing분사 walking을, has는 과거분사 walked을 각각 보어로 거느린다. 이 이외의 다른 형태는 일절 허용되지 않는다. 따라서 *He will walking *He will walked. *He is walk. *He is walked. *He has walk. *He has walking. 등은 모두 비문이다. 결국 조동사들은 각각 다음과 같은 어휘 제약을 지닌다.

(25) a. 법조동사: [COMP<VP[INF]>]
        (법조동사는 원형부정사 형태의 동사구 보어를 거느린다.)
    b. 완료조동사 have: [COMP<VP[Pastpart]>]
        (완료조동사는 과거분사 형태의 동사구 보어를 거느린다.)
    c. 진행조동사 be: [COMP<VP[ing]>]
        (진행조동사는 ing분사 형태의 동사구 보어를 거느린다.)

이와 병행하여 조동사와 그 동사구 보어로 형성되는 VP를 도입하는 새로운 구 구조 규칙이 필요하다. 때문에 1.2절 (22)의 구 구조 규칙 리스트에 다음 동사구 확장 규칙을 추가해야 한다.

(26) VP→V VP

즉 (25)의 조동사가 이 V가 될 수 있고 각 조동사의 보어가 VP가 된다. 그러면 이제 다음과 같은 나무그림이 생성될 수 있다.

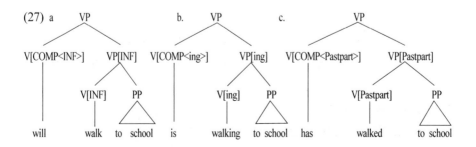

(27a)의 VP의 본동사 will은 VP[INF] 보어 즉 핵심어가 원형부정사 형태인 동사구 보어를 거느리고 있어서 구 구조 규칙 (26)과 법조동사 will의 어휘 제약이 조화를 이룬다. 또한 (27b)는 현재진행 동사구의 구조이고 (27c)는 현재완료 동사구의 구조이다. 각각 해당 조동사의 어휘 제약과 구 구조 규칙의 적용이 조화를 이루고 있다.

그러나 만약 해당 조동사의 어휘 제약과 맞지 않는 형태의 동사구가 오면 아래 (28)에서 보는 바와 같이 비문이 발생한다.

(28) a. Johnny will {walk/*walks/*walking/*walked} to school.
    b. Johnny is {walking/*walk/*walks/*walked} to school.
    c. Johnny has {walked/*walk/*walks/*walking} to school.

즉 "walks to school", "walking to school", "walked to school" 등은 법조동사 will의 보어가 될 수 없고 "walk to school", "walks to school", "walked to school" 등은 진행조동사 is의 보어가 될 수 없으며 "walk to school", "walks to school", "walking to school" 등은 완료조동사 has의 보어가 될 수 없다. 정문 (28b)의 구조를 자세히 나타내면 다음과 같다.

(29)

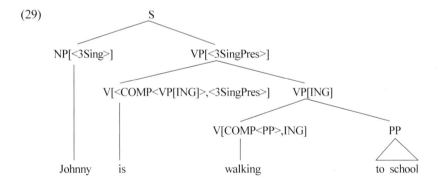

진행 조동사 is의 주어는 3인칭 단수 명사구이어야 하고, 그 보어는 핵심어 동사가 ing분사 형태인 VP이어야 한다. 이는 모두 이 문장의 동사구의 핵심어인 3인칭 단수 현재형의 진행 조동사인 is의 어휘 제약 [COMP<VP[ING]>,<3Sing>]에 따른

것이다.

　조동사는 둘 또는 셋이 연이어 일어날 수 있다. 이때 논리적으로 12 가지 경우가 가능하지만 실제로는 아래 (30)에서 보는 네 가지뿐이다. 이는 각 조동사의 어휘 제약 때문에 일어날 수 없는 경우들이 있기 때문이다. 즉 법조동사는 다른 조동사의 보어가 될 수 없으니 항상 선두에 올 수밖에 없다. 그 결과 "~ *have should ~", "~ *is should ~" 따위가 배제된다. 또 완료조동사는 진행조동사의 보어가 될 수 없기 때문에 "~ *is having walked ~" 따위가 배제된다. 그러한 불가능한 경우들을 모두 배제하고 나면 정문은 다음과 같이 네 가지 경우가 전부이다.

(30)　a. He should have walked on the moon. (달에서 걸었어야 했다.)

　　　b. He should be walking on the moon. (달에서 걷고 있어야 한다.)

　　　c. He has been walking on the moon. (달에서 걷고 있었는데 지금도 걷고 있다.)

　　　d. He should have been walking on the moon. (달에서 걷고 있었어야 했다.)

　조동사는 완료형 형태의 동사구 또는 진행형 형태의 동사구를 보어로 취할 수 있어서 (30a)와 (30b)와 같은 문장이 가능하다. 그런데 완료조동사는 진행형태의 동사구만 보어로 취할 수 있어서 (30c)와 같은 문장이 가능하다. 더욱이 세 개의 조동사가 연이어 일어날 수 있는 것은 "법조동사<완료조동사<진행조동사"의 어순으로 나타나는 (30d)와 같은 경우 한 가지뿐이다. 즉 should는 have 뒤에도 be 뒤에도 올 수 없고, have는 be 뒤에 올 수 없다. 이 어순을 배제하면 각 조동사의 어휘 제약을 지키면서 세 가지 조동사가 연이어 나타날 수 있는 것은 오직 이 어순뿐이다. (30d)의 나무그림은 아래와 같다.

(31)

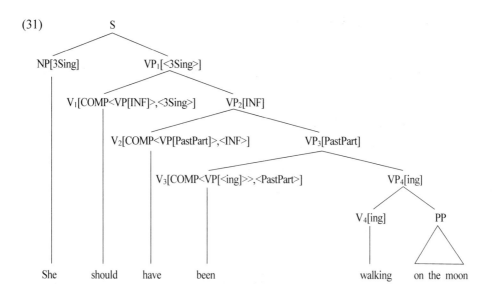

ing분사 형태의 동사구 VP₄ "walking on the moon"은 진행조동사 V₃ been의 어휘 제약에 따른 것이고, V₃이 과거분사 형태인 것은 완료조동사 V₂ have의 어휘 제약에 따른 것이다. 또한 V₂가 원형부정사 형태인 것은 법조동사 V₁ should의 어휘 제약 때문인데 이와 같이 이들 세 조동사의 어휘 제약이 상호 작용하여 "should<have<been<walking"이라는 어순이 자동적으로 정해진다. 이와 다른 어순은 조동사의 어휘 제약을 반드시 위배하게 되기 때문에 어떤 것도 허용되지 않는다. 관련된 조동사의 어휘 제약을 준수하면 올바른 어순이 자동적으로 보장된다.

요약하면 조동사는 핵심어-보어의 원리에 의하여 그 보어가 결정되는데 이때 조동사의 보어가 다시 조동사가 되면—조동사의 동사구 보어의 핵심어가 다시 조동사가 되면--조동사가 연속적으로 일어나게 된다. 이때 앞의 조동사가 뒤의 조동사의 형태를 결정함과 동시에 두 조동사의 어순도 결정된다. 주어 역시 본동사의 핵심어-보어의 원리와 주어-동사 일치의 조건에 따라 결정되는 것이므로 결국 본동사 should의 속성이 문장 전체를 구조적으로 지배하는 결과가 된다.

1.6.3 Yes-No 의문문의 구조

다음과 같은 Yes-No 의문문의 구조도 조동사의 어휘 제약에 의해 결정된다.

(32) a. Is Johnny walking to school?

     b. Have you been walking?

     c. Should I have been walking on the moon?

(33) a. Johnny is walking to school.

     b. You have been walking.

     c. I should have been walking on the moon.

기본적으로 조동사는 **비도치 조동사**(non-inverted auxiliary)와 **도치 조동사**(inverted auxiliary)의 용법이 있다. 전자는 서술문에, 후자는 의문문에 사용된다. 즉 의문문 (32)의 Is, Have, Should가 도치 조동사이고 서술문 (33)의 is, have, should가 비도치 조동사이다. 이 두 유형은 단어의 모양은 같지만 어휘 제약이 달라서 이들을 구별하기 위해 비도치 조동사는 is_n, $have_n$, $should_n$ 등으로 표기하고 도치 조동사는 is_i, $have_i$, $should_i$ 등으로 표기한다. 도치 조동사는 비도치 조동사에 다음과 같은 **도치 형태 규칙**이 적용되어 도출된다.

(34) 도치 어휘 규칙(Inversion Rule)

     a. 비도치 조동사 V[<non-inverted>]를 도치 조동사 V[<inverted>]로 바꾼다. 그리고 비도치 조동사는 V_n으로, 도치 조동사는 V_i로 표기한다.

     b. 도치 조동사 V_i는 다음과 같은 어휘 제약을 지닌다.

       ① 명사구 보어와 동사구 보어를 거느린다.

       ② 명사구 보어는 주어의 기능을 한다.

       ③ 동사구 보어는 **비도치 조동사**가 취하는 동사구 보어와 동일하다.

다시 말해 도치 어휘 규칙은 $will_n$, can_n 등 비도치 법 조동사를 $will_i$, can_i 등 도치 법 조동사로, is_n, are_n 등 비도치 진행 조동사를 is_i, are_i 등 도치 진행 조동사로, 그리고 $have_n$, has_n, had_n 등 비도치 완료 조동사를 도치 완료 조동사 $have_i$, has$_i$, had$_i$ 등으로 전환시킨다. 도치 조동사로 전환되면 (34b)에 밝혀져 있는 세 가지 새로운 어휘 제약을 부여받게 된다.

이어 도치 조동사와 그 보어로 구성되는 의문문을 형성하기 위해서는 다음의 구 구조 규칙이 새로 추가된다.

(35) S→V[inverted] NP VP [30]

즉 서술문 (32a)와 의문문 (33a)의 구조를 이 구 구조 규칙과 도치 조동사 is 의 어휘 제약에 따라 다음과 같이 분석할 수 있다.

---

[30] 이 의문문의 어순은 영어의 두 가지 일반적인 어순에 의한 결과다. 첫째, Is John walking to school? Will John walk to school? 등에서 조동사인 Is나 Will이 선두에 나오는 것은 어휘 범주와 구 범주가 나란히 일어날 때 반드시 어휘 범주가 구 범주를 선행하는 일반적인 어순 을 따른 것이다. 이 어순은 모든 구에 예외 없이 적용된다. 동사구이든 전치사구이든 형용사 구이든 명사구이든 첫 번째 요소는 반드시 어휘 범주이다. "*chased* [the unicorn]", "*walk* [to school]", "*make* [the girl] [aware of the situation]" 등 동사구에서 어휘 범주인 동사가 반드시 다른 구를 선행해야 한다. "~~the unicorn *chased*~~", "~~to school *walk*~~", "~~the girl *make* aware of the situation~~", "~~the girl aware of the situation *make*~~" 등 어휘 범주가 선행하지 않는 어순은 일절 허용되지 않는다. 전치사구 역시 어휘 범주인 전치사가 반드시 선행해야 한다. 따라서 "*to* [the building]"이 영어의 어순이고 "*~~[the building] to~~*"는 영어 어순이 아니다. 형용사구 역시 어휘 범주인 형용사가 선두에 오는 "*aware* [of the situation]"이 영어 어순이지 "~~[of the situation] *aware*~~"는 영어 어순이 아니다. 명사구에서도 어휘 범주인 관사가 선두에 와야 한다. "*the* [happiest man in the world]"가 영어 어순이지 "~~[happiest man in the world] *the*~~"는 영어 어순이 아니다. 이 일반적인 어순 규칙이 의문문에도 적용되어 조동사가 맨 앞에 오는 것이다. 둘째, 의문문의 둘째 요소는 명사구이고 셋째 요소는 동사구인데 이 어순도 매우 일반적인 영어 어순 중 하나이다. 즉 명사구가 다른 구들과 자매일 때 반드시 명사구가 다른 구들을 선행한다. 서술문의 주어가 술부동사구를 선행하는 것은 바로 이 어순 규칙의 대표 적인 예이다. 또 동사구 "give *a book to Mary*"에서 직접목적어 a book이 간접목적어 to Mary를 선행하는 어순도 이에 따른 것이며 어휘 범주 Is가 명사구 Johnny와 동사구 walking to school을 선행하고 명사구가 동사구를 선행하게 되면 결국 의문문의 어순이 나온다. 위의 예 "make *the girl aware of the situation*"에서 명사구 "the girl"이 형용사구 "aware of the situation"을 선행하는 것도 이 규칙에 의한 것이다. 의문문에서 명사구가 동사구를 선행하는 어순도 이 규칙에 속한다.

(36)

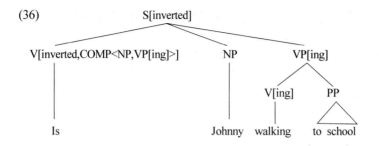

결국 서술문에 쓰이는 비도치 진행 조동사 is는 아래 (37)에서 보는 바와 같이 ing분사 형태의 동사구 보어 walking to school과 결합하여 동사구를 이룬다. 그리고 그것이 주어 NP와 결합하면 서술문이 이루어진다. 그러나 의문문 (32a)의 도치 조동사 Is는 NP 보어와 VP 보어와 함께 S[inverted]를 이룬다. 그리고 그 NP 보어 Johnny는 의문문의 주어 기능을 수행한다. 따라서 이 Johnny와 Is 사이에 이루어 진 주어-일치는 서술문의 경우와 동일하다. 즉 서술문 (33a) "Johnny is walking to school."이 정문이 되고 "*Johnny are walking to school."이 비문이 되는 것과 같은 이유로 의문문 (32a) "Is Johnny walking to school?"은 정문이 되고 "*Are Johnny walking to school?"은 비문이 된다.

(37)

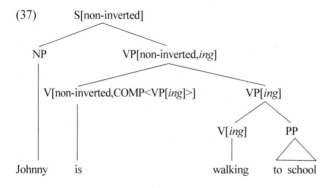

즉 (37)의 비도치 조동사 V[non-inverted] is는 VP[*ing*] 보어를 거느리는 데 반해 (36)의 도치 조동사 V[inverted] is는 NP 보어와 VP[*ing*] 보어를 취한다. 이렇게 조동사의 어휘적 차이가 결국 의문문과 서술문의 구조적 차이로 나타나는 것이다.

아래 (37a)는 조동사가 없는 의문문이다.

(38) a. **Does**$_1$ Johnny walk to school?

    b. Johnny **does**$_2$ walk to school.

    c. Johnny **does**$_3$ not walk to school.

그런데 사실은 (38a)의 does$_1$은 구조적으로 도치 법조동사와 같다. 의문문의 법조동사와 같이 NP Johnny와 원형 부정형의 동사구 "walk to school"을 보어로 취한다. 다만 법조동사는 서술문에도 사용되지만 이 does$_1$은 서술문에는 사용되지 않고 오직 의문문에만 사용되는 도치 조동사이다. 이를 **의문 조동사**라고 부른다.

서술문 (38b)에도 does가 있지만 이것은 의문 조동사가 아니다. 이 does는 "강조의 조동사"라고 부른다. 이 역시 원형부정형의 동사구 보어를 취한다.

그리고 (38c)에 있는 does$_3$은 부정문을 만들어주는 **부정 조동사**이다. 이 세 가지 조동사의 어휘 제약은 다음과 같이 정리할 수 있다.

(39) a. 의문 조동사 do$_1$: 명사구와 원형부정형의 동사구 보어를 거느린다.

    b. 강조 조동사 do$_2$: 원형부정형의 동사구 보어를 거느린다.

    c. 부정 조동사 do$_3$: not과 원형부정형의 동사구를 보어로 취한다.

(38a,b,c)의 구조는 각각 (40a,b,c)로 나타낼 수 있다.

(40) a.

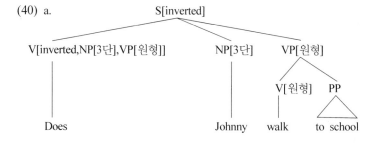

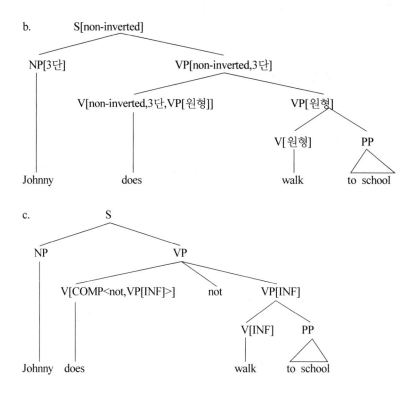

1.6.4 능동문과 피동문

능동형과 피동형 구문의 차이도 본동사의 어휘 제약에서 나온다. 능동형은 타동사가 본동사일 때 그 타동사의 어휘 제약에 따라 형성된다. 피동형은 피동의 be 동사가 본동사이고 그것이 피동형의 동사구를 보어로 취한다. 아래 예에서 능동문 (41b)의 구조는 wrote의 어휘 제약에 따라 결정되고, 피동문 (41a)는 피동의 be동사 was와 피동형 동사 written의 어휘 제약에 의해 결정된다.

(41) a. The letter **was** *written by Jane*.
　　　 b. Jane **wrote** *the letter*.

피동형 동사는 다음 형태 규칙에 의해 도출된다.

(42) 피동형 형태 규칙

타동사 기본형-*ed*^{Passive}⇒'피동형 동사'

즉 기본형 WRITE에 피동형 어미/*ed*^{Passive}/를 첨가하면 피동형 동사 'written'이 도출된다. 이렇게 파생된 모든 피동형 동사는 다음과 같은 어휘 제약을 지닌다.

(43) 피동형 동사의 어휘 제약

　① 직접목적어를 취하지 않는다.

　② by 전치사구 보어를 거느린다.

　③ 주어는 동사의 피동작자(patient)로 해석되고 by전치사구 보어(안의 핵심어 명사)는 동작주(agent)로 해석된다.[31]

또한 피동의 be동사는 다음과 같은 어휘 제약을 지닌다.

(44) 피동의 be동사의 어휘 제약

　① 핵심어가 피동형인 동사구 보어를 거느린다.

　② 보어의 주어가 주어로 나타난다.

결국 구 구조 규칙과 피동의 be동사와 피동형 동사 written의 어휘 제약에 따라 피동문 (41a)의 나무그림은 다음과 같이 생성된다.

(45)

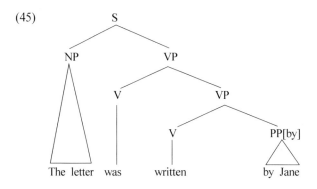

---

[31] "동작주"와 "피동작자"는 의미역의 하나이다. 동작주는 동작 또는 행동을 수행하는 주체이고 피동작자는 동작의 대상 또는 동작의 결과가 미치는 곳을 의미한다. "의미역"은 제2장 2.2.2절에서 자세히 다룬다.

즉 피동의 be 동사인 was가 피동형 동사 written을 핵심어로 하는 동사구 "written by Jane"을 보어로 취하고 있다. 이때 by Jane은 written의 전치사구 보어이다. 한편 written by Jane의 주어는 본동사인 was의 주어로 나타난다. 피동형 동사의 어휘 제약 (42)③에 따라 was의 주어로 실현된 "written by Jane"의 주어 "The letter"는 쓰는 행위의 피동작자 즉 쓰는 행위의 대상 ("쓰이어진 것")으로 해석되고 by 구의 명사구 Jane은 쓰는 행위의 동작주 즉 쓰는 이로 해석된다.

반면 능동문 (40b)에서는 타동사의 일반적인 속성에 따라 주어가 동작주가 되고 목적어가 피동작자가 된다. 따라서 wrote의 주어 Jane이 쓰는 행위의 동작주 즉 쓰는 이가 되고 목적어 the letter는 쓰는 행위의 대상 즉 쓰이어진 것이 된다.

결국 능동문의 구조는 본동사인 타동사의 어휘 제약에 따라 정해지고 피동문의 구조는 본동사인 피동의 be동사와 그 보어의 어휘 제약에 따라 정해지므로 능동문과 피동문은 서로 다른 형태로 나타나지만, 관련된 동사가 의미하는 행위의 주체와 대상이 같기 때문에 결과적으로 이들은 같은 의미로 해석된다. 문장의 구조와 의미가 근본적으로 관련된 어휘 제약에 따라 결정된다는 것은 능동문과 피동문의 경우도 예외가 아니다.

1.7 의문사(Wh-어)와 통사적 간격(Syntactic Gap)

전형적인 Wh-의문문은 다음과 같다.

(1) What did you see?

(2) a. Where do you come from?
     b. From where do you come?

(3) a. Who is the boss proud of?
     b. Of who(m) is the boss proud?

위 문장의 밑줄 친부분만 보면 Wh-의문문도 도치 조동사가 쓰인 점에서

Yes-No 의문문과 같은 구조인 것처럼 보인다. 그러나 Wh-의문문은 Yes-No 의문문에 없는 특징이 있다. 즉 Wh-의문문은 What, Who, Of who(m) 등 의문사가 문두에 오고 의문사 다음이 Yes-No 의문문의 형태로 되어 있으나 한 요소가 부족한 상태라는 점이 보통 Yes-No 의문문과 다르다. 가령 예문 (1)에서 What 다음에 오는 "did you see ___?"에 see의 목적어가 없다. 또 (2a)에서 Where 다음에 오는 "do you come from ___?"에는 from의 목적어가 없고, (2b)에서 From where 다음에 오는 "do you come ___?"에는 come의 전치사 보어가 없다. (3)의 경우에도 역시 의문사 Who 또는 Of who(m) 다음에 오는 Yes-No 의문문에 한 요소가 부족하다. 이와 같이 의문사 뒤에 오는 Yes-No 의문문에는 반드시 있어야 할 요소 하나가 결여되어 있다.

이 결여된 부분을 **통사적 간격**(syntactic gap) 또는 줄여서 **간격**이라고 부른다. 간격은 Wh-의문문의 중요한 특징이다. 즉 "간격이 있다"는 것은 "있어야 할 요소가 결여되어 있다"는 말이다. 그런데 그 간격은 결국 문두에 있는 의문사로 채워지는 것이므로 Wh-의문문 전체적으로는 모자람이 없으나 의문사 다음에 오는, Yes-No 의문문처럼 생긴 그 부분만 놓고 볼 때는 간격이 있다. 다시 말해 보통의 Yes-No 의문문이라면 있어야 할 요소가 없어서 간격이 생긴 것인데 그 대신 의문사가 문두에 나타난 것이 Wh-의문문의 상황이라고 말할 수 있다.

그러한 간격을 표현하기 위해 GAP(=간격)이라는 속성을 도입하고 속성의 속성가를 각괄호 < > 안에 표기한다. 예를 들어 [GAP<NP>]는 "NP 하나가 부족하다, 있어야 할 NP가 없다, 또는 NP 하나가 결여되어 있다"는 것을 의미하는 속성이다. 이 기호를 VP에 첨가하면 VP[GAP<NP>]가 된다. 이는 있어야 할 NP가 없는 VP, 다시 말해, NP 간격이 있는 VP를 가리킨다. 즉 Wh-의문문 (1) "What did you see?"의 타동사 see의 범주가 V[GAP<NP>]이고 이것이 이루는 VP가 VP[GAP<NP>]이며 이 VP가 이루는 문장이 S[GAP<NP>]가 된다. 이는 있어야 할 NP가 하나 결여된 S를 가리킨다. 그런데 Wh 의문문 (1)은 NP 의문사 what과 S[GAP<NP>]가 결합하여 이루어진 문장이다. 이 두 요소가 결합하면 S[GAP< >]를 형성한다. [GAP< >]는 "결핍 된 것이 없다, 완전하다, 간격이 없다"는 뜻이다. 따라서 S[GAP< >]는 "간격이 없는 S" 즉 "결핍된 것이 없는 완전한 문장"을 가리

킨다. Wh-의문문 (1)의 구조는 다음과 같다.[32]

(4)

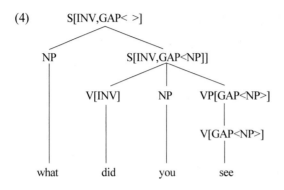

이 나무그림에서 타동사 see의 범주가 V[GAP<NP>]이라는 점에 주목할 필요가 있다. 이 범주는 NP 하나가 결여된 V, 즉 NP 간격이 있는 V이다. 원래 타동사 see의 범주는 목적어 NP를 요구하는 V[COMP<NP>]이지만 이 see는 목적어 NP 를 요구하지 않는 V[GAP<NP>]이다. 그것은 목적어 없이 단독으로 VP를 이룬다. 즉 NP 간격이 있는 V로 이루어지는 VP도 NP 간격이 있다. 또 V, NP, VP[GAP<NP>] 세 요소가 결합하여 이루어진 S에도 역시 NP 간격이 있다. 그러다 가 이 S가 의문사 NP "what"과 결합하여 최종적으로 S를 이룰 때 NP 간격이 의문사 "what"으로 채워져 "부족함이 없는, 간격이 없는" Wh-의문문 S[GAP< >] 가 완성된 것이다.

　같은 맥락에서 (2a)는 NP 의문사 where와 S[GAP<NP>]의 결합이고 (2b)는 PP

---

[32] 종래의 변형문법에서는 Wh-의문문은 일련의 이동 규칙이 적용되어 도출되는 것으로 설명했 었다. 즉 What did you see?는 [you PAST see what]이라는 "심층구조"를 상정하고 여기에 Wh 이동규칙을 적용하여 [what you PAST see]를 도출하고 여기에 다시 "도치 규칙"을 적용 하여 [what PAST you see]를 도출한 다음 "do 삽입 규칙"을 적용하면 표면구조인 [what PAST-do you see]를 얻고 PAST-do가 did로 실현되어 "What did you see?"가 생성된다고 설명했다. 이 이론에서는 의문문뿐만 아니라 모든 문장들에 대하여 심층구조, 다수의 중간 구조, 표면구조를 설정하고 여러 가지 이동규칙으로써 그 구조들을 연결하는 방식을 사용하 여 분석하였다. 그러나 비변형 생성문법 이론을 지지하는 <현대 영문법>의 문장 분석에는 한 문장에 대하여 오직 하나의 구조가 있으므로 무슨 구조가 변해서 무슨 다른 구조가 된다 는 식의 설명이 불필요하며, 한 요소를 다른 곳으로 이동시키는 규칙이 존재하지도 않는다. <현대 영문법>에는 구 구조 규칙과 어휘 제약이라는 두 장치가 있을 뿐이고 어떤 종류의 구문이라도 이로써 모두 설명할 수 있다. Wh-의문문도 예외가 아니다. 각주 1 참조.

의문사구 "From where"와 S[GAP<PP>]의 결합이다. 또한 (3a)는 NP 의문사 who 와 S[GAP<NP>]의 결합이고 (3b)는 PP 의문사 "Of who"와 S[GAP<PP>]가 결합한 것이다.

이상을 정리하면 의문사는 다음 두 가지 속성을 가진다.

(5) 의문사 XP의 속성
  ① 항상 문두에 온다.
  ② 도치 간격문 S[INV,GAP<XP>]와 결합하여 Wh-의문문 S[INV,GAP< >]를 이룬다. (XP는 NP 또는 PP를 가리킨다.)

what, which, who, where 등 NP 의문사는 NP 간격이 있는 S와 결합하고, from where, of what 등 PP 의문사는 PP 간격이 있는 S와 결합하여 그 간격을 채워준다. 아래에서 (3a)와 (3b)의 구조를 각각 나무그림 (6a)와 (6b)로 나타낸다.

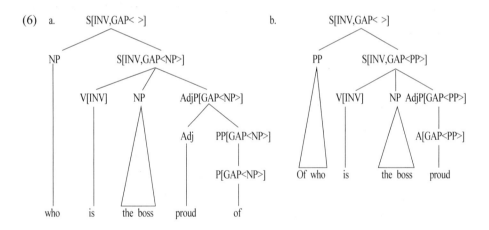

(3a)(=(6a))는 NP 의문사 who와 NP 하나가 결여된 도치문 <is the boss proud of>가 결합하여 이루어진 Wh-의문문이다. NP 하나가 결여된다는 속성은 proud의 보어인 of전치사구의 핵심어 of에서 시작된다. 다시 말해 이 of의 범주는 P[GAP<NP>]이다. 원래 of가 전치사구를 형성하려면 NP 보어와 결합해야 하나 여기서는 of가 새로 가지게 된 [GAP<NP>] 속성으로 말미암아 NP 보어 없이 단독

으로 PP를 형성한다. 그렇게 형성된 PP는 NP 간격이 있는 PP이고 "proud"와 그 PP가 결합하여 이루어진 AdjP도 NP 간격이 있으며 V, NP, 그 AdjP 등 세 요소가 결합하여 형성된 VP도 역시 NP 간격이 있다. 또한 그 VP가 구성성분인 S 역시 NP 간격이 있다. 결국 속성 [GAP<NP>]가 P에서 발단하여 PP와 AdjP와 VP를 차례로 통과하여 S에까지 올라갔는데 이 S가 who와 결합하여 최종적으로 S를 형성할 때는 NP 간격이 채워지고 완전한 도치문 S[INV,GAP< >]이 이루어지게 된다.

(3b)(=(6b))는 PP 의문사 <Of who>와 PP 간격이 있는 의문문 S[GAP <PP>] <is the boss proud>가 결합하여 이루어진 Wh-의문문이다. 결여된 PP의 발단은 형용사 proud에서 나온 것으로 A의 속성 [GAP<PP>]가 AdjP를 통과하여 S[INV] 에까지 올라간다. 그리고 이 의문사 PP인 "of who"와 S[INV,GAP<PP>]이 결합하여 PP 간격이 채워지고 완전한 Wh-의문문 S[INV,GAP< >]이 생성된다.

Wh-의문문은 도치된 어순이고 문두에 나오는 의문사 때문에 반드시 간격이 있어야 하는 구문이다. 이런 유형의 문장들을 우리는 **도치 간격 구문**(inverted gapped constructions)이라고 부른다.

도치 간격 구문은 서술문에도 있는데 아래 (7)이 그 예이다.

(7) a. **At no time** *is freedom of speech* more precious than today. (언론의 자유가 오늘날보다 더 귀중한 때는 없다.)

b. **At no time** *did they* envision setting labor laws to require private employers to hire people who they did not want to hire. (사기업 고용주에게 그들이 원하지 않는 사람들을 고용하도록 하는 노동법을 제정할 생각을 그들은 단 한번이라도 하지 않았다.)

c. **Only occasionally** *did John* read the report. (아주 이따금씩만 존은 그 보고서를 읽었을 뿐이었다.)[33]

---

[33] 도치 간격 구문과 비슷하지만 구별해야 되는 구문으로 **주어 후치 구문**(subject postposing)이 있다. "On board were two nurses.(배를 타고 있었던 것은 두 사람의 간호사였다.)" 또는 "On board *have been* two nurses."와 같은 문장이 주어 후치 구문의 예이다. 이것은 주어가 문미에 오고—즉 문미로 후치되고—빈 주어 자리에 be 동사의 보어가 오는 구문이다. (결과적으로 주어와 보어가 서로 자리바꿈을 한 형태이다.) 후치가 일어나지 않은 상태의 문장은 "Two nurses were on board." "Two nurses have been on board."이다. 만약 도치가 가능하다면 on

이런 서술문은 구조적으로 Wh-의문문과 흡사하나 부정적인 뜻을 가진 수식어가 문두에 나오는 점이 Wh-의문문과 다르다. only는 '하나만 제외하고 모든 다른 가능성을 부정하는' 뜻을 나타내기 때문에 부정적인 뜻을 가진다. 결국 (7a,b)는 전치사구가 문두에 오기 때문에 전치사 간격이 있는 문장이고 (7c)는 부사 수식어가 문두에 오기 때문에 이 구문의 간격은 부사구 간격이 된다. (7a)의 구조는 다음과 같이 분석할 수 있다.

(8)

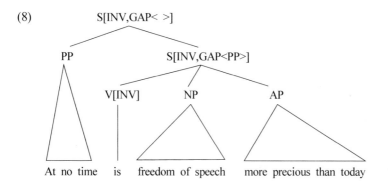

다음으로 간격이 있으나 도치되지 않은 **비도치 간격 구문**(non-inverted gapped constructions)이 있다. 감탄문, 관계절, 간접의문문, 화제문(topicalization sentence) 등이 이 구문에 속한다.

(9) a. **What an animal** *it was*! (감탄문)

   b. (the unicorn) **which** *you saw* in the garden (관계절)

   c. I wonder **what** *you saw* in the garden. (간접의문문)

---

board를 문두에 놓고 주어와 조동사의 어순을 도치시킨 *~~On board have two nurses been.~~*이 정문이 될 것이다. 그러나 이것은 비문이다. 부정의 뜻이 없는 on board같은 요소가 문두에 오는 도치 간격 구문은 불가능하다. 따라서 주어 후치 구문은 부정적 요소 또는 only 구가 문두에 오고 주어와 조동사의 어순이 바뀌는 도치 간격 구문과는 구별되어야 한다. "Nothing new can his casual comment on the proposal be.(그 제안에 대한 그의 가벼운 논평은 아무 것도 새로운 것이 있을 수 없다.)"는 도치 간격 구문에 속하고 "More revealing *can be* his casual comment on the proposal.(더욱 의미있는 것은 오히려 그 제안에 대한 그의 가벼운 논평일 수 있다.)"는 주어 후치 구문에 속한다. 즉 주어 후치 구문은 본동사가 be 동사일 때만 가능하고 도치 간격 구문은 모든 동사에 두루 가능하다.

d. **Her parents** *I don't like* at all. (그의 부모를 나는 전혀 좋아하지 않는다.)
　 (화제문)

즉 감탄문은 Wh-구와 비도치 간격문으로, 관계절은 관계대명사와 비도치 간격문으로, 간접의문문은 Wh-의문사와 비도치 간격문으로, 그리고 화제문은 화제를 나타내는 구와 비도치 간격문으로 이루어진다.

(10)

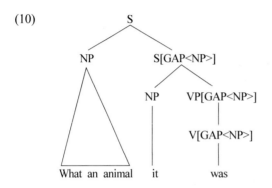

이와 같이 도치가 일어나지 않는 감탄문의 주어-동사는 정상 어순이며 동사는 NP 간격이 있는 동사 V[GAP<NP>]이다. 이 동사는 NP 보어 없이 단독으로 VP[GAP<NP>]를 형성하고 주어 it과 이 동사구가 결합하여 S[GAP<NP>]를 형성한다. 결국 감탄사 NP "What an animal"이 이 S[GAP<NP>]가 결합하면 간격이 채워지고 완전한 감탄문 S가 생성된다.

끝으로 정상적인 어순의 서술문은 도치도 일어나지 않고 간격도 없는 구문이다. 즉 그것은 **비도치 비간격 구문**(non-inverted non-gapped constructions)이다. 그런데 Wh-의문문 중에도 비도치 비간격 구문이 있다. 다음 (11)과 같이 주어가 Wh-의문사인 Wh-의문문이 그러한 구문에 속한다.

(11) a. **What** is coming next?
　　 b. **Who** saw that animal?

이 유형의 Wh-의문문은 주어가 의문사인 것이 다른 Wh-의문문과 다르다. 그리고 술부 동사구는 간격이 없는 완전한 동사구이다. 따라서 이 유형의 의문문은 주어가 의문사인 점만 제외하고 서술문의 구조와 동일하다.

이상을 정리하면 도치(INV)와 간격(GAP)이라는 두 변수에 따라 단문(simple sentence)을 아래와 같이 네 가지 유형으로 나눌 수 있다. ("+"는 "(해당 성질이) 있음(presence)"을 의미하고 "-"는 "없음(absence)"을 의미한다.)

(12) 단문의 유형

속성 구문유형	문장	INV	GAP	예문
비도치 비간격 구문 (non-inverted non-gapped constructions)	서술문, 주어 Wh-의문문	-	-	I saw the unicorn in the garden. What is coming next? Who saw that animal?
비도치 간격 구문 (non-inverted gapped constructions)	감탄문, 관계절, 간접의문문, 화제구문	-	+	What an animal it was! (the unicorn) which you saw in the garden. I wonder what you saw in the garden. Her parents I don't like at all.
도치 비간격 구문 (inverted non-gapped constructions)	Yes-No 의문문	+	-	Did you see the unicorn in the garden? Will you see the dragon in the garden?
도치 간격 구문 (inverted gapped constructions)	Wh-의문문, 도치서술문	+	+	What did you see? Where does he come from? At no time is freedom of speech more precious than today.

비도치 비간격 구문(non-inverted non-gapped construction)은 주어가 술부 동사구를 선행하여 어순의 도치가 일어나지 않고 모든 요소들이 제자리에 있어 간격이 없는 구문이다. 이 유형의 주종은 서술문이고, 의문사가 주어로 나타나는 Wh-의문문도 이 유형에 속한다. (이 유형의 문장은 INV의 속성가가 "-"이고 GAP의 속성가가 "-"인 문장이다. 따라서 그것을 "S[<-INV,-GAP>]"로 표기할 수 있다.)

비도치 간격 구문(non-inverted gapped constructions)은 어순의 도치가 일어나지 않으나 간격이 있는 구문이다. "What an animal it was!"와 같은 감탄문이 이 유형이다. was 다음에 간격이 있으며 어순은 정상 어순이다. 또 "Was that the unicorn which you saw in the garden?"에 있는 "which you saw in the garden"과 같은 관계절이 이 유형이다. saw의 목적어가 결여되어 있으나 어순은 정상이다. 마찬가지로

"I wonder <u>what you saw</u>."에서의 간접 의문문 "what you saw"가 이 유형이다. 또한 "Her parents I don't like at all. (그녀의 부모는 내가 좋아하지 않는다.)"과 같은 화제 구문(topic construction)이 이 유형에 속한다. 화제(topic)인 "Her parents"가 문두에 나타나는 것이 이 구문의 특징인데 주어-술어의 어순은 정상이나 타동사 like 다음에 간격이 있다. (이 구문은 S[<-INV,+GAP>]"로 표기할 수 있다.)

도치 비간격 구문(inverted non-gapped constructions)은 술부 동사가 주어를 선행하여 어순 도치가 일어나고 있어야 할 모든 요소들이 제자리에 있어 간격이 없는 구문이다. Yes-No 의문이 이 유형의 유일한 예이다. (이 구문은 S[<+INV,-GAP>]이다.)

도치 간격 구문(inverted gapped constructions)은 어순 도치도 일어나고 간격도 있는 구문이다. Wh-의문문과 "<u>At no time</u> is freedom of speech more precious than today.(언론의 자유가 오늘날보다 더 귀중한 때는 없다.)"와 같은 도치 서술문이 이 유형에 속한다. (이 구문은 S[<+INV,+GAP>]이다.)

1.8 복문(Complex Sentences): 종속절(Subordinate Clauses)과 대등절(Coordinate Clauses)

복문이란 복수의 한정형 본동사와 복수의 주어가 있는 문장이다. 복문은 두 개 이상의 단문이 if, when, and, but 등 접속사로 연결되어 있다.[34]

(1) a. <u>They had already left</u> *when* <u>we got there</u>. (우리가 거기에 도착했을 때 그들은 이미 떠나고 없었다.)

   b. <u>We got there right on time</u> *and* <u>they were there one hour later</u>.(우리는 약속시간에 정확히 거기에 도착했고 그들은 한 시간 늦게 나타났다.)

---

[34] 이론적으로 종속절을 이끄는 if, when, because 등 종래 '접속사(Conjuction)'라고 부르는 범주를 <현대 영문법>에서는 전치사의 범주에 넣는다. 명사구뿐만 아니라 절(clause)도 전치사의 목적어가 된다고 보기 때문이다. 그러나 여기서는 편의상 종래의 용어 "접속사"를 그대로 사용했다.

위의 예문에서 접속사 when과 and가 각각 밑줄 친 두 개의 단문을 연결하고 있다. 그러나 그 둘은 연결 기능의 관점에서는 같으나 연결하는 방식은 같지 않다. 먼저 (1a)에서는 "우리가 도착 한 때"를 밝히는 시간 부사절 "when we got there"가 "They had already left"에 종속되어 있다. 즉 "They had already left"는 **주절**(main clause)이고 "when we got there"는 **종속절**(subordinated clause)이다. 이에 비해 (1b)에서는 and가 두 개의 단문 "We got there right on time"과 "they were there one hour later"를 대등한 관계로 연결한다.

먼저 (1a)의 구조는 다음 나무그림과 같이 분석할 수 있다.

(2)　 a. 종속절이 있는 복문의 구조

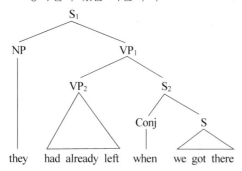

즉 접속사 when이 절 보어 "we got there"과 결합해 **종속절** S_2를 형성한다. 그리고 이 종속절은 VP_2 "had already left"의 수식어이다. 결국 시간 수식어인 S_2 "when we got there"는 주절의 동사구인 VP_1의 일부이다. 그러한 의미에서 시간 수식어 S_2를 종속절이라고 한다.

다음 (1b)의 구조는 다음과 같다.

(2)　　 b. 대등절의 구조

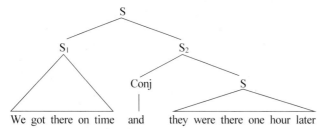

위 구조는 S₁ "We got there on time"과 S₂ "and they were there one hour later"가 결합하여 S를 형성하고 있다. 그리고 S₁과 S₂는 어느 것이 어느 것에 종속되어 있지 않고 서로 대등한 자격으로 연결되어 있다. 따라서 S₁과 S₂를 각각 **대등절 (coordinate clause)**이라고 부르고 두 개의 대등절이 and로 연결되어 **대등문 (coordinate sentence)** (1b)를 이룬다고 말한다. 이때 접속사 and는 두 번째 대등절에 속하는 것으로 본다.[35] 결국 and는 대등절을 연결한다고 하여 **대등 접속사**라 부른다. 대등 접속사에는 and 이외에 or와 but이 있다. 반면 앞의 (1a)의 when과 같이 종속절을 이끄는 접속사는 **종속 접속사**라고 한다.

종속 접속사에는 때를 나타내는 **시간 종속 접속사** 이외에 **장소(place) 접속사, 양태 (manner) 접속사, 이유(reason) 접속사, 조건(condition) 접속사, 양보(concession) 접속사** 등이 있다. 전형적인 예문들과 함께 유의사항만 대강 언급하면 다음과 같다.

(3) 시간 접속사

    a. Please see him <u>before you call me</u>. (나한테 전화하기 전에 그를 (먼저) 만나 보시오.)

    b. <u>After you see him there</u>, please call me. (거기서 그를 만난 다음에 나한테 전화해 주시오.)

    c. How has the stereo changed <u>since it was first invented</u>? (스테레오가 처음 발명된 이래 그것이 어떻게 변화해 왔는가?)

    d. Where did Christopher Columbus think he was <u>when he discovered America</u>? (크리스토퍼 콜럼버스가 미국을 발견했을 때 그는 자기가 어디에 있다고 생각했는가?

---

[35] 두 개의 S가 접속사 and로 연결되어 있을 때 and를 뒤의 S 구성성분으로 본다. "John and Mary"와 같은 명사구의 접속이나 "was alive and remained active"와 같은 동사구의 접속구문이 both John and Mary, both was alive and remained active와 같이 both가 선행하는 구조라고 보고 접속구문은 [[both NP] [and NP]], [[both VP] [and VP]]로 분석한다. 즉 [S and S]도 [both S and S]와 같은 구조라고 보고 앞의 대등구(conjunct)에는 both가 오고 뒤의 대등구에는 and가 온다고 분석한다. 또한 대등구가 단 두 개 일 때 both가 쓰이고 대등구가 세 개 이상일 때는 both가 쓰이지 않는데 both는 생략할 수 있는 요소이어서 [both A and B]는 언제나 [A and B]로 나타날 수 있다. 결국 대등구가 단 두 개일 때를 제외하고 and는 생략할 수 있다. 그래서 [A and B and C and D]는 마지막의 and만 두고 앞의 and들을 모두 생략하고 [A, B, C, and D]로 바꾸어 표현해도 된다. 이때도 and는 뒤의 대등구의 성분으로 본다. 전자는 [[A], [and B], [and C], [and D]]로 분석하고 후자는 [[A], [B], [C], [and D]]로 분석한다.

e. **When he discovered the element**, chemical engineering entered a new era. (그가 그 원소를 발견했을 때 화공학은 새 시대에 들어갔다.)

f. **Whenever you call me**, I'll be there. **Whenever you need me**, I'll be there. (네가 나를 부르면 언제나 난 거기로 갈 거야. 네가 내가 필요하면 언제나 난 거기 갈 거야.)

g. **Once you get started**, oh, it's hard to stop. (일단 시작만 하면, 아! 멈추는 것이 어렵구나.)

h. **As long as** the earth endures, seedtime and harvest, cold and heat, summer and winter, day and night will never cease. (Genesis) (지구가 견디는 동안은, 파종기와 수확기, 추위와 더위, 여름과 겨울, 밤과 낮이 결코 멈추지 않을 것이다. --성경 창세기)

i. Keep your houseplants healthy <u>while you are away from home</u> by ensuring you have a plan in place for their care! (집의 화초를 돌보아주는 계획이 있다는 것을 확실히 해둠으로써 집을 떠나 있는 동안에 화초들을 건강하게 유지하십시오.)

(4) 장소 접속사

a. **Where there is a will**, there is a way. (뜻이 있는 곳에 길이 있다.)

b. **Wherever you need me**, I'll be there. (네가 내가 필요한 곳이면 어디든지 난 갈 거야.)

(5) 양태 접속사

a. Colin looked <u>as if he were resting luxuriously</u>. (콜린은 호사스럽게 휴식을 취하고 있는 사람처럼 보였다.)

b. Some conglomerates act <u>as though they are above the law</u>. (어떤 재벌들은 자기들은 마치 법위에 있는 것처럼 행동한다.)

c. **However hard you try to keep people**, they'll eventually leave and be replaced by someone new and much better. (사람들을 붙잡아두려고 아무리 열심히 노력하더라도, 그들은 결국 떠나고 새롭고 훨씬 더 나은 사람으로 대치될 것이다.)

이와 같이 as if나 as though절은 carefully, quickly 같은 양태부사가 동사를 수식하듯이 동사가 나타내는 동작이나 행동의 모양, 태도, 양태 등을 나타낸다. (5a)에서 as if는 겉으로 보이는 외양을 의미하고 (5b)의 as though는 행동하는 태도를 나타낸다. However는 형용사 hard를 수식하는 부사다. 이 <however+형용사+주어+동사> 구문은 양보의 뜻을 나타내는 양보절이 된다. (아래 (8) 참조.)

(6) 이유 접속사

    a. <u>Because</u> the sky is blue, it makes me cry. (The Beatles) (하늘이 푸르니까 그것이 나를 울게 만드네.)

    b. We were excited about the possibility of talking to him <u>since we knew he would be there</u>. (우리들은 그가 거기에 갈 것을 알고 있었기 때문에 그와 이야기할 가능성으로 마음이 들떠 있었다.)

    c. <u>As</u> it was getting dark, they decided to stay in the first motel that they encountered. (날이 어두워지고 있었으므로 그들은 가다 만나는 첫 번째 모텔에 묵기로 결정했다.)

    d. A: Why didn't you go there with them? (왜 그들과 함께 안 갔어?)
       B: {<u>Because</u>/*Since/*As} I couldn't afford to. (돈 여유가 없었기 때문이었지.)

    e. It was {<u>because</u>/*since/*as} I was not well that I was absent yesterday. (어제 결석한 것은 몸이 안 좋았기 때문이었다.)

    f. (i) He went to bed, <u>for he was so exhausted</u>. (그는 너무 지쳐서 잠자리에 들었다/그는 잠자리에 들었다. 그는 탈진상태였던 것이다.)

      (ii) *<s>For he was so exhausted, he went to bed</s>.

즉 because, since, as 등은 모두 이유를 의미하고 대체로 의미차이 없이 서로 바꾸어 쓸 수 있다. 그러나 because는 좀 더 확실하고 결정적인 이유, 새로운 정보가 될 만한 이유를 말할 때 쓰고, since와 as는 다소 막연한 이유를 말할 때 쓴다. 때문에 (6d)의 문맥에서처럼 보다 결정적인 이유를 묻는 부정 의문문의 why의 질문에 대답할 때는 쓸 수 없다. 또 강조 구문 (6e)에서도 중요한, 새로운 정보가 제시될 위치에 since나 as는 적절하지 않다. 그 때는 좀 더 확실한 이유가 되는 because를 써야 한다. for도 이유를 나타내는 접속사로 쓰인다. 그런데 종속절은 주절의 뒤 또는 앞에 자유로이 올 수 있는 종속절과 달리 for 절은 주절의 앞에는 올 수 없다. for는 항상 절과 절 사이에 위치하여 두 절을 연결하는 역할만 한다. 이 때문에 for는 뜻은 because, since 등과 같지만, 구조적으로는 because나 since와 같은 종속접속사가 아니고 오히려 but, and 같은 대등접속사로 보는 것이 옳다. 그래야 (f(ii))가 왜 비문인지를 설명할 수 있다. He was exhausted <u>and he went to bed</u>. vs. <u>*And he went to bed, he was exhausted</u>. 또는 He was exhausted <u>but he didn't go to bed</u>. vs. <u>*But he didn't go to bed, he was exhausted</u>. 이렇게 대등절이 문두에 놓일 수 없는 것과 같은 이유로 for 절도 문두에 올 수 없다.

(7) 조건 접속사

    a. I drove to work <u>if it rained hard</u>. (나는 비가 몹시 오면 차를 운전해서 출근했다.)

    b. I drove to work <u>only if it rained hard</u>. (비가 몹시 올 때만 차를 운전해서 출근했다.)

    c. I drove to work <u>if and only if it rained hard</u>. (내가 차를 운전해서 출근하는 경우는 오직 비가 몹시 오는 날 뿐이었다.)

    d. A person is a bachelor <u>if and only if that person is a marriageable man who has never married</u>. (한 사람이 결혼한 적이 없고 결혼할 수 있는 남자이면, 오직 그렇다면, 그 사람은 총각이다/"총각"이란 결혼한 적이 없으며 (앞으로) 결혼할 수 있는 남자를 뜻한다.)

    e. <u>Only if you wash dishes</u>, will I clean the room. (네가 설거지를 하면 (오로지 그 조건이 지켜지면), 내가 방을 청소하겠다.)

    f. You don't have to do it <u>unless you really want to</u>. (네가 정말로 원하지 않는다면 그것을 할 필요가 없다.)

    g. But how realistic is it? As it turns out, quite realistic, <u>provided that you are not hoping to get rich doing it</u>. (그러나 그것이 얼마나 현실적이었나? 결국 상당히 현실적이었다. 그 일을 해서 부자가 되기를 바라지만 않는다면.)

    h. <u>Granted that</u> language is a social fact, and not the property of any individual, it follows that a linguistic change is equivalent to the diffusion of that change. (William Labov) (언어가 하나의 사회적 사실이며 어느 개인의 소유가 아니라는 것을 인정한다면, 언어변화는 그 변화의 확산과 동등하다는 것은 당연한 귀결이다. (=언어변화는 반드시 확산한다.))--윌리엄 러보브)

    i. So, <u>assuming that</u> I'm intelligent and competent and my resume is okay, what should I do next? (그래서, 내가 머리가 좋고 능력이 있고 이력서가 괜찮다고 하면, 그 다음에 나는 무엇을 해야 하나?)

j. He has back-up plans just <u>in case they would try to silence him</u>. (그들이 자기를 침묵시키려고 하는 {경우에 대비해서/경우를 생각해서}, 그는 {예비책/대비책/보완계획}을 가지고 있다.)

　(7a)와 같은 조건절은 상황에 따라 달리 해석할 수 있지만, 가장 평범한 뜻은 if절이 필요조건이 되는 경우다. 즉 비가 몹시 오는 상황은 내가 운전해서 출근하는 조건이었다는 뜻이다. 그것이 필요조건이므로 내가 눈이 많이 오는 날과 바람이 많이 부는 날에도 운전을 해서 출근했을 가능성을 배제하지 않는다. 그러나 아마도 비가 몹시 오는 날에만 운전을 한 것으로 이해하는 것이 (7a)의 보통의 해석이다. 그러나 논리적으로 if 절은 필요조건일 뿐이어서 다른 조건도 있음을 배제하지 않는다.

　만약 다른 가능성들을 배제하려고 하면 (7b)에서처럼 only if를 쓰는 것이 바람직하다. 흔히 only if를 숙어로 익히지만 실은 only와 if의 뜻을 그대로 가지고 있는 표현이어서 only가 if 조건절의 범위를 제한한다. 다른 여러 조건들이 있을 수 있지만 그것들을 일단 배제하고 특정의 한 필요조건에 초점을 두는 표현이 only if 조건절이다. 때문에 (7b)는 그때 내가 운전한 조건이 여러 가지일 수 있었지만, 그 중에서 비가 심하게 오는 기상조건이 충족되었을 때만 운전했음을 의미한다. 이런 의미에서 only if 조건절은 필요조건 하나를 특별히 부각시키는 표현이라고 할 수 있다. 그래서 이 문장은 결국 비가 심하게 오는 기상조건이 내가 그때 운전을 한 유일한 조건이었다는 것을 암시한다. 즉 그 기상조건은 내가 운전을 한 충분조건이기도 했다는 뜻이다. 다시 말해 only if의 본래의 뜻은 그냥 if절과 마찬가지로 필요조건이지만 그것이 암시하는 뜻은 충분조건도 포함될 수 있다.

　필요조건임과 동시에 충분조건이라는 것을 확실히 표현하려면 (7c)처럼 if and only if를 사용한다. 즉 비가 심하게 오는 것은 내가 운전하는 필요충분조건이었다는 뜻으로 모든 다른 조건을 배제하고 내가 운전한 상황과 비가 심하게 온 상황이 완전히 동일하다는 것을 의미한다. 따라서 주절과 조건절을 바꾸어도 의미가 달라지지 않는다. It rained hard if and only if I drove to work. (내가 차를 운전해서 출근하면 오직 그 때에만 비가 몹시 왔다/내가 차를 운전해서 출근하는 날에만 비가 몹시 왔다.) 이 역시 내가 차로 출근한 상황과 비가 몹시 온 상황은 완전히 일치한다는 뜻이다.

참고로, if only는 전혀 다른 상황을 표현하므로 주의를 요한다. 이것은 소원의 뜻을 담고 있다. I could have solved the problem if only I had a little more time. (시간이 조금만 더 있었더라면 나는 그 문제를 풀 수 있었을 것이다.) 주절 없이 조건절만 쓰이기도 한다. If only I had a car like that myself! (나도 그런 차 한 대 있었으면!) 와 같은 경우는 보통 가정법 과거완료나 가정법 과거의 if절이 쓰여서 "사실에 반하는(counterfactual)" 가정법이 쓰이나 문맥이 맞으면 직설법이 쓰이는 경우도 있다. 즉 If only he has a car like that!라고 하면 그가 그런 차가 있는지 없는지에 대해서 불확실하거나, 그 점에 대해 분명하지 않은 경우로 그저 단순히 말하는 사람의 희망을 표현할 뿐이다.

논리학이나 수학 책에서 필요충분조건을 나타낼 때 흔히 if and only if를 쓰는 것을 볼 수 있다. (그것을 줄여 "iff"로 쓰기도 한다.) 또 법 조문, 계약서 등에서도 if and only if를 자주 쓰며 용어의 정의를 내릴 때 쓰기도 한다. 가령 (7d)에서처럼 bachelor라는 단어가 쓰일 수 있는 모든 조건을 망라하면, 즉 bachelor의 문맥의 필요충분조건을 제시하면, 그것이 곧 bachelor라는 단어의 의미가 될 수 있기 때문이다.

또한 (7e)는 Only if 조건절이 주절 앞에 오면 주절의 주어-동사 어순이 도치된다는 것을 보여준다. (Only로 인한 어순도치 현상에 대해서는 1.7절 예문(7) 참조.)

if 외에도 조건절을 이끄는 접속사의 역할을 하는 표현에 provided that절, granted that절, assuming that절, in case (that)등 여러 가지가 있다. "provided that ~"은 "only if it is provided that ~(~하다는 조건이 충족된다면)", "assuming that ~"은 "if you assume that ~(~하다는 것을 가정한다면)"과 같은 뜻이다.

(8) 양보 종속접속사

    a. <u>Although</u> it looked as if it was raining, we started early in the morning. (비가 올 것처럼 보였지만 우리는 아침 일찍 출발했다.)

    b. We started anyway, <u>though the weather was not very good</u>. (우리는 그래도 출발했다. 날씨가 매우 좋지는 않았지만.)

c. I cycled to work **even if it was rainy and windy**. (비오고 바람 부는 날에도 나는 자전거를 타고 일하러 갔다.)

d. We must start, **whether or not she has come**. (그녀가 왔든 안 왔든, 우리는 출발해야 한다.)

e. How do you feel about Halloween (regardless of **whether you have kids or not**)? ((아이가 있거나 없거나 상관없이) 할로윈에 대해 어떻게 생각합니까?)

f. **Regardless of whether** freer trade or protectionism will prevail in the future, companies must try to predict what will happen to those industries. . . . (미래에는 더 자유로운 무역이 우세하든지 보호주의가 우세하든지 상관없이, . . . 회사는 그 산업계에 무슨 일이 일어날 것인지 예측하는 노력을 하지 않으면 안된다.)

g. Yeah, but your scientists were so preoccupied with **whether or not they could**, they didn't stop to think if they should. (그렇다, 하지만 당신의 과학자들은 할 수 있는지 할 수 없는지의 문제에 너무 집착한 나머지 해야 할 일인지 (하지 말아야 할 일인지)의 문제에 대해서는 {생각해 보려고 (잠시) 멈추지도 않았다./생각해 볼 여유도 없었다/생각하려고 하지도 않았다.})

though절, although절 등은 절의 내용을 일단 인정하여 백보 양보하더라도 (그럼에도 불구하고) 주절의 내용을 주장한다는 뜻을 나타낸다. 즉 (8a)는 비가 올 것 같다는 것을 인정했지만 그래도 우리는 떠났다는 뜻이다. even if는 even의 뜻으로 인하여 필요조건들 중에서 가장 가능성이 희박한 조건조차 인정하기 때문에 결국 양보절의 뜻이 된다. whether or not은 긍정 또는 부정의 경우를 선택할 수 있지만 어느 쪽을 선택하느냐에 관계없이 주절의 내용이 유효하다는 뜻에서 결국 양보절의 뜻이 된다. 따라서 이것은 (8e)의 regardless of whether ~ or not (~와 상관없이, ~는 어찌 되었든 관계없이)와 통한다.

그럼에도 문법적으로 (8e~g)의 whether or not 절의 용법은 그 앞의 예문과는 다르다. 이들은 사실 부사절이 아니고 명사절로서 전치사 of 또는 with의 목적어다. 이런 명사절이 동사의 보어가 되기도 한다. 이렇게 when, where, how, whether 등 Wh 접속사가 명사절을 이끌어 동사의 보어가 되는 현상은 제2장에서 해당 동사와 관련하여 다룬다. I *wonder* **what time it is now**. (지금 몇 시인가?) We seldom *ask* ourselves <u>**where** we came from and **where** we are going to</u>. (우리가 어디서 왔다가 어디로 가는지 우리 스스로에게 잘 묻지 않는다.) 등등.

끝으로 대등절에 대해서는 아래 예문 하나와 그 구조를 분석한 나무그림으로 대신한다.

(9) He didn't want to leave New York **and** thought he was being shoved aside, **but** he very reluctantly agreed. (Michael Gartner) (그는 뉴욕을 떠나기를 원치 않았고 옆으로 떠밀려지고 있다고 생각했지만, 그는 아주 마지못해 동의했다.)

즉 대등 접속사 and와 but은 절과 절을 연결할 뿐 아니라 구와 구를 연결한다. (9)의 구조는 대강 다음과 같다.

(10)

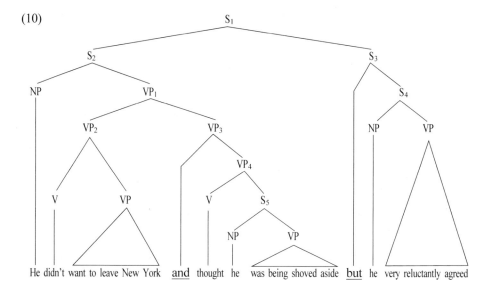

대등문 S₁은 두 개의 대등절 S₂와 S₃으로 구성되어 있고 그 두 절은 대등접속사 but으로 연결되어 있다. S₂는 주어가 He이고 술부 동사구는 VP₁인데 이 동사구가 두 개의 동사구 VP₂와 VP₃로 이루어져 있으며 그 두 동사구를 대등접속사 and가 연결하고 있다. VP₃는 and와 VP₄로 이루어져 있는데 VP₄의 본동사 thought이 S₅를 보어로 취하고 있다. 한편 S₃은 대등문 S₁의 후반 대등절로서 but과 S₄로 되어 있다. 이를 내용적으로 보면, 원하지 않았다는 것과 생각했다는 것이 and로 연결되어 있고 이 두 동사의 공동 주어가 He 이다. 따라서 그가 생각한 내용이 S₅ (he was being shoved aside)이다.

1.9 문장 구성의 원리와 어휘주의 문법 (Lexicalist Grammar)

<현대 영문법>의 이론적 토대가 되는 생성문법의 양대 기제는 **구 구조 규칙**과 **어휘 제약**이다. 구 구조 규칙은 단어와 구가 서로 결합하여 구를 형성하는 과정을 규정하는 규칙이고 어휘 제약은 단어의 의미적, 통사적 특징들의 집합이다. 구 구조 규칙과 어휘 제약의 상호작용으로 문장의 구조가 생성된다. 영어 생성문법의 조직을 입력(input)과 출력(output)의 개념으로 표현하면 다음과 같다.

입력		출력
영어 구 구조 규칙	핵심어-보어 원리 핵심어-수식어 원리 어순 규칙 등	영어 문장의 구조(나무 그림)
영어 어휘 제약		

말하자면 <현대 영문법>은 영어 구 구조 규칙과 영어 어휘 제약이 입력으로 작용하여 영어 문장의 구조가 출력으로 생성되는 문법 체계이다.

구 구조 규칙을 전체적으로 조망하면 구에는 성분상 두 가지 다른 종류의 구가 있음을 알 수 있다. 즉 단어와 구가 결합하여 이루어지는 구가 있고 구와 구가 결합하여 이루어지는 구가 있다. 동사구, 형용사구, 전치사구, 명사구 등은 단어와 구가 결합하는 경우이다. 이때는 단어가 그 구의 **핵심어**가 되고 구는 그 구의 **보어**가 된다. 이 경우 다음 나무 그림이 보여주는 바와 같이 **핵심어-보어의 원리**가 적용된다.

(1) a. 동사구 b. 형용사구 c. 전치사구 d. 명사구

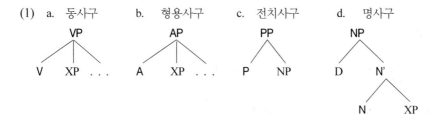

이들 중 VP(동사구)의 핵심어는 V(동사)이고 V의 보어는 XP 등이다. AP(형용사구)의 핵심어는 A(형용사)이고 A의 보어는 XP 등이다. 또한 PP(전치사구)의 핵심어는 P(전치사)이고 P의 보어는 NP(명사구)이다. 즉 핵심어는 어휘범주이고 보어는 구이다. 끝으로 NP(명사구)의 핵심어는 N'(작은 명사구)이고 N'의 지정어는 D(결정사)이며 나아가 N'의 핵심어는 N(명사)이며 그 보어는 XP이다. 결국 동사구, 형용사구, 전치사구의 구조적인 뼈대는 닮은꼴이나 명사의 경우 NP(큰 명사구)보다 작고 어휘범주 명사(N)보다 큰 N'(작은 명사구)가 있으며 작은 명사구와 결합하는 지정어가 있다는 것이 다른 세 구와 다르다. 특히 지정어인 Determiner(결정사)는 작은 명사구와 결합하고 보어는 어휘범주인 명사와 결합한다.

다음 구와 구가 결합하여 형성되는 구에는 세 가지 종류가 있다. 첫째, 구 가운데 가장 큰 구인 문장이 구와 구가 결합한 경우이다. 아래 (2a)에서 보는 바와 같이 이때 앞의 구는 NP, 뒤의 구는 VP이다.

(2) a. S b. XP c. XP

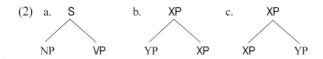

둘째, 수식어 구가 핵심어 구와 결합하여 구를 형성한다. 따라서 형성된 구는 위 (2b)와 (2c)와 같이 핵심어 구와 같은 범주이다. 수식어 구에는 **핵심어-수식어의 원리**가 적용되어 수식어 구 YP가 핵심어 구 XP와 결합하면 XP가 형성된다.

셋째, 복문(complex sentence)과 등위문(coordiante sentence)이 구와 구가 결합하는 경우이다. 즉 접속사가 있는 문장 S[CONJ]는 아래 (3a)와 같이 동사구와 결합한다.

(3) a. 복문   b. 등위문

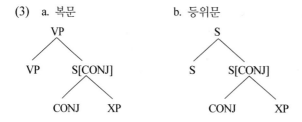

다음 접속사가 있는 S[CONJ]이 단문 S와 결합하여 형성된 문장이 (3b)와 같은 등위문이다.

이와 같이 단어와 구가 결합하는 구이든 구와 구가 결합하는 구이든, 구는 최종적으로 문장을 형성하게 되는데 문장의 구조가 구체적으로 결정되는 것은 구를 구성하는 단어들과 그 단어들의 어휘 제약에 의한 것이다. 이때 특히 구의 **핵심어**가 되는 단어가 구의 구조와 형태를 결정하는 중심 역할을 한다. 결국 구로 이루어진 문장에서 그 구는 구의 핵심어인 VP의 어휘 제약에 따라 이루어지는 것이므로 문장은 VP의 핵심어인 V의 속성에 따라 형성된다.

한편 단어와 구로 이루어진 구의 구성을 정의하는 구 구조 규칙은 단어의 어휘 제약을 일반적으로 진술한 것이다. 가령 VP를 구성하는 구 구조 규칙들은 VP의 핵심어인 동사의 어휘 제약에 따라 수립된다. 따라서 VP가 동사와 명사구로 구성된다는 것을 규정하는 구 구조 규칙은 see, hit, like 등의 동사들의 어휘 제약을 일반화한 것이고, VP가 동사와 전치사구로 구성되어 있다는 구 구조 규칙은 depend, approve 등의 동사들의 어휘 제약을 일반화 한 것이다. 또한 AP가 형용사와 전치사구로 이루어져 있다는 구 구조 규칙이 필요한 것은 proud, fond, afraid 등등의 형용사가 전치사구 보어를 요구하는 어휘 제약이 있기 때문이다. 아울러 NP가 관사와 작은 명사구로 구성된다는 구 구조 규칙은 book, student, apple 등의 명사들이 관사를 요구하는 어휘 제약을 일반화한 것이다. 이런 의미에서 **핵심어-보어의 원리**가 적용되는 구는 핵심어의 어휘 제약의 실현임을 알 수 있다.

구와 구가 결합하는 구의 경우에도 역시 **핵심어 단어의 어휘 제약**이 그 구의 구조를 결정하는 요인이 된다. 각 구를 구성하는 구가 반드시 핵심어 단어와 구의 결합이기 때문이다.

되돌아보면 어떤 경우라도 정문의 구조는 정문을 구성하는 단어들의 어휘 속성들을 반영하지 않고는 설명될 수 없으며 결국 정문의 나무그림이란 구 구조 규칙과 어휘 제약의 상호 작용에 다름 아니다. 다시 말하면 구 구조 규칙이란 보편적으로 적용되는 규칙적이며 일반적인 단어의 속성들을 정리한 것이고 어휘제약은 개별 단어들의 국부적이며 세부적인, 불규칙적이고 특수한 속성들의 집합이라고 할 수 있다. 그렇게 볼 때 한 문장의 구조는 결국 그 문장을 구성하는 단어들의 어휘제약들의 발현이라고 말할 수 있다. 이와 같이 문장의 구성 원리를 어휘 제약에서 이끌어내는 문법체계를 **어휘주의 문법**(lexicalist grammar)이라고 부른다. <현대 영문법>은 철저한 어휘주의 문법을 지향한다.

결국 단어의 의미적 통사적 특징을 탐구하는 것과 문장의 생성원리를 이해하는 것은 서로 불가분의 관계다. 외국어로서의 영어를 공부하는 실용적인 학습활동에서도 우리는 이 어휘주의 문법의 원칙을 그대로 적용할 수 있다. 그래서 우리는 단어를 익힐 때는 항상 그 단어가 문장에서 어떻게 쓰이는가를 생각해야하고 문장의 구성은 반드시 단어들의 어휘제약에 바탕을 두고 공부해야 한다.

제2장

동사의 유형과 용법

<현대 영문법>의 새로운 동사 유형의 체계를 수립하는 것이 이 장의 과제이다. 전통적인 5형식 문형의 한계와 문제점을 수정 보완하고 확충한 새로운 영어 동사 유형 체계를 제시하려고 한다.

우선 4절까지는 동사의 유형 분류에 필요한 기초적인 개념과 용어들을 소개하고 이를 바탕으로 새로운 동사의 유형을 수립하고 각 유형별로 그 용법을 설명한다.

2.1 5형식 문형의 문제점과 새로운 동사 유형 체계의 필요성

단문(simple sentence)는 주어와 **동사구**(VP)로 구성되는데 이때 동사가 어떠한 **보어**와 결합하여 동사구를 구성하는가에 따라 동사의 유형이 분류된다. 아래 예문에서 괄호로 묶은 부분이 동사구이다.

(1) Prices [slumped]. (물가가 뚝 떨어졌다.)
(2) John [loves the story very much]. (존은 그 이야기를 대단히 좋아한다.)
(3) Intelligent people [like challenging books]. (머리 좋은 사람들은 읽기 힘든 책을 좋아한다.)
(4) a. Sandy [became *a doctor*]. (샌디는 의사가 되었다.)
     b. She [became *very happy*]. (그는 매우 행복하게 되었다.)

(1)에서 핵심어 동사 slumped는 단독으로 **동사구**를 이룬다. (2)는 핵심어 동사 loves가 그 **보어**인 the story와 결합하여 동사구를 이룬다. 이때 very much는 수식 어로서 선택사항이므로 동사구의 필수성분이 아니다. (3)에서는 핵심어 동사 like 가 그 보어인 challenging books와 더불어 **동사구**를 이룬다. (4)에서는 became이 a doctor와 같은 명사구 보어 또는 very happy와 같은 형용사구 보어와 결합하여 동사구를 형성한다. 이에 따라 slumped는 **자동사**로 분류되고 loves와 like는 **타동사**로 분류되며 became은 단순한 자동사도 아니고 타동사도 아닌 또 다른 유형으로 분류된다.

이와 같은 방식으로 **다섯 가지 기본 동사 유형**을 정하고 이를 바탕으로 전통적인 **5형식 문형**이 수립되었다.

(5) 5형식 문형과 다섯 가지의 기본 동사 유형

문형	동사유형	보어			예문
		직접 목적어	간접 목적어	서술 보어	
제1문형 S+[V]	완전 자동사	NO	NO	NO	The wind [blows].
제2문형 S+[V+C^s]	불완전 자동사	NO	NO	YES(주격)	She [feels _happy_].
제3문형 S+[V+O^d]	완전 타동사	YES	NO	NO	Bill [likes _large dogs_].
제4문형 S+V+O^i+O^d]	수여동사	YES	YES	NO	They [gave _us a warm welcome_].
제5문형 S+[V+O^d+C^o]	불완전 타동사	YES	NO	YES(목적격)	They [kept _us comfortable_].

이상과 같이 직접목적어 보어의 유무, 간접목적어 보어의 유무, 서술 보어의 유무 등 보어에 대한 3개의 변수를 가지고 동사를 분류한 것이 5문형이다.

즉 제1문형의 **완전 자동사**는 보어 없이 혼자서 **동사구**를 이룬다. 즉 blow는 단독으로 동사구 [blows]를 이룬다.

제2문형의 **불완전 자동사**는 **서술보어**(predicative complement)가 있어야 동사구를 이룬다. 그런데 이 서술보어는 주어의 상태가 어떠한지를 서술하는 기능을 하므로 **주격 서술 보어**(subjective predicative complement, C^s)라고 한다. 즉 불완전 자동사 feel은 **주격 서술 보어** happy와 더불어 동사구를 이룬다. [feels happy]가 동사구이다.

제3, 4, 5문형의 동사들은 모두 **직접 목적어**(direct object, O^d)가 반드시 필요한 **타동사**이다.

제3문형의 **완전 타동사**는 **직접목적어** 하나로써 완전한 동사구를 이룬다. 즉 완전 타동사 like는 직접목적어 large dogs와 더불어 동사구를 이룬다.

제4와 5문형은 목적어에 더하여 또 다른 보어가 하나 더 필요하다. 즉 **간접 목적어 보어**(indirect object, O^i)가 필요한 것이 4문형의 **이중 목적어 타동사**(ditransitive verb) 또는 **수여동사**이고 목적격 서술 보어(objective predicative complement, C^o)가 필요한 것이 5문형의 **불완전 타동사**이다.

이중목적어 타동사 give는 간접목적어 us와 직접목적어 a warm welcome과 더불어 동사구를 이루고 **불완전 타동사** keep은 직접 목적어 us와 목적격 서술보어 comfortable과 더불어 동사구를 이룬다.

결국 5형식 문형은 동사의 기본적인 유형을 간명하게 정리하고 있어서 일찍부터 영어교육의 현장에서 활용되어 왔다. 그러나 이 5형식 문형은 동사 유형 체계를 전반적으로 다루기에는 한계가 있다. 그 한계는 다음 다섯 가지 문제점으로 요약될 수 있다.

첫째, 5형식 문형은 **전치사구**(preposition phrase)에 대한 고려가 없다.

(6) a. We depended *on his help*.　　a'. *~~We depended~~.
　　 b. We regard *it as indispensible*.　b'. *~~We regarded it~~.
　　 c. He put *the book on the shelf*.　c' *~~He put the book~~.

밑줄 친 전치사구는 구조적으로 있어도 좋고 없어도 좋은 수식어가 아니고 해당 동사의 보어로서 필수적인 요소이다. 그럼에도 5형식 문형은 **전치사구 보어**를 요구하는 동사를 5형식에 포함시키지 않고 있다.

둘째, 5형식 문형은 조동사에 대한 고려가 없다. 법조동사 will, can 등, 완료

조동사 have, 진행 조동사 be 등을 고려하지 않기 때문에 It must be raining outside. You will have to carry your umbrella. I should have stayed home. 등 기본적인 문장 형식들이 모두 배제되어 있다.

셋째, 5형식 문형은 **to부정사**(*to*-infinitive)와 **ing분사**(gerund)를 다루지 않고 있다.

(7) a. We wanted *to leave early*.
　　 b. We wanted *him to leave early*.
　　 c. We enjoyed *playing tennis*.

위의 예문에서 밑줄 친 부분들은 모두 필수적인 요소들로서 동사의 보어이다. 때문에 그것이 없는 *We wanted. *We enjoyed. 등은 비문이다. 그럼에도 5형식 문형에는 to부정사 보어와 ing분사 보어가 요구되는 want나 enjoy와 같은 동사들이 모두 배제되어 있다.

넷째, 아래 (8)과 같은 예문에 나오는 *that절*이나 **의문사절**(*Wh*-절)을 문형 분류의 요인으로 고려하지 않고 있다.

(8) a. He thinks *that they will leave soon*. (그는 그들이 곧 떠날 거라고 생각한다.)
　　 b. I wonder *when they will leave*. (난 그들이 언제 떠날지 궁금하다.)

여기서 that절과 when절은 구조적으로 필수요소로서 각각 thinks와 wonder의 보어이다. 그러나 5형식 문형에는 이런 **that절 보어**와 **의문사절 보어**를 거느리는 동사들이 다루어지지 않고 있다. (8)과 같은 예문은 전체적으로 보면 **복문** (complex sentence)이지만, that절과 when절이 보어로 작용하는 thinks와 wonder 의 수준에서 보면 각각 **단문**이다.

다섯째, 5형식 문형은 동사들의 **의미** 차이를 고려하지 않고 있다. 형식상 같은 주어나 목적어라도 그것이 주동사의 의미에 작용하는 방식이 다르면 문장의 구조가 달라질 수 있다. 가령 seem과 want는 to부정사 보어를 취하는 점에서 동일한 유형처럼 보이나 주어의 의미적 역할을 고려하면 명백한 차이가 있음이 드러난다.

(9) a. She **wants** to ignore this fact. (그녀는 이 사실을 무시하고 싶어 한다.)
  b. He **seems** to ignore this fact. (그는 이 사실을 무시하는 것 같다.)

즉 (9a)에서 wants의 주어 She는 '원하는(want) 사람'이다. 다시 말해, 주어 She
가 '원한다'는 그 마음상태의 '주체'이다. 그러나 (9b)는 이런 관계가 성립하지
않는다. seem이 무슨 과정이나 행동을 뜻하는 것도 아니고 그 주어 He가 seem의
주체라고 할 수 없기 때문이다. 다시 말해 wants의 주어 She는 '이 사실을 무시하
는 사람'이면서 동시에 '(그것을) 원하는 사람'이나 seems의 주어 He는 '이 사실을
무시하는 사람'이기는 하나 'seem하는 사람'은 아니다. 이런 의미적 차이 때문에
seem과 want는 같은 동사유형이라고 할 수 없다.

다음과 같은 예문에서도 동사의 의미를 고려하지 않으면 동일한 보어를 거느린
다는 이유로 expect와 force를 동일한 유형으로 취급하는 오류를 범하게 될 것이다.

(10) a. He **expected** me to come. (그는 내가 올 것을 기대했다.)
   b. She **forced** me to come. (그는 강제로 나를 오게 만들었다.)

(10a)에서는 직접목적어 me가 expected의 대상이 아니다. 그가 기대한 것은 <내
가 오는 것 me to come>이다. 이와 달리 (10b)는 직접목적 me가 forced의 직접대
상이다. 즉 그가 강제한 것은 <나>이다. 이런 의미적 상황을 토대로 expect와 force
는 다른 유형에 속한다는 것을 알 수 있다.

이와 비슷한 상황은 다음과 같은 ~ing분사 구문에서도 발견할 수 있다.

(11) a. She **resented** *me going out with Mary*.
   (그녀는 내가 메리와 사귀는 것을 안 좋게 생각했다.)
   b. She **left** *me going out with Mary*.
   (그녀는 내가 메리와 사귀도록 내버려 두었다.)

즉 (11a)에서 목적어 me가 resented에 대해 가지는 의미적 역할과 (11b)의 목적
어 me가 left에 대해 가지는 의미적 역할이 같지 않다. (a)에서 그녀가 싫어하는

것은 내가 아니라 <내가 메리와 데이트하는 것>이다. 반면에 (b)에서 그녀가 내버려둔 것은 나이고 구체적으로는 내가 그녀와 데이트하는 것이다.

결국 이런 의미적 관계를 고려하지 않으면 resent와 leave가 같은 유형이라고 하는 오류를 범할 수밖에 없다.

<현대 영문법>은 5형식 문형의 문제점을 수정 보완하고 확충하여 새로운 동사 분류 체계를 수립한다.[1] 일단 직접목적어의 유무에 따라 **타동사**와 **자동사**로 나누고, 자동사는 서술보어가 있느냐 없느냐에 따라 **완전자동사**와 **불완전자동사**로 나누며, 같은 기준에 의해 타동사도 **단순 타동사**와 **복합 타동사**로 나눈다. 그리고 직접, 간접 두 개의 목적어를 가지는 **수여동사**를 인정한다. 여기까지는 5형식 문형과 거의 같다.

그러나 to부정사와 ing분사, 전치사구, that절과 Wh절 등의 보어들을 고려함으로써 자동사와 타동사의 유형이 대폭 확장되고 구체화된다.

예를 들면 We depended *on his help*.와 같은 문장에서 전치사구 on his help를 동사 depended의 보어로 본다. 따라서 전치사구 보어를 필요로 하는 **전치사구 자동사**(preposition phrase intransitive verbs)라는 새로운 동사 유형을 수립한다. 그리고 She put *the book under the desk*.의 put은 목적어 the book이 필요하고 아울러 전치사구 under the desk도 필수요소이다. 따라서 put은 직접목적어와 전치사구 보어를 요구하는 **전치사구 타동사**(prepositional phrase transitive verbs)로 분류된다.

We wanted *to leave early*.와 같은 경우에 to부정사를 wanted의 목적어로 보는 것이 보통 전통문법의 견해지만 <현대 영문법>은 이것을 받아들이지 않는다. 그

---

[1] 5형식 문형을 보완한 이론으로 Oxford Advanced Learner's Dictionary of Current English에서 채택한 A. S. Hornby의 동사유형론이 가장 잘 알려져 있다. 이 유형은 원래 기본 25유형에 하부유형들을 포함하면 총 51유형이었는데, 2000년에 나온 개정판에는 이를 22 유형으로 간소화했다. 이 유형론은 to부정사, -ing분사, 전치사, that절과 의문사 절 등을 포함하고 있는 점에서 진일보했으나 통사범주와 문법기능, 보어의 개념, 통제와 상승의 개념 등 통사·의미론적 연구 성과는 반영하지 못했다. ("통제"와 "상승"에 대해서는 곧 알아보게 될 것이다.) 이보다 더욱 정교하게 동사의 용법을 설명한 것이 Collins COBUILD 사전 계열이다. 그러나 이 사전의 이론적 토대가 되는 이른 바 '기능문법(functional grammar)'은 일상의 활동—이를 "(언어)기능"이라고 부른다—과 언어표현을 연결하는 데 관심이 있어서 각 동사가 어떻게 다른 요소들과 같이 쓰이는지를 밝혀 동사의 유형을 구조적으로 일반화하는 작업에는 관심이 부족한 듯하다. <Collins COBUILD English Grammar: Helping Learners with Real English, Harper Collins Publishers, 1997> 참조.

이유를 아래에서 곧 밝힌다.

<현대 영문법>은 He wanted[2] *to leave early*.의 to leave early는 **to부정사 보어**로 규정한다. 이 때 wanted₂는 He wanted[1] *this book*.의 wanted[1]과 다른 유형의 동사로 본다. 즉 want[1]은 <직접 목적어를 요구하는 타동사>이지만, want[2]는 <to부정사 보어를 요구하는 자동사>로 분류된다.[2]

*To*부정사를 직접 목적어로 볼 수 없는 이유는 다음과 같다.

첫째, to부정사는 피동문의 주어가 될 수 없다.[3] 만약 아래 능동문 (12a)의 wants가 타동사이고 to leave early가 wants의 직접목적어라면 (12a)를 피동문으로 바꾼 (12b)가 비문이 될 까닭이 없다.

(12) a. He wants <u>to leave early</u>.
　　b. *~~To leave early is wanted by me~~.

(12b)가 비문인 것은 (12a)의 wants가 타동사가 아니고 to부정사 to leave early가 직접목적어가 아니기 때문이다. to leave early를 명사이며 wants의 목적어로 보는 한 이 간결한 설명은 불가능해진다.

아래 (13~15)에서 보는 바와 같이 start, remember, need 등의 동사는 명사 보어도 허용하고 to부정사 보어도 허용하는데 to부정사 보어가 쓰인 것은 피동문이

---

[2] to부정사는 수식어로도 기능한다. He stopped *to smoke*. (그는 담배를 피우려고 멈추었다) "I awoke *to find myself famous*.(나는 눈을 떴더니 유명한 사람이 되어 있었다.)" 같은 문장에서 to부정사는 보어가 아니다. to smoke는 목적을 의미하는 수식어이고 to find myself famous는 결과를 의미하는 수식어이다. 때문에 이런 to부정사는 동사 분류의 기준에 넣지 않는다. 따라서 stopped나 awoke는 보어를 거느리지 않는 단순 자동사로 분류할 것이다. ing분사도 동사의 보어이다. 가령 She enjoys reading a newspaper in the morning.의 reading a newspaper를 enjoys의 보어로 취급해서 enjoy는 <ing분사 보어를 요구하는 자동사>로 분류한다. 명사 직접목적어를 요구하는 동사들만을 타동사로 취급하며 이 기준을 엄격히 지킨다. 2.5절 이하 참조.

[3] 피동화의 골자는 능동문의 직접목적어가 피동문의 주어로 나타난다는 점이다. 가령 "The enemy destroyed the city."에서 the city가 목적어이고 destroyed가 타동사라고 말할 수 있는 것은 "The city was destroyed by the enemy."라는 피동문이 가능하기 때문이고 "He became a doctor."에서 a doctor가 목적어가 아니라고 말하는 이유는 *~~A doctor was become by him~~.따위의 피동문이 존재하지 않기 때문이다. 그래서 피동문의 유무는 동사 뒤에 오는 명사구가 직접목적어인지 아닌지, 그리고 그 동사가 타동사인지 아닌지를 판가름하는 한 기준이 된다.

될 수 없다. 직접목적어가 아닌 것을 피동문의 주어로 만들어 놓았기 때문이다.

(13) a. She started$_1$ _the riot_. (그녀가 그 폭동을 시작했다.)

　　 a'. The riot was started$_1$ by her. (그 폭동은 그녀에 의해 시작되었다.)

　　 b. They started$_2$ _to riot_. (폭동을 일으키기 시작했다.)

　　 b'. *~~To riot was started$_2$ by them.~~

(14) a. Kim remembered$_1$ _the cat_. (Kim은 고양이를 기억하고 있었다.)

　　 a'. The cat was remembered$_1$ by Kim. (그 고양이는 Kim에게 기억되었다.)

　　 b. Kim remembered$_2$ _to feed the cat_.(고양이한테 먹이를 줄 것을 기억하고 있었다.)

　　 b'. *~~To feed the cat was remembered$_2$ by Kim.~~

(15) a. Pat needs$_1$ some sleep. (팻은 수면이 좀 필요하다.)

　　 a' Some sleep is needed$_1$ by Pat. (수면이 팻에게 필요하다.)

　　 b. Pat needs$_2$ to sleep now. (팻은 지금 잠을 잘 필요가 있다.)

　　 b'. *~~To sleep now is needed$_2$ by Pat.~~

(a)의 started$_1$, remembered$_1$, needs$_1$는 각기 타동사이며 그 뒤에 오는 명사가 직접목적어이기 때문에 (a')과 같은 피동문이 가능하다. 그러나 (b)의 started$_2$, remembered$_2$, needs$_2$는 타동사가 아니며 그 뒤에 오는 to부정사가 명사가 아니며 직접목적어가 아니기 때문에 (b')과 같은 피동문 형성이 불가능하다.

다음 예문 역시 목적어가 아닌 요소를 피동화하면 반드시 비문이 초래된다는 것을 보여준다.

(16) a. Ed seems to like him.　　b. *~~To like him is seemed by Ed.~~

(17) a. Ed seems a nice guy.　　b. *~~A nice guy is seemed by Ed.~~

(18) a. Kim offered to help.　　b. *~~To help was offered by Kim.~~

둘째, 대명사 it이 동사 다음에 오는 _to_부정사를 대신할 수 없는 경우가 있는데 이는 그 _to_부정사는 직접목적어가 될 수 없다는 것을 시사한다.

(19) A: Do you want₁ *this book*? (너 이 책 원하니?)

　　B: (a) Yes, I want₁ *it*. (그래, 그것을 원해.)

　　　　(b) Yes, I do. (그래, 그렇단다.)

(20) A: Do you want₂ *to see them*? (너 그들을 보고 싶니?)

　　B: (a) #Yes, I want₁ *it*. (그래, 나는 그것을 원해.)

　　　　(b) Yes, I do. (그래, 그렇단다.)

(19)에서 A의 물음에 B는 (a) 또는 (b)라고 대답할 수 있다. "Do you want₁ this book?"에서 want₁은 타동사이고 this book이 직접목적이며 I want it.에서도 want는 타동사이고 대명사 it은 직접목적이이다. 따라서 직접목적어 (대)명사 it이 직접목적어 명사 this book을 가리키는 "I want it."은 자연스러운 대답이 된다. (그리고 do는 동사구 전체 즉 "want this book"을 가리키므로 (b)처럼 대답하는 것도 가능하다.)

그러나 (20)에서는 그렇게 되지 않는다. Do you want₂ *to see them*?의 want₂는 타동사가 아니고 to see them은 직접목적어가 아니다. 따라서 Yes I want₁ it.의 명사 it이 직접목적어 명사가 아닌 to see them을 가리킬 수 없다. 즉 "I want it."이 "I want to see them."을 의미할 수 없다. 결국 (20a)의 대명사 it은 가리킬 대상이 없는 대명사가 되고 만다. 따라서 그것은 A의 물음 "Do you want₂ *to see them*?"의 대답이 될 수 없다. (그리고 "Yes, I want to see them."과 같은 의미인 (20b) "Yes, I do."는 A의 물음에 대답이 될 수 있다.)

셋째, *to*부정사는 분열 구문(cleft constructions)의 강조 위치에 올 수 없다.[4] 즉 분열문의 강조 위치에 올 수 없는 요소는 직접목적어가 아니다.

(21) a. She needs₁ *encouragement*. (그녀는 격려가 필요하다.)

　　b. It is *encouragement* that she needs. (그녀가 필요한 것은 격려이다.)

---

[4] 분열 구문이란 흔히 강조 구문이라고도 부르는 영어의 한 구문이다. <It {is/was} ~ that절> 패턴에서 be 동사와 that절 사이 위치 "~"가 강조 위치이다. 문장 중에서 특히 강조해서 부각시키고 싶은 요소를 이 위치에 놓는다. 가령 "I saw Hillary yesterday."에서 Hillary를 강조하고 싶으면 "It was Hillary that I saw yesterday."라는 분열 구문을, yesterday를 강조하려면 "It was yesterday that I saw Hillary."라는 분열구문을 사용한다.

(22) a. She needs₂ _to consult a solicitor_. (그녀는 법무사와 상담할 필요가 있다.)

b. *~~It is~~ _to consult a solicitor_ ~~that she needs~~.

(23) a. We tried to see them. (우리는 그들을 만나려고 했다.)

b. *~~It was to see them that we tried~~.

분열 구문 (21b)의 강조 위치에 있는 encouragement는 needs의 목적어이다. 일반적으로 직접목적어는 분열문의 강조위치에 올 수 있다. 그런데 (22)와 (23)에서 to부정사를 분열문의 강조 위치에 놓으면 비문이 된다. 이는 to부정사가 직접목적어가 아니라는 것을 보여준다.

일반적으로 직접목적어 이외의 보어가 강조 위치에 오게 되면 다음과 같은 비문이 초래된다.

(24) a. He became a doctor.

b. *~~It was a doctor that he became~~.

(25) a. She can swim.

b. *~~It is swim that she can~~.

즉 become과 can은 타동사가 아니다. a doctor는 become의 서술보어이고 swim은 원형부정사로서 조동사 can의 보어이다. 이렇게 직접목적어가 아닌 보어는 분열문의 강조 위치에 올 수 없다. (22b)와 (23b)도 같은 이유로 비문이 된 것이다. 즉 직접목적어가 아닌 to부정사를 강조 위치에 놓았기 때문에 비문이다.

이상 세 가지 논거에서 본동사 다음에 오는 to부정사는 동사의 한 형태로서 직접목적어가 아니라 본동사의 보어 기능을 한다는 결론에 도달한다. 이 점은 can, will 등 법조동사가 원형 부정사 보어를 취하는 현상과 비교해 볼 수 있다.

(26) a. She can _swim_.

b. We will _leave early_.

c. You may _leave early_.

원형 부정사 swim, leave early 등이 can, will, may의 직접목적어가 아니듯이 to부정사도 want, need, remember, try 등 동사의 직접목적어가 아니다. 따라서 법 조동사는 원형 부정사를 보어로 취하고 want, need, remember, try 등은 to부정사를 보어로 취한다. 결국 <현대 영문법>은 to부정사 보어를 거느리는 동사 want, need, try, remember 등을 모두 **자동사**로 분류한다. 그 동사들은 직접목적어를 취하지 않기 때문에 자동사 범주에 속한다.

2.2 동사 유형 분류를 위한 기초적인 의미 개념들

2.2.1 명제(Proposition)와 문장(Sentence)

문장은 **문법적** 개념(grammatical concept)이고 **명제**는 **의미적** 또는 **논리적** 개념 (semantic or logical concept)에 속한다. 그리하여 문장은 영어, 불어, 일본어, 한국어 등 **개별 언어**(particular languages)의 문법에 따라 달리 형성되지만 명제는 개별 언어에 구애 받지 않는다. 즉 문장은 개별적 특수성을 지니고 명제는 보편적 일반성을 지닌다.

명제(proposition)는 **술어**(predicator)와 **논항**(argument)으로 구성되어 있다. 술어는 명제의 핵심이 되는 부분으로 과정, 활동, 상태 등을 의미하고 **논항**은 과정, 활동, 또는 상태 등에 참여하는—또는 관련되어 있는—사람 또는 사물을 의미하는 **지시 표현**(referring expression)이다.[5] Mary, John, President Obama, Seoul, the

---

5 지시표현(referring expression, 줄여서 RE)이란 (실제) 세계에 존재하는 사물—사람과 물건—을 가리키는 언어표현이다. Bill, John, Mary, Michelle Obama 등 고유명사, student, table, university, first lady 등 보통명사들이 다 지시표현이 될 수 있다. sleep, work 등 동사나 intelligent, generous 등 형용사들은 지시표현이 될 수 없다. 동사와 형용사들은 전형적으로 사물의 속성을 나타내는 서술어로 쓰인다. 명사는 문맥에 따라 지시표현이 되기도 하고 서술어가 되기도 한다. A student was here to see you yesterday morning.에서 student는 지시표현이다. A student는 이 문맥에서 어제 여기 왔던 한 인물을 가리키기 때문이다. 그러나 Mary is a student. She is looking for a part-time job.에서 a student는 지시표현이 아니다. 이 a student는 한 인물을 가리키는 것이 아니라 Mary라는 사람의 신분이 무엇인지를 나타내는 서술어이기 때문이다. 여기서 Mary는 물론 지시표현이다. 문장의 문맥에서 명사의 의미가

Nile 등 고유명사, the man, my teacher, your son, his wife, the dog, the book등 보통명사가 모두 지시 표현인데 이런 것들이 논항이 될 수 있다.

명제는 술어 하나와 그와 관련된 논항으로 이루어진다. 명제는 **논리식**(logical formula)으로 표현한다. 명제 논리식은 하나의 **술어**가 중심에 있고 술어의 의미에 참여하는 0개, 1개, 2개, 또는 3개의 **논항**이 그 술어에 종속되어 있다 ("묶여있다 (bound)"고도 말한다.) 몇 개의 간단한 명제를 논리식으로 나타내 보자.

(1) a. m DISAPPEAR   "메리가 사라졌다"
     b. j WORK   "존이 일한다"
     c. m LOVE j   "메리가 존을 사랑한다"
     d. a HATE j   "앤이 존을 미워한다"
     f. b UNDER t   "책이 테이블 밑에 있다"
     e. j GIVE m b   "존이 메리에게 책을 주었다"
     f. a BETWEEN b m   "앤이 빌과 메리의 사이에 있다"

대문자로 표기한 **DISAPPEAR**, **WORK** 등이 각각 해당 명제의 **술어**이다. **DISAPPEAR**, **WORK**, **LOVE** 등은 영어 동사 disappear, work, love 등을 염두에 두고 만든 기호인 것은 사실이지만 원칙적으로 그 기호들은 세계 공통어이다. 한국어 동사 "사라지다"도 **DISAPPEAR**로 나타내고 "일하다"도 **WORK**으로 나타내고 "사랑하다"도 **LOVE**로 나타낸다.

이에 비해 소문자 m, j, a, b 등은 논항이다. m은 "메리"를, j는 "존"을, a는 "앤"을, b는 "책"을, t는 "테이블"을 뜻하는 기호이다.

결국 명제 논리식은 술어와 논항의 관계식이다. 즉 술어 앞에 주어에 해당하는 논항을 놓고 술어 뒤에 목적어에 해당하는 논항을 둔다. j WORK은 하나의 논항이 주어 위치에 옴으로써 완성된 명제로서 "존이 일한다." 또는 "John works." 또는 "존이 일했다." 또는 "John worked." 등의 명제를 보편적으로 나타내는 술어-논항 관계식이다.

무엇인지 분석하는 데 있어서 지시표현인가 아닌가는 항상 기본적인 문제가 된다. 지시표현 은 제6장에서 관사의 용법을 다룰 때 더 자세히 알아볼 것이다.

이때 DISAPPEAR나 WORK은 하나의 논항만으로 명제가 완성되므로 **1항 술어**(one-place predicate)라고 한다. 반면 LOVE는 참여자가 반드시 둘--<사랑하는 이>와 <사랑받는 이(또는 사랑 받는 것)>--이므로 **2항 술어**(two-place predicate)이며 HATE도 2항 술어이다. 그리고 GIVE는 <주는 자>, <받는 자> <주어지는 물건> 등 세 개의 논항이 참여해야 성립되는 술어이므로 **3항 술어**(three-place predicate)이다.[6]

그리고 UNDER가 2항 술어이고 BETWEEN이 3항 술어라는 점에 주목할 필요가 있다. 우선 "아래에 있다"는 의미가 성립하려면 "어떤 사물 A가 어떤 사물 B 아래에 있다"고 말하는 것과 같이 반드시 2개의 사물이 있어야 한다. 그리고 "사이에 있다"는 의미가 완성되려면 "어떤 사물 C가 어떤 사물 D와 어떤 사물 E 사이에 있다"고 말해야 하므로 그것은 반드시 3개의 사물이 관련되어 있다. 따라서 UNDER는 2항 술어이고 BETWEEN은 3항 술어가 된다. 결국 "위에 있다, 아래에 있다, 앞에 있다, 뒤에 있다, 안에 있다, 밖에 있다" 등등 위치를 나타내는 대부분의 술어가 UNDER와 같이 2항 술어인데 비해 3항 술어가 되는 것은 BETWEEN이 유일한 예이다.

한편 "Mary likes the book."은 영어 문장이며 "메리가 그 책을 좋아한다."는 한국어 문장이다. 영어 문장은 영문법 규칙에 따라 형성되고 한국어 문장은 한국어문법에 따라 형성된다. 그러나 명제를 나타내는 논리식은 영어 문장도 아니고 한국어 문장도 아니다. 그것은 개별 언어의 차원을 초월한다. 곧 명제는 보편적 사고의 차원이며 명제 논리식은 보편적인 논리에 따라 형성된다. 하나의 명제 **m LIKE b**가 영어에서는 "Mary likes the book."라는 문장으로 나타나고 한국어에서는 "메리가 그 책을 좋아한다"라는 문장으로 표현된다.

---

[6] 4항 술어도 흔히 있을 수 있다. 가령 "그녀는 차를 이 딜러한테서 2천만 원에 샀다"라는 명제의 술어 '사다'는 <사는 사람>, <파는 사람>, <팔리는 물건>, <물건의 값> 등 네 개의 논항을 필요로 한다고 보면 4항 술어이다. trade도 이와 같이 4항 술어로 쓰인다. They traded rice for iron with their neighbor. (그들은 이웃나라와 쌀을 주고 철을 받는 물물교환을 했다.) 에서 trade는 <교환 주체>, <교환 상대방>, <주는 물건>, <받는 물건> 등 네 개의 논항이 필요하다. 5항, 6항 술어가 있는지는 불분명하다. 인간의 활동은 무한히 복잡하여 종잡을 수 없게 보이지만 그것을 이루는 기본단위 하나하나는 단순해서 많아야 1항 내지 4항 술어로 표현될 수 있는 것들이다. 그러한 기본단위들이 복합적으로 서로 연결되고 중첩되면 무한히 복잡다단한 결과가 나올 수 있다.

그리고 문장에서는 동사의 위치가 중요한 변수가 된다. 영어 문장은 동사가 주어와 목적어 사이에 와 <주어(S)-동사(V)-목적어(O)>의 어순이어야 하나 한국어 문장은 동사가 끝에 와서 <주어(S)-목적어(O)-동사(V)>의 어순이 되어야 한다. 그래서 흔히 영어를 <SVO> 언어라고 하고 한국어를 <SOV> 언어라고 하며 사모아말 등 남태평양 제도의 언어들은 <VSO> 언어라고 한다. 그러나 명제의 차원에서는 술어의 위치는 중요하지 않다. 표기 방식에 따라 주어 논항 다음에 위치할 수도 있고 모든 논항들을 술어 앞이나 뒤에 놓을 수도 있다. 즉 m LIKE j대신 mj LIKE 또는 LIKE mj라고 표기할 수도 있다. 그러나 논항이 2개 이상이 되는 2항 술어, 3항 술어, 4항 술어의 경우에 논항들 사이의 순서는 중요한 의미를 나타낸다. 즉 술어 의미의 주체가 되는 **제1논항**, 술어 의미의 대상이 되는 **제2논항**, 그리고 또 논항이 필요하면 **제3논항** 등을 순서대로 놓는다. 예를 들면 m LOVE j는 j LOVE m과 의미가 다르다. 앞의 것은 "메리가 존을 사랑한다"는 뜻을 가진 명제이고 뒤의 것은 "존이 메리를 사랑한다"는 뜻을 가진 명제이다. 또한 j GIVE mb는 "존이 메리에게 책을 주었다"이고, m GIVE jb는 "메리가 존에게 책을 주었다"를 나타낸다. 그러나 m GIVE bj는 "메리가 책에게 존을 주었다"를 뜻하므로 비정상적인 명제가 된다.

명제와 문장의 관계를 도식으로 나타내면 아래와 같다.

(2)

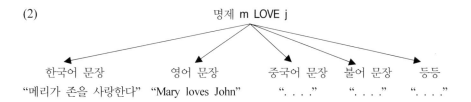

즉 m LOVE j는 논리식으로 표현된 보편 언어(universal language)의 명제이다. 이것이 개별 언어(particular language)의 문장으로 실현되면 "메리가 존을 사랑한다", "Mary loves John" . . . 등등으로 나타나게 된다. (화살표는 "실현된다"로 읽는다.)

2.2.2 의미역 (Semantic Roles)

술어가 의미하는 동작 또는 과정에 참여하는 **참여자**(participant)는 술어의 의미에 따라 사람이 될 수도 있고 물건이 될 수도 있고 상황이 될 수도 있다. 이런 **참여자**는 술어의 내용에 따라 각기 고유의 **의미적인 역할**을 수행하게 되는데 이것을 **의미역할** 또는 **의미역**이라고 한다.

명제에 등장하는 각 논항은 반드시 하나의 의미역을 가진다. 예를 들어 명제 j WORK과 명제 m DISAPPEAR에서 j와 m의 의미역이 무엇인지 생각해보자. John과 Mary는 둘 다 같이 1항 술어의 제1논항이지만 그 논항이 동작이나 과정에 참여하는 방식이 같지 않다. 우선 work의 논항 John은 자기의 의지로 자발적으로 일의 행위에 참여한다. 그러나 disappear의 논항 Mary는 사라진다는 과정에 자기 의지로 참여한다고 볼 수 없다. 해서 The stone disappeared.같은 경우에는 의지가 없는 무정물(inanimate) 명사도 disappear의 주체가 될 수 있지만, 의지가 있는 유정물(animate) 명사만이 work의 주어가 될 수 있다. *?The stone worked.가 부자연스런 문장이 되는 이유가 바로 그 때문이다. 이런 상황을 구별하여 WORK의 논항은 **동작주**(agent)의 **의미역**을 수행하고 DISAPPEAR의 논항은 **주제**(theme)의 **의미역**을 수행한다고 한다. 즉 동작주는 스스로의 의지로 능동적으로 움직이고 주제는 주체적 의지가 없이 타력에 의해 수동적으로 움직인다.

또 m SEE j (즉 Mary saw John)에서 Mary와 John은 2항 술어 SEE라는 시각의 인지작용에 참여하는 사람이다. 보는 사람 Mary는 시각의 주체로서 시각작용을 경험하는 자이므로 **경험주**(experiencer) 의미역이라고 한다. 반면 보이는 사람 John은 시각작용을 일으킨 원인이 된다고 하여 **자극**(stimulus)의 의미역을 갖는다고 본다. 감각작용을 의미하는 대부분의 동사들이 이런 의미역을 갖는다. 대조적으로 Mary looked at John.에서 "looked at"은 saw와 달리 주어 Mary가 자신의 의지로 바라보는 행동을 하고 있어서 동작주 의미역을 수행한다. 또 I heard a car approaching us.에서 주어 I는 경험주가 되고 목적어 a car는 자극이 된다. 그러나 I listened to the noise.에서 주어 I는 동작주 의미역이다.

이와 같이 논항은 술어의 의미에 따라 일정한 의미역을 가지는데 **동작주역, 주**

제역, 경험주역, 자극역 이외에 중요한 의미역들을 아래 열거한다.

피동작자역(被動作者役 patient)

이 의미역은 동작주가 수행하는 동작의 효과 또는 영향을 받는 참여자이다. <그녀가 나를 때렸다 She hit me>라는 명제에서 동작주 주어 She의 때리는 행동의 결과를 받아들이는 me가 피동작자역이다. 동작을 의미하는 대부분의 2항 술어의 제2논항의 의미역이 피동작자이다. 그러나 2항 술어의 제2논항이 피동작자가 아닌 경우도 있다. 즉 감각동사 "보다"의 제2논항이 피동작자가 아니라 자극 의미역인 것이 그 한 예이다. 또 명제 <John **resembles** his brother>에서 제2논항 his brother는 피동작자가 아니다. resemble은 동작이나 행동을 의미하는 술어가 아니기 때문에 그 목적어가 피동작자 논항이 될 수 없다.[7]

도구역(道具役 instrument)

이 의미역은 동작이나 행위에 사용된 도구를 말한다. <메리가 그 열쇠를 가지고 문을 열었다 Mary opened the door with the key>에서 the key가 도구 의미역이다. 이때 Mary는 동작자, the door는 주제역이 된다. 그런데 The key opened the door.에서처럼 도구 의미역이 주어 자리에 오는 문장도 가능하다. 이 문장에서도 The key는 도구 의미역, the door는 주제 의미역이다. 즉 문장 구조가 달라져도 의미내용이 변하지 않으면 의미역도 변하지 않는다.

기점역(起點役 source)과 착점역(着點役 goal)

기점역은 출발지점, 시원, 원인, 시작 등의 의미를 나타내는 참여자인데 비해

---

[7] 이 resemble같은 술어는 2항 술어임에 틀림없으나 두 개의 논항이 동일한 의미역을 수행하는 특별한 술어다. John이 주제역이라면 his brother도 주제역이라고 할 수밖에 없다. 그러기 때문에 John과 his brother를 바꾸어놓아도 동일한 의미가 된다. 즉 John's brother resembles him. 나 John resembles his brother.나 같은 말이다. love나 hate과 같은 술어와는 다른 성질이다. John loves Mary.와 Mary loves John.은 같은 뜻이 아니다. 일반적으로 "같다, 다르다, 비슷하다" 등의 의미를 나타내는 술어―이를 "상호관계 술어"라고 부르기도 한다--는 이런 성질을 가지고 있다. John met with Mary.와 Mary met with John.가 같은 뜻이듯 A is similar to B.와 B is similar to A.도 서로 같은 뜻이며 A is different from B.와 B is different from A.도 서로 같은 뜻이다.

착점역은 도착지점, 결과, 종점, 목적지 등의 의미를 나타내는 참여자이다. He comes from Florida.(그는 플로리다 출신이다.)에서 Florida가 기점역이고 He went to school.에서 school이 착점역이다. From Here to Eternity에서 Here는 기점 의미역, Eternity는 착점 의미역이다.

위치역(位置役 locative)

위치역은 행동이나 상황이 일어나는 위치를 나타내는 참여자이다. She was born in London. He met her in New York. There are gold fish in the pond.등의 행동이나 상황에서 in London, in New York, in the pond와 같은 전치사구가 전형적인 위치역을 수행한다. 그런데 전치사구뿐만 아니라 명사구도 위치역이 될 수 있다. The car has two doors.는 There are two doors in the car.와 같은 뜻이므로 주어 The car는 전치사구 보어 in the car와 같이 위치역이다.

수납자역(受納者役 recipient)와 수혜자역(受惠者役 beneficiary)

수납자역은 단순히 받는 역할을 하는 참여자이고 수혜자역은 받음으로써 혜택을 누리는 참여자이다. He gave a hard time to me. He gave me a book.에서 me가 수납자역이고, He bought a book for me. He bought me a book.에서 me는 수혜자역이다. 전치사구 안의 me와 직접목적어 명사구 me는 구조적으로 다르지만 의미역은 동일하다.

동반자역(accompanying participant)

사람들은 어떤 활동을 단독으로 하기도 하고 다른 사람(들)과 같이 하기도 한다. 함께 활동에 참여하는 사람이 동반자역을 갖는다고 말한다. <나는 친구들과 함께 테니스를 쳤다 I played tennis with my friends>에서 <친구들 friends>이 동반자역이다.

주제역(主題役 theme)

이 의미역은 앞에서 언급했지만 좀 더 자세히 알아보기로 한다. 주제역은 이동,

소유, 위치 등의 관계에서 주된 참여자이다. 즉 이동의 관계에서 주된 참여자는 이동하는 물체 또는 사물이 되고 소유관계의 주된 참여물은 소유물이 되며 위치 관계의 주된 참여자는 위치하고 있는 자가 된다. The ball flew over the fence. She fell off the balcony. 등에서 주어 the ball과 She가 이동의 주된 참여자로서 주제역이 된다. 또 They gave him the car.에서는 <They>에서 <him>으로 소유관계가 이동한 사물이 the car이므로 the car가 주제역이다. 또한 The car is his.에서는 주어 The car가 주제 의미역을 갖는다. 그 차가 소유관계의 주된 참여자인 소유물이기 때문이다. He parked the car in the garage. 라는 상황에서 He는 동작주 의미역이 되고 the car는 이동의 주요 참여자로서 주제역을 갖는다. 또한 The car is in the garage. <차가 차고에 있다>라는 상황에서는 차가 위치 관계의 중심 참여자이므로 The car가 주제역이 된다.

그런데 주제 의미역은 범위가 매우 넓어 이동, 소유, 위치 외에도 우리가 어떤 물건이나 인물의 속성을 이야기할 때 그 물건 또는 인물 자체가 주제역을 갖는다. The roses in the vase are very pretty. Miss Mary Howard is our teacher. 등에서 주어 The roses와 Miss Mary Howard가 주제역이다.

다음 예문에서 내가 어떤 공 하나에 대하여 이야기하고 있는 상황을 기술하는 것이라면 "the ball"이 모두 주제역이다.

"*The ball* rolled into the kitchen. Bill saw *the ball*. *The ball* is in the kitchen."

즉 rolled의 주어 The ball은 의지가 있어 스스로 굴러가는 것이 아니기 때문에 동작주역이 될 수 없으나 그것이 현재의 상황에서 주목의 대상이라면 주제역이다. 따라서 saw의 목적어 the ball도 지금 화제의 초점이라면 주제역이 되며 is의 주어 The ball 역시 지금의 대화상황에서 문제의 초점이라면 주제역이다.

다시 말해 "*The enemy* destroyed the ancient temple.(적이 그 고찰을 파괴했다.)" 에서 주어 The enemy는 동작주이고 "*An avalanche* destroyed the ancient temple. (산사태가 나 그 고찰이 파괴되었다.)"에서 주어 An avalanche는 주제역이다. 적군이 사원을 파괴하는 상황에서는 파괴 행위에 주동적으로 참여하는 자가 적군이므로 The enemy가 동작주가 되지만 사원을 파괴하는 상황의 산사태는 능동적 행위자가 아니라 그 파괴 상황의 원인으로서 주된 관심의 대상이다. 따라서 그것은 주제 의미역이다. 한 논항의 의미역이 무엇인지 정확히 말하기 어려울 때, 그것이 주제역이 되는 경향이 있다. 결국 주제 의미역은 융통성이 있어서 편리하기는 하나 애매하기도 하여 논란의 여지를 남긴다. 앞에서 He parked the car in the garage.에서 the car는 이동의 대상이라고 하여 주제역이라고 했지만, 주차하는 행위의 대상으로 보면 피동작자역이 될 수도 있다. 동사 park의 의미를 어떻게 보느냐에 따라 the car는 주제역일 수도 있고 피동작자역일 수도 있는 예이다. 다른 예로 Trees grow and flowers bloom.에서 나무가 자라고 꽃이 피는 과정은 나무와 꽃의 의지에 따라 일어나는 일이 아니므로 Trees와 flowers는 동작주역이 아니고 주제역이다. 그러나 자연의 모든 생명현상은 다 일정한 의도를 가진 주체의 의식적 활동이라고 보는 사람들은 Trees와 flowers를 동작주역이라고 할 것이다. 이렇게 의미역은 보는 사람의 신념에 따라서 달라질 수도 있다.

2.2.3 논항과 의미역과 문법기능의 상관관계

문법기능이란 "주어", "목적어", "보어" 등 문장의 한 요소가 수행하는 문법적 역할을 가리킨다. 어떤 의미역들이 어떤 문법기능으로 나타나는가를 알아본다.

동작주와 경험주는 전형적으로 주어로 나타나나 반드시 그렇게만 되는 것은 아니다. 동사의 의미관계에 따라 의미역의 실현 방식은 각양각색이다. 즉 Mary threw a stone into the pond.에서는 술어 <던지다>의 동작주가 주어로 나타났지만 A stone was thrown into the pond by Mary.에서는 전치사구로 나타났다. 또 I guess she will win the first prize.에서는 경험주 의미역이 주어 I로 나타났다. 그러나 It seems to me she will win the first prize.에서는 경험주역이 전치사구 to me로 나타났다.

한편 자동사 fall, disappear와 타동사 hit, kiss의 경우는 보어와 논항이 일치한다. 즉 자동사는 1항 술어이고 타동사는 2항 술어이며, 자동사는 논항이 하나인 술어이고 타동사는 논항이 둘인 술어다. 자동사의 경우 주어가 논항이 되고 타동사의 경우 주어와 목적어가 논항이 된다. 그러나 의미역의 관점에서 보면 차이가 드러난다. 즉 hit, kiss의 주어는 동작주 의미역의 역할을 수행하지만 fall, disappear의 주어는 동작주가 아니다. John fell to the ground. The rock fell to the ground. They disappeared around the corner. The clouds disappeared in the sky. 등에서 주어가 동작주라고 할 수 없다.

또한 자동사라고 다 1항 술어인 것도 아니고 타동사라고 해서 다 2항 술어인 것도 아니다. 가령 It rained. It snowed.의 rain이나 snow는 자동사지만 1항 술어라고는 할 수 없다. 즉 주어 it은 그 자체의 어휘적 의미가 없는 허사이기 때문에 논항이 될 수 없다. it은 주어이기는 하나 논항은 아니다. 또 The accident **took place** . . . .(그 사건이 일어났다.)나 They **hit the road**.(그들은 출발했다.)같은 문장에서 took와 hit은 타동사지만 2항 술어가 아니다. 바로 place와 the road가 목적어이지만 논항이 아니기 때문이다. 말하자면 문법적으로는 took나 hit는 목적어를 취하는 타동사지만 의미적으로는 1항 술어다. 이와 같이 동사의 문법적 유형과 의미적 술어의 유형은 일치하기도 하고 일치하지 않기도 하는데 두 유형은 각기 독자적인 기준을 가지고 있기 때문이다.

또 명사구는 논항이 되기도 하고 술어가 되기도 한다. 가령 John is **a genius**. Kim is **a fool**. 등에서 명사구 a genius, a fool은 각기 John과 Kim의 속성을 기술하는 1항 술어이다. Kim is a fool.은 Kim is foolish.와 같은 의미로서 a fool은 foolish와 같이 1항 술어가 된다. 그런가 하면 We looked for a genius. They met a fool.등에서는 a genius와 a fool은 구체적으로 어떤 인물을 가리키는 **지시표현**(referring expression)으로서 각각 2항 술어 looked for와 met의 피동작주 논항이다.

형용사도 술어이다. He is **asleep**. She is **awake**. They are **nice**.에서 asleep, awake, nice는 1항 술어이고 We are **aware** of their presence. We are **afraid** of their rudeness.에서 aware, afraid는 2항 술어다. 즉 aware의 논항은 we와 their presence, afraid의 논항은 we와 their rudeness이다.

전치사도 술어로 쓰인다. The post office is **behind** the museum. The bird is **in** the cage. 등에서 behind와 in은 2항 술어다. 이때 behind의 두 논항은 the post office와 the museum이고 in의 두 논항은 the bird와 the cage이다. (is는 의미적으로 허사

이다.) 이런 2항 술어 전치사는 의미적으로 2항 술어인 타동사와 비슷하다.

그런가 하면 She was in and he was out.에서는 in과 out은 1항 술어이다. She와 he가 각각 in과 out의 제1논항이다. 이때 이 전치사는 1항 술어인 자동사와 비슷하다.

그 외 3항 술어 전치사도 있다. A is between B and C.에서 between은 A, B, C 3개의 논항을 가진다.

종합하면 문장의 구조를 이해하는 데는 **문법기능**(grammatical function)과 더불어 **의미역**을 이해해야 한다.

(1) a. Mary opened the door with the key. (메리가 열쇠로 문을 열었다.)

b. The key opened the door. (열쇠가 문을 열었다.)

c. The door opened automatically. (문이 자동적으로 열렸다.)

위 예문에서 명사구 Mary, the key, the door는 모두 주어의 **문법기능**을 수행하고 있다는 점에서 같으나 **의미역**이 다 다르다. (1a)의 주어 Mary는 문을 여는 동작을 수행하는 **동작주**이고 (b)의 주어 The key는 문을 여는 **도구**가 되는 물건이며 (c)의 주어 The door는 열리는 대상으로서 **주제역**이다.

또한 (a)와 (b)의 목적어 the door는 열리는 동작이 가해지는 대상이기 때문에 **피동작자**이다. 이렇게 타동사의 목적어는 흔히 피동작자 의미역이 되지만 그 외에도 여러 다른 의미역을 가질 수 있다. 아래 예문에서 목적어는 각기 다른 의미역을 가진다.

(2) a. He {hit/kicked/struck} the ball. (나는 공을 {쳤다/찼다/때렸다}.)

b. I tasted the wine and it was very good. (그 와인을 맛을 보았더니 그것은 매우 좋은 와인이었다.)

c. I {saw/heard} a car approaching us. (나는 차가 우리에게 접근하는 것을 {보았다/들었다}.)

d. It reminded me that I had left the key under the mat. (그것은 내가 열쇠를 매트 밑에 두고 왔다는 것을 생각나게 해주었다.)

(a)에서 목적어 the ball은 그가 치거나 차는 동작의 대상으로서 피동작자의 의미역인데 비슷한 이유로 (b)의 목적어 the wine도 맛보는 행동의 대상으로서 피동작자이다.

그러나 (c)와 (d)의 목적어는 피동작자가 아니다. 즉 (c)의 목적어 a car는 보거나 듣는 감각작용을 일으킨 원인으로서 **자극**(stimulus)의 의미역을 가진다. 이때 see나 hear는 보는 사람 또는 듣는 사람이 의지를 가지고 의도적으로 보거나 듣는다기보다 자연적으로 보이고 들리는 상황을 의미한다. 그 상황에서 보는 사람이나 듣는 사람은 감각작용을 경험하는 쪽이고 보이거나 들리는 것은 감각작용을 일으킨 쪽이다. 이때 see/hear의 주어는 **경험자**의 의미역을 가지고 그 목적어는 **자극**의 의미역을 가진다. 이에 비해 의도를 가지고 의식적으로 보거나 듣는 행동을 의미하는 상황이라면 보거나 듣는 사람은 **경험자**가 아니라 **행위자** 의미역이 된다. 즉 look at ~, listen to ~ 등이 이런 상황을 나타낸다. see, hear가 감각기관을 통하여 (저절로) 보이거나 들리는 상황을 뜻한다면 look at, listen to는 의식적으로 보거나 들으려고 하는 상황을 뜻한다. 즉 I was looking at the car coming to us. (그 차가 우리에게 오는 것을 보고 있었다.) I listened to the raindrops on the window. (창문에 떨어지는 빗방울 소리를 들었다./소리에 귀를 기울였다.) 이때 주어 I는 행위자다.

(d)의 동사 remind는 어떤 사물이나 상황이 자극으로 작용하여 어떤 사람에게 과거의 기억을 상기시킨다는 뜻이다. 따라서 remind의 주어는 상기작용을 일으킨 **자극**의 의미역을 갖는다고 할 수 있고 목적어는 상기작용을 경험하는 **경험주**의 의미역을 갖는다고 볼 수 있다.

그 외 의미역의 차이로 말미암아 동사를 수식하는 부사의 적절성이 가려지는 경우가 있다.

(3)　a. Mary opened the door with the key carefully/unconsciously. (메리는 그 문을 {조심스럽게/무의식적으로} 열었다.)

　　b. *The key opened the door carefully/unconsciously.

　　c. *The door opened carefully/unconsciously.

즉 carefully나 unconsciously등은 동작이나 행위의 태도, 모양, 양태 등을 묘사하는 부사이기 때문에 동작주의 주어와 잘 어울리지만 도구나 주제역의 주어와는 어울리지 않는다. (3a)의 주어의 의미역이 동작주이기 때문에 carefully나 unconsciously와 잘 어울리나 주어의 의미역이 도구인 (b), 주제역인 (c)에서는 이 부사들이 맞지 않는다.

다른 예로 동사 load의 쓰임새를 알아보자.

(4) a. They loaded a plane with cargo. (비행기에 화물을 실었다.)
     b. They loaded the cart with grocery. (카트에 식료품을 가득 실었다/식료품으로 카트를 가득 채웠다.)
     c. They loaded the bus with people. (버스에 사람을 태웠다.)
     d. They finished loading the truck. (트럭에 짐을 싣기를 끝냈다.)

(5) a. They loaded all their belongings into backpacks. (모든 소지품들을 배낭에 채워 넣었다.)
     b. They loaded a lot of grocery into their car. (많은 식료품을 그들의 차에 가득 채워 넣었다.)

(6) a. The ship loaded with people only in 15 minutes. (배가 단 15분 만에 사람들로 꽉 찼다.)
     b. The bus loads at the front door only. (버스는 앞문에서만 (사람을) 태운다.)

기본적으로 load는 "탈것이나 용기에 물건 또는 사람을 싣거나 넣는다"는 뜻이다. 따라서 싣는 행동을 하는 사람이 행위자 의미역으로서 주어로 나타나고 탈것이나 용기는 싣는 행위의 피동작자 의미역으로서 목적어로 나타난다. 실은 물건이나 태운 사람은 with 전치사구 보어로 나타나 주제 의미역을 수행한다. (4a,b,c) 등이 이 의미로 쓰였다.

(4d)는 load가 전치사구 보어 없이 3항 술어로도 쓰일 수 있음을 보여준다.

(5)는 주제 의미역이 직접목적어로 나타날 수 있음을 보여준다. 그렇게 되면 탈것이나 용기는 into 전치사구 보어로 나타나게 된다.

끝으로 (6)은 탈것이 주어로 나타나는 예를 보여준다. 그러면 load는 (6a)에서처럼 "~로 채워지다"의 뜻이 되는데 이때는 with 전치사구 보어가 필수요소가 된다. 또 with 전치사구가 없으면 load는 (6b)처럼 "태우다, 싣다"의 뜻이 된다.

이렇게 의미역과 문법기능 사이의 관계는 매우 다양한 모습으로 나타난다.

2.3 비논항 주어(non-argument subject)와 비논항 목적어 (non-argument object)

자동사, 타동사 등과 같은 **문법적 개념**(grammatical concepts)과 1항 술어, 2항 술어 등과 같은 **의미적 개념**(semantic concepts)은 부분적으로 일치하는 경우도 있으나 근본적으로 서로 다른 범주이다. 또 **명사, 형용사** 등과 같은 품사--언어학자들은 이것을 **통사 범주**(syntactic category)라고 부른다--와 **논항, 술어** 등과 같은 의미적, 논리적 범주도 서로 일치하는 경우도 있으나 개념적으로 서로 다른 범주이다. 한편 우리가 여기서 의미적 범주들을 언급하는 것은 의미론이나 논리학의 영역까지 들어가서 그 범주들을 본격적으로 논의하려는 것이 아니다. 여기서 그런 작업을 할 수도 없으려니와 그럴 필요도 없다. 우리는 다만 동사의 유형을 탐구하는 데 있어서 문법적 기준만으로 불충분한 경우가 있으며 그럴 경우에 의미적 기준을 활용함으로써 보다 바람직한 설명을 제시할 수 있다는 것을 강조하고자 하는 것이다.

주어 중에는 논항이 아닌 주어 즉 **비논항 주어**가 있고 목적어 중에는 논항이 아닌 목적어 즉 **비논항 목적어**가 있다. 이런 현상을 설명하기 위해서는 문법적 개념과 의미적 개념 둘 다가 필요하다.

우선 허사 there나 it이 주어 자리에 올 수 있는데 그것은 분명히 주어이지만 의미내용이 없기 때문에 논항이 아니다.

(1) a. **There** is a cat under the table. (테이블 아래에 고양이 한 마리가 있다.)
  b. **There** happened to be a cat under the table.
    (우연찮게도 테이블 밑에 고양이 한 마리가 있었다.)

c. It is raining outside. (밖에 비가 오고 있다.)

d. It is obvious that this horse will win the race.

　(이 말이 경주에 이길 것이 명백하다.)

여기서 There와 It는 분명히 주어이다. 그러나 그것은 논항이 아니다. (1a)에서 술어 is의 제1논항은 a cat이고 제2논항은 under the table이다. 따라서 There는 의미적으로 내용이 없기 때문에 논항이 될 수 없다. 그러나 그것은 문법적으로는 엄연히 is의 주어이다. (b)의 There도 happened의 주어이지만 의미적으로 논항 역할을 하지 않는다. 1항 술어 happened의 논항은 "고양이가 테이블 아래에 있다"는 상황이다. 또한 (c)는 논항이 아예 없고 술어 is raining이 단독으로 명제를 이룬다. 그럼에도 의미적으로 무내용한 It이 엄연히 is의 주어이다. 또 (d)의 1항 술어 obvious의 논항은 "this horse will win the race"라는 명제다. It은 is의 문법적 주어이지만 의미적으로 아무 역할도 하지 않는다. 이처럼 문법적으로 주어이지만 의미적으로 논항이 아닌 There나 It 같은 요소를 **비논항 주어**라고 한다.

　그런데 이런 허사가 목적어 위치에 오는 경우도 있다.

(2)　a. I expected there to be a unicorn in the garden.

　　　(나는 정원에 유니콘 한 마리가 있을 것을 기대했다.)

　　b. I expected him to be nice to her.

　　　(나는 그가 그녀에게 친절하기를 기대했다.)

(3)　a. You wanted it to have rained yesterday. (어제 비가 왔기를 바랐다.)

　　b. You wanted her to come home earlier. (그녀가 집에 더 일찍 오기를 원했다.)

(2b)의 him이 expected의 목적어이듯이 (2a)의 there도 목적어이다. 또한 (3b)의 her가 wanted의 목적어이듯이 (3a)의 it도 목적어이다. 그러나 의미적으로 무내용한 there는 논항이 아니며 같은 이유로 it 역시 논항이 아니다. 따라서 there와 it은 각기 논항이 아닌 목적어 즉 **비논항 목적어**이다.

　(2b)의 him과 (3b)의 her도 비논항 목적어인가? 그렇다. 그것은 허사는 아니지만 expected와 wanted의 논항도 아니다. 즉 내가 기대한 것은 him이 아니고 네가

원한 것은 her가 아니다. 내가 기대한 것은 him to be nice to her이고 네가 원한 것은 her to come home earlier이다. 그러므로 him이 expected의 논항이 될 수 없고 her가 wanted의 논항이 될 수 없다. 그것은 비논항 목적어다.

이와 같이 문법적 기준과 더불어 의미적 기준을 동시에 고려하면 좀 더 설득력 있는 설명을 제공할 수 있다. 가령 다음 두 문장에서 보어 기준으로만 보면 feel과 seem이 동일한 유형처럼 보인다. 곧 두 동사가 다 형용사 보어가 필요하다는 점에서 같은 유형처럼 보이나 그 의미 관계를 관찰하면 그 둘이 서로 다른 종류의 동사이어야 함을 알게 된다.

(4) a. Mary feels *happy about the news*. (메리는 그 소식에 기뻐했다.)
  b. Kim seems *happy about the news*. (킴은 그 소식에 기뻐하는 것 같다.)

주어의 의미적 역할에 주목할 때 (4a)의 주어 Mary는 feel "느끼다"라는 서술 (predication)의 주체가 된다. 즉 문장의 주어인 Mary가 "느끼는 사람"이다. 그러나 (b)의 주어 Kim은 seem의 뜻 "··· 것 같다"의 주체라고 할 수 없다. "··· 것 같다"라는 술어는 어떤 진술 또는 명제가 "표면적으로 참이라(seemingly true)"는 의미를 가지기 때문에 Kim과 같은 <사람>이 그런 서술어의 주체가 될 수 없다. 그 서술어의 주체는 "Kim이 그 소식에 기뻐하다"와 같은 <상황>, <사태>, 또는 <명제>이다. 그리고 주어 Kim은 서술어 happy의 주체이다. 결국 (a)에서는 주어 Mary가 feel의 주체이면서 동시에 happy의 주체다. 그러나 (b)에서는 주어 Kim이 happy의 주체이기는 하나 seem의 주체는 아니다. 다시 말해 feels의 주어 Mary는 이 문장의 문법적 주어임과 동시에 feel의 의미적 주어이나 (b)의 주어 Kim은 문법적 주어이기는 하나 seem의 의미적 주어가 아니다. 다시 말해 Mary는 feel의 논항이지만 Kim은 seem의 논항이 아니다. 즉 Mary는 **논항 주어**이고 Kim은 **비논항 주어**이다. 이런 의미적 차이로 말미암아 feel과 seem은 서로 다른 유형의 동사로 분류되어야 한다. 결국 (a)의 feel은 2항 술어로 주어 Mary가 제1논항이고 <(Mary is) happy about the news>라는 상황이 제 2논항이다. 대조적으로 (b)의 seems는 1항 술어로 <Mary is happy about the news>라는 상황이 seems의 하나뿐인 논항이다.

2.4 통제 동사(Control Verb)와 보통 주어(Ordinary Subject) 그리고 상승 동사(Raising Verb)와 상승 주어(Raised Subject)

앞 절 (4a)의 주어 Mary와 같이 문법적 주어가 의미적 주체이기도 한 '정상적인' 주어가 있고 (4b)의 주어 Kim과 같이 문법적 주어이면서도 의미적 주체가 아닌 비논항 주어도 있다. 이제 우리는 전자를 **보통 주어**, 후자의 비논항 주어를 **상승 주어**라고 부를 것이다.[8] 이에 따라 아래 예문 (1)의 주어는 보통 주어이고 (2)의 주어는 상승 주어이다.

(1) a. *John* sleeps. (존은 잠잔다.)
   b. *Mary* likes walking early in the morning. (메리는 아침에 걷기를 좋아한다.)
   c. *Bill* {hoped/tried} to see you. (빌은 너를 {만나보기를 희망했다/만나보려고 애썼다}.)
(2) a. *Jerry* continues to sleep. (제리는 계속 자고 있다.)
   b. *Jane* seems to like walking. (제인은 걷기를 좋아하는 것 같다.)

(1a)에서 주어 John은 "잠자는 사람"이고 (b)의 주어 Mary는 "아침 일찍 걷기를 좋아하는 사람"이며 (c)의 주어 Bill은 "너를 만나보기를 희망하는 사람"이다. 이들은 문법적으로 주어이면서 의미적으로 동작이나 상태의 주체로 "문법적 주어"이면서 동시에 "의미적 주체"이다. 평범한 주어는 다 이런 **보통 주어**이다.

(2)의 주어들은 좀 다르다. (2a)의 Jerry가 "continue(계속되다)"의 의미적 주체로서 "계속되는 사람"이라고 말할 수 있을까? 그렇게 말할 수 없다. 마찬가지로 (b)의 주어 Jane이 "seems(인 것 같다)"의 의미적 주체라고 볼 수 없다. (a)에서 "계속되다"라는 술어의 주체(=의미적 주어)는 "Jerry가 자는 것" 즉 Jerry가 자는 <상황>이지 Jerry라는 사람이 아니다. (b)에서 "seem (인 것 같다)"의 의미적 주체는 "Jane이 걷기를 좋아하는 것"이다. 결국 continues, seems의 주체는 Jerry, Jane 등 사람이 될 수 없다.

---

[8] 상승주어(raised subject)라는 개념은 생성문법에서 오래전 확립되어 두루 통용되어 온 것이고 보통주어(ordinary subject)라는 용어는 Huddleston & Pullum (2002)의 것이다.

다시 말해 (2)에서는 문법적 주어가 동사의 의미적 주체가 되지 않고 모두 to부 정사 보어의 의미상 주어로 이해되고 있다. (a)에서 continues의 주어 Jerry는 의미 적으로는 to sleep의 주체이고 (b)의 문법적 주어 Jane은 to like walking의 의미적 주체이다. 이런 문법적 주어를 **상승 주어**라고 한다. 이런 상승 주어의 현상은 continue, seem 등과 같은 특수한 서술어의 성질 때문인데 이와 같은 동사들을 **상승 동사**(raising verb)라고 한다.

이와 대조적으로 (1)의 like, hope와 같이 주어가 보통 주어인 동사들을 **통제 동사**(control verb)라 부른다. 통제동사 hope가 to부정사 보어를 거느릴 경우에 그 동사나 형용사의 주어가 의미상으로 to부정사 보어의 주어로 해석된다. 이 상황에 서 우리는 본동사의 주어가 to부정사 보어의 주어를 **통제한다**(control)고 말한다. 즉 (1b)에서 통제 동사 likes의 주어 Mary가 ing분사 보어인 walking in the morning 의 주어를 통제한다고 말한다. (c)에서는 Bill이 to부정사 보어인 to see you의 주어 를 **통제한다**. 이때 "본동사의 주어가 to부정사의 의미상 주어를 통제한다"고 말하 는 대신 줄여서 "본동사의 주어가 to부정사를 통제한다"고 말해도 좋다.

상승 동사의 주어는 형식적으로 주어의 기능을 하고 의미적으로는 그 상승 동 사의 보어인 to부정사의 의미상 주어가 된다.

허사 There나 It이 상승 동사와 통제 동사의 주어로 쓰일 수 있는지 보자.

(3) a. *There* {continued/happened} *to be errors in our solutions*.
        (우리의 해답에 {오류가 계속 있었다./공교롭게도 오류가 있었다.})
      b. *It* {continued/happened} *to rain.* (계속 비가 왔다./마침 비가 왔다.)

(4) a. **There* {hoped/tried} *to be errors in our solutions*.
      b. **It* {hopes/tries} *to rain*.

허사는 상승 동사의 주어로 나타날 수 있다. (3a)의 허사 주어 There는 상승 주어이다. 그것은 의미적으로 continued의 주어가 아니라 continued의 보어인 to be의 주어이다. (3b)의 허사 주어 It은 to rain의 주어이다. 이처럼 허사 there나 it이 주어가 될 수 있는 것은 continue나 happen이 상승 동사이기 때문이다. 즉 there가 상승 주어로서 본동사 continued의 문법적 주어가 되어 있지만 의미적으로는 continued의 보어인 to be의 주어이다. (3b)의 허사 주어 It도 실제로는 to rain의 주어인데 본동사의 주어로 상승되어 continued/happened의 문법적 주어가 되어 있다.

이와 달리 통제 동사의 주어가 무엇인가는 통제 동사 자체의 결정사항이다. (4a)의 hoped와 tried는 통제 동사로서 동사 자체의 뜻으로 말미암아 보통 주어가 와야 되는데 허사 there나 it은 의미내용이 없기 때문에 이 동사의 보통 주어가 될 자격이 없다. 결국 상승 동사는 허사 주어를 허용하고 통제 동사는 그것을 허용하지 않는다.

피동태 구문에서도 상승 동사와 통제 동사의 차이가 나타난다.

(5) a. *The doctor* continued *to examine Dana.* (그 의사는 대나를 계속 진찰했다.)
    b. *Dana* continued *to be examined by the doctor.* (대나는 그 의사에게 계속 진찰을 받았다.)

(6) a. *The doctor* tried *to examine Dana.* (그 의사는 대나를 진찰하려고 애썼다.)
    b. *Dana* tried *to be examined by the doctor.* (대나는 그 의사에게 진찰을 받으려고 애썼다.)

본동사 continue의 to부정사 보어가 능동태인 (5a)와 피동태인 (5b) 사이에 실질적인 의미 차이는 없다. 능동문 The doctor examined Dana.와 피동문 Dana was examined by the doctor. 사이에 실질적인 의미차이가 없듯이 (5a)와 (5b) 사이에 의미차이는 없다.

그러나 (6a)와 (6b)는 사정이 다르다. (6a)에서는 애쓰는 사람이 의사이고 (6b)에서는 애쓰는 사람이 Dana이어서 두 문장의 의미는 현저히 다르다.

즉 (5)의 주어 The doctor와 Dana는 상승주어로 본동사 continued의 실질적 주어가 아니라 각각 to examine Dana와 to be examined by the doctor의 주어이다. 따라서 두 문장은 능동과 피동의 차이 이외에 별다른 의미 차이가 없다.

그러나 (6)의 주어는 보통 주어이다. 그러므로 그것은 본동사 tried의 주체이다. 능동문 (6a)에서는 The doctor가 "노력하는 사람"이고 그것이 to부정사 보어 to examine Dana를 통제한다. 이와 달리 피동문 (6b)에서는 Dana가 to be examined by the doctor를 통제한다. 따라서 두 문장의 의미는 그 만큼 다르다.

이와 같이 어떤 동사가 to부정사 보어를 취할 때 그 to부정사를 능동 구문과 피동 구문으로 바꾸어 보고 두 문장 사이에 별다른 의미차이가 없으면 상승 동사이고 의미차이가 발생하면 통제 동사이다.[9]

특히 상승 동사가 타동사일 경우에는 직접목적어가 오고 그 다음에 to부정사 보어가 오게 된다. 우리는 이미 앞 절에서 그러한 예문을 보았다. 그 예문들을 여기 옮겨놓는다.

(7)　a. I expected him to be nice to her. (나는 그가 그녀에게 친절하기를 기대했다.)
　　　b. You wanted her to come home earlier. (그녀가 집에 더 일찍 오기를 원했다.)

여기서 him과 her는 형식적으로 각각 expected와 wanted의 목적어다. 그런데 그것은 해당 동사의 논항이 아니어서 비논항 목적어다. 따라서 의미적으로 him과 her는 각각 to부정사 보어인 to be nice to her와 to come home earlier의 주어로 이해된다. 즉 him과 her는 상승 동사 expected와 wanted의 **상승 목적어**로 him은 문법적으로(=형식적으로) 본동사 expected의 목적어이면서 실질적으로는(=의미적으로는) to부정사 보어 to be nice to her의 주어이다. 또한 her는 wanted의 목적어이면서 to come home earlier의 의미상 주어이다.

---

[9] 종래의 변형문법에서는 이런 현상을 설명하기 위해 "심층구조(deep structure)"와 "표면구조(surface structure)"의 개념적 구분을 도입하고 심층구조에 여러 가지 변형규칙들을 적용하여 표면구조를 도출했다. 가령 위 (5a)의 "심층구조"는 [[the doctor examine Dana] continued]]와 같은 것으로 상정했다. 이 심층구조에 일련의 변형규칙들을 적용하여 표면구조를 도출했다. 먼저 그것을 [_____ continued [the doctor (to) examine Dana]]로 변형시킨 다음 다시 "주어 상승 규칙"이라는 변형규칙이 적용되면 the doctor가 continued 앞의 빈자리로 상승 이동하여 "표면구조(surface structure)" [The doctor continued to examine Dana]가 도출된다고 설명했었다. 그러나 <현대 영문법>의 토대가 되는 비변형 생성문법 이론에는 그러한 "심층구조"와 "표면구조"의 구분은 존재하지도 않고 변형규칙이라는 과정도 존재하지 않는다. 한 문장에 대하여 하나의 통사구조가 있을 뿐이고, 그 통사구조에 그 문장의 문법과 의미에 관한 모든 정보가 들어 있다. 어떤 요소가 어디에서 어디로 이동하는 과정은 불필요하다. 한편 "상승 주어"라는 용어는 원래 변형문법적인 용어이기는 하나 우리의 <현대 영문법>에서 그대로 쓰기로 한다. to부정사 보어를 거느리는 동사의 주어가 to부정사의 의미상 주어로 해석될 때 그러한 주어를 <상승 주어>라고 부를 뿐 그 이상도 이하도 아니며 여기에 이동이라는 개념은 전혀 개입되지 않는다.

상승 타동사와 달리 force, compel, persuade 등은 **보통 목적어**를 취하는 **통제 타동사**들이다.

(8) I {forced/compelled/persuaded} *her to come home earlier*.
　　　(나는 그녀를 더 일찍 집에 오도록 {압력을 넣었다/강요했다/설득했다}.)

이 예문에서 her가 보통 목적어이다. 그것은 본동사의 직접목적어임과 동시에 본동사의 한 논항으로서 "강제하다/강요하다/설득하다"라는 행위의 대상 또는 지향점으로서 **피동작자**의 의미역을 가진다. 그것은 전형적인 직접목적어에 속한다. 그런데 중요한 것은 이 보통 목적어가 to부정사 보어 to come home earlier의 의미상 주어 역할을 한다는 것이다. 즉 her는 한 편으로 본동사의 보통 목적어이면서 다른 한 편으로 to부정사 보어의 주어로 해석된다. 다시 말해 본동사의 직접목적어가 to부정사 보어의 주어를 통제한다.

결국 hope, try 등 통제 자동사의 보통주어가 to부정사 보어의 의미상 주어가 되듯이, force, persuade 등 통제 타동사의 보통 목적어가 to부정사 보어의 의미상 주어의 역할을 한다. 보통 주어가 다르면 다른 의미의 문장이 되는 것과 같이 보통 목적어가 다르면 역시 의미가 다른 문장이 된다. 피동화 현상이 이를 보여준다.

(9) a. I persuaded *Dr. Kim to examine her*.
　　　　(나는 김 박사를 설득해서 그녀를 진찰하게 했다.)
　　 b. I persuaded *her to be examined by Dr. Kim*.
　　　　(나는 그녀를 설득해서 김 박사에게 진찰을 받도록 했다.)

(9a)에서는 내가 김 박사를 설득한 것이고 (b)에서는 내가 그녀를 설득한 것이다. 이렇게 두 문장의 의미가 달라지는 것은 persuaded의 목적어가 달라졌기 때문이고 그것은 곧 이 목적어가 보통 목적어라는 것을 의미한다.

허사 there나 it이 보통 주어가 될 수 없듯이 이들은 보통 목적어도 될 수 없다.

(10) a. *I {forced/compelled/persuaded} there to be an error in the system.

     b. *I {forced/compelled/persuaded} it to rain right then.

즉 목적어 위치에 허사가 왔기 때문에 이들은 비문이다. 이들 통제 동사의 목적어는 보통 목적어이어야 한다. 상승 동사가 아니고는 허사가 목적어로 나타날 수 없다. 이들 통제 동사와 상승 동사의 특징을 아래 표로 정리할 수 있다.

(11) 통제 동사와 상승 동사의 특징

	주어	목적어	보어	의미	예문
통제 자동사	보통 주어	없음	to부정사	2항 술어	Bill tried to sleep.
상승 자동사	상승 주어	없음	to부정사	1항 술어	Jerry continued to sleep.
통제 타동사	보통 주어	보통 목적어	to부정사	3항 술어	I persuaded her to come home earlier.
상승 타동사	보통 주어	상승 목적어	to부정사	2항 술어	I expected her to come home earlier.

to부정사 보어를 취하는 통제 동사와 상승 동사는 직접목적어가 있느냐 없느냐에 따라 통제 자동사, 통제 타동사, 그리고 상승 자동사, 상승 타동사로 나눈다. 그리고 상승 자동사의 주어는 상승 주어이고 상승 타동사의 목적어는 상승 목적어이며 그 외에는 모두 보통 주어와 보통 목적어이다.

또한 통제 자동사는 2항 술어이고 상승 자동사는 1항 술어다. Bill tried to sleep. 에서 통제 자동사 tried의 제1 논항은 Bill이고 제2 논항은 "Bill이 잠자는 것"이다.

Jerry continued to sleep.에서 상승 자동사 continued는 1항 술어이며 그 논항은 "Jerry가 잠자는 것"이다.

통제 타동사는 3항 술어이고 상승 타동사는 2항 술어다. I persuaded her to come home earlier.에서 통제 타동사 persuaded의 제1 논항은 "I"이고 제2 논항은 "her"이며 제3 논항은 "그녀가 집에 더 일찍 오는 것"이다. I expected her to come home earlier.의 상승 타동사 expected의 제1 논항은 "I"이고 제2 논항은 "그녀가 집에 일찍 오는 것"이다.

2.5 동사 유형 분류의 기준과 유형의 윤곽

5형식 문형의 문제점들을 보완하고 보어 요구의 기준을 엄격히 적용할 뿐만 아니라 통제와 상승 등 의미적 기준도 적용하는 <현대 영문법>의 동사의 유형은 다음 표와 같다. 각 동사 유형과 함께 그 유형을 도입하는 구 구조 규칙을 보여 준다.[10]

동사의 유형					유형 기호
단순 자동사				VP→V^1	V^1
자동사	연결 자동사			VP→V^2 {AdjP/NP}	V^2
		원형부정사 자동사 (법조동사)		VP→V^3 VP[b-inf]	V^3
	복합 자동사	to부정사 자동사	to부정사 통제 자동사	to부정사 주어 통제 자동사	VP→V^4 VP[*to*-inf]	V^4
				to부정사 for구 통제 자동사	VP→V^5 PP[for] VP[*to*-inf]	V^5
				to부정사 전치사구 통제 자동사	VP→V^6 PP VP[*to*-inf]	V^6
			to부정사 상승 자동사	VP→V^7 VP[*to*-inf]	V^7
		ing분사 자동사	ing분사 통제 자동사	VP→V^8 VP[*ing*]	V^8
			ing분사 상승 자동사	VP→V^9 VP[*ing*]	V^9
		be동사	등식의 be동사	VP→V^{10} NP	V^{10}
			존재의 be동사	VP→V^{11} NP PP	V^{11}
			진행의 be동사	VP→V^{12} VP[*ing*]	V^{12}
			피동의 be동사	VP→V^{13} VP[pass] PP[*by*]	V^{13}
		완료 시상 동사 have		VP→V^{14} VP[pp]	V^{14}

[10] 구 구조 규칙에 새로 도입된 기호들의 뜻은 아래와 같다.

b-inf는 bare infinitive(원형 부정사)를 가리킨다. to-inf는 *to*-infinitive(to부정사)를 가리킨다. pass는 passive(피동형)을 가리킨다. PART는 particle(첨사)를 가리킨다. VP[b-inf]는 핵심어 동사의 형태가 원형 부정사인 동사구를 가리킨다. VP[*to*-inf]는 핵심어 동사의 형태가 to부정사인 동사구를 가리킨다. VP[*ing*]는 핵심어 동사의 형태가 ing분사인 동사구를 가리킨다. VP[*pass*]는 핵심어 동사의 형태가 피동형인 동사구를 가리킨다. PP[*for*]는 전치사가 for인 전치사구 즉 "for 전치사구"를 가리킨다. S[*that*]는 문두가 that으로 시작하는 S 즉 "that 절"을 가리킨다. S[*wh*]는 문두가 who, what, when, where 등 의문사로 시작하는 S 즉 "의문사 절"을 가리킨다. S[*as-if*]는 as if로 시작하는 S 즉 "as if 절"을 가리킨다.

	전치사구 자동사	자전치사구 자동사	VP→V¹⁵ PP	V¹⁵
		타전치사구 자동사	VP→V¹⁶ PP	V¹⁶
		이중 전치사구 자동사	VP→V¹⁷ PP PP	V¹⁷
타동사	단순 타동사		VP→V¹⁸ NP	V¹⁸
	복합 타동사	이중 명사구 타동사 수여 동사	VP→V¹⁹ NP NP	V¹⁹
		명명 동사	VP→V²⁰ NP NP	V²⁰
		연결 타동사	VP→V²¹ NP AP	V²¹
		원형 부정사 타동사 원형부정사 통제 타동사	VP→V²² NP VP[b-inf]	V²²
		원형부정사 상승 타동사	VP→V²³ NP VP[b-inf]	V²³
		피동형 타동사 피동형 통제 타동사	VP→V²⁴ NP VP[pass]	V²⁴
		피동형 상승 타동사	VP→V²⁵ NP VP[pass]	V²⁵
		to부정사 타동사 to부정사 통제 타동사	VP→V²⁶ NP VP[to-inf]	V²⁶
		to부정사 상승 타동사	VP→V²⁷ NP VP[to-inf]	V²⁷
		ing분사 타동사 ing분사 단순 타동사	VP→V²⁸ VP[ing]	V²⁸
		ing분사 통제 타동사	VP→V²⁹ NP VP[ing]	V²⁹
		ing분사 상승 타동사	VP→V³⁰ NP VP[ing]	V³⁰
		전치사구 타동사 자전치사구 타동사	VP→V³¹ NP PP	V³¹
		타전치사구 타동사	VP→V³² NP PP	V³²
		이중 전치사구 타동사	VP→V³³ NP PP PP	V³³
		첨사 타동사	VP→V³⁴ NP PP[part]	V³⁴
		첨사 전치사구 타동사	VP→V³⁵ NP PP[part] PP	V³⁵
절 동사	that절 동사		VP→V36 S[that]	V³⁶
	의문사절 동사		VP→V³⁷ S[wh]	V³⁷
	허사 It주어 절 동사	외치절 단순 자동사	VP→V³⁸ {S[that]/S[wh]}	V³⁸
		외치절 연결 자동사	VP→V³⁹ AdjP {S[that]/S[wh]}	V³⁹
		외치절 타동사	VP→V⁴⁰ NP {S[that]/S[wh]}	V⁴⁰
		허사 It주어 that절 동사	VP→V⁴¹ S[that]	V⁴¹
		허사 It주어 as-if절 동사	VP→V⁴² S[as-if]	V⁴²

해당 예문을 아래에 제시한다. 해당 유형의 동사는 볼드체로, 보어는 이탤릭체 밑줄로 표시하였다.

1. 단순 자동사: The dark clouds **disappeared**.
2. 연결 자동사: The skies **became** _clear_.

3. 원형부정사 자동사: You should _come_.

4. to부정사 주어 통제 자동사: They tried _to leave soon_.

5. to부정사 for구 통제 자동사: They prefer _for us to leave_.

6. to부정사 전치사구 통제 자동사: They appealed _to us to leave_.

They pleaded _with their daughter to come back home_.

7. to부정사 상승 자동사 : It continued _to rain_.

8. ing분사 통제 자동사: They avoided _responding to our demand_.

9. ing분사 상승 자동사: The car needs _washing_.

10. 등식의 be동사: A day without laughter is _a day wasted_.

11. 존재의 be동사: There is _a lot of fuel left_.

There could be _at most 100 million species on the planet_.

12. 진행의 be동사: The earth is _revolving around the sun_.

13. 피동의 be동사: When was the universe _created_?

14. 완료 시상 동사 have: Life on Earth has only _been around for about 3.7 billion years_.

15. 자전치사구 자동사: We'll get _in_. Sit _Down_ and Shut _Up._

16. 타전치사구 자동사: Look _after the pet_. Look _for a good doctor_.

Please wait _for us_.

17. 이중 전치사구 자동사: He argued _with somebody about something_.

We look _forward to your visit_.

Please get _in contact with us_.

18. 단순 타동사: We've discovered _just 10 percent of all living things on this planet_.

19. 수여 동사: He showed _us a way to happiness_.

20. 명명 동사: We {call/name} _him Bo._

21. 연결 타동사: Keep _the door open all the time_.

22. 원형 부정사 통제 타동사: We let _him go his way_. Let _It Be._

23 원형 부정사 상승 타동사: They heard _him lock the door_.

24. 피동형 통제 타동사: I got _my car repaired_.

25. 피동형 상승 타동사: We saw _Spurs beaten by United_.

26. to부정사 통제 타동사: Her mother persuaded _her to participate in the competition_.

27. to부정사 상승 타동사: He **demonstrated** *the theory to be false*.

28. ing분사 단순 타동사: We **appreciate** *{you/your} inviting us to the meeting*.

29. ing분사 통제 타동사: I **found** *{him/*his} drinking coffee with Bill*.

30. ing분사 상승 타동사: We **saw** *United beating Spurs*.

31. 자전치사구 타동사: Can you **tell** *the twins* **apart**?

32. 타전치사구 타동사: I **introduced** *Mary to my parents*.

　　　　　　　　We **trade** *your old toys for new toys*.

　　　　　　　　We **replaced** *the old parts with new ones*.

33. 이중 전치사구 타동사: I think they'll **put** *him down as being their great leader*.

　　　　　　　　I'll **let** *you in on a little secret*.

34. 첨사 타동사: **Try** *this T-shirt on*. **Try** *on this T-shirt*.

35. 첨사 전치사구 타동사: They **handed** *this project over to us*.

　　　　　　　　They **handed** *over this project to us*.

36. that절 동사: I **believe** *that things will always get better*.

37. 의문사절 동사: He **asked** <u>where we came from and where we are heading</u>.

38. 외치 절 단순 자동사: It really **mattered** *that Japan had lost to Korea*.

39. 외치절 연결 자동사: It now **seems** *almost certain that President Obama will be reelected*.

40. 외치절 타동사: It really {**annoys/disturbs**} *me that people have no idea how hard I work*.

41. It주어 that절 동사: It {*happened/chanced*} *that they lived in the same area*.

　　　　　　　　So it {*appears/seems*} *that Arctic ice isn't vanishing after all*.

42. It주어 as-if절 동사: It *looks* *as if it snowed*.

　　　　　　　　It only *seems* *as if zombies are logically possible*.

　　우선 동사 분류의 일차적인 기준은 **보어**의 종류이다. 즉 동사가 거느리는 보어의 종류를 기준으로 동사를 분류한다. 이 기준에 따라 모든 동사는 크게 **자동사**(intransitive verbs), **타동사**(transitive verbs), **절 동사**(clause verbs) 등 3개의 유형으로 분류된다. 타동사는 명사구가 동사 뒤에 나와 직접목적어 기능을 수행하는 동사이다. 직접목적어 명사구가 없는 동사가 자동사이다. 절 동사는 절이 보어로 나타나는 동사이다.

자동사는 보어 없이 단독으로 동사구를 이루는 **단순 자동사**(strict intransitive verbs)와 보어를 요구하는 **복합 자동사**(complex intransitive verbs)로 나뉜다. 타동사 역시 직접목적어만으로 충분한 **단순 타동사**(strict transitive verbs)와 직접목적어 다음에 보어가 필요한 **복합 타동사**(complex transitive verbs)로 나뉜다.

한편 **복합 자동사**는 보어의 종류에 따라 7가지 유형으로 분류된다. 먼저 **연결 자동사**(linking intransitive verbs)는 보어가 형용사 또는 명사인 자동사다. **to부정사 자동사**(to-infinitive intransitive verbs)는 보어가 to부정사인 자동사, **ing분사 자동사**(*ing*-participle intransitive verbs)는 보어가 ing분사인 자동사, **전치사 자동사** (prepositional intransitive verbs)는 보어가 전치사구, 그리고 **원형 부정사 자동사** (base-form intransitive verbs)는 보어가 원형동사인 자동사를 가리킨다. 그리고 be **동사**와 완료의 have **동사**가 보태진다.

동사분류의 이차적인 기준은 의미와 관련된다. 그 대표적인 의미 기준이 통제와 상승이다. to부정사 자동사는 주어가 보통 주어인 **to부정사 통제 자동사**(*to*-infinitive control intransitive verbs)와 주어가 상승주어인 **to부정사 상승 자동사**(*to*-infinitive raising intransitive verbs)로 분류된다. ing분사 자동사 역시 같은 기준으로 **ing분사 통제 자동사**(*ing*-participle control transitive verbs)와 **ing분사 상승 자동사** (*ing*-participle raising transitive verbs)로 분류된다.

또한 전치사 자동사에는 전치사구 보어가 하나인 **단일 전치사구 자동사**(single PP intransitive verbs) 즉 자전치사구 자동사와 타전치사구 자동사 그리고 전치사구 보어가 둘인 **이중 전치사 자동사구**(double PP intransitive verbs)가 있다.

그리고 be동사는 의미와 보어를 기준으로 4 가지 유형으로 분류된다. **등식동사** (equative verb) be는 주어와 보어의 지시(referent)가 동일하다는 의미를 가진다. **존재의 be**(*be* of existence)는 There구문에 쓰이는 be동사이다. **진행의 be**(progressive-form *be*)는 ing분사를 보어로 요구하고 **피동의 be**(passive-form *be*)는 피동형 동사를 보어로 요구한다.

한편 **복합 타동사**(complex transitive verbs)는 직접목적어 뒤에 오는 보어의 종류에 따라 7가지 유형으로 분류된다. 그리고 **to부정사 타동사**(*to*-infinitive transitive verbs), 피동형 타동사(*passive-form* transitive verbs), 원형 부정사 타동사(*base-form* transitive verbs), ing분사 타동사(*ing*-participle-*form* transitive verbs)는 각각 목적어가 보통목적어인가 상승목적어인가에 따라 **통제 타동사**(control transitive verbs)와 **상승 타동사**(raising transitive verbs)로 나뉘어져 **to부정사 통제 타동사**(*to*-infinitive control transitive verbs)와 **to부정사 상승 타동사**(*to*-infinitive transitive raising verbs), **피동형 통제 타동사**(*passive-form* control transitive verbs)와 **피동형 상승 타동사** (*passive-form* raising transitive verbs), **원형 부정사 통제 타동사**(*base-form* control transitive verbs)와 **원형 부정사 상승 타동사**(*base-form* raising transitive verbs), ing분사 **통제 타동사**(*ing*-participle-form control verbs)와 ing분사 **상승 타동사** (*ing*-participle-form raising transitive verbs)등 여덟 가지가 있고, ing분사 타동사에는 ing분사 형태의 동사구가 직접목적어 기능을 하는 ing분사 **단순 타동사** (*ing*-participle-form strict transitive verbs)가 추가된다. 결국 직접목적어 뒤에 나오는 **동사구의 형태에 따라** 모두 아홉 가지의 유형이 있다.

　　전치사구 타동사에는 하나의 전치사구 보어가 요구되는 **단일 전치사구 타동사** (single PP transitive verbs) 즉 자전치사구 타동사와 타전치사구 타동사와 두 개의 전치사구 보어가 필요한 **이중 전치사구 타동사**(double PP transitive verbs)가 있다. 그리고 직접목적어 다음에 첨사가 오는 **첨사 타동사**(particle transitive verbs)가 있고 첨사와 전치사구가 오는 **첨사 전치사구 타동사**(particle PP transitive verbs)가 있다. 첨사란 특정 타동사의 보어로 쓰이는 특정의 자전치사(intransitive preposition)를 일컫는데 목적어 앞에 위치할 수도 것이 특징이다.

　　아울러 **이중 명사구 타동사**(Double NP transitive verbs)는 직접목적어 다음에 또 하나의 명사구가 오는 타동사다. 이는 의미에 따라 수여동사와 명명동사로 나뉜다.

　　끝으로 **절 동사**는 절을 보어로 취한다. 절의 종류와 주어에 따라 **that절 동사** (*that*-clause verbs)와 **의문사절 동사**(*Wh*-clause verbs)와 **It 주어 절 동사**가 있고 **It 주어 절 동사**에는 다섯 가지의 하부유형이 있어서 결국 **절 동사**는 보어의 종류와 주어의 유형에 따라 모두 일곱 가지 하부유형이 있다.

　　아래 나무그림은 모두 아홉 개의 동사 유형의 통사적 특징을 보여준다.[11]

---

11 나무그림 (1)의 V^4 tried는 to부정사 동사구 보어를 거느리는 어휘 속성을 가지고 있다. 이

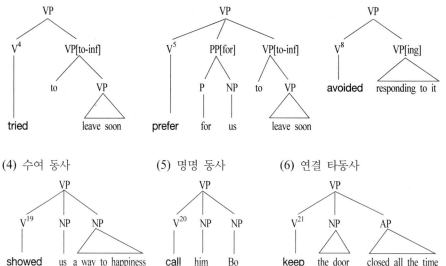

(1) to부정사 주어 통제 자동사 (2) to부정사 for구 통제 자동사 (3) ing분사 통제 자동사

(4) 수여 동사 (5) 명명 동사 (6) 연결 타동사

어휘 속성과 구 구조 규칙 VP→V⁴ VP[to-inf]이 조화를 이루어 정문의 동사구 "tried to leave soon"을 생성한다. VP[*to*-inf]는 동사구의 형태를 to부정사 동사구에 한정시키는 역할을 한다. 나무그림 (3)의 VP[*ing*]는 동사구의 형태를 ing분사 동사구에 한정시킨다. try는 V⁴에 속하므로 VP[*to*-inf]를 보어로 취하고 avoid는 V⁸에 속하므로 VP[*ing*]를 보어로 취한다. 만약에 나무그림 (1)의 동사 자리에 avoid가 나타나고 (3)의 자리에 tried가 나타난다면 동사의 어휘 속성과 구 구조 규칙의 적용이 서로 맞지 않게 되어 비문이 발생한다. 이로써 *avoided to leave soon이나 *tried leaving soon 따위의 동사구가 생기는 것이 차단된다. (2)는 for전치사구와 to부정사 동사구를 보어로 취하는 V⁵ prefer가 핵심어 동사인 동사구의 구조를 보여준다. PP[for]는 전치사 for에 한정되는 전치사구를 가리킨다. 이로써 V⁵는 *prefer of us to leave soon, *prefer in us to leave 등등 for전치사구 이외의 모든 다른 전치사구를 배제한다. (4)와 (5)는 두 개의 NP를 보어로 거느리는 **이중 명사구 타동사**가 핵심어인 동사구이다. 동사의 의미 차이에 따라 **수여 동사** V¹⁸와 **명명 동사** V¹⁹로 분류된다. **연결 타동사** V²¹에 속하는 keep이 명사구 보어 "the door"와 형용사구 보어 "closed all the time"을 거느린다. 나무그림 (7)은 **to부정사 상승 타동사** V²²에 속하는 demonstrated가 핵심어인 동사구 "demonstrated the theory to be false"의 구조이다. 명사구 "the theory"와 to부정사구 "to be false"가 demonstrated의 보어이다. (8)은 that절 보어를 거느리는 **that절 동사** V³⁶ believe가 핵심어인 동사구이다. 종속절인 that절은 문두에 that이 오는 점 이외에는 문장 S의 구조와 같다. (9)는 주어가 허사 it이고 보어가 as if 절이어야 하는 동사 유형 V⁴²에 속하는 looks가 핵심어인 동사구의 구조를 보여준다. 이 동사 유형의 한 어휘 속성 [SUBJ *it*]으로 말미암아 이 유형의 동사가 본동사가 되는 문장의 주어는 반드시 허사 it이어야 한다.

(7) to부정사 상승 타동사   (8) that절 동사

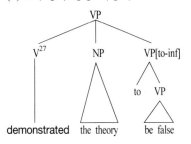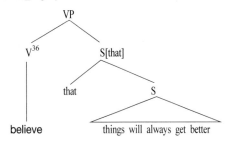

(9) It주어 as-if절 동사

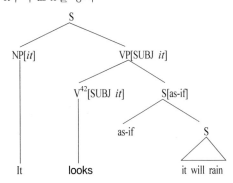

이와 같이 동사는 보어와 의미를 기준으로 모두 42개의 유형으로 분류된다.[12] 이들 각 동사의 유형별 어휘 속성과 통사적 특성에 대해 차례로 알아본다. 전치사구 보어를 거느리는 3개의 **전치사구 자동사**와 **5개의 전치사구 타동사** 유형은 제3장에서 따로 다루게 되므로 여기서는 모두 34개의 유형을 다룬다.

2.5.1 자동사 (Intransitive Verbs)

자동사에는 보어가 없이 단독으로 동사구를 이루는 **단순 자동사**(Strict Intransitive Verbs)와 보어를 거느리는 **복합 자동사**(Complex Intransitive Verbs)가 있다.

---

[12] 여기 제시된 42개의 동사 유형이 최종적인 결론이라고는 주장하지 않는다. 유형에 따라 의미적 기준을 더욱 엄격히 하면 더욱 세분될 수도 있고 그 기준을 느슨하게 하면 통합될 수도 있으며, 보어의 기준의 엄밀성 정도에 따라서도 유형의 개수는 달라질 수 있다.

2.5.1.1 단순 자동사 V¹

단순 자동사는 보어를 취하지 않는다.

(1) a. Run if you can, walk if you have to, crawl if you must, just never give up.
   (할 수(만) 있다면 달려라, 걸어야 한다면 걸어라, 길 수 밖에 없다면 기어라.
   절대 포기하지는 말라.)

     b. They work hard, play hard, and fight hard.
   (그들은 열심히 일하고, 열심히 놀고, 열심히 싸운다.)

     c. If I rest, I rust. (나는 {쉬면/가만있으면} 녹슨다.)--플라시도 도밍고

(2) a. Wood rots, metal rusts, people wrinkle and flowers wither.
   나무가 썩고, 쇠붙이가 녹슬고, 사람들이 (얼굴에) 주름살이 생기고, 꽃이
   시든다.

     b. Cattle collapse from hunger. (소들이 굶주림 때문에 쓰러진다.)

     c. That is why the apple fell down instead of up, and why people don't float
   in the air. (그것이 사과가 위로 떨어지지 않고 아래로 떨어진 이유이고 사람
   이 공중에 뜨지 않는 이유다.)

     d. The train arrived just on time. (기차가 꼭 정시에 도착했다.)

(3) a. Appels grow in this area. (이 지역에는 사과가 자란다/재배된다.)

     b. Fruit ripen in the sun. 햇빛 속에서 과일들이 익는다.

     c. The door opens/closes. (문이 {열린다/닫힌다}/{열려 있다/닫혀 있다}.)

     d. The sky darkened as the storm approached.
   (폭풍이 다가오자 하늘이 어두워졌다.)

(4) It rains/snows/thunders. ({비가 온다/눈이 온다/번개가 친다}.)

위의 동사들은 모두 단독으로 동사구를 이루고 있고 그 앞에 주어만 놓으면
완전한 문장이 된다. 또한 (4)의 <날씨의 동사>를 제외하고 모두 하나의 논항이
주어가 되는 **1항 술어**들이다. 그리고 rain 등 <날씨의 동사>는 하나의 논항도 필요
없는, 그야말로 <단순한> 자동사이다. 주어가 없이는 문장이 성립될 수 없는 영어
의 특성 때문에 **허사** It이 주어 자리를 차지하고 있으나 그것은 논항이 아니므로
이 동사들은 **0항 술어**이다.

한편 예문 (1)에 나오는 run, walk, work 등은 주어가 **동작주** 의미역이다. 대조적으로 (2)에 나오는 fall, collapse, wither, rot, rust 등은 주어가 **주제역**이다. 의지를 가진 주체가 스스로의 힘으로 동작을 하는 것이 아니고 다른 힘에 의해 움직이고 있다. 이 때문에 run, walk 등에는 명사 파생어미 "-er"이 붙어 runner, walker, worker, player, fighter 등의 명사가 도출될 수 있지만 fall, arrive, rust, collapse 등에는 이 어미가 붙을 수 없다. *faller, *arriver, *ruster 등의 단어가 존재하지 않는 이유는 행위의 주체 즉 동작주를 나타내는 "-er" 어미가 동작주 의미역이 없는 동사에 붙을 수 없기 때문이다. 주어가 동작주가 아닌 이런 자동사들을 **비대격 동사**(非對格 unaccusative verbs)라고 부른다.

(3)의 grow, ripen, open, close, darken 등도 비대격 동사로 쓰이고 있으나 이들은 타동사로도 쓰일 수 있는 것이 fall, arrive 등 순수한 비대격 동사와 다르다.

(5)　a. They **grow** apples. (그들은 사과를 기른다/재배한다.)
　　　b. The sun **ripens** fruits and crops. (해가 과일과 곡식을 익힌다.)
　　　c. They {**opened**/**closed**} the door.
　　　d. The storm **darkened** the sky quickly. (폭풍이 금방 하늘을 어둡게 만들었다.)

grow를 예로 보면, [X grows Y]의 관계가 성립하면 [Y grows]의 관계도 성립한다. 그 역도 성립하여, [Y grows]가 성립하면 [X grows Y]도 성립한다. 이런 성질을 가진 자동사를 **능격 동사**(能格동사 ergative verbs)라고 부른다. 능격 동사가 타동사로 쓰이면 능격 동사의 주어가 타동사의 목적어로 나타난다.

또한 rip**en**, dark**en** 등에 붙은 "-en"은 형용사를 동사를 바꾸는 파생어미(derivational suffix)이다. 이 어미는 매우 생산적이어서 이 파생어미가 붙은 동사들이 많이 있다. 그리고 이 유형의 파생동사는 대체로 능격 동사가 된다. 아래에서 첫 번째 예문은 자동사로, 두 번째 예문은 타동사로 쓰임을 보여준다.

(6)　a. light→lighten
　　　　Her work load **lightened** drastically when she transferred to this section.
　　　　(그녀가 이 부서로 옮겨 왔을 때 그녀의 업무량이 급격히 가벼워졌다.)

They tried to **lighten** *her work load.*

(그들은 그의 업무량을 가볍게 해 주려고 노력했다.)

b. short→shorten

The new regulation **shortened** *investment processes* dramatically.

(새 규정이 투자 절차를 극적으로 단축시켰다.)

Investment processes **shortened** dramatically when the new regulation was adopted. (새 규정이 채택되자 투자 절차들이 극적으로 단축되었다.)

c. wide→widen

The city announced a new project to **widen** *the road.*

(시는 그 도로를 넓히는 새 계획을 발표했다.)

As *the road* **widened**, a new business district developed.

(도로가 넓어지자 새로운 상권이 개발되었다.)

d. broad→broaden

I think that it is possible to **broaden** *our mind* as long as we keep our eyes open. (나는 우리가 항상 눈을 열고 있으면 우리의 마음을 넓히는 것이 가능하다고 생각한다.)

Your mind will **broaden** and you'll learn that there are many different beliefs and customs in the world. (마음이 넓어지면 세상에는 서로 다른 신념과 풍습들이 많이 있다는 것을 알게 될 것이다.)

e. deep→deepen

Bleak outlooks from world carmakers and more news of big job cuts at major companies **deepen** *global recession fears.* (세계 자동차 제조업자들의 어두운 전망과 주요 회사들의 대규모 일자리 축소에 대한 소식들이 전 세계적 경제침체의 우려를 더욱 깊게 만들고 있다.)

"*The global recession* has **deepened**," the group said in its report. ("세계적 침체가 깊어졌다"고 그 그룹이 보고서에서 말했다.)

f. black→blacken

Smoking does not just cause cancer or **blacken** *lungs.* Both cigarette and cigar smoke contain many headache triggering chemicals. (담배는 단지 암을 일으키거나 폐를 검게 하는 데 그치지 않는다. 궐련과 시가 담배는 두통을 촉발시키는 많은 화학물질들을 포함하고 있다.)

It's hard to breathe and hard to run when *your lungs* **blacken**.

(허파가 검어지면 숨쉬기 어렵고 달리기 어렵다.)

g. white→whiten

This is a perfectly safe way to **whiten** your teeth.

(이것은 당신의 치아를 희게 해주는 완전히 안전한 방법입니다.)

Your teeth **whiten** instantly. (당신의 치아는 즉시 하얘집니다.)

h. red→redden

His gaze **reddened** her cheeks. (그의 시선이 그녀의 뺨을 붉게 했다.)

"But, I could wait‐if you wanted‐" stammered Ellie, nearly taking the box
back as her cheeks **reddened** with embarrassment. ("더 기다릴 수도 있어‐네
가 원하면--" 어쩔 줄을 몰라 그녀의 볼이 홍당무가 된 채 그 박스를 빼앗아가
려는 듯 엘리는 말을 더듬거렸다.)

i. narrow→narrow

They have been trying very hard to **narrow** the cultural differences between
them. (그들은 자기들 사이의 문화적 차이를 좁히기 위해 매우 열심히 노력
해 오고 있다.)

As the river channel suddenly **narrows**, the velocity of the current increases
with great abruptness. (강의 수로가 갑자기 좁아지면서 물살의 속도가 매우
급작스럽게 증가한다.)

j. slow→slow

A jog round the park on a regular basis can **slow** the effects of ageing. (규칙
적으로 공원 주위를 도는 조깅은 노화를 지연시킬 수 있다.)

As sales growth **slows**, the focus shifts to services. (판매량 성장이 둔화되면
초점이 서비스업으로 이동한다.)

k. long→length→lengthen

Bird migrations **lengthen** due to global warming, threatening species. (지구온
난화로 말미암아 철새의 이동거리가 길어지고 종의 생존을 위협하고 있다.)

Sleep with correct posture can help you **lengthen** your spine and increase your
height. (바른 자세로 잠자는 것은 척추의 길이를 늘이고 키를 크게 하는
데 도움이 될 수 있다.)

l. high→height→heighten

The new plan **heightened** *the tensions between the two groups*. (그 계획은
두 집단 간의 긴장을 증가시켰다.)

The tensions between the two groups **heightened** *due to the new program.*
(그 새 계획으로 말미암아 두 집단 간의 긴장이 고조되었다.)

이들 중 (6i) 이하는 불규칙적인 예들을 보여준다. narrow, slow 등은 어미가 붙지 않고 형용사가 그대로 동사로 쓰인다. long, high에는 "-en"이 붙을 수 없고 그 명사형인 length, height에 "-en"이 붙어 동사를 파생한다. 따라서 이 경우 "-en"은 명사를 동사화하는 어미이다. 즉 strong→strength→strengthen(강화하다, 강하게 하다), fright(공포)→frighten(겁을 주다, 놀라게 하다), threat→threaten(위협하다) 등이 이 부류에 속한다.[13]

2.5.1.2 복합 자동사 (Complex Intransitive Verbs)

복합 자동사에는 보어의 종류에 따라 ① **연결 자동사**(Linking Intransitive Verbs, 또는 Linking V_i), ② **원형부정사 자동사(법조동사)**(Bare Infinitive V_i(Modal Auxiliary Verbs)), ③ *To*부정사 자동사(*To*-Infinitive V_i), ④ *ing*분사 자동사(*ing* Participle V_i), ⑤ Be 동사, ⑥ 완료의 Have 동사, ⑦ 전치사구 자동사(PP V_i) 등 7가지 유형이 있다.[14]

① 연결 자동사 V^2

연결 자동사의 보어는 형용사구 또는 명사구이다. 이때 보어는 주어의 성질이 어떠한지를 서술한다고 하여 **주어 서술 보어**(subject predicate complement)라고 한다.[15] 즉 주어와 서술 보어를 연결시켜주는 기능 때문에 이 유형을 **연결 자동사**라고 부른다.

(1)　a. The Republic of Korea is *a democratic republic*. (대한민국은 민주공화국이다.)

---

[13] 의미 기준을 엄격히 적용하면 **단순 자동사** 유형은 **순수한 단순 자동사, 비대격 자동사, 능격 자동사** 등 세 가지 하부유형으로 나눌 수 있다.

[14] 앞에서 말한 바와 같이 ⑦전치사구 자동사는 여기서 다루지 않고 제3장에서 다룬다.

[15] 전통문법에서 이를 "**주격 보어**"라고 부른다.

b. Its people are *intelligent and diligent*. (그 국민은 머리가 좋고 부지런하다.)

c. It has become *one of the greatest success stories* in the world. (그것은 세계에서 가장 큰 성공사례 중의 하나가 되었다.)

d. She became {*a doctor/a socialist/an idealist/a terrorist*}.
(그녀는 {의사/사회주의자/이상주의자/테러리스트}가 되었다.)

e. The president became *disappointed* at the recent economic situation in the nation. (대통령은 나라의 최근 경제상황에 실망했다.)

f. It will get *better and better*, *stronger and stronger*.
(앞으로 점점 더 좋아지고 점점 더 강해질 것이다.)

g. The president got *more optimistic* about the future.
(대통령은 미래에 대해 더욱 낙관적이 되었다.)

h. It was getting {*lighter/darker*}. ((날이) 더 {밝아지고/어두워지고} 있었다.)

i. The boy didn't seem to get *quite interested* in something for more than one minute. (그 아이는 1분 이상 지속적으로 무슨 일에 흥미를 느끼지 못하는 것 같았다.)

(1a)의 be동사는 명사구 보어를, (b)의 be동사는 형용사구 보어를 취한다. be동사는 자체의 어휘적 의미가 없는 연결 동사이다. (be동사에 대해서는 별도로 좀 더 상세히 다룬다. (V^{10}-V^{13} 참조.) be동사 이외의 연결 자동사들은 각기 나름대로의 어휘적 의미를 가지면서 연결 기능을 수행한다.

그 의미적 특징에 따라 다음과 같이 몇 가지로 나누어 관찰할 수 있다.

(i) 결과성(resultative) 연결 자동사

(1c) 이하의 become, get 등은 그 서술 보어가 변화과정을 거쳐 나타난 결과를 기술한다고 하여 **결과성 자동사**라고 부른다. "become a doctor"나 "become disappointed"는 "처음에 의사가 아니던 사람이 의사가 된다"거나 "처음에 실망하지 않은 상태에서 실망한 상태로 변화한다"거나 하는 변화과정의 결과를 나타내고 "get better" 또는 "get stronger" 역시 "결국에 가서 결과가 더 좋아지게 된다, 더 튼튼하게 된다"는 뜻이다. 그 중 become은 명사 또는 형용사를 보어로 취할 수 있지만 get의 경우에는 형용사만 보어가 될 수 있다.

한편 go는 무엇인가가 잘못 되어가는 변화를, come은 잘 되어가는 변화를 의미한다.

(2) a. This meat has **gone** _bad_. (이 고기는 상했다.)

    b. He **went** {_crazy/blind/bald/deaf_}.

      (그는 {미쳐버렸다/눈이 멀었다/대머리가 되었다/귀가 멀었다}.)

    c. Everything **went** _wrong_. (모든 것이 잘못 {되어버렸다/되어갔다}.)

    d. Everything will **come** _right_ in the end. (결국에는 모든 것이 올바로 될 것이다.)

    e. Your dream will **come** _true_ one day. (너의 꿈은 어느 날 이루어질 것이다.)

    f. The handle **came** _loose_. (손잡이가 {느슨해졌다/헐거워졌다/풀렸다}.)

(3) a. Sandy **turned** {_pale/white_} when she heard the news. (샌디는 그 소식을 듣고 얼굴이 {창백해졌다/하얘졌다}.)

    b. When you smoke, your lungs **turn** _black_ with tar. (담배를 피우면 허파가 타르로 검게 변한다.)

    c. The leaves **turn** _golden_ in fall. (가을에 나뭇잎들이 황금색으로 변한다.)

    d. Missouri All-American Jeremy Maclin has decided to **turn** _professional_ after two record-breaking seasons with the Tigers. (미주리의 올 아메리카 선수 제르미 매클린은 기록을 깨는 두 시즌을 타이거 팀과 함께 한 뒤에 프로로 전향하기로 결심했다.)

    e. She **turned** {_socialist_/idealist/_terrorist/radical/conservative/progressive_}.

      (그는 {사회주의자/이상주의자/폭력주의자/급진주의자/보수주의자/진보주의자}{가 되었다/로 전향했다}.)

    f. *~~She turned~~ {a doctor/a socialist/an idealist/a terrorist}.

    g. Kim Pollwell **turned** _political traitor and race monger_.

      (킴 폴웰이 정치적 배신자이자 인종차별주의자가 되었다.)

    h. If Melrose **turned** _thief_, his mother would be heartbroken.

      (만일 멜로즈가 도둑이 된다면, 그의 어머니는 가슴이 찢어질 것이다.)[16]

즉 go bad, go crazy, go wrong 등은 모두 부정적이고 come right, come true 등은 긍정적이다. 자기한테서 떠나가는(=go) 것은 나쁜 것이고 자기한테 오는

---

[16] Paul Roberts 저 Understanding Grammar (Harper & Row, New York, 1954) p.168에서 인용.

(=come) 것은 좋은 것이라는 자기중심적 심리가 배어있다.

　turn은 (3a-c)처럼 흔히 색을 뜻하는 형용사 보어를 취하지만 그 이외의 다른 형용사 보어도 취한다. 대체로 변화의 결과를 의미하는 것이면 turn의 보어가 될 수 있다. 이 유형의 turn은 명사를 보어로 취할 수 없다는 점에 유의해야 한다. (3e)의 socialist, idealist 등은 형용사로도, 명사로도 쓰이는데 여기서는 형용사로 쓰인 것이다. 명사로 쓰이면 가산명사이기 때문에 관사가 붙어야 하고 그렇게 되면 turn의 보어로 쓰일 수 없다. (3f)는 그래서 비문이다. 이와 달리 become은 명사도 보어로 쓸 수 있으므로 위의 (1d)가 정문이다.

　이 점에서 (g,h)는 특이하다. traitor, monger, thief 등 무관사 명사가 turn의 보어로 쓰였다. 이 무관사 명사는 여기서는 사람의 속성을 나타내는 서술어로 쓰인 것이다. 이런 명사구를 "**역할의 무관사 명사구(bare role NP)**"라고 한다.[17] 가산명사가 무관사로 쓰이면 명사의 성질을 잃어버리고 거의 형용사와 같은 성질이 되어 서술어로 쓰일 수 있게 된다.

(ii) 묘사성(depictive) 연결 자동사

　feel, look, seem 등은 사태의 상태를 묘사하기 때문에 묘사성 자동사라고 한다.

　(4)　a. He felt {*lonely/an intruder*}. (그는 {외롭다고/침입자로} 느껴졌다.)
　　　　b. They look *fantastic*. (그들은 {환상적으로 보인다/모습이 멋있다}.)
　　　　c. She seems *unreliable*. (그녀는 미덥지 {않은 것 같다/않아 보인다}.)

　즉 feel은 심리상태를 묘사하고 look과 seem은 겉모습을 묘사하고 있다.

　앞의 결과성 자동사의 주어는 변화과정의 과정을 겪는 당사자이기 때문에 반드시 **보통 주어**인데 반해 묘사성 자동사는 동사의 뜻에 따라 **상승 주어**도 취할 수 있다. (4a) felt의 경우 느끼는 주체가 주어가 되므로 문법적 주어가 그대로 의미적 주체가 된다. 따라서 주어 He는 보통 주어이다. (b)의 look도 이와 같다. 그러나 (c)의 주어 She는 seems의 의미적 주체가 될 수 없다. 그것은 상승 주어로서 보어

---

[17] 역할의 무관사 명사구에 대해서는 제6장, 6.5절 참조.

unreliable의 의미적 주체이다.

또한 look, sound, smell, taste, feel 등은 감각경험을 표현하는 자동사들이다. 이 동사의 보어는 주어의 한 속성을 나타낸다. look의 보어는 시각적 속성, sound 의 보어는 청각적 속성, smell의 보어는 후각적 속성, taste의 보어는 미각적 속성, feel의 보어는 촉각적 속성에 대한 화자의 주관적 판단을 각각 나타낸다.

(5) a. The plan **looks** *impressive* at the moment.
        (그 계획이 지금은 인상적으로 보인다.)
     b. She **looks** *fifteen years old* but is actually a lot older.
        (그녀는 열다섯 살로 보이지만 실제로는 그보다 훨씬 더 나이가 많다.)
     c. I thought Mary was **looking** *very tired*.
        (메리는 매우 피곤해 보인다고 나는 생각했다.)
     d. Oil shortages **look** *certain* by 2007. (2007년에 이르러 {석유 부족현상은 확실해 보인다/석유가 부족할 것이라는 전망이 확실한 것 같다}.)
     e. NAAC Committee's visit **looks** *certain* this time. (NAAC 위원회의 방문은 이번에 확실해 보인다/NAAC 위원회가 방문할 가능성이 확실해 보인다.)
     f. Istanbul **sounds** *really exciting*. (이스탄불은 {정말로 흥미 있게 들린다/말을 들어보니 정말 흥미로울 것 같다}.)
     g. Fifty dollars **sounds** *about right*. (오십 달러면 대충 맞는 액수로 들린다/듣기에 오십 달러가 대충 맞는 액수인 것 같다).)
     h. The room **smells** *moldy*. (그 방은 곰팡이 냄새가 난다.)
     i. The soup **smells** *delicious*. (그 국은 맛있는 냄새가 난다.)
     j. This wine **tastes** *too sweet*. (이 와인은 맛이 너무 달다.)
     k. This **looks** *gross* but **tastes** *delicious* and kids love the fun! (이것은 모양은 이상하지만 맛이 좋고, 아이들이 그 재미를(=그것을) 아주 좋아한다.)
     l. I haven't **felt**₁ *colder* since. (나는 그 후로 이보다 더 춥게 느껴 본 적이 없다.)
     m. I **feel**₁ *hungry*. (배가 고프다.)
     n. The metal surface **feels**₂ {*smooth/rough/soft/cold*}. (그 금속 표면은 {매끄럽게/거칠게/부드럽게/차게 느껴진다}.)
     o. And Christmas has never **felt**₂ *colder*. (크리스마스가 이보다 더 춥게 느껴진 적이 없다.)

p. This canyon run felt₂ *colder* than the weather reading included here would suggest. (이 골짜기 달리기는 여기 포함된 날씨 정보가 예측하는 것보다 더 춥게 느껴졌다.)

q. He looks *(like) a complete fool*. ((외견상) 그는 완전한 바보처럼 보인다.)

r. That looks *(like) an interesting book*. ((겉모습으로 보아) 그것은 재미있는 책인 것 같다.)

s. She sounds *(like) a strange person*. ((하는 말을 들어 보면/들리는 소문에 의하면) 그녀는 이상한 사람인 것 같다.)

(6) a. ?*~~The wine tastes~~ vinegar.

b. *~~He looks~~ the student that I met this morning.

c. *~~That looks~~ my book.

(5a)의 보어 impressive는 주어 The plan의 외견상 속성이다. 즉 "인상적"이라는 것은 그 계획의 외견상 속성이다. "그 계획은 외관상 시각적 속성이 인상적이다"라는 말은 결국 "그 계획은 인상적으로 보인다"는 뜻이다.

(f)의 보어 really exciting은 화자의 청각적 판단에 따른 주어 Istanbul의 한 속성이다. "들은 바에 따라 판단하건대 이스탄불은 정말로 흥미로운 도시이다"라고 풀이할 수 있다.

(i)의 보어 delicious는 후각적 판단에 따른 주어 The soup의 속성이다. 즉 후각적 판단에 따르면 그 수프는 맛있다(는 속성을 가지고 있다)는 말이다.

(j)의 보어 too sweet은 주어 This wine의 미각적 속성이다. 다시 말해 미각적으로 판단하건대 그 와인은 너무 달다.

또한 자동사 feel에는 두 가지 용법이 있다. feel₁은 주어가 스스로 어떤 감각을 경험한다는 뜻이고 feel₂는 주어가 어떤 촉감으로 (화자에게) 느껴진다는 뜻이다. 그에 따라 feel₁의 주어의 의미역은 촉감을 경험하는 **경험주역**이고 feel₂의 주어의 의미역은 sound, look, taste 등의 경우와 같이 **주제역**이다. 따라서 feel₁의 주어는 유정물(animate) 내지는 인간성(human) 명사이어야 하지만 feel₂에는 그러한 제약 없이 촉감을 촉발할 수 있는 사물이면 무엇이든 주어가 될 수 있다.

(l)과 (m)에서 feel의 보어 cold나 hungry는 주어가 경험하는 감각이다. feel₁의

주어는 스스로 추위 또는 배고픔을 경험하고 있다. 이와 달리 (n)의 feel$_2$의 주어는 경험의 주체가 아니라 오히려 경험의 대상이다. 따라서 그 의미역은 주제역이다. smooth, rough 등 보어는 주어 The metal surface의 한 속성을 나타낸다. 경험주는 문장 표면에 나타나지 않는다.

한편 감각 동사들이 명사구 보어를 허용하기도 한다. 이때는 그 명사구 보어가 해당 동사의 뜻에 따라 인물이나 물건의 성질을 기술하는 뜻이 분명한지를 확인해야 한다. 즉 명사구가 look의 보어가 되려면 그것이 <겉모습으로서의 사물의 속성>을 나타내는 것이어야 한다. (q)의 명사구 보어 "a complete fool(완전한 바보)"와 (r)의 "an interesting book(재미있는 책)"은 각각 "He"와 "That"의 겉모습 (=look)으로서의 속성을 나타낼 수 있는 것들이다. 그리고 명사구가 sound의 보어가 되기 위해서는 그 명사구가 <소리와 관련된 속성>을 나타내어야 한다. (s)의 명사구 보어 "a strange person"은 주어 She의 한 속성을 나타내고 있다. (그의 말을 듣고 받은 인상이든 소문을 듣고 받은 인상이든 그것은 소리(=sound)와 관련된 것이다.)

이런 의미적 제약을 어기는 명사구가 보어로 쓰이면 문제가 생긴다. 즉 (6a)에서 vinegar는 미각과 직접 관련된 뜻을 가진 명사가 아니므로 tastes의 보어가 될 수 없다. 그리고 (6b)와 (6c)가 비문인 것은 한정명사구의 성질 때문이다. 한정명사구는 특정 인물이나 물건을 가리키는 **지시표현**(referring expression)이기 때문에 사물의 성질을 나타내는 서술어가 될 수 없다. (지시표현에 대해서는 제6장 6.1.1절 특히 각주2 참조.)

이때는 like를 쓰면 모두 자연스러운 문장이 된다. This wine tastes <u>like vinegar</u>. 처럼 "like ~"는 "맛이나 냄새가 {~과 같다/비슷하다}" 또는 "~처럼 {보인다/들린다/느껴진다}"와 같이 비교 또는 비유의 뜻을 나타내는 서술어가 되기 때문에 감각동사의 보어로 쓰일 수 있다. 어떤 경우에는 like 대신 This cheese smells *of ammonia*.처럼 of가 쓰이기도 한다. 그런데 이런 of나 like는 전치사이므로 smell of ~, look like ~, smell like ~, sound like ~ 등은 전치사구 보어를 거느리는 **전치사구 동사**이다.[18]

---

[18] 이 유형은 제3장에서 다룬다.

각 감각 자동사의 의미, 주어, 보어에 대한 제약을 아래 표로 정리한다.

(7)

	주어의 의미역	보어	의미=보어로써 표현하는 주어의 속성	예문
look		형용사 또는 명사구	시각적 속성	The plan **looks** *impressive*
sound		형용사 또는 명사구	청각적 판단	Sue **sounds** *a strange person*.
smell	주제역	형용사 또는 명사구	후각적 속성	The soup **smells** *delicious*.
taste		형용사 또는 명사구	미각적 속성	This wine **tastes** *too sweet*.
feel$_2$		형용사구	촉각적 속성	The metal surface **feels**$_2$ *smooth*
feel$_1$	경험주역	형용사구	감각적 속성	I **feel**$_1$ *hungry*.

이처럼 말하는 사람의 주관적 판단에 따라 look은 시각적 속성을, sound는 청각적 속성을 표현한다. 이 때문에 look과 sound는 역시 말하는 사람의 주관적 판단을 나타내는 seem과 상통한다. The plan looks impressive.는 The plan seems impressive.와 뜻이 비슷하고 She sounds a strange person.은 She seems a strange person.과 비슷하다. 이와 대조적으로 smell과 taste는 각각 후각적 속성과 미각적 속성을 명시적으로 표현하기 때문에 seem과는 다르다. That smells delicious.나 That tastes delicious.는 That seems delicious.와는 뜻이 다르다. 결국 seem은 감각적으로 시각과 청각에 가깝고 미각과 후각과는 거리가 있다.

(iii) 외관 자동사(Verbs of appearance): 외관 연결 자동사

seem, appear 등은 겉모양을 나타낸다는 의미에서 외관 동사라고 부를 수 있다. 감각 자동사 look은 시각적 감각, sound는 청각적 감각을 나타내는 반면 이들 외관 동사는 시각이나 청각에 국한 되지 않고 종합적인 인지작용에 따른 판단을 나타낸다.

한편 외관 동사는 형용사구 보어 또는 명사구 보어를 취하며 주어의 의미역은 다른 감각동사들과 마찬가지로 **주제 의미역**이다. 보어는 주어의 <외관상 속성>을 나타낸다.

(8)　a. The president already **seems** *a lame duck.* (대통령은 이미 레임덕인 것 같다.)

　　b. The president **is** already a lame duck. (대통령은 이미 레임 덕이다.)

be 동사가 쓰인 (8b)와 비교해보면 외관 동사 seem의 의미가 뚜렷해진다. 즉 (b)는 "대통령이 이미 레임덕의 속성을 가지고 있다"고 주장하는 문장이지만 (a)는 "이미 대통령의 <u>외관상</u> 속성이 레임덕이라"는 의미, 다시 말해 "대통령이 이미 레임 덕인 것 같다"는 의미이다. seem의 보어 a lame duck이 대통령의 외관상 속성을 나타낸다. 아래 용례에서 seem이나 appear의 외관상 속성의 의미가 일관성 있게 나타난다.

(9)　a. Halloween just doesn't **seem** *all that fantastic* anymore. (핼로윈은 이제 더 이상 그렇게 환상적인 것 같지 않다.)

　　b. Major school redistricting **appears** *unlikely* in Scituate. (Scituate에서 주요 학군 재구획은 가능성이 없어 보인다.)

　　c. Comeback this season **appears** *unlikely* for New York Yankees pitcher Chien-Ming Wang. (뉴욕 양키 팀 피처 치엥밍 왕의 경우 올 시즌에 복귀할 가망성이 없어 보인다.)

　　d. He **appears** *a gentleman* compared with Sir Wyke. (그는 와이크 경과 비교하면 신사처럼 보인다./와이크 경보다는 더 신사로 보인다.)

　　e. He **appeared** *unwilling to reach an agreement*.
　　　(그는 합의에 도달하려는 의지가 없는 것 같이 보였다.)

　　f. If the lover has not yet achieved his prize, his eyes will follow the woman, while she **appears** *indifferent*. But once he's gained his goal, it's the woman's eyes that follow him, while the man **seems** *careless and indifferent*. (Sophy Burnham) (사랑에 빠진 남자가 자기의 목표를 아직 달성하지 못했을 경우에는 여자는 무관심한 것처럼 보이고 남자의 눈이 여자를 좇아간다. 그러나 일단 남자가 자기의 목표를 달성하고 나면 남자는 부주의하고 무관심한 것처럼 보이고 여자의 눈이 남자를 좇는다.)

(9a)는 "all that fantastic"이 더 이상 핼로윈의 외관상 속성이 아니라는 뜻이다.

(b)의 보어 unlikely(가망성이 없음)는 주어 Major school redistricting의 외관상 속성을, (c)의 보어 unlikely는 주어 Comback this season의 한 외관상 속성을, (d)의 보어 a gentleman은 He의 외관상 속성을, 그리고 (e)의 보어 unwilling to reach an agreement는 주어 He의 외관상 속성을 각각 나타낸다. (f)에서 indifferent는 she의 외관상 속성, careless and indifferent는 the man의 외관상 속성을 나타낸다.

이상에서 살펴본 외관동사의 의미를 아래와 같이 두 가지 다른 논리식으로 표현할 수 있다.

(10) a. She **seems** *happy*.
      b. SEEM-HAPPY(SHE)
      c. SEEM(HAPPY(SHE))

우선 seem이 보어 happy와 더불어 1항 술어의 합성어를 이룬다고 보는 것이 (10b)의 해석으로 보통 주어 She가 그 술어의 논항이다. 따라서 예문 (10a)의 의미를 "그녀가 (표정, 행동 등에서) 외관상의 행복한 속성을 지니고 있다"고 보는 것이 (10b)의 해석이다.

이에 비해 seem이 "표면상 사실이다"라는 뜻을 가진 1항 술어이고 "그녀가 행복하다"라는 명제를 논항으로 삼는다고 보는 것이 (10c)의 해석이다. 즉 (10a)를 "그녀가 행복하다는 것이 표면상 사실이다"라고 해석한다. 결국은 (b)로 해석하든 (c)로 해석하든 (a)는 "그녀가 행복한 것 같다" 또는 "그녀가 행복한 듯하다"는 뜻으로 귀착된다.

(iv) 판명의 동사 (Verbs of Turning-Out): 판명 연결 자동사

turn out은 <예상하거나 인지하지 못한 변화가 일어나 결국 어떤 상태로 되어감>을 뜻하고 prove는 <현재 그렇지 않은 것이 결국 그렇게 되는 것으로 밝혀짐>을 뜻한다. 결국 turn out과 prove는 어떤 변화과정을 통해 판명된 결과적 속성을 나타낸다고 말할 수 있다. 즉 어떤 사태가 결국 어떻게 귀결되는지를 나타내는데, turn out은 결과에 초점을 두고 prove는 과정에 초점을 둔다.

(11) a. Everyone has agreed that everything will **turn out** _fine_. ((결국) 모든 일이 다 잘 될 것이라는 데 대해 모든 사람들이 같은 생각이다.)

　　b. I'm so glad your husband was home and everything **turned out** _all right_. (당신 남편이 집에 있었고 모든 것이 다 잘 되어 정말 기쁩니다.)

　　c. As parents, both Joan and I had numerous trials and tribulations rearing Padraig, but he **turned out** _a fine boy_. (부모로서 조앤과 나는 파드레이그를 키우느라고 수많은 시련과 고난을 겪었지만 결국 그는 훌륭한 {아이가 되었다/아이로 자라났다}.)

(12) a. Railway Reforms **Prove** _difficult_. (철도 개혁은 어려운 것으로 판명되다.)

　　b. Obama's Iraq withdrawal plan may **prove** _difficult_. (오바마의 이라크 철수계획은 결국 어려울 것(=불가한 것)으로 판명될지도 모른다.)

　　c. The book should **prove** _a source of inspiration_ to many autistic people. (그 책은 많은 자폐증 환자들에게 (반드시) 영감의 근원이 될 것이다.)

　　d. Its political, economic, and cultural development has **proved** {_miraculous/a miracle_}. (정치, 경제, 문화적 발전이 {기적적/기적}임이 증명되었다.)

　　e. She **proved** _reliable_. (그녀는 믿을 만한 사람으로 입증되었다.)

　　f. We lose the fear of making decisions, great and small, as we realize that should our choice **prove** _wrong_ we can, if we will, learn from the experience. Should our decision be the right one, we can thank God for giving us the courage and the grace that caused us so to act. (Bill Wilson)
(만약에 우리의 선택이 틀렸음이 판명되더라도 우리가 의지만 있으면 그 경험에서 배울 수 있다는 것을 깨달을 때, 우리는, 크든 작든, 결정을 하는 데서 오는 두려움이 없어진다. 만약 우리가 한 결정이 옳은 결정이면, 우리는 우리를 그렇게 행동하도록 만든 용기와 은총을 우리에게 주신 하느님께 감사할 수 있다. (빌 윌슨))

(11a)에서 turn out fine은 결국 '좋은 것(fine)'이 될 것임을 뜻하고, (b)는 자초지종을 지나 결국에 문제없이 잘 되었음을 뜻하며 (c)의 turned out a fine boy는 그가 처음에는 걱정이었지만 결국 좋은 아이가 되었음을 뜻한다.

또한 (12)에서 prove difficult는 처음에는 어렵지 않은 것으로 보이는데 결국 어려운 것으로 판명될 것임을 시사한다. 즉 "prove <u>miraculous</u>" 또는 "prove <u>a</u>

miracle"은 "결과적으로 그 결과가 기적이라는 것이 증명된다"는 말이고 "prove reliable"은 "믿을 만하다는 것이 증명되다"의 뜻인데 처음에는 기적이 아닌 것 또는 기적인지 아닌지 불확실한 것이 나중에 기적이라는 것이 밝혀졌다거나 처음에는 믿을 만한지 아닌지 불확실했으나 결국 믿을 만한 것으로 증명이 되었다는 뜻을 나타낸다.[19]

아울러 이 두 동사는 to부정사 보어도 허용한다. Everything will turn out *to be fine.* Our choice should prove *to be wrong.* 등.

(v) 상태의 유지 또는 지속을 나타내는 연결 자동사들

어떤 상태가 변화하지 않고 그대로 지속되는 것을 나타내는 **연결 자동사**들이 있다. Remain, stay, stand 등이 이 부류에 속한다.

(13) a. As a result, even new launches **remain** *unnoticed* while foreign companies invest massively in advertisements. (그 결과, 외국 회사들이 광고에 거액으로 투자하고 있는 가운데 새로운 사업들의 출발조차 주목 받지 못한 상태로 있다.)

   b. Despite the wide range of assessments that can be used to identify gifted children, many of these bright minds **remain** *unnoticed*. (재능 있는 아이들을 구별해 내는 데 쓰일 수 있는 광범위한 평가과정에도 불구하고 이 똑똑한 아이들 중 많은 아이들이 (지금도) 주목 받지 못 한 채로 있다.)

   c. Can you **remain** *friends* with someone you have feelings for? ((사랑의) 감정을 느끼는 사람과 (그냥) 친구로 남아 있을 수 있는가?)

   d. I am myself and if I have to hit my head against a brick wall to **remain** *true to myself*, I will do it."--Marlon Brando (나는 나 자신이다. 만약 내가 나 자신에게 충실한 채로 남아 있기 위하여 내 머리를 벽돌 벽에 부딪쳐야 한다면 나는 그렇게 하겠다.)

---

[19] prove는 타동사로도 쓰이고 that절 보어를 취하기도 한다. We have evidence that will **prove** his innocence. (그의 무죄를 증명할 증거가 있다.) This will **prove** that he is guilty.(이것은 그가 유죄임을 증명할 것이다.) 이와 같이 한 형태의 동사가 여러 다른 유형으로 쓰이는 것은 영어 동사에서 흔히 보는 현상이다. 필요에 따라 이런 경우에 prove₁, prove₂ 등으로 구별한다.

e. She said she would rather stay *friends* with me. (그녀는 나와 친구로 남아 있고 싶다고 말했다.)

f. Stay *Hungry*. Stay *Foolish*.--Steve Jobs ({배고픈 채로 있어라. 바보인 채로 있어라./항상 갈구하라. 항상 우직하라.})

g. The Day The Earth Stood *Still* (지구가 (조용히) 멈추어 선 날)

h. Kobe Bryant stands *accused* of a crime against society. (코베 브라이언트는 (지금도) 반사회적 범죄를 저질렀다는 혐의를 받고 있다.)

i. As long as you stand *a good student*, you can be a candidate for the job. ((성적이) 좋은 학생의 위치를 유지하고 있는 한 그 일 자리의 후보가 될 수 있다.)

j. Do the same laws of thermodynamics hold *true* for humans and for machines? (인간과 기계에 대해서 동일한 열역학의 법칙이 성립하는가?)

먼저 He <u>remains</u> unnoticed.와 He <u>is</u> unnoticed.를 비교해 보면 remain의 의미를 구체적으로 파악할 수 있다. 전자는 그가 과거에 주목받지 못했고 지금도 주목받고 있지 못하다는 데 초점을 두고 있다. 반면 후자는 그가 과거에 어떠했는지에 대해서는 관심이 없고 다만 그가 현재 주목받고 있지 않다는 데에 초점을 둔 말이다.

특히 (c), (e), (i)는 명사가 보어로 쓰이는 것을 보여준다. 여기서 friends는 '친구 관계'를 뜻하는 서술어이다.

(i)의 Stand는 기본 의미 '서있다'를 바탕으로 '유지하다'의 의미를 나타낸 반면 (j)의 hold는 '유지되다'의 뜻으로 true가 보어로 쓰이고 있다.

(vi) 기타 주요 연결 자동사들

위 5가지 외에 여러 가지 다른 뜻을 나타내는 연결 자동사들이 있다.

(14) a. It weighs *one hundred pounds*. (그것은 무게가 백 파운드 나간다.)

b. They fell *short of an absolute majority*. (그들은 절대다수에 미치지 못했다.)

c. The snowballs flew in barrage after barrage at the University of Wisconsin -Madison, but Saturday's fight fell far *short of the record* that organizers hoped to achieve. (위스콘신 대학 메디슨 캠퍼스에는 눈뭉치들이 연속적으로 계속 날아들었다. 그러나 (이 날) 토요일의 (눈)싸움은 주최측이 (성취하기를) 희망했던 기록에는 한참 미치지 못 했다.)

    d. Government forces are running *short of ammunition and fuel*. (정부군은 탄약과 연료가 떨어져가고 있다.)

    e. Ten Great Writers Who Died *Young* (젊은 나이에 죽은 열 사람의 위대한 작가)

This building is 50 meters high.(이 빌딩은 높이가 50미터이다.) This ship is one hundred meters long and twenty meters wide.(이 배는 길이가 백 미터, 폭이 이십 미터이다.) 등에서 보는 것처럼 길이는 long, 높이는 high, 가로세로 폭은 wide로 표현하는데 무게만 동사로 표현한다. 동사 weigh는 무게를 뜻하는 보어를 취한다. (무게도 be heavy로 표현할 수도 있지만 weigh가 더 일반적이다.)

또한 fall short는 보통 숙어로 익히지만 연결 자동사 fall이 보어 short을 취하는 구조라고 보아도 좋다. 이때 short는 충분치 않거나 미치지 못함을 뜻한다. 보통 그 뒤에 of 전치사구가 와서 무엇이 충분치 못하거나 모자라는지를 나타낸다.

아울러 Like her sisters, she fell *ill* with tuberculosis....(그의 언니들과 같이 그녀도 폐결핵에 걸렸다.) He just wanted to fall *asleep* throughout the night. (그는 그날 밤새껏 그저 푹 자고 싶었다.)등도 연결 자동사 fall의 용례이다.

fall short은 이미 부족하게 된 상태를 표현하고 run short은 부족한 상태로 가고 있음을 표현한다.

끝으로 die는 young을 보어로 취한다. 다른 표현으로 die *at a youthful age*, died *at the youthful age of 15* 등으로 쓸 수 있어서 die는 형용사 대신 전치사구를 보어로 취할 수도 있다. (대안으로 이 형용사 young은 보어가 아니라 수식어로 볼 수도 있다. 형용사가 동사구를 수식하는 **서술 수식어**에 대하여 제4장, 4.2절 참조.)

② 원형 부정사 동사구 자동사 (법조동사) V³

원형 부정사 동사구 자동사(V₃)는 원형 부정사 동사구를 보어로 취한다.[20] Will,

shall, should, would, can, could, may, might 등 이른 바 법조동사가 이 유형에 속한다.[21]

법조동사의 의미는 기본적으로 사건이나 사태에 대한 화자의 주관적인 생각과 관련되어 있다. 화자는 어떤 사건(events)이나 사태(state of affairs)에 대해 말을 할 때 자기의 태도, 의견, 선입견 등을 나타내 보이면서 말을 하는 것이 보통이다. 이런 화자의 주관적인 생각을 표현하는 가장 일반적 방법이 **법조동사**들을 사용하는 것이다.[22] 가령 <John이 우리 집에 온다>는 하나의 <사건(event)>에 대하여 화자(=나)는 다음과 같이 여러 가지 다른 법조동사를 써서 자신의 주관적인 생각, 감정, 또는 태도를 여러 가지로 나타낼 수 있다.

(1) He will come to my place.
(2) He can come to my place.
(3) He may come to my place.
(4) He must come to my place.
(5) He should come to my place.

(1)은 그가 우리 집에 오는 일에 대해 별다른 의견이나 감정표시 없이 그것이 그저 미래의 일들 중 하나라고 인식하고 하는 말이다. (2)는 그가 우리 집에 오는 것이 있을 수 있는 일이라 보고 하는 말이다. (3)은 (2)와 비슷하나 그가 올 가능성이 (2)보다 약간 낮다. 그가 안 올 수도 있다. (4)는 그가 우리 집에 오는 것이 필연적이라고 생각하고 하는 말이다. 그가 안 오는 것은 생각할 수 없다. (5)의 화자는 관련된 여러 주변상황으로 보아 그가 올 것이 확실하다고 추정하고 있다.

---

[20] 동사의 부정사(infinitive)에는 원형 부정사(bare infinitive)와 to부정사(to-infinitive)가 있다. 원형 부정사는 아무 어미도 붙지 않은 동사의 원래 형태를 가리키고 to-부정사는 동사의 원형 앞에 to를 놓는 형태이다.

[21] 조동사에는 will, can 등 **법조동사** 외에 **완료 조동사** have/has와 **진행 조동사** be가 있다. 이 두 조동사도 뒤에 다룬다.

[22] "법조동사"는 "modal auxiliary verb"의 역어다. 여기서 "법"이란 "직설법", "가정법"이라고 할 때 "법"을 가리키는데 이보다는 "양상"이나 "태도"를 의미하는 "mode"에 더 가깝다. 때문에 "법조동사"보다는 "양상 조동사" 또는 "태도 조동사"라고 부르는 것이 더 적절하지만 전통적으로 불러온 것을 그대로 사용하기로 한다.

이와 같이 사건 또는 사태의 **가능성**과 **필연성**을 표현하는 것이 법조동사의 기본 의미이다. 이런 법조동사의 기본 의미에서 두 가지 다른 용법이 파생된다.

첫째, <필연성>과 <가능성>이 인간행위에 적용될 때 **의무**와 **허가**의 용법이 파생된다.

(6)   You must help him.
(7)   You may help him.

(6)의 화자는 법조동사 must를 사용하여 "네가 그를 도와주는" 행위가 <필연적>이라고 말한다. 이때 만약 화자가 청자에게 명령 또는 충고를 할 수 있는 (사회적) 위치에 있으면 (6)은 화자가 청자에게 <의무>를 부여하는 말이 된다. 즉 <필연성>의 의미가 <의무>의 의미로 사용된다.

(7)의 화자는 법조동사 may를 사용하여 "네가 그를 도와주는" 행위가 <가능하다>고 말하고 있다. 만약 이때 화자가 사회적 권위를 가지고 청자에게 말하는 상황이라면 청자는 화자가 자기에게 "그를 도와주어도 좋다"는 <허가>로 받아들이게 된다. 즉 <가능성>의 의미가 <허가>의 의미로 바뀌어 사용된다.

이와 같이 필연성의 의미가 사회적인 인간행위에 적용될 때 의무를 나타낼 수 있고 가능성의 의미는 허가를 나타낼 수 있다.

둘째, <필연성>과 <가능성>이 사물이나 사태의 성질이나 속성에 적용될 때 **동력(dynamics)**의 용법이 나온다.

(8)   Animals can be unpredictable. (동물은 (때로는) 예측할 수 없다.)
(9)   Human beings can speak. (인간은 말을 할 수 있다.)
(10) People must always hope for better tomorrow.
       (사람은 항상 보다 나은 내일을 희망하기 마련이다.)

(8)은 can의 <가능성>의 의미가 동물에 적용된 경우이고 (9)는 <가능성>의 의미가 인간에 적용된 경우이다. 즉 (8)에서 "동물이 예측 불가능할" <가능성>이 있다는 can의 의미는 주어인 동물의 속성으로 말미암아 "동물이 예측 불가능할

수 있다"는 <잠재적 동력>의 의미로 해석된다. 반면 (9)의 원천적 의미는 "인간은 말하는 것이 <가능하다>"이다. 그런데 can의 <가능성>의 의미가 이 문장의 주어인 Human beings의 속성에 적용된 결과 <능력>의 의미로 변이된 것이다. 또한 (10)에서는 추론적 <필연성>을 의미하는 must가 주어인 사람의 속성으로 말미암아 사람의 <필연적 잠재성>을 표현하는 의미로 해석된다.

<의무> 또는 <허가>의 경우에는 화자가 청자에게 의무를 부여하거나 허가를 해 주는 상황에서 볼 수 있듯이 항상 화자가 의무나 허가의 권위를 장악하고 있다. 이와 대조적으로 <동력>의 법조동사는 반드시 문장의 주어의 성향이 그 동력의 원인이 된다. 즉 (8)에서는 주어 Animals의 속성이, (9)에서는 주어 Human beings의 속성이, 또 (10)에서는 주어 People의 속성이 법조동사에 <동력>의 의미를 부여하게 하는 원인이다.

법조동사의 기본적 의미는 필연성과 가능성이며 여기에서 다른 두 용법이 파생된다. 상황에 따라 필연성과 가능성이 의무와 허가의 의미로 변용될 수도 하고 능력이나 경향성의 의미가 될 수도 있다.

한편 본동사인 조동사의 주어는 **상승 주어**이다. 즉 본동사의 주어가 원형동사구 보어의 주어로 해석된다.

그리고 법조동사는 논리적으로 1항 술어이다. <주어+원형동사구 보어>가 나타내는 상황이 논항이 된다. (1)의 의미는 다음 논리식 (11a)으로 나타낼 수 있고 그것은 (11b)로 풀어 쓸 수 있다.

(11) a. (he come to my place) WILL

b. That he comes to my place happens in the future.

(2)의 의미와 그 풀어쓰기는 다음과 같다.

(12) a. (he come to my place) CAN

b. That he comes to my place is possible.

이들은 1항술어 WILL 또는 CAN이 절을 논항으로 취하고 있다.

법조동사의 의미와 용법은 매우 다양하고 복잡하여 모두 깊이 다루기는 어렵지만 그 대강만이라도 알아보기로 한다.

(i) 필연성의 법조동사 Must, Should, May/Can

Must는 강한 필연성을, should는 중간 강도의 필연성을, may/can은 약한 필연성을 나타낸다. Must는 It is necessary that ~ , necessarily 등으로 풀어 쓸 수 있는 의미를 가진다. 즉 Must를 썼다면 일어날 가능성이 100%, 안 일어날 가능성이 0%라고 보고 하는 말이다. 이런 의미에서 must를 필연성의 조동사라고 한다. Should는 일어날 가능성이 100%는 아니지만 일어나지 않을 가능성도 0%이므로 상당히 강한 필연성을 나타낸다. 반면 May/can은 일어날 가능성과 안 일어날 가능성이 50대 50 정도이며 최악의 경우 안 일어날 가능성도 배제할 수 없다. 실제로 may/can의 약한 필연성이란 가능성 또는 개연성이다. 따라서 그것은 "It is probable that ~", "Probably" 등으로 풀어 쓸 수 있는 의미이다.

(13) a. That heavyweight wrestler **must** _be_ over 200 pounds.
   (저 헤비급 레슬링 선수는 (몸무게가) 200 파운드가 넘을 것이 틀림없다.)

   b. Someone **must** _have found_ my cell phone in the train seat and handed it in to the Lost and Found. (누군가가 내 핸드폰을 기차좌석에서 발견해서 분실물 센터에 갖다 주었음에 틀림없다.)

   c. The session **must** be starting soon. Let's get inside. (회의가 곧 시작된다. 안으로 들어가자.)

이 필연성의 must는 화자가 자기의 판단으로 확실한 결론을 내리고 말을 할 때 쓴다. (13a)처럼 조동사 다음에 현재형 동사구 보어가 오면 현재의 일에 대해 하는 말이고 (b)처럼 현재완료형이 오면 과거의 일에 대해 화자가 이야기하고 있는 것이다. (c)처럼 must 다음에 현재 진행형이 오면 미래의 일에 대한 추측을 하는 경우이다. 물론 화자가 확실히 아는 경우이다. 즉 must를 씀으로써 화자는 미래 상황에 대하여 확실한 자신감을 가지고 예측하고 있음을 표현한다.

다음 Must 대신 should를 쓰면 화자의 자신감이 많이 약화되지만 그래도 상당한 자신감으로 말하는 것이 된다.

(14) a. The game **should** be over by now.
    (경기는 지금 지금쯤엔 (틀림없이)) 끝났을 것이다.)
  b. Then you and I belonged to the same class. You **should** recognize me.
    (그러면 너와 나는 같은 반이었어. 너 (나를 보면) 나를 알아볼 거야.)
  c. What's happened to Mary? She **should** be here by now.
    (메리한테 무슨 일이 일어났나? 그녀는 지금쯤엔 여기 있어 한다.)
  d. The session **should** be starting soon. Let's get inside. (회의가 곧 시작된다.
    안으로 들어가자.)

Must나 should 대신 may/can을 쓰면 필연성의 정도는 더욱 약해져 가능성이나 개연성의 수준으로 떨어진다.

(15) a. Smoking {**may/can**} cause lung cancer. (흡연은 폐암을 일으킬 수 있다.)
  b. His English pronunciation **may** sound terrible, but his grammar is really accurate. (그의 영어발음은 형편없을지 모르지만 그의 문법은 정말 정확하다.)
  c. She **may** not be awfully good-looking, but her style is very graceful indeed.
    (그녀는 굉장히 잘 생긴 것은 아닐지 모르지만 그녀의 스타일은 매우 우아하다.)
  d. The next session **may** be starting soon. Let's get inside.
    (다음 회의가 곧 시작된다. 안으로 들어가자.)
  e. Failure to appreciate the ethical dimensions of technical communication **can** have serious human and legal consequences. (기술적 의사소통의 윤리적 차원의 중요성을 이해하지 못한 결과로 심각한 인간적인 문제와 법적인 문제가 발생할 수 있다.)

즉 may와 can은 있을 수 있는, 일어날 수 있는 일을 표현한다. (15a)에서 may 또는 can은 흡연이 폐암의 원인이 될 수 있다는 가능성을 나타낸다. (15b)에서 may sound terrible은 형편없게 들릴 수 있다는 가능성, (15c)에서 may not은 be awfully good-looking을 부정하여 매우 잘 생기지 않을 가능성이 있음을 뜻한다. (만약 not이 may를 부정하면 허가의 may의 부정이 되어 금지의 뜻이 된다. You may not get in there. (거기에 들어가면 안 된다.)) can이 공식적, 형식적 문어체에 잘 쓰이고 may는 구어체에 잘 쓰이는 문체의 차이 이외에는 별 의미차이가 없다. (15a-b)는 구어체이므로 may가 더 잘 어울리고 (15e)는 문어체이므로 can이 더 적절하다.

아울러 (13c), (14d), (15d)를 서로 비교하면 must, should, may의 차이를 확인할 수 있다. 즉 Must를 쓴 (13c)의 화자는 회의 시작을 알리는 종소리를 듣고 왔거나 안으로 들어오라는 안내의 말을 듣고 왔을 가능성이 있다. 다음 회의의 시작시간이 임박했음을 확실히 알고 있는 화자가 이를 아직 모르는 청자에게 할 수 있는 말이다. (14d)에서 should를 사용한 이 화자는 회의 시작시간의 정확성에 대한 자신감이 (13c)의 화자만큼 강하지 않다. 하지만 자기가 그리 크게 틀리지는 않을 것이라는 믿음은 있다. (15d)에서는 may를 썼으므로 시작시간의 정확성에 대한 화자의 확신은 매우 약화되고 심지어 자기가 잘못 알고 있을 가능성도 인정하고 있다. 이 같은 차이 때문에 아래 (16a)는 모순이 아니지만 (16b)는 앞뒤가 맞지 않는 말이 된다.

(16) a. The next session **may** be starting soon, but it **may** not be starting soon.
(다음 세션이 곧 시작될 수도 있으나 곧 시작되지 않을 수도 있다.)

b. ??The next session {**must/should**} be starting soon, but it **may** not be starting soon.

결국 may는 가능성이 매우 희박하기 때문에 부정도 포함할 수 있지만 must/should는 가능성이 거의 확실한 정도이므로 앞에 한 말을 부정할 수 없다.

한편 문맥에 따라서는 약한 필연성을 나타내는 may의 부정 may not이 "금지"의 의미를 나타낼 수 있다.

(17) Decisions of the judge(s) are final and **may not** be challenged. (심사위원의 결정은 최종 결정이며 (이에 대해) {이의를 제기할 수 없다/이의를 제기해서는 안 된다}.)

이상과 같이 약한 필연성마저 부정하면 그것은 일어날 수 없는, 있을 수 없는 일이 되고, 일의 주체가 사람일 경우에는 해서는 안 될 일이 될 수도 있다. 그래서 결국 can not 또는 may not은 "금지"의 뜻이 될 수도 있다.

(ii) 의무의 법조동사 Must, Should, Ought to

must와 should는 <필연성과 가능성> 외에 ought to와 더불어 <의무>의 용법에 쓰이는 경우가 있다. 물론 무생물이나 짐승은 <의무>가 있고 없음을 따질 수 없으니 이 의무의 법조동사의 주어는 <사람> 명사이어야 한다. 따라서 무생물 명사가 주어이면 필연성의 법조동사일 가능성이 크고 사람 명사가 주어이면 의무의 법조동사가 되기 마련이다.

(18) a. We **must** get together and talk about our plan in more detail.
   (모여서 우리 계획을 더 자세히 이야기해야 한다.)
   b. Reservations **must** be made at least one week earlier.
   (적어도 일주일 전에 예약을 해야 한다.)
   c. Why **should** engineers, scientists, and other technical professionals study technical writing or speaking? (엔지니어와 과학자와 기타 기술자들이 왜 기술적 글쓰기 또는 말하기를 공부해야 하나?)
   d. According to Regan, we **should** abolish the breeding of animals for food, animal experimentation and commercial hunting. (리건에 의하면 우리는 음식용 동물사육, 동물 실험 그리고 상업적인 사냥을 폐지해야 할 것이다.)
   e. Margaret **ought not** go to the movie tonight. She **should** go to the library with us. (마가렛은 오늘 밤 영화를 보러가지 말아야 한다. 그녀는 우리와 함께 도서관에 가야 한다.)

위 예문에서 주어는 모두 사람 명사이다. 그래서 must와 should가 의무의 법조동사가 된다. (18b)의 주어 reservations는 사람 명사가 아니어서 예외인 것처럼 보이나 그 주어는 문법적 주어일 뿐 의미적으로는, 생략되어 있는 피동문의 동작주 by us가 주어이다. 따라서 should가 의무의 법조동사가 되는 것이다. (능동문 We should make reservations . . . .에는 사람 주어 We가 제대로 나타난다.)

특히 위 예문들은 should 대신 모두 ought to를 쓸 수 있다. We **should** abolish the breeding of animals for food.이나 We **ought to** abolish the breeding of animals for food.이나 같은 뜻이다.

(e)에서 ought to의 부정은 *ought not to나 *ought to not이 아니고 **ought not**이 되는 점에 유의해야 된다. *~~She ought not to go to the movie tonight.~~은 비문이다. 또한 must의 부정은 두 가지 다른 방식으로 나타날 수 있다. 첫째, "해야 한다"라는 <의무>의 반대말이 "하지 않아야 한다, 해서는 안 된다"라는 <금지>의 뜻일 때 "must"의 부정은 "must not"이다.[23]

(19) a. You **must not** tell a lie. (거짓말을 해서는 안 된다.)

b. You **must not** block access to foreign sites, even if they are illegal. (외국의 사이트에 접근하는 것을 차단해서는 안 된다. 비록 그것이 불법이더라도.)

둘째, "해야 한다"는 <의무> must의 부정은 "안 해도 된다, 할 필요가 없다"는 "need not"이나 "don't have to"이다.

(20) If you tell the truth you **don't have** to remember anything.--Mark Twain (만약 진실을 말하면 기억해야 할 필요가 없다/사실대로 말하면 기억하려고 노력할 필요가 없다.)

(iii) 허락의 법조동사 May/Can

A: May/Can I . . . ?

B: You may/can . . . .

---

[23] "must not"이라고 해서 무조건 <금지>의 조동사가 되는 것은 아니다. 가령 To accomplish great things, we **must** not only act, but also dream; not only plan, but also believe. (위대한 일을 성취하기 위해서는 행동해야 할 뿐만 아니라 꿈을 꾸어야 한다. 계획해야 할 뿐만 아니라 믿어야 한다.--Anatole France)에서 not은 must를 부정하는 것이 아니라 only를 부정하는 "not only ~ but also . . ." 구문이다.

May/Can의 허락의 용법은 원천적으로 가능성의 의미에서 파생된 것이다. 본동사 may/can이 쓰인 서술문에서 주어가 1인칭이나 3인칭 주어일 때는 may/can이 가능성의 의미로 나타나지만, 2인칭 주어일 경우에는 이 가능성의 의미가 허락의 의미로 바뀔 수 있다. 특히 화자가 2인칭 상대방에게 허락/인가를 내릴 수 있는 (사회적) 권위를 가지고 있을 때 You may/can . . .은 십중팔구 허락의 의미가 된다. 그러나 의문문의 경우 상대방이 1인칭 화자에게 허락/인가를 해 줄 수 있는 권위를 가지고 있을 때 "May/Can I . . . ?"라고 묻는 것은 허락/인가를 해달라고 요청하는 효과를 자아낸다.

그 외 상대방을 통제할 수 있는 권위를 가진 화자가 "네가 . . . 할 수 있다"고 상대방에게 선택의 가능성을 열어주는 것은 "네가 . . . 해도 좋다"는 허가의 뜻을 전달하는 것과 같은 효과를 낼 수 있다. 또 화자가 "제가 . . . 할 수 있을까요?"라고 권위를 가진 상대방에게 자신의 가능성 유무에 대해 의견을 물어보는 것은 "제가 . . . 해도 좋을까요?"라고 허락을 요청하는 것과 같은 효과일 수 있다.

(iv) 법조동사 Will과 Shall

종래 전통문법에서 I shall, You will, He will은 <단순미래>라고 하여 shall과 will이 단순히 미래를 나타내고 I will, You shall, He shall은 <의지미래>라고 하여 이들이 화자의 의지를 나타낸다고 구별함으로써 will과 shall의 용법을 규정했었다. 그러나 이 중에서 오늘날에도 여전히 유효한 것은 You shall과 He shall의 용법 뿐이다. 이것을 제외하고는 will과 shall의 용법을 이런 식으로 기계적 방식으로 다루는 것은 더 이상 통용되지 않는다.

즉 I shall과 I will은 이제 구별되지 않는다. I shall이 의지를 나타낼 수도 있고 I will이 단순한 미래를 나타낼 수도 있다.

(21) I came through and *I shall return*. (나는 (많은 난관을) 뚫고 나왔고 나는 (반드시) 돌아 올 것입니다.)

이것은 세계 제2차 대전 중 필리핀 철수작전과 관련하여 MacArthur 장군이 기자회견에서 한 유명한 말인데 여기서 shall이 단순한 미래를 의미한다고만 볼 수 없다. 오히려 화자의 굳은 **의지**가 담겨있다고 보는 것이 옳다.

I will, we will이 단순미래의 뜻으로 쓰이는 예는 이제 너무도 흔해 특히 주목할 필요성이 없을 정도다.

(22) a. If we compare these two statements, we will see that as far as this point goes they agree. (만약 우리가 이 두 진술을 비교해보면, 이 점에 관한한 그들은 동의하고 있다는 것을 알게 될 것이다.)

b. We never know when we take up the morning paper, some of us, which side we will be on next. (Rowler) (우리가 언제 그 아침신문을 차지할지 우리는 결코 모른다. 우리 중 몇 사람은 다음에 우리가 어느 면에 실릴지 모른다.)

c. Perhaps we will be soon hearing from them. (아마 우리는 곧 그들 소식을 들을 것이다.)

이들 예문에서 we will은 모두 주어인 "우리"의 의지가 전혀 들어가지 않는, 단순한 미래이다. 이 경우 will 대신 shall을 써서 단순미래를 나타낼 수도 있다. we shall이든 we will이든 단순미래의 뜻일 뿐이다. 다만 we shall은 다소 현학적인 분위기를 풍기는 차이 이외에 별다른 차이는 없다.

(23) "Whenever you need me, I'll be there.
I'll be there, I'll be there.
Just call my name and I'll be there."[24]
(네가 내가 필요하다고 하면 언제라도 난 갈 거야.
난 갈 거야, 난 갈 거야.
네가 내 이름을 부르기만 하면 난 갈 거야.)

여기 I'll be there의 will을 화자의 의지를 나타낸다고 해석하는 것도 좋지만 단순한 미래로 해석해도 무리가 없다. 오히려 <단순미래>로 해석할 때 상대방을

---

[24] 어느 팝송 가사의 일부이다.

향한 나의 그리움을 더 적극적으로 표현한다고 볼 수도 있다. 네가 나를 필요로 하는 미래의 어느 시점이 바로 내가 너한테 가는 때가 된다고 말함으로써 그 두 시점이 기계적으로 동일시된다. 이로써 너한테 가고 싶은 내 마음이 더 애틋하게 표현된다고 볼 수도 있다. 나의 의지로 가는 것이 아니라 내가 자동적으로 가게 되어 있다고 말하는 것이 너한테 가려는 의지를 더욱 절실히 나타낼 수도 있기 때문이다.

이와 같이 I shall이 단순히 미래를 말하는 것 같지만 결심 또는 약속의 표현이 될 수도 있고 I will은 상황에 따라 단순한 미래를 나타낼 수도 있다. 즉 현대영어에서 shall과 will의 차이는 문체상의 문제에 불과하다고 보는 것이 좋을 것이다. 보통 shall이 will보다 격식을 차린 표현으로 이해된다.

결국 과거에 shall을 쓰던 자리에 점차로 will을 쓰는 경향이 뚜렷하지만 그렇다고 해서 shall의 용법이 완전히 사라진 것은 아니며 앞으로 없어질 것이라고도 예단할 수 없다. 따라서 현재로서는 will과 shall의 용법을 주어의 인칭에 따라 기계적으로 규정하기보다는 will과 shall이 구체적으로 어떤 상황에서 어떤 의미로 쓰이는가를 개별적으로 숙지하는 것이 중요하다.

(v) Will의 용법

Will은 기본적으로 두 가지 뜻을 가지고 있다. 첫째, 순전히 미래를 나타내는 **시제 조동사**로 쓰인다. 둘째, 어떤 사안에 대한 화자의 인식 또는 지식의 확실성의 정도를 나타냄으로써 예측, 예상, 기대 등의 뜻을 가미하는 **법조동사**로 쓰인다. 이렇게 will은 양면성이 있어서 문맥에 따라 그 중 하나가 실현되기도 하며 하나는 주된 의미가 되고 다른 하나는 부수적인 의미가 되기도 한다. 한편 Will이 어떤 의미로 해석되는가는 대화의 상황에 크게 좌우된다. 누가 누구에게 말하는가, 즉 대화참여자의 상대적 위치가 어떻게 되는가가 중요한 변수가 된다. 그런데 will이 순전한 미래 조동사로만 쓰이는 예는 현실적으로 그리 흔하지 않고 대체로는 법조동사와 시제조동사의 결합으로 나타나는 일이 많다.

가령 다음과 같은 대화에서 A와 B는 단순히 앞으로 일어날 일에 대해 문답하고 있다고 볼 수 있다.

(24) A: When will Mary be here? (메리가 언제 여기 올 것인가?)

   B: She will be here tomorrow morning. (내일 아침에 여기 올 것이다.)

A는 미래에 일어날 일의 시점에 대해 질문하고 있고 B는 그 질문에 대답하고 있다. 이때 will은 미래 시제 조동사로 쓰인 것이다. 묻는 사람이나 대답하는 사람이 메리의 미래 행동에 대해 별다른 생각이나 감정을 표현하고 있지 않다면 이 will은 순수한 미래를 의미한다.

그러나 문맥에 따라 will이 법조동사로 해석될 수 있다. 가령 A와 B가 그녀의 내일 행동에 특별한 관심을 가지고 하는 말이라면 will은 예측, 예상, 기대 등의 의미를 띤다고 볼 수 있다.

문맥에 따라서는 will이 단순한 미래를 나타낼 수도 있다.

(25) C: I have no idea what this means.

   D: I didn't have no idea either until I read Mary's letter.

   You will understand it when you receive her letter.

D는 메리의 편지를 읽고 그것이 무엇을 의미하는지 알게 되었다. 그리고 C도 메리의 편지를 읽게 되어 있다. 이 상황에서 D가 하는 말에 나타난 will은 C가 그녀의 편지를 읽을 미래의 시점을 나타낼 뿐이다.

그러나 대체로는 will은 미래의 의미와 법조동사의 의미를 동시에 나타내는 경우가 많다. 곧 시제 조동사와 법조동사와의 결합이라고 보는 것이 마땅하다.

다음 대화에 나타나는 will도 단순히 미래만을 의미하지 않는 것 같다.

(26) E: Can I borrow your book? (네 책 (좀) 빌릴 수 있을까?)

   F: You can have it tomorrow. (너는 내일 그것을 가질 수 있겠어.)

   E: I will have read it by then. (그때면 난 그 책을 (다) 읽었을 거야.)

여기서 will은 단순히 화자의 의지라고만 볼 수도 없고 순수한 미래라고 볼 수도 없다. 우선 미래에 일어날 상황을 표현하고 있는 점에서 분명 미래의 뜻이 있다. 그러나 E는 자기가 그 책을 다 읽었을 가능성을 말함으로써 나름대로의 <예측> 또는 <예견>을 제시하고 있다는 점에서 법조동사이다.

즉 과거의 일이나 현재의 사정에 대해서 말한다는 것은 사실의 진술일 수 있다. 그러나 미래의 일에 대한 말은 사실의 진술일 수가 없다. 미래의 일은 아직 일어나지 않았으므로 사실인지 아닌지 알 수 없다. 미래에 어떤 일이 일어날지는 추측하거나 예상할 수 있을 뿐이다. 다만 사안에 따라 예측과 예상의 정도가 다를 뿐이다. It will rain tomorrow. Our store will open tomorrow.등과 같이 거의 확실한 예측을 할 수 있는 일도 있고 We will meet on the last day of the earth.처럼 아무도 정확히 예측할 수 없는 일도 있을 것이다. 아무튼 예측과 예상을 배제하고 미래에 대해 말한다는 것은 거의 불가능하다. 이 때문에 미래를 나타내는 시제 조동사는 예상 또는 기대의 법조동사를 겸하기 마련이다.

물론 (거의) 확실한 미래의 일에 대해서 말하는 상황도 있다. 가령 확정된 스케줄이나 행사계획에 대해서 말하는 경우가 그런 예일 것이다. 이때는 흔히 will 대신 현재시제를 사용한다.

(27) a. The baby is two tomorrow. (아기는 내일이면 두 살이 된다.)
      b. We leave for San Francisco next week.
         (우리는 다음 주에 샌프란시스코로 떠난다.)
      c. The Lions meets the Giants in the Korean Series in October.
         (10월에 코리언 시리즈에서 라이언이 자이언트를 만난다.)

(a)는 아기가 내일 두 살이 된다는 것은 확실한 미래의 일이라고 전제하고 한 말이다. (b)와 (c) 역시 그러하다. 우리의 여정이 확정된 상태에서 (b)를 말할 수 있고, (c)는 코리언시리즈 포스트시즌에서 라이언과 자이언트가 (결승전에서) 맞붙게 된 상황에서 할 수 있는 말이다.

이때 조동사 will을 쓸 수도 있지만 그럴 경우 미묘한 의미차이가 발생할 수 있다.

(28) a. The baby *will be* two tomorrow.

　　 b. We *will leave* for San Francisco next week.

　　 c. The Lions *will meet* the Giants in the Korean Series in October.

우선 (28a)는 (27a)와 별다른 의미차이가 없다. 아기가 내일 두 살이 되는 것은 확실한 미래의 일이므로 will을 쓰더라도 미래시제를 나타낼 뿐이다. 추측이나 예상 등 법조동사의 뜻이 개입할 상황이 아니다. 그러나 (28b)는 (27b)와 상황이 다르다. 이는 우리의 일정이 확정되지 않은 상황에서 단순히 우리의 계획을 말하는 것일 가능성이 있다. 따라서 이 will은 예측의 뜻을 가진 법조동사이다. (28c)의 will도 예측의 법조동사이다. 화자는 라이언과 자이언트가 결승전에서 만날 것이라는 자기의 희망사항을 말하고 있다. 아직 포스트시즌이 시작되지도 않은 상황에서 하는 말일 가능성이 높다. 어느 팀이 결승전에서 만나게 될 지 아직 아무도 모르는 상황이다.

이 외에 현재시제가 미래의 뜻을 나타내는 용법은 if절, when절 등 시간 또는 조건의 종속절에서 나타난다. 이런 종속절의 시간이 미래일 때 will을 사용하지 않고 현재시제를 사용한다.

(29) a. If it {*rains*/*will rain} tomorrow, we will stay at home.

　　　 (내일 비가 오면 우리는 집에 있을 거다.)

　　 b. So long as this {*is* not made clear/**will not be made clear*}, the discussion will be a waste of time. (이것이 분명하게 되지 않는 한, 토의는 시간낭비가 될 것이다.)[25]

　　 c. We believe that this issue will be a feature of next year's politics if the conservative party {has the courage/*will have the courage} to declare war upon it. (보수당이 이 문제(해결)에 선전포고를 할 용기가 있다면 이 문제는 내년도 정치의 한 특징이 될 것이라고 우리는 생각한다.)

Will은 주어의 의지(volition)를 나타내는 데 쓰인다. 이 용법은 모든 인칭에 두루 쓰인다.

---

[25] 이 예문의 "is made clear"는 "make it clear"를 피동화한 것임. 사역동사 make는 연결 타동사에 속함. 아래 2.5.2.2 ②절 참조.

(30) a. I will be back before noon. (12시 전에 돌아오겠다.)

　　 b. They will vote for you under any circumstances.

　　　 (어떤 상황에서도 그들은 당신에게 투표할 것이다.)

　　 c. We won't vote for him in any situation.

　　　 (우리는 어떤 상황에서도 그에게 투표하지 않을 것이다.)

　　 d. I'll drive if {you/he/she} will come over.

　　　 (만약 {네가/그가/그녀가} 올 뜻이 있으면 내가 운전하겠다.)

　　 e. I'll help them if {you/he/she} will support us. (만약 {네가/그가/그녀가} 우리를 지지할 뜻이 있으면 내가 그들을 도와주겠다.)

그런데 이 의지의 법조동사 will은 의도와 의지의 뜻을 직접 표현하는 intend 또는 is willing to와 비슷한 뜻을 나타낸다. 따라서 위 (30)은 아래처럼 바꾸어 쓸 수 있다.

(31) a. I *intend* to be back before noon.

　　 b. They {*intend/are willing*} to vote for you under any circumstances.

　　 c. We {*don't intend/aren't willing*} to vote for him in any situation.

　　 d. I'll drive if you {*intend/are willing*} to come over.

　　 e. I'll help them if you {*intend/are willing*} to support us.

즉 "Intend to ~"나 "be willing to ~"도 will과 같이 의지의 뜻을 나타내지만 그 의지의 강도가 will만 하지는 않다. 때문에 intend to나 be willing to는 부정을 해도 모순이 되지 않지만 will의 경우에는 부정을 하면 모순이 발생한다.

(32) a. I intend to be back before noon but I may not be able to.

　　　 (12시 전에 돌아오려고 하지만 혹시 못 돌아올지도 모른다.)

　　 b. ??I will be back before noon but I may not be able to.

intend to~, be willing to ~ 등의 경우 무슨 일을 할 용의는 있으나 사정이 변하면 그렇게 못 할 수도 있다는 융통성이 있지만, 강한 의지의 법조동사 will은 이것이 허용되지 않는다.

Will이 2인칭 주어와 함께 쓰여 의지의 뜻을 나타내는 경우는 주로 의문문이다. Will you ~ ?는 상대방의 의지를 묻는 표현으로 우회적으로 요청 또는 요구의 뜻이 된다.

(33) a. Will you go to the party with me? (나하고 같이 파티에 가겠어?)
　　 b. Will you come over tonight? (오늘 밤에 (좀) 와주겠어?)
　　 c. Will you lend me some money? (나한테 돈 좀 빌려주겠어?)

즉 표면적으로는 상대방의 의향을 묻고 있지만 실제로는 그렇게 해달라고 요청하는 효과를 나타낸다.

이때 Will 대신 would를 쓰면 좀 더 정중한 표현이 된다. Would you come over tonight? 라고 말하면 적어도 형식적으로 "괜찮다면(if you liked it)"이라는 조건이 전제되어 있기 때문에 상대방에게 거절할 수 있는 여유를 준다. 때문에 Would you ~?는 Will you ~?보다 상대방의 의사를 존중하는 표현이어서 더 정중한 요청이 된다.

(vi) Shall의 용법

Shall에는 기본적으로 <의무>의 뜻이 있다. 이 법조동사 shall은 법조문, 규칙, 규약 등에 자주 나타난다.

(34) a. All legislative Powers . . . shall be vested in a Congress of the United States, which shall consist of a Senate and House of Representatives.
(모든 입법권은 합중국의회에 부여되고 의회는 상원과 하원으로 구성된다.--미합중국헌법 제1조 제1항)
　　 b. The executive Power shall be vested in a President of the United States of America. He shall hold his Office during the Term of four Years, and. . . . (행정권은 미합중국 대통령에게 부여된다. 대통령은 4년의 임기 동안 재직한다. . . . --미합중국헌법 제2조 제1항)

c. This meeting **shall** be held once a month. (이 모임은 한 달에 한 번씩 열기로 한다.)

또 shall은 도덕적 준엄성을 띠는 예언에 사용된다. 이 용법은 원래 성경에서 유래된 것이다.

(35) a. Heaven and earth **shall** pass away, but my words **shall** not pass away. (하늘과 땅은 없어질 것이다. 그러나 내 말은 없어지지 않을 것이다.)
　　 b. Blessed are the pure in heart: for they **shall** see God. (마음이 순수한 사람은 축복받을 지어다. 그들은 하느님을 볼 것이다.)

다음 링컨의 게티스버그 연설문의 shall도 이 예언의 shall이다.

(36) Government of the people, by the people, for the people **shall** not perish from the earth. (국민의, 국민에 의한, 국민을 위한 정부는 지구에서 멸망하지 않을 것이다.)

아울러 이 법조동사가 일상영어에서는 약속, 결의 또는 의지표명, 불가피한 미래의 선택, 권유 또는 청유 등 여러 가지 화법에 사용된다.

(37) 약속 또는 의지표명
　　 a. I **shall** take care of the problem for you. (그 문제는 내가 처리해주겠다.)
　　 b. I **shall** make the travel arrangements. There's no need to worry. (제가 그 여행계획을 세워드리겠습니다. 아무 걱정하실 필요가 없습니다.)
　　 c. I **shall** never forget you. (당신(의 은혜)을 절대 잊지 않겠습니다.)
　　 e. I **shall** never give up the fight for freedom.
　　　 (나는 자유를 위한 투쟁을 절대로 포기하지 않겠다.)
　　 f. We **shall** no longer suffer the injustice of oppression.
　　　 (우리는 압박의 불의를 더 이상 받지 않을 것이다.)
　　 g. We **shall** overcome oppression. (우리는 압박을 극복할 것이다.)

(38) 불가피한 미래의 선택

    a. Man **shall** explore the distant regions of the universe.

      (인류는 우주의 먼 지역을 탐험해야 할 것이다.)

    b. Man **shall** never give up the exploration of the universe.

      (인류는 우주탐험을 결코 포기하지 않을 것이다.)

특히 주어가 1인칭인 의문문의 용법에 유의할 필요가 있다. Shall we ~?는 <우리의> 의향을 상대방에게 물어봄으로써 권유 또는 청유의 뜻을 나타내게 된다. 결국 Shall we ~?는 Let's ~.와 같은 효과를 나타낸다. Shall we dance?는 Let's dance.를 우회적으로 표현한 것이라고 볼 수 있다. 화자도 같이 하는 일에 상대방을 초대하는 말이다.

"Shall I ~?"는 <나의> 의향을 상대방에게 묻는 것이다. 또는 자문자답하는 상황에도 쓸 수 있다.

(39) 권유, 청유 또는 초대

    a. _Shall_ we dance? (우리 춤출까요?)

    b. _Shall_ we go upstairs? There's a beautiful view of the beach.

      (이층에 올라갈까요? 해변의 아름다운 경치를 볼 수 있습니다.)

    c. When _shall we three_ meet again? (언제 우리 셋이 다시 만날까?)

(40) 내가 할 일이 무엇인지 상대방의 의견을 타진

    a. I suppose most of us, at some time or another, face a choice between lifestyle and ambition. _Shall I_ work for local papers down in Cornwall? Or _shall I_ go for the stress and competition of national papers? _Shall I_ run a cottage industry with ample leisure time? Or _shall I_ try to make a million?

      (우리들 대부분은 어느 때가 되면 라이프스타일이냐 야망이냐 하는 선택에 직면하게 된다고 생각한다. 콘월에 내려가서 지방 신문사에서 일할 것인가? 아니면 중앙지의 스트레스와 경쟁을 선택할 것인가? 아니면 여가시간이 충분한 농촌사업을 경영할 것인가? 아니면 백만 파운드를 벌려고 노력할 것인가?)

    b. _Shall I_ compare thee to Summer's day?--Shakespeare (내 그대를 여름날에 비유할까?)[26]

또한 주어가 2인칭 또는 3인칭이 되면 shall은 화자가 상대방에게 앞으로 할 일에 대하여 보장을 해 주거나 장담하는 뜻을 나타내게 된다. 이 용법도 원천적으로는 의무의 shall의 용법에서 나온 것이다. 즉 화자가 자기 책임을 이행하거나 의무를 완수함으로써, 또는 화자가 자기의 권한을 행사함으로써 상대방에게 혜택이 돌아가도록 하겠다는 약속의 뜻이 된다.

(41) a. *You shall* have it by the end of May. (너는 5월말까지는 그것을 가지게 될 것이다=5월말까지는 그것을 가지게 해 주겠다.)

---

26 이것은 셰익스피어의 한 소네트 첫 행이다.

Shall I compare thee to Summer's Day?
Thou are more lovely and more temperate:
Rough winds do shake the darling buds of May,
And Summer's lease hath all too short a date:
Sometime too hot the eye of heaven shines,
And often is his gold complexion dimm'd;
And every fair from fair sometime declines,
By chance or nature's changing course untrimm'd:
But thy eternal Summer shall not fade
Nor lose possession of that fair thou ow'st;
Nor shall Death brag thou wander'st in his shade,
When in eternal lines to time thou grow'st:
So long as men can breathe, or eyes can see,
So long lives this, and this gives life to thee.

내 그대를 여름날에 비유할까?
그대는 그보다도 더 사랑스럽고 더 부드럽도다.
거친 바람이 오월의 귀여운 꽃망울을 흔든다.
여름의 시간은 모두 너무나 짧은 만남이다.
때로는 하늘의 눈(=해)이 너무 뜨겁게 빛난다.
그리고 자주 그 황금빛 안색이 희미해진다.
우연히 혹은 거친 자연의 변화과정에 따라,
모든 미인은 아름다움에서 쇠퇴한다.
그러나 그대의 영원한 여름은 사라지지 않을 것이다.
그대가 소유하는 그 아름다움을 잃지 않을 것이다.
죽음조차도 그대가 자기 그늘 속에서 방황하리라고 허풍떨지 못할지어다.
그대가 영원의 시간 속에서 성장할 때
사람이 숨을 쉬는 만큼, 눈이 볼 수 있는 만큼,
이것은 오래도록 살고 이것은 그대에게 생명을 줄 것이다.

b. *You shall* receive the money tomorrow. (당신은 내일 그 돈을 받게 될 것이다 =내일 그 돈을 받게 해 주겠다.)

c. *She shall* meet Mr. Brown when he comes back. (브라운 씨가 돌아오면 그녀 는 그를 만나게 될 것이다=그녀가 브라운 씨를 만나게 해 주겠다.)

법조동사들은 그 뜻에 따라 1항 술어도 되고 2항 술어도 된다. must의 경우 가능성의 must는 1항 술어이고 의무의 must는 2항 술어이다. 가능성의 must가 쓰인 "You must be tired."의 의미는 (42a)로 나타낼 수 있고 의무의 must가 쓰인 "You must go now."의 의미는 (42b)로 나타낼 수 있다.

(42) a. MUST(you are tired)

b. MUST(you)(go now)

(a)는 "네가 피곤한 것이 필연적으로 사실이다"라는 뜻을 나타내고 (b)는 "너" 는 의무 수행의 책임자이고 "이제 가는 것"은 의무의 내용임을 나타낸다. 다르게 표현하면 (a)는 NECESSARY(you are tired)로, (b)는 HAVE-OBLIGATION (you) (go now)로 표현할 수도 있다. 즉 가능성의 must는 하나의 논항으로 의미가 완성 되고 의무의 must는 두 개의 논항으로 의미가 완성된다.

③ to부정사 자동사

To부정사 자동사에는 **to부정사 통제 자동사**(*to*-infinitive Control V$_i$)와 **to부정사 상 승 자동사**(*to*-infinitive Raising V$_i$)가 있다.

(i) to부정사 통제 자동사

to부정사 통제 자동사는 본동사와 to부정사 사이에 또 다른 보어가 있는가 없는 가에 따라, 그리고 있으면 그것이 무엇인가에 따라 세 가지 유형으로 나누어진다. 즉 아무 다른 보어가 없는 *to***부정사 주어 통제 자동사**(*to*-infinitive Subject Control V$_i$), for전치사구 보어가 있는 *to***부정사 *for*구 통제 자동사** (*to*-infinitive *for-to* Control

V$_i$), 전치사구 보어를 거느리는 *to*부정사 전치사구 통제 자동사 (*to*-infinitive PP Control V$_i$) 등 3가지 유형이다.

(a) *To*부정사 주어 통제 자동사 V^4

to부정사 주어 통제 자동사는 주어가 **보통 주어**이며 그것이 to부정사 보어의 주어를 **통제**하는 자동사이다.[27]

(1) Sandy **tried** *to get in*. (샌디는 안으로 들어가려고 (노력)했다.)

이 유형은 의미적으로 2항 술어이다. 제1 논항은 행위의 주체이며 제2 논항은 행위의 대상이다. 제1 논항은 보통 주어로, 제2 논항은 to부정사 보어로 표현된다.

(1)의 보통 주어 Sandy는 "노력하는 자"이고 그것이 to부정사 보어 to get in의 주어를 **통제**한다. 즉 tried의 주어 Sandy가 to get in의 **의미상 주어**인데 보통 주어 Sandy는 try의 제1 논항이고 to부정사 보어 to get in은 try의 제2 논항이다. 노력하는 사람과 들어가는 사람은 반드시 동일 인물이다. 이 제약은 try의 의미 자체에서 온다. 즉 노력하는 사람은 Sandy이고 안으로 들어가는 사람은 Sandy 아닌 다른 사람이 되는 것은 try의 의미로 말미암아 있을 수 없는 일이다.

(2) a. I **remembered**$_1$ *to see him*. (나는 그를 만날 것을 기억하고 있었다.)

     b. I **forgot**$_1$ *to turn off the light*. (나는 전기를 끄는 것을 잊어버렸다.)

     c. I **intend** *to tell her*. (나는 그녀에게 말할 생각이다.)

     d. I **need** *to read it*. (나는 그것을 읽을 필요가 있다.)

     e. They **threatened** *to kill their captive* if Japanese troops are not pulled out within 48 hours. (그들은 일본군이 48시간 이내에 철수하지 않으면 그들이 잡은 포로를 죽이겠다고 위협했다.)

     f. They often **pretended** *to be broke*. (그들은 툭하면 돈이 한 푼도 없는 것처럼 가장했다.)

     g. If, as they say, they find those people so vulgar and unpleasant, why do they

---

[27] "통제"에 대해서는 앞의 2.4절 참조.

condescend *to associate with them*? (그들이 말하는 것처럼 그 사람들이 그렇게 비천하고 불쾌하다고 생각한다면, 왜 그들이 그렇게 (그냥 그렇게) 그 사람들과 어울려 지내는가?)

h. My dad had a full-time job, but my mom didn't, and they **managed** *to raise, feed, house, and educate two kids on one salary*. I can't do that today. Why not? What happened? (아버지는 정규 직업을 가지고 있었지만 엄마는 직장이 없었다. 그래도 그들은 한 사람의 봉급으로 두 아이를 기르고, 먹이고, 집에서 재우고, 교육시킬 수 있었다. 나는 오늘 그렇게 할 수가 없다. 왜 그것이 안 되나? 무슨 일이 일어났나?)

i. He **resolved** to leave the organization. (그는 그 조직을 떠나기로 결심했다.)

j. We **volunteered** to fight against the enemy. (우리는 적에 대항하여 싸우려고 스스로 나섰다.)

k. Many people **swear** to quit smoking. (많은 사람들이 담배를 끊겠다고 맹세한다.)

l. With technology becoming more and more advanced, as a society we get used to doing everything as quick as possible and getting everything we want instantaneously. When we're caught up in the fast-paced world of today, we often **forget₁** *to stop to notice* those around us. So next time you're in a hurry in public, slow down and go out of your way to be courteous to everyone around you. When you're standing in the checkout line, **waiting** to pay for your food at the grocery store or **waiting** to order your drink at a coffee shop, **offer** to let the person behind you go in front of you. (Random Act of Kindness(=RAK) 운동의 한 제안) (기술이 점점 더 발달하면서, 사회구성원으로서 우리는 무슨 일이든 가능한 한 빨리 하고 우리가 원하는 모든 것을 즉각적으로 얻는 데 익숙해 있습니다. 오늘날 (모든 것이) 빨리 돌아가는 세상사에 빠져서, 우리는 우리 주위에 있는 사람들을 눈여겨보려고 (잠간이라도) 멈추는 것을 잊어버립니다. 그래서 다음에는 사람들 사이에서 급하게 행동할 때, (좀) 속도를 늦추고 (가던) 길을 멈추어 주위의 모든 사람들에게 예의를 갖추도록 해보십시오. 체크아웃 하는 줄을 서 있을 때, 식품가게서 음식 값을 계산하려고 기다리고 있을 때, 커피숍에서 마실 것을 주문하려고 기다리고 있을 때, (당신) 뒤에 있는 사람에게 (당신) 앞에 서라고 (제의)하십시오.)

(21)에서 forget₁이 to부정사 보어 to stop을 거느린다. to notice는 stop의 보어가 아니다. stop은 "가던 길을 멈추다"의 뜻을 가진 단순 자동사이고,[28] to notice는 "목적"을 나타내는 부사구이다. wait과 offer 역시 이 유형의 동사이다.

remember와 forget은 서로 반대의 뜻이지만 문법적으로는 같은 유형이다. 즉 remember는 <무엇인가 할 일을 기억하고 있다가 (실제로 그 일을 그렇게 수행)하다>라는 뜻이고, forget은 <해야 될 일을 기억하지 못하고, 깜빡 잊어버리고 하지 않다>라는 뜻이다. 이 두 동사는 반드시 to부정사 보어를 취하는데 그 의미 때문에 주어 통제가 될 수밖에 없다는 것이 중요하다.[29]

"어떤 사람이 무슨 일을 할 것을 기억하고 있다가 실제로 그 일을 했다"는 상황에서, 또는 "어떤 사람이 어떤 일을 해야 되는데 그것을 기억하지 못한 나머지 하지 않았다"는 상황에서, 그 일을 기억하는 사람과 그 일을 수행한 사람이 같은 사람이어야 하는 것은 기억과 행동의 행위가 성립하기 위한 필수조건이다. 이 때문에 본동사 remember₁/forget₁의 주어와 그 to부정사 보어의 의미상 주어는 반드시 같아야 한다. 이 조건이 지켜지지 않으면 다음과 같은 비문이 발생한다.

(3) a. *I remember₁ ~~for him to be there~~.

b. *I forgot₁ ~~for her to say something nice about it~~.

---

[28] ing분사 보어를 취하여 "그만두다"의 뜻을 가지는 stop은 다음 절에서 다룰 ing분사 자동사에 속한다. He stopped {drinking/smoking/reading newspaper}. ({그는 술을 끊었다./담배를 끊었다./신문 보기를 그만두었다.})

[29] remember/forget은 이 뜻 외에 또 다른 뜻이 하나 있다. "어떤 상황이나 사건을 기억하고 있다/망각하다"는 뜻을 나타내는 remember₂/forget₂가 있다. 이 유형은 전형적으로 that절 보어를 취한다.

a. I remember₂ *that he will be there*. (난 그가 거기에 {있을/갈} 거라는 걸 기억하고 있다.)

b. I forgot₂ *that she said something nice about it*. (난 그가 그것에 대해 무언가 좋은 말을 했다는 걸 잊어버리고 있었다.)

이 remember₂/forget₂은 어떤 상황이나 사건을 기억하거나 기억하고 있지 못하거나 하다는 기억/망각의 심리작용을 나타낼 뿐이다. 여기에는 어떤 행동도 관여되어 있지 않다. 다만 기억 또는 망각이 있을 뿐이다. 이에 비해 remember₁/forget₁은 기억/망각의 심리작용에 그치지 않고 어떤 행동을 하거나 하지 못하거나 하다는 뜻을 나타낸다. 즉 remember₂/forget₂의 대상은 상황, 사태, 사건인데 비해 remember₁/forget₁의 대상은 행동이다. 여기서는 일단 remember₁/forget₁을 다루기로 한다. know, think 등과 같은 that절 동사에 속하는 remember₂/forget₂은 아래 2.5.3 ①절에서 자세히 다룬다.

말하자면 본동사의 주어와 to부정사의 주어가 다를 때 to부정사의 주어를 나타내는 장치가 for전치사구인데 remember₁/forget₁이 본동사인 (3)과 같은 문맥에는 그것이 나타나서는 안 되기 때문이다. 즉 remember₁/forget₁는 to부정사 보어로써 충분하며 오직 그것만이 필요한 요소다. 때문에 for him같은 것이 끼어드는 것을 허용하지 않는다.

이와 비슷한 이유로 threaten도 주어 통제 자동사이다. "무슨 행동을 하겠다고 위협하는 것"이 그 뜻인데 이때 위협하는 사람과 행동하는 사람은 같은 사람일 수밖에 없다. 위협은 내가 하고 행동은 딴 사람이 하는 것은 threaten의 의미가 아니다. 따라서 *~~They threatened for us to kill their captive~~.란 있을 수 없는 일인 동시에 비문이다.

intend 역시 의도하는 사람과 의도하는 행위의 주체가 같은 사람일 때 성립한다. "내가 {무엇을 하기로 마음을 먹다/무엇을 할 의사가 있다/무엇을 하려고 의도하다}"라고 할 때 마음을 먹는 사람은 나인데 무엇인가를 하는 사람은 나 아닌 다른 사람이 되어서는 그 의미를 나타낼 수가 없다.

need 또한 그러하다. "내가 무엇을 할 필요가 있다"고 말할 때 무엇을 하는 사람은 나이어야 한다. condescend, manage 등도 역시 그러하다.

요컨대 to부정사 주어 통제 자동사가 행동을 의미하는 to부정사 보어를 거느리고 본동사의 주어가 to부정사 보어의 주어를 통제하는 것은 이 동사들의 공통된 의미 때문이다. 즉 주어 통제는 이 유형의 동사의 의미를 나타내기 위한 필수조건이다.

한편 want, hate, long 등 to부정사 보어를 거느리는 동사들 역시 주어 통제 동사로 쓰이지만, 주어 통제의 조건에 관한 한 위에서 본 try, remember, intend 등과 중요한 차이점이 있다.

(4) a. I want *to go*.

b. I prefer *to leave tomorrow*.

c. I'd hate *to see it*.

d. He longed *to return home*.

e. We **agree** _to begin the process of removing North Korea from the list of state sponsors of terror._ (우리는 테러국가 명단에서 북한을 제거하는 절차를 시작하는 데 동의한다.)

f. Would anyone **care** _to see such a horrible picture?_ (어느 누가 그런 무서운 사진을 보고 싶어 하겠는가?)

g. In her youth, Madonna **aspired** _to become a ballet dancer_ and studied dance under the tutelage of choreographer Alvin Ailey. (마돈나는 어렸을 때 발레 댄서가 되기를 열망했고 안무가 앨빈 에일리의 지도로 무용을 공부했다.)

h. She **asked** _to leave._ (그녀는 {떠나기를 요청했다/떠나고 싶어 했다}.)

i. They **expected** _to see us early in the morning._ (그들은 아침 일찍 우리를 만나기를 기대하고 있었다.)

(4a)에서 want가 to부정사 보어를 거느리고 있는데 여기서 want의 주어가 to go의 의미상 주어를 통제하고 있다. 즉 주어 통제의 조건이 지켜지고 있다. 그러나 want의 의미로 보아 반드시 주어 통제의 조건이 지켜지지 않으면 안 되는 것은 아니다. 누가 무슨 행동을 하기를 누군가가 원할 때 원하는 사람은 나이고 무슨 행동을 하는 사람은 나 아닌 다른 사람일 수 있다. "나는 내가 가기를 원한다"고 말하는 것은 물론 자연스럽지만 "나는 {네가/그가/그들이} 가기를 원한다"고 말하는 것도 자연스럽다. 즉 "원하다"의 경우 주어 통제의 조건은 지켜질 수도 있고 안 지켜질 수도 있다. hate, long, agree, arrange 등도 그러한 동사들이다.

그런데 이와 같은 주어 통제의 조건이 지켜지지 않을 때 to부정사의 주어를 나타내는 장치가 필요하다. 그 장치가 바로 for구이다. 그런 for구를 보어로 취하는 동사가 **to부정사 for구 통제 자동사**다.

(b) to부정사 for구 통제 자동사 V^5

이 유형은 for 전치사구와 to부정사 동사구를 보어로 거느린다.

(5) a. I want₂ _for {you/her/them} to go._ (나는 {네가/그가/그들이} 가기를 원한다.)

b. I'd hate₂ _for {you/her/them} to see it._ (나는 {네가/그가/그들이} 그것을 보는 것이 싫다.)

c. She longed₂ *for me to return home.* (그는 내가 집에 돌아오기를 간절히 바랐다.)

즉 want₁, hate₁, long₁ 등은 to부정사 보어만으로 충분한 동사들이고 want₂, hate₂, long₂ 등은 for전치사구와 to부정사구를 보어로 취한다.

(6) a. The media **arranged** *for a motel owner to endorse Ron Paul.* (한 모텔 소유주가 론 폴을 지지하도록 매스미디어가 (그렇게) 짜놓았다.)

　　b. Would you **care** *for them to follow your son?* (그들이 당신의 아들을 쫓아가도록 해 주시겠습니까/쫓아가도 되겠습니까?)

　　c. The committee **agreed** *for us to organize a hearing in the near future.* (위원회는 우리가 가까운 장래에 청문회를 조직하기로 하는 데에 동의했다.)

　　d. She **waited** *for him to appear.* (그녀는 그가 나타나기를 기다렸다.)

　　e. They cannot but **hope** *for peace to emerge soon.* (그들은 곧 평화가 찾아오기를 희망하는 수밖에 없다.)

　　f. Can you **afford** *for your professional reputation to be tarnished?* (당신의 직업적 명성이 손상되는 것을 감수할 수 있는가?)

　　g. Somalis **yearn** *for Islamic rulers to return and tame the warlords.* (소말리 사람들은 회교 통치자들이 돌아와서 군벌들을 길들여 주기를 갈망하고 있다.)

결국 동사에 따라 for전치사구가 나타나서는 안 되는 동사들이 있고 for전치사구가 나타날 수도 안 나타날 수도 있는 동사들이 있다고 말할 수 있다. 전자에 속하는 try, remember₁/forget₁, intend, threaten, condescend 등 동사들이 **to부정사 주어 통제 자동사**이고 후자에 속하는 want, long, arrange 등 동사들이 **to부정사 for 구 통제 자동사**다.

to부정사 주어 통제 자동사에는 그 의미의 한 요소로서 "주어 스스로의 행동 또는 상태"가 포함되어 있다. 그러한 주어 스스로의 행동, 주어 자신의 상태가 문장의 초점이 된다. 가령 (1) "Sandy tried to get in."의 초점은 본동사의 주어 Sandy가 안으로 들어가는 행동이다. 또한 (2a) "I remembered to see him."의 초점은 주어 "I"가 그를 만나는 행동이고 (e) "They threatened to kill their captive"의 초점은 주어 "They"가 그들의 포로를 죽이는 행동이다. 그리고 (2f) "They pretended to be broke"의 초점은 주어 "They"가 무일푼이라는 상태이고 (2g) "They condescended to associate with them"의 초점은 주어 "They"가 그들과 어울려 지내는 상태다.

대조적으로 **to부정사 for구 통제 자동사**의 경우에는 주어의 행동이나 상태가 초점이 아니다. 그보다는 긍정적이든 부정적이든 주어의 "희망사항이나 기대치"에 초점이 있다. 가령 (5a) "I want₂ for {you/her/them} to go."에는 {네가/그녀가/그들이} 가는 것이 주어인 나의 희망사항이고 그것이 이 문장의 초점이다. 여기에는 나의 행동은 관련되어 있지 않다. (5b)는 "{네가/그녀가/그들이} 그것을 보는 것이 주어인 나의 희망사항이 <u>아니라</u>"는 뜻이다. 즉 본동사 주어의 행동이나 상태가 초점이 아니라는 것이 중요하다.

결국 I prefer *to leave tomorrow*.는 주어인 내가 할 행동에 대한 의사표시라고 한다면, I prefer *for Mary to leave tomorrow*.는 메리가 내일 떠나는 상황에 대한 나의 의견의 진술이라고 하겠다. 다시 말해 <to부정사 보어>만을 취하는 prefer는 주어인 나의 행동이 초점이고 <for구+to부정사> 보어를 거느리는 prefer는 메리가 관련된 어떤 상황이 일어나기를 바라는 나의 희망사항이 초점이다.

그런가 하면 주어 통제 자동사 try는 주어가 무슨 행동을 하려고 노력하는 행위를 의미하기 때문에 노력하는 사람과 노력의 행위의 주체가 다른 "*~~I tried for him to leave soon.~~"같은 것은 의미적으로 불가능하고 이에 따라 통사적으로도 비문이다.

이런 주어 통제 동사와 for구 통제 동사의 차이는 <to부정사>와 <for구+to부정사>의 의미적 차이에서 오는 것이라고도 말할 수 있다. 즉 동사만 나타나는 <to부정사>는 행동이나 상태를 부각시키고 주어가 표면에 나타나는 <for구+to부정사>는 하나의 명제를 나타낸다. 따라서 주어의 행동만을 표현하는 데는 동사만 있는 <to부정사구>가 적당하고 주어의 희망사항이나 기대치를 표현하는 데는 명제인 <for구+to부정사>가 적당하다.

(c) To부정사 전치사구 통제 자동사 V^6

이 유형은 to부정사 보어 앞에 to 또는 with 전치사구 보어가 오는 것이 특징이다. 의미적으로 앞의 두 통제 자동사가 2항 술어인데 반해 이 유형은 3항 술어다. 이 유형의 의미는 다음 (7)과 같이 나타낼 수 있다.

(7) <제1논항 '누군가'가 제2논항 '누군가'에게 제3논항 '무엇인가 하기'를 '호소하거나, 청원하거나, 요구하거나, 요청하거나, 몸짓으로 지시하다>

즉 to전치사구 또는 with전치사구 보어가 논항이 되는 것이 앞의 두 유형과 구별되는 특징이다.

(8) a. They **appealed** *to the terrorists* to release the hostages.
    (그들은 테러리스트에게 인질들을 석방하라고 호소했다.)

  b. He **signaled** *to us to come over*. (그는 우리에게 오라고 신호를 보냈다.)

  c. She **motioned₁** *to him to go away*. (그녀는 그에게 저리 가라고 손짓했다.)

  d. Amy Winehouse's parents have **pleaded** *with her to stop drinking.*
    (애이미 와인하우스의 부모는 그녀에게 술을 끊으라고 호소했다.)

  e. Australian farmers have **pleaded** *with the federal government not to forget them* when it meets with Japan for negotiations on a free trade agreement next year. (오스트레일리아 농부들은 연방정부가 내년에 자유무역협정에 대한 협상을 하기 위해 일본과 회담할 때 자신들을 잊지 말기를 연방정부에 호소했다.)

appeal, signal, motion 등은 to전치사구 보어를, plead 등은 with전치사구 보어를 취한다. 해당 동사의 의미차이 때문에 다른 전치사가 쓰인다. appeal 등은 "누가 <u>누구에게</u> 어떻게 하라고 하다"라는 공통의 뜻을 나타내기 때문에 to가 쓰이고 plead는 "누가 <u>누구와 이야기를 해서</u> 협조를 요청하다"라는 뜻을 나타내기 때문에 with가 어울린다.

예문(8a)는 '제1논항인 주어(They=그들)가 제2논항인 to전치사 보어(to the terrorists=테러리스트들)에게 제3논항 to부정사 보어(to release the hostages=인질을 석방하기)를 호소했다'는 의미이다. 이때 보어 to the terrorists의 명사구 '테러리스트'가 to release the hostages의 의미상 주어이다.

앞에서 본 for구 통제 자동사는 2항 술어인데 반하여 이 to 전치사구 자동사는 3항 술어이다. 즉 for구 통제 자동사에서는 for구가 논항이 아니지만 여기서 to 전치사구는 제2 논항이다. Appeal의 경우 "<누구에게> 무엇을 해 달라고 호소하다"의 뜻을 나타내기 위해 제2 논항 <누구에게>에 해당하는 to전치사구 보어가 필수적이다. Signal과 motion도 "<누구에게> 신호를 보내고 몸짓을 하다"는 뜻을 나타내기 위해 to전치사구 보어가 필수적이다.

한편 motion은 to전치사구 대신 명사구를 보어로 취하기도 하고 (She motioned₂ him to join them.) for구를 취하기도 한다. (He motioned₃ for the door to be opened. (그는 그 문을 가리키며 문을 열라고 몸짓으로 지시했다.) 그럴 경우 motion₃은 arrange 등과 같은 to부정사 for구 통제 자동사에 속하게 되고, motion₂는 아래에서 알아볼 **통제 타동사**가 된다.

특히 to 대신 with전치사구 보어가 쓰이면 '대화'의 뜻이 함축된다. plead가 with 전치사구 보어를 취하는 이유도 기본적으로 '대화하다'라는 의미를 포함하고 있기 때문이다. 호소나 청원의 상대방만을 의식할 때는 to전치사구 보어를 거느리고 함께 대화하고 소통하려는 의지가 들어있을 때는 with전치사구를 거느리게 된다.³⁰

Motion은 명사 목적어를 취하여 "He motioned _me_ to run away."라고 할 수도 있는데 "He motioned _to me_ to run away."가 '손짓, 눈짓 등으로 나를 직접 지칭 또는 지목하면서 도망치라고 했다'는 뜻이라면 '손짓, 또는 눈짓을 통하여 내가 도망칠 것을 {명령/지시/암시/권유}했다'는 뜻이 된다. 그러나 To 전치사구를 쓰면 직접목적어를 쓴 경우보다 지칭 또는 지목의 뜻이 더욱 명백해진다. 또 for

---

³⁰ Appeal이 to부정사 없이 to 전치사구 보어만 가지고 쓰이면 뜻이 달라진다. 그렇게 되면 to 전치사구는 호소의 대상이 아니라 사태수습의 수단을 나타낸다. appeal to emotion(감정에 호소하다), appeal to force(힘에 호소하다), appeal to authority(권위에 호소하다) 등에서 보는 바와 같이 to 전치사구는 방법 또는 수단을 의미한다. (이 appeal은 전치사구 동사(PP verb) 이다. 전치사구 동사는 제3장에서 다룬다.) Appeal은 명사로도 쓰인다. 명사 appeal은 to부정사 보어를 거느린다. The court denied their appeal to leave Islam. (법정은 이슬람교를 떠나겠다는 그들의 호소를 받아들여주지 않았다.)

구를 쓸 수도 있어서 "The police motioned _for me_ to pull over.(경찰이 내가 차를 (길가에) 세울 것을 손짓으로 지시했다.)" "He motioned _for the locked door_ to be opened.(그는 잠긴 문이 열리도록/문을 열도록 몸짓으로 지시했다.)" 라고 하는 것이 가능하나 이 경우에는 지목의 뜻이 약화된다. 그리고 직접목적어와 to전치사 구는 적어도 유정물(animate)이어야 한다는 제약이 있어 ~~*He motioned _the locked door_ to be opened. *He motioned _to the door_ to be opened.~~라고 하면 비문이 되나 for 구에는 그러한 제약이 없다.

결국 보어가 각기 달리 나타나는 세 가지 유형의 통제 자동사의 구분은 기본적으로 각 동사 유형의 의미 차이에서 온다. motion, appeal 등이 to전치사구를 요구하는 것은 동사가 의미하는 동작이 반드시 누구에겐가 또는 무엇인가에 향하기 때문이다. '호소하다'라는 동작은 호소할 상대가 있어야 성립하고 '손짓하다'라는 동작은 손짓의 신호를 받을 사람이 있어야 성립하는 동작이기 때문에 to 전치사구 보어가 필수요소가 된다.

반면 arrange, long, agree 등 **for구 to부정사 자동사**의 행위는 어떤 상대에게 향하는 행위가 아니고 어떤 상황을 대상으로 한다. 예컨대 '갈망하다'의 행위는 '누가 또는 무엇이 어떻게 되기' 또는 '누가 또는 무엇이 어떠하기'와 같은 상황을 대상으로 하기 때문에 <for구+to부정사>를 보어로 거느리는 것이다.

주어 통제 to부정사 자동사의 보어 요구 상황도 동사의 의미 때문에 그렇게 될 수밖에 없다. 가령 try는 '어떤 사람(=노력하는 행위의 주체)이 무엇인가 하기를 노력한다'는 의미를 나타내는데 무엇인가를 하는 그 사람은 반드시 노력 행위의 당사자가 되는 것이 정상적이다. 이 조건이 충족되지 않을 때는 노력의 행위가 성립되지 않는다. 만약 노력하는 사람과 그 행위를 수행하는 사람이 서로 다른 사람이라면, 그것은 있을 수 없는 <노력의 행위>이다. 즉 "???나는 순이가 열심히 공부하려고 노력했다"와 같은 말은 의미적으로 불가능한 사건이다.

(ii) _To_부정사 상승 자동사 V[7]

이 유형의 자동사는 **상승 동사**이고 그에 따라 주어는 **상승 주어**이다. 상승 주어는 통사적으로 본동사의 형식적인 주어이며 의미적으로는 to부정사의 주어가 된다. 이 유형은 의미적으로 1항 술어이다.

    (1)   She **seems** *to like it*.

   (1)에서 1항 술어 seems는 하나의 상황 <she (to) like it>을 논항으로 취한다. (1)의 함수-논항 관계는 논리식 (SEEM(SHE LIKE IT))으로 나타낼 수 있다. 즉 논항 SHE LIKE IT의 주체인 SHE가 본동사 seems의 주어로 나타나고 술어 LIKE IT은 to부정사의 형태로 seems의 보어가 된다.

    (2)   a. I **happened** *to be the only student that knew something about it*.
            (내가 (우연히도 그 자리에서) 그것에 대해 좀 아는 유일한 학생이었다.)
           b. She **chanced** *to meet the man* and he proved to be a most reliable assistant of mine. (그녀가 그 사람을 우연히 만났는데 그는 (결국) 매우 믿음직한 내 조수가 되었다.)
           c. We had hoped to be relaxing for a while but unfortunately things **turned out** *to be rather hectic*. (우리는 잠시 동안 편히 쉬고 싶었지만 불행히도 (그 뒤의) 상황은 상당히 분주하게 돌아갔다.)
           e. The goldfish **need** *to be fed*. (금붕어들에게 먹이를 줄 필요가 있다.)
           f. The memory had obviously been in their heads but **failed** *to remain there*. (그 기억이 그들의 머리에 분명히 있었지만 거기에 그대로 남아 있을 수 없었다.)
           g. All things **fail** *to remain unchanged*. ({이 세상에 변화하지 않고 그대로 있는 것은 아무것도 없다/세상 만물은 변화하지 않고 그대로 있을 수는 없다.})

   위 모든 예문에서 상승주어는 to부정사 보어의 한 논항이다. I happened to be the only student . . .라고 했을 때 I가 happened(일어났다)의 표면상 주어이지만 의미적으로는 happened의 주체가 될 수 없고 to부정사 "to be the only student . . ."의 주어이다. "내가 일어났다(=발생했다)"는 것은 있을 수 없는 상황이고 "내가 유일한 학생인 상황이 일어났다"고 해야 말이 된다.
   Chanced와 turned out의 경우에도 우연히 일어난 것은 그녀가 아니라 그녀가 그 사람을 만난 상황이다. 즉 things가 turned out의 표면상의 문법적 주어이지만 그것이 turned out의 논항이 될 수 없고 <things be rather hectic>이라는 상황이 그 논항이다.

Need의 경우도 그러하다. 이때 need는 'is necessary'의 뜻이다. 즉 금붕어가 필요한 것이 아니라 금붕어에게 먹이를 주는 것이 필요하다.

Fail의 의미는 <하려고 했는데 하지 못하다> 또는 <어떠해야 하는데 그러하지 못하다>의 뜻이다. 즉 The memory failed to remain there.는 <The memory should have remained there but did not succeed in so doing>의 뜻이다. 기억이 거기에 있기를 실패한 것이 아니라 기억이 거기에 있어야 하는데 그렇게 되는 상황이 일어날 수가 없었다. 중요한 것은 본동사 fail의 표면적 주어 The memory는 fail의 의미적 주체가 아니라는 점이다.

④ *ing*분사 자동사

ing분사 형태의 동사구 보어를 거느리는 *ing*분사 자동사에는 ***ing*분사 통제 자동사**(*ing*-Participle Control Intransitive Verbs)와 ***ing*분사 상승 자동사**(*ing*-Participle Raising Intransitive Verbs)가 있다.

(i) *ing*분사 통제 자동사(V^8)
이 유형은 보통주어를 취한다. 예를 들어 "I prefer *living outside the city*."에서 prefer의 주어가 ing분사 보어 living outside of the city의 주어를 통제한다. 다른 예로 "I consider moving to New York."에서 consider가 ing분사 보어 moving to New York을 거느린다.

그런데 "I prefer to live outside of the city."에서처럼 같은 동사가 to부정사 보어를 취해도 되는 경우도 있고 "*I consider to move to New York."처럼 to부정사 보어를 취하면 비문이 초래되는 경우도 있다. 그래서 먼저 ing분사와 to부정사 사이에 무슨 의미적 차이가 있어서 그렇게 되는지를 밝힐 필요가 있다.

우선 to부정사와 ing분사는 둘 다 동사와 명사의 성질을 공유하고 있다. 둘 다 그 뿌리가 동사에 있으므로 동사적 성질을 가지고 있고 그것이 일어나는 통사적 환경이 명사구가 일어나는 환경과 일치하기 때문에 명사의 성질도 가지고 있다. 그런데 to부정사는 동사성이 더 강하고 명사성이 약하여 동작이나 행동의 수행에 초점을 두고 앞으로 일어날 일, 구상단계의 활동을 나타내고 미래지향적인 경향을 띤다. 반면 ing분사는 명사성이 더 강하고 동사성이 약하여 활동(activity)이나 사건(event)을 나타내는 경향이 있다. 이로 인해 결합하는 본동사의 의미에 따라 사실(fact), 주장(claim), 가능성(possibility) 등 다양한 명사의 의미로 해석될 수 있다. 이때 시간적으로는 중립적이어서 미래지향적일 수도 있고 과거지향적일 수도 있으며 시간의 흐름과 무관할 수도 있다.

(3) To부정사와 ing분사의 의미차이

	동사성	명사성	의미
to부정사	강	약	미래지향적인 행동의 수행(future-oriented performance)이나 구상 단계의 행동을 나타냄.
ing분사	약	강	시간적으로 중립적인 활동(activity), 행위(action), 사건(event), 상태(state), 사실(fact), 조건(condition), 가능성(possibility) 등을 나타냄.

이런 의미차이 때문에 to부정사는 미래지향적인 의미를 가진 동사와 어울리고 ing분사는 미래지향적인 의미와 무관한 동사와 어울린다.

앞에서 이미 알아본 바와 같이 **to부정사 주어 통제 자동사**(V^4)는 to부정사 보어를 요구하는데 이는 동사의 의미적 특성이 미래지향적인 to부정사와 조화를 이루기 때문이다. 즉 I want[4] *to go*. I'd hate[4] *to see it*. He longed[4] *to return home*. 등에서 want, hate, long 등은 모두 앞으로 일어날 일에 대한 언급으로서 의미적으로 "미래지향의 동사"들이다.[31] 따라서 이들은 미래지향적인 to부정사 보어를 요구하게 되는 것이다.

---

[31] 여기서 "미래지향이"란 본동사의 사건이 to부정사의 사건을 시간적으로 앞선다는 뜻이다. 예를 들어, 본동사의 사건 시점이 오늘 현재이면 to부정사의 시점은 내일이나 모레 또는 그보다 더 훗날이 되고 본동사가 내일이면 to부정사의 시점은 내일 이후의 미래 어느 때가 되며 본동사가 어제 또는 그보다 앞선 과거이면 to부정사의 시점은 과거 그 시점보다 훗날 어느 때라도 될 수 있다.

이에 비해 **ing분사 통제 자동사**(V^8)는 미래지향의 동사가 아니기 때문에 to부정사를 배제하고 대신 ing분사 보어를 요구한다. 그런데 미래지향의 동사가 아닌 동사는 다음 두 부류 중의 하나이다. 첫째, confess, deny, admit 등과 같은 "과거지향의 동사"이다. confess(고백하다)는 과거에 한 일에 대해 말하는 행위이고 deny(부인하다)나 admit(인정하다)는 과거에 한 행위 또는 과거의 상황을 전제하는 행위이다. 둘째, enjoy(즐기다), consider(고려하다), imagine(상상하다), anticipate(예상하다) 등과 같이 과거지향은 아니지만 그렇다고 해서 미래거지향도 아닌 동사들이 이 부류에 속한다. 개별 동사의 의미에 따라 동사와 ing분사 보어와 시간관계가 다르게 나타나지만 어떤 경우라도 미래지향적인 성질은 없다. 가령 enjoy의 경우에는 <즐기는 (enjoy하는)> 때와 <즐기는 활동 (activity) 또는 사건 (event)>의 때가 일치한다. "enjoy"의 때가 현재이면 "swimming in the pool"의 때도 현재이어야 하고 즐기는 때가 과거이면 즐기는 일도 과거이어야 한다. 즐기는 때가 현재인데 즐기는 일의 때가 미래가 된다든가 과거가 되는 것은 있을 수 없는 일이다. consider(고려하다)나 imagine(상상하다) 등의 동사들은 시간과는 무관하다. 현재에 과거의 일을 고려할 수도 있고 상상할 수도 있다. 어쨌거나 확실한 것은 이 동사들은 모두 "미래지향의 동사"가 아니라는 점이다. 의미상 과거지향적이거나 시간과는 무관한 성질을 가지므로 모두 "비-미래지향의 동사"이라고 부를 수 있다. 이런 "비-미래지향의 동사들"이 ing보어 통제 자동사에 속한다. 그리고 그것은 미래지향적인 to부정사 보어를 배제하고 시간적으로 중립적인 ing분사 보어를 거느리게 된다.

아래 (4)는 과거지향의 ing보어 통제 자동사의 예들을, (5)는 시간적으로 중립적인 ing보어 통제 자동사의 예들을 보여준다.

(4) a. He **confesses**[8] {*doing/*to do} illegal narcotics*. (그는 불법 마약을 했음을 고백한다.)

   b. Lindsay's father **denies**[8] {*saying/*to say} she is a lesbian*. (린지의 아버지는 {그녀가 {레즈비안이라고 말한 것을 부인한다/레즈비안이라고 말한 일이 없다고 한다}.)

   c. They even **resent**[8] {*going/*to go} to Lutheran churches* where the language is German. (그들은 심지어 (사용) 언어가 독일어인 루터 교회에 가는 것에 대해서도 분개한다.)

d. I tried hard not to **repent**[8] {*parting/*to part} with you*.
(당신과 헤어진 것을 후회하지 않으려고 무진 애썼다.)

e. He **admits**[8] {*breaking/*to break*} it. (그는 그것을 깨트린 것을 인정한다.)

f. She **admitted**[8] {*having/*to have} driven the car without insurance*. (그녀는 보험 없이 차를 운전했음을 인정했다.)

g. I'd be ashamed to **admit**[8] {*being/*to be} jealous*.
(부끄럽지만 난 질투심을 느꼈음을 인정한다.)

(5) a. She **enjoyed**[8] {*swimming/*to swim*} *in the pool* yesterday.
(그녀는 어제 풀에서 수영하기를 즐겼다.)

b. It took Jack exactly 28 hours and 12 minutes to announce that he loves New York City. It took him 28 hours and 14 minutes to suggest that "Hey! Maybe we really, really should **consider**[8] {*moving/*to move} here* after our trip ends." (잭이 뉴욕시를 사랑한다고 공표하는데 정확히 28시간 12분이 걸렸다. "야! 우리 여행이 끝난 다음에 여기 이사 오는 걸 정말, 정말 심각하게 고려해보아야겠다"고 제안하는 데는 28시간 14분이 걸렸다.)

c. He **considered**[8] {*becoming/*to become} a robotics designer*. (그는 로봇 디자이너가 {되는 것을 고려했다/되는 것이 어떨까 하고 생각했다/되어볼까 하고 생각했다}.)

d. He **risked**[8] {*breaking/*to break} his neck*. (목을 부러뜨리는 (바람직하지 않은, 위험한) 행동을 무릅썼다.)

e. Private schools must cut fees or **risk**[8] {*going/*to go} out of business*. (사립학교들은 학비를 깎아주든지 아니면 학교 문을 닫을 각오를 해야 한다.)

f. Do you **anticipate**[8] {*seeing/*to see} rents dramatically decrease* due to the glut of vacant housing? (차고 넘치는 빈 집 때문에 집세가 극적으로 떨어지는 것을 보기를 예상하는가?)

g. I **detest**[8] {*seeing/*to see} any player "celebrate" on the field*.
(나는 어떤 선수라도 경기장에서 축하 쇼 하는 것을 {보는 것을 혐오한다/보는 것은 질색이다}.)

h. In the extreme case the Gold Coast plan **envisaged**[8] {*spending/*to spend} $300 million*. (극단적인 경우에 골드 코스트 계획은 3억 달러를 쓰는 것을

예상했다.)

i. You should also **avoid**[8] {*scheduling/*to schedule} phone interviews while you are at work.* (근무 중에 전화 인터뷰 일정을 잡는 것을 피해야 한다.)

j. **Avoid**[8] {*trying/*to try} to please everybody.* (모든 사람을 기쁘게 하려고 하는 것을 피하라.)

k. You should **avoid**[8] {*mentioning/*to mention} her divorce.* (그녀의 이혼사실에 대해 언급하는 것을 피해야 한다.)

l. Women have to dress modestly, to **avoid**[8] {*being/*to be} harassed by the locals.* (그 지방 사람들에게 놀림감이 되는 것을 피하기 위하여, 여자들은 옷을 수수하게 입어야 한다.)

m. People use every loophole in the law to **evade**[8] {*paying/*to pay} taxes.* (사람들은 세금 내는 것을 회피하기 위하여 법률의 모든 허점을 이용한다.)

n. They decided to **postpone**[8] {*having/*to have} a family* for a while. (그들은 당분간 아이를 가지는 것을 연기하기로 결정했다.)

o. I want to **delay**[8] {*submitting/*to submit} the paper as late as possible.* (논문을 제출하는 것을 가능한 한 늦추기를 원한다.)

p. He **resisted** {*calling/*to call} her* everyday.
(그는 그녀에게 매일 전화를 걸고 싶었지만 참았다.)

q. I **imagined**[8] {being blind/being a billionaire/climbing the top of Kilimanjaro}. (나는 {눈이 안 보이는 것/억만장자가 되는 것/킬리만자로의 정상에 오르는 것}을 상상했다.)

r. The Federation's backyard wildlife habitat program **encourages**[8] {*keeping/*to keep} animals in mind when landscaping.* (협회의 뒷마당 야생 서식지 프로그램은 조경을 할 때 동물들을 염두에 두는 것을 장려한다.)

s. Some banks **encouraged**[8] {*investing/*to invest} in a house of cards.* (은행들은 "카드의 집"에 투자할 것을 {권장했다/권(유)했다/부추겼다}.)[32]

t. We would strongly **recommend**[8] {*selecting/*to select} native trees* when considering tree planting in any residential location. (우리는 어떠한 주거환경에서도 나무를 심을 때는 토종 나무를 선택할 것을 꼭 권장하고 싶다.)

u. "If you can't run, then walk. And if you can't walk, then crawl. Do what

---

[32] "a house of cards(카드의 집, 카드로 지은 집)"이란 외양은 괜찮으나 카드의 집처럼 쉽게 무너질 수 있는 취약한 건물이나 사업을 말함.

you have to do. Just **keep**[8] *{moving/*to keep} forward* and never, ever give up." — Dean Karnazes (달릴 수 없으면 걸어라. 걸을 수 없으면 기어라. 해야 할 일을 하라. 그저 계속 앞으로 나아가라. 절대로, 절대로 포기하지 마라.)

이외 to부정사 통제 자동사로 쓰일 수도 있고 ing분사 통제 자동사로 쓰일 수도 있는 동사들이 있다. 유형에 따라 의미차이가 어떻게 나타나는지를 살펴본다.

(6) a. I **prefer**[8] *living outside the city of Anchorage*.
   (나는 앵커리지 시 외곽에 사는 것을 좋아한다.)
   b. I **prefer**[4] *to live outside of the city of Anchorage*.
   (나는 앵커리지시 외곽에 살고 싶다.)

(7) a. I don't **remember**[8] *mailing the letter*.
   (그 편지를 부친 것이 기억나지 않는다.)
   b. You must **remember**[4] *to mail the letter*.
   (꼭 기억하고 있다가 그 편지를 부쳐야 한다.)

(8) a. I **forgot**[8] (the fact of) *mailing the letter*. (그 편지를 부친 사실을 잊어버렸다.)
   b. Don't **forget**[4] *to mail the letter*.
   (잊지 말고 꼭 그 편지 부쳐라/그 편지 부치는 거 잊지 마라.)

(9) a. Virginia Gov. Tim Kaine (D) **has proposed**[8] *amending a bill* requiring girls to be vaccinated against the human papillomavirus (HPV). (버지니아 주지사 팀 케인(민주당)은 소녀들에게 HPV 예방접종을 의무화하는 법 수정안을 내놓았다.)
   b. The city government **proposed**[4] *to build a new bridge over the bay*.
   (시(정부)는 만을 넘어가는 새 다리를 건설하자고 제안했다.)

(10) a. He **suggested**[8] *going to the museum*. (그는 박물관에 가자고 제안했다.)
   b. *He ~~suggested~~[4] ~~to go to the museum~~.

(6a)의 ing분사 통제 자동사 prefer[8]은 현재의 상황 또는 과거의 경험을 대상으로 하고 (b)의 to부정사 통제 자동사 prefer4는 미래의 희망사항을 대상으로 하는 미래 지향의 동사이다. (a)의 화자는 현재 앵커리지 시 외곽에 살고 있거나 과거에 살았을 가능성이 있다. 그러나 현재 거기에 살고 있지 않는 (b)의 화자는 아마도 앞으

로 거기에 살기를 희망하고 있다.

(7a)의 remember^{8}은 과거지향의 동사이고 (b)의 remember^{4}는 미래지향의 동사이다. (a)에서 ing분사 보어 "mailing the letter"는 과거의 행위를 나타내고 (b)에서 to부정사 보어는 미래의 일을 나타낸다.

마찬가지로 (8)의 forget^{8}은 "기억했던 것을 생각해내는 데 실패하다"는 뜻을 가진 과거지향 동사이고 forget^{4}는 "기억하고 있다가 하려고 했는데 잊어버리고 하지 못하다"는 뜻을 가진 미래지향의 동사이다.

(9a)의 propose^{8}은 "새로운 아이디어, 방향, 계획 따위를 제시하고 검토해줄 것을 요구하다"라는 뜻으로 그 아이디어나 계획은 제시하기 전에 생각해 두었거나 이미 완성된 사안이다. 그런 의미에서 그것은 과거지향의 동사이다. (b)의 propose^{4}는 "앞으로 무엇인가를 할 {의향/의사/의도}가 있다"는 뜻으로 미래지향의 동사이다. 구상단계의 행동을 나타내는 to부정사가 제격이다. (a)에서는 케인 주지사가 제안한 시점에서 볼 때 그 수정안은 이미 만들어져 있었고 (b)에서는 시청이 제안한 시점에서 볼 때 그 다리는 앞으로 건설할 다리이다.

(10)의 suggest는 propose^{8}과 비슷한 뜻을 가진다. 그것은 propose^{4}의 뜻은 없다. 즉 suggest는 미래지향의 뜻이 없으며 to부정사 통제 자동사가 아니므로 to부정사 보어를 거느릴 수 없다.[33]

이상에서 비-미래지향의 동사들인 ing분사 통제 자동사의 의미적 동기에 대해 알아보았다. 이 동사들은 시간적으로 미래지향이 아니라는 공통점이 있는데 좀 더 크게 보면 hope, want 등 미래지향의 동사들과 함께 사람의 인지작용과 관련성이 있는 동사 즉 인지동사에 속한다. 결국 인지동사 중에서 미래지향적인 동사는 to부정사 보어를 거느리는 to부정사 통제 자동사가 되고 비-미래지향적인 동사는 ing분사 보어를 거느리는 ing분사 통제 자동사가 된다고 정리할 수 있다.

---

[33] "He {proposed/*suggested} to go to the museum."라고 해도 박물관에 가자는 제안으로 해석할 수는 있으나 그것은 어디까지나 그가 박물관에 가려고 한다는 그의 의사에서 유추된 해석이다. 그리고 그가 그저 박물관에 가자는 제안만 한 상황이라면 "He {proposed^8/suggested^8} going to the museum."이 적당하다. 그러나 이것도 상황에 따라서는 제안자인 "He"도 같이 갈 의사가 있는 것으로 해석할 수 있어서 그렇게 되면 결국 같이 가자는 뜻으로 해석될 수 있으나 그 역시 유추적인 해석이다. 즉 일차적인 의미는 자기가 갈 의사가 없거나 그러한 의사와는 관계없이 그저 그렇게 할 것을 제안했다는 것이다.

한편 인지작용과는 무관하나 시간성이 중요한 의미요소로 작용하는 **상 동사**(aspect verbs)들도 ing분사 통제 자동사에 속한다. 상 동사는 상황이나 행동의 시작과 중간과 끝을 나타내는 동사들로서 "시작, 출발"을 뜻하는 begin, start 등, "중단, 끝냄"을 뜻하는 stop, finish 등, 그리고 시작과 끝의 중간인 "계속"을 뜻하는 continue, keep(계속하다) 등이 상 동사에 속한다. 이 상 동사들이 ing분사 보어를 요구하는데 그것은 의미적으로 "비-미래지향의 동사"에 속하기 때문이다. 다시 말해 상 동사는 행동이나 상태가 시작됨, 끝남, 또는 계속됨을 의미할 뿐 미래를 지향하거나 과거를 지향하는 의미가 없다.

(11) a. I {began[8]/started[8]} *searching for a new job* a couple weeks ago, and it has been an interesting experience. (나는 2 주 전에 새 직장 찾기를 시작했는데 그것은 흥미 있는 경험이었다.)

b. He {stopped[8]/quit[8]/finished[8]/ceased[8]} *searching for a new job* a couple weeks ago. (그는 2주 전에 새 직장 찾기를 {멈추었다/그만두었다/그만두었다/마쳤다}.)

c. She {continued[8]/kept[8]/resumed[8]} *searching for a new job*. (그녀는 새 직장 찾기를 {계속했다/계속했다/다시 시작했다}.)

(11a)에서 나의 새 직장 찾기 활동은 2주 전에 시작되었는데 그 활동이 그 뒤로도 계속되었을 수도 있고 계속되지 않았을 수도 있다. 그것은 문맥에 따라 이렇게도 저렇게도 될 수 있다. start/begin의 본래의 의미에는 그러한 미래지향적인 요소가 들어 있지 않다. 즉 그것은 미래지향의 동사가 아니다. (b)의 경우 완전히 끝났음을 의미하는 stop, quit, finish 등은 미래지향의 동사가 아님이 더욱 투명하다. (c)의 continue, keep, resume 등은 "어느 시점에서 일시 중단된 것을 그 뒤 어느 시점에서 다시 시작해서 계속 하고 있다"는 뜻인데 특히 resume은 "다시 시작함"에 초점을 두어 말하는 동사이다. 중단한 것을 다시 시작한 것은 사실이나 그 후로도 계속했는지에 대해서는 알 수 없다. 따라서 이들 역시 미래지향의 동사가 아니다.

그런데 상 동사들이 to부정사 보어를 취할 수도 있는데 그렇게 되면 그것은

to부정사 통제 자동사에 속하게 되고 의미적으로도 미래지향의 동사가 된다.

(12) a. I {began[4]/started[4]} *to search for a new job*.
  b. I {*stopped[4]/*quit[4]/*finished[4]/ceased[4]} *to search for a new job*.
  c. I {continued[4]/*kept[4]/*resumed[4]} *to search for a new job*.

즉 (12a)의 began/started는 to부정사 보어를 요구하는 to부정사 통제 자동사로서 미래지향의 동사이다. 따라서 이 문장은 내가 시작한 새 직장 찾기가 그 뒤로 한동안 지속되었음을 함의한다. 결국 begin/start는 to부정사를 취할 수도 있고 ing 분사 보어를 취할 수도 있으며 그에 따라 미래지향의 동사로도, 비-미래지향의 동사로도 해석될 수 있다.[34]

그러나 stop/quit/finish는 to부정사 보어를 취하는 to부정사 통제 자동사가 될 수 없다. 새 직장 찾기의 활동이 끝났음을 의미하는 동사가 미래지향적인 to부정사 보어를 취할 수 없기 때문이다. 곧 "멈춤"의 동사 stop, quit, finish의 의미와 미래지향적인 to부정사 보어는 양립할 수 없다.

그런데 같은 "멈춤"의 동사인 cease가 to부정사 보어를 허용하는 것은 cease의 특별한 의미 때문이다. 즉 stop, finish, quit 등이 갑자기 일시에 멈추는 것을 나타낸다면 cease는 점진적으로 서서히 멈추는 것을 나타낸다. 따라서 무엇인가 하다가 <stop/quit/finish>했을 경우에는 그것이 완전히 끝났기 때문에 다시 일어날 여지가 없지만, <cease>한다는 것은 그것이 일시에 완전히 끝나는 것이 아니고 결국 끝나기는 하나 전체적으로 봤을 때 아직 끝나지 않은 부분도 남아 있는 상황이다.[35] 때문에 완전히 일시에 끝나는 stop/quit/finish 등은 미래지향적인 to부정사

---

[34] 그러나 어느 보어를 취하든 실제로는 큰 의미차이가 없다. 현실 생활에서 어떤 일을 시작한다는 것은 적어도 앞으로 한 동안 그 일을 하는 것이 보통이기 때문에 시작하는 행위는 결국은 미래지향적일 수밖에 없다. 이 점에서 stop/finish/quit은 대조적이다. 일단 끝난 것은 어떤 의미로든 미래지향적일 수 없다. 때문에 이 동사는 to부정사 보어를 허용하지 않는다.

[35] "cease-fire(사격중지, 정전, 휴전)"라는 단어는 있으나 "stop-fire"라는 단어가 없는 이유도 이와 관련성이 있다. 휴전협정이 맺어져 전투를 중지하더라도 모든 총격이 일시에 끝나는 일은 현실적으로 가능하지 않다. 그보다는 사격중지 명령이 떨어진 이후에도 한동안 여기저기서 산발적으로 총격전이 더 일어날 수 있고 그러다 어느 정도 시간이 흐른 뒤에 점진적으로 총성이 멎는 것이 보통일 것이다. 이 때문에 정전이나 휴전은 "점진적으로 중단하다"는

보어와 양립할 수 없지만, 다시 일어날 여지가 (조금이라도) 남아 있는 cease는 미래지향적인 to부정사 보어와 부분적으로 양립할 수 있다. 이것이 "ceased to search for a new job"이 정문이 되는 이유이다.

(12c)는 continue는 to부정사 보어를 허용하고 keep과 resume은 그것을 허용하지 않음을 보여준다. 즉 continue는 continue^8 또는 continue^{4}로 쓰일 수 있으나 keep/resume은 keep^8/resume^{8}로만 쓰인다. continue의 경우에는 미래지향의 의미를 꼭 나타내고 싶으면 continue^{4}를 사용하고 그렇지 않을 때는 continue^{8}을 사용하면 된다. 그러나 keep/resume은 미래지향의 의미가 없으므로 keep^4/resume^{4}로는 사용할 수 없다.[36]

(iii) ing분사 상승 자동사 V^9

이 유형에 속하는 동사는 need와 want 뿐이다. 이 동사는 "필요가 있다 (be necessary 또는 be needed)"의 의미를 가진 1항 술어이며 그 논항은 하나의 상황이다.

(1) a. My hair needs *cutting*/*your cutting/*you cutting. (내 머리는 컷팅을 할 필요가 있다.)

b. Your room looks awful now. It needs *tidying*. (방이 지금 엉망이다. 정리정돈을 할 필요가 있어.)

c. This book wants *including in the buying list*. (이 책이 구입 리스트에 {포함될 필요가 있다/꼭 포함되어야 한다}.)

d. The window wants *cleaning*. (그 창문은 닦을 필요가 있다.)

e. His hair wants *cutting*. (그의 머리는 컷할 필요가 있다.)

(1a)의 의미는 (NEED (SOMEBODY CUT MY HAIR)) 즉 "누가 내 머리를 컷트하는 것이 필요하다=내 머리가 컷트되는 것이 필요하다"는 뜻으로 풀어쓸 수 있다. (want는 원래 "무엇인가 없다, 결핍되어 있다"는 뜻인데 이에서 "필요하다"는

뜻을 가진 "cease"와 어울리고 "일시에 딱 멈추다"는 뜻을 가진 "stop"과는 맞지 않는다.

[36] keep과 resume에 미래지향의 의미가 없다는 것은 "계속함"과 "다시 시작함" 자체에 초점이 있다는 말이다. 그 뒤로도 계속되었는지 아닌지에 대해서는 언질을 주지 않는다는 뜻이다. (그러나 현실적으로 사태의 진행상 그 뒤로도 계속되었음을 완전히 배제할 수는 없다.)

뜻이 도출된다고 볼 수 있다.)

이때 주어 My hair는 상승 주어로서 의미적으로 ing분사 보어 cutting의 목적어가 된다.[37] to부정사 보어를 거느리는 seem 등 상승 동사의 상승 주어가 to부정사 보어의 의미상 주어로 해석되는 것과는 대조적으로 이 유형에서는 주어가 ing분사 보어의 의미상 목적어가 된다. ing분사 보어가 반드시 피동으로 해석되는 것이 이 때문이다. 즉 ing분사 형태는 능동형인데 의미는 피동이다. 그런데 이 유형에서 피동형 ing분사는 허용되지 않는다. *My hair needs being cut. *The window wants being cleaned. 등은 모두 비문이다. 피동태가 나타나게 하려면 to부정사 보어 구문으로 바꾸면 된다. My hair needs *to be cut*. This book needs *to be included* in the buying list. 등등. 이 의미의 need는 두 가지 용법으로 사용된다고 볼 수 있다. to부정사 보어를 거느리게 되면 need는 **to부정사 상승 자동사**에 속한다. (그러나 want는 이 구문에는 쓰이지 않는다. *My hair wants to be cut.은 비문이다.)[38]

⑤ Be 동사

Be 동사는 모두 5 가지 유형이 있다. 그 중 become, get 등과 같은 유형인 연결 자동사 be는 빼고 **등식의 be 동사**(equative *be*), **존재의 be동사**(existential *be*), 진행의

---

[37] 이런 의미에서 이 구문은 This book is difficult to read. (이 책은 읽기 쉽다.) The chicken is ready to eat. (닭고기가 먹을 준비가 되어있다.) 등과 같은 이른바 Tough구문과 비슷한 점이 있다. (Tough구문은 제3장에서 다룬다.) 이 구문에서 주어는 의미적으로 to부정사 보어의 목적어로 해석된다. 이때 to부정사는 반드시 타동사이어야 하고 직접목적어 없이 쓰여야 한다. *This book is difficult to disappear.는 to부정사가 자동사여서 비문이고 *The chicken is ready to eat it.은 to부정사가 타동사인 것은 좋으나 목적어 it이 나타났으므로 비문이 된다. *This is difficult to be read.도 비문이다. to부정사 보어가 피동이 되어 자동사와 같은 결과가 되기 때문이다. 즉 to부정사는 반드시 타동사이면서 목적어는 나타나지 않아야 정문이 된다. 이 제약은 위 목적어 상승 ing분사 자동사 구문의 제약과 아주 비슷하다.

[38] need와 want는 다른 유형으로 쓰이기도 한다. (i) I need my hair cutting. (ii) I want this book including in the buying list. (iii) They don't want people staring at them. 이 동사는 상승목적어와 ing분사 보어를 취하며 의미적으로 2항 술어이다. 첫째 논항은 필요함이나 원함의 주체이고 둘째 논항은 필요함이나 원함의 대상이다. (i)의 첫째 논항은 "나"이고 둘째 논항은 "내 머리카락이 잘리는 것"이다. (나의 머리카락(my hair)이 논항이 아니라는 점에 유의할 것. 내 머리카락을 필요로 한다거나 하는 의미는 없다.) (ii) want의 둘째 논항은 "이 책이 구매 리스트에 포함되는 것"이다. (i)과 (ii)에서는 ing분사 보어가 피동의 뜻으로 해석되고 (iii)에서는 능동으로 해석되어야 한다.

be동사(progressive *be*), 피동의 be동사(passive *be*) 등 4 가지를 여기서 살펴본다.

(i) 등식의 *be* 동사 V[10]

이 동사는 "A=B" 즉 "A는 B이다(A is B)" 또는 "A는 B와 같다(A is equal to B)"의 뜻을 나타낸다. 등식관계를 이루는 주어 A와 보어 B는 지시표현이어야 한다.

(1) a. John is the only witness in this case. (존은 이 송사에서 유일한 증인이다.)
    b. The earth is the only planet where living things have evolved. (지구는 생물이
       진화한 유일한 행성이다.)
    c. Dr. Jekyll was Mr. Hyde. (제킬 박사는 미스터 하이드였다.)

(1) 예문에서 주어와 보어가 지시표현이고 그 둘이 등식관계에 있다. 그 등식관계는 순서를 바꾸어도 같은 의미가 된다. The only witness is John in this case. The only planet where living things have evolved is the earth. Mr. Hyde is Dr. Jekyll.
다음 예문에서 a day without laughter나 a day wasted는 특정의 어느 날을 가리키지 않는다. 따라서 그것은 지시표현이 아니며 is도 등식의 be가 아니어서 (2)는 등식관계를 말하는 예문이 아니다.

(2) A day without laughter is a day wasted.--Charlie Chaplin
    (웃음이 없는 하루는 낭비된 하루다.)

여기서 is는 연결 동사이고 a day wasted는 서술어다. 웃음이 없는 날이란 무엇인지 그 속성을 기술하는 말이다. Yesterday *was a day wasted*. (어제는 낭비된 하루였다.)에서도 주어 Yesterday는 지시표현이고 a day wasted는 주어의 속성을 설명하는 서술보어이다. Charlie Chaplin was *a movie star* in the early twentieth century.와 같은 문장에서도 a movies star는 역시 서술보어이다. 이렇게 be동사 다음에 오는 부정명사구는 대체로 서술보어로 쓰인다. (2)에서 is가 등식의 be가 아니기 때문에 어순을 바꾸면 "*A day wasted is a day without laughter."과 같은 비문이 된다. 그것은 Bill is a nice student.의 어순을 바꾸어 "*A student is Bill."이

라고 하면 비문이 되는 이유와 같다. 이상의 모든 예문에서 ((2)를 포함하여) be동사 다음의 부정명사구는 모두 서술보어이다.

(ii) 존재의 be 동사 V^{11}

"존재하다/있다"의 뜻을 나타내는 be동사이다. 위치를 나타내는 전치사구가 보어로 온다. 존재 동사 be는 (1a)에서와 같이 전치사구 보어를 거느리는 구문으로 나타날 수도 있고 (1b)처럼 명사구와 전치사구 보어를 거느리는 "존재의 there구문(existential *there* construction)"으로 나타날 수도 있다.

(1) a. A book is *under the table*. (책 한 권이 테이블 아래에 있다.)
    b. There is *a book* *under the table*. (테이블 아래에 책 한 권이 있다.)

존재의 there구문은 허사 There가 선두에 오고 존재동사 be가 온 다음 "주어"가 그 다음에 오며 전치사구 보어가 그 다음에 오는 구문이다. There는 문장을 시작하는 도입부로서 형식적 주어의 기능을 할 뿐 의미적 내용은 없다. 이것은 "거기"를 의미하는 그 "there"가 아니다. There is a book {there/here}.({거기/여기} 책 한 권이 있다.) 두 번째 there는 "거기"를 의미하는 실사이고 도입부의 There는 "무내용"의 허사다. 허사 There와 실사 here는 서로 모순되지 않는다.

전치사구 보어 대신 피동형 동사구나 형용사구가 올 수도 있다.

(2) a. There are *hundreds of online courses open to the general public*. (수백개의 온라인 코스들이 일반(대중)에게 공개되어 있다.)
    b. Starting April 23, there'll be *at least 30 new classes offered via Coursera*. (4월 23일부터 시작해서 적어도 30개의 새로운 과목이 코세라를 통해 개설될 것이다.)

이들은 there가 없는 다음 문장과 같은 뜻이다.

(3) a. *Hundreds of online courses* are₂ *open to the general public*.

b. Starting April 23, *at least 30 new classes* will **be₂** *offered via Coursera*.

주어가 문두에 오는 대신 be동사 뒤에 오고 주어 자리에는 도입부 허사 there가 오면 (2)와 같은 there구문이 된다.

결국 보어 요구 사항의 차이에 따라 두 유형의 존재동사로 나뉜다. 존재동사 be₂는 보통의 동사와 같이 전치사구 보어가 그 뒤를 따르고 주어가 문두에 온다. (1a)와 (3)의 be동사가 이 유형이다.

(2)와 같은 there 구문의 본동사인 존재동사 be[11]는 다음과 같은 통사/의미적 성격을 갖고 있다.

(4) 존재의 be[11] 동사의 특성
① 두 개의 보어를 거느린다. 첫 번째 보어는 부정명사구이고 두 번째 보어는 전치사구, 형용사구, 또는 피동형 동사구이다.
② 주어는 허사 there이다. 이 there는 첫 번째 보어의 수를 그대로 따른다. 첫 번째 보어가 단수이면 자신도 단수, 복수이면 자신도 복수가 된다.
③ be동사의 형태는 허사 주어 there의 수에 따라 단수 동사 is, was 또는 복수 동사 are, were 등이 결정된다.
④ 첫 번째 보어가 제1 논항이 되고 두 번째 보어가 제2 논항이 된다.

(2a)의 허사 주어 there의 수는 첫 번째 보어 hundreds of online courses의 수와 일치하여 복수가 되므로 복수동사 are가 와야 하고, (1b)의 허사 주어는 단수이므로 is가 와야 한다.

(5) a. *There* {is/*are} *a book* under the table.
    b. *There* {are/*is} *hundreds of online courses* open to the general public.

그리고 (1b)와 (2a)의 의미는 각각 there 존재동사의 특성 (4)-④에 의해 다음과 같이 나타낼 수 있다.

(6) a. EXIST(a book)(under the table)

  b. EXIST(hundreds of online courses)(open to the public)

be동사 다음에 오는 요소는 통사적으로 be₂의 보어이지만 의미적으로 존재동사의 제1 논항이다. (1a)와 (2b)의 의미도 (6)이다. a book과 hundreds of online courses는 각각 통사적으로 be₃의 첫 번째 보어이면서 의미적으로 존재동사의 제1 논항이다.

(iii) 진행의 be 동사 V^{12}

이 동사는 오직 ing분사 동사구를 보어로 취하고 진행의 의미를 나타낸다.

(7) a. Things **are** _going_ very smoothly. (상황이 매우 순조롭게 진행 중이다.)

  b. The Mars is _revolving_ around the sun just like the earth _is_. (화성은 꼭 지구와 같이 태양의 둘레를 돌고 있다.)

(iv) 피동의 be 동사 V^{13}

본동사가 피동의 동사 be^{13}이면 그 문장은 피동문이 된다.

(8) _be13_의 통사/의미적 특징

  ① 피동형의 동사구 보어를 거느린다.

  ② by전치사구 보어가 동사구 보어 다음에 올 수 있다.

  ③ 주어는 피동작자의 의미역을 수행한다.

  ④ by전치사구의 명사구는 동작주의 의미역을 수행한다.

(9) a. _The town house_ **was**^{13} _designed by Mary Elizabeth Jane Colter_.

    (그 타운하우스는 메리 엘리자베스 제인 콜트에 의해 설계되었다.)

  b. _Everything_ **was**^{13} _destroyed_ during the war.

    (모든 것이 전쟁 중에 파괴되었다.)

was는 피동형 동사 designed와 전치사구 by Mary Elizabeth Jane Colter를 보어

로 취하고 The townhouse가 주어가 된다. 그러면 주어가 피동작자 의미역이 되고 by전치사구가 동작주 의미역이 된다. 능동문 "Mary Elizabeth Jane Colter designed the townhouse."의 능동형 타동사 designed의 주어가 동작주의 의미역을 수행하고 목적어가 피동작자 의미역을 수행하기 때문에 결과적으로 이 능동문이 피동문 (9a)와 같은 의미가 된다.

(9b)에서는 by 전치사구 보어가 생략되어 있다. 따라서 동작주 의미역이 밝혀지지 않았다. 이런 경우에 이 피동문과 같은 의미를 나타내는 능동문으로 불특정의 동작주 somebody, they 등을 주어로 하는 "Somebody destroyed everything during the war."과 같은 문장을 생각할 수 있다.

그러나 동작주가 누구인지 정확히 말할 수 없거나 말할 필요가 없을 때 피동문을 쓰는 것이기 때문에 이 능동문이 꼭 피동문 (9b)와 정확히 뜻이 같다고 말할 수 없고 그럴 필요도 없다. 능동문과 피동문은 통사적으로나 의미적으로 서로 독립되어 있고 그것을 현실에서 사용함에 있어서도 각각 나름대로의 의미와 기능이 따로 있다.[39]

⑥ 완료 시상 동사 Have (Perfective *Have*) V[14]

완료 시상 조동사 have가 이 유형의 유일한 동사이다. 과거분사 동사구를 보어로 취하여 완료시상을 나타낸다.

(1)   a. One year on from the Queen's memorable state visit to Ireland, the ties between our two nations **have** never *been stronger*, writes Eamon Gilmore. (여왕의 아일랜드 국가방문 이후 일 년이 지난 지금 우리 두 나라 사이의 관계가 이보다 더 튼튼해진 적이 없었다고 이몬 길모어는 적고 있다.)

      b. Who found Jesus' body **had** *gone from the tomb*? (예수의 시체가 무덤에서 사라진 것을 누가 발견했나?)

---

[39] 피동문의 구조에 대해서는 1.6.4절 참조.

(1a)의 **현재 완료 시상**은 과거의 양상이 현재까지 미치고 있음을 나타낸다. 즉 have been strong은 과거에 튼튼했으며 그 뒤 지속적으로 튼튼해왔으며 현재도 튼튼하다는 뜻이다.

(1b)의 **과거 완료 시상**은 주절의 과거 시제 found보다 더 오래된 과거를 나타낸다. 과거의 사건을 묘사하는 전형적인 문장이다. 주절의 본동사 found가 that이 생략된 that절 보어를 거느리고 있다. 이때 주절의 시제가 과거이고 that절의 시제가 과거완료이면 that절이 나타내는 과거사의 때—예수의 시체가 무덤에서 사라진 시점--는 주절 본동사 found의 때를 앞서는 과거가 된다.

2.5.2 타동사 (Transitive Verbs)

타동사는 적어도 하나의 명사구 보어를 거느린다. 타동사에는 하나의 명사구 보어만 거느리는 단순 타동사(Strict Transitive Verbs, Strict V_t)와 명사구 보어에 더하여 또 다른 보어를 거느리는 복합 타동사(Complex V_t)가 있다.

2.5.2.1 단순 타동사 (Strict Transitive Verbs) V^{18}

단순 타동사는 직접 목적어만을 요구하는 동사이다.

(1) a. We are prodding, challenging, seeking *contradictions or small, persistent residual errors*, proposing *alternative explanations*, encouraging *heresy*. We give our highest rewards to those who convincingly disprove *established beliefs*." (Carl Sagan) (우리는 찌르고, 도전하고, 모순을 찾거나 작지만 빈번히 나타나는 나머지 오류들을 찾고, 대안의 설명방법을 제안하고, 이단을 권장한다. 우리는 기존의 통념이 틀렸음을 설득력 있게 증명하는 사람들에게 최고상을 준다. (칼 세이건))

  b. That just floored me. (=I was just floored by that.) (그것은 나를 너무도 놀라게 했다. (=너무도 놀라 말이 나오지 않았다/기가 막혔다.)

(a) 첫 문장에서 prod와 challenge는 단순 자동사이고 seek이 단순 타동사이다. proposing은 alternative explanations을, encouraging은 heresy를 목적어로 취한다. disprove의 목적어는 established beliefs이다. 이 동사들은 의미적으로도 전형적인 타동사로서 주어는 동작주(agent)가 되고 직접 목적어는 동사가 나타내는 행동이나 동작의 대상(=피동작자 patient)이 된다. 그러나 단순 타동사의 주어는 항상 동작주이고 직접 목적어는 피동작자가 되는 것만은 아니다. (1b)의 주어 That이 동작주 의미역이 될 수 없고 따라서 목적어 me도 피동작자가 아니다. 괄호 안의 피동문이 보여주는 것과 같이 me는 놀람을 경험하는 경험주 의미역이고 That은 놀람의 원인이 되는 원인(cause) 의미역이다.

이와 같이 타동사의 의미에 따라 주어와 목적어의 의미역은 다양하게 나타난다.

(2) a. Can you hear *me*? (내 말이 들립니까?)

b. His pitching form reminded *me* of the former Dodger's ace Chan Ho Park. (그의 투구 폼이 전 다져스팀의 에이스 박찬호를 상기시켰다.)

감각 동사 hear의 주어는 청각을 경험하는 경험주(experiencer) 의미역이고 목적어 me는 그 청각을 자극시킨 원인으로서 자극제 의미역이다. "상기시키다, 연상시키다, 생각이 나게 하다" 등의 뜻을 가진 타동사 remind의 경우는 반대로 주어가 자극제가 되고 목적어가 경험주가 된다.[40]

2.5.2.2 복합 타동사 (Complex Transitive Verbs)

복합 타동사는 직접 목적어 외에 무슨 보어를 거느리는가에 따라 **이중 명사구 타동사**(Ditransitive Verbs), 연결 타동사(Linking Transitive Verbs), 원형부정사 타동사, 피동형 타동사, *to*부정사 타동사, *ing*분사 타동사, 전치사구 타동사 등 7가지의 유형이 있다.

---

[40] 의미역에 대해서는 2.2.2절 참조.

① 이중 명사구 타동사

이중 명사구 타동사는 <V+NP₁+NP₂>의 형태의 동사구를 형성한다. 이 유형은 의미상 두 가지 하위유형이 있다. "NP₁에게 NP₂를 준다"는 뜻을 나타내는 **수여 동사**(Verbs of Giving)와 "NP₁을 NP₂라고 부른다"는 뜻을 나타내는 **명명 동사**(Verbs of Naming)이다.

(i) 수여 동사 V[19]

(1) a. She gave *me* *a book*.
     b. She gave *a book* *to me*.

(2) a. I bought *her* *a necklace*.
     b. I bought *a necklace* *for her*.

give, buy 등 수여 동사가 두 개의 명사구 보어를 취하여 <V+NP₁+NP₂>의 어순으로 나타날 때 NP₁은 "누군가에게"를 나타내고 NP₂는 "무엇인가를"을 나타낸다. 앞의 NP₁을 간접 목적어, 뒤의 NP₂를 직접 목적어라고 한다. (b)처럼 어순을 바꾸어 직접 목적어를 간접 목적어 앞에 놓을 수 있는데 그때는 간접 목적어는 to전치사구 또는 for전치사구로 나타난다. 그렇게 해서 <V+NP₂+P+NP₁>의 어순이 되면 그 동사는 이제 **수여 동사**가 아니고 **전치사구 타동사**에 속하게 된다. (전치사구 동사는 3장에서 다룬다.)

(3) a. I'll show *you* *my first paper* next week.
        (다음 주에 너에게 내 최초의 논문을 보여 주겠다.)
     b. I'll show *my first paper* *to you* next week.
        (다음 주에 내 최초의 논문을 너에게 보여 주겠다.)

(4) a. He taught *us* *an important lesson*.
        (그는 우리에게 중요한 교훈을 가르쳐 주었다.)
     b. He taught *an important lesson* *to us*.
        (그는 중요한 교훈을 우리에게 가르쳐 주었다.)

그러나 "주다(수여)"의 뜻이 들어 있다고 무조건 수여 동사가 되는 것은 아니다. (5) 이하 explain, provide, supply, deliver 등은 "설명해 주다" "제공해 주다" "보급해 주다" "배달해 주다" 등 "주다"의 뜻이 들어 있지만 수여 동사가 아니다. 이 때문에 아래 (5-8a)가 보여주는 것처럼 이 동사가 두 개의 명사구 보어를 취하면 비문이 된다.

(5) a. *I'll explain you the solution to the problem.
     b. I'll explain *the solution to the problem to you*.
       (그 문제의 풀이를 너에게 설명해 주겠다.)

(6) a. *Can you deliver me the package this morning?
     b. Can you deliver *the package to me* this morning?
       (오늘 아침에 그 소포를 저에게 배달해 주실 수 있어요?)

(7) a. *We wish to provide as many people as possible health care.
     b. We wish to provide *health care to as many people as possible*. (우리는 건강관리서비스를 가능한 한 많은 사람들에게 제공해 주고자 한다.)
     c. We wish to provide *many people with health care*.
       (우리는 많은 사람들에게 건강관리서비스를 제공하기를 원한다.)

(8) a. *The government supplied the refugees daily necessities.
     b. The government supplied *the refugees with daily necessities*.
       (정부가 난민에게 생필품을 보급했다.)
     c. The government supplied *daily necessities to the refugees*.
       (정부가 생필품을 난민에게 보급했다.)

이들 동사는 각기 직접목적어 명사구와 특정의 전치사구 보어를 요구한다. explain은 "무엇인가를"을 직접목적어로 나타내고 "누군가에게"를 to전치사구 보어로 나타낸다. provide와 supply는 "무엇인가를"을 with전치사구 보어로 나타내고 "누군가에게"는 to전치사구로 나타낸다. explain과 deliver는 with전치사구 보어를 쓰지 않는다. *I'll explain you with the solution.나 *Can you deliver me with the package?는 with전치사구 보어를 썼기 때문에 비문이다.

it이나 them 등 대명사가 직접 목적어 위치에 오는 것은 허용되지 않는다. 이때는 반드시 <V+대명사+P+NP₁>의 어순을 택해야 한다.

(9) a. *~~She gave me it~~.   b. She gave it <u>to me</u>.

(11) a. *~~I bought my friend it~~.   b. I bought it *for my friend*.

(12) a. *~~I'll show my friend them~~.   b. I'll show them *to my friend*.

(ii) 명명 동사 V²⁰

<명명하다, 부르다, 선출하다, 임영하다> 등의 뜻을 나타내는 명명 동사는 두 개의 명사구를 보어로 취하는데 두 번째 명사구 NP₂가 첫 번째 명사구 NP₁의 이름, 직위, 또는 직책이 된다.

(1) a. We {call/name} *him* {*Bo/Sir Brown/Lion King*}.
    (우리는 그를 {보라고/브라운 경이라고/사자왕이라고} 부른다.)

   b. We call *him* {*baron/doctor/sergeant/captain/chairman/general/servant* etc}.
    (우리는 그를 {백작이라고/의사라고/상사라고/의장이라고/장군이라고/종이라고} 부른다.)

   c. We {elected/appointed} *her representative of our class*.
    (우리는 그녀를 우리 반 대표로 {선출했다/임명했다}.)

(2) a. *~~We call~~ him {*a* ~~doctor~~/*a* ~~captain~~/*a* chairman}.

   b. *~~We {appointed/elected}~~ her *a* representative of our class.

명칭, 직위, 직함, 또는 신분을 나타내는 NP₂는 반드시 **무관사 명사구**이어야 한다. (2)에서 보는 바와 같이 부정관사 명사구는 명명 동사의 두 번째 보어로 쓰일 수 없다. a doctor, a captain, a chairman 등 부정관사 명사구는 "명칭" 또는 "직함"을 나타낼 수 없기 때문이다. a doctor는 직업이 의사인 어떤 사람, a captain은 선장 신분의 어떤 사람 또는 계급이 대위인 어떤 사람, a chairman은 의장직을 맡고 있는 어떤 사람을 가리킨다. 그러기 때문에 "We call him a doctor.(우리는 그를 <u>의사 직을 가진 사람</u>이라고 부른다)"라고 하는 것은 말이 안 된다. '의사 직을 가진 사람'이라는 표현은 명칭이 아니다. Appoint나 elect의 두 번째 명사구 역시 직책이나 직함을 뜻하는 명사이어야 하는데 명칭이나 직함을 의미할 수 없는 부정관사 명사구가 왔으므로 비문이다. ("역할의 무관사 명사구(bare role NPs)"에 대해서는 제6장 참조.)[41]

② 연결 타동사 (Linking Transitive Verbs) V[21]

이 유형의 타동사는 직접목적어 뒤에 형용사구 보어 또는 명사구 보어를 요구한다. 보어는 직접목적어의 성질, 속성, 자질 등이 어떠한지를 서술한다. 그런 의미에서 이 보어를 **목적어 서술 보어**(object-predicating complement) 또는 줄여서 **목적격 보어**(objective complement)라고 부른다.

(1) a. We proved *it genuine*. (우리는 그것이 진짜임을 증명했다.)

b. I am going to prove *them all wrong*.

(나는 그들이 모두 틀렸음을 증명하려 한다.)

c. They kept *their marriage secret*. (그들은 그들의 결혼을 비밀로 했다.)

d. I consider *you responsible for her safety*.

(나는 당신이 그녀의 안전에 책임을 지고 있다고 {본다/생각한다}.)

---

[41] 그런데 We call it {*a failure/a success*}.(우리는 그것을 {실패작/성공작}이라고 {규정한다/기술한다}.)와 같은 예에서 두 번째 명사구가 부정명사구로 나오는 예를 볼 수 있는데 이때 call은 명명동사가 아니다. 이 call의 뜻은 <~라고 부르다, 명명하다>가 아니고 <기술하다(=describe), 규정하다(=characterize)> 등의 뜻이다. 명명동사 call[20]은 그 두 번째 명사구가 무관사 명사구이어야 하지만 <기술하다, 규정하다>의 뜻을 가지는 이 call도 이중 명사구 타동사이기는 하지만 그 두 번째 명사구가 무관사 명사구이어서는 안 된다. 그래서 이 call을 같은 뜻을 가진 describe나 characterize로 바꾸면 We described him *as a failure*. (우리는 그를 실패한 사람으로 기술했다.) They characterized him *as a success*.(그들은 그를 성공한 사람으로 규정했다.)와 같이 두 번째 명사구가 as 전치사구로 바뀌어야 하고 as의 목적어도 부정명사구로 나타난다. describe나 characterize는 이중명사구 타동사에 속하지 않으므로 ~~We described him a failure.~~나 ~~We characterized him a success.~~는 비문이다. 비슷한 뜻을 가진 designate의 용법은 이들과 달리 as전치사구 보어를 거느리는 타동사로 쓸 수도 있고 이중명사구 타동사로 쓰일 수도 있다. They designated Mr. Brown *as their spokesman*.(브라운 씨를 그들의 대변인으로 지명했다.) 그런데 They didn't want to designate *the building a historic landmark*. (그들은 그 건물을 역사적 기념물로 지정하기를 원치 않았다.) 그러나 designate는 명명의 뜻을 가진 명명 동사가 아니고 따라서 두 번째 명사구가 명칭을 의미하지도 않는다. 이 때문에 두 번째 명사구가 부정명사구가 되는 것이 가능하다. (as전치사구 보어를 거느리는 describe, characterize, designate 등은 **타전치사구 타동사** V[32]에 속한다. 이에 대해서는 제3장 3.3.5절 참조.)

(2) a. They made *the trip pleasant*. (그들은 그 여행을 즐겁게 했다.)

b. They made *the story boring*. (그들은 그 이야기를 지루하게 했다.)

c. They render *it harmless*. (그들은 그것을 무해하도록 만든다.)

d. You drive *me mad*. (너는 나를 {미치게/화나게} {한다/만든다}.)

(3) a. He pushed *the door open*. (그는 문을 밀어서 열었다.)

b. We hammered *it flat*. (우리는 그것을 망치로 두들겨 납작하게 만들었다.)

c. He wiped *the table clean*. (그는 테이블을 깨끗이 {닦았다/훔쳤다}.)

d. John painted *the house red*. (존은 집을 붉은 색으로 칠했다.)

e. He shot *the deer dead*. (그는 그 사슴을 총을 쏘아 죽였다.)

f. They knocked *him senseless*. (그를 때려서 기절시켰다.)

g. Most people don't realize that large pieces of coral, which have been painted *brown* and attached to the skull by common wood screws, can make a child look like a deer." (Jack Handey) (커다란 산호 조각을 갈색으로 칠을 해서 보통의 나무 나사로 머리에 붙여놓으면, 그것이 아이를 사슴처럼 보이게 할 수 있다는 것을 대부분의 사람들은 깨닫지 못한다.)

(4) a. They ate *the steak* almost *raw*. (그들을 스테이크를 거의 날 것으로 먹었다.)

b. She left *the door open*. (그녀는 문을 열어 두었다.)

이상 예문에서 본동사가 밑줄 친 두 개의 요소 즉 직접목적어와 목적격 보어를 거느리고 있다. 그런데 목적격 보어가 전체 문장의 의미형성에 어떠한 의미적 공헌을 하는가에 따라 몇 가지 하부유형으로 갈라진다.

첫째, (1)의 본동사들은 2항 술어다. (1a)에서 prove의 목적어 it은 prove의 논항이 아니고 it이 genuine과 결합하여 <그것이 진짜다>라는 내용의 명제를 이루는데 이것이 prove의 제2 논항이 된다.

둘째, (2)의 본동사들은 일종의 **사역 동사**(causative verb)로서 3항 술어이다. 가령 (2a)의 made는 직접목적어 the trip을 대상으로 <그것이 유쾌한> 상황이 되도록 했다는 내용이다. "the trip"이 제2 논항이 되고 <그 여행이 유쾌하다>는 명제가 사역의 결과로서 제3 논항이 된다.

2항 술어 prove의 목적어는 **상승 목적어**이며 목적격 보어 genuine의 의미상 주어이다. 반면에 3항 술어인 사역동사 made의 목적어 it는 **보통 목적어**이고 형용사 보어 pleasant의 제1 논항(=의미상 주어)이다.

셋째, (3)과 (4)의 pushed, hammered, ate, left 등 동사들의 목적격 보어는 선택적 요소다. 그것이 없더라도 문장이 성립한다. (1), (2)에서는 목적격 보어를 없애게 되면 비문이 되거나 다른 뜻을 나타내게 된다. 가령 (1d)의 보어 responsible for her를 탈락시킨 I consider you.는 (거의) 비문이고 (2b)의 목적격 보어 boring을 빼면 They made the story.가 되는데 그것도 문장은 되지만 거기서 made는 사역동사는 아니다. 이와는 달리 (3)과 (4)에서 목적격 보어를 없애더라도 They pushed the door. They ate the steak. 등등 다 정문이다. (물론 이렇게 되면 pushed, ate는 이제 단순 타동사가 되어 (3)과 (4)의 구문과는 다른 구문이 된다.) 아무튼 목적격 보어가 선택적 요소라는 점에서 (3)과 (4)의 구문은 (1)과 (2)의 구문과 다르다.

(3)의 구문에서 본동사, 직접목적어, 목적보어 등 3 요소 사이에 일정한 의미관계가 맺어져 있다. (3a)는 문을 밀었더니 그 결과 문이 열렸다는 것을 의미한다. (3b)는 그것을 망치로 두드렸더니 그 결과 납작해졌다는 뜻이다. (3d)는 식탁을 행주로 닦았더니 그 결과 식탁이 깨끗해졌다는 뜻이다. (3f)는 그를 때렸더니 그 결과 그가 기절했다는 뜻이다. 이와 같이 목적격 보어는 항상 동사가 나타내는 동작의 결과로 일어나는 상태를 서술하고 있다. 이런 의미에서 push, hammer, knock 등을 **결과 타동사**(resultative transitive verb) 라고 부른다. 결과 타동사는 단순 타동사의 뜻을 더 구체화하는 효과를 자아낸다.

(5) a. She wiped the table.
     b. She wiped the table clean.

이 두 예문 사이에는 동작의 결과에 대해 구체적으로 말하느냐 하지 않느냐의 차이가 있다. **단순 타동사**를 쓰면 그녀가 테이블을 닦았다는 사실만 표현하고 있어서 그녀의 작업의 결과가 어떻게 나왔는지에 대해서는 말하지 않고 있다. 보통 문맥에서 테이블을 닦았으면 테이블이 깨끗해졌다고 판단하는 것이 상식이지만 상황에 따라서는 반드시 그렇지 않을 수도 있을 것이다. 그러나 **결과 타동사**를 쓰면 목적격 보어 clean을 제공함으로써 그녀가 테이블을 닦은 결과 테이블이 깨끗해졌음을 명백히 하고 있다. 이와 같이 동작 또는 행동의 결과를 구체화하고 더 명백히 하는 것이 결과 타동사의 의미기능이다.

만약에 이런 기능에 맞지 않는 형용사가 목적격 보어로 쓰이면 (의미적으로) 비정상적인 문장이 된다.

(6)   a. ?*He **pushed** the door {firm/strong/weak/...}.

       b. ?*We **hammered** the plate {high/intelligent/stupid/...}.

       c. ?*She **wiped** the table {dirty/wet/stained/...}.

       d. ?*They **painted** the house {expensive/beautiful/new/...}.

       e. ?*He **shot** the deer {alive/brave/cruel/...}.

       f. ?*They **knocked** him {tender/graceful/harsh/...}.

(6a)의 목적격 보어 firm, strong, weak 등은 그가 문을 민 동작의 결과를 구체화하는 데 기여할 수 없다. 문을 열었더니 문이 단단해졌다거나 튼튼해졌다거나 약해졌다거나 하는 것은 보통 상황에서 일어날 수 없는 일이기 때문이다. (b) 판을 망치로 두들겼더니 판이 {높아졌다/머리가 좋아졌다/멍청해졌다}는 것은 모두 말이 안 된다. (c) 테이블을 행주로 닦았더니 테이블이 더러워졌다는 것은 말이 안 된다. (d) 집에 페인트칠을 하는 작업의 결과에 대해 더 구체적으로 말하는 것은 무슨 색으로 칠했는가를 밝히는 정도가 보통이다. 색을 뜻하지 않는 형용사들은 이 문맥에 맞지 않는다. (e) 사슴에 총을 쏜 결과 사슴이 살아났다거나 용감해졌다거나 잔인해졌다거 하는 것은 상식적으로 일어날 수 없는 일이다. (f) 그가 부드럽거나 우아하거나 세거나 한 것은 그를 때려서 얻을 수 있는 결과가 아니다. 따라서 (3)은 결과동사구문으로 성립할 수 없는 비문들이다.

만약 각 형용사를 부사로 바꾸면 단순 타동사 구문이 될 것이고 그러면 문맥에 따라 정문이 되는 것도 있을 것이다. He pushed the door *firmly*. (그는 문을 단호히 밀었다.) We hammered the plate *in a stupid manner*. (그는 망치로 그 접시를 멍청하게 두들겼다.) He shot the deer *cruelly*. (그는 그 사슴을 잔인하게 쏘았다.) 등등은 정상적인 문장이다. 그러나 ?*They knocked him *tender*. ('tender'는 부사)

??They knocked him <u>gracefully/beautifully</u>. 등은 아무래도 어색하다.

(4)는 결과 구문처럼 생겼지만 사실은 결과 구문이 아니다. 목적격 보어 raw나 open이 해당 동사가 나타내는 동작이나 행동의 결과를 서술하고 있지 않다. 스테이크를 먹었더니 그 결과 날것이 되었다는 것은 (4a)의 뜻이 아니며, 문을 놔두었더니 (또는 두고 떠났더니) 그 결과 (저절로) 열렸다는 것은 (4b)의 뜻이 아니다. 여기서 목적격 보어는 목적어 the steak, the door의 상태를 있는 그대로 묘사할 뿐이다. 즉 (4a)는 그들이 스테이크를 먹었다는 사실과 그 스테이크가 날것이라는 사실을 동시에 말할 뿐이다. (4b)는 그녀가 문을 두고 떠났다는 사실과 문이 열려 있었다는 사실을 동시에 말한 것이다. 이런 의미에서 (4)의 eat, leave 등을 **묘사 타동사**(depictive transitive verb)라고 부른다. 형용사 보어 raw, open은 목적어 the steak, the door의 상태를 묘사한다.

(1)의 3항 술어 prove, keep, consider 등 타동사의 목적격 보어는 목적어의 성질이나 상태를 서술하므로 묘사 타동사에 속한다.

(2)의 사역동사 make, render, drive 등은 직접목적어에 힘을 작용하고 그 결과 변화를 초래하게 하는 동사들이다. 그 변화의 결과를 목적격 보어가 나타낸다. 따라서 사역 동사는 결과 동사에 속한다.

③ 원형 부정사 타동사 (Bare Infinitive Transitive Verbs)

원형부정사 타동사에는 **원형부정사 통제 타동사**(Bare Infinitive Control Transitive Verbs)와 **원형부정사 상승 타동사**(Bare Infinitive Raising Transitive Verbs)가 있다.

(i) 원형 부정사 통제 타동사 V[22]

이 타동사는 보통목적어와 원형의 동사구 보어를 거느린다. 목적어가 원형 동사구 보어의 의미상 주어이다. 이 유형에 속하는 동사는 let, make, help 등 셋뿐이다.

(1) a. Let *him go his way*. (그가 자기 길을 가도록 놔둬라.)

    b. So what did you guys do? Did you fight him to the death, or let *him go on his way*? (그래서 너희들은 무엇을 했나? 그와 죽도록 싸웠나? 아니면 그가 하고 싶은 대로 계속 하도록 내버려뒀나?)

    c. It made *me relaize that the world is beautiful.* (그것은 나로 하여금 세상이 아름답다는 것을 깨닫게 해 주었다.)

사역동사는 전형적으로 3항 술어이다. 가령 (1a)의 직접목적어 him이 <let 사역>의 대상이 되어 제2 논항이고 원형동사구 보어 go his way가 <사역>의 결과로서 제3 논항이다. "사역"의 의미와 형식을 더욱 투명하게 나타내는 타동사가 cause, force, compel 등등인데 이들은 to부정사 보어를 취하는 **to부정사 통제 타동사**에 속한다.

(ii) 원형 부정사 상승 타동사 V[23]

이 유형은 직접목적어와 **원형 부정사 동사구**(bare infinitive VP)를 보어로 거느린다. 보고 듣고 느끼는 등 감각을 뜻하는 **감각동사**들이 이 유형에 속한다.[42]

이 유형의 동사가 **상승 타동사**임을 이해하는 것이 중요하다. 다음과 같은 예문에서 본동사 saw와 heard의 대상이 무엇인가, 즉 "우리는 무엇을 보았는가" 그리고 "그들은 무엇을 들었는가"가 문제이다.

  (1)   a. We saw *him entertain his company.*
          (우리는 그가 좌중을 즐겁게 해주는 {것을/모습을} 보았다.)
       b. They heard *her lock the door.* (그들은 그가 문을 잠그는 {것을/소리를} 들었다.)

(1a)에서 <우리가 본 것(We saw)>은 <그가 좌중을 즐겁게 하는 것(him entertain the company)>이며 (1b)에서 <They heard 그들이 들은 것>은 <him lock the door 그가 문을 잠그는 것>이다. <him entertain the company>나 <him lock the door>는

---

[42] 감각동사라도 직접목적어만 거느리는 We saw him.이나 Can you hear me?와 같은 경우의 saw나 hear는 이 유형이 아니다. 이 감각동사는 단순 타동사이고 목적어는 보통목적어이다. 감각동사는 원형부정사 상승타동사로도 쓰이고 단순 타동사로도 쓰인다.

하나의 <사건(event)>, <동작(action)> 또는 <상황(state of affairs)>이며 그것이 각
각 <saw>와 <heard>의 대상이다. 즉 (1a)에서 우리가 본 것은 그가 아니라 그가
좌중을 즐겁게 해주는 <사건> 또는 <상황>이고 (1b)에서 그들이 들은 것은 그가
아니고 그가 문을 잠그는 <사건> 또는 <동작>이다. 그래서 의미적으로 직접목적
어 him은 saw의 논항이 아니고 her는 heard의 논항이 아니다. 감각동사 saw는 2항
술어로서 제1 논항은 <We>이고 제2 논항은 <him entertain his company>이며 역
시 2항 술어 heard의 제1 논항은 <They>이고 제2 논항은 <him lock the door>이다.
이들 동사의 직접목적어는 상승목적어이고 따라서 동사는 상승 타동사다.

　이 감각동사의 직접목적어가 상승목적어라는 것은 다음 (2)와 같은 예문에서
대명사 it이 무엇을, him이 누구를 가리키는지를 잘 관찰하면 좀 더 확실해진다.

(2)　a. Ralph saw *John hide something*. Van saw it too.
　　　(랠프는 존이 무언가를 감추는 것을 보았다. 밴도 그것을 보았다.)
　　b. ??Ralph saw John hide something. Van saw him too.
　　　(랠프는 존이 무언가를 감추는 것을 보았다. 밴도 그를 보았다.)
　　c. Ralph saw John hide something. Van saw him do so too. (랠프는 존이 무언
　　　가를 감추는 것을 보았다. 밴도 그가 그렇게 하는 것을 보았다.)[43]

　"랠프는 존이 무언가를 감추는 것을 보았고 밴도 존이 무언가를 감추는 것을
보았다" 즉 "랠프는 존이 무언가를 감추는 것을 보았고 밴도 그렇게 하는 것을
보았다"는 뜻을 나타내려면 "do so"를 사용하여 (2c)와 같이 말할 수도 있고 대명
사 "it"을 사용하여 (2a)와 같이 표현할 수도 있다. 그러나 (2b)처럼 대명사 "him"
을 사용하여 말하는 것은 부자연스럽다. 그 이유는 대명사 "it"은 <John hide
something>이라는 사건이나 상황을 지시하고 "him"은 <John>이라는 사람을 지시
하기 때문이다. 그와 동시에 감각동사 saw의 직접목적어가 왜 상승목적어인지도
밝혀진다.

---

[43] 이 예문은 <Jon Barwise, John Perry 공저, *Situations and Attitudes*, MIT 출판사, p.180>에
　　나오는 "Ralph saw Ortcutt hide something. Van saw it too."를 각색한 것이다. 그들의
　　"Seeing"의 논리도 참고했다.

먼저 (2c)는 "랠프는 존이 무언가를 감추는 것을 보았고 밴도 역시 그가 그렇게 하는 것을 보았다"는 뜻이다. 그런데 뒤의 문장 "Van saw him do so too.(밴도 역시 <u>그가 그렇게 하는 것</u>"을 보았다)"에서 "그가 그렇게 하는 것"이란 "존이 무언가를 감추는 것"을 말한다. "him"은 "John"을 가리키고 "do so"는 "hide something"을 가리킨다. 그리하여 (2c)는 결국 "랠프가 본것도 존이 무언가를 감추는 것이고 밴이 본 것도 존이 무언가를 감추는 것이다"라는 의미를 나타내게 된다. (2c)의 이런 의미는 본동사 saw의 다음과 같은 통사적, 의미적 속성에 의존한다.

(3)　① see는 2항 술어이다.
　　　② see의 제1 논항은 <인물>이며 제2 논항은 <사건> 또는 <동작>이다.
　　　③ see는 상승 타동사이다.

여기서 특히 주목할 것은 see의 제2 논항이 <인물>이나 <사물>이 아니라 <사건> 또는 <동작>이라는 점이다. saw의 제2 논항이 "존"이 아니라 "존이 무언가를 감추는 상황"이 예문 (2c)의 의미이다.[44] 그리고 "John"과 "him"은 saw의 논항이 아니며 "hide something"과 "do so"의 의미상 주어로 해석되어야 한다.

대명사 it이 쓰인 예문 (2a)에서 saw의 제2 논항이 <사건> 또는 <동작>이라는 것이 명백해진다. 만약에 saw의 제2 논항이 <인물>이라면 대명사 it을 사용할 수가 없을 것이기 때문이다. 혹 <it(그것)>이 <감추는 것(hide something)>을 가리킨다고 주장할 수도 있을지 모르나 그것은 (2c)의 "Van saw it too."의미와 맞지 않는다. 여기서 it이 가리키는 것은 단순히 <무언가를 감추는 것>이 아니라 <존이 무언가를 감추는 것>이다.

---

[44] 만약에 saw의 제2 논항이 <인물>이나 <사물>이라면 <him>이 saw의 제2 논항이 되는데 그렇게 되면 <hide something>이나 <do so>를 어떻게 처리할지가 문제가 된다. <hide something>이나 <do so>가 제2 논항 <him>에 더하여 제3 논항이라고 한다면 see를 3항 술어로 보아야 할 것이다. 그러나 see를 3항 술어라고 주장할 근거가 없다. <사물>을 보든 <동작>을 보든 see라는 서술어는 2항 술어일 뿐이다. 감각동사 see의 제1논항은 시각 또는 청각을 경험하는 **경험주역**(experiencer)을 수행하고, 제2논항은 그 지각작용의 원인이 되는 **자극역**(stimulus)이 된다. see는 제1 논항 경험주역과 제2 논항 자극역으로써 서술이 완성된다. 그 외에 또 다른 논항은 없다.

saw의 제2 논항이 <인물>일 수 없다는 것은 예문 (2b)의 어색함이 어디서 오는가를 보면 확실해진다. (2b)는 "랠프가 본 것은 존이 무언가를 감추는 것이었고 (Ralph saw John hide something) 밴이 본 것은 존이었다(Van saw him)"고 말하고 있어서 랠프가 본 것과 밴이 본 것은 분명히 같지 않은 데도 불구하고 "too"를 사용함으로써 랠프와 밴이 본 것이 같은 것이었다고 말하고 있기 때문에 이는 앞뒤가 맞지 않는 말이 된 것이다. "Ralph saw John hide something."에서는 saw의 제2 논항이 <John hide something(존이 무언가를 감추는 동작)>이고 "Van saw him too."에서는 saw의 제2 논항이 <John이라는 인물>이다. 랠프가 본 것과 밴이 본 것은 서로 다르다. 따라서 이 두 문장은 <too>로써 연결될 수 없다. 만약에 "saw"의 제2 논항이 <인물>이라면 "Van saw him too."에서 him이 saw의 제2 논항이 되고 "Ralph saw John hide something."에서 "John" 역시 saw의 제2 논항이 되며[45] him이 John을 가리킬 수 있으니 (2b)에 아무 어색함이 없어야 할 것이다. 그러나 (2b)가 어색한 것이 사실이고 따라서 "Ralph saw John hide something."의 saw의 제2 논항이 <인물>이라는 가정은 성립할 수 없다.

이와 같이 앞뒤 연결이 자연스럽게 되는 것은 랠프가 본 것과 밴이 본 것이 같을 때이다. 만약 랠프가 본 것과 밴이 본 것이 같지 않은데도 뒤 문장에 too를 쓰게 되면 같지도 않은 것을 같다고 하는 결과가 되어 결국 부자연스러운 말이 된다. (2b)가 바로 그런 경우다. (2b)는 "랠프가 본 것은 존이 무언가를 감추는 것이었는데 밴이 본 것도 역시 존이었다"고 말하고 있으니 앞뒤가 맞지 않는다.

결론적으로 (2b)에서 앞 문장 "Ralph saw John hide something."의 saw는 <동작>을 대상으로 하는 원형부정사 상승타동사이므로 그 제2 논항이 <John hide something>이고 그 뒤의 문장 "Van saw him too."의 saw는 단순타동사이므로 그 제2 논항이 <him>이다. 따라서 랠프가 본 것과 밴이 본 것이 같지 않은데도 같다고 말하고 있기 때문에 앞뒤가 맞지 않는다. 대조적으로 (2a)는 "Van saw it too."의 saw가 단순타동사이지만 그 직접목적어가 it이어서 <John hide something>이라

---

[45] 그러나 각주 44에서 제기한 문제점이 여기서도 생긴다. 즉 만약 <him>이 saw의 제2 논항이라고 하면 <hide something>을 어떤 논항으로 처리할지가 문제로 남는다. 대안으로 <him>을 제2 논항으로 보고 <him hide something>이 제3 논항이라고 볼 수도 있을지 모르나 그렇다면 제3 논항의 의미역이 무엇인지가 문제이다.

는 <사건>을 가리킬 수 있다. 따라서 랠프가 본 것과 밴이 본 것이 같기 때문에 앞뒤가 잘 맞아 아무 하자가 없다. 그리고 (2c)는 앞 문장의 saw의 제2 논항도 <John hide something>이고 뒷문장의 saw의 제2 논항도 <him do so>이므로 결국 랠프가 본 것과 밴이 본 것이 같아 아무 하자가 없다.[46]

이 유형의 감각동사가 통제 타동사라는 것은 피동화 현상에서도 확인된다. (1a) (=아래 (4b))의 능동태의 원형동사구 보어 <him entertain his company>를 피동태로 바꾸어놓으면 아래 (4a)와 같이 된다.

(4)   a. We saw *his company* **entertained** *by him*.
　　　　(우리는 좌중이 그에 의해 즐거워하는 것을 보았다.)[47]

　　b. We saw *him* **entertain** *his company*.(=(1a))

이제 (4a)는 본동사 saw가 목적어 his company와 피동형 동사구 보어 entertained by him을 거느리는 피동문 문장으로 바뀌었으나 원래의 능동문 문장 (4b(=1a))와 의미 차이가 없다. 이는 (4a)의 saw의 제2 논항 <his company entertained by him>

---

[46] 이 문제와 관련하여, see와 같이 직접목적어와 원형부정사구 보어를 거느리지만 see와는 달리 3항 술어가 되는 let, make 등 사역동사의 경우에 대명사 it이 어떻게 작용하는지 알아보면 참고가 될 것이다.
(i) ??Ralph let John go his way. *Van let it too. (랠프는 존을 자기 길을 가도록 했다. 밴도 그것을 하게 했다.)
(ii) ??Ralph made John feel guilty. *Van made it too. (랠프는 존을 죄의식을 느끼게 만들었다. 밴도 그것을 그렇게 하게 했다.)
(iii) ??Ralph helped John do his homework. *Van helped it too. (랠프는 존이 숙제하는 것을 도와주었다. 밴도 그것을 도와주었다.)
(i)의 경우에 <John>이 사역동사 let의 제2 논항이고 <go his way>가 제3 논항이다. 사역동사의 직접목적어는 보통목적어이다. 그래서 주어 Ralph는 사역의 주체(=일을 시키는 사람)이고 목적어 John은 사역의 객체(=일을 하는 사람)이다. 예문 (2a)의 경우에 <John hide something>이 saw의 논항이므로 it이 그것을 가리킬 수 있었지만 여기서는 <John go his way>가 let의 논항이 아니므로 Van let it too.의 대명사 it이 그것을 가리킬 수가 없다. 더구나 let은 단순타동사로는 쓰일 수 없으므로 *Van let it too. 자체가 비문이다. 따라서 (i)은 앞뒤가 맞지 않는 어색한 말이다. (ii)와 (iii)도 그러하다. it 대신 him을 사용하고 do so를 사용하여 "I let him do so too." "Van made him do so too." "Van helped him do so too."라고 하면 자연스러운 연결이 될 수 있다. 사역동사 let, make, help의 목적어는 보통목적어이고 감각동사 see, hear 의 목적어는 상승목적어이며 전자는 3항 술어이고 후자는 2항 술어라는 것을 다시 확인할 수 있다.
[47] 이 예문의 saw는 잠시 후에 알아볼 **피동형 동사구 통제 타동사**에 속한다.

과 (4b)의 saw의 제2 논항 <him entertain his company>가 동일한 의미를 나타내기 때문이다. 그것은 또한 (4a)의 saw의 직접목적어 his company와 (4b)의 saw의 직접목적어 him이 saw의 제2 논항이 아니라는 것을 의미한다. 만약 각 문장에서 그 직접목적어가 보통목적어로서 saw의 제2 논항이 된다면 두 문장의 의미가 동일할 수가 없다. 그 직접목적어는 상승목적어로서 각각 <entertained by him>과 <entertain his company>의 의미상 주어가 되고 <his company entertained by him>과 <him entertain his company>가 각각 saw의 제2 논항이며 saw는 상승 타동사임이 확실하다.

(1b)(=(5b))에서도 원형 부정사 보어를 피동화하면 아래 (5a)가 된다.

(5) a. They **heard** _the door_ _**locked**_ _by him_.
(그들은 문이 그에 의해 잠겨지는 것을 들었다.)
b. They **heard** _him_ _**lock**_ _the door_.

(5a)의 직접목적어 the door나 (5b)의 직접목적어 him이나 heard의 제2 논항이 아니다. heard의 제2 논항은 각각 the door locked by him과 him lock the door이다. 두 논항은 피동과 능동 이외의 다른 의미차이가 없고 결국 (5a)와 (5b) 사이에도 의미차이가 없다.

이 동사 유형은 피동화되면 to부정사 보어를 거느린다.

(6) a. He **was seen** _to leave_ the bank.(그가 은행을 떠나는 것이 보였다.)
a'. *He was seen leave the bank.
b. He **was heard** _to lock_ the door.(그가 문을 잠그는 소리가 들렸다.)
b'. *He was heard lock the door.

능동문에서 원형 부정사이던 것이 피동문에서는 to부정사로 바뀌어야 한다.[48]

---

[48] 이는 사역동사가 피동화되면 to부정사 보어가 쓰이는 것과 같은 현상이다. They **made** us _feel guilty_.를 피동문으로 바꾸면 feel guilty가 to feel guilty로 바뀐다. We were made _to feel guilty_. *We were made feel guilty.

(5a')과 (5b')에서 보는 바와 같이 본동사가 피동이 되었는데도 보어가 그대로 원형으로 있으면 비문이 된다.

④ 피동형 동사구 타동사 (Passive VP Transitive Verbs)

피동형 동사구 타동사에는 **피동형 동사구 통제 타동사**(Passive VP Control V$_t$)와 **피동형 동사구 상승 타동사**(Passive VP Raising V$_t$)가 있다.

(i) 피동형 동사구 통제 타동사 V[24]

이 유형에 속하는 동사는 get과 have 둘뿐이다. 이 동사는 "하게 하다"라는 사동(causation)의 뜻을 갖는다. 직접목적어 다음에 피동형 동사구 보어가 오는 것이 특징이다.

(1)　a. I got *my car* repaired. (나는 차를 수리하게 했다.)

　　　b. Can I get *my teeth* whitened while I'm pregnant? (임신 중에 치아 표백을 할 수 있어요?)

　　　c. I had *my hair* cut. (나는 머리를 자르게 했다.=이발했다)

(1a)에서 직접목적어 my car는 사동의 대상임과 동시에 피동형 동사구 보어 repaired의 의미상 주어로 해석된다. 결국 "나는 내 차가 수리되어지게 만들었다"는 뜻을 나타낸다. (1a)는 "I caused my car to be repaired by the mechanic."(나는 정비공에게 내 차를 수리하게 했다.)로 바꾸어 쓸 수 있다. (cause는 **to부정사 통제 타동사이다**.)

우리말 "나는 차를 수리했다"에는 두 가지 뜻이 있다. 첫째, '차를 카센터에 가지고 가서 수리를 하게 했다'는 뜻이다. 둘째, '차를 손수 수리했다'는 뜻도 된다. 이중 첫째가 (1a)의 뜻이다. 둘째의 뜻은 "I repaired my car."로 표현될 것이다.

(1c)는 내가 내 머리를 손수 컷트했다는 말이 아니고 이발관이나 미용실에서 이발사나 미용사에게 머리를 깎게 했다는 말이다.

get와 have는 서로 바꾸어 써도 무방하다. (1) 대신 다음과 같이 할 수도 있다.

I *had* my car repaired. Can I *have* my teeth whitened while I'm pregnant? I *got* my hair cut.

(ii) 피동 동사구 상승 타동사 V^{25}

이 유형은 직접목적어와 피동형태의 동사구를 보어로 취하며 직접목적어는 상승 목적어이다.

(1) a. They **proved** *him involved in the crime*.
   (그들은 그가 그 범죄에 연루되었음을 증명했다.)
b. We **saw** <u>Spurs</u> <u>beaten by United</u>.
   (우리는 스퍼스가 유나이티드에 지는 것을 보았다.)
c. I **saw** *the house torn down*. (나는 그 집이 철거된 것을 보았다.)
d. I **heard** *the window broken*. (나는 창문이 부서지는 {것을/소리를} 들었다.)
e. He **reported** *them killed*. (그는 그들이 살해되었음을 {보고했다/보도했다}.)

각 예문에서 him, Spurs, the house, the window, them이 각각 상승 목적어이다. (1a)에서 그들이 증명한 것은 <him>이 아니고 <그가 그 범죄에 관련되었다는 것>이고, (b)에서 우리가 본 것은 <Spurs>가 아니고 <Spurs가 United에게 진 것>이며. (c)에서 내가 본 것은 <the house>가 아니고 <집이 철거되는 것>이며, (d)에서 내가 들은 것은 <the window>가 아니고 <창문이 깨어지는 것>이고, (e)에서 그가 보고한 것은 <them>이 아니라 <그들이 피살되는 것>이다. 이 목적어들은 모두 보통목적어가 아니다.

(1b)는 아래 (2)와 같이 능동태로 고쳐 쓸 수 있다.

(2) We **saw** *United beat(ing) Spurs*.

(beating을 쓰면 아래에서 곧 살펴볼 **ing분사 상승 타동사**의 예가 된다.) 이렇게 바꿔써도 (1b)와 (2) 사이에 의미 변화가 없다. (1b)의 Spurs가 saw의 논항이 아니기 때문이다. (1b)에서 saw의 논항은 <Spurs beaten by United>이고 (2)에서 saw의

논항은 <United beating Spurs>이다. 이 두 논항 사이에는 의미차이가 없다. 따라서 (1a)와 (2)의 의미가 같은 것이다. 그러므로 saw의 직접목적어 Spurs는 상승목적어이며 목적격 보어 beaten by United의 의미상 주어이다. (원형동사구 상승 동사의 경우와 같이) 아래와 같은 대명사 it의 현상이 이를 뒷받침한다.

(3)   a. We saw *Spurs beaten by United*. They saw *it* too.
      b. We saw *United beat(ing) Spurs*. They saw *it* too.

it은 <*Spurs beaten by United*>과 <*United beat(ing) Spurs*>의 의미로 해석된다. 직접목적어 Spurs와 United는 상승 목적어이고 saw의 대상은 <상황> 또는 <활동>이라는 것을 보여준다.

⑤ *To*부정사 타동사 (*To*-infinitive Transitive Verbs)

*To*부정사 타동사에는 **to부정사 통제 타동사**(*To*-infinitive Control Transitive Verbs) **to부정사 상승 타동사**(*To*-infinitive Control Transitive Verbs)가 있다.

(i) to부정사 통제 타동사 V[26]

to부정사 통제 타동사는 직접목적어와 to부정사 보어를 거느리는 3항 술어이다. <제1 논항 '누군가가' 제2 논항 '누군가를' 움직여 (또는 '누군가'에게 영향력을 행사하여) 제3 논항 '무슨 행동을 하도록' 하다>라는 뜻을 나타낸다.

(1)   a. Mary **persuaded** *the doctor to examine John.*
         (메리는 그 의사를 설득해서 존을 진찰하도록 했다.)
      b. Mary **persuaded** *John to be examined by the doctor.*
         (메리는 존을 설득해서 그 의사의 진찰을 받게 했다.)

(1a)에서 보통목적어 the doctor가 <persuade 서술관계>에 참여하여 제2 논항이 된다. Persuade의 목적어는 의미적으로 <persuade(설득행위)>의 대상이 됨과 동시에 to부정사 보어 <to examine(진찰행위)>의 의미상 주어가 된다. 이 때문에 to부

정사 보어가 피동으로 바뀐 (1b)는 (1a)와 의미가 다르다. To부정사 보어가 능동인 (1a)의 persuaded의 직접목적어는 the doctor이지만 (1b)의 직접목적어는 John이다. (1a)에서는 <persuade 서술관계>의 제2 논항이 the doctor이고 (1b)에서는 John이다. 따라서 메리가 설득한 사람이 (1a)에서는 그 의사이고 (1b)에서는 John이다. persuade 외에 advise, compel, spur 등이 to부정사 통제 타동사로 쓰인다.

(2)   a. I **advised** him to put the gun on the desk.
(나는 그에게 충고를 해서 총을 데스크 위에 놓도록 했다.)

b. They **compelled** *Sandy to meet Kim.*
(그들은 샌디를 강권해서 김을 만나게 했다.)

c. What **spurred** *him* to join the party?
(무엇이 그를 그 당에 들어가도록 (자극)했는가?)

d. Jack makes it clear throughout this chapter that something inside Willie has always **spurred** *him to reach for greatness.* (잭은 이 장 전체에서 윌리의 마음속에 있는 무엇인가가 항상 그를 자극해서 위대함을 추구하게 해왔다는 것을 명백히 하고 있다.)

e. The crisis triggered by the loss of Spain's colonies and the situation of the party **spurred** *him to hand in his resignation in 1899.* (스페인의 식민지의 상실과 당의 상황에 의해 촉발된 그 위기는 (결국) 그를 궁지로 몰아 1899년에 사직서를 제출하게 했다.)

f. Told of the incident Monday by the Sun-Times, Obama's campaign called Ramirez-Sliwinski and **persuaded** *her to step aside.* (월요일에 선 타임즈지 (기사)를 읽고 그 사건에 대하여 알게 되자, 오바마의 선거운동(본부)측은 라미레즈-슬린스키에게 전화를 걸었고 그녀를 설득하여 {비켜나게/양보하게} 했다.)

g. Her mother **persuaded** *her to participate in Miss Lyons competition in 1929* and she won the title. (그의 어머니는 그를 설득하여 1929년도 미스 라이온스 시합에 참가하게 했고 (거기서) 그녀는 타이틀을 획득했다.)

그리고 compel, demand, require, encourage 등 동사들도 역시 이 유형에 속한다. 이 네 개의 동사가 모두 "강제로 하게 한다"는 뜻인데 강제성의 강도에 차이가 있다.

(3) We {compelled/demanded/required/encouraged} _our students_ _to attend all the_
student and faculty concerts. (우리는 학생들이 모든 학생과 교수 콘서트에 가
도록 {강요했다/요구했다/의무화 했다/권장했다}.)

Compel이 강제성이 가장 강하다. 그야말로 억지로 시키는 경우이다. Demand는
명령할 수 있을 정도의 강제성이 있는 경우에 쓸 수 있다. Require는 제도적으로
의무화하여 하지 않으면 안 되도록 만들어 놓은 상황에 쓴다. Encourage에는 강제
성이 거의 없어서 하지 않더라도 벌칙이 없는 권장사항에 속한다.

참고로 이 to부정사 통제동사 persuade를 직접목적어와 that절 보어를 요구하는
persuade와 비교해 볼 필요가 있다. 이 동사는 목적어가 반드시 to부정사의 주어로
해석되지만, 직접목적어와 that절을 거느리는 persuade의 경우 직접목적어와 that
절의 주어가 같지 않아도 된다. I persuaded _her_ that {_she/her daughter/her_
son/John} should participate in the competition. (나는 그녀를 설득해서 {그녀가/그
의 딸이/그의 아들이/존이} 그 시합에 나가도록 했다.)에서 보는 바와 같이 her가
아닌 다른 사람이 that절의 주어가 되어도 자연스러운 문장이 된다. 그러나 I
persuaded her to participate in the competition.에서는 to participate의 의미상 주어
는 her 이외에 다른 것이 될 수 없다.

또 하나의 참고 사항. To부정사 보어 대신 into 전치사구 보어를 사용할 수 있
다. 즉 "{persuaded/advised/compelled/demanded} somebody _into doing something_"
라고 말할 수 있다. 그러나 이렇게 되면 이 동사들은 전치사구 타동사에 속하여
유형도 다를 뿐만 아니라 to부정사 통제 타동사와는 미묘한 의미차이가 있다.
"persuade somebody _to do something_"은 주어의 영향력으로 그렇게 하기는 했지만
목적어가 스스로의 의지로 그렇게 한 것이라는 암시를 준다면, "persuade
somebody _into doing something_"은 목적어의 스스로의 의지보다는 주어의 조정
또는 영향력에 의한 것이라는 어감이 강하다.[49]

---

[49] 종래 생성문법에서는 expect와 같은 상승 동사도 아니고 persuade와 같은 통제 동사도 아닌
promise 유형이 따로 있다고 설명해 왔다. 가령 She promised me to examine him.(그녀는
나에게 그를 진찰하겠다고 약속했다.)에서 me는 promised의 보통목적어라는 점에서 통제
동사인 persuade와 같은 것 같지만 to부정사 보어의 의미상 주어가 me가 아니라 본동사의
주어 She로 해석된다는 점에서는 통제 동사가 아니다. 그래서 상승 동사도 아니고 통제 동사

(ii) *To*부정사 상승 타동사 V^{27}

이 유형은 **to부정사 통제 타동사**와 같이 직접목적어와 to부정사 보어를 거느린 다. 그러나 직접목적어는 to부정사 보어의 의미상 주어가 되는 **상승 목적어**이고 따라서 이 동사는 의미적으로 2항 술어이다. 동작 또는 행위의 수행자가 제1 논항 이 되고 to부정사 보어가 그 동작 또는 행위의 대상으로서 제2논항이 된다. 직접 목적어는 to부정사 보어의 의미상 주어로 해석될 뿐 본동사의 서술 관계에 관여하 지 않는다.

(1)   a. Mary **expected** *the doctor* to examine John.
    (메리는 그 의사가 존을 진찰할 것 이라고 기대했다.)

직접목적어 the doctor와 to부정사 to examine John이 expected의 보어이다. 상승 목적어 the doctor는 <기대하다 expect>의 대상이 아니다. 그것은 to부정사 보어의 의미상 주어의 기능을 한다. 상승 목적어는 통사적으로 expect의 직접목적어 기능 을 하지만 의미적으로는 expect의 서술관계에 관여하지 않는다. 2항 술어인 expect 서술관계에 참여하는 것은 주어 Mary와 '기대하다'의 대상인 <(the doctor) to

---

도 아닌 promise 유형을 별도로 인정해야 된다고 보았다. 그러나 실제로 그러한 promise의 용법은 널리 통용되지 않는 것 같다. 대부분의 영어사전에서 그 용법을 인정하지 않고 있다. 보통 promise는 She promised to examine him.(그녀는 그를 진찰하기로 약속했다.)처럼 목적 어가 없이 쓰이는데 이 promise는 **to부정사 자동사**에 속한다. 그리고 누구와 약속하는지를 꼭 표현하고 싶으면 She promised him that she would examine him.(그녀는 그에게 그를 진찰 하겠다고 약속했다.)과 같이 that절을 사용한다. 그러나 Webster Third New International Dictionary에 "(They) promised the court to be ready.(법정에 준비하겠다고 약속했다.)"라는 예문이 제시되어 있는 것을 보면 종래 생성문법의 주장이 전혀 근거가 없다고도 할 수 없다. 하지만 오늘 날 보통 사람들이 promise를 그렇게 쓰는 일은 흔하지 않다. 그래서 직접목적어 와 to부정사를 보어로 요구하는 promise 유형은 여기서 다루지 않기로 했다. 그럼에도 불구 하고 She didn't also promise her dad not to shack up with guys.(그녀는 자기 아버지에게 남자들과 동거하지 않겠다고 약속하지도 않았다.) I promised her not to tell anyone.(나는 그녀에게 아무한테도 말하지 않겠다고 약속했다.) 등의 예들이 매우 드물게나마 눈에 띄기 때문에 그렇게 쓰는 일이 전혀 없다고는 할 수 없다. 참고로 셰익스피어의 희곡에 그러한 용례가 있다. *Hamlet*의 Ophelia의 대사에 Quoth she, "Before you tumbled me, You promis'd me to wed.("당신이 나와 자기 전에 당신은 나에게 결혼하겠다고 약속했어요" 하고 그녀는 말했다.)라는 예가 있다. 그러나 현대영어에서는 그 대신 Said she, "before you slept with me, you promised to marry me."라고 말하는 것이 더 자연스럽다.

examine John>이다. 메리가 기대하는 것은 <the doctor>가 아니고 <the doctor to examine>이다. 이 때문에 <the doctor to examine John>을 피동화했을 때 expect 서술관계의 의미에 변동이 없다. 아래 피동문 (1b)는 능동문 (1a)와 같은 의미이다.

(1)　b. Mary **expected** John to be examined by the doctor.
　　　　(메리는 존이 그 의사에게 진찰을 받을 것으로 기대했다.)

여기서 John이 expected의 상승 목적어이므로 expect의 서술관계에 참여하지 않고 to부정사 보어의 의미적 주어 기능을 할 뿐이다.

나아가서 John이 expected의 문법적 직접목적어이므로 피동화될 수 있다.

(1)　c. John was expected (by Mary) to be examined by the doctor.
　　　　(존은 (메리의 생각에) 그 의사에 의해 진찰을 받을 것으로 기대되었다.)

물론 능동문 (1a)의 직접목적어 the doctor도 피동화될 수 있다.

(1)　d. The doctor was expected to examine John (by Mary).
　　　　(그 의사가 존을 진찰할 것으로 기대되었다.)

이 역시 (1a)와 동일한 의미이다. 능동문에서나 피동문에서나 expect는 항상 2항 술어이다.

(2)　a. He **demonstrated** *the theory* *to be false*. (그는 그 이론이 거짓임을 증명했다.)
　　　b. His speech **demonstrated** *his followers* *to regard it as a virtue to take account of changed circumstances*. (그의 연설은 그의 추종자들이 변화된 환경을 고려에 넣는 것을 장점으로 생각한다는 것을 증명했다.)
　　　c. LOSS IN HOBOKEN FIRE: Marine Insurance Broker **Estimates** *It* *to be $800000*. (호보켄 화재의 손실: 해상보험 브로커는 그것을 800000 달라로 산정하다.)
　　　d. **Expecting** *the world* *to treat you fairly because you are a good person* is

like expecting *a bull not to attack you because you are a vegetarian.*" (Dennis Wholey) (당신이 착한 사람이기 때문에 세상이 당신을 정당하게 대우해 줄 것이라고 기대하는 것은 당신이 채식주의자이기 때문에 황소가 당신을 공격하지 않을 것이라고 기대하는 것과 같다.--데니스 홀리)

e. *The wholesale value of the market* is estimated *to be $81.3-104.6 million a year.* (시장의 도매 가치는 8130억-1조460만 달라인 것으로 산정된다.)

f. A body found yesterday on Rockaway Beach in Queens is believed *to be that of a 14-year-old girl who disappeared in the surf nine days ago*, the police said yesterday. (퀸즈의 록어웨이 비치에서 어제 발견된 시체는 9일 전에 파도 속에 사라진 14세 소녀의 시체인 것으로 믿어진다고 경찰이 어제 말했다.)

g. The girl is at Children's Hospital. She is believed *to be doing better*, but is still in rough shape. (그 소녀는 어린이 병원에 입원중이다. 그녀는 나아지고 있는 것으로 믿어지지만 아직 상태가 좋지 않다.)

위 예문(e), (f), (g)는 believe와 estimate가 피동문으로 쓰인 것이다. 이를 능동으로 바꾸면 아래와 같이 된다.

e'. They estimate *the wholesale value of the market to be $81.3-104.6 million a year*.

f'. They believe *a body found yesterday on Rockaway Beach in Queens to be that of a 14-year-old girl who disappeared in the surf nine days ago*.

g'. They believe *her to be doing better*.

to부정사 상승 타동사들은 의미적 공통성을 갖고 있다. 즉 그것들은 모두 "생각하다"와 관련되는 뜻을 지니고 있다.

(3) We{accept/announce/argue/assume/conclude/demonstrate/estimate/find/imagine/ suspect/understand} *it to be {true/false}*.) (우리는 그것을 {진실이라고/허위라고} {인정한다/발표한다/주장한다/가정한다/결론내린다/증명한다/평가한다/알다/상상한다/추측한다/이해한다}.)

"accept 인정하다"부터 "understand 이해하다"까지 모든 동사들이 생각하고 판단하는 행위를 의미한다. 이 때문에 이들 동사들이 모두 2항 술어가 되는 것이다. 생각하는 서술관계에는 생각하는 사람과 생각의 대상인 명제가 논항이 된다. 이와 대조적으로 persuade와 같은 **to부정사 통제 동사**의 기본의미는 "생각하다"가 아니다. 그것은 상대방에 영향력을 가하여 상대방을 움직이도록 하는 의미를 가지고 있다. 이런 서술관계는 <영향력을 행사하는 자>, <영향을 받는 자>, <그 결과 영향을 받는 자가 하는 행동> 등 3자(three parties)가 참여해야 성립한다. 따라서 이 유형의 동사는 3항 술어가 된다.

그런데 다음 (4)에서 보는 바와 같이 능동형의 see, feel 등이 to부정사 보어를 거느리는 경우가 있다. 그러나 이때 see와 feel은 감각동사가 아니다.

(4)　a. We saw Kim _to be a crook_. (우리는 {킴이 사기꾼이라고 생각했다/킴을 사기꾼으로 보았다}.)
　　b. We heard Kim _to be a genius_. (우리는 킴이 천재라고 하는 말을 들었다.)
　　c. We feel Kim _to be competent_. (우리는 킴이 능력이 있다고 생각한다.)

이 동사들은 **to부정사 상승 타동사**에 속한다. see, hear는 understand, be aware 등과 비슷한 뜻을 가지고 feel은 think, believe 등과 비슷한 뜻을 가진다. 이 동사들은 생각, 느낌, 인식을 나타낸다고 하여 **인지 동사**(verbs of cognition)라고 불린다. 이 때문에 감각동사와는 달리 to부정사 보어가 나오는 것이다.

이 인지 동사의 to부정사 보어는 반드시 동작의 뜻이 없는 상태 술어(non-dynamic stative predicate)이어야 한다. to be a crook, to be a genius, to be competent 등이 그와 같은 상태 술어들이다.

이 문맥에 동작성 술어(dynamic predicate)가 나오면 비문이 된다. *~~We saw Kim to enter the building. *She felt her feet to tremble.~~ Kim이 건물에 들어간다거나 다리가 떨리는 동작성 술어(dynamic predicate)는 생각의 대상보다는 시각이나 촉각의 대상이 되는 것이 적절하다. 그것은 감각동사 saw나 felt의 대상이 되는 것이 정상이다. 감각 동사의 대상이 되면 그 술어는 원형 부정사 보어로 나타나 We saw Kim <u>enter the building</u>. She felt her feet <u>tremble</u>.로 되어야 정문이다.

동작은 감각의 대상이고 상태는 인지의 대상이 되는 것이 보통이다. 사람이나 물체의 움직임은 시각에 포착된다. 사람이나 물체의 성질은 보이고 안 보이는 문제를 떠나 대체로 인식의 대상이 된다. 예컨대 "개가 뛰어가는 동작"은 바로 눈으로 보는 시각의 대상이 될 수 있다. 그러나 "개의 얌전한 성질"은 보는 대상이라기보다는 그렇게 느끼고 인식하는 대상이다. 이 때문에 "개가 뛰어가는 것을 본다"고 말하는 것은 자연스럽지만 "개가 얌전한 것을 본다"고 말하는 것은 어색하다. 보통은 "개가 얌전하다는 것을 안다"고 말한다. 얌전한 것은 개의 성질인데 그것을 안다고 말하는 것은 흔히 하는 말이지만 그것을 본다는 것은 좀 이상하다. 그러나 "개가 뛰어가는 것을 알고 있다"고 말한다면 정확히 무엇을 알고 있다는 것인지 아리송하다. 이때는 "개가 뛰어가는 것을 본다"고 말하는 것이 정상이다.

요약하면, 감각동사의 대상은 동작이고 인지동사의 대상은 성질이나 상태이다. 감각동사의 대상인 동작은 원형부정사로 나타나고 인지동사의 대상인 성질이나 상태는 to부정사로 나타난다.

   (5)   (a) 감각동사 +목적어+원형부정사 <동작 술어> (We saw Kim <u>leave the bank</u>.)
         (b) 인지동사 +목적어+to부정사 <상태 술어> (We saw Kim <u>to be a crook</u>.)

그런데 감각동사가 피동화되면 to부정사 보어가 나타나므로 인지동사가 피동화되는 경우와 결국 같은 모양이 된다. 그러나 그 둘은 겉모양은 같으나 원천은 같지 않으므로 혼동하지 않도록 주의해야 한다.

   (6)   a. Kim **was seen** *to be a crook*. (킴은 사기꾼으로 {비치어졌다/보였다}.)
         b. This **was seen** *to be true*. (이것은 진실임이
         c. His feet **were felt** *to be stone-cold*. (그의 발이 돌처럼 차게 느껴졌다.)
   (7)   a. He **was seen** *to enter* the building about the time the crime was committed.
            (그는 그 범죄가 저질러진 사각과 거의 같은 시각에 그 빌딩에 들어가는 것이 보여졌다.)
         b. The burst went off in Leo and was **seen** *to last* for 10 seconds.

(폭발이 레오에서 터졌고 10초 동안 지속되는 것이 보였다.)

피동문 (6)에 나오는 to부정사 보어는 능동문에 있는 to부정사가 그대로 유지된 것이다. (Cf. We saw Kim to be a crook. They saw this to be true. He felt his feet to be stone-cold.)

대조적으로 (7)의 to부정사 보어는 능동문에 없는 것이 피동화되면서 생긴 것이다. They saw him *enter the building*. They saw the burst *last for 10 seconds*.에서 감각동사 saw는 원형부정사 보어를 거느린다. enter와 last는 saw의 보어 위치에 원형부정사로 나타난다. 그런데 이를 피동화하면 원형부정사가 to부정사로 바뀌어 나타난다.

인지 동사 see와 감각 동사 see의 차이를 다음 표로 정리한다.

(8) 인지 동사 see와 감각 동사 see의 차이

	의미	능동문		피동문
인지동사 see	"알다"	목적보어가 상태동사일 때	(1) We saw him *to be a crook*.	(2) He was seen *to be a crook*.
		목적보어가 동작동사 일 때	(3) *They saw him to leave the bank.	(4) He was seen *to leave* the bank.
감각동사 see	"보다"	(5) They saw him *leave* the bank.		(6) He was seen *to leave* the bank.

인지 동사 see의 to부정사 보어 대신 as 전치사구 보어를 쓰면 see는 '생각한다 consider'의 의미에 더욱 가까워진다. 시각의 의미는 없어지고 인지의 의미만 남았다.

(9) a. Philosophically they **saw** him *as a positivist*. (철학적으로 그들은 그를 논리실증주의자로 **보았다/생각했다**.)

   b. She **saw** him *as a visionary*, but his father **saw** him *as a man* who couldn't make a living. (그녀는 그를 (공상적) 이상주의자로 {**보았지만**/이상주의자라고 **생각했지만**} 그의 아버지는 그를 밥벌이 못 하는 (무능한) 사람으로 {**보았다/생각했다**}.)

이 구문을 다시 피동문으로 바꾸고 as 전치사구 대신 to부정사를 쓸 수도 있다. As 전치사구 보어를 쓰든 to부정사 보어를 쓰든 의미는 같다.

(10) a. Philosophically he **was** **seen** *as a positivist*.

（철학적으로 그는 논리실증주의자로 {**보여졌다/생각되었다**}.)

a'. Philosophically he **was** **seen** *to be a positivist*. (")

b. She **was** **seen** *as a visionary*.

（그녀는 이상주의자로 {**보여졌다/생각되었다**}.)

b'. She **was** **seen** *to be a visionary*. (")

(11) a. Women **were** **seen** {as/*to be*} *more chaste, less lustful than men*.

（여자는 남자보다 더 정숙하고 탐욕심이 적다고 인식되었다.）

b. Should arbitrators **be** **seen** *to be doing justice*?

（심판자는 정의를 실현하고 있는 것으로 인식되어야 하는가?）

c. Antiqua typefaces **were** **seen** *to be "un-German"*, and they **were** **seen** *to represent this* by virtue of their connotations as "shallow", "light", and "not serious". (고체의 활자서체는 "비독일적"인 것으로 인식되었고 그것은 "천박하고" "가볍고" "심각하지 못하다"는 함축적 의미 때문에 그렇게 나타낸다고 인식되었다.)

⑥ *ing* 분사 타동사 (*ing* participle Transitive Verbs)

ing 분사 타동사에는 *ing* **분사 단순 타동사**(*ing* participle Transitive Verbs), *ing* **분사 통제 타동사**(*ing* participle Control Transitive Verbs), *ing* **분사 상승 타동사**(*ing* Participle Raising Transitive Verb) 등 3가지 유형이 있다.

(i) *ing* 분사 단순 타동사 V[28]

이 타동사는 2항 술어이다. 동작주역을 수행하는 제1 논항이 주어가 되고 사건 또는 상황을 나타내는 제2 논항이 목적어가 되는데 이 목적어가 ing분사 동사구로 표현된다.

(1) a. I **resent** *being dependent on her*.

(나는 그녀에게 의존하는 것이 {화난다/원망스럽다}.)

   b. *Being dependent on her* was deeply **resented** *by them*.

   ((그들이) 그녀에게 의존하는 것이 그들에게 심각한 반감을 불러 일으켰다.)

   c. Thirty years ago, *being pretty or sexy* was **resented**, as though it made you something less as an athlete. (삼십년 전에는 섹시하거나 예쁜 것은 그것이 마치 운동선수로서의 자질을 떨어뜨리는 것인 양 생각되어 배척되었다.)

(1a)에서 화내는 사람인 "나"가 보통 주어로서 제1 논항이다. 그리고 "(내가) 그녀에게 의존하는 상황"이 직접목적어로서 나의 화냄의 대상 또는 원인이 되어 제2 논항이다.

(1b)는 They resented *being dependent on her* deeply.의 피동이고, (1c) 역시 They resented *being pretty or sexy*....의 피동이다. 이런 피동문이 존재하는 것은 이 ing분사 보어가 직접목적어라는 것을 보여준다.

(2) a. They **resented** *being dependent on her*.

    b. I **resented** *{Kim/Kim's} mistreating my cat*. (나는 Kim이 내 고양이를 함부로 다루는 {것에 대해 분개했다/것이 너무 싫었다}.)

(3) a. I won't **risk** *running into them*.

    (나는 그들과 마주칠 위험을 무릅쓰지 않겠다.)

    b. I won't **risk** *{them/their} seeing us together*. (나는 우리가 함께 있는 것을 그들이 보게 될 위험을 무릅쓰지 않겠다.)

(4) a. We **appreciated** *being invited to the party*.

    (우리는 그 파티에 초청된 것을 고마워했다.)

    b. We **appreciate** *{you/your} inviting us to the meeting*.

    (우리를 그 모임에 초대해 주신 데 대해 감사합니다.)

(5) a. Would you **mind** *waiting outside for a moment*?

    (잠시 밖에서 좀 기다려 주시겠어요?)

    b. Would you **mind** *{him/his} staying here for a couple of days*?

    (그가 여기 한 이틀 더 머물러 있어도 괜찮겠습니까?)

(6) a. I **remember** *meeting him at a party*.

    (나는 그를 어떤 파티에서 만난 것을 기억한다.)

b. I remember *{him/his} telling you.*
    (나는 그가 당신에게 말한 것을 기억하고 있다.)

이상 (2~6)예문에서 (a)는 ing분사 보어의 의미상 주어가 본동사의 주어와 같아 표면에 나타날 필요가 없는 경우이고, (b)예문은 ing분사 동사구 보어의 의미상 주어가 대격 또는 소유격 (대)명사의 형태로 ing분사 앞에 나타나는 것을 보여준다. (a)예문은 본동사의 주어가 ing분사 보어의 주어를 통제하는 경우다. (b)예문은 대격 또는 소유격 명사가 ing분사 보어의 주어 기능을 하고 있는 경우이다. 대격 명사는 주절 동사의 논항 역할을 하지 않는다. 가령 resent의 경우 내가 Kim을 원망한다든가, remember의 경우 내가 그를(him) 기억한다거나 하는 뜻으로는 이해되지 않는다. 이 대격 (대)명사는 모두 ing분사 동사구의 의미상 주어의 기능을 할 뿐이다.

이 대격명사는 상승 목적어가 아니다. 이는 그 대격명사가 피동문의 주어 자격이 없다는 데에서 확실하다.

(7) a. *Kim was resented mistreating my cat.
     b. *You were appreciated inviting us.
     c. *He was remembered saying so.
     d. *He was hated wasting time.

대격 명사가 주어로 나타나는 위와 같은 피동문들은 모두 비문이다. 따라서 대격 명사는 통사적으로 목적어가 될 수 없는 것이다. 대격 명사를 포함한 ing분사 보어 전체가 피동문 주어로 되는 것은 가능하다.

(8) a. Kim mistreating my cat was resented.
     b. You inviting us was appreciated.
     c. Him saying so was remembered.
     d. Him wasting time was hated.

[대격명사+ing분사 동사구]가 목적어 기능을 하고 있기 때문에 이런 피동문이 가능하다.

이 구문의 또 하나의 특징은 대격 대신 속격 대명사가 나타날 수 있다는 점이다. 이 속격 대명사는 대격 대명사와 마찬가지로 ing분사 보어의 의미상 주어이다. 속격 대명사는 대격에 비해 격식을 갖추는 문체에 잘 쓰인다.

능동문에서 ing분사 대신 to부정사가 쓰일 수 있는데 그때에도 대체로 피동문은 성립되지 않는다. *He was hated to waste time. 예외적으로 He was remembered to say so.는 가능하다. 따라서 remember의 경우에 ing분사 보어가 쓰이면 대격 대명사는 목적어가 아니지만 to부정사가 쓰이면 그것은 (상승)목적어이다. 즉 We remembered him to say so.에서 him은 상승 목적어이다.

(9)   a. I hate {*him/his*} *wasting time*.
       (나는 그가 시간을 낭비하는 {것이 싫다/것을 싫어한다}.)
    b. The cops hated *us* *hanging out here*.
       (경찰들은 우리가 여기서 어슬렁거리는 것을 싫어했다.)

위 예문에서 him은 물론 his와 us도 ing분사의 의미상 주어이다.[50]

(ii) *ing* 분사 통제 타동사 V^{29}

이 통제 타동사는 보통 목적어와 ing분사 동사구 보어를 거느린다.

(1)   a. I caught {*them/*their*} *smoking*. (나는 그들이 담배피우는 것을 (붙)잡았다.)
    b. I found *her* *drinking coffee alone in the backyard*.
       (나는 그녀가 마당에서 혼자 커피를 마시고 있는 것을 발견했다.)
    c. I left {*them/*their*}*quarreling among themselves*.
       (나는 그들이 자기들끼리 말싸움하도록 내버려 두었다/.)

---

[50] "hate"는 "like, dislike" 등과 마찬가지로 ing분사 대신 to부정사를 보어로 취할 수도 있다. I hate him to waste time. The cops hated us to hang out here. 이 "hate"는 to부정사 상승 타동사 V^{27}에 속한다.

(1a)에서 caught는 보통 목적어 them과 ing분사 smoking을 보어로 취하고, 그 목적어가 ing분사 보어의 주어를 통제한다. 대격 him/them 대신 속격 his/their를 쓸 수 없다. 이 타동사는 직접목적어를 갖추어야 정문이 된다.

앞 절 **ing분사 단순 타동사**의 경우에는 동사 다음에 나오는 대격 명사구를 피동화하는 것이 불가능했으나 이 유형에서는 그것이 가능하다. 대격명사구가 통사적으로 직접목적어이기 때문이다.

(2) a. *They* were **caught** *smoking*. (그들은 담배피우다 잡혔다.)

b. *Some of the students from the area* were **caught** *smoking* inside public transport in full uniform. (그 지역 출신 몇 학생들이 교복 정장을 하고 대중교통 안에서 담배를 피우다 잡혔다.)

c. What can happen to a student who is **caught** *cheating* (red handed) in your country? (부정행위를 하다 (현장에서) 잡히는 {학생에게 무슨 일이 일어날 수 있나/학생은 어떻게 되나}?)

d. More students were **caught** *copying university applications*.
   (점점 더 많은 학생들이 대학입학원서를 베끼다 발각되었다.)

아래 (3)에서 보는 바와 같이 이 대격명사구가 보통 목적어라는 것은 허사 there 나 it이 그 자리에 올 수 없는 사실에서도 확인된다. (이와 대조적으로 상승 목적어는 이 자리에 자연스럽게 올 수 있다는 것을 아래에서 곧 보게 될 것이다.)

(3) a. *~~We left there being a fight between them.~~
     b. *~~We caught it raining all day then.~~

앞에서 see, hear 등 원형동사구 통제 타동사의 경우에 <직접목적어+원형동사구>의 결합이 의미하는 <상황> 또는 <사건>이 보거나 듣는 행위의 대상이며 대명사 it의 사용이 이를 뒷받침한다는 것을 알아보았다. 그러한 대명사 it 현상이 여기에 적용되지 않는다.

(4) a. We caught <u>them smoking in the restroom</u>. *~~You caught it too~~.

　　 b. I left <u>them quarreling among themselves</u>. *~~You left it too~~.

　대명사 it이 밑줄 친 부분을 대신할 수 없다. 이는 '붙잡았다 caught' 또는 '내버려두고 떠났다 left' 라는 행동의 대상이 <상황>이나 <사건>이 아니라는 것을 의미한다. "You caught it too."가 "너도 그들이 그렇게 하는 것을 잡았다"는 뜻이 될 수 없고 "You left it too."가 "너도 그들이 그렇게 하는 것을 내버려두고 떠났다"는 뜻이 될 수 없다. 만약에 (4)에서 직접목적어 them이 상승 목적어라면 You caught it too.나 You left it too.가 그렇게 해석될 수 있어야 할 것이다. 그러나 그것이 그렇게 해석될 수 없는 것은 caught이나 left의 대상이 <상황>이나 <사건>이 아니기 때문이다.

　직접목적어와 ing분사 동사구를 피동화할 수 있다. 그렇게 되면 그것은 원래의 능동형과 의미가 달라진다.

(5) a. We caught *John flattering Bill*.

　　　 (우리는 존이 빌에게 {아첨하는 것/아첨하고 있는 것}을 포착했다.)

　　 b. We caught *Bill being flattered by John*.

　　　 (우리는 빌이 존의 아첨을 받고 있는 것을 퍼착했다.)

(6) a. We left *him patting her on the shoulder*.

　　　 (우리는 그가 그녀의 어깨를 도닥이고 있는 것을 그냥 놔두고 왔다.)

　　 b. We left *her being patted on the shoulder by him*. (우리는 그녀가 그로부터 어깨를 두드리면서 도닥임을 받도록 놔두고 왔다.)

　(5a) "우리가 포착한 것은 존이고 존이 빌에게 아첨을 하고 있었다는 것"과 (5b) "우리가 포착한 것은 빌이고 빌이 존에게 입에 발린 말을 듣고 있었다는 것"은 같은 상황이 아니다. (6a)는 우리가 떠난 사람이 him인 상황이고 (6b)는 우리가 떠난 사람이 her인 상황이다. (a)와 (b)는 의미가 다르다.

　요약하면, caught과 left의 직접목적어가 보통 목적어이고 따라서 이 동사는 3항 술어이다. 주어가 제1 논항이 되고 직접목적어가 제2논항이 되며 <직접목적어

+ing분사 동사구>로 표현되는 명제가 제3 논항이 된다. 제1 논항은 동작주(agent)이고 제2 논항은 그 동작의 대상이 되는 피동작주(patient)이다. 제3 논항은 피동작주가 처해 있는 상황이다. (1a)는 "나는 그를 붙잡았는데 그가 담배피우는 것을 붙잡았다"는 것을, (1b)는 "나는 그를 발견했는데 그가 커피를 마시고 있는 것을 발견했다"는 것을, (1c)는 "나는 그들을 두고 떠났는데 그들이 서로 싸우고 있는 것을 두고 떠났다"는 것을 각각 의미한다.

아래 몇 개의 예문을 더 제시한다.

(7)   a. We left a turkey *roasting in the oven*.
        (우리는 칠면조 한 마리를 오븐에 로스트 되도록 놔두었다.)
      b. Don't leave *her* *waiting outside in the rain*.
        (그녀가 밖에서 비를 맞고 기다리도록 (내버려)두지 말라.)
      c. I looked up at him and caught *him* *staring at my chest*. (그를 쳐다보았더니 그가 내 가슴을 노려보고 있는 {것이었다./것을 포착했다./것을 잡았다.})

(iii) *ing* 분사 상승 타동사 V^{30}

이 유형은 의미적으로 **원형 부정사 상승 타동사**(V$_{23}$)와 같은데 원형 부정사 동사구 대신 *ing*분사 동사구가 보어로 쓰이는 점이 다를 뿐이다.

(1)   a. We saw *United beating Spurs*.
        (우리는 유나이티드가 스퍼즈를 눌러 이기는 것을 보았다.)
      b. We saw *Spurs being beaten by United*.
        (우리는 스퍼즈가 유나이티드에게 패배당하는 것을 보았다.)

(1a)의 saw의 보어 United beating Spurs를 피동화한 것이 (1b)이다. 두 문장 사이에 의미 차이가 없다. (1a)의 saw의 목적어 United는 상승 목적어이며 saw의 논항이 아니다. (1a)에서는 saw의 제2 논항이 "United beating Spurs"라는 <사건>이고 (1b)에서는 saw의 제2 논항이 "Spurs being beaten by United"라는 <사건>인데 (1a)와 (2a) 사이에 의미차이가 없는 것은 (1a)의 saw의 직접목적어 United나

(2a)의 직접목적어 Spurs가 상승 목적어이기 때문이다.

다음 예에서도 reported의 대상 즉 "그가 보도한 내용"은 <하나의 사건>이고 그것은 (2a)와 (2b)에서 다름이 없다.

(2) a. He **reported** _the hunter_ _killing two lions_. (그는 그 사냥군이 사자 두 마리를 죽이는 것을 보도했다.)

b. He **reported** _two lions_ _being killed by the hunter_.(그는 사자 두 마리가 그 사냥군에게 죽임을 당하는 것을 보도했다.)

다음 예 (3a)와 (3b)에서는 _ing_ 분사 보어 burning과 fumbling이 자동사이어서 피동화가 될 수 없기 때문에 앞의 예 (1)과 (2)에서처럼 능동과 피동의 경우를 비교하여 각 동사의 논항이 <하나의 사건>이 되는 것을 확인 할 수는 없지만, 동사 의미만으로도 그 점을 명백히 확인할 수 있다.

(3) a. I can **smell** _something_ _burning_. (무엇인가가 타는 냄새가 난다.)

b. She **heard** _him_ _fumbling through one of the cabinets_. (그녀는 그가 캐비넷 중의 하나를 뒤지고 있는 소리를 들었다.)

c. I **found** {_him_/*his}_drinking coffee with Bill_. (나는 그가 빌과 함께 커피를 마시고 있는 것을 발견했다.)

(3a)에서 smell의 대상이 "something burning(무언가가 타는 것)"이고 (3b)에서 heard의 대상은 "him fumbling . . .(그가 . . . 뒤지는 것)"이다.

(3c)는 이 유형의 동사가 직접목적어 보어를 반드시 요구한다는 것을 보여준다. 이 문맥에서 found의 필수요소인 목적어 him대신 소유격 대명사 his가 쓰일 수 없다. (3b)의 him도 his로 고치면 비문이 된다. (*~~She heard~~ his fumbling through one of the cabinets.)

허사 there나 it이 see나 hear의 목적어 위치에 나타날 수 있다.

(4) a. We **saw** _there being a fight between the two._

(우리는 그 두 사람 사이에 싸움이 있었음을 보았다.)

    b. We **heard** *it raining hard outside* then.

      (우리는 그때 밖에서 비가 심하게 오는 소리를 들었다.)

(4a)에서 there는 통사적으로 saw의 목적어이고 의미적으로 being의 주어이며 (4b)에서 허사 it은 heard의 목적어임과 동시에 raining의 주어이다. 이런 허사 현상은 이 유형의 동사가 2항 술어라는 것을 확실히 뒷받침한다. catch와 같은 통제 타동사는 3항 술어지만, 상승 타동사 see나 hear는 2항 술어이다. (4a)에서 saw의 대상 즉 "우리가 본 것"은 두 사람 사이에 싸움이 있었다는 **하나의** <사건>이며 (4b)에서 heard의 대상은 밖에서 비가 몹시 왔다는 **하나의** <사건>뿐이다.

2.5.3 절 동사(Clause Verbs)

절 동사는 **절 보어**(clausal complement)를 거느리는 동사이다. 절 보어의 종류에 따라 *that*절 동사(*that*-Clause Verbs), **의문사절 동사**(*Wh*-Clause Verbs), **허사 *It* 주어 절 동사**(Expletive *It*-Subject Clause Verbs) 등 3가지 유형이 있다.

*that*절 동사는 think, believe, say 등과 같이 *that*절을 보어로 취하는 동사이고 **의문사절 동사**는 wonder, ask, inquire 등과 같이 의문사절을 보어로 취하는 유형이다. That절 동사는 I **think** *that she will not come to the party.*에서처럼 화자가 명제를 진술하거나 주장할 때 사용하고 의문사절 동사는 I **wonder** *whether she will come to the party.*처럼 화자가 상대방에게 질문을 하거나 의문을 표시할 때 사용한다. 진술이나 주장의 내용은 *that*절로 표현되고 질문이나 의문의 내용은 의문사절로 표현된다.

허사 *It* 주어 절 동사는 *that*절 보어를 거느림과 동시에 주어가 허사 It인 동사이다. 허사 It과 동사의 구조적 특성에 따라 외치절 단순 자동사, 외치절 연결 자동사, 외치절 타동사, 허사 It주어 that절 동사, 허사 It주어 as-if절 동사 등 5가지 하부유형으로 분류된다.

*that*절 동사와 의문사절 동사는 **화법**(narration, 또는 reported speech)에 사용된

다. 화법에는 화자가 들은 말을 가감 없이 그대로 인용하는 **직접 화법**(direct reported speech)이 있고 화자가 자기의 입장에서 간접적으로 인용하는 **간접 화법** (indirect reported speech)이 있는데, 간접 화법에 *that*절 동사와 의문사절 동사가 사용된다. 화자가 전달할 말이 진술문일 때 *that*절 동사가 사용되고 의문문일 때 의문사절 동사가 사용된다.

① *that*절 동사 (*that*-Clause Verbs) V[36]

이 동사는 *that*절을 보어로 취하고 *that*절 앞에 NP나 PP 보어가 올 수도 있다. 단순히 화자의 의견을 표현하는 경우에는 *that*절 보어만을 거느리고 상대방에게 의견을 제시하거나 상대방을 설득하는 등 상대방을 의식할 경우에 그 상대방을 나타내기 위해 NP 또는 PP 보어가 필요하다. *that*절 동사는 의미와 상황에 따라 다음과 같이 몇 가지로 나누어 알아보는 것이 편리하다.

(i) 생각을 표현하는 *that*절 동사

이 유형은 어떤 상황에 대한 생각(또는 의견, 느낌, 신념)을 표현한다. "생각하다, 결정하다, 추정하다" 등의 의미를 나타내는 2항 술어로서 <누군가(=주어)가 어떤 생각(=that절)을 {말하다/생각하다}>라는 의미를 나타낸다. *that*절 보어가 그 생각, 의견, 느낌, 신념의 내용을 나타낸다.

(1) a. I {think/believe/say} *that she will not come to the party.*

   b. She insisted *that he **tell** her the whole story.*
      (그녀는 자기에게 모든 이야기를 다 털어놓으라고 다그쳤다.)

   c. It is ordered *that Part C, Section (d) **be** amended to read as follows*:
      (C부 (d)편은 다음과 같이 수정할 것을 명령한다. . . .)

   d. The consultants propose *that a new scheme **be** set up jointly by industry and government to encourage waste reduction initiatives.* (컨설턴트는 쓰레기 줄이기 이니시아티브를 장려하기 위하여 산업과 정부의 공동노력으로 새로운 계획이 수립되어야 한다고 제안한다.)

   e. I suggest *(that) you **see** a doctor.* (의사한테 가볼 것을 권한다. (=병원에

가보는 것이 좋겠다는 나의 제안))

f. It is said that Hitler **ordered** *that the Brighton Pavilion **should be** "spared"* *from destruction* as he intended to use it as his HQ during his occupation of Britain. (히틀러는 영국을 점령하는 동안 자기의 본부로 사용할 의도로 브라이튼 궁전을 파괴하지 말고 잘 "보존"하도록 명령했다고 한다.)

(1a)는 전형적인 that절 동사 say, think, believe의 용례이다. 주어 "I"가 제1 논항이고 that절 보어가 제2 논항이다. 이들 동사 외에 accept, claim, imagine, suppose, presume, suspect, reason, gather, believe, say, prefer, decide, demand, commend, order 등 많은 동사들이 이 유형에 속한다.

(b)-(f)는 **강제법**(mandative usage)으로 사용되는 that절 동사의 용례들이다. 강제법이란 order, insist, suggest 등의 동사로 복종(또는 순종)을 전제하는 강제적인 명령의 뜻을 나타내는 어법이다. 이 동사가 강제법으로 쓰이면 that절 보어 안의 본동사 형태가 **원형 부정사**가 되는 것이 특징이다. (b)에서 insist가 강제법으로 쓰였기 때문에 that절의 본동사가 원형 부정사 tell이다. (c)는 법정이나 관공서의 명령서의 형식으로서 전형적인 강제법의 용례이다. "is ordered"에 이어지는 that절 보어의 본동사가 원형 부정사 be이이야 한다. (d)에서 역시 propose가 강제법으로 사용되기 때문에 that절의 본동사가 원형 be이다. (e)에서는 주어가 you이므로 see가 서술법도 될 수 있지만 문맥상 강제법으로 해석하는 것이 자연스럽다. (f)는 that절 안에서 원형 부정사 대신 <의무(obligation)>의 조동사 should가 쓰이는 예이다. (앞의 예에서도 원형 부정사 대신 should를 쓸 수 있다. 그러므로 원형 부정사가 쓰인 것을 의무의 조동사 should가 생략된 결과라고 볼 수도 있다. 가령 (e)를 I suggest that you **should** see a doctor.로 또 (b)를 She insisted that he **should** tell her the whole story.로 고쳐 쓸 수 있다.)

(2) a. I suggest that she **didn't see** a doctor.
    (나는 그녀가 의사한테 가보지 않았다고 생각한다.)

   b. She insists that he {**take/takes**} a taxi when he goes to hospital. (그녀는 그가 병원에 갈 때 {택시를 타라고 고집한다/택시를 타고 간다고 생각한다}.)

(2a)에서처럼 that절이 직설법이 되면 제안의 뜻이 없어진다. 여기서 suggest는 자기의 생각을 완곡하게 말할 뿐이다. (2b)에서는 원형 take를 쓰면 강제법이 되어 그녀가 그한테 택시를 타라고 명령한다는 뜻이 되고, takes를 쓰면 명령이나 강제의 뜻은 없어지고 그가 택시를 타고 간다는 것이 사실이라고 말할 뿐이다.

반드시 강제법으로만 쓰이는 동사들도 있다. require, stipulate 등이 그에 속한다.

(3)　a. The department **requires** that every student {submit/*submits} the application on the first of each term. (과는 모든 학생은 매 학기 첫날에 신청서를 {제출해야 한다고 규정하고 있다/제출할 것을 요구한다}.)

　　b. It is **required** that chimneys for solid fuel burning appliances **be** of a fire-resistant masonry material.
　　　(고체연료 기기의 굴뚝은 반드시 내화형 돌로 만든 재료이어야 한다.)

　　c. In supplementary provisions, it is **stipulated** that the Cabinet Ordinance concerning the Standard of Handling Fees **be** amended.
　　　(추가 조항에서 수수료의 기준에 관한 내각 법령이 수정될 것을 규정한다.)

(ii) 상대방에게 영향을 끼쳐 생각을 바꾸게 하는 that절 타동사

이 동사는 화자가 제3자에게 의견을 말해주거나 자기의 주장을 펼침으로써 제3자의 생각을 바꾸도록 영향력을 행사할 때 쓴다. 이때 제3자를 나타내는 명사구 보어가 필수적으로 that절 앞에 온다.

(4)　a. I **told** *him that we would win*. (나는 우리가 이길 거라고 그에게 말해 주었다.)

　　b. I would **remind** *you that extremism in the defense of liberty is no vice*! And let me **remind** *you* also *that moderation in the pursuit of justice is no virtue*! (Barry Goldwater) (자유를 지키기 위한 극단주의는 악이 아니라는 것을 여러분에게 상기시켜 드리고 싶습니다. 또한 정의의 추구에서 적당주의는 선이 아니라는 것도 상기시켜 드리고자 합니다.)

　　c. So if you have any sort of personal relationship with influential persons, please try to **persuade** *them that they should come on board*. (영향력이 있는 분과 조금이라도 친분이 있으시면 그분들에게 동참할 것을 설득하십시오.)

d. The energy industry is trying to **convince** *the public that its operations are safe*. (에너지 산업 담당자들은 자기의 작업이 안전하다는 것을 일반대중에게 확신시키려고 노력하고 있다.)

e. I write to **reassure** *you that the school has been monitoring the outbreak of swine flu very closely* and has already taken some precautionary action. (학교는 돼지 인플루엔자(=신종 플루)의 발병을 매우 면밀히 추적해 오고 있었으며 이미 몇 가지 예방 조치를 취했음을 여러분께 재확인 시켜드리고자 이 편지를 씁니다.)

f. Churchill, equally **persuaded** *that the Great Powers should and would dominate*, and painfully aware of Britain's weakness relative to the Americans and Russians, scrambled to find ways to ensure a major role for his nation. (W. F. Kimball, "Churchill and the Americans; the Americans and Churchill") (처칠은, 열강이 (세계를) 지배해야 하고 또 그렇게 될 것이라고 자기도 생각하게 되었고 또 미국이나 러시아에 비해 영국의 국력이 약하다는 것을 고통스럽지만 인정하고, 자기 나라의 주요 역할을 확보하기 위한 방법들을 찾느라고 고심했다.)

이 유형은 3항 술어로서 기본적으로 <말해주다>라는 술어이다. 제1 논항은 진술자(speaker, writer 등), 제2 논항은 상대방(addressee), 제3 논항은 명제내용이 된다. 진술자가 상대방에게 명제내용을 말해 줌으로써 상대방에게 태도의 변화를 일으켜 영향력을 행사한다.

동사의 뜻에 따라 다양한 심리변화가 표현될 수 있다. assure, reassure, remind, satisfy 등은 상대방을 안심시키는 의미를 나타내고 convince, persuade 등은 상대방에게 명제를 진술함으로써 상대방에게 구체적인 영향력을 행사하여 어떤 행동을 하도록 하며 tell이나 inform은 어느 한 가지 효과에 국한되지 않고 중립적이라고 할 수 있다.

예문 (4f)에서 'equally persuaded that ~'은 'being equally persuaded that ~'로 해석되고 그것은 다시 능동문 'they equally persuaded him that ~'을 피동화한 것이다.

That절 대신 to부정사 보어를 쓸 수도 있다. 그러나 동사의 의미에 따라 그것이 허용되지 않는 동사들도 있으므로 주의를 요한다.

(5) a. They {convinced/persuaded} the public *that they could drink their water*. (그들은 일반대중에게 자기의 물을 마실 수 있다고 {확신시켰다/설득했다}.)

　　 b. They {convinced/persuaded} the public *to drink their water*.

(6) a. They {assured/informed/reminded} the public *that they could drink their water*. (그들은 일반대중에게 자기의 물을 마실 수 있다고 {안심시켰다/알려 주었다/일깨워 주었다}.)

　　 b. They {*assured/informed/reminded} the public *to drink their water*.

　　that절 대신 to부정사 보어를 쓰면 이 동사들은 **to부정사 통제 타동사**가 된다. convince, persuade, inform, remind 등은 that절 동사와 to부정사 통제 동사 양쪽으로 쓰이는 동사다. assure는 that절 동사로만 쓰인다.

　　to부정사 보어를 대신 쓸 수 있는가 없는가는 that절과 to부정사의 의미적 차이에서 온다. 기본적으로 that절은 진술의 내용을 표현하고 to부정사는 행동을 표현한다. 설득하거나(persuade) 알려주거나(inform) 상기시켜 주는(remind) 등의 행위는 그 대상이 진술의 내용이 될 수도 있고—이를 that절로 나타냄—상대방이 해야 할 행동이 될 수도 있다—이를 to 부정사로 나타낸다. 그런데 assure는 "확신시켜 안심하게 한다"는 뜻이다. 누가 무엇을 한다는 진술의 내용 즉 that절이 확신시키는(assure) 행위의 대상이 되는 것은 자연스러우나, 누군가가 앞으로 할 행동 즉 to-부정사가 확신시키는 행위의 대상이 되는 것은 자연스럽지 않다. 어떤 행동이 좋다거나 나쁘다거나 잘 했다거나 잘못 했다고 판단하고 주장하는 것은 확신의 대상이 될 수 있지만 행동 자체가 확신의 대상은 아니다. 이 때문에 assure(와 같은 동사)가 to부정사 보어를 취할 수 없다.

(iii) 정보제공의 that절 동사
　　이 유형은 아래처럼 to전치사구 보어를 취할 수 있는 것이 특징이다.

(7)   a. She **admitted** (*to me*) *that her project was too ambitious*.

       (그는 자기의 프로젝트가 너무 야심적이라는 것을 (나에게) 인정했다.)

<누군가가 누군가에게 어떤 명제를 인정하다 (또는 전달하다, 언급하다 등)>의 술어관계를 나타낸다. 제1 논항은 정보 제공자, 발의자, 또는 진술자가 되고 제2 논항(=to전치사구)은 정보 수혜자 또는 의견진술의 객체가 되며 제3 논항(=that절)은 정보내용 또는 진술내용이 된다. 원칙적으로 3항 술어이지만 to전치사구 보어가 생략되고 2항 술어로 나타날 수도 있다.

(8)   a. Originally we wanted to play Huntingdon in 2010, but our players got excited when we **announced** *to them that we were playing them this year for Homecoming*. (원래는 2010년에 헌팅던 대학과 시합하기를 원했으나, 우리가 올해 홈커밍 행사로 헌팅던과 시합을 할 것이라고 선수들에게 공고했을 때 선수들이 너무 좋아했다.)

       b. Therefore, it is safe to **assert** *that U.S. capital is not actively involved in leasing activity at this time in Russia*. (그러므로 미국 자본은 이 시점에 러시아에서 리즈 활동에 적극적으로 관련되어 있지 않다고 {주장하는 것이 안전하다./안전하게 주장한다./자신 있게 주장할 수 있다.})

       c. If someone **mentioned** *to you that they cut their wrists*, would you help them or just think they were a freak and move on? (누군가가 당신에게 말하기를 자기들은 자기 손목을 자른다고 한다면, 당신은 그들을 도와 줄 것인가 아니면 그들은 머리가 돈 사람이라고 생각하고 그냥 지나갈 것인가?)

       d. He **boasted** *to his cell mate that he had taken part in a bank robbery*. (그는 감방 동료에게 은행 강도에 가담했었다고 자랑했다.)

       e. A reader **pointed out** *to me that my use of the word "lame" to mean "stupid" could be offensive to disabled people*. (lame을 stupid의 뜻으로 사용하는 것은 장애인들에게 모욕적일 수 있다고 한 독자가 나에게 지적해 주었다.)

       f. It has been **pointed out** *to me that I made a great mistake on page 5 of my third article on Wittgenstein*. (비트겐시타인에 관한 나의 세 번째 논문 5쪽에서 내가 한 가지 큰 오류를 범했다고 (사람들이) 나에게 지적해 주었다.)

       g. It was **reported** *to the Committee on Safety of Medicines that there was a* *correlation between the use of drugs and the number of adverse drug reactions (ADR) reports.* (약의 사용과 약의 역반응 (ADR) 보고의 수 사이에 상관관계가 있다는 것이 의약품 안전 위원회에 보고되었다.)

어떤 상황에 대한 의견, 느낌, 신념 등을 표현하는 것은 think 형과 비슷하나 의견진술을 듣는 사람 즉 정보의 수혜자를 부각시킬 수 있는 점이 그 동사들과 다르다. 정보의 수혜자를 to 전치사구로서 표현한다. 그런데 (b)에서처럼 to전치사구 보어는 생략될 수 있어서 to 전치사구가 나타나지 않으면 그냥 생각을 표현하는 *that*절 동사와 외형상 구별되지 않는다.

(f)와 (g)는 각각 능동문 Someone has pointed out to me that ~과 They reported to the Committee that ~을 피동문으로 표현한 것이다. 이런 피동문 문체는 지적한 사람이나 보고자가 누구인지 일일이 밝히는 것이 바람직하지 않거나 불분명할 때 흔히 쓰인다.

(iv) 추론의 that절 동사

이 유형은 어떤 정보원으로부터 또는 논리적 근거에서 명제를 추론하거나 주장할 때 쓰인다. 명제는 that절로 나타내고 추론의 근거는 from 전치사구로써 표현한다.

(9)   a. We can infer *from what he says that she is not very well.*
          (우리는 그가 말하는 것으로부터 그녀가 건강이 좋지 않다는 것을 {추론할 수 있다/알 수 있다}.)

from 전치사구 보어가 나타나지 않을 수도 있는데 그렇게 되면 외형상 정보제공의 that절 동사와 구별되지 않는다.

이 유형은 <누군가(We)가 어떤 정보원에서(from what you say) 어떤 명제(that she is not very well)를 추론하다>라는 의미를 나타내는 3항 술어이다. 제1 논항은 진술자 혹은 주장자이고, 제2 논항은 추론의 근거, 제3 논항은 명제(=진술내용, 주장내용)이다. 제2 논항은 생략될 수 있다.

(10) b. He **concluded** *from my letter that my project was too ambitious*.
  (그는 내 편에서 나의 프로젝트가 너무 야심적이라는 결론을 얻었다.)

  c. You might **gather** *from a cursory examination of the wire services* that "*the Pentagon*" *has attacked Senator Hillary Clinton . . . .* (무선 서비스를 대강 검토해 보면 펜타곤이 힐러리 클린턴 의원을 공격해 왔다는 것을 알 수 있다.)

  d. I've **heard** *from a number of people that Bill wrote a new song*.
  (나는 여러 사람들한테서 빌이 새 노래를 썼다/작곡했다고 들었다.)

  e. I could **see** *from her look that she had something to talk about*.
  (나는 그의 표정에서 그가 무언가 할 말이 있다는 알 수 있었다.)

  f. I **heard** *that he was pulled over by cops.*
  (나는 경찰이 그의 차를 도로 옆에 정지시켰다고 들었다.)

  g. Scientists **discovered** *that great amounts of energy could be derived from uranium atoms because of their structure and radioactivity*. (과학자들은 구조와 방사성 때문에 우라늄 원자에서 대량의 에너지가 산출될 수 있다는 것을 발견했다.)

 (b)에서 주어 He가 추론의 주체, 전치사구 보어 from my letter가 추론의 근거, that절 보어 that my project was too ambitious가 추론의 내용이다. 이하 (e)까지 이와 동일한 의미관계이다. (f)와 (g)에서는 전치사구 보어가 생략되었다.

 (v) 협의의 *that*절 동사

 이 유형은 한 주체가 자신의 협조자와 협의하여 어떤 상황이 성립되도록 조처를 취하거나 그 상황이 사실임을 확인하는 의미를 나타내는 동사들이다. 같이 의논하는 협조자는 with전치사구 보어로써 나타낸다.

(11) a. We **agree** *with you that the phrase "Autism Epidemic" is not appropriate for the MIND Institute to use*. (우리는 Autism Epidemic(자폐증 전염병)이라는 구는 심성 연구소가 사용하기에 적절하지 않다는 귀하와 의견에 동의한다.)

  b. I **arranged** *with my wife that our relatives should be invited*. (나는 아내와

함께 의논해서 우리 친척들이 초대되도록 (조처)하였다.)

c. I've **arranged** *that we can see Dr. Anthony some time tomorrow morning.* (나는 우리가 내일 아침 적당한 시간에 앤소니 박사를 만날 수 있도록 {해 두었다./필요한 조처를 취해 두었다}.)

d. It **was arranged** *that they would meet for lunch at a downtown restaurant.* (그들은 시내 한 레스토랑에서 만나 점심을 같이 하기로 {약속이 되었다./조처가 취해졌다.})

e. At the constitutional convention in 1787 it **was agreed** *that each state should have its own flag.* (1787년 헌법회의에서 각 주는 각자의 기를 갖기로 합의되었다.)

이 유형은 3항 술어이다. 주어 제1 논항은 협의의 주체, 주동자, 책임자 등의 역할을 맡고, with 전치사구 보어로 나타내는 제2 논항은 협의에 참여하는 동참자, 동업자, 협력자 등의 역할을 맡는다. 제3 논항은 that절로 표현되며 계획의 내용, 합의사항 등을 의미한다.

(11c)에서처럼 제2논항은 나타나지 않을 수 있다. 제1 논항을 표현하지 않을 때에는 (d)와 (e)에서처럼 피동문을 사용하고 허사 It을 주어로 내세워 외치구문을 사용한다. (Cf. that절이 주어 자리에 오는 구문도 가능하지만 머리 부분이 너무 무거워 부자연스러운 문장이 되기 쉽다. (Cf. ?*That they would meet for lunch at a downtown restaurant* was arranged.)

② **의문사절 동사** (*Wh*-Clause Verbs) V^{37}

이 유형의 동사는 who, what, when 등 의문사가 문두에 나오는 의문사절을 보어로 거느린다. *that*절 **동사**의 경우와 같이 명사구 보어 또는 전치사구 보어가 의문사절 앞에 올 수도 있다.

(1) a. They **asked** *who will come to the party.* (그들은 누가 파티에 오느냐고 물었다.)

b. He **inquired** *what we had been talking about.* (그는 우리가 무슨 이야기를 하고 있었느냐고 물었다.)

(1a)의 본동사 asked의 보어가 Wh절인 'who will come to the party'이다. 이 Wh절에서는 의문사 who 자체가 주어이고 그 뒤에 본동사가 이어지고 있어서 <주어+본동사>의 어순이다. (b)의 Wh절에서는 선두에 오는 의문사 what은 about 의 목적어이다. Wh 의문문이라면 "What <u>have</u> *you* been talking about?"에서처럼 주어와 동사의 어순이 바뀌게 되겠지만 Wh 보어절은 형식상 의문문이 아니므로 서술문의 어순을 취한다.

이 유형의 동사는 "질문하다" 또는 "생각하다"와 관련된 의미를 나타내는 2항 술어이다. 제1 논항은 질문자 도는 진술자, 제2 논항은 의문사가 포함된 명제이다.

(1) c. I phoned them and inquired *how soon I could get an appointment*.
     (나는 그들에게 전화를 걸어 언제 시간약속을 할 수 있을지 문의했다.)

   d. I wonder *who will come to the party*. (누가 파티에 올 것인지 궁금하다./누가 파티에 오는지?)

   e. We wonder *whether she will come to the party or not*.
     (그녀가 파티에 올지 안 올지 궁금하다.)

   f. Many people inquired *where Kapiolani Community College (KCC, hereafter) is located*. (많은 사람들이 카피올라니 지역대학 (이후 KCC라고 할 것임)이 어디에 위치해 있는지 문의했다.)

   g. I want to know *when a special delivery letter mailed now will be delivered in Brooklyn*. (브룩클린에서는 지금 부친 특별배달편지가 언제 (수신인에게) 배달되는지 알고 싶습니다.)

   h. We don't understand *why they are giving us such a hard time listing our book*. (우리의 책을 리스트에 올리는 데 우리를 왜 그렇게 힘들게 하고 있는 지 이해할 수 없다.)

   i. The site is not finished but I needed to understand <u>why this is happening now</u> before I do anymore to it. (이 사이트가 아직 끝나지 않았지만 왜 이런 일이 일어나고 있는지 이해할 필요가 있었다.)

   j. David Beckham's children don't understand *why he stars in underwear advertisements*. (데이빗 베컴의 아이들은 왜 그가 속옷 광고에 주연으로 등 장하는지 이해할 수 없다.)

(a-f)에서는 본동사가 질문의 뜻을 가진 동사이고 그 이하는 "알다, 이해하다" 등의 의미를 가진 동사이다.

③ 허사 *It* 주어 절 동사(Expletive *It* Subject Clause Verbs)

이 유형은 주어가 **허사** *It* (dummy *it*, 또는 expletive *it*)이어야 하고 *that*절, 의문사절, *as-if*절 등 **절**(clause)을 보어로 거느리는 동사이다. 절 보어는 **외치**(外置 extraposition) 현상에서 오는 것이 있고 외치 현상과는 무관한 것이 있다. **외치**란 that절 주어 위치를 벗어나 문미에 나타나는 현상을 말한다. 아래 (1a)에서 that절이 문미에 **외치된 절**, 즉 **외치절**(extraposed clause)이고 동사 앞 주어 자리에는 반드시 허사 *It*이 있어야 한다.

(1) a. *It* really mattered *that Japan had lost to Korea*.
       (일본이 한국에 졌다는 것은 정말 {문제가 되었다/중요한 문제였다})
     b. *That Japan had lost to Korea* really mattered.
       (일본이 한국에 졌다는 것은 정말 {문제가 되었다/중요한 문제였다}.)

이때 (1a)의 mattered와 같은 단순 자동사가 **허사 It 주어 절 동사**에 속한다.

허사 It 주어 절 동사의 하부유형으로 (1a)의 *matter*와 같은 **외치절 단순 자동사**(Extraposed Clause Strict Intransitive Verb) 외에, "It seems unlikely that both cards went bad with the same exact problem."에서의 *seems*와 같은 **외치절 연결 자동사**(Extraposed Clause Strict Intransitive Verb)와 "It really annoys me that people have no idea how hard I work."에서의 *annoys*와 같은 **외치절 단순 타동사**(Extraposed Clause Strict Transitive Verb), "It happened that they lived in the same area."에서의 *happened*와 같은 **It주어 that절 동사**(It-Subject *that*-Clause Verb), "It looks as if it snowed."의 looks와 같은 **It주어 *as-if*절 동사**(It-Subject *as-if* Clause Verb) 등이 있어서 모두 5가지의 하부유형이 있다.

아래 예문 (2a)와 같은 경우는 허사 주어 It도 있고 that절 보어도 있으나 that절이 외치절이 아니다.

(2) a. *It* seems *that too much money has already been wasted*.
    b. *~~That too much money has already been wasted seems~~*.

비문 (2b)가 보여주는 바와 같이 동사 seems는 문두의 주어 위치에 나오는 that절을 허용하지 않는다. 이 seems는 오직 문미에 that절을 허용할 뿐이다. 따라서 이 that절은 동사 앞 주어 위치에서 문미로 외치된 것이라고 볼 근거가 없다.
  as if 또는 as though절이 문미에 오는 경우에도 그 절이 문두에는 올 수 없으므로 그 절을 외치절로 볼 근거가 없다.

(3) a. *It* {looks/seems} *as if it will rain*.
    b. *~~As if it will rain {looks/seems}~~*.

따라서 (2a)의 seems 다음에 오는 that절과 (3a)의 looks 다음에 오는 as if절은 둘 다 외치절이 아니며 따라서 seems는 **It주어 that절 동사**, looks/seems는 **It주어 *as-if*절 동사**로 분류한다.
허사 It 주어 절 동사의 다섯 가지의 하부유형의 분류기준과 특징을 다음 표로 요약할 수 있다.

유형 기준	주어 위치에 that절이 오는 것이 가능한가?	that절이 외치된 절인가?	무슨 보어를 거느리는가?	예문
외치절 단순 자동사	YES	YES	that절 또는 Wh절	It really mattered[38] that Japan had lost to Korea. Cf. That Japan had lost to Korea really mattered[1].
외치절 연결 자동사	YES	YES	형용사구와 that절 또는 Wh절	It {seems[39]/is[39]} unlikely that both cards went bad with the same exact problem. Cf. That both cards went bad with the same exact problem {seems[2]/is[2]} unlikely.

외치절 타동사	YES	YES	명사구와 that절	It really {annoys[40]/disturbs[40]} me that people have no idea how hard I work. Cf. That people have no idea how hard I work {annoys[18]/disturbs[18]} me.
It주어 that절 동사	NO	NO	that절	It {happened[41]/chanced[41]} that they lived in the same area. Cf. So it {appears[41]/seems[41]} that Arctic ice isn't vanishing after all.
It주어 as-if절 동사	NO	NO	as-if절	It looks[42] as if it snowed. It smelled[42] as if somebody sprayed perfume in this room. It only seems[42] as if zombies are logically possible.

각 동사 유형은 다음 구 구조 규칙에 의해 도입된다.

외치절 단순 자동사   VP→V[38][SUBJ *it*] (PP[to]) {S[that]/S[wh]}
외치절 연결 자동사   VP→V[39][SUBJ *it*] AP {S[that]/S[wh]}
외치절 타동사   VP→V[40][SUBJ *it*] NP {S[that]/S[wh]}
It주어 that절 동사   VP→V[41][SUBJ *it*] (PP[to]) S[that]
It주어 as-if절 동사   VP→V[42][SUBJ *it*] S[as-if]

[SUBJ *it*]은 어휘 속성을 나타내는 기호로서 "주어가 허사 it이다"라는 뜻이다. 그래서 V[SUBJ *it*]은 "이 동사가 문장의 본동사가 될 때 그 주어가 허사 *it*인 동사" 즉 **허사 It 주어 절 동사**를 가리킨다.

아래에서 이 유형들의 개별적 특징들을 하나하나씩 알아본다.

(i) **외치절 단순 자동사**(Extraposed Clause Strict Intransitive Verbs) V[38]
외치절 단순 자동사는 that절 보어 또는 의문사절 보어를 거느린다.

(4)   a. *It* doesn't matter *how old you are*. (나이가 몇 살인지는 문제가 되지 않는다.)

b. *How old you are* doesn't matter. (나이가 몇 살인지는 문제가 되지 않는다.)

occur, happen과 같은 외치절 단순 자동사는 that절 보어 앞에 to전치사구 보어를 거느릴 수 있다.

(5) a. *It* occurred *to me that she had discovered a solution*.
 (그가 해결책을 발견했다는 생각이 내 머리 속에 떠올랐다./(나는) 그가 해결책을 발견했다는 생각이 났다.)
 b. *That she had discovered a solution* occurred *to me*.
 (그가 해결책을 발견했다는 생각이 내 머리 속에 떠올랐다.)

to전치사구 보어는 that절이 나타내는 그 생각을 하는 당사자가 누구인지를 밝힌다. 이런 의미에서 "to me"는 생각이 일어난 곳을 나타내기 **위치 의미역**이라고 할 수 있다. 그러나 "to me"는 생각이 다른 곳에서 나에게로 온다는 것을 함축하고 있어서 in me나 at me 등 위치 의미역을 나타내는 다른 전치사구는 이 문맥에 허용되지 않는다. ("*~~It occurred in me that . . . .~~*" 따위는 비문이다.) 따라서 이 문맥의 "to me"는 수여동사의 간접목적어를 나타내는 "to전치사구"와 비슷한 요소로 볼 수도 있다.[51]

(ii) 외치절 연결 자동사(Extraposed Clause Linking Intransitive Verbs) V^{39}

형용사구 보어를 취하는 seem, appear, be 등 **연결 자동사**들의 주어가 that절이 될 수 있다. 그러면 외치된 that절 보어를 취할 수 있고 주어는 허사 it이 되어 외치절 연결 자동사로 쓰이게 된다.

(6) a. It seems^{39} *unlikely that both cards went bad with the same exact problem*.
 (두 카드가 정확히 꼭 같은 문제로 잘못 되었을 가능성은 없는 것 같다.)
 b. *That both cards went bad with the same exact problem* seems^2 *unlikely*.

---

[51] "It seems *to me* that the situation is almost over.(내 생각으로 상황은 거의 종료된 것으로 보인다.)"에서와 같이 seem의 경우에도 to전치사구 보어가 같은 뜻으로 쓰이지만 이 seem은 **외치절 동사**가 아니다. 그것은 아래에서 곧 알아볼 허사 It **주어** that절 **동사**에 속한다.

(7) a. It **appears** *unlikely RHP John Patterson will pitch for the Rangers this season.*
(우완투수 존 패터슨이 올 시즌에 레인저 팀을 위해 공을 던질 가능성은 없어 보인다.)

b. *That RHP John Patterson will pitch for the Rangers this season* **appears** *unlikely.*

(8) a. It {now **seems**/**is** now} *almost certain that President Obama will be reelected.*
(오바마 대통령이 재선될 것이 이제 거의 {확실시 된다/확실하다}.)

b. *That President Obama will be reelected* {now **seems**/**is** now} *almost certain.*
(오바마 대통령이 재선될 것이 이제 거의 {확실시 된다/확실하다}.)52

(iii) 외치절 타동사(Extraposed Clause Transitive Verbs) V⁴⁰

that절 주어를 취하는 annoy, disturb 등 **단순 타동사** 그리고 give와 같은 **수여 동사**가 외치된 that절 보어를 거느릴 수 있다.

(9) a. *That people have no idea how hard I work* {**annoys**/**disturbs**} me.
(내가 얼마나 열심히 일하는지 사람들이 아무 것도 모른다는 것이 나를 {짜 증나게 한다/화나게 한다}.)

b. *It* really {**annoys**/**disturbs**} me *that people have no idea how hard I work.*

(10) a. *That the Giants beat the Lions* **gave** us a thrill.
(자이언트가 라이언을 이긴 것은 우리에게 스릴을 안겨준다.)

b. *It* **gave** us a thrill *that the Giants beat the Lions.*

(11) a. *Whether she is late or not* doesn't **bother** me.
(그녀가 지각할지 지각하지 않을지는 난 상관없다.)

b. *It* doesn't **bother** me *whether she is late or not.*

외치절이 통상적인 주어 위치에서 이탈해 형식상 보어가 되었으나 의미적으로

---

52 동사가 seem일 때와 be동사일 때 now, then 등 시간 부사의 어순이 다르다. 시간 부사는 seem의 앞에 오고 be 동사의 뒤에 온다. It *now* seems unlikely. *~~It seems now unlikely~~. It is *now* unlikely. *~~It now is unlikley~~. always, often 등 빈도 부사의 어순도 그와 같다. It *often* seems possible. *~~It seems often possible~~. It is *always* possible. *~~It always is possible~~. 일반적으로 동사를 수식하는 부사는 그 동사 앞에 오는 것이 원칙인데 be 동사는 이 원칙에 예외가 된다. be 동사는 자체의 의미내용이 없기 때문이다.

는 본동사의 제1 논항 역할을 하고 있다. 허사 It은 형식상 주어 자리를 차지하고 있을 뿐이다. 절이 문두의 주어 위치에 있거나 외치되거나 의미차이는 없다. 예를 들어 다음 논항-함수관계 (12a)가 (1a)의 의미도 나타내고 (1b)의 의미도 나타낸다. (12b)는 (9a)의 의미도 되고 (9b)의 의미도 된다.

(12) a. MATTER(JAPAN HAD LOST TO KOREA)
　　 b. ANNOY(PEOPLE HAD NO IDEA HOW HARD I WORK)(ME)

matter, occur 등의 동사가 외치 절 구문을 형성할 수 있지만 기본적으로 그 동사는 **단순 자동사**와 같다. 이 단순 자동사의 주어가 that절 또는 Wh절일 때 그 절이 외치될 수 있는 선택사항이 있기 때문에 외치 구문이 형성되는 것이다.

(iv) 허사 It 주어 that절 동사(Expletive *It* Subject that-clause Verbs) V[41]
　　다음 예문의 seem, appear는 that절을 보어로 거느리고 허사 주어 it이 오는 점에서 외치절 단순 자동사 유형과 같다. 그러나 이 동사들의 경우에 that절 또는 as if절이 주어 자리에 올 수 없다.

(13) a. *It* seems[41] *that a dash of autism is essential for success in science and art*.
　　　 (약간의 자폐증 기미는 과학과 예술에서 성공하기 위한 필수요소인 것 같다.)
　　 b. *~~That a dash of autism is essential for success in science and art seems~~*.
(14) a. *It* seems[41] *that Titan is actually more similar to Earth than Mars*.
　　　 (타이탄(=토성의 한 위성)은 실제로 화성보다는 지구와 더 비슷한 듯하다.)
　　 b. *~~That Titan is actually more similar to Earth than Mars seems~~*.
(15) a. So *it* appears[41] *that Arctic ice isn't vanishing after all*.
　　　 (극지방의 얼음은 결국 사라지지 않을 것으로 보인다.)
　　 b. *~~So that Arctic ice isn't vanishing after all seems~~*.
(16) a. *It* {appears[41]/seems[41]} *that too much money has already been wasted*. (이미 너무 많은 돈이 낭비된 것 같다.)
　　 b. *~~That too much money has already been wasted appears/seems~~*.
(17) a. *It* {chanced[41]/(so) happened[41]} *that they lived in the same area*. (우연히도

그들은 같은 지역에 살았다.)

b. Sometimes *it* so **happens**[41] *that a person is bound to refute the trust shown in him owing to certain unavoidable circumstances.* (때로는 사람이 어떤 불가피한 환경으로 인해 자기한테 보여준 신용을 배신할 수밖에 없는 일이 일어나기도 한다.)

이 동사들은 단순 자동사로는 쓰일 수 없고 오직 외치 구문에만 쓰인다. that절이 주어로 나타나는 (b)와 같은 구문이 존재하지 않으므로 (a)의 that절을 외치된 것으로 볼 수 없다. 그 that절은 있는 그대로 해당 동사의 보어로 보는 것이 마땅하다.[53]

that절이 통상적인 문두의 주어 위치에 올 수도 있고 문미에도 올 수 있을 때 문미에 오는 것을 <외치된 that절 주어>라고 한다. 처음부터 주어 위치에 올 수도 없는 that절을 동사 뒤의 위치에 있다고 해서 <외치된 that절 주어>라고 하는 것은 이치에 맞지 않는다. 다시 말해, "It really mattered *that Japan had lost to Korea.*"의 that절이 외치된 that절 주어라고 말할 수 있는 것은 "*That Japan had lost to Korea* really mattered."라는 구문이 존재하기 때문이다. 그러나 seem의 경우에는 "*~That he was guilty~ seems.*"라는 구문이 존재하지 않으므로 "It seems *that he was guilty.*"의 that절이 외치된 that절 주어라고 주장할 근거가 없다. 그것은 처음부터 그 자리에 있는 것이다.

seem, appear 외에 chance, happen 등과 look, sound 등 감각동사도 이 유형으로 쓰일 수 있다.

(v) 허사 It 주어 as-if절 동사(Expletive *It* Subject as-*if*-Clause Verbs) V[42]

---

[53] 그리고 허사 주어 It은 이 유형의 동사의 또 하나의 요구사항이다. 주어가 반드시 허사 It이어야 하는 이 부분은 "It {rains/snows} ~" 등의 기후 동사와 같은 성질이라고 할 수 있다. 허사 주어 it이 쓰이는 환경은 모두 세 가지로 정리할 수 있다.
① as if 절 또는 that절 보어를 취하는 동사의 주어로 나타난다. "It seems as if ~"
② 외치구문의 주어로 나타난다. "It seems clear that ~"
③ 허사 it은 날씨의 동사 rain, snow등의 주어로 나타난다. (날씨의 동사는 보어를 취하지 않으므로 복합 자동사가 아니다. 이것은 앞에서 단순 자동사로 다루었다.) "It rains/snows/thunders ~"

이 유형은 as if절 또는 as though절을 보어로 취한다. as if절이 주어 위치에 올 수 없는 점에서 이 동사는 외치절 동사가 아니다.

(18) a. *It* only **seems**[42] *as if zombies are logically possible.*
   (죽은 사람을 살리는 마술은 마치 논리적으로 가능한 것처럼 보일 뿐이다.)

   b. *~~As if zombies are logically possible only seems.~~*

(19) a. It **seems**[42] *as if you have already tried too many things.* (넌 너무 많은 것들을 이미 시도한 것처럼 보이는데.)

   b. *~~*As if you have already tried too many things seems.~~*

(20) a. It {**looks**[42]/**sounds**[42]} *as if you are doing a great job!* (넌 큰 일을 하고 있는 것처럼 보인다/들린다.)

   b. *~~*As if you are doing a great job {looks/sounds}!~~*

(21) a. *It* **looks**[42] *as if it snowed.* (마치 눈이 온 것처럼 보인다.)

   b. Jane, it **sounds**[42] *as if this is not a layoff situation at all*, but rather a case of your husband's boss just trying to edge him out. (제인, 이건 일시 해고의 상황이 아닌 {것처럼 들려./것 같아.} 이건 바로 당신 남편의 상사가 당신 남편을 {이기려는/밀어내려는} 경우야.)

   c. When we came in, it **smelled**[42] *as if someone had barfed in the room.* (우리가 들어 왔을 때 누군가가 방안에 토해 놓은 것 같은 (역겨운) 냄새가 났다.)

   d. The real point of contention, however, is that Mr. Arnott and Mr. Siegel make it **sound**[42] *as if their new indexing strategy is so far superior to traditional indexing that investors should abandon the latter for the former.* (그러나 진정한 논점은 아놋 씨와 시걸 씨가 자기들의 새 인덱싱 전략이 전통적인 인덱싱보다 월등히 우수하기 때문에 투자자들이 후자를 버리고 전자를 택하는 것처럼 보이도록 만드는 것이다.)

이상 예문들이 보여주는 바와 같이 seem, appear는 **외치절 연결 자동사**(V39) 유형은 물론 **허사 It주어 that절 동사**(V41) 유형과 **허사 It주어 as-if절 동사**(V42) 유형으로 두루 쓰이는 데 반해 look, sound 등 감각 동사들은 V41유형으로는 쓰이지 않는다.

V41유형과 V42유형은 오직 허사 주어 It만 허용된다는 점에서 rains, snows 등의 "기후 동사"와 닮은 점이 있지만 차이점도 있다. It snows. It rains. 등에서 허사

It이 의미적으로 무내용(contentless)하여 논항이 아니다. V$_{41}$와 V$_{42}$의 경우에도 허사 주어 it은 논항이 아니지만 that절 보어나 as-if절 보어는 논항이다. 따라서 기후 동사는 논항이 하나도 없는 영항 술어(zero-place predicate)인데 비해 이 두 유형은 1항 술어이다. 그리고 V$_{42}$의 의미에는 "가정의 뜻"을 나타내는 술어 HYPOTHETICALLY-THE-CASE가 있고 V$_{41}$의 의미에는 그것이 없다. It rains. *It* seems *that too much money has already been wasted.* *It* only seems *as if zombies are logically possible.* 등 세 예문을 가지고 이상 세 동사의 의미차이를 다음과 같이 논리식으로 나타낼 수 있다.

  (22) a. 영항 술어 rains: RAIN
      b. 1항 술어 seem$_{41}$: SEEM(too much money has already been wasted)
      c. 1항 seems$_{42}$: SEEM(HYPOTHETICALLY-THE-CASE(zombies are logically possible))

  기후 동사 rain은 논항 없이 단독으로 명제를 이루는 영항 술어이다. seem$_{41}$은 "너무 많은 돈이 이미 낭비되었다"는 명제를 논항으로 삼는 1항 술어이고 seem$_{42}$은 "좀비들이 논리적으로 가능하다는 것이 가정적으로 사실이다"라는 명제를 논항으로 삼는 1항 술어이다.

  V$_{42}$유형은 as if절대신 *like*절을 보어로 취할 수 있다. like절은 대화체에서 흔히 나타난다.

  (23) a. It looks *like he did a good job*. (그가 일을 잘 한 것처럼 보인다.)
      b. It feels *like you're really there*. (정말로 거기에 있는 것처럼 느껴진다.)
      c. It sounds *like you finally made it*. (너 마침내 성공한 모양이구나.)

  대화체에서 허사 주어 It을 생략하는 경우가 있다. (문어체에서 이것은 허용되지 않는다.)

  (24) **Sounds** *like they hit the jackpot*. (그들이 대박을 터뜨린 모양일세.)

이 like는 전통문법에서는 접속사라고 하여 It doesn't look <u>like</u> *a dog* but it is.(그것이 개처럼 생기지 않았지만 그건 개다.) That sounds <u>like</u> *a good idea.*(그거 좋은 생각인 것처럼 들린다.) 등에서의 전치사 like와 구별하지만 <현대 영문법>에서는 둘 다 전치사로 본다. 다만 "like a dog"이나 "like a good idea"의 like는 명사구 보어를 취하고 (23)과 (24)의 like는 as나 than처럼 절을 보어로 취하는 것이 다를 뿐이다.[54]

④ 간접화법(Indirect Reported Speech)에서의 *that*절과 의문사 절

간접화법은 화자(=전달자(reporter))가 들은 말 또는 읽은 것을 자신의 시각에서 상대방에게 전달할 때 쓰는 어법이다. 간접화법이란 "누군가가 누군가에게 ~ 라고 말했다" 또는 "누군가가 누군가에게 ~ 하는지/인지 물었다"와 같은 형식의 문장들을 가리킨다. 가령 내 친구 Bill이 "I am tired."라고 말했을 때 Bill이 한 말을 내가 독자에게 전달하려고 하면 Bill said that he was tired. 또는 Bill told me that he was tired.라고 말할 수 있다. 이것이 간접화법이다.

그 대신 Bill이 한 말을 그대로 인용해서 전달할 수도 있다. Bill said, "I am tired." 또는 "I am tired," said Bill. 이렇게 Bill의 말을 직접 인용하는 방식을 직접화법(direct Reported Speech)이라고 한다.

다른 예로 어떤 사람이 나에게 "What is your hobby?"라고 질문한 것을 내가 독자에게 전달하려고 할 때 He asked me what my hobby was.라고 간접화법으로 말할 수 있다. 또는 He said to me, "What is your hobby?"라고 직접화법으로 말할 수도 있다.

우리는 이 절에서 간접화법에 쓰이는 동사들과 그와 관련된 that절과 wh절의 용법에 대해 알아보려고 한다.

That절과 Wh절을 보어로 취하는 동사유형 중 say, think, ask, inquire 등 <전달 reporting>의 뜻을 가진 많은 동사들이 간접화법에 쓰일 수 있다. That절은 전달하

---

[54] "I also went there **as** *you did.*(나도 너처럼 거기에 갔다.)" "He was more excited about the news **than** *you are.*(그는 너보다 그 소식에 더 좋아했다.) "He wasn't so excited about it **as** *you are.*(그는 너만큼 그것에 대해 그렇게 흥분하지 않았다.)" 등에서 전치사 as와 than은 절 보어를 거느린다.)

려는 원래의 말이 "I am tired."와 같은 서술문이었을 때 쓰고 Wh절은 원래의 말이 "What is your hobby?"와 같은 의문문이었을 때 쓴다.

(i) that 절 보어를 요구하는 간접화법 동사

아래와 같은 전형적인 간접화법 예문에서 먼저 시제의 용법을 살펴볼 필요가 있다.

(1) a. She tells me *that her parents **advise** her to work harder on weekends*.
(그녀는 나에게 말하기를 자기 부모는 주말에 더 열심히 하라고 충고한다고 한다.)
  b. She tells me *that her parents **advised** her to work harder on weekends*.
(그녀는 나에게 말하기를 자기 부모는 주말에 더 열심히 하라고 충고했다고 한다.)
(2) a. She told me *that her parents **advise** her to work harder on weekends*.
(그녀는 나에게 말하기를 자기 부모는 주말에 더 열심히 하라고 충고한다고 했다.)
  b. She told me *that her parents **advised** her to work harder on weekends*. (그녀는 나에게 말하기를 자기 부모는 주말에 더 열심히 하라고 충고했다고 했다.)
(3) a. He said *(that) he **was** enjoying her job*.(그는 자기 일을 즐기고 있다고 했다.)
  b. He said *(that) he **is** enjoying her job*. (그는 자기 일을 즐기고 있다고 했다.)

(1)은 주절의 전달동사의 시제가 현재이고 (2)와 (3)은 과거시제이다. (1a와 b)에 상응하는 직접화법은 아래 (4a와 b)이다.

(4) a. She says to me, "My parents **advise** me to work every weekend."
  b. She says to me, "My parents **advised** me to work every weekend."

주절의 전달동사가 현재시제일 때는 원래 말(=직접화법)의 시제와 간접화법의 that절의 시제가 동일하다. 원래의 말이 현재시제이면 간접화법도 현재시제로, 과거시제이면 간접화법에서도 과거시제로 하면 된다.

주절의 전달동사가 과거시제일 때 여러 가지 변수가 있다. 간접화법 (2)에 상응하는 직접화법은 아래와 같다.

(5)　a. She said to me, "My parents **advise** me to work harder on weekends."
　　　　("부모님은 나한테 주말에 더 열심히 하라고 충고한다" 하고 그녀는 나에게 말했다.)
　　b. She said to me, "My parents **advised** me to work harder on weekends."
　　　　("부모님은 나한테 주말에 더 열심히 하라고 충고했다" 하고 그녀는 나에게 말했다.)

이런 상황에서 직접화법을 간접화법으로 나타내게 되면 전달자의 주관이 개입될 수 있다. 전달자의 주관이 어떻게 작용하느냐에 따라 간접화법에서 that절의 시제가 달리 나타난다.

(2a)에서는 주절의 시제가 과거인데 that절의 시제가 현재이다. 이 현재시제는 that절의 내용이 지금도 사실임을 전제한다. 즉 이 말을 전달하는 시점인 현재에도 그녀의 부모는 주말에 더 열심히 하라는 충고를 하고 있다고 내가 생각하고 있다.

그러나 이런 전제가 없을 때 즉 그녀의 부모가 그때 그렇게 충고했지만 지금도 그렇게 하는지 어떤지에 대해서는 알 수 없거나 확실하지 않을 때는 간접화법 (2b)로 말한다. (5a)의 현재시제 advise가 주절의 과거시제 told에 맞추어 뒤로 이동하고 (즉 과거시제로 이동하여) advised로 나타난다. 이와 같이 전달자의 특별한 주관의 개입이 없이 중립적 입장에서 전달할 때는 반드시 that절의 시제와 주절의 전달동사의 시제가 일치한다. 이렇게 that절의 시제가 직접화법의 시제와 다르게 나타나는 현상을 **시제이동**(tense shift)이라고 한다.

그녀가 원래 한 말이 (5b)일 때, 즉 그녀가 과거시제 advised로 말했을 때는 비교적 단순하다. 그녀가 과거의 사실을 말했으므로 전달자인 나의 주관이 개입될 여지가 없고 따라서 나는 과거의 사실을 그대로 말하면 된다. 즉 직접화법 (5b)는 간접화법 (2b)로 표현된다. 그러니까 결국 (2b)는 상황에 따라 (5a)의 간접화법일 수도 있고 (5b)의 간접화법일 수도 있다.

간접화법 (3)의 경우 아마도 그가 원래 한 말이 "I **am** enjoying my job."이었을 것이다. 이것을 전달자가 객관적으로--전달자의 주관 개입 없이--전달한다면 (3a)이 된다. 그때는 반드시 시제의 이동이 일어나야 한다.

전달자의 주관이 개입되어 그가 지금도 일을 즐겁게 하고 있을 것이라고 생각하고 그 점을 강조하고 싶다면 현재시제를 쓴 (3b)가 적절하다. 전달동사가 과거시제임에도 that절의 본동사의 시제가 현재시제이다.

다음 예문에서 법조동사들이 어떻게 해석되는지 살펴보기로 한다.

(6)　　a. They warned us *that prices {may/might} rise abruptly.*
　　　　　(그들은 물가가 갑자기 오를 것이라고 경고했다.)

　　　　b. We agreed with her *that it {will/would} be safe to stay home at night.*
　　　　　(밤에는 집에 있는 것이 안전할 것이라는 데 대해 우리와 그녀는 같은 생각이었다.)

　　　　c. The mechanic admitted *that he {can't/couldn't} fix the carburetor.* (수리공은 카부레터를 고칠 수 없다는 것을 인정했다.)

　　　　d. He suggested that we *{could/*can}* go to the ball park but I was busy. (그는 {야구장에 가자고/우리는 야구장에 갈 수 있다고} 제의했지만 나는 시간이 없었다.)

　　　　e. She told me that she *{could/*can}* bring John with her but I didn't believe her. (그녀는 존을 데리고 올 수 있다고 말했지만 나는 그녀의 말을 믿지 않았다.)

(6a)는 물가가 오를 것이라고 경고하는 내용을 전달하고 있다. 이를 전달하는 화자가 편견 없이 단순히 전달하는 데 그친다면 시제이동이 적용된 might를 써야 한다. 만약에 전달자가 그 경고의 내용 즉 물가가 오를 것이라는 전망에 공감하고 그것을 명백히 표현하고 싶다면 시제이동이 적용되지 않은 may가 적절하다.

(6b). 밤에 집에 있는 것이 안전하다는 생각을 전달자가 그대로 전달하는 경우이면 would를 쓸 것이고 전달자가 그 의견과 같은 생각임을 강조하고 싶다면 will을 쓸 것이다.

(6c). 수리공이 카부레터를 고칠 수 없다고 인정한 데 대하여 별다른 생각이 없이 수리공의 말을 그대로 전달하는 경우에는 couldn't가 적절하다. 만약에 전달

자가 수리공의 말에 동의하고 지금도 그렇게 생각한다면 can't가 적절하다.

(6d)에서는 시제이동이 일어나지 않은 can은 쓸 수 없다. 만약 can을 쓰게 되면 야구장에 가자는 제의에 긍정적인 상황이 되는데 그것은 시간이 없어 그 제안을 받아들이지 않은 사실과 어긋나게 된다. (6e)도 이외 비슷한 상황이다. 존을 데리고 올 수 있다는 그녀의 말을 믿지 않는 전달자로서 can을 선택할 수 없다. 만약 can을 선택하면 그녀의 말을 믿는 결과가 되기 때문이다.

will, can, may 등과는 달리 과거형이 따로 없는 조동사의 경우에는 이런 구별이 표면화되지 않는다. must, mustn't, ought to, used to, could, should, might, would 등이 이런 경우에 속한다. 간접화법에서 현재에서 과거로 시제를 이동시키려고 해도 이를 표현할 과거형 조동사가 존재하지 않으므로 결국 전달자의 주관이 개입되지 않은 경우와 개입된 경우가 형태상 구별되지 않는다.

(7)　a. My father **said** that he *must* be getting old.
　　　(아버지는 자기가 늙어가고 있음에 틀림없다고 말했다.)

　　b. She **told** me that I *mustn't* smoke there.
　　　(그녀는 나에게 거기서는 담배를 피우면 안 된다고 말했다.)

　　c. My mother **said** that she *used to* feel more comfortable at small stores than at supermarkets. (어머니는 수퍼마켓보다 작은 가게에서 더 편안하게 느꼈다고 말했다.)

　　d. She **told** me that I *ought to* work harder. (그녀는 더 열심히 공부해야 한다고 나에게 말했다.)

　　e. She **told** me that I *should* apply for admission to a less competitive school. (그녀는 내가 경쟁률이 더 낮은 학교에 입학원서를 내야 할 것이라고 말했다.)

　　f. She **said** that she *should/could* have done better. (그녀는 더 잘 할 했어야 했다고/더 잘 할 수 있었을 것이라고 말했다.)

Must에는 <의무의 must>와 <필연성의 must> 두 가지 뜻이 있다.[55] 의무의 must

---

[55] "You <u>must</u> go to bed now.(잠자리에 들어야지.)"에서 must는 <의무의 must>이고 "You <u>must</u> be John's sister.({틀림없이 네가 존의 누이이지./네가 존의 누이임에 틀림없지.})"에서 must는 <필연성의 must>이다. 법조동사 must의 의미에 대해서는 앞의 2.5.1.2②절 참조.

의 과거형은 must 또는 had to이고 필연성의must의 과거형은 must이다. 이 때문에 <필연성의must>가 쓰인 (7a)는 중의적이다. must를 과거형으로 볼 수도 있고 현재형으로 볼 수도 있다. 과거형 must는 주절의 과거시제에 맞춰 시제이동이 적용된 결과이다. 이 말의 전달자가 자기의 주관을 개입시키지 않고 단순히 전달하는 경우가 된다. must를 현재형으로 보면 전달자의 주관이 개입된 경우가 된다. 즉 "he must be getting old."라는 생각에 전달자도 동감이라는 암시가 들어간다. (<의무의 must>의 과거형은 must 또는 had to이므로 시제이동이 적용될 경우 다음 두 가지 문장이 가능하다. Mother told me that I <u>had to</u> go to bed then. 또는 Mother told me that I <u>must</u> go to bed then.)

(7b)의 <금지의 mustn't> 역시 시제이동이 적용된 결과로도 해석될 수 있고 시제이동이 일어나지 않은 것으로 해석할 수도 있다. 이 조동사도 <필연성의must>처럼 현재형과 과거형이 같기 때문이다.

(7c)의 used to 역시 현재형과 과거형이 같다. 과거형 used to는 시제이동이 적용된 결과이고 현재형 used to는 시제이동이 적용되지 않은 것이다.

(7d와 e)의 ought to와 should 역시 현재형과 과거형이 같다. should가 미래조동사 shall의 과거시제일 수도 있으나 여기서 should는 미래조동사가 아니고 <의무>를 뜻하는 양상 조동사이다. ought to와 거의 뜻이 같다. 과거형으로 보면 시제이동이 적용된 결과이고 현재형으로 보면 시제이동이 적용되지 않은 것이다.

(7f)는 가정법 문장이다. 가정법의 could have, should have 등은 직접화법이나 간접화법에서 변화가 없다. 가정법의 직접화법 "I could have done better."를 간접화법으로 나타낼 때도 could have는 그대로 유지되며 전달자의 주관이 개입할 여지도 없다.

(ii) Wh절 보어를 요구하는 간접화법
직접화법에서의 의문문을 간접화법으로 나타낼 때 wh절 보어를 쓰게 된다. 가령 John이 나에게 다음과 같이 말했다면:

(1)　"Who do you want to talk to?"

다음과 같은 간접화법의 문장이 가능하다.

(2) John **asked** *me who I wanted to talk to.*
     (존이 나에게 내가 누구와 이야기하기를 원하는지 물었다.)

Wh절은 반드시 의문사로 시작되고 어순이 서술문 어순과 같다.
Mary가 다음과 같은 Yes-No 의문문을 나에게 말했다면

(3) "Are you going to visit the museum tomorrow?"

이를 다음과 같은 간접화법으로 바꾸어 말할 수 있다.

(4) Mary **asked** me *{whether/if} I was going to visit the museum the next day.*
     (메리가 나에게 다음날 박물관에 가느냐고 물었다.)

Yes-No 의문문이 간접화법으로 바뀌면 whether 또는 if를 써서 "~인지 아닌지"
를 나타내고 주절이 과거이면 시제이동이 일어나서 whether 절의 동사가 과거시
제로 나타난다.
이렇게 ask처럼 직접 질문의 의미를 가진 동사뿐만 아니라, <말하다> 또는 <생
각하다>의 뜻을 가진 많은 동사들도 wh절 보어를 취하여 간접화법에 쓰일 수
있다.

(5) a. I can't **imagine** *what kind of songs he likes to sing.*
        (그가 어떤 종류의 노래를 부르기 좋아하는지 상상이 안 된다.)
     b. She **wonders** *what she should do next.*
        (그녀는 그 다음에 무엇을 해야 할지 생각하고 있다.)
     c. I didn't **know** *whether the class was over.* (수업이 끝났는지 몰랐다.)
     d. They haven't **decided** *whether the door should be closed.*
        (언제 문을 닫아야 할지 결정하지 않았다.)

e. They have kept **guessing** *whether we will join the organization*.

(그들은 우리가 그 조직에 가담할 것인지 계속 추측해왔다.)

f. Please **tell** *me whether you have heard about any such bird*.

(그런 새에 대하여 들어 본 적이 있는지 나에 말해 주시오.)

g. She **advised** me <u>when I should quit the job</u>.

(그녀는 내가 언제 그 일을 그만두어야 할지 나에게 충고해 주었다.)

상황에 따라 wh절 대신 <wh+to부정사> 구문을 보어로 취할 수도 있다.

(6) a. I didn't **know** <u>what to say about it</u>. (그에 대해 무슨 말을 해야 할지 몰랐다.)

b. They wanted to **know** *whether to believe him or not*.

(그를 믿어야 할지 믿지 말아야 할지 알고 싶어 했다.)

c. We **wondered** *what to do next*. (우리는 다음에는 무엇을 할지 생각했다.)

d. They were **mulling** over *how to get there*.

(그들은 거기에 가는 방법을 생각하고 있었다.)

이런 <wh+to부정사> 구문은 다음과 같이 wh절 구문으로 풀어 쓸 수 있다.

(7) a. I didn't **know** <u>what I should say about it</u>. (나는 그것에 대해 무어라고 말해야 할지 알지 못했다.)

b. They wanted to **know** *whether they should believe him or not*. (그들은 그를 믿어야 할지 말아야 할지 알고 싶어 했다.)

c. We **wondered** *what we should do next*. (우리는 그 다음에 무엇을 해야할지 궁금했다.)

d. They were **mulling** over *how they could get there*. (그들은 어떻게 거기에 도착할 수 있을지 곰곰이 생각하고 있었다.)

Wh절 안에는 상황에 맞는 적당한 법조동사가 나타난다. 흔히 의무나 약한 필연성을 나타내는 should가 잘 쓰인다. 방법을 뜻하는 의문사 how 절에는 능력을 나타내는 can, could가 자주 쓰인다.

2.6 맺는 말

핵심어 동사는 **보어**와 더불어 **동사구**를 형성하고 동사구는 **주어**와 더불어 하나의 문장을 형성한다. 동사가 동사구가 되려면 보어가 필요하다. 서로 다른 유형의 동사들은 서로 다른 형태의 보어를 거느린다. 어떤 동사가 어떤 보어를 거느리는지는 개별 동사의 **어휘 속성**에 따른다. 그러므로 보어는 동사의 유형을 분류하는 가장 중요한 기준이 된다.

하나의 명사구 보어를 거느리는 동사를 **단순 타동사**라고 하고, 아무 보어도 거느리지 않는 동사를 **단순 자동사**라고 한다. to 부정사 보어 하나만을 거느리는 동사는 **to부정사 자동사**라고 하고 명사구 하나와 to부정사를 거느리는 동사를 **to부정사 타동사**라고 한다. 하나의 전치사구 보어를 거느리는 동사는 **전치사구 자동사**이고 두 개의 전치사구를 거느리는 동사는 **이중 전치사구 자동사**이다. 또 ing분사 보어를 거느리는 자동사와 타동사는 각각 **ing분사 자동사**와 **ing분사 타동사**로 분류된다. 타동사 중에는 피동형 동사구 보어를 거느리는 타동사도 있고 원형동사구 보어를 거느리는 타동사도 있다. 이들은 각각 **피동형 동사구 타동사**와 **원형동사구 타동사**의 유형이 된다.

전통적인 5형식의 문형은 동사 유형의 추상적인 전범은 될 수 있으나, 영어 동사의 현실을 반영하는 동사의 유형이 될 수 없다. 전치사구 보어, to부정사와 ing분사 보어, 절 보어 등을 배제하고 있기 때문이다. 이를 보완하고 수정한 것이 이 장에서 제시한 42 유형이다.

<현대 영문법>의 42 유형의 특징은, 첫째, 보어의 기준을 엄격히 적용하는 점이다. 동사가 요구하는 모든 종류의 보어들을 고려하여 유형을 정한다. 명사구, 형용사구, 전치사구, 피동형 동사구, 원형 동사구, to부정사 동사구, ing분사 동사구, that절, Wh절 등등의 요소들이 동사의 보어가 될 수 있다. 이들 하나 또는 두 요소의 조합이 동사의 보어가 되고 그것이 바로 유형을 분류하는 기준이 된다.

둘째, 주어와 보어가 동사와 어떤 논리적, 의미적 관계를 맺는가, 다시 말해, **논항**(argument)이 **술어**(predicate)에 어떤 논리적 관계를 맺는가가 동사 유형 분류의 또 하나의 기준이 된다. 동사가 논리적으로 1항 술어인가, 2항 술어인가, 3항

술어인가, 4항 술어인가를 보어 요구 조건과 함께 고려한다. 그와 동시에 또 논항이 어떤 **의미역**을 가지는가를 고려한다.

셋째, 주어, 목적어 등 문법적 기능이 술어의 논항관계와 어떻게 상호작용하는가를 토대로 유형을 분류한다. 이 기준에서 나온 것이 **통제**와 **상승**의 개념이다. 주어가 형식적으로만 주어인 **상승 주어**가 있고 형식으로나 내용으로나 주어인 **보통 주어**가 있다. 목적어도 형식과 내용면에서 자격을 갖춘 **보통 목적어**가 있고 형식만 목적어이고 내용적으로는 목적어가 아닌 **상승 목적어**가 있다. 이 기준에 따라 여러 형태의 동사구를 보어로 취하는 동사들을 더욱 정밀하게 분석할 수 있고 동사의 의미적 특징을 보다 잘 파악할 수 있다. 이 기준에서 주어가 보통 주어인 **to부정사 통제 자동사**, 주어가 상승 주어인 **to 부정사 상승 자동사**, 목적어가 보통 목적어인 **to부정사 통제 타동사**, 목적어가 상승 목적어인 **to부정사 상승 타동사** 등 주요 유형들의 존재가 밝혀진다.

동사 유형의 개수는 유동적이다. 의미의 기준과 보어의 기준을 얼마나 더 엄격히 하는가에 따라 더욱 세분될 수도 통합될 수도 있다. 예를 들어, 단순 자동사를 의미적으로 더 엄격하게 구분하여 순수 자동사, 비대격 자동사, 능격 자동사 등으로 나눌 수도 있고 여러 유형으로 나뉘어져 있는 절 동사를 필요에 따라 하나로 통합할 수도 있을 것이다. 현재로서는 정확한 유형의 개수보다는 유형 분류를 통하여 개별 동사의 통사적, 의미적 특징에 대한 통찰력을 얻는 것이 중요하다.

동사는 문장 구조의 핵심이다. 동사의 속성에 따라 문장의 나머지 모든 부분들이 결정된다. 동사의 속성 중 가장 핵심적인 요소가 보어이다. 그 보어들의 문법적, 의미적 속성들을 잘 이해하는 것은 곧 영어 문장의 구조를 이해하는 길이 된다.

제3장

전치사와 전치사구 동사
(Preposition Phrase Verbs)

의미가 미묘하고 용법이 복잡 다양한 영어 전치사의 전모를 여기서 다루려고 하지 않는다. 전치사가 동사와 어떻게 상호작용하는가에 초점을 맞추고 특정의 동사들이 특정의 전치사구 보어를 거느리는 현상에 초점을 맞춘다.

3.1 전치사의 종류

이 절에서는 전치사와 동사의 상호작용을 이해하는 데 도움이 되는 범위 안에서 전치사의 일반적 성질을 대강 살펴보려고 한다.

《현대 영문법》에서 전치사 범주는 전통문법보다 넓다. 종래에 부사로 취급하던 get out, get in, stand up 등에 나오는 out, in, up 등을 <현대 영문법>에서는 전치사로 다룬다.[1]

---

[1] downstairs, indoors, overseas 등은 물론 here, there, together, home 등도 전치사로 다룬다. get in, go out 등에서 in, out 등을 전치사로 다루는 것과 같은 논리로 go home, stay here, went there, live there, go together 등에 나오는 home, here, there, together 등을 전치사로 분류한다. He ran downstairs to answer the door.(문을 열어주려고 아래층으로 뛰어갔다.) We went indoors when it rained.(비가 오자 집안으로 들어갔다.) He lived overseas for five years.(그는 5년 동안 해외에 살았다.) The workers were sent overseas.(노동자들이 해외로 보내졌다.) 등에 나오는 downstairs, indoors, overseas 등도 in이나 out과 같이 전치사들이다. 우리가 일상 사용하는 사전에는 이들을 모두 부사의 범주에 넣고 있으나 이들이 문장에 분포하는 양상이

전치사에 대한 <현대 영문법>의 새로운 설명 방식은 아마도 많은 영어학습자들에게 생소하게 느껴지는 부분들이 있을 것이다. 그러나 한 편 문법현상을 보다 설득력 있게 설명하고자 하는 <현대 영문법>의 한 모습을 잘 볼 수 있는 기회가 될 것이다.

동사에 자동사와 타동사가 있듯이 전치사에도 **자전치사**(intransitive preposition)와 **타전치사**(transitive preposition)가 있다. We eat apples.의 eat은 목적어가 있어 타동사이고 Do people eat to live or live to eat?의 eat은 목적어가 없으므로 자동사라고 하는 것과 같이, 아래 (1a)의 in은 the morning을 목적어로 취하고 (1b)의 at은 a coffee shop을 목적어로 취하고 있으므로 **타전치사**이고 (1a)의 up과 out은 목적어 없이 홀로 쓰이고 있으므로 **자전치사**이다.

(1)　　a. He got up and went out early in *the morning*. (그는 아침 일찍 일어나서
　　　　　　밖으로 나갔다.)
　　　　b. She had breakfast at *a coffee shop*. (그녀는 한 커피숍에서 아침을 먹었다.)

종래에 목적어가 있는 in과 at 같은 것만 전치사로 보고 up과 out은 목적어가 없기 때문에 전치사가 아니고 부사라고 해왔다. 다시 말해 up이 got을 수식하고 out이 went을 수식하고 in이 get을 수식한다는 이유로 그것이 부사라고 했다. 그러나 이 견해는 수식어의 일반적 성질과 맞지 않는다. 원칙적으로 수식어란 구조적으로 있어도 되고 없어도 되는 **선택적** 요소(optional element)이다. 그런데 위 예문의 up, out, in 등은 선택적 요소가 아니고 **필수**요소이다. 그것이 빠진 ~~*He got and went early in the morning.~~이나 *Please get. 등은 비문이다. 이 이유만으로도 up, in 등이 수식어가 아니라는 것이 확실하다.

둘째 in, out, up 등은 be 동사의 보어가 될 수 있으나 부사는 그렇게 될 수 없다.

(2)　　He will be in, but she will be out.

부사와는 거리가 멀다. Huddleston & Pullum은 우리가 "접속사"라고 부르는 because, although 등도 전치사의 범주에 넣고 있다.

(3) a. *She was kindly.

b. *They were again.

c. *We were so enthusiastically.

셋째, 부사가 명사를 수식하는 일이 없지만 inside, outside, outdoors 등은 앞에 있는 명사를 수식할 수 있다.[2]

(4) a. The temperature outside was below minus 20 degrees.
(바깥 온도가 영하 20도 이하였다.)

b. *The temperature externally was below minus 20 degrees.

(5) struggle inside(내부의 투쟁), sweatshop wages overseas(해외의 싸구려 임금), sweatshop conditions overseas(해외의 착취공장 여건) 등.

넷째, 동사를 수식하는 부사는 어순이 비교적 자유스러운 것이 그 특성이다.

(6) a. Kim left the room sadly. (킴은 {슬프게도/슬픈 표정을 하고} 방을 나갔다.)

b. Sadly Kim left the room. (슬프게도 킴은 방을 나갔다.)

(7) a. He shouted angrily at them. (그는 그들에게 성난 소리를 질렀다.)

b. Angrily, he banged the table. (그는 성이 나서 테이블을 꽝 쳤다.)

그러나 이와 같은 어순의 융통성이 in이나 out에는 없다.

(8) a. Please get in.

b. *Please in get.

c. *In please get.

---

[2] 그러나 형용사형은 outdoor, indoor이다. indoor sports(실내운동), outdoor activities(옥실외활동)에서 outdoor, indoor를 쓰고 명사 뒤의 위치에서 수식할 때는 indoors, outdoors를 쓴다. The weather conditions outdoors are not very good.(바깥의 날씨상태가 별로 좋지 않다.) 한편 overseas는 형용사형으로도 쓰여 overseas flights(해외 항공편), overseas markets(해외 시장), overseas students(=foreign students 해외학생), overseas investment(해외 투자), overseas trips (해외여행) 등. (oversea는 잘 쓰이지 않는다.)

(9) a. He went out.

     b. *He out went.

     c. *Out he went.

in과 out은 오직 동사 다음의 위치에 올 수 있을 뿐이다. 그 외의 위치에 오면 모두 비문이 된다. 이렇게 in, out 등이 고정된 어순을 지키는 것은 이들이 부사가 아니라는 것을 말해준다.

전통적으로 aboard, outside, inside 등은 문맥에 따라 전치사로 보기도 하고 부사로 보기도 했다.

(10) a. They went **aboard** the ship.   a'. They went **aboard**.

      b. She sat **outside** her bedroom.   b'. She sat **outside**.

      c. Keep **inside** the house today.   c'. Keep **inside** today.

(10a~c)에서는 aboard, inside, outside등이 목적어를 취하면 전치사이고 (10a'~c')에서는 목적어가 없으면 전치사가 아니고 부사라고 했던 것이다.

그러나 이제 get in, get up 등의 in, out이 목적어가 없지만 전치사로 볼 수 있다면 (10a'~c')의 aboard, outside, inside등도 전치사로 다루지 못 할 이유가 없다. inside the house 등은 타전치사 inside가 the house를 보어로 취하여 전치사구를 이룬 것이고 keep inside, go aboard 등에서는 자전치사 inside가 홀로 전치사구를 이루어 keep의 보어로 쓰인 것이고, aboard 역시 홀로 전치사구를 이루어 go의 보어로 쓰인 것이라고 보면 된다.

전치사(구)를 보어로 취하는 전치사들도 있다.

(11) a. We were barely getting **out** _of the entrance_ when a big dog approached us.
        (우리가 입구를 나오자마자 큰 개 한마리가 우리에게 닥아 왔다.)

      b. The spaceship is now going **out** _into the space_. (우주선이 지금 우주 속으로
        나가고 있다.)

      c. The animal sprang **from** _under the bush_. (그 동물이 숲 밑에서 튀어나왔다.)

d. The dancer appeared from *behind the curtain*. (그 댄서가 커튼 뒤에서 나타났다.)

e. Nobody showed up until *after lunch*. (점심을 먹고 난 다음에야 사람들이 나타났다.)

f. No England football match will be shown exclusively live on the internet again until at least *after next summer's World Cup*. (내년 여름 월드컵 후까지는 영국 축구 시합이 인터넷에서 생방송으로 다시 방송되지 않을 것이다.)

g. We hadn't seen each other since *before Christmas*. (우리는 크리스마스 전 이후로 서로 만나지 않았다.)

h. There has never been a meeting between the two parties since *after war*. (전후 이후 오늘까지 두 당 사이에 한 번도 만남이 없었다.)

(11a-b)에서는 out이 전치사구 of the entrance, into the space를 각각 보어로 취하고 있다. (c-d)는 from이 under the bush, behind the curtain을 보어로 취하는 것을 보여준다. (e)는 until이 after lunch, after next summer's World Cup 등을, (11g-h)는 since가 전치사구 before Christmas, after war를 각각 보어로 취하고 있음을 보여준다.

이렇게 out, from, until, since 등은 각기 상황에 따라 다양한 전치사구 보어를 택할 수 있다. 이와는 대조적으로 apart, away, according 등 전치사들은 특정 전치사구만 보어로 취한다.

(12) a. Nobody failed to show up apart *from Mary*. (메리를 제외하고는 모두 다 나타났다.)

b. Apart *from jogging*, he isn't interested in any sports. (조깅 이외에 그는 아무 스포츠에도 관심이 없다.)

c. A home away *from home*. That's our ultimate goal for all of you. (집을 떠나 있는 집. 그것이 여러분 모두를 위한 우리의 궁극적 목표입니다.)

d. Keep away *from the dog*. It's dangerous. (그 개에서 떨어져라. 그 개는 위험하다.)

e. According *to my boss*, his company will catch up soon. (사장 말에 의하면 그의 회사는 곧 따라잡을 것이라고 한다.)

f. She walks with a limp owing *to a childhood injury*. (그녀는 어릴 때의 부상

때문에 다리를 절면서 걷는다.)

    g. Our boss was absent **due** _to illness_ yesterday. (우리 사장님이 어제 병으로
        결근했다.)

    h. We expect a very good harvest **because** _of the fine weather_ throughout the
        summer. (우리는 여름 내내 좋은 날씨 때문에 풍작을 기대한다.)

   전치사 apart와 away는 from 전치사구만을, according, owing, due 등은 to 전치
사구만을, 그리고 because는 of 전치사구만을 보어로 취한다. 만약에 다른 전치사
를 취하면 비문이 된다. *apart for Mary, *apart jogging, *according in my boss,
*owing for a childhood injury, *due of illness, *because as the fine weather 등등은
잘못된 보어를 취하여 모두 비문이다.

   이와 같이 전치사구를 취하는 전치사들을 **사격 전치사**(oblique preposition)라고
부른다. 그러면 전치사에는 다음과 같이 3가지의 범주가 있다.

   (13) 전치사의 하위범주[3]
   ① 자전치사: get in, get up, go out, take off the label/take the label off
   ② 타전치사: get into _the car_, went to _school_
   ③ 사격전치사: away _from home_, according _to John_, out _of the window_

3.2 전치사의 의미: 공간과 시간을 나타내는 전치사

   전치사는 사물의 속성, 상태 등을 나타내기도 하고 사물들과의 관계를 나타내
기도 한다. 이 점에서 전치사는 형용사나 동사와 같이 서술어이다.

   (1)   a. Mary is in. (1항 술어 전치사) (메리가 안에 있다.)

---

[3] <현대 영문법>은 because she is sick, although he is strong, 그리고 if it rains 등의 because,
although, if를 전치사 범주에 포함시킨다. (이들은 절전치사(clausal preposition)가 된다.) 그러
면 전치사는 명사와 절을 목적어로 취할 수 있고 It counts as illegal.에서 as처럼 형용사를
보어로 취할 수도 있다. 전치사 as의 용법은 아래에서 다루게 된다.

b. Mary is in the study. (2항 술어 전치사) (메리가 서재에 있다.)

c. Mary is between John and Bill. (3항 술어 전치사) (메리가 존과 빌 사이에 있다.)

(1a)의 in은 논항 Mary의 상태 (또는 위치)를 나타내는 1항 술어이다. (1b)의 in은 제1논항 Mary와 전치사의 목적어인 제2논항 the study 사이의 관계를 나타내는 2항 술어이다. (1c)의 between은 Mary, John, Bill 3자간의 관계를 나타내는 3항 술어이다. 전치사는 1항 술어와 2항 술어가 주종이고 드물게 3항 술어도 있다.

전치사 술어의 의미는 제1논항이 제2논항 (또는 제3논항)과 구체적으로 어떠한 관계를 맺고 있는가를 파악함으로써 설명될 수 있다. 2항 술어 전치사는 제1논항의 위치를 제2논항을 기준으로 정의한다. 3항 술어 전치사는 제1논항의 위치를 제2논항과 제3논항을 기준으로 정의한다.

전치사는 **의미역**을 표현하는 중요한 수단이다. 전치사의 논항이 무슨 **의미역**을 가지는가를 밝히면 전치사의 의미가 구체화된다. 예를 들어 (1b)의 제1논항 Mary는 **주제 의미역**(theme)이고 제2논항 the study는 **위치 의미역**이다. 이렇게 타전치사의 제2논항은 위치 의미역을 나타냄으로써 제1논항의 위치를 나타내게 된다. 위치 의미역 외에도 전치사는 여러 가지 다른 의미역을 가질 수 있다.

(2) a. 목표 의미역: Mary went to college. (메리는 대학에 갔다.)

b. 기점 의미역: Mary comes from *Boston*. (메리는 보스턴 출신이다.)

c. 동반자 의미역: Mary worked with *Professor Stanley*.
(메리는 스탠리 교수와 함께 공부했다.)

d. 도구 의미역: Mary opened the door with *the card*.
(메리는 카드로 문을 열었다.)

(2a)에서 to 전치사구는 **목표** 의미역으로서 제1논항 Mary가 어디로 갔는지를 나타낸다. (2b)의 from 전치사구는 출처, 기원, 원천 등을 의미하는 **기점** 의미역이다. 메리가 어디에서 왔는지를 나타낸다. (2c)의 with 전치사구는 **동반자** 의미역을 가진다. 동반자 의미역은 메리가 공부할 때 누구와 같이 했는가를 나타낸다. (2d)

의 with 전치사구는 **도구** 의미역이다. 도구 의미역은 메리가 문을 여는 데 무슨 도구를 사용했는지를 나타낸다.

전치사가 공간개념과 시간개념을 표현하지만 전치사는 원형적으로 공간개념이다. 시간개념은 공간개념에서 파생되어 나오는 개념이라고 할 수 있다. 전치사는 근본적으로 두 가지의 공간 개념을 표현한다. 첫째는 고정된 물체의 위치를 표현한다. 둘째는 위치의 변화 즉 이동하는 물체의 위치를 표현한다. 먼저 고정된 위치를 나타내는 전치사의 의미를 살펴본다.

3.2.1 위치의 전치사 at, on, in

물체의 위치는 일반적으로 세 가지 다른 방식으로 나타낼 수 있다.

(1) a. The two lines meet each other **at** *this point*. (두 직선이 이 점에서 서로 만난다.)
     b. The two cubes stand **on** *this plane*. (두 개의 정육면체가 이 평면 위에 있다.)
     c. There is a red ball in *this cylinder*. (한 개의 빨간 공이 이 원통 안에 있다.)

첫째, 물체의 위치를 점으로 나타낸다. (1a)에서 두 선분이 교차하는 점의 위치를 at로 표현한다. 둘째, 2차원 공간 즉 평면상에 물체가 놓여있는 양상을 밝힘으로서 물체의 위치를 나타낸다. (b)에서 두 개의 정육면체가 평면(의 표면 위)에 접촉해 있음을 on으로써 표현한다. 셋째, 물체의 위치를 그것이 들어있는 3차원 공간 즉 입체로써 정의한다. (1c)에서 하나의 붉은 공이 놓여 있는 곳이 원통 안이라는 것을 in이 표현한다.

at은 기하학적인 의미에서의 점을 나타내지만 인지적으로는 그보다 훨씬 더 넓은 범위로 해석된다. 장소가 점으로 이해되는 경우는 여러 다른 상황에서 가능하지만 한 가지 공통점이 있다. 항상 물건 또는 인물들이 점으로 인식되는 한 장소에서 만나게 되며 (명시적으로 또는 암묵적으로) 그 장소로 가는 길이 전제되어 있다.

(2) a. Our plane departed San Francisco yesterday and arrived at *Seoul* today. (우리 비행기는 어제 샌프란시스코를 떠났고 오늘 서울에 도착했다.)

    b. Traffic was stopped at *the crossroad*. (차들이 교차로에 정지되어 있었다.)

    c. They met at *a street corner* in a town.

    d. They met me at *the door*.

    e. Is your father at *home*? No. He is still working at *his office*.

    f. His brother has graduated, but he is still at *school*.

    g. There were about one hundred people at *the wedding*. (결혼식에 약 백 명의 사람들이 있었다.)

    h. She finally arrived at *a {decision/conclusion}*.

(a) 서울이라는 대도시가 여기서는 항공로선상의 한 점으로 인식되기 때문에 at이 쓰인다. 지점이 아니라 실제로 서울이라는 대도시의 의미로 해석될 경우에는 in이 쓰여서 They arrived in Seoul yesterday.도 가능하다. (in은 아래에서 곧 다루게 된다.) arrive 다음에 주로 at이 쓰이는 것은 arrive의 의미에서 기인된다. 즉 도착이라는 행동은 이동과 진로가 전제되고 진로의 종착지점에서 도착이 이루어진다. 그 종착점을 at이 나타내는 것이다.

(b) crossroad(교차로)는 실제로 점이 아니지만 사람들의 인식에는 그것이 한 지점으로 이해되고 있다. 차의 진행방향과 그 앞에 가로 놓여 있는 또 다른 도로가 교차하는 지점이 그 교차점이다. 그리고 stop이라는 동작은 arrive와 마찬가지로 이동과 진로가 전제되어야 하며 진로의 한 점에서 이동이 끝난다.

(c) 이 경우 사람들은 a street corner를 지점으로 인식하고 있다. 가령 A와 B가 길모퉁이에서 만났다면 그 두 사람은 각기 다른 방향에서 오다가 한 지점에서 만났는데 그 만난 지점이 그 길모퉁이다. 만난다는 행위는 이동과 진로를 전제한다. 두 사람의 이동 진로가 한 지점에서 만난 것이다.

(d) 그들과 내가 만난 지점이 the door이기 때문에 at이 쓰인다.

(e, f)에서 at home, at school, at work 등은 관용구로 굳어진 표현이지만 역시 <위치의 at> 의미를 보존하고 있다. 인간 활동이 일어나고 있는 사회를 거대한 평면 또는 지도로 보고 사회구성원들이 그 평면 위 어느 한 곳에 위치하고 있다고

이해할 때 가정이나 직장이나 학교는 사회구성원이 위치가 하는 한 점이 된다.

at his office 역시 점으로 인식되는 위치이다. 이 at은 화자가 그의 집무실에서 상당히 멀리 떨어져 있을 때 가능하다. 만약에 화자가 그의 집무실 바로 앞에서 이 말을 했다면 at은 적당하지 않다. 그의 집무실 바로 가까이에서 그의 집무실을 점으로 인식하는 것은 가능하지 않기 때문이다. 그때는 He is working in his office. 가 정상적이다.

(g) 결혼식에 at이 쓰이는 것은 결혼식을 위치로서의 점으로 인식하기 때문이다. 실제로 백 명의 결혼식 하객들이 동시에 한 점에 위치한다는 것은 물리적으로 불가능한 일이다. 그러나 그것은 심리적으로 가능한 일이 될 수 있다. 백 명의 하객들의 (축하하는) 마음이 만나는 곳이 결혼식이라고 이해할 때 그것은 자연스러운 일이 된다. 그때 그 곳, 그 결혼식은 하나의 점으로 인식되는 것이다. (결혼식이 진행되는 장소 자체에 초점을 두는 말이라면 at the wedding이 아니라 in the wedding hall이 될 것이다. There were about one hundred people in the wedding hall.)

(h)는 비유적 표현이다. 논의의 과정을 거쳐 결론에 도달하는 활동을 여행에 비유한 것이다. 결론은 논의라는 여정의 종착점이므로 결론은 한 점이 되고 따라서 at을 쓴다.

어떤 장소가 점으로 인식될 수 없는 경우에는 at대신 in이 쓰인다.

(3)   a. Polynesians and their chickens arrived in *Americas* before Columbus.
          (폴리네시아인과 그들의 병아리들이 콜럼버스보다 앞서 미국대륙에 도착했다.)
       b. Story has arrived in *USA*. (스토리가 미국에 도착해 있다.)

이 문맥에서 미국대륙이나 USA는 너무 커서 점으로 인식되지 않고 있다. 다음 예문에서는 Penn Station은 점이지만 New York은 점이 아니다.

(4)   Philadelphia Phillies reliever Chan Ho Park arrives **at Penn Station** Monday, Oct. 26, 2009, **in New York**, after taking the train from Philadelphia with his team. (뉴욕에서 2009년 10월 26일 필라델피아 필리스 구원투수 박찬호가 그

의 팀과 함께 필라델피아에서 기차를 타고 와 펜 역에 도착하다.)

흔한 것은 아니지만 상황에 따라 arrive 다음에 on이 쓰일 수도 있다.

(5) Actress Meryl Streep arrives **on the red carpet** of the 4th edition of the Rome Film Festival, in Rome, Thursday, Oct. 22, 2009. (여배우 메릴 스트립이 2009 년 10월 22일 목요일 로마에서 로마 영화제 제4부의 레드카펫에 도착하다.)

막 영화제 개막식에 도착해서 레드카펫 위에 서있는 모습을 묘사하기 위하여 on이 쓰인 것이다. 여기서 arrives는 의미상 stands에 가깝다.

On의 목적어는 평면이다. 2차원 평면에서 사건이 일어나고 상황이 전개된다고 인식할 때 on을 쓴다.

(6) a. We saw cows and chicken **on** *the farm*. (우리는 농장에서 소와 닭들을 보았다.)
   b. He hang the picture **on** *the wall*. (그는 그 그림을 벽에 걸었다.)
   c. There was a fly **on** *the ceiling*. (천정에 파리 한 마리가 (붙어) 있었다.)
   d. The story is based **on** *fact*. (그 이야기는 사실에 바탕을 두고 있다.)
   e. I obtained the information from a Web site **on** *the internet*. (나는 그 정보를 인터넷의 한 웹사이트에서 얻었다.)
   f. I heard that song **on** *the radio*. (나는 그 노래를 라디오에서 들었다.)
   g. The Giants are **on** *a {losing/winning} streak*. (자이언트 팀이 {연패에 빠졌다/ 연승 행진 중이다}.)

(6a) 농장을 평면으로 보고 그 위에 소와 닭이 살고 있다고 보는 것이다. (6b)와 (6c)는 수직으로 서 있거나 거꾸로 위치해 있거나 관계없이 평면으로 인식되면 on이 쓰인다는 것을 보여준다. 마루나 방바닥뿐만 아니라 벽도 평면이고 천정도 평면이어서 거기에 무엇이든 위치하고 있으면 on을 쓴다.

(6d-g)는 평면을 개념적으로 확장시킨 용례들이다. 이야기의 <바탕이 되고 있는 (is based)> 현실 또는 사실(fact)을 평면으로 인식하고 있으므로 on이 쓰인다. 인터넷을 평면으로 인식하고 그 위에 많은 웹사이트들이 위치해 있다고 인식한

다. (6f) 라디오에 on이 쓰이는 것은 라디오를 평면으로 인식하는 데서 온다. 라디오를 갖가지 사건이 일어나고 다양한 인간 활동이 벌어지는 연극 무대와 같은 장소라고 보는 것이다. TV도 같은 이유로 on이 쓰인다. TV 모니터가 평면이므로 on이 쓰인다고 볼 수도 있다. I saw the news on TV. (6g)에서 streak은 연속선을 의미하는데 그 선 위에 올라타고 있으므로 on이 쓰인다. Cf. They often traveled on *horseback*. (그들은 자주 말을 타고 여행했다.)

On이 <제1논항이 제2논항 위에 있다>는 관계를 의미할 때 제2논항은 반드시 평면이어야 한다는 것을 알아보았다. 또 하나의 필수조건은 제1논항이 제2논항에 접촉해 있어야 한다는 것이다. 가령 (6a)에서 on은 소와 닭들이 농장마당에 발을 디디고 있음을 의미한다. 그 이하 예문에서도 이런 on의 접촉의 의미는 명백하다. 이렇게 제1논항이 제2논항의 평면 위에 위치하더라도 두 사물이 접촉해 있지 않은 경우에는 on을 쓸 수 없다. 두 물건 사이에 빈 공간이 있고 하나가 다른 것보다 높은 위치에 있을 때는 above 또는 over가 쓰인다.

(7)　a. The lamp stands {on/*above/*over} the end table.
　　　　 (램프가 (소파 옆의 작은) 테이블 위에 (놓여) 있다.)
　　 b. A chandelier is hanging {above/over/*on} the oval table.
　　　　 (샹델리어가 타원형 식탁 위에 매달려있다.)
　　 c. There was a picture {above/?over/*on} the mantel.
　　　　 (거울이 벽난로 선반 위에 있다.)

(7a)에서 램프 바닥이 테이블 표면에 놓여 있는 보통 모양의 램프의 위치를 서술하는 것으로는 on the end table이 정상적이다. 만약 램프가 공중에 매달려 있다면 above나 over가 쓰일 수도 있을 것이다. (7b)가 바로 그러한 경우이다. (7c)는 벽난로 선반과 연결된 벽면 윗부분에 액자가 붙어 있는 상황이다. 액자가 정확히 선반 <바로 위(=수직으로 위)에> 있는 것이 아니라는 데 유의할 필요가 있다. 일반적으로 제1논항 A가 수직으로 제2논항 B 위에 있으면 A is above B이고, 수직으로 위가 아닌 대체로 보아 위에 있는 경우에는 A is over B이다. 그러나 above와 over는 대체로 비슷한 뜻이어서 이 경우에 over를 쓰더라도 완전히 틀렸다고는

할 수 없다. 실제로 둘 중 어느 것을 써도 좋은 경우도 많다.

그러나 above를 쓸 수 없고 over만 가능한 경우가 있다. 담요나 천 따위가 어떤 표면을 덮고 있는 경우에는 over가 적당하다. 또 A가 강 위나 산 등의 B 위를 수평으로 이동하고 있는 경우에도 A over B가 적절하다.

(8) a. She put a blanket {over/*above} the couch. (그녀는 담요 한 장을 소파 위에 놓았다.)

   b. We see storm clouds{over/*above} the city. (폭풍우 구름이 도시를 덮고 있는 것이 보인다.)

   c. A fuel storage complex outside of San Juan, Puerto Rico, exploded on Friday, sending a massive mushroom cloud {over/*above} the city (and the whole island). . . . 푸에르토리코의 산후안 교외에 있는 연료저장소가 폭발해 거대한 버섯 구름이 도시와 섬 전체를 덮었다.)

   d. We saw the helicopter flying low {over/*above} the water. (우리는 헬리콥터가 수면 위를 낮게 날아가는 것을 보았다.)

(8b)의 상황과 달리 헬리콥터, 나비, 구름 등이 공중에 가만히 떠 있거나 천천히 떠다니고 있는 상황을 표현할 때는 (8b)에서와 같이 over, above 둘 다 가능하다.

(9) a. The helicopter was hovering {over/above} the lake. (그 헬리콥터가 호수 위에 맴돌고 있었다/떠 있었다.)

   b. The fogs were floating {over/above} the forest. (안개가 숲을 덮고 있었다/숲 위에 떠 있었다.)

(9b)에서 over를 쓰면 안개가 숲 전체를 덮고 있다는 어감이 뚜렷해진다.

아래 예문에서 보는 바와 같이 단순히 상대적인 높이에 초점을 두면 over보다는 above가 적절하다.

(10) a. Skyscrapers {Above/*Over} the Clouds in Foggy Dubai (안개 낀 두바이에서 구름 위에 (솟아)있는 마천루들)

b. Here you can see some beautiful afternoon clouds {above/?over} a desert city. (여기서 여러분은 한 사막 도시의 상공에 떠있는 아름다운 오후의 구름을 볼 수 있다.)

c. On the ground people walked about in colourful . . . uniforms and there were lots of glass lifts going up skyscrapers that had their pointy tops {above/*over} the clouds. (땅 위에는 사람들이 울긋불긋한 제복을 입고 이리저리 걸어다녔고 뾰죽한 꼭대기가 구름 위에 솟아 있는 마천루로 많은 유리 엘리베이터들이 올라가고 있었다.)

d. The new townhouse complex was being developed on a wooded hillside two miles {above/*over} the city. (그 새로운 타운하우스 단지는 고도가 도시보다 2마일 높은 숲이 욱어진 산중턱에서 개발되고 있었다.)

e. Denver is called the mile high city because the city sits exactly a mile {above/*over} sea level. (덴버는 정확히 해발 일 마일 위에 놓여 있기 때문에 일 마일의 높은 도시라고 불린다.)

(10a)에서는 마천루가 구름보다 높다는 뜻이므로 above가 맞다. (10b)에서는 구름이 도시 상공에 한가로이 떠있는 풍경을 묘사한다면 above가 적절하다. 그러나 구름이 도시 전체를 덮고 있는 모양을 나타내려고 한다면 over도 가능하다. (10c)의 상황에서 건물의 뾰죽탑이 구름을 덮고 있다는 것은 말이 안 되므로 over는 이 상황에 맞지 않는다. 단순히 뾰죽탑이 구름보다 높다는 뜻으로는 above가 적절하다. (10d) 역시 산언덕과 도시의 고도의 차이만을 말하고 있으므로 above가 적절하다. (10e) 해발고도란 도시가 바다보다 얼마나 높은 위치에 있는가를 측정하는 것으로서 상대적인 높이가 초점이 되기 때문에 해발고도는 above sea level이 맞다.

대체로 above의 반대는 below이고 over의 반대는 under이다.

(11) a. We saw the clouds {below/*under} the observation tower of the skyscraper. (우리는 마천루의 전망탑 아래에 구름이 있는 것을 보았다.)

b. Her face {under/*below} the chador was barely recognizable. (차도르에 가려진 그녀의 얼굴은 거의 알아볼 수 없었다.)

c. It was fantastic to see the world's largest cruise ship glide {under/*~~below~~} the bridge. (세계 최대의 유람선이 다리 밑을 미끄러지듯 지나가는 것을 보는 것은 환상적이었다.)

구름이 전망탑보다 낮은 위치에 있는 것을 나타내는 것은 below이고 얼굴이 차도르에 덮여있는 있는 것을 나타내는 것은 under이다. 또 아래에서 수평이동하는 것을 표현하는 것은 under이다.

전치사 in은 3차원 입체 즉 <그릇(container) 안>의 위치를 나타낸다.

(12) a. She put the doll in *the box*.
b. They spend a few days in *a hotel*.
c. Most people live in *the mountain valleys* in *this country*.
d. I had planned to take a holiday in *China*.
e. He saw it in *a story/movie/drama/novel*.
f. They thought it would be all right to sit in *the boat* as long as it was tied fast. (배가 단단히 묶여져 있는 한 배 안에 앉아 있으면 괜찮겠다고 생각했다.)

상자나 호텔, 도시, 국가 등을 목적어로 하는 in은 <그릇 안의 in> 용법의 전형적인 예들이다. 이야기, 영화, 드라마 등은 세계 또는 세상과 같은 차원으로서 3차원 공간으로 이해하기 때문에 in이 쓰인다. 작은 배를 <그릇>으로 볼 수 있다. (in the world, in our society 등등. 그러나 이 지구 즉 땅을 평면으로 보는 것은 오랜 관습이다. This is the tallest building on earth. There are about six thousand languages on earth.(지구상에는 약 육천개의 언어가 있다.))

(13) Please look at the table on Page 103 in the book.

책은 <그릇>으로 인식되어 in이 쓰이고 책의 각 쪽은 종이평면이므로 on이 쓰인다. 사람의 시선은 진행하다가 한 물체에서 멈추면 그 물체가 시선의 목표 **지점**이다. 따라서 look다음에는 시선의 목표지점을 나타내는 at이 쓰이게 마련이다.

도표를 그릇으로 보는 상황도 가능하다.

(14) Take a look at the second column in the table. (그 도표의 둘째 칸을 보아라.)

책을 읽다 잠시 중단한 상황에서 책의 한 쪽을 가리킬 때는 on이 아니라 at이 쓰여야 한다.

(15) A: Where were we? (어디를 읽고 있었지?)
　　 B: a. We were {at/*on} Page 79. (79쪽을 읽고 있었지.)
　　　　 b. We stopped at {at/*on} Page 79. (79쪽에서 (읽기를) 멈추었지.)

이 상황에서 책의 쪽수는 한 면을 가리키는 것이 아니다. 그것은 책 전체를 한 과정으로 보고 그 중 한 지점을 의미한다. 이 때 독서 행위는 이동 또는 여행과 같은 차원으로 인식되고 있다.

하나의 장소를 상황에 따라 점으로 볼 수도 있고, 평면으로 볼 수도 있고, 입체로 볼 수도 있다. 이에 따라 전치사가 달라진다.

(16) a. We will be trekking into the remote Rwenzori Mountain Range located **on** *the border* between The Democratic Republic of the Congo and Uganda to climb Mount Stanley. (우리는 스탠리 산을 오르기 위하여 콩고공화국과 우간다의 국경에 위치하는 변경의 르웬조리 산맥 속으로 트레킹 할 것이다.)
　　 b. . . . but, at night, he was still required to go out and do the patrolling **on** the border. (그러나 밤에는 그는 아직도 밖에 나가 국경에서 순찰업무를 해야 했다.)
　　 c. We stopped at *the border*. (우리는 국경에서 멈추어 섰다.)
　　 d. The cafe is located at *the highway*. (그 카페는 고속도로에 위치해 있다.)
　　 e. I was headed for the border but I decided to stop at *the temple* first. (나는 국경을 향하여 가고 있었지만 먼저 그 사원에서 멈추기로 마음먹었다.)
　　 f. Khem-Karan is a hamlet situated at *the border* that divides the two countries. (켐카란은 두 나라를 가르는 국경에 위치한 작은 마을이다.)

g. After I had showed my press cards, a few guards took me to show the shrine **at** _the border_. (내가 기자 카드를 보여주었더니 몇 사람의 수비대원들이 국경에 있는 사원을 보여주려고 나를 데리고 갔다.)

(16a)와 (16b)에서처럼 "국경"을 하나의 산맥이 위치할 만큼 또는 순찰활동이 수행될 만한 넓은 지역으로 이해하면 on을 쓸 수 있다. (16c)는 상황이 다르다. 자동차 또는 도보로 길을 따라 국경을 향하여 진행하는 중 국경선에서 멈추었다. 이 상황에서 국경선은 우리의 진행방향과 교차하고 있다. 우리가 멈춘 곳은 바로 그 교차점이다. 따라서 지점을 나타내는 at이 쓰인 것이다. (16d)도 (16c)와 비슷한 상황이다. 화자는 차를 운전하여 고속도로를 향하여 진행중인데 그 카페는 고속도로의 놓인 방향과 화자의 진행방향이 교차하는 지점에 있다. 이하 예문에서도 구체적 상황은 조금씩 다르지만 at이 (교차)점을 의미하는 것은 같다.

국경은 보통 두 나라를 가르는 선으로 이해하기 때문에 the border 자체가 <그릇>으로 인지되는 in이 쓰이는 경우는 잘 발견되지 않는다. 그러나 border가 border area 또는 border region의 뜻으로 쓰일 수 있는데 이때 in이 쓰인다. 아래 (17b)의 in the border는 (17a)에 쓰인 in the border region의 뜻이다. region은 country나 valley와 같이 <그릇>이므로 in이 쓰인다.

(17) a. More than 12,000 agricultural laborers live and work in _the border region_ of El Paso-Ciudad Juárez-Southern New Mexico. (12,000 명 이상의 농업 노동자들이 엘파소 니우다드 후아레크 남부 뉴멕시코 주의 국경지역에서 일하며 살고 있다.)

b. Tension increases in the border of China and India. (중국과 인도의 국경(지역)에서 긴장감이 고조되고 있다.)

위에서 arrive at Seoul 대신 arrive in Seoul이 가능하다는 언급을 했다. 이 차이에 대하여 생각해보자.

(18) a. Another young lady newly arrived in Korea from Vietnam today.
　　　　(또 한사람의 어린 부인이 월남에서 한국에 도착했다.)
　　b. Minister Diem arrived at Korea yesterday. (디엠 수상이 어제 한국에 도착했다.)

　(18a)의 in Korea는 사건이 일어난 장소이고 (18b)의 at Korea는 여로의 종점이다. in Korea는 또 한사람의 어린 부인이 월남에서 한국에 와서 정착해 살기 위하여 새로 도착한 사건이 일어난 <장소>를 뜻한다. at Korea는 디엠 수상의 여행의 최종 목적지를 뜻한다. 장소의 크기에 관계없이 여행의 최종목표지점을 뜻하면 at이 쓰인다.

(19) The anarchists from all around the world kept arriving in this tiny island. They finally arrived at the New World. (전 세계에서 온 무정부주의자들이 이 작은 섬에 계속 도착하고 있었다. 그들은 마침내 신세계에 도착한 것이다.)

　이 예문에서는 '이 작은 섬'에는 in이 쓰이고 '신세계(=미국)'에는 at이 쓰였다. in this tiny island는 무정부주의들이 도착하고 있는 사건이 일어나고 있는 장소를 가리키고 at the New World는 이동의 목표지점을 가리킨다. 앞 문장은 이 작은 섬에서 일어나고 있는 사건을 기술하고 있고 뒤 문장은 그들의 도착지점이 어디인가를 기술하고 있다.
　이상 세 전치사가 타전치사로 쓰이는 용례를 보았지만 이들 중 on과 in은 자전치사로도 쓰인다.

(20) a. She will get on at the next station. (그는 다음 정거장에서 탈 것이다.)
　　b. Please let me {move/go} on to the next point. (다음 논점으로 나아가도록 합시다.)
　　c. Let's get in. It's freezing here. (안으로 들어가자. 여기는 몹시 춥다.)

　get on은 get on the train과 같은 뜻으로서 on이 평면을 나타낸다고 할 수 있으나 move on, go on의 on은 평면과는 다른 뜻으로서 <계속>을 나타낸다.

3.2.2 이탈의 전치사 away, off, out

전치사 away와 out은 전치사구 보어를 거느리는 것이 특징이다. away는 from 전치사구를, out은 of 전치사구를 보어로 취한다.

(1)   a. He is **away** *from home*.   a'. He is **at** *home*.
         b. He fell **off** *the cliff*.   b'. He was **on** *the cliff*.
         c. He is **out** *of his office*.   c'. He is **in** *his office*.

At, on, in이 한 위치에 (가만히) 머물러 있음을 의미하는 데 반하여 away, off, out은 한 위치에 있다가 거기에서 이탈하여 더 이상 거기에 있지 않는 상태를 의미한다. 가령 at home이 집에 머물러 있는 것을 나타내는 데 대하여 away from home은 집에 있다 집을 떠나 이제는 집에 있지 않음을 나타내고, on the cliff가 절벽 위에 서 있거나 앉아 있는 것을 나타내는 데 반해 off the cliff는 절벽에 있었으나 절벽에서 이탈해 지금은 절벽에 있지 않음을, 그리고 in his office가 사무실 안에 머물러 있는 것을 나타내지만 out of his office는 사무실 안에 있었으나 사무실을 나와 지금은 사무실에 있지 않음을 나타낸다. 이런 의미에서 at, on, in이 긍정적인 의미를 나타낸다면 away, off, out은 부정적 의미를 나타낸다고 볼 수 있다.

away는 from 보어 없이 단독으로－즉 자전치사로--쓰일 수도 있다. go away, send them away, pass away 등등. off와 on도 자전치사로 쓰인다. (예: The light was on.(불이 들어왔다/켜졌다.) The light was off.(불이 나갔다/꺼졌다.)) out과 in 역시 자전치사로도 쓰인다. 그러나 at만은 자전치사로 쓰이지 않는다.

(2)   a. They went away.   a'. *~~He is at~~.
         b. The light was off.   b'. The light was on.
         c. The light was out.   c'. He was in.

away는 at의 반의어, off는 on의 반의어, out은 in의 반의어라고 할 수 있다.

3.2.3 위치의 변화를 나타내는 전치사들 to, on, in: 목표 의미역

at, on, in이 정지해 있는 사물의 위치를 나타내는 데 반하여 away, off, out은 한 위치에서 이탈하여 다른 위치로 이동하는 것을 나타낸다. 전치사의 목적어는 목표(Goal) 의미역을 갖는다. to는 목표방향(만)을 가리키고, on과 in은 목표의미역을 나타냄과 동시에 그 목표물의 형상이 어떠한지를 나타낸다. on은 그 목표물이 평면의 형상임을 가리키고 in은 그것이 입체의 형상임을 나타낸다.

(3) a. Jill went to {*the park/the country/the office building/London*}.
   b. The ice turned to *water*. (얼음이 물이 되었다.)
   c. He came to *his senses*. (그는 의식이 돌아왔다/깨어났다.)
   d. She brought him to *his senses*. (그녀는 그를 정신이 들게 했다.)

(4) a. The bomb fell on *Pearl Harbor*. (폭탄이 진주만에 떨어졌다.)
   b. We went on *board*. (우리는 승선했다.)

(5) a. Get {in/on} the vehicle.
   b. I was sitting {in/?*on} a tiny little boat. (나는 아주 조그만 배(안)에 앉아 있었다.)
   c. There were about three hundred passengers {on/?*in} the boat.(약 300명의 승객이 배에 타고 있었다.)

(3)에서 to the park, to water, to his senses 등 to 전치사구는 모두 목표 (또는 지향점)을 나타낸다. (4a)에서 on은 그 목적어 Pearl Harbor와 board가 각각 평면임을 나타낸다.

(5a)에서 in을 쓰든 on을 쓰든 차를 탄다는 뜻은 같으나 in은 탈 것을 입체로 보고 안으로 들어가서 타는 것을 말하고 on은 탈 것을 평면으로 보고 올라타는 것을 암시한다. 그래서 대체로 큰 배, 기차, 비행기, 버스 등에 탈 때는 get on을, 승용차나 작은 배를 탈 때는 get in을 쓰게 된다. 말을 탈 때는 말등은 평면이므로 on the horse만 가능하다.

(5b)의 경우에는 좁은 공간에 갇혀 있는 어감 때문에 배를 <그릇>으로 보는

in이 적절하다. 그러나 (5c)에서는 많은 사람들을 태우고 가는 상당히 큰 배가 승객들을 받쳐주고 있다는 어감이 지배적이므로 on이 적절하다.

Onto와 into는 목표를 나타내는 to와 목표물의 형상을 나타내는 on과 in이 결합한 전치사이다. onto는 목표물이 평면의 형상임을, into는 목표물이 입체의 형상임을 암시한다.

(6) a. Officials say a man who appeared to be drunk fell **onto** *train tracks* at a New Jersey subway station just before a train ran over him and he walked away unharmed. (술 취한 것처럼 보이는 한 남자가 뉴저지 지하철 선로위에 떨어졌는데 조금만 늦었으면 기차가 그를 깔고 넘어갈 뻔했다. 그런데 그는 (아무 데도) 다치지 않고 (멀쩡하게) 걸어 나갔다.)

   b. So I went **into** *the kitchen* and pulled everything out of the cabinets. I examined each piece. When had we used it last? Would we ever use it again? I found some items that were duplicates, and others that reflected ambitions which had never come true. (그래서 난 부엌 안으로 들어가서 그릇장에서 모든 것들을 다 꺼냈다. (그리고는) 물건을 하나하나씩을 자세히 들여다보고 생각했다. 우리가 그걸 마지막으로 썼던 것이 언제였나? 그걸 다시 또 쓰게 될까? 중복되는 것들도 좀 있었고 한 번도 실현된 적이 없었던 야심을 반영하는 물건들도 있었다.)

(6a)에서 기차선로는 평면이므로 onto가 적당하고 (b)에서는 부엌을 입체로 보는 생각에서 하는 말이기 때문에 into가 쓰인 것이다.

3.2.4 위치의 변화를 의미하는 from/away, off, out: 출처 의미역

이 전치사들은 출처(source)를 나타낸다. from은 어느 위치에서 이동해 왔는가를 나타내는데 흔히 목표를 나타내는 to 전치사구와 함께 쓰인다. off는 어떤 것이 어떤 접촉면에 위치해 있다가 그로부터 이탈되어 나왔음을 나타낸다. out은 안에 있던 사람 또는 물건이 밖으로 이동하는 것을 나타낸다.

(1) a They departed from London. (런던에서 출발했다.)

    b. They flew from London to Paris. (그들은 런던에서 파리로 비행했다.)

From은 이동의 출발지를 나타낸다. 목적지까지 나타내려면 to 전치사구를 추가하면 된다. from은 타전치사로만 쓰인다.

(2) a. I fell off. (나는 떨어졌다.)

    b. President Bush fell off *his bicycle* Saturday while riding on his ranch. (부시 대통령이 토요일에 자기 농장에서 자전거를 타는 중 자전거에서 떨어졌다.)

off는 원래 평면 위에 접촉해 있던 것이 그로부터 이탈됨을 의미한다. off는 자전치사와 타전치사로 다 쓰인다.

안에서 밖으로 이동하는 것을 의미하는 out은 자전치사로도 타전치사로도 쓰인다.

(3) a. Get out (of here)! ((여기서) 나가!)

    b. We've decided to move out *of the city*.

     (우리는 도시 밖으로 이사 가기로 결정했다.)

    c. He walked out *of the room*. (그는 방 밖으로 걸어 나갔다.)

    d. We looked out *of the window*. (우리는 창밖을 내다보았다.)

    e. He went out *to the terrace*. (그는 테라스로 나갔다.)

Get out!의 out은 자전치사이고, Get out of here!의 out은 사격전치사이다. 타전치사 get은 항상 of 전치사구 보어를 거느린다. (3b~d)의 out은 모두 사격전치사이다. (3b)에서 우리는 도시 안에 살고 있었음을, (3c)에서는 그가 방안에 있었음을 전제한다. (3d)는 우리가 창문 안쪽에 있었고 우리의 시선이 안에서 밖으로 움직였음을 의미한다. 그러나 (e)의 out은 자전치사이고 to the terrace는 전치사 수식어이다. (e)는 그가 안에 있다가 밖으로 나가서 테라스로 갔음을 의미한다.

3.2.5 Up과 Down

기본적으로 up은 높은 곳, down은 낮은 곳을 의미하지만 이 기본 의미가 비유적으로 확장되어 다양한 영역에 쓰일 수 있다. 수준을 올리는 upgrade, 수준을 낮추는 downgrade 등은 up과 down의 기본의미를 사용한 예이고 show up(나타나다), calm down(마음을 가라앉히다) 등은 up과 down의 비유적 의미를 활용한 예들이다.

A. Up은 높은 상태 또는 위치, down은 낮은 상태 또는 위치를 나타낸다.

(1) a. Whisper "look **up** *to our ancestors*" when you put your baby **down** to sleep.
        (아기를 재우려고 눕힐 때 "우리 조상을 처다 보아라" 하고 속삭여라.)
     b. Whether they like it or not, most Americans look **up** *to Canadians*.
        (싫든 좋든 미국사람들은 캐나다사람들을 {존경한다/쳐다본다/우러러본다}.)
     c. "To be honest, I think they look **down** *on us*," said general manager Brian Cashman. ("정직하게 말하면, 그들은 우리를 얕잡아본다고 생각한다" 하고 총감독 브라이언 캐시먼이 말했다.)

look up to something/somebody는 글자 그대로는 '위를 처다 본다'는 뜻이지만 거기서부터 '높이 평가하다, 존경하다'는 의미가 나온다. 반대로 look down on something/somebody '내려다 보다'에서부터 '얕보다, 깔보다'까지 의미할 수 있다. look up 다음에는 방향의미역을 가지는 to 전치사구가 오고 look down 다음에는 바닥을 의미하는 on 전치사구가 오는 것이 흥미롭다. 위를 쳐다보는 행위는 어느 방향을 보느냐가 중요하고 내려다보는 행위는 시선의 방향보다는 시선의 목표가 밑바닥에 있음을 강조한다.

B. Up은 크기의 증가, down은 감소를 나타낸다.

(2) a. The kids enjoyed blowing up balloons.
   (아이들은 풍선을 부는 것을 즐기고 있었다.)
   b. The effort was scaled down significantly in recent months.
   (그 노력은 최근 몇 달 사이에 상당히 규모가 축소되었다.)

풍선에 바람을 불어넣으면 풍선이 점점 커지므로 blow up이 된다. 자나 저울의 눈금을 아래로 내리면 크기가 감소하므로 scale down이 된다. scale down의 반대는 scale up이 된다.

C. Up은 활동의 강도가 높고 down은 강도가 약함을 의미한다.

(3) a. Cheer up! (힘내라!)
   b. Calm down, please. (진정해라, 제발.)

활력의 강도를 더 높이는 것이 cheer up이고 불안한 마음이 위로 또는 표면으로 올라오는 것을 아래로 내리누르는 것이 calm down이다.

D. Up은 접근을 의미한다.

Up이 '접근하다'를 의미하는 것은 크기가 증가한다는 이미지와 연결된다. 즉 무엇인가가 나한테 접근하는 것은 나한테 크게 보이게 되어 있다.

(4) a. Today, a man came up to me asking for my name.
   (오늘 어떤 남자가 나한테 다가오더니 이름이 뭐냐고 물었다.)
   b. A new idea came up to my mind. (새로운 생각이 머리에 떠올랐다.)
   c. He was also the one who came up with the idea to create a unified standard for the world to tell time. (또한 그는 시간을 말하는 통일된 세계 표준을 수립하자는 생각을 제안한 사람이었다.)
   d. Who dreamed up the concept of time? (누가 시간 개념을 생각해냈는가?)

(4a)의 come up to는 글자 그대로 접근의 의미이다. (4b)는 어떤 생각이 내 머리에 떠오르는 과정은 멀리 있던 생각이 나한테 접근하여 크게 보이는 과정이라는 것을 말해준다. (4c) come up with something의 본래 뜻은 '무엇인가를 가지고 나타나다/접근하다'인데 이것이 '제안하다/제시하다'의 뜻으로 확장된 것이다. (4d) dream up something은 '마음속에 새로 만들어 낸다'는 뜻인데 역시 '접근'의 이미지와 통한다. 무엇인가가 마음속에 새로 생겼다면 그것은 마음에 접근한 것이다.

E. Up은 완성을 나타낸다.

(5) a. Obama has used **up** his Bush cards. (오바마는 부시 카드를 다 써버렸다.)
     b. The reporter sums **up** his arguments in the final paragraph. (보고자는 마지막 단락에서 그의 논점들을 요약한다.)

Up이 완성의 의미를 가지는 것은 up의 접근 이미지의 확장이라고 볼 수 있다. A를 사용하는 과정의 종착점은 A가 없는 상태이다. 그런데 그 상태에 접근하면 A를 다 사용하고 남은 것이 없게 된다(=use up). 요점 정리의 목표에 접근해야 요점 정리를 완성하게(=sum up) 된다.

F. Downtown과 Uptown

도시의 중심(downtown)이 '아래' 지역이 되고 도시의 외곽(uptown)이 '위' 지역이 된 것은 전통적인 도시의 지형 때문이다. 보통 중심부 상업지역이 외곽의 주택지역보다 낮은 지역이기 때문에 downtown이 도심의 상업지역을, uptown이 외곽의 주택지역을 가리키게 되었다. downtown과 uptown은 명사, 형용사, 전치사로 다 쓰일 수 있다.

(6) a. The city's **downtown** is thriving.[명사] (그 도시의 시내가 번성하고 있다.)
     b. They live in **uptown** Chicago.[형용사] (그들은 시카고 외곽에 산다.)
     c. We went shopping **downtown**.[자전치사] (우리는 시내에 쇼핑하러 갔다.)

Downtown과 uptown의 중간지역이 midtown이다. An apartment in midtown Manhattan. [형용사] (미드타운 맨해턴에 있는 한 아파트.)

3.2.6 Over, Through, Across

Over와 across는 원래 고정된 물체의 위치를 나타내지만 이동하는 물체의 위치를 나타내는 경우로 의미가 확장될 수 있다. 아래 예들은 고정된 위치를 나타낸다.

(1) a. The light is **over** the table. (전기가 테이블 위에 있다.)
b. The balcony stood **over** the door. (발코니가 문 위에 있었다.)
c. The bridge was located **across** the river mouth. (그 다리는 하구를 가로 질러 놓여 있었다.)
d. There was a snake **across** the road. (뱀 한 마리가 길에 있었다./길을 가로 질러 (놓여) 있었다.)

Over와 across가 이동하는 물체의 위치를 나타낼 때는 어떤 물체가 다른 물체를 지나 이쪽에서 저쪽으로 이동하는 과정을 배경으로 한다. Over와 across는 이동의 양상과 통로에 있어서 서로 다르다. Over는 동선이 공중(=위로)으로 지나가는 것을 나타낸다.

(2) a. We climbed **over** the wall. (우리는 벽을 기어 올라갔다.)
b. We jumped **over** a stream. (우리는 시내를 뛰어넘었다.)
c. His house is **over** the hill. (그의 집은 언덕 너머 있다.)

(a) over the wall은 밑에서 벽 위로 올라가는 과정을 가리킨다. (b) 우리의 움직임이 시냇물 위를 넘어갔음을 나타낸다. (c) over the hill은 상상속의 동선 또는 시선이 언덕을 넘어가서 그 선의 끝점에 그의 집이 있음을 나타낸다. 그 집이 언덕 위 공중에 떠 있다는 의미가 아니다.

Across는 동선이 이쪽에서 장애물을 넘어가(=건너가) 저쪽의 목표에 도달하는 상황을 나타낸다.

(3)   a. We all ran **across** the street. (우리는 모두 달려서 길을 건넜다.)

       b. Her house is **across** the river. (그녀의 집은 강 건너 있다.)

       c. The river was small and smooth enough to swim **across**. (그 강은 작고 평탄
해서 헤엄쳐 건널 수 있는 정도였다.)

(a) across the street는 길 이쪽에서 저쪽으로 길을 가로 지르는 것을 가리킨다.
(b) 상상속의 시선이 강을 건너고 멈춘 지점에 그녀의 집이 있다. (c) swim across
는 '헤엄쳐서 건느다', walk across는 '걸어서 건너가다'는 뜻이 된다.

Through는 이동하는 물체의 위치를 나타내는 데만 쓴다. Through에 정지해 있
는 물체의 위치를 나타낼 수 있는 뜻은 없다. Through는 동선이 물체를 뚫고 통과
하는 상황을 나타낸다.

(4)   a. We will have to go **through** the jungle. (우리는 정글을 뚫고 지나가야 할
것이다.)

       b. She is just **through** her first semester. (그녀는 이제 막 첫 학기를 {통과했다/
끝냈다}.)

       c. Let them go **through**, please. (그들을 통과시켜주십시오.)

(a) go through the jungle은 정글의 한 쪽 끝으로 들어가서 다른 한 쪽 끝을
뚫고 나가는 동작이다. (b) 한 학기를 장애물 또는 난관으로 인식되고 있다. (c)
go through는 문이나 검문소를 통과하는 동작이다. 모두 통과 또는 관통의 뜻을
나타낸다.

3.2.7 시간의 전치사 at, on, in

전치사는 공간을 나타내는 기본의미를 확장하여 시간을 나타내는 데에도 사용
한다. 공간에서의 위치가 지점이라면 시간상의 위치는 **시점(=시각)**이다. 지점을

at이 나타내듯 시점을 at이 나타낸다. 시점보다 큰 단위들은 on과 in이 나타낸다.

(1) a. The war broke out **at** about 7 in the morning **on** June 25 in 1950.
   (전쟁은 1950년 6월 25일 오전 일곱 시 경에 터졌다.)
  b. Most of shops are closed **on** Sunday in this area.
   (이 지역에서는 대부분의 가게가 일요일에 문을 닫는다.)
  c. We rarely see green tree leaves in November here.
   (여기서는 11월이면 푸른 나뭇잎을 거의 볼 수 없다.)
  d. The disaster broke out **on** September 11, 2001.
   (그 재앙은 2001년 9월 11에 터졌다.)

날짜와 요일에는 on을 쓰고 달과 해에는 in을 쓴다. 시간의 가장 큰 단위가 연이며 갖가지 활동과 행사가 연중에 일어나고 있으므로 입체 공간을 나타내는 in이 적당하다. 그리고 시점보다는 큰 단위이고 연보다는 작은 단위인 날과 요일을 나타내는 데는 on이 쓰인다. (평면(on)은 점(at)보다는 크고 공간(in)보다는 작다.)
 at sunrise(일출시, 해 뜰 무렵), at dawn(여명에), at daybreak(동틀 무렵에), at noon(정오에), at midnight(자정에/밤 12시에) 등 모두 시점이므로 at이 쓰인다.

(2) a. I sent him a beautiful picture showing downtown Pittsburgh **at** *sunrise*.
   (나는 일출시의 피츠버그 시내 모습을 보여주는 아름다운 사진 한 장을 그에게 보냈다.)
  b. We started our journey {at dawn/before dawn/after dawn}. (우리는 {여명에/날이 밝기 전에/날이 밝은 뒤에} 우리의 여행을 시작했다.)
  c. For some Black Friday shoppers, a 5 am start just isn't early enough, so Toys R Us opened its stores nationwide **at** *midnight* on Thanksgiving.
   (검은 금요일의 쇼핑 손님들에게는 오전 다섯 시의 시작도 충분히 이른 시간이 아니다. 그래서 추수감사절 날 토이즈러스는 자정에 전국의 가게 문을 열었다.)

그런데 night은 시점이 아닌데도 at이 쓰이는 것은 특이하다.

(3) a. My husband works **at night** and sleeps **during** *the day*.

(남편은 밤에 일하고 낮(동안)에 잔다.)

b. This is what the Earth looks like **at night**.

(이것이 지구의 밤 모습이다/지구가 밤에 보이는 모습이다.)

낮은 during the day, in the daytime 등으로 쓰인다. *~~at day~~라는 표현은 없고 night에 관사를 붙여 *~~at a night~~ 또는 *~~at the night~~라고 하는 표현도 없다. 이를 보아 at night은 관용구로 굳어진 표현으로 보는 것이 타당하다. (Cf. at sea(바다에서, 해상에서), at work (일하고 있는, 영향력이 있는)등과 같은 유형의 관용구이다. The navies of North and South Korea clashed <u>at sea</u> Tuesday for the first time in seven years.(7년 만에 처음으로 북한과 남한의 해군이 화요일에 해상에서 충돌했다.) She was <u>at work</u> on a TV drama.(그녀는 TV 드라마를 쓰고 있었다/작업하고 있는 중이었다.) A powerful family motivation was <u>at work</u> behind his success. (그의 성공 뒤에 강력한 가정적 동기가 작용하고 있었다.))

야간, 주간을 의미하는 구로 by night, by day를 쓸 수 있다. At night 대신 by night을 쓰고 during the day 대신 by day를 쓸 수 있다.

(4) **By day** a woman could take a walk alone in this park, but it is unsafe to do so **by night**. (낮에는 이 공원에서 여자 혼자서 산보를 할 수 있지만 밤에 그렇게 하는 것은 안전하지 않다.)

오전, 오후, 저녁, 밤, 낮 등은 특정의 시점을 의미할 때는 **on** the morning, **on** the night 등 on이 쓰이고 기간을 의미할 때는 in the morning, in the night 등 in이 쓰인다. 요일이나 날짜는 시점이므로 on이 쓰이고 연도나 계절은 기간이므로 in이 쓰인다. 한 순간에 일어나는 동작을 의미하는 순간동사의 경우에는 시점을 나타내는 on 전치사구가 적절하고, (상당한) 시간이 소요되는 동작 또는 행동을 의미하는 과정동사(process verb)의 경우에는 기간을 나타내는 in 전치사구가 어울린다.

(5) a. {On/*In} the morning of 11 February 1963, Sylvia Plath committed suicide in London. (1963년 2월 11일 오전에 실비아 플라스는 런던에서 자살을 했다.)

　　 b. {On/*In} the afternoon of Thursday, 4 January 2007, an Israeli military incursion took place in the centre of the West Bank city of Ramallah. (2007년 1월4일 목요일 오후에 웨스트뱅크 라말라 시의 한복판에서 이스라엘 군의 기습공격이 있었다.)

　　 c. {In/*On} the evening we had a party which was sponsored by EnterpriseD B. (그날 저녁에 우리는 엔터프라이스 DB사가 주최하는 파티를 즐기고 있었다.)

　　 d. After a long day it's wonderful to sit outside {in/*on} the evening. (긴 하루가 지나간 다음, 저녁에 밖에 (나가) 앉아 있는 것은 즐거운 일이다.)

　(5a, b)의 동사 committed suicide, took place가 한 순간에 일어나는 일을 기술하는 순간동사이므로 On the morning이 맞고, (5c, d)의 동사 had a party, sit outside는 일정한 기간에 걸쳐 일어나는 과정을 기술하는 과정동사이므로 in the evening이 어울린다.

　크리스마스가 일 년 중 한 **시점**으로 인식되면 **at** Christmas (time)이 되고 한 날짜 즉 12월 25일을 의미하면--**on** December 25와 마찬가지로--**on** Christmas (day)가 된다.

(6) a. Here are some places where you can go out to eat on *Christmas Day*. (여기 크리스마스 날에 외식할 수 있는 몇 군데 장소가 있다.)

　　 b. There are still a few stores open on Christmas, as well as some restaurants open on *Christmas*. (그래도 크리스마스 날에 문을 여는 레스토랑은 물론, 크리스마스 날에 문을 여는 가게도 몇 군데 있다.)

　　 c. Whether you need to pick up some over-the-counter medicine or you ran out of wrapping paper, drugstores are one of the few stores that you can always count on to be open on *Christmas day*. (처방전 없이 살 수 있는 약이 필요할 경우이든 포장지를 다 쓰고 없는 경우이든, (그 때는) 드러그스토어

는 크리스마스 날에 문을 연다고 믿을 수 있는 몇 안 되는 가게들 중의 하나
이다.)

d. Spending less money **at** *Christmas* is possible with these tips from The Money
Couple themselves! (머니커플에서 내놓은 이 충고라도 잘 활용만하면 크리
스마스에 돈을 적게 쓰는 것이 가능하다.)

e. Christmas trees add to waste mountain **at** *Christmas*. (크리스마스 때에 크리
스머스 트리들은 쓰레기 산더미를 더 크게 만든다.)

(6a~c)에서는 크리스마스 날 즉 12월 25일을 언급하고 있으므로 on이 쓰이고
(d~e)에서는 크리스마스 휴일 기간−25일 전후 며칠간 즉 1년 중의 한 기간--에
일어나는 일을 언급하고 있으므로 in이 쓰인다. 이 in은 in spring, in winter 등의
in과 같은 용법이다.

3.3 전치사와 동사의 만남: 전치사구 동사(Preposition Phrase Verbs)

특정의 전치사구를 보어로 취하는 동사를 **전치사구 동사**라고 한다. 동사가 특정
의 전치사구 보어를 취하면 특정의 의미를 가지게 되어 흔히 이를 관용구로 취급
한다. 가령 look이 for구와 결합하면 "찾다"는 의미를 가지게 되고 after구와 결합
하면 "돌보다"의 의미를 가지게 된다. He is <u>looking for a new job</u>.(그는 새 직장을
찾고 있다.) She will be willing to <u>look after him</u>.(그녀는 기꺼이 그를 돌보아줄
것이다.) 앞 예문의 look과 뒤의 예문의 look을 다른 보어를 거느리는 다른 동사로
구별하고 앞의 look$_1$은 "찾다"의 의미를 가지고, 뒤의 look$_2$는 "돌보다"의 의미를
가지는데 look$_1$은 "for 전치사구 보어"를 거느리고, look$_2$는 "after전치사구 보어"
를 거느린다고 본다. 이렇게 반드시 특정의 전치사구를 보어로 취하기 때문에
look$_1$과 look$_2$와 같은 동사를 **전치사구 동사**라고 부르는 것이다.[4]

---

4 전통문법에서는 at이나 after를 부사로 보기 때문에 "look at"이나 "look after"를 전치사구
동사라고 부를 수 없지만 <현대 영문법>에서는 at, after 등이 전치사이므로 이들을 전치사구
동사로 규정하는 데 아무 문제가 없다. 종래에 이런 동사를 복수의 단어로 구성되는 구라고
하여 "구 동사 (phrasal verb)"라고 불러왔다. 그러나 전치사가 반드시 들어가야 하는 특징이

전치사구 동사에는 다음 8가지 종류가 있다.

① 자전치사구 자동사(Intransitive PP intransitive verbs)는 하나의 자전치사구 보어를 거느리는 자동사이다. We got *up* early in the morning. (우리는 아침 일찍 일어났다.)

② 타전치사구 자동사(Transitive PP intransitive verbs)는 하나의 자전치사구 보어를 거느리는 타동사이다. She called *for a break* after my presentation. (그녀는 나의 발표 뒤에 휴식(시간)을 (갖자고) 요청했다.)

③ 이중 타전치사구 자동사(Double transitive PP intransitive verbs)는 두 개의 타전치사구 보어를 거느리는 자동사이다. He argued *with* them *about* the problem.(그는 그들과 그 문제에 대해 다투었다/논쟁했다.)

④ 자전치사구 타동사 (Intransitive PP transitive verbs)는 자전치사구 보어를 거느리는 타동사이다. Can you tell the twin *apart*?(그 쌍둥이를 구별할 수 있어요?)

⑤ 타전치사구 타동사 (Transitive PP Transitive Verbs)는 하나의 타전치사구 보어를 거느리는 타동사이다. She introduced *the book* *to her class*.(그는 그 책을 자기 반에 소개했다.)

⑥ 이중 전치사구 타동사 (Double PP Transitive Verbs)는 두 개의 전치사구 보어를 거느린다. 하나의 자전치사구 보어이고 다른 하나의 타전치사구 보어이다. I'll let *you in* *on a little secret*.(너에게 조그만 비밀 하나를 알려주겠다.)

⑦ 첨사 타동사 (Particle Transitive Verbs)는 하나의 첨사를 거느리는 타동사이다. I looked *the name* *up* in the list. ⇔ I looked *up* *the name* in the list.(나는 그 이름을 명단에서 찾았다.)

⑧ 첨사 전치사구 타동사 (Particle PP Transitive Verbs)는 하나의 첨사와 하나의 타전치사구를 거느리는 타동사이다. They handed this project *over* to us. ⇔ They handed *over* *this project* *to us*.(그들은 이 프로젝트를 우리에게 넘겼다.)

있는 이런 동사들을 단순히 "구 동사"라고 부르는 것은 적절하지 않다.

전치사동사의 유형의 특징을 정리하면 아래와 같다.[5]

	문법 범주	전치사구 보어의 수	보어	예
① 자전치사구 자동사 V^{15}	자동사	하나	자전치사구	get *up, settle down*
② 타전치사구 자동사 V^{16}	자동사	하나	타전치사구	call *for a break*
③ 이중 타전치사구 자동사 V^{17}	자동사	둘	타전치사구	argue *with him about it*
④ 자전치사구 타동사 V^{31}	타동사	하나	자전차사구	tell *the twin apart*
⑤ 타전치사구 타동사 V^{32}	타동사	하나	타전치사구	introduced *the book to her class*
⑥ 이중 전치사구 타동사 V^{33}	타동사	둘	자전치사구, 타전치사구	let *you in on a secret*
⑦ 첨사 타동사 V^{34}	타동사	하나	첨사	look *the name up* look *up the name.*
⑧ 첨사 전치사구 타동사 V^{35}	타동사	둘	첨사, 타전치사구	hand *this project over to us* hand *over this project to us*

3.3.1 자전치사구 자동사 (Intransitive PP Intransitive Verbs) V^{15}

특정 자전치사구 보어를 거느리는 자동사들이 여기에 속한다. 자전치사로 쓰이지 않는 at을 제외하고 모든 전치사들이 이 자동사의 보어로 쓰인다.

(i) 자전치사구 보어 up을 거느리는 자전치사구 자동사들

(1) a. She **stood** *up* when the guy came in. (그녀는 그 친구가 들어왔을 때 일어섰다.)

   b. The train began to **speed** *up*. (열차가 속도를 올리기 시작했다.)

   c. The stock is **piling** *up* due to the recession. (경기후퇴 때문에 재고가 쌓이고 있다.)

   d. It seems that **sitting** *up* straight, something many of us are taught from a very early age, is not good for your back, say researchers from Scotland and Canada. They found that **sitting** *up* straight strains your back unnecessarily. (똑바로 앉는 것은, 우리 대부분이 어릴 때부터 그렇게 하라고 배우는 것이

---

5 이는 제2장에서 밝힌 동사의 유형분류와 일치한다. 참고로 각 유형의 고유번호 V^{15}~V^{17}, V^{31}~V^{35}를 표기해두었다.

지만, (사실은) 허리에 좋지 않다고 스코틀랜드와 캐나다의 연구자들이 말하고 있다. 그들은 똑바로 앉는 것이 허리를 불필요하게 압박한다는 것을 알게 되었다.)

e. Food allergens **show** _up_ in unexpected places. (음식 앨러르젠은 예상치 않은 곳에 나타난다.)

f. I had a hard time getting him to **pay** _up_. (그에게 돈을 다 내게 하느라 애먹었다.)

g. Workers are told to **shape** _up_ or **pay** _up_. To hold down medical costs, some firms are penalizing workers who are overweight or don't meet health guidelines. (근로자들은 (스스로) 몸 관리를 하든가 돈을 내든가 하라. 의료비를 내리기 위해 몇몇 회사들이 과체중의 근로자 또는 건강 가이드라인을 충족시키지 못하는 근로자들에게 벌금을 물리고 있다.)

h. You just **shut** _up_, will you? (너 입 다물지 않을 거야?)

i. Sit _Down_ and **Shut** _Up_ (앉아서 입을 다물어라. (어느 참선수행의 지침))

j. The dropping temperatures are causing area homeless shelters to **fill** _up_ fast. (떨어지는 기온으로 말미암아 지역 홈리스 보호들이 급속히 가득 채워졌다.)

k. Spots in new "fluffy" courses **fill** _up_ fast. (새로 개설된 "말랑말랑한" 과목들의 빈자리는 빨리 차버린다.)

l. They graze or browse to **fill** _up_ and then retreat to a more secluded spot to process the food. (그들은 배를 채우기 위해 풀이나 잎을 뜯어먹다가 (먹은) 음식을 처리하기 위해 좀 더 한적한 곳으로 후퇴한다.)

m. We **gassed** _up_ before the trip. (여행 전에 자동차에 기름을 (가득) 넣었다.)

n. In the tradition of Buddhism (Buddha means "**wake** _up_"), one's own awakening is the awakening of other things. When one **wakes** _up_ to his or her nature, there is realization that all things are awake. The kingdom of heaven is within. (Hyun Gak Sunim, This is America with Dennis Brown) (불교의 전통에서 (붓다는 "깨어나다"를 의미한다), 스스로 깨는 것은 다른 것들을 깨우는 것이다. 사람이 자기의 본성으로 깨어날 때－깨달음을 얻어 자기의 본성으로 돌아갈 때--, 세상 만물이 깨어있음을 알아차린다. 천국은 (자기) 안에 있다.)

o. Don't **Give** _Up_, **Give** _In_. (포기하지 말라, 양보하라.)

up은 두 가지 다른 뜻으로 쓰인다. 첫째 "위, 위로"의 뜻, 둘째 "마침, 완성, 끝(장)"의 뜻으로 쓰인다. (a)~(e)는 첫째의 뜻으로 쓰였고 그 이하는 둘째의 뜻으로 쓰였다.

stand up은 앉은 상태에서 일어나면 몸이 아래에서 위로 움직이는 것이고 sit up은 허리를 곧게 펴고 머리를 위로 하여 똑바로 앉는 것이며 pile up은 물건이 쌓여 높이가 올라가는 것이다. 빠른 속도는 "위"이고 느린 속도는 "아래"로 보는 인식에서 speed up(속도가 올라가다)이 나오고 slow down (속도가 떨어지다, 속도를 늦추다)가 나온다. show up은 아래에 있어서 안 보이던 것이 위로 올라와 보이게 되는 상황이다.

finish up은 무슨 일을 "깨끗이 끝내다"의 뜻이다. drink up, eat up 등도 다 마시거나 다 먹어버려 남은 것이 하나도 없다는 뜻이 된다. pay up은 "낼 돈을 남김없이 다 내다"의 뜻이 된다. shut up은 "입을 완전히, 꼭 닫다"는 뜻이다. 모두 끝나거나 완성되어 더 할 것이 없다는 공통점이 있는데 이 뜻은 up에서 나온 것이다. "가득 채우다"의 뜻인 fill up, gas up의 up 역시 "완성"의 뜻이다. wake up은 잠에서 완전히 깨어나는 것을 의미한다.

give up의 up도 "완성"을 의미한다. 원래 give oneself up (to something or somebody) "자신을 ~에(게) 완전히 준다, 바친다"는 희생의 의미에서 출발하여 "자기를 포기한다"는 뜻으로 발전하고 재귀사가 생략되어 자동사 give up(포기하다, 단념하다)으로 정착된 것이다.

(ii) 자전치사구 보어 down을 거느리는 자전치사구 자동사들

(2)   a. The police ordered him to lie *down* on the ground. (경찰이 그에게 땅바닥에 엎드리라고 명령했다.)

     b. I'm very tired. I'm going to lie *down*. (몹시 피곤하다. (좀) 눕겠다.)

     c. They finally settled *down* after they had a bit of hard luck. (좀 운 나쁜 일도 있었지만 그 뒤 그들은 마침내 정착했다.)

     d. I'll come for a visit sooner or later, but you must be patient till things settle *down*. (조만간 들리겠다. 하지만 사태가 진정될 때까지 참고 기다려야 한다.)

     e. Does time really slow *down* during a frightening event? (무서운 일이 일어나

는 동안에 시간이 정말 늦게 가는가?/속도가 늦어지는가?)

f. You must always **slow** *down* before you stop. (정지하기 전에 반드시 속도를 줄여야 한다.)

g. He told conservatives to **calm** *down* and unite behind him. (그는 마음을 가라앉히고 자기 뒤에서 (=자신의 리더십 아래) 단결하라고 보수주의자들에게 말했다.)

h. High gas prices make Jones angry and worried about the future of the town she loves. "You're forcing the rural communities to **shut** *down*," she says. (높은 휘발유 가격 때문에 존스는 화가 나고 자기가 사랑하는 읍의 앞날이 걱정이다. "당신들은 농촌 사회가 폐쇄되도록 강요하고 있다"고 그녀는 말한다.)

I. Most of the coal mines **closed** *down* a long time ago. (대부분의 탄광들이 오래 전에 문을 닫았다.)

j. The communications system has **broken** *down* and the whole community is now in great confusion. (통신 체계가 무너졌고 사회 전체가 큰 혼란에 빠져 있다.)

k. Our health may **break** *down* under the heavy pressure of work. (업무의 중압감에 눌려 우리의 건강이 무너질 수 있다.)

down의 기본 의미 "아래에, 아래로"가 동사의 뜻에 따라 다양하게 변용된다. 혼란스런 상황이 가라앉는 것이 settle down이다. 마음을 가라앉히고 흥분된 마음 또는 고조된 마음이 차분하고 편안한 마음으로 변화하는 것이 calm down이다.

문이 아래로 내려오면 닫히는 것을 shut down이 표현한다. (반대로 문이 올라가면 열리는 것을 open up이 나타낸다. Not only the roads but the waterways **opened** *up*. (길 뿐만 아니라 물길도 열렸다.)) 올라가고 내려오는 데에서 열리고 닫히는 뜻이 유래되었지만 이제는 open up과 shut down이 모든 종류의 여닫이나 미닫이의 문에 두루 쓰이고 병을 열거나 (This wine bottle is easy to open up.) 봉투를 뜯어 열거나 소포의 포장을 푸는 데에도 쓰인다. (Open up the letter and the parcel quickly.) 이 때 open up은 "활짝 열다"의 뜻이라고 하면 "완전히"의 뜻을 가진 up과 통한다고 할 수 있다. break down(고장 나다, 실패하다, 악화되다)는 break의 의미 "무너지다, 꺾어지다"와 "하강상태"가 결합한 의미이다. (nervous breakdown(신경쇠약), emotional breakdown (정서불안정), the breakdown of national financial market (전국의 금융시장의 마비)등에서처럼 break down은 한 단어가 되어 명사로 쓰일 수도 있다.)

(iii) 자전치사구 보어 away를 거느리는 자전치사구 자동사들

(3) a. The duo *ran away* again after some days only to be arrested again. (그 2인조
는 며칠 뒤에 다시 도망쳤지만 다시 체포되었다.)

   b. I want to get lost in your rock and roll and drift *away*. (나는 당신의 록큰롤에
빠져들어 어디론가 멀리 가고 싶다.)

   c. …and then, the clouds drifted *away*! (. . . 그런 다음에 구름이 (저쪽으로)
{흩어졌다/사라졌다}.)

   d. I would like to find a way to replace the part that **wore** *away*. The part that
spins inside has **worn** *away*. (닳아 없어진 부속을 교체하는 방법을 알고 싶
습니다. 안에서 회전하는 그 부분이 닳아 없어졌습니다.)

   d. The anesthetic will **wear** *away* pretty soon, probably before I finish drilling
your molars. (꽤 빨리 마취약발이 떨어질 겁니다. 아마도 어금니에 구멍 뚫
는 일을 끝내기도 전에 말입니다.)

   e. But every time I see you I get that same old feeling.
And my blues just **melt** *away*, **melt** *away*. . . .
(그러나 너를 볼 때마다 나는 마냥 그 생각을 또 하게 돼.
그리고 나의 울적한 기분은 그냥 녹아 없어지지, 녹아 없어져. . . .)

   f. If you don't like her suggestion, you can just **walk** *away*. (그녀의 제안이
마음에 안 들면 그냥 못들은 걸로 해도 된다.)

away의 기본 의미는 "여기에서 저기, 저쪽으로 멀어지거나 떨어져 나가는 상태"이다. 현재 위치 또는 상황에서 다른 위치로 멀어지는 의미이다. run away는 <저쪽으로+달려가다>, 즉 "도망치다, 도피하다"의 의미가 된다. drift는 정처 없이 떠돈다, 흘러간다는 뜻이고 여기에 away가 결합되면 "사라지다, 흩어지다"의 뜻이 된다. wear는 "입다"의 뜻 외에 "오래 입어 해지다"의 뜻이 있고 여기에 "정상

적인 상태에서 멀어지는" 즉 "비정상적인 상태로 변화하는" 뜻을 가진 away와 결합하면 "닳아 없어지다, 낡아지다, 마멸되다" 등의 뜻이 된다. walk away는 글자 그대로는 "저쪽으로 걸어 가버린다"는 뜻이지만 흔히 비유적으로 쓰여 "결정하지 않은 채 아무 일도 하지 않고 넘어 간다"는 뜻이 된다.

(ⅳ) 자전치사구 보어 on을 거느리는 자전치사구 자동사들 (on은 "계속"의 뜻)

(4)　a. How does the show go *on*? (쇼가 어떻게 진행되는가?)

　　b. Climate treaty talks may go *on* for another year. (기후조약회담은 일 년 더 계속될지도 모른다.)

　　c. **Read** *on* to download Leslie's Fabulous Walking Program. (레슬리의 '멋진 걷기 프로그램'을 내려 받으려면 계속 읽어나가시오.)

On이 come과 결합하면 여러 가지 특별한 감정을 나타내는 관용구가 된다. 권유 또는 부추김의 뜻으로: Oh, **Come on!** It'll do you good to get out of the house for a while. (야, 나가자! 잠시 집 밖으로 나가는 건 너한테 도움이 돼.) 좀 빨리 하라고 말할 때: **Come on!** Let's go.(자, 자, 좀 갑시다!) 놀람이나 불신이나 의혹을 나타낼 때: **Come on!** She doesn't have a chance. (에이! 그는 가망이 없어.) Come on!은 다양한 감정을 표현할 수 있는 감탄사의 기능을 한다고 할 것이다.

(ⅴ) 자전치사구 보어 in을 거느리는 자전치사구 동사들

In을 보어로 취하는 이 자전치사동사에는 in의 기본의미 "안으로"가 여러 가지 방식으로 발현된다.

(5)　a. The burglar **got** *in* through a window. (도둑이 창문을 통해 들어왔다.)

　　b. The senator **got** *in* by a small margin. (그 상원의원은 근소한 표차로 당선되었다.)

　　c. We went downtown to eat out yesterday, but we are **staying** *in* tonight. (우리는 어제 외식하러 시내에 갔지만 오늘은 집에 있다.)

　　d. When glaciers disappear, the bugs **move** *in*. (빙하가 사라지면 벌레들이 이주

해 온다.)

e. A big bird is watching the tide rush *in*, north of Half Moon Bay, California, USA. (미국 캘리포니아 하프문베이 북쪽에서 큰 새 한 마리가 조수가 밀려오는 것을 바라보고 있다.)

f. It's very hard to get up early on Saturdays; you would like to lie *in*. (토요일에 일찍 일어나기는 참 어렵다. 늦도록 (잠자리 안에 그대로) 누워있고 싶다.)

g. It's time to turn *in*. (=It's time to go to bed.)

h. The music stops when exhaustion sets *in*. (피로감이 시작되면 음악이 멈춘다.)

i. Disappointment set *in* for Republican supporters as Obama was leading with 220 projected electoral votes to McCain's 138 by 9 p.m. (오후 아홉시에 이미 멕케인의 예상 선거구표 138표에 대해 오바마가 220표로 앞서자 공화당 지지자들에게 실망감이 나타나기 시작했다.)

j. Alright, alright, I finally gave *in* and made a Facebook page! (알았어, 알았어. 나는 마침내 양보하고 페이스북 페이지를 만들었다.)

k. Nothing could bring her to give *in* on that point. (그 점에 대해서는 아무것도 그녀를 {물러나게 할 수 없었다/양보하게 할 수 없었다}.)

l. Hang in there; you'll never know what will happen next. (포기하지 말고 견디어라. 다음에 무슨 일이 일어날지 아무도 모른다.)

get in, move in, rush in 등에서 "안으로" 의 의미가 뚜렷하다.

set in(나타나기 시작하다), give in(양보하다, 패배를 인정하다, 경쟁을 포기하다) 등에는 in의 의미가 그렇게 투명하지 않으나 set in의 in은 "나타나 보이다, 들어나다" 등의 뜻과 통하고 give in의 in은 안으로 움츠러드는 상태와 관련성이 있다는 추측은 가능하다.[6]

"Hang in there"는 관용구이다. hang "매달리다"와 in"그 안에"가 결합하여 "떨어지지 않고 {꼭 그 안에 있다/꼭 붙잡고 있다}"는 뜻에서부터 "(포기하지 말고) {견디다/버티다}"는 뜻이 나온 것이다.

---

[6] set out(출발하다)의 out과 대조된다. 밖으로 나가는 동작은 출발의 행동과 통한다. 아래 (60) 예문 참조.

(vi) 자전치사구 보어 out을 거느리는 자전치사구 자동사들

out의 기본의미 "밖으로"가 여러 동사들과 어울려 다양한 의미를 만들어낸다. 아래 (a) get out과 (b) rush out는 "밖으로"의 의미가 그대로 나타난 예라고 할 수 있고 그 이하에서는 out이 동사의 의미와 결합하여 비유적으로 또는 추상적으로 다양하게 의미가 확장되는 것을 볼 수 있다.

(6) a. A New Jersey development called Newport has a warning for New Yorkers: Get *out* while there's time. (뉴포트라는 뉴저지의 한 개발회사는 뉴욕 사람들에 경고하고 있다: 시간이 있을 때 나가라.)

b. When the tide **rushes** *out*, it leaves a muddy shelf nearly a mile wide. (조수가 밀려나가면 폭이 거의 1마일이나 되는 갯벌 모래톱이 드러난다.)

c. On September 24, in solidarity with UC staff and students, faculty throughout the University of California system will **walk** *out* in defense of public education. (9월 24일에, UC 직원과 학생들과 연대하여, 캘리포니아 대학교 시스템의 전 교수들이 공교육을 지키기 위하여 파업할 것이다.)

d. "Time is **running** *out*," UN climate chief says. ("시간이 {다돼간다/끝나간다/없다}"라고 유엔 기후(위원회)위원장이 말하고 있다.)

e. They kept drinking until they **passed** *out*. (그들은 기절할 때까지 계속 마셨다.)

f. I seemed to **black** *out* momentarily when I was hit; I couldn't remember anything. (부딪혔을 때 나는 순간적으로 의식을 잃어버렸던 것 같다. 아무것도 기억할 수 없었다.)

g. A fire **broke** *out* at a pub located on the second floor of a five-story building in Tokyo's Suginami Ward early Sunday. (일요일 일찍 도쿄의 스기나미구의 한 5층 건물 2층에 있는 어느 술집에서 {불이 났다/화재가 발생했다}.)

h. The prisoners of war were always ready to break *out*. (그 포로들은 항상 탈출할 준비가 되어 있었다.)

i. Please **watch** *out*! The floor is slippery. (조심하십시오. 바닥이 미끄럽습니다.)

j. The front tires **wear** *out* earlier than the rear tires. (앞 타이어가 뒤 타이어보다 더 일찍 닳는다.)

k. Taylor said he watched the seal for about 40 minutes on Monday and planned to return "tomorrow and see if he is still **hanging** *out*." (테일러는 그 물개를

약 40분 동안 관찰했으며 "내일 다시 와서 {여전히 그대로 놀고 있는지/잘 버티고 있는지}" 살펴보러 오기로 했다고 말했다.)

l. Police found Galindes Monday afternoon in an area he was known to **hang** *out* in and saw him getting out of a car carrying a gun. (경찰은 월요일 오후 갈린데스가 돌아다니고 있는 것으로 알려진 한 지역에서 그를 발견했고 그가 총을 들고 차에서 나오는 것을 보았다.)

m. As long as your supplies last, you can **hold** *out*. After your supplies finish, you can no longer **hold** *out*. (공급이 지속되는 한 버틸 수 있다. 공급이 끝나면 더 이상 버틸 수 없다.)

n. My airplane's engine **gave** *out* and needed to be repaired or replaced. (내 비행기 엔진이 작동되지 않아 수리를 하거나 교체할 필요가 있었다.)

o. A car and a bus **set** *out* at 3 p.m. from the same point headed in the same direction. The average speed of the car is twice the average speed of the bus. In 2 hours the car is 68 miles ahead of the bus. Find the rate of the car. (승용차와 버스가 오후 3시에 같은 방향으로 같은 지점에서 출발했다. 승용차의 평균속도는 버스의 평균속도의 두 배이다. 2시간 두에 승용차가 버스를 68마일 앞서 있었다. 승용차의 속도를 구하라.)

walk out은 "밖으로 걸어 나가다"라는 글자 그대로의 의미보다는 "회의 도중에 나가버린다"든가 "근무지를 이탈한다"든가 하는 의미로 쓰이고 여기서 "파업하다"의 뜻도 나온다.

그 이하의 전치사 자동사들의 의미도 다음 표와 같이 동사와 전치사의 기본의미가 결합하여 생긴 것으로 볼 수 있다.[7]

---

[7] 여기서 부분들의 의미가 결합하여 전체의 의미를 이루는 것으로 볼 수 있는 예를 몇 가지 들고 있으나 관용구란 원래 불규칙적인 것이어서 이런 분석은 곧 한계에 부딪친다. 가령 "give out(작동되지 않다/고장 나다)"의 경우에 give와 out의 어떤 의미가 어떻게 결합되어 나온 것인지 말하기 어렵다.

(7) Out의 의미와 동사의 의미의 결합

	글자 그대로의 의미 (literal meaning)	실제 의미 (actual meaning)
run out	밖으로(out) 달려(run) 끝까지 가버리다	유효기간이 끝나다(expire)
pass out	의식이 밖으로(out) 지나가다(pass)	정신이 없다/의식을 잃어버리다
black out	"black(캄캄해지다)"가 "밖으로"와 결합	의식이 없어지다
break out	"깨지다"와 "밖으로 나타나다"의 결합	1. (화재, 폭동, 전쟁 등 재난이) 터지다, 발발하다 2. 담장을 부수고 밖으로 나가다/ 탈출하다
watch out	밖을 잘 바라보다/관찰하다	주시하다/주의하다/조심하다
wear out	"사용하다"와 "밖으로"가 결합. "오래 사용한 결과 사용할 수 있는 한계 밖으로 나가게 되었다	해지다/닳다/닳아 없어지다
hang out	"매달려 있다/걸려 있다/공중에 떠 있다"와 "밖에서"의 결합	별로 하는 일 없이 그냥 지내다/ 빈둥거리다
hold out	"유지되다"와 "한계를 넘어, 극복하여"의 결합	버티다
set out	"두다/놓다"와 "밖으로"의 결합→"발을 앞으로 내디디다"	출발하다

(vii) 거의 모든 자전치사를 보어로 거느릴 수 있는 자전치사구 자동사 be

(8)   a. She was *in* and he was *out*. (그녀는 안에 있었고 그는 밖에 있었다.)

      b. My father is *out*. (아버지는 외출중이다.)

      c. The lights are *out*. (불이 {나갔다/꺼졌다}.)

3.3.2 타전치사구 자동사 (Transitive PP Intransitive Verbs) V[16]

타전치사구 자동사는 특정의 타전치사구 보어를 거느린다. 가령 look(찾다)은 for전치사구 보어를, testify(옳음을/진실임을 증명하다)는 to전치사구 보어를 요구한다.

(1)   a. We are looking *for new information*. (우리는 새 정보를 찾고 있다.)

      b. The statistics testifies *to the conclusion*. (그 통계는 그 결론이 옳음을 증명한다.)

이 look과 testify가 각각 for나 to 아닌 다른 전치사구 보어를 취하면 비문이 되거나 다른 뜻을 가지게 된다. 예컨대, "look against ~"는 비문이고 "look after ~"는 다른 뜻 즉 "보살피다"라는 뜻을 가진다.

전치사는 동사와 결합하여 각기 특별한 의미를 나타내지만, 전치사구는 그 본래의 성질을 유지하고 있다. 그 때문에 다음과 같은 구문전환이 가능하다.

(2) a. *What* are you looking *for*? (무엇을 찾고 있는가?)

b. *For what* are you looking? (무엇을 찾고 있는가?)

(3) a. I thought this is the book *which* you are looking *for*. (나는 이것이 자네가 찾고 있는 책이라고 생각했다.)

b. I thought this is the book *for which* you are looking.

(4) a. *Which book* did you refer to? (어느 책을 참고했는가?)

b. *To which book* did you refer?

(5) a. Let me know if this is the book *which* you refer *to*. (이것이 자네가 참조한 책인지 알려주게.)

b. Let me know if this is the book *to which* you refer.

Wh의문문이나 관계절 구문에서 (a)처럼 전치사 for의 목적어가 전치사구에서 빠져나가고 전치사 for만 동사 뒤에 남아있다. 이렇게 동사 뒤에 남아 있게 된 전치사를 **좌초 전치사**(stranded preposition)라고 부른다. (b)처럼 전치사구 전체가 한 단위로 "움직이기도" 한다. 전치사가 자신의 명사보어와 함께 문두로 이동해 있다. 이렇게 앞으로 나가있는 것을 **전진 전치사**(fronted preposition)라고 한다.

이와 같이 전치사가 전진할 수도 있고 좌초될 수도 있는 경우에는 아래 (5a)에서처럼 동사와 전치사 사이에 부사가 개입할 수도 있고 (b)에서처럼 전치사구 두 개를 and로 연결시키는 등위구문도 가능하다.

(5) a. We are looking *again for a small dog*. (우리는 다시 작은 개를 찾고 있다.)

b. I am looking *for a small dog* and *for a big cat*. (나는 작은 개 한 마리와 큰 고양이 한 마리를 찾고 있다.)

그런데 타전치사구 동사들 중에는 좌초 전치사는 가능하나 전진 전치사는 허용되지 않고 동사와 전치사 사이에 부사가 끼어들 수 없으며 전치사구 두 개가 and로 연결될 수도 없는 타전치사구 동사들도 있다.

(6) a. We were looking *after a large rabbit*.
   (우리는 커다란 토끼 한 마리를 보살펴주고 있었다.)

   b. *Which rabbit* are you looking *after*?

   c. *After which rabbit are you looking?

   d. *We are looking this time after a large rabbit. (Cf. We are looking after a large rabbit *this time*.)

   e. *I'm looking after a large rabbit and after a small dog. (Cf. I'm looking *after a large rabbit and a small dog*.)

(7) a. Those problems came *between the two groups.* (그 문제들이 두 그룹을 갈라놓았다.)

   b. *Which groups* did those problems come *between*? (그 문제들이 어느 그룹들을 갈라놓았는가?)

   c. *Between which groups did those problems come?

   d. *Those problems came all of a sudden between the two groups.

   e. *Those problems came between these two groups and between those two groups.

(8) a. I came *across some errors* in this column. (나는 이 칼럼에서 몇 개의 오류를 우연히 발견했다.)

   b. *What kind of errors* did you come *across*? (어떤 오류를 발견했는가?)

   c. *Across what kind of errors did you come?

   d. *I came yesterday across some errors in this column. (Cf. I came across some errors in this column *yesterday*.)

(9) a. This is the crucial error *which* I came *across*. (이것이 내가 우연히 발견한 중대한 오류다.)

   b. *This is the crucial error across which I came.

(10) a. Guess who I ran *into* today. (내가 오늘 누구와 마주쳤는지 맞춰 봐.)

   b. *Guess into whom I ran today.

c. *~~I ran this morning into the man who I have always wished to see.~~ (Cf. *This morning* I ran into the man who I have always wished to see.)

d. *~~I ran into John and into Bill this morning.~~ (Cf. I ran into John and Bill this morning.)

(11) a. I think we can **get** *over the problem* without too much difficulty. (나는 우리가 그 문제를 큰 어려움 없이 극복할 수 있다고 생각한다.)

b. They think the problem *which* we thought we **got** *over* is still there. (그들은 우리가 극복했다고 생각한 그 문제가 여전히 거기에 (그대로) 있다고 생각한다.)

c. *~~They think the problem over which we thought we got is still there.~~

(12) a. She still **stands** *by every word she said*. (그녀는 자기가 한 모든 말을 {여전히 지지한다/지금도 책임진다}.)

b. *Which idea* does she still **stand** *by*? (그녀는 어느 아이디어를 지금도 지지하는가?)

c. *~~By which idea does she still~~ stand?

d. *~~She still stands firmly by every word she said.~~ (Cf. She still stands by every word she said *firmly*.)

e. *~~She still stands by every word she said and by every promise she made.~~ (Cf. She still stands *by very word she said and every promise she made*.)

look for ~, refer to ~ 등의 전치사구 동사의 전치사는 보통 전치사와 거의 같아 비교적 자유롭게 동사에서 이탈되거나 전진한다. 대조적으로 look after ~, come across ~, run into ~, get over ~ , stand by ~ 등 전치사구 동사의 경우에는 전치사가 동사에서 이탈되는 것이 허용되지 않는다. 이런 전치사를 **화석(fossilized) 전치사**라고 부른다.[8] 이 전치사는 동사와의 결합이 너무 밀접하여 <동사＋전치사>가 거의 하나의 단어처럼 굳어지면서 본래 전치사의 성질이 거의 없어지고 흔적만 남았다는 뜻에서 '화석' 전치사라고 한 것이다.

보통 전치사구 동사는 아래 (12)와 같이 피동문으로 쓰일 수 있는데 화석 전치사동사는 이것이 허용되지 않는다.

---

[8] Huddleston & Pullum (2002), P.277 참조.

(12) a. New information on it **was looked** *for* (by everyone, not just by some of you). (그 문제에 관한 새로운 정보는 (당신들 몇몇 사람들만이 아니라 모두 가) 찾고 있었다.) (Cf. Everyone, not just some of you, **looked for** new information on it.)

　　 b. The conclusion **is testified** *to* by the statistics. (그 결론은 통계에 의하여 증명된다.) (Cf. The statistics **testify to** the conclusion.)

(13) a. *~~I think the problem can be gotten~~ over ~~by us without too much difficulty~~. (Cf. I think we can **get over** the problem without too much difficulty.)

　　 b. *~~Every word she said was still stood~~ by by her. (Cf. She still **stood by** every word she said.)

　　 c. *~~Vegetables are consisted largely of by their diet~~. (Cf. Their diet **consists** largely **of** vegetables.)

전치사구 동사 look for, testify to 등은 타동사처럼 쓰이므로 피동문이 가능하다. 그러나 consist of (구성되다), get over (극복하다), stand by (지지하다, 지키다)와 같은 화석 전치사동사의 경우에는 <동사+전치사>의 결합이 아직은 완전한 타동사로 작동하고 있지 않기 때문에 피동문이 성립되지 않는다.

그러나 "look after ~"가 화석 전치사구 동사라고 해서 그것을 아래 (14b)처럼 분석할 필요는 없다.

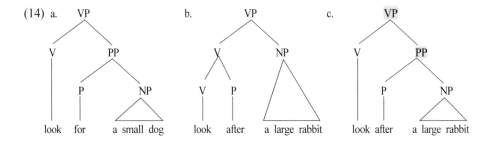

(14b)의 분석은 look과 after가 결합하여 하나의 타동사를 이루고 이 타동사가 a large rabbit을 직접목적어로 취한다는 주장이다. 이것은 for가 분리될 수 있는 "look for ~"의 (14a)와는 완전히 다른 구조다. (14a)에서는 look이 전치사구 for a small dog을 보어로 취하고 a small dog은 전치사 for의 목적어다. 이런 식으로, look for~와 look after ~의 구조를 완전히 다른 구조로 보는 것도 한 가지 설명방법이 될 수 있지만, 그 대신 그 둘을 동일한 구조로 보면서도 전치사가 분리될 수 있고 없는 차이를 설명할 수 있는 방법이 있으면 그것이 더 바람직한 분석이다. look for a small dog에는 전치사구가 있고 look after a large rabbit에는 전치사구가 없다고 보는 것은 바람직하지 않다.

결국 바람직한 해결책은 동사의 예외적인 어휘속성을 그대로 인정하고 이를 구구조 규칙에 반영하는 것이다. 예를 들어 look이 화석전치사구인 after 구 보어와 결합하여 동사구를 이루면 그 전치사구는 그 동사구를 이탈할 수 없도록 만든다. 즉 (14c)의 PP와 VP는 (14a)의 PP와 VP와 구별되는 예외적 성질을 가져 그 PP는 VP를 벗어날 수 없도록 만들면 된다.

(i) 타전치사 at과 결합하는 전치사구 자동사

At은 목표지점을 가리킨다. 이 기본의미가 여러 동사와 결합하여 다양한 결과를 나타낸다.

(1)   a. To aim *at the best* and to remain essentially ourselves is one and the same thing. (최선을 목표로 하는 것과 본질적으로 우리자신으로 남아 있는 것은 동일한 것이다.)

   b. Police then fired *at the suspect*. (그러자 경찰이 그 피의자에게 총격을 가했다.)

   c. They said the man tried to shoot *at the officers*, who in turn ended up shooting the man. (그 사람이 경찰관들에게 총을 쏘려고 했고, 그러자 경찰들이 그 사람을 결국 쏘게 되었다고 그들은 말했다.)

   d. I'm sorry I {shouted/yelled} *at you*. (너한테 소리 질러서 미안해.)

   e. Why do people laugh *at creationists*? (왜 사람들은 창조론자들을 비웃는가?)

   f. Only one brave soul rejoiced *at the death of the evil*. (단 한 명의 용감한 사람이 그 악마의 죽음에 기뻐했다.)

'Aim at ~'(~을 목표로 거기에 겨냥하다), 'shoot at ~'(~을 표적으로 거기에 총을 쏘다), 'shout at ~'(~을 표적으로 삼고 거기에 대고 소리 지르다), 'laugh at ~'(

~을 대상(=표적)으로 웃다 또는 비웃다) 등에서 보는 바와 같이 at은 겨냥하는 행위, 사격하는 행위, 소리를 지르는 행위, 비웃는 행위의 목표지점(=표적)을 가리킨다.

(1f) 'rejoice at ~'에서도 at의 목적어가 목표지점(=표적)을 나타낸다. at의 목적어는 기뻐하는 행위의 대상이다. Rejoice는 다른 전치사와도 결합하여 미묘한 의미차이를 나타낸다.

(2)　a. I rejoiced *with those* who said to me, "Let us go to the house of Lord."
　　　　 (나는 "주님의 집으로 갑시다" 하고 말한 사람들과 더불어 기뻐했다.)
　　 b. I am sure most of you already know about this new station, as we have **rejoiced** *about it* several times on Behind the Scenes. (우리가 <장면의 뒤>난에서 몇 차례 이 새 방송국에 대하여 기쁨을 표현한 바 있으므로 여러분 대부분은 이미 이 방송국에 대하여 알고 있을 것이라고 믿습니다.)

(2a) 나의 환희심이 ". . ."라고 말하는 사람들과 <u>함께 있다</u>. (b) 그 방송국이 우리의 기쁨의 <u>대상이다</u>. 우리가 무엇에 대해 기뻐하는 동기와 과정은 매우 다양하다. 기쁨의 감정이 어떤 목표를 지향하여 기뻐할 수도 있고—그러면 목표를 나타내는 at을 쓰고--기쁨을 어떤 사람들과 함께 나눔으로써 기뻐할 수도 있다—그러면 동반자를 나타내는 with를 쓴다. 또 기쁨의 대상을 일반적으로 표현하려면 about을 쓸 수 있다.

be surprised, be delighted 등 놀람, 기쁨 등 감정 발현의 표적에 at이 쓰인다. at, with, about의 다른 의미 때문에 미묘한 의미 차이가 발생한다.[9]

(3)　a. I am delighted **at** the idea of going abroad.
　　 b. I am delighted **with** the idea of going abroad.
　　 c. I am delighted **about** the idea of going abroad.

---

[9] 이하 (3~6)에서 전치사구 보어는 사실은 happy, delighted, pleased 등 형용사의 지배를 받는 것이다. 구조적으로 형용사가 at the idea, with the idea 등 전치사구 보어를 거느리고 있다. 그러나 여기서는 편의상 be happy, be delighted, be pleased 등을 동사로 보고 그것이 전치사구 보어를 거느리는 것처럼 기술한다.

(3a)의 의미: 내가 어떤 사람, 사물, 또는 사건으로 말미암아 기뻐한다는 것은 기쁜 감정이 나한테서 출발하여 그 사람, 사물, 또는 사건에 도달한 결과라고 본다. 이 때 도착지점을 나타내는 것이 at이다. 다시 말해 "나의 기쁜 감정이 해외에 나간다는 생각에 가 닿으면 나는 그 생각에 기뻐한다"는 뜻이 된다.

(3b)의 with는 도구의미역으로 볼 수도 있고 동반자의미역으로 볼 수도 있다. with가 도구의미역일 경우에 "나는 해외에 나간다는 생각을 도구로 삼아 기뻐한다"는 뜻이 되고 with가 동반자 의미역을 가지면 "나는 해외에 나가는 생각과 더불어 기뻐한다. 내가 기뻐하는 결과는 같지만 기쁨의 동기가 다르다.

(3c)의 의미: about은 주제 또는 화제 의미역을 나타낸다. "나는 해외에 나간다는 생각에 대하여 또는 그 생각을 대상으로 기뻐한다"는 뜻이 된다.

다음 예에서 happy도 그렇게 작용한다. 나의 행복감이 그 생각에 도달하면 나는 행복해진다는 생각을 나타내려면 at을, 그 생각과 함께 기쁨이 온다면 with를, 그 생각에 대하여 내가 행복감을 느낀다면 about을 쓸 것이다.

(4) a. I am **happy** {at/with/about} the idea.

b. In a month, you will go away, and I can be **happy at** the thought of that month all my life long! (한 달 있다가 당신이 떠나고 나면, 나는 한평생 그 달의 생각으로 행복할 수 있어요.)

c. On the surface, you may still be happy when it's shiny and not so happy when it's rainy; you may be **happy at** winning a million dollars and **unhappy at** losing all your possessions. (표면적으로, 여전히 날씨가 좋으면 기쁘고 비가 오면 그렇게 기쁘지 않을 수 있다. 백만 달러를 얻는 생각에 기뻐하고 가진 것을 다 잃어버린다는 생각에 슬퍼할 수도 있을 것이다.)

다음 예에서 be pleased, be surprised, be annoyed, be frightened, be thrilled 등 감정을 나타내는 표현들이 at, with, about 등 전치사구 보어를 거느리고 조금씩 다른 의미를 나타내는 것을 볼 수 있다. (by는 기쁨, 놀람, 짜증 등의 감정을 일으킨 장본인 또는 원인을 표현한다.)

(5) a. They were generally **pleased** {at/with/about/by} the care they receive.
(그들은 자기들이 받는 보호에 대체로 기뻐했다.)

b. You would be **surprised** {at/with/about/by} the news. (당신은 그 소식에 놀랄
것이다.)

c. She was **annoyed** {at/with/about/by} {the vicious lie/the careless statement/the
rumors}. (그녀는 그 악의의 거짓말/부주의한 진술/소문에 당혹스러워 했다.)

d. Are you **frightened** {at/with/about/by} noises at night in your house?
(집에서 밤중의 소음에 놀라는가?)

(6) a. We are very **pleased about** this decision. (우리는 이 결정에 대하여 매우
기쁘다/만족한다.)

b. The company is "very **pleased**" **with** sales in just over a week since the
Android phone reached stores. (회사는 앤드로이드 전화기가 점포에 도착한
지 단 일주일 남짓 만에 올린 판매량에 매우 기뻐하고 있다.)

c. On a conference call with analysts, Bartz said that she was "**pleased with**
the results" considering the economy. (애널리스트들과 전화회의에서, 바르
츠는 경제를 생각해서 그 결과에 만족하고 있다고 말했다.)

d. "He is pretty **pleased about** coming back," Arena said. ("그는 돌아올 것에
대해 꽤 좋아하고 있다" 하고 애리너는 말했다.)

e. Kourtney is pregnant and her sister, Kim, is **thrilled about** the new addition
to the family. (쿠르트니가 임신하자 그의 언니 킴은 가족의 새 구성원(이
생긴 데)에 대하여 몹시 기뻐하고 있다.)

(ii) 타전치사 on과 결합하는 타전치사구 자동사

Rely, depend, count 등 "의존하다"를 의미하는 동사들이 on전치사구 보어를 거
느리는데 그것은 그 동사들의 의미가 "평면"을 의미하는 on 전치사구 보어와 잘
어울리기 때문이다. "의존"할 만 한 것은 편안하게 앉거나 쉴 수 있는 "평면"이
되는 것이 알맞다. 어디엔가 의존하려면 거기에 한 동안 머물러 있어야 하는데
안정된 평면이 그럴만한 곳이다.

(7) a. Washington's schools **depend** heavily *on local levies and bonds* in order to
plug budget gaps caused by inadequate state funding. (워싱턴의 학교들은

부적절한 주 자금조달 때문에 발생하는 예산 결손을 메우기 위하여 지방세와 채권에 크게 의존한다.)

b. It **depends** *on what the meaning of the word 'is' is*. (그것은 'is'라는 단어의 뜻이 무엇인가에 달려있다/따라 달라진다.)

c. And his existence doesn't **rely** *on our belief*. (그리고 그의 존재는 우리의 믿음에 의존하지 않는다.)

d. You Can **Count** *on Me*. (너는 나한테 기댈 수 있다/나를 믿을 수 있다.) [한 미국 영화의 제목]

e. The country is **drawing** *on the international community* for its independence. (그 나라는 자신의 독립을 위하여 국제사회에 의존하고 있다.)

아래 (8)에서 dwell upon ~은 "~에 대해 곰곰이/깊이/골똘히 생각하다, 골몰하다"의 의미인데 원래 dwell 뜻 "거주하다/살다"가 비유적으로 쓰인 것이다. "살다"의 뜻 때문에 평면을 의미하는 on 전치사구와 어울린다. live on은 의미적으로 "(먹고) 살다"와 "(depend) on"의 결합이라고 할 수 있다.

(8) a. It isn't good for you to **dwell** *upon your mistakes* too long. (잘못한 것을 너무 오래 생각한다고 좋을 것이 없다.)

b. You Can Always **Live** *on Rice and Potatoes*. (쌀과 감자를 주식으로 하는 것도 항상 가능하다/고기를 안 먹고도 잘 먹고 잘 살 수 있다.)

Encroach, impinge 등이 on 전치사구 보어를 취하는 것은 어딘가를 침범하거나 무엇인가를 침식하거나 침해하려면 거기에 일정 기간 머물러 있어야 하고 머물러 있으려면 평면이 필요하기 때문이다.

(9) a. However, the chief saw that the settlers were beginning to **encroach** *on his tribe's hunting grounds* by clearing the trees to make tobacco fields and driving away the game. (그러나 추장은 정착민들이 담배 밭을 만들기 위해 나무들을 잘라 없애고 사냥감을 쫓아냄으로써 자기 종족의 사냥터를 침범하기 시작했다고 생각했다.)

b. Many critics say that it impinges *on freedom of speech* and is doomed to fail. (많은 비판론자들은 그것이 언론의 자유를 침해하고 또 반드시 실패하게 되어 있다고 말한다.)

"decide on ~"은 "~에 대하여 생각해 보고 ~을 선택하기로 결정하다"를 의미한다. 결정을 내리려면 한 동안 생각해 보아야 하고 그러려면 한 동안 머물러 있을 "평면"이 필요하다.

(10) a. We finally **decided** *on a Doberman.*
   (우리는 마침내 {도버만을 선택하기로/도버만으로} 결정했다.)
   b. I can't **decide** *on who to invite.* (누구를 초대할지 결정할 수가 없다.)
   c. As I explore in my upcoming course on cultivating more conscious, vibrant relationships, only by deepening our attention and letting life be just as it is can we find real intimacy with ourselves and others. In more than thirty-five years of teaching meditation, I've seen it help countless people to deepen their capacity for loving, because if we are able to stay present, we can **decide** *on love*, and give it the space and attention it needs to ignite fully. When you are next in a conflict with a dear one, you might inquire, "What would it mean **decide** *on love*? Can I commit to deepening presence for the sake of love?" Just the inquiry will draw you closer to your heart. -- Tara Brach (좀 더 의식적이고 활발한 인간관계를 계발하기 위한 나의 다음 코스에서 탐구하려고 하는 것은 단지 우리의 주의력을 심화시키고 삶을 있는 그대로 현재에 있게만 해도 우리는 우리 자신과 다른 사람들과 진실로 가까워지는 것을 발견할 수 있다는 것이다. 35년간 명상을 가르치면서 나는 그것이 수많은 사람들에게 사랑하는 능력을 심화시키는 데 도움이 되는 것을 보아왔다. 우리가 현재에 머물러 있을 수만 있으면 우리는 사랑을 선택할 수 있고 사랑이 완전히 불타게 하는 데 필요한 공간과 주의력을 줄 수 있기 때문이다. 당신이 다음에 사랑하는 사람과 갈등을 겪을 때 이렇게 물어보시라. "사랑을 선택한다는 것이 무엇을 의미할까? 나는 사랑을 위하여 '현재에 있음'을 심화시킬 수 있는가?" 그렇게 묻는 것만으로도 당신은 당신의 마음으로 좀 더 가까이 다가올 것이다.)

(iii) 타전치사 of와 결합하는 자동사

"생각하다"라는 기본 의미를 가지는 think와 conceive는 of전치사구 보어를 거느린다.

(11) b. I can't think *of anything better than that*.
   (난 그것보다 더 나은 것은 {생각할 수가 없다/생각이 나지 않는다}.)

   c. This means I couldn't think *of* or have an idea about *such a wicked* person.
   (이 말은 나는 그렇게 사악한 사람을 생각할 수 없다거나 그런 사람에 대한 개념이 없다는 것을 의미한다.)

   d. In the larger picture, can we conceive *of a world where peoples live everywhere together in peace*? (큰 그림 속에서, 민족들이 모든 곳에서 함께 평화롭게 사는 세상을 상상할 수 있는가?)

   e. I cannot conceive *of a God* who rewards and punishes his creatures, or has a will of the kind that we experience in ourselves. Neither can I nor would I want to conceive *of an individual* that survives his physical death. (Albert Einstein) (나는 자신이 창조한 피조물에게 상을 주고 벌을 주는 신, 우리 인간이 우리 자신 속에서 경험하는 것과 같은 그러한 의지를 가진 신을 생각할 수가 없다. 또 나는 육체적 죽음을 극복하고 살아남는 사람을 상상할 수도 없고 상상하고 싶지도 않다.)

   f. I can't conceive *of how difficult, how crushing it must be to make your living as an actress*. (여배우로서 당신의 생계를 꾸리는 것이 얼마나 어려운지, 얼마나 참담한지 상상할 수가 없다.)

   g. I couldn't conceive *of a person so wicked*.
   (나는 그렇게 마음이 고약한 사람은 상상할 수가 없다.)

   h. I began to conceive *of works based on nothing*. (나는 {무에 근거하는/근거가 없는/토대가 없는} 작품을 생각하기 시작했다.)

   i. To make the concoction more agreeable to Europeans, Cortez and his countrymen conceived *of the idea of sweetening it with cane sugar*. (그 음모를 유럽 사람들 마음에 들게 하느라고 코르테즈와 그의 나라 사람들은 그것을 설탕으로 사탕발림을 하는 아이디어를 궁리했다.)

자동사 think(생각이 나다)와 conceive(상상이 되다, 생각이 떠오르다)가 of 전치사구를 보어로 취하여 생각이나 상상의 대상을 나타낸다. 이 동사는 의문문이나 부정문의 문맥에 잘 어울린다. (i)처럼 긍정문에도 쓰이지만 제한적이다. 이 conceive of ~는 생각하기 어려운 생각, 상상이 잘 안 되는 아이디어에 대해서 생각한다는 뜻이 감추어져 있다.[10]

이에 비해 think of~는 긍정적이든 부정적이든 관계없이 두루 쓸 수 있다. 위 (11)에서 conceive of 자리에 think of를 넣어도 다 좋은 문장이 된다. 그러나 think가 타동사로는 쓰일 수 없다. *He thought the project . . .운운은 비문이다.[11]

think와 conceive의 보어 of전치사구는 "~에 대하여(about)"의 뜻을 가진다. 그런데 아래 consist, dispose 등이 거느리는 of전치사구 보어는 이 뜻이 아니다.

(12) a. The council **consisted** *of the ten former presidents of the society*.
　　　　(평의회는 열 명의 전 학회장으로 구성되었다.)

　　　b. A serious and good philosophical work could be written **consisting** entirely *of jokes*.--Ludwig Wittgenstein (전부 농담으로 구성된 심각하고 훌륭한 철학 작품을 쓸려면 쓸 수 있다.--루드비히 비트겐시타인)

　　　c. There must be a better way to **dispose** *of this waste*.
　　　　(이 쓰레기를 {버리는/없애는} 더 좋은 방법이 있어야 한다.)

　　　d. Please **dispose** *of your cigarette butts* into the ashtray.
　　　　(담배꽁초를 재떨이에 버리시오.)

자동사 consist의 of 전치사구는 구성요소를 나타낸다.[12] "버리다"의 뜻을 가진

---

[10] 그러나 바로 직접목적어가 오는 타동사 conceive에는 이런 부정적 암시가 없다. I **conceived** the project in my leisure hours. (나는 내 여가 시간에 그 프로젝트를 생각해냈다.) 타동사 conceive는 "마음속에서 만들어내다, 구상하다"는 뜻이다. 앞 예문은 I thought the project up in my leisure time. I invented the project in my mind in my leisure time.등으로 재해석할 수 있다.

[11] 이렇게 쓸려면 반드시 up, over 등의 전치사가 필요하다. He thought the idea **up**.(그는 그 아이디어를 생각해냈다.) He thought **up** the idea. He thought the idea **over**.(그는 그 아이디어를 곰곰이 생각해보았다.) He thought over the idea. 이렇게 목적어의 뒤에도, 앞에도 나타날 수 있는 자전치사를 특별히 "첨사(particle)"라고 한다. (첨사에 대해서 곧 알아본다.)

[12] consist와 같은 뜻인 compose도 of 전치사구를 요구하지만 이것은 타동사이기 때문에 피동태 "be composed of ~"으로 쓰인다. The council **was composed** *of the ten former presidents*

자동사인 dispose는 버림의 대상을 of전치사구로 나타내어야 낸다. 타동사가 아니므로 명사구가 바로 올 수 없다. **~~Please dispose your cigarettes buttes properly.~~**는 비문이다.

(iv) 타전치사 for와 결합하는 자동사

현재 없는 것을 미래에 가지게 되기를 바라는 뜻을 가진 wait, search, yearn 등의 동사가 지향점 또는 목표를 나타내는 for전치사구 보어를 거느린다.

(13) a. Do not **wait** *for leaders*; do it alone, person to person.--Mother Theresa (지도자를 기다리지 말라. 혼자 하라. 한 사람이 한 사람에게 일대 일로. 테레사 수녀)

b. They are trying to **search** *for an abducted baby.* (그들은 유괴된 아기를 찾으려고 노력하고 있다.)

c. We long for peace within, around and between us. (우리는 우리 안에, 우리 주위에 그리고 우리 사이에 평화를 동경한다.)

d. Sam sat alone in his room, **yearning** *for Mary.* Mary **yearned** *for a big bowl of high-butterfat ice cream.* (샘은 자기 방에 혼자 앉아 메리를 그리워하고 있었다. 메리는 버터기름을 많이 넣은 아이스크림 한 사발을 그리워하고 있었다.)

(v) 타전치사 as와 결합하는 자동사

이 유형의 자동사가 취하는 as 전치사구 보어는 주어의 속성을 서술한다. 즉 They **counted** *as too short.*(그들은 너무 키가 작은 것으로 여겨졌다.)에서 이 유형의 동사 counted (여겨지다, 간주되다)가 전치사구 "as too short"을 보어로 취하면 "too short"이 주어 They가 어떤 사람인지를 밝히는 서술어가 된다.

(14) a. They wanted him to **serve** *as president.* (그들은 그가 회장으로 봉사하기를 원했다.)

---

of the society.(평의회는 열 명의 전 대통령들로 구성되었다.)

b. For tax purposes this **counts** *as unearned income*. (세금(을 매기는) 목적으로 보면 이것은 불노소득으로 간주된다(=계산된다).)

c. No one agrees on what **counts** *as a desert*. (무엇이 사막으로 간주되는지에 대해 아무도 같은 의견이 아니다.)

d. Vietnam has **emerged** *as the world's third-biggest rice exporter*. (베트남이 세계 제3위의 쌀 수출국으로 부상했다.)

e. Becker **rates** *as one of the finest players of his generation*. (베커는 자기 세대의 가장 훌륭한 선수로 평가된다.)

(vi) 타전치사 like와 결합하는 자동사

맛, 소리, 냄새, 모양 등을 나타내는 감각 자동사 taste, sound, smell, feel, look 등의 자동사가 like 전치사구 보어를 거느린다.

(15) a. The wine **tastes** *like vinegar*. (와인이 식초 같은 냄새가 난다.)

b. This chicken **tastes** *like turkey*. (이 닭고기는 칠면조 고기 맛이 난다.)

c. That **sounds** (*like*) *a good idea*. (그것 좋은 생각인 것 같다.)

d. His idea **sounds** *like fun*. (그의 아이디어가 {재미있게 들린다/재미있겠다}.)

e. The vegetable **smells** *like fresh soil*. (그 채소가 맑은 흙(같은) 냄새가 난다.)

f. This soup **smells** *like curry*. (이 수프는 커리 (같은) 냄새가 난다.)

g. The machine **looked** *like a gun*. (그 기계는 {총처럼 {보인다/생겼다}/총을 닮았다}.)

h. The bottom **feels** *like downy flakes*. (바닥이 폭신한 눈송이처럼 느껴진다.)

i. It **feels** *like silk*. (그것은 비단처럼 느껴진다.)

j. He **looks** *like the student that I met this morning*. (그는 내가 오늘 아침에 만난 그 학생처럼 생겼다.)

k. That **looks** *like my book*. (그것은 (겉모양이) 내 책(과) 같다.)

Smell과 feel은 like대신 of 전치사구를 보어로 취할 수도 있다.

(16) a. Over-ripe cheese **smells** *of ammonia*.
   (숙성이 지나치게 된 치즈는 암모니아 냄새가 난다.)

b. The room **feels** *of grand ball rooms*.

(그 방은 대무도장의 {느낌을 준다/분위기를 느끼게 한다}.)

<of+명사>는 형용사와 같은 기능을 할 수 있어서 감각자동사의 보어로 쓰인다. 암모니아 냄새가 난다는 것을 표현하는 데 명사 보어를 바로 쓸 수 없는 것은 ammonia가 물질이지 냄새가 아니기 때문이다. *~~The place smells ammonia~~는 말이 되지 않는다. 그러나 of ammonia라고 하면 형용사와 동등한 자격이 되므로 smell 의 보어로 쓰여 그 물질과 관련된 냄새를 표현할 수 있다.

feel이 <like 보어>를 취할 때 주어가 사람일 경우에는 전혀 다른 구문이 된다. 그 때 feel은 "무엇인가를 하고 싶은 마음이 생긴다, 하고 싶다"는 뜻이 된다.

(17) a. I **feel** *like another cup of coffee*. (나는 커피를 한 잔 더 하고 싶다.)

b. She **felt** *like taking a walk*. (그녀는 산보를 하고 싶었다.)

c. I **feel** *like (doing/having) a little exercise*. (나는 운동을 좀 하고 싶다.)

d. The disgusting odor made <u>me</u> **feel** *like vomiting*. (그 역한 냄새가 나를 토하고 싶게 만들었다./그 역한 냄새 때문에 토할 것 같았다.)

위 (15)의 주어들이 모두 무정물인 것과는 달리 여기 (17)의 주어는 I, She, me 등 경험주의 의미역을 가진 보통주어다. feel like 다음에는 명사가 올 수도 있고 동명사가 올 수도 있다. 이 "feel like"는 하나의 타동사로 굳어진 관용적 용법이다. 감각 자동사는 as if나 as though 절을 보어로 취하기도 한다.

(18) a. You **look** *as if you haven't slept all night*. (너는 밤새도록 잠을 안 잔 사람처럼 보인다.)

b. You **sound** *as if you've got a cold*. (너는 목소리가 마치 감기 든 것 같다/목소리를 들으니 감기 걸린 것 같구나.)

c. They don't **feel**₁ <u>as if school was a prison</u>. (그들은 학교가 감옥처럼 느끼지는 않는다.)

이 때 구어체에서는 as if 대신 like를 쓸 수 있다. 이렇게 되면 like는 하나의 절을 보어로 취하는 전치사가 된다.

(19) a. You **look** <u>like</u> you haven't slept all night. (너 밤새도록 잠을 안 잔 것처럼 보인다.)

b. You **sound** <u>like</u> you've got a cold. ((목소리를 들어보니) 너 감기 든 것 같다.)

c. They don't **feel** <u>like</u> school is a prison. (그들은 학교가 감옥인 것처럼 느끼지는 않는다.)

다음은 온도 또는 날씨를 나타내는 문장에서 허사 It이 feel의 주어로 쓰이는 예들이다. 보어로는 10 degrees C, 80 degrees F 등 온도를 나타내는 어구가 바로 쓰이기도 하고 <like 전치사구>가 쓰이기도 한다.

(20) a. With the wind chill, *it* felt *like ‒40 C* in northern Ontario Wednesday morning and the cold continued into the evening. (풍속 냉각과 더불어 수요일 아침 온타리오에서는 체감온도가 섭씨 영하 40도로 느껴졌다.)

b. *It* was ‒19 C before dawn in Toronto, but felt *more like ‒30 C* with the wind chill. (토론토에서는 동트기 전 온도가 영하 19도였으나, 풍속 냉각과 더불어 체감온도는 영하 30도 이하로 느껴졌다.)

c. *It* felt *between ‒30 C to ‒50 C* with the wind chill for a frigid swath stretching from Saskatchewan to Quebec in the morning and eased only slightly later in the day. (사스카치완에서 퀘벡에 이르는 혹한 지대에 불어 닥친 풍속 냉각과 함께 아침 기온이 영하 30도에서 영하 50도까지 느껴졌으며 오후 늦게 아주 조금 누그러졌을 뿐이다.)

'It was -19 degrees C.'는 기온이 영하 19도였음을 객관적으로 말한 것이고 'It felt -30 degrees C.'는 주관적으로 느껴지는 기온을 묘사한 것이다. 'It felt <u>like</u> -40 degrees C.'는 체감온도를 더욱 융통성 있게 표현한 것이다. 비교급 more는 'like -40 degrees'를 수식하여 "like -40 degrees(대체로 말해 영하 40도)"에 <더 가까운 기온>임을 나타낸다.

look 또는 sound가 허사 it을 주어로 취할 때 as if 절 보어를 취할 수 있고 as

if 대신 like를 쓸 수 있다. 이런 구문에서 looks, sounds 등은 주어로는 허사 It을, 보어로는 as if 절을 취한다.

    (21) a. It **looks** {*as if/like*} it's going to rain. (비가 오려는 것 같이 보인다/(하늘을 보니) 비가 {올 것 같다/오려고 한다}.)

          b. It **sounds** {*as if/like*}it's raining outside. (바깥에 비가 오고 있는 것 같다/비 오는 (것 같은) 소리가 난다.)

          c. It **sounds** {*as if/like*}it's been raining here for years. (여기에 몇 년 동안 계속 비가 온 것 같다—들리는 소리로 보아.)

as if 보어 절 안에서 동사가 날씨 동사 rain이므로 다시 허사 주어 it이 쓰인 것이다. (다음 절에서 허사 주어 it에 대한 좀 더 자세한 설명을 참조할 것.) 구어체에서는 흔히 이보다 더 간소하게 다음과 같이 말할 수 있다.

    (22) a. It **looks** *like rain*. (비가 {올/오는 것} 같다.)

          b. It **looks** *like raining*. (비가 {올/오고 있는} 것 같다.)

(19)의 like는 절 보어를 거느리고 (20)의 like는 명사 보어를 거느린다.[13] 주어 It은 It is fine. It is a rainy day. It is a nice day. 등의 문장에 나오는 것과 같은 날씨의 허사 It이다. 아래 예문에서도 It은 날씨의 It이다.

    (23) a. It is like {a rainy day/a nice day}. (비오는 날 같다/좋은 날 같다.)

          b. It **looks** {warm/cold/rainy} now. (날씨가 따뜻하게/춥게/비오는 것처럼 보인다.)

          c. It **feels** {warm/cold/rainy} now. (날씨가 따뜻하게/춥게/비오는 것처럼 느껴진다.)

---

[13] 전치사 like가 날씨 관련 명사만 보어로 취하는 것은 아니다. 다른 명사도 보어로 취할 수 있다. Fashion is *like the ashes* left behind by the uniquely shaped flames of the fire, the trace alone revealing that a fire actually took place. (Paul de Man) (유행이란 독특하게 생긴 화염이 남긴 재와 같다. 오직 그 흔적이 실제로 불이 났다는 것을 드러낼 뿐이다.--폴 드 맹) <현대 영문법>의 이론에 따라 절을 보어로 취하는 like도 전치사로 취급한다. 전치사는 명사를 보어로 취할 수도 있고 절을 보어로 취할 수도 있다. 각주3 참조.

Rain, snow 등 날씨 동사뿐만 아니라 be동사와 감각동사도 날씨의 허사 It을 주어로 취할 수 있다. look, feel 이외 다른 감각동사들도 이 문맥에 쓰일 수 있다.

(24) a. It {feels/sounds/smells} *like rain*. (비가 오는 것 같다, {느낌으로 보아/들리는 소리로 보아/냄새로 판단하여}.)

b. While it may already feel *like a recession* to millions of Americans, by the time we know for sure, the recession may already be over. (수백만 미국사람들에게 이미 경기후퇴(가 온 것)처럼 느끼고 있을지 모르지만, 우리가 (그것을) 확실히 알만한 때쯤 되면 경기후퇴가 이미 끝나 있을지도 모른다.)

c. Put your hand on a hot stove for a minute, and it seems *like an hour*. Sit with a pretty girl for an hour, and it seems *like a minute*. That's relativity. (Albert Einstein) (손을 뜨거운 난로 위에 1분 동안 올려놓으면 한 시간이나 {되는 것 같다/되어 보인다/처럼 느껴진다}. 예쁜 여자 옆에 한 시간 동안 앉아 있으면 1분처럼 느껴진다. 그것이 상대성이다. (알버트 아인슈타인))

이때 feel like는 (17)의 feel like와 다르다. "I feel like a drink."에서는 타동사 feel like가 직접목적어 a drink를 거느린다. 그러나 (24a-b)의 feel은 "느껴지다"의 뜻을 가진 자동사이며 like rain, like a recession이 전치사구 보어이다. (Cf. I feel like an intruder.(내가 마치 침입자가 된 것처럼 느껴진다.)의 feel도 전치사구 자동사이다.)

(vii) 거의 모든 타전치사들과 결합하는 be 동사

(25) a. They are all *in the room*.

b. The books are *on the table*.

c. His house is *behind the playground*.

d. The guest house is *between the main building and the garden*.

e. The cat is *on a hot tin roof*. (고양이가 뜨거운 양철지붕위에 있다.)

3.3.3 이중 전치사구 자동사 (Double PP intransitive verb) V^{17}

이중 전치사구 자동사는 두 개의 특정 전치사구 보어를 거느린다. 아래 (1)에서처럼 자전치사구 보어와 타전치사구 보어를 거느리는 동사도 있고, (2)에서처럼 두 개의 타전치사구 보어를 거느리는 동사도 있다.

(1) a. While keeping *up* with *the Joneses*[14] is a middle-class tradition, catching *up with the Gateses* has become the game for chief executives. (이웃집에 뒤떨어지지 않으려고 애쓰는 것이 중산층의 전통이라면 빌 게이츠 가를 따라잡는 것은 대표이사들의 게임이 되었다.)

   b. I don't think that it's the nesting instinct that drove the housing boom, I think it was more keeping *up with the proverbial Joneses* and the hope of getting rich quick. (나는 주택 붐을 일으킨 것이 보금자리 본능이라고 생각하지 않는다. 그것은 이웃집 따라잡기 하는 사람들과 빨리 부자가 되고 싶은 희망과 더 밀접한 관계가 있었다고 생각한다.)

   c. "The old system was keeping *up with the Joneses*," she said. "The new system is keeping *up with the Gateses*." ("지나간 시대의 낡은 제도는 그 유명한 이웃집 따라잡기였다. (오늘날의) 새로운 제도는 빌 게이츠 가(=최상류층) 따라잡기다."라고 그는 말했다.)

   d. They urged to stock *up on fuel*. (그들은 기름을 많이 사두라고 권유했다.)

   e. New Yorkers have been stocking *up with bottled water*. (뉴요커들은 병에 든 물을 사재기해 왔다.)

   f. Denver police are stocking up on guns that fire a pepper spray-like substance instead of bullets--a less-lethal weapon used to disperse crowds--in advance of the Democratic National Convention. (덴버 경찰은 민주당 전당대회에 앞서 총알 대신 고춧가루 스프레이 같은 물질을 발사하는 총--군중을 해산시키는 데 쓰이는 덜 치명적인 무기--을 쌓아두고 있다.)

---

[14] "Keeping up with the Joneses" (존스 네와 보조 맞추기/존스네 따라 하기)는 1910-40년대 미국 일간신문에 게재되던 한 인기 만화의 제목이었다. 이웃집에서 새 냉장고를 들여오면 우리 집도 그렇게 하고 이웃집에서 자동차를 바꾸면 우리 집도 그렇게 하는 식으로 이웃집에 뒤떨어지지 않으려다 무리를 하고 허세를 부리는 세태를 풍자하는 내용이었음.

g. Residents are encouraged to **stock** *up with* a 3-day supply of essential items for the weekend. (주민들에게 주말에 대비하여 3일분의 생활필수품을 저장해 두도록 권장했다.)

h. Embassies and aid organizations urged their workers to **stock** *up on food and water*, and some evacuated workers from Darfur. (NYT) (대사관과 원조단체들은 직원들에게 음식과 물을 비축해두라고 권유했으며 일부는 직원들을 다르푸르에서 철수시켰다.)

i. Most areas receive water for just a couple of hours a day, forcing residents to **stock** *up with buckets* when they can. (대부분의 지역은 하루에 두어 시간밖에 물을 받고 있지 못해서 주민들은 바케츠들을 될수록 많이 쌓아두지 않으면 안 된다.)

j. He **came** *up with a proposal* for the long-imagined studio; only this one would be for actors, dancers and musicians with developmental disabilities. (그는 오랜 동안 상상해온 그 스튜디오를 만들기 위한 안을 제시했다. 이것은 발육장애가 있는 배우, 댄서, 음악가들을 위한 것이 될 것이다.)

k. Does the average college **look** *down on home-schooled students* who are trying to get into their college? No. Actually, many colleges such as Harvard University are actively seeking homeschoolers because they tend to be more self-motivated. ((보통 대학들은 집에서 공부한 학생이 자기 대학에 입학하려고 하면 그들을 경시하는가? (=낮게 평가하는가)?) 아니다. 실제로 하버드 대학과 같은 많은 대학들이 집에서 공부한 학생들이 자기 동기부여가 더 잘 되어 있는 편이라고 보기 때문에 그들을 적극적으로 찾고 있다.)

l. Appalachian Trail hikers **look** *forward to the ice cream challenge*. (아팔라치아 산길 하이킹 참가자들은 아이스크림(먹기)시합을 학수고대하고 있다.)

m. He used to **look** *down on his colleagues* because he thought he was better than they were. (그는 자기 동료들보다 자기가 낫다고 생각했기 때문에 그들을 얕잡아 보았다.)

n. I'm going to **look** *in on Mary* this evening as she's been a bit unwell recently. (메리가 요새 몸이 좀 좋지 않아서 오늘 저녁에 (그녀 집에 잠시) 들여다볼까 한다.)

o. The Chinese Government has **backed** *away from a new law* that would have made it compulsory for all new computers sold in the country to include

censorship software. 중국정부는 중국에서 판매되는 모든 컴퓨터에 검열 소
프트웨어를 포함하는 것을 의무사항으로 하는 법을 만들려고 하다가 그만
두고 뒤로 물러났다.

(2)   a. Don't **argue** *with foreigners {about/over} their origins*. (외국인들과 그들의
      기원에 대해서 다투지 마라.)

      b. I can't **agree** *with you about this problem*. (나는 이 문제에 대해서는 당신에
      게 동의할 수 없다.)

      c. She **traded** *in her old Cadilac for a new BMW*. (그는 자기의 중고 캐딜락을
      주고 새 BMW를 {샀다/트레이드인} 했다/중고 캐딜락과 새 BMW를 맞바
      꾸었다.)

      d. The police are **appealing** *to the public for information* about the crime. (경찰
      은 그 범죄에 관한 정보를 얻기 위하여 대중에게 호소하고 있다.)

두 번째 전치사구가 반드시 **as전치사구**인 동사들도 있다. 첫째 전치사는 동사의
뜻에 따라 다양하지만 of가 주종이다. 동사가 공통적으로 <생각하다>의 의미를
가지는 것이 또한 특징이다.

(3)   They **think** *of it as {unnecessary/indispensible/a nuisance}*. (그들은 그것을 {불
      필요하다고/필수불가결하다고/성가신 일이라고} 생각한다.)

이 패턴 <동사+[of+A]+[as+B]>는 대체로 "A를 B하다고 생각하다"는 의미를
나타낸다. A는 반드시 명사구이지만 B는 명사구일 수도 있고 형용사구일 수도
있다. A는 <생각하다>의 대상을 나타내고 B는 A의 성질이 어떠한지 또는 무엇인
지를 나타내는 서술어 역할을 한다. 따라서 위 (3)은 They think that it is
unnecessary.와 의미가 비슷하다.

think와 conceive는 of 전치사구를 첫째 보어로 취하고 look은 upon 전치사구를
첫째 보어로 취한다.

(4)   a. He **conceived** *of himself as the best hitter in the team*. (그는 자신을 팀에서
      최고의 타자라고 생각했다.)

b. Marconi **conceived** *of the radio as a substitute for the telephone*. (마르코니는 라디오를 전화의 대체물이라고 생각했다.)

c. God is most often **conceived** *of as the supernatural creator and overseer of the universe*. (신은 흔히 우주의 초자연적 창조자 겸 감독자인 것으로 생각된다.)

d. From the first model we **conceive** *of family life **as** a private matter*, and from the second we **conceive** *of privacy **as** being left alone*. (첫 번째 모델에서 보면 우리는 가정생활을 개인적인 문제로 생각하고 두 번째 모델에서 보면 우리는 프라이버시를 혼자 남아 외톨이가 되는 것으로 생각한다.)

e. I will only observe that Mitya **looked** *upon Grushenka's past as something completely over*. (미챠는 그루셴카의 과거를 완전히 끝난 것으로 {보았음/생각했음}을 나는 다만 주목할 것이다.--도스토예프스키, 「카라마조프의 형제들」)

Conceive의 첫째 보어인 of구의 목적어 God을 주어로 표현한 피동문 (2c)를 능동문으로 고치면 conceive의 보어들이 더 투명하게 보인다. People most often conceive of God as the supernatural creator and overseer of the universe. (흔히 사람들은 신을 우주의 창조자 겸 감독자라고 생각한다.)

만약 두 번째 보어 as구 없이 think나 conceive가 쓰이면 전치사구 하나만을 요구하는 **전치사구 자동사**가 된다. 즉 He first **conceived** *of his idea* in 1951 while working for Loral, a television company. (그는 한 텔레비전 회사인 로렐에서 일하고 있던 1951년에 그의 아이디어를 처음으로 생각해냈다/그 아이디어가 처음으로 머리에 떠올랐다.)에서 conceived는 of 전치사구 하나만을 거느리는 자동사이다. (앞의 3.3.2절 참조.)

conceive는 of 전치사구 보어 대신 바로 직접목적어를 취할 수도 있다. 그러면 그것은 아래에서 곧 알아볼 **전치사구 타동사**에 속하게 되고 뜻은 consider와 거의 같아진다. The ancients conceived *the earth as a boundless flat surface*. (고대인은 지구를 끝이 없는 평면으로 생각했다.)

3.3.4 자전치사구 타동사 (Intransitive PP Transitive Verbs) V^{31}

자전치사구 타동사는 하나의 자전치사구 보어를 거느리는 타동사이다.

(1) a. I can barely **tell** the twins **apart**. (난 그 쌍둥이를 거의 구별할 수가 없다.)
     b. *I can barely tell apart the twins.

얼핏 보면 아래 3.3.7절에서 알아보게 될 **첨사 타동사**와 혼동될 수 있으나 (1b)에서 보는 바와 같이 apart가 목적어 앞에 오는 어순이 허용되지 않아 첨사 타동사와 구별된다. 자전치사구 타동사 tell은 직접목적어 the twins와 자전치사구 apart를 보어로 취하는 타동사이다. (tell things apart는 tell things apart from each other와 같은 뜻으로서 이 경우에 *tell apart things from each other나 *tell apart from each other things 같은 것들도 있을 수 없는 어순이다.)

몇 가지 다른 예를 든다.

(2) a. The objective of these questions is to try to **catch** the suspect **out** in a lie. (이 질문의 목적은 혐의자의 거짓말을 잡아내려는 것이다.)
     b. Don't think you can **order** me **around**. (나한테 명령할 수 있다고 생각하지 마시오.)
     c. She **stood** her date **up** last night. (어제 밤에 그녀는 자기 데이트를 바람 맞혔다./만날 약속을 해놓고 안 나갔다.)

catch somebody out, stand somebody up, order somebody around 등은 각각 *catch out somebody, *stand up somebody, *order around somebody의 어순을 허용하지 않는다. 따라서 out, up, around 등은 첨사가 아니며 "tell ~ apart(차이를 알다/구별하다)", "catch ~ out"(포착하다/잡아내다), "stand ~ up(약속을 어기고 나오지 않다/바람맞히다)", "order ~ around(이래라저래라 하다)" 등 관용적인 의미로 쓰인다.

3.3.5 타전치사구 타동사 (Transitive PP Transitive Verbs) V³²

타전치사구 타동사는 타전치사구 보어를 거느리는 타동사이다.

(1) a. She **accused** him *of lying*. (그녀는 그를 거짓말했다고 비난했다.)

b. We'll have to **convince** them *of our new project*. (우리의 새로운 프로젝트에 찬성하도록 우리는 그들을 납득시켜야 할 것이다.)

c. As a result, the regulation **deprived** farmers *of tools* to keep our food supply plentiful. (결과적으로 그 규정은 농부들로부터 다량의 식량공급을 유지하는 도구를 박탈하게 되었다.)

d. No girl should be **deprived** of the right to education. (한 여자아이라도 교육 받을 권리를 박탈당해서는 안 된다.)

e. Almost 8,500 students were **suspected** *of copying in their university applications last year*. (작년에 거의 8,500 명의 학생들이 대학입학원서 서류 를 베꼈다는 혐의를 받았다.)

f. He **addressed** his comments only *to the lady sitting next to him.* (그는 자기 옆에 앉아 있는 그 부인에게만 자기의 논평을 말했다.)

g. He **gave** the key *to Pat*.

h. A human being is part of a whole, called by us the 'Universe,' a part limited in time and space. He experiences himself, his thoughts and feelings, as something separated from the rest--a kind of optical delusion of his consciousness. This delusion is a kind of prison for us, **restricting** *us to our personal desires and to affection for a few persons nearest us*. Our task must be to **free** *ourselves from this prison* by widening our circles of compassion to embrace all living creatures and the whole of nature in its beauty. (Albert Einstein) (인간은 전체의 한 부분이다. 인간이란 우리가 우주라고 부르는 전 체의 일부로서 시공간적으로 제한된 한 부분이다. (그런데) 인간은 지기자신 과 자기의 생각과 감정을 모든 다른 것들과 동떨어진 어떤 것으로 경험한다. 그러나 이것은 인간의식의 시각적 착각이다. 이 착각은 우리에게 일종의 감 옥이다. 그 때문에 우리는 우리의 사사로운 욕망과 우리 바로 곁에 있는 몇 몇 사람들에 대한 애착에 묶여 있다. (그래서 앞으로) 우리가 할 일은 살아있

는 모든 것들과 자연전체를 우주의 아름다움 속에 포용하도록 우리의 자비심의 범위를 넓혀 우리 스스로를 그 감옥에서 해방시키는 것이다.--알버트 아인슈타인)

i. And neither the angels in heaven above,

Nor the demons down under the sea,

Can ever **dissever** *my soul* *from the soul*

Of the beautiful Annabel Lee. (Edgar Allan Poe의 <Annabel Lee>에서)

(저 위 하늘의 천사들도, 저 바다 밑의 악마들도 아름다운 애너벨 리의 영혼에서 내 영혼을 결코 떼어낼 수 없으리라.--에드가 앨런 포우 <애너벨 리>)

accuse, convince, deprive는 직접목적어와 of 전치사구 보어를 거느린다. address와 give는 직접목적어와 to 전치사구 보어를 요구한다. free는 직접목적어와 from 전치사구를 보어로 취한다.[15]

(1d)와 (1e)는 피동문이다. 능동문으로 표현한다면 (d)는 "One should **deprive** *no girl* *of the right* to education." 또는 "No one should **deprive** *any girl* *of the right* to education."처럼 되고 (e)는 "They **suspected** almost 8,500 students *of copying university applications last year*.(거의 8,500 명의 학생들에 대해 대학입학원서를 베낀 혐의가 있는 것으로 판단했다.)"처럼 된다. (1a)를 피동문으로 바꾸면 "He was **accused** *of lying* by her."가 된다.

동사 address는 여러 가지 뜻으로 쓰인다. (f)에서처럼 to 전치사구 보어를 취하면 "~에게 연설을 하다, ~에게 말을 걸다, ~를 향하여 말을 하다" 등의 뜻이 되지만, as 전치사구 보어를 취하면 "누군가를 ~라고 부르다, 지칭하다"의 뜻이 된다. "She **addressed** him *as Dr. Smith*, not as Professor Smith.(그녀는 그를 스미스 교수라고 부르지 않고 스미스 박사라고 불렀다.) 단순 타동사로 쓰이면 "어떤 문제에 대해 논하다, 말하다"의 뜻이 된다. "He got his chance to **address** *his controversial*

---

[15] 형용사 free는 of전치사구 보어를 취할 수 있다. Those articles are **free** *of charge*.(그 품목들은 무료다.) We are **free** *of that place* at last.(우리는 드디어 그 곳을 벗어났다.) You are **free** *of that obligation* now.(당신은 이제 그 의무에서 해방되었다.) 형용사 independent도 of 전치사구 보어를 위한다. I aim to be **independent** *of my parents* when I am twenty.(스무 살이 되면 부모로부터 독립하는 것이 나의 목표다.) of 대신 from을 써도 된다. They hope to be **free** *from disease*.(그들은 병으로부터 해방되기를 바란다.)

comments in a television interview Thursday night.(그는 지난 목요일 밤에 있었던 한 텔레비전 인터뷰에서 논란이 된 자신의 논평에 대해 말할 기회가 있었다.)

(g) 대신 간접목적어와 직접목적어가 차례로 나오는 "He gave Pat the key."을 사용할 수 있다. 종래의 변형문법에서는 이것을 "간접목적어 이동"의 현상으로 설명했다. 즉 He gave Pat the key.에서 간접목적어 Pat을 전치사구 "to Pat"으로 고치고 이를 문미로 이동시키면 "He gave the key to Pat.이 도출된다고 했다. 그러나 이 "이동규칙"은 일반적으로 적용될 수 없다. 예를 들어 "He explained the problem to us.(그는 그 문제를 우리에게 설명해주었다.)"는 "~~*He explained us the problem.~~"에서 도출되는 것이라고 설명해야 하는데 그렇게 되면 비문에서 정문을 도출하는 결과가 되기 때문에 그러한 설명은 바람직하지 않다. (d) 예문의 address도 직접목적어와 to 전치사구를 보어로 취하지 간접목적어와 직접목적어를 보어로 취할 수 없는 동사다. ~~*He addressed Elinor a remark.~~는 비문이다. 수납자 (recipient) 의미역을 가지는 표현이 간접목적어로 나타나기도 하고 to 전치사구 또는 for 전치사구로 나타나기도 하는데 이것은 개별 동사의 보어에 대한 선택사항이다. 두 개의 목적어를 취하는 동사유형이 있고, 하나의 목적어와 하나의 전치사구 보어를 취하는 동사유형이 따로 있는 것이다. 이 두 유형을 하나로 묶을 수 없다.

As전치사구 보어를 거느리는 동사들도 있다.

(2) a. They **characterized** *the problem* ***as*** *unsolvable*. (그들은 그 문제를 해결할 수 없는 것으로 규정했다.)

   b. We **regard** *it* ***as*** *successful*. (우리는 그것을 성공적이라고 본다.)

   c. They all **looked** *upon him* ***as*** *their role model*. (그들은 모두 그를 그들의 역할 모델로 우러러 보았다.)

   d. I would **characterize** *Captain Hill* ***as*** *a born leader of men*. (나는 힐 선장을 타고 난 지도자라고 규정하겠다.)

   e. They **identified** *six plants* ***as*** *having potential for development into pharmaceutical drugs*. (그들은 여섯 그루의 나무를 약품으로 개발할 수 있는 잠재성이 있는 것으로 판정했다.)

f. *Any word that's not legible* will be **counted** *as wrong*. (읽을 수 없는 단어는 틀린 것으로 {간주될 것이다/계산될 것이다}.)

g. U.S. President Barack Obama has **described** *the deadly bombing at the Boston Marathon as "a heinous and cowardly act."* (미국 대통령 버락 오바마는 보스턴 마라손 대회에서 있었던 그 치명적인 폭탄공격을 극악무도하고 비겁한 행동이라고 묘사했다.)

as의 보어로 형용사, 명사, 또는 동사가 쓰일 수 있다. 동사가 쓰일 때는 ing분사 또는 과거 분사 형태를 취해야 한다. As 보어는 의미상 직접목적어의 성질을 서술한다. 예를 들면, (2a)에서 "unsolvable"은 "the problem"의 성질을 서술하고 (c)에서 "their role model"은 "him"의 속성을 서술하며 (d)에서 "a born leader of men"은 "Captain Hill"의 속성을 서술하고 (e)에서 "having potential . . ."은 "six plants"의 속성을 서술한다. (g)에서는 "a heinous and cowardly act"는 "the deadly bombing. . ."의 속성을 정의한다.

(2f)는 "We will count any word that's not legible as wrong."을 피동화한 것이다. 다음과 같이 as 전치사구의 보어에서 as를 생략할 수 있다.

(3) a. They **appointed** *him (as) treasurer*. (그들은 그를 재무장관으로 임명했다.)

b. I **considered** *myself (as) stronger than anyone in my class*. (나는 나 자신을 우리 반에서 누구보다도 강하다고 생각했다.)

c. We **elected** *her (as) president*. (우리는 그녀를 회장으로 선출했다.)

d. The doctors reported him *as completely recovered from the knee injury*. (의사들은 그를 무릎 부상에서 완전히 회복된 것으로 보고했다.)

e. She is **rated** *(as) one of the best modern poets*. (그녀는 가장 훌륭한 현대 시인 중 한 사람으로 평가된다.)

As를 생략하고 나면 결과적으로 두 개의 명사구를 보어를 거느리게 되는데 이렇게 되면 call, name 등 **명명 동사**의 구조 같은 모양이 된다. 즉 (3a,c)는 "They called him treasurer."와 "We named her president."와 같은 구조인 것처럼 보인다. 그러나 이 명명동사는 as 전치사구 보어를 허용하지 않는 점이 타전치사구 타동사와 다른 점이다. (Cf. *~~They called him as treasurer.~~ *~~We named her as president.~~)

(3e)는 They rate *her as one of the best modern poets.*를 피동화한 것이다. 이 동사 rate가 her와 as구를 보어로 취하고 있다.[16]

전치사구 타동사도 전치사구 자동사와 같이 **전치사 전진**이 일어날 수도 있고 **좌초**의 현상이 일어날 수도 있다. 아래 (4~6a)는 전진 전치사, (b)는 좌초 전치사를 보여준다.

(4) a. *Of what* will we have to *convince* them? (무엇에 대해 그들을 설득해야 할 것인가?)

　　 b. *What* will we have to *convince* them <u>of</u>?

(5) a. *To whom* did he **address** his remarks? (그는 논평을 누구에게 했나?)

　　 b. *Who(m)* did he **address** his remarks <u>to</u>?

(6) a. *To whom* did he **give** the key? (누구에게 그는 열쇠를 주었나?)

　　 b. *Who(m)* did he **give** the key <u>to</u>?

그러나 다음 예문에서 좌초는 허용되나 전진은 허용되지 않는 동사들이 있다.

(7) a. He **let** us **off** homework today. (그는 오늘 우리를 숙제에서 해방시켜 주었다.)

　　 b. *~~Off which homework did he let us today~~?

　　 c. *Which homework* did he **let** us *off* today? (어느 숙제에서 그가 우리를 벗어나게 해주었나?)

(8) a. Are you going to **let** them *into your plans*? (그들을 당신의 계획에 넣어 주려고 합니까?)

　　 b. *~~Into which plan are you going to let them~~?

　　 c. *Which* plan are you going to **let** them *into*? (어느 계획에 그들을 넣어 주려고 합니까?)

---

[16] 이 구문에서 유의할 또 하나의 사항은 as treasurer, as president처럼 보통명사가 무관사로 쓰인다는 점이다. 이런 명사를 "기능의 무관사 명사구 (bare role NP)"라고 부르는데 보통명사가 기능 또는 역할을 의미할 때 무관사로 쓰이는 것이 허용된다. 무관사 treasurer는 재무장관직을 맡고 있는 한 인물을 가리키는 것이 아니라, 재무장관직이라는 역할 또는 기능을 가리킨다. [제6장 참조]

(9) a. I've given him a sedative; that should **see** him *through the night*. (그에게 진정제를 주었다. 그것이 (오늘) 밤을 무사히 지내도록 해 줄 거다.)

　　 b. *~~Through which period did that see him?~~*

　　 c. *Which night* did that **see** him *through*? (그것이 그가 어느 날 밤을 무사히 보내도록 해 주었나?)

let someone off something(누군가를 무엇인가에서 해방시키다/놓아주다)에서 전치사구 "off something"을 동사에서 전진시킬 수 없고 let someone into something(누군가를 무엇인가에 넣어주다/포함시켜주다), see someone through sometime(누군가를 어느 시기인가를 잘 지내도록 해 주다) 등의 경우도 전치사구를 전진시키면 비문이 된다. 여기서 이들 동사에 쓰인 off, into, through 등은 화석 전치사들이다. (위 3.3.2절 예문(10)이하 참조.)[17]

3.3.6 이중 전치사구 타동사(Double PP Transitive Verbs) V³³

이중 전치사구 타동사는 두 개의 전치사구 보어를 거느린다.

(1) a. They **traded** *tools for furs with the Indians*.

　　　(그들은 인디언들과 도구를 주고 모피를 받는 물물교환을 했다.)

　　 b. They **put** *him down as being their great leader*.

　　　(그들은 그를 그들의 위대한 지도자로 삼았다.)

　　 c. I'll **let** *you in on a little secret*. (난 너에게 조그만 비밀 하나를 가르쳐 주겠다.)

---

[17] 예문 (9)에서 see는 "배웅하다, 바래다주다"의 뜻을 가진 타동사로서 목적어 다음에 방향 또는 위치를 나타내는 전치사구가 오기 마련이다. 그런데 여기서는 주어가 사람이 아니고 that(=진정제)이기 때문에 "바래주다/배웅하다"의 뜻이 비유적으로 쓰인 것이다. (진정제가 사람을 실제로 배웅할 수는 없는 일이기에.) 글자 그대로는 "진정제가 그를 잘 배웅하여 밤을 새도록 해 준다"는 말이지만 실제로는 "진정제 덕택에 밤을 무사히 보냈다"는 뜻이다. She saw him to his car. (그녀는 그의 차까지 그를 바래다주었다.) I'll see you out. (밖으로 (같이) 나가서 너를 바래다줄 게.)I'll see you off. (네가 떠나는 것을 볼 거야(=배웅할거야).) 등과 같이 주어가 사람인 용례를 보면 "바래다주다"의 의미가 그대로 쓰이는 것을 확인할 수 있다. "바래다주다"의 see는 자전치사 out 또는 off를 보어로 취한다. 그런데 이들은 I'll see off Bill and his wife.와 같은 어순이 가능하므로 아래에서 검토할 첨사(particle)에 속한다.

(1a)에서는 전치사구 보어 둘 다 타전치사구이고 (b,c)에서는 앞의 것은 자전치사구, 뒤의 것은 타전치사구이다.

3.3.7 첨사 타동사 (Particle Transitive Verbs) V^{34}

첨사 타동사는 첨사 보어를 취하는 타동사이다. 첨사는 직접목적어 뒤에 오기도 하고 앞에 오기도 한다. 직접목적어 앞에 오면 <첨사+동사>가 마치 한 단위를 이루는 것처럼 보인다. 그러나 첨사 자동사의 경우에 지적한 바와 같이 그것은 한 단위가 아니다. 이 타동사는 첨사와 직접목적어 두 요소를 취한다.

(1) a. An overload of these toxins can easily wear *out your liver*, and leave you prone to developing a host of health problems! (이 독소의 과부하는 당신의 간을 쉽게 망가뜨릴 수 있고, (당신을) 수많은 {건강문제를 일으키는 지경에 빠지게 하기 쉽다/건강문제에 빠지게 한다}.)

   b. The tires are worn *out* after 8,000 kilometers. (타이어가 8,000 킬로 달렸더니 닳아 못 쓰게 되었다}.

   c. Erosion wore *away the surface*. (부식작용이 표면을 {닳아 없앴다/깎아냈다}/부식작용으로 표면이 닳아 없어졌다.)

   d. Taliban fighters in Afghanistan have been given a choice to lay down *their weapons* or face "overwhelming force". (탈리반 병사들은 무기를 버리고 투항하든가 압도적인 힘에 직면하든가 양자택일하라는 선택이 주어졌다.)

   e. The company has laid {*down* new safety guidelines/new safety guidelines *down*}. (회사는 새로운 안전 규정을 수립했다.)

   f. I'm not going to have someone come into this office and start laying {*down the law/the law down*}. (난 누군가가 이 사무실에 들어와서 {제 마음대로 법을 만들기/이래라저래라 하기} 시작하는 것을 가만 놔두지 않겠다.)

   g. I decided to put *him down* to stop the suffering. (나는 그 고통을 없애기 위해 그를 억누르기로 결정했다.)

   h. Never put *anything down* on paper; it might be used in evidence against you later. (절대로 아무것도 종이에 쓰지 말라. 그것이 나중에 당신에게 불

리한 증거로 사용될 수 있다.)

i. Fill {*it*/*her*} up, please. (가득 채워 주세요.)

j. Please fill *up this form*. (이 양식을 {채워 주세요/양식에 (필요한 사항을) 써넣어 주세요/작성해 주세요}.)

k. She took {*the label off*/*off the label*}. (그는 상표를 뜯어냈다.)

l. The only way of **shutting** Mary *up* is to thoroughly ignore whatever she says. (메리를 침묵시키는 유일한 방법은 그가 무슨 말을 하든 철저히 무시하는 것이다.)

m. Will 40 million copies of Vista sold **shut** the critics *up*? (팔려나간 4천만부의 비스타가 비평자들을 침묵시킬 것인가?)

n. How to **shut** {*up* your critics/*your critics up*} with a single word. (단 한 단어로 비평자를 침묵시키는 방법.)

o. She shot me a look that **shut** *me up* instantly. (그녀는 즉시 내 입을 {닫게 하는 눈길로/닫도록} 나를 쏘아보았다.)

p. They **finished** *up* the leftover before I had a chance to tell them that it might be unsafe.) (그들은 그 남은 음식을 다 먹어치웠다, 내가 그것이 안전하지 않을 수도 있다는 말을 해 주기도 전에/말을 해 줄 사이도 없이.)

(a)에서 "wear out your liver"는 "wear your liver out"의 어순으로 바뀌어도 된다. 'wear ~ out'은 "지치게 하다"와 "닳아 못 쓰게 하다" 두 가지 뜻으로 쓰인다. 'lay ~ down'도 중의적이다. "무엇인가를 내려놓다"는 뜻에서부터 "(법이나 규정을) 수립하다"는 뜻에 이르기까지 여러 가지 뜻이 있다. 'put ~ down' 역시 "억누르다/억압하다"와 "적어두다/기록하다" 두 가지 뜻이 있다.

"shut ~ up (=silence(~를 침묵시키다))"의 up은 원래 첨사가 아니었으나 점차 첨사로 다루어지는 경향을 보이고 있다. 현재로서 이 구문은 양면을 보이고 있다.

3.3.8 첨사 전치사구 타동사 (Particle PP Transitive Verbs) V^{35}

첨사 전치사구 타동사는 첨사와 타전치사구 보어를 거느리는 타동사이다. 동사 다음에 직접목적어, 첨사, 전치사구가 차례로 이어진다. 그리고 첨사는 직접목적어 앞 위치에 오는 어순이 가능하다.

(1) a. They will hand *the hostages **over** to the police* tomorrow. (그들은 내일 인질
들을 경찰에 넘길 것이다.)
b. They will hand ***over** the hostages **to the police*** tomorrow.

(2) a. She succeeded in putting *her ideas **across** to voters*. (그는 자기의 생각을
투표자들에게 전달하는 데 성공했다.)
b. She succeeded in putting ***across** her ideas **to voters***.

(3) a. People often carry *bad eating habits learned in childhood **over into** adulthood*.
(사람들은 흔히 아이 적에 배운 나쁜 식습관을 어른 때까지 가져간다.)
b. People often carry ***over** bad eating habits learned in childhood **into** adulthood*.

(1a)의 동사 hand는 직접목적어 the hostages, 첨사 over, 그리고 타전치사구 to
the police를 보어로 취한다. (b)는 첨사 over가 직접목적어 앞의 위치에 나타나는
것을 보여준다. (2a)의 동사 putting은 직접목적어 her ideas 다음에 첨사 across와
전치사구 보어 to voters가 온다. 첨사 cross는 직접목적어 앞 위치에 와도 된다.
(3a)의 첨사 전치사구 타동사 carry는 직접목적어 bad eating habits learned in
childhood와 첨사 over와 전치사구 보어 into adulthood를 거느린다.
동사 뒤에 세 개의 보어가 연이어 나올 때 그 어순은 항상 다음 (4)의 어순이다.

(4) 명사구>첨사>전치사구

이는 전형적인 영어 어순 중의 하나이다. 동사구 안에서 명사는 모든 다른 요소
를 선행한다. (예: saw [him entering the room]에서 명사구 him이 동사구 보어인
"entering the room"을 선행하는 것도 (4)의 어순규칙과 통하는 현상이다.) 그러면
첨사와 전치사구를 거느리는 타동사는 일단 <동사+명사구+첨사+전치사구>의 어
순을 유지하고 첨사의 성질로 말미암아 <동사+첨사+명사구+전치사구>의 어순으
로 나타날 수도 있다.

3.4 맺는 말

전치사구 동사(PP verbs)는 종래에 "관용구"로 다루어 왔다. look과 for가 결합하여 "찾다"의 의미가 되는 것이나, look과 after가 결합하여 "보살피다"의 의미가 되는 것이 항상 예측할 수 있는 규칙이 아니라는 이유에서였다. 그것이 어느 정도 사실이기는 하나 진실의 전부는 아니다. 그 두요소의 결합의 의미가 전혀 예측할 수 없는 것이라고만 할 수도 없다. "look at"이 "바라보다"의 의미가 되는 것은 "at"의 "목표지점"의 뜻 때문이고, "look for"가 "찾다"의 의미가 되는 것은 "미지의 방향을 지향하는" for의 뜻이 작용한 결과이며 "look after" 역시 "뒤를 좇아가는" after의 본래 의미가 반영되어 있다.

다른 예로 "as 전치사구 보어"를 취하는 동사들도 그 의미에 공통점이 있다. "think of A as B," "consider A as B," "look upon A as B," "refer to A as B" 등 예에서 동사들은 공통적으로 "생각하다, 취급하다"의 뜻을 가짐으로써 "A를 B로 생각하다/보다"의 의미의 틀을 가진다고 할 수 있다.

그러나 그러한 예측가능성은 한계가 있다. "break into A(A에 침입하다)"나 "break up(흩어지다)"같은 것들은 어느 정도 그 뜻이 예측 가능하지만 투명하다고는 할 수 없으며, "give up(포기하다)"이나 "take up(다루다, 논의하다)" 같은 것은 그 두 요소의 결합이 어떻게 그러한 뜻이 되는지 설명하기 어렵다. 이와 같은 경우에 그것을 관용적 표현이라고 말할 수밖에 없다.

이렇게 전치사구 동사는 규칙적인 면도 있고 불규칙적인 면도 있다. 그러나 본래 보어의 성질이 완전히 규칙적인 것도 아니고 완전히 불규칙적인 것도 아니어서 동사의 의미와 전치사의 의미가 결합할 때 동사별로 차이가 있어 완전한 규칙이 될 수는 없으나 일정한 경향을 포착할 수는 있다.

제 4 장

형용사의 유형과 용법

형용사구(Adjective Phrase, AP)의 기본적인 통사구조와 통사적 기능들은 제1장에서 다루었다. 여기서는 거기서 다루지 않았던 몇 가지 중요한 구문들을 살펴보려고 한다. 그런 다음에 형용사의 유형의 문제에 들어간다.

4.1 결정사 앞의 형용사구 (Predeterminer APs)

전형적으로 형용사(구)는 **작은 명사구**(nominal, NOM) 앞에 와서 그것을 수식한다. 따라서 전형적인 형용사(구)는 결정사 뒤의 위치가 된다. a very baffling problem에서처럼 형용사구 very baffling이 결정사 a 뒤에 와서 작은 명사구 problem을 수식한다. 그런데 이런 전형적인 형용사구와 달리 결정사 앞에서 **큰 명사구**(Noun Phrase)를 수식하는 특별한 형용사(구)가 있다. 아래 밑줄 친 부분이 그와 같은 <**결정사 앞의 형용사구**>들이다. 이때 그 결정사는 항상 부정관사이며 정관사는 이 구문에 허용되지 않는다.

(1) a. Perhaps no other postoperative complication presents <u>so baffling</u> *a problem* <u>as this disease</u>. (아마도 수술 후의 합병증이 이 병처럼 당혹스러운 문제를 일으키는 경우도 없을 것이다.)

 b. It was recognized at the time as <u>so serious</u> *a problem* <u>that it stimulated a</u>

larger antidrug effort. (그것은 그 당시 더욱 넓은 범위의 마약 퇴치 노력을 불러일으켰을 정도로 심각한 문제로 인식되었다.)

c. They were **as good** *a neighbor* **as that**. (그들은 그렇게 좋은 이웃이었다.)

d. Now is **as good** *a time* **as any**. In a buyer's market, strong companies actively pursue M&A deals. (지금이 어느 때 못지않은 좋은 때다. 매주 시장에서 강한 회사들이 활발하게 합병과 매수 거래를 추구하고 있다.)

e. Now seems **as good** *a time* **as any** to make our self-imposed hiatus official. Don't worry, we'll be back! (지금이 우리 스스로 정한 휴지기간을 공식인 것으로 만들 가장 좋은 때인 것 같다. 염려 마시라. 우린 돌아온다!)

f. My Uncle Dilmus is way **too good** *a man* **to have to spend his last years this way**. (나의 아저씨 딜머스는 그의 만년을 이런 식으로 보내야 할 정도로 아주 너무나 착한 사람이다.)

g. Do you think that they are making **too big** *a fuss* about their rights **to speak**? (그들이 그들의 말할 권리에 대해 너무 (쓸데없는) 난리법석을 부리고 있다고 생각하나?)

h. Do you think the tabloids make **too big** a fuss over what stars wear, where they shop, what they eat, etc...? (타블로이드 신문들이 스타가 무슨 옷을 입는지, 어디서 쇼핑을 하는지, 무엇을 먹는지 등등에 대해 너무 난리법석을 떤다고 생각하는가?)

i. I've never seen **that small** *a car* before. (그렇게 작은 차는 전에 본 적이 없다.)

j. Is it really **that big** *a deal* if I buy a 4 year old car that has 60k + miles? (내가 육만+마일 달린 4년 된 차를 산다면 그게 정말 그렇게 대단한 일인가?)

k. **How big** *a company* are you building? (얼마나 큰 회사를 만들려고 합니까?)

(1a,b)에서 형용사구 so baffling과 so serious는 각각 큰 명사구 a problem을 수식한다. (1c~e)에서 형용사구 as good은 각각 큰 명사구 a neighbor와 a time을 수식한다. 그리고 (1f~h)에서도 too good, too big은 각각 큰 명사구 a man, a fuss를 수식하고 (1i,j)에서 that small, that big은 큰 명사구 a car, a deal을 각각 수식하며, (1k)에서 역시 형용사구 How big이 큰 명사구 a company를 수식한다.

이렇게 so, too, this(이렇게), that(저렇게, 그렇게), how 등과 같은 **정도 부사**

(degree adverb)[1]가 형용사와 결합하여 형용사구를 이루고 이것이 큰 명사구 앞에 나타난다. (여기서 this와 that은 so와 비슷한 정도부사다. I'm not *so* old.=I'm not *that* old.(난 그렇게 나이 많지 않아.) Does it really have to be *this* expensive?(그것이 정말 이렇게 비싸야 하나?)

위에 적은 다섯 개의 정도 부사 이외의 다른 정도 부사는 <결정사 앞의 형용사 구>에 쓰일 수 없다.

(2) a. *~~very~~ baffling ~~a problem~~ (a *very baffling* problem)
   b. *~~excessively~~ expensive ~~a car~~ (an *excessively expensive* car)
   c. *~~quite~~ big ~~a deal~~ (a *quite big* deal)

(1) 전체 예문에서 <결정사 앞의 형용사구>가 수식하는 큰 명사구의 관사가 모두 부정관사이어야 한다. 정관사가 오는 한정명사구는 이 구문에 쓰이지 않는다.

(3) a. *~~Perhaps no other complication presents so baffling~~ the problem ~~as this disease.~~
   b. *~~It was recognized at the time as so serious~~ the problem ~~that it stimulated a larger antidrug effort.~~
   c. *~~They were as good~~ the neighbor ~~as that.~~

"결정사 앞의 형용사구"가 수식하는 큰 명사구가 부정관사 명사구가 아니므로 모두 비문이다.

<결정사 앞의 형용사구>가 되려면 (1a,b)에서처럼 "so ~" 뒤에 as구가 오거나 that절이 오고, (1c~e)에서처럼 "as ~" 뒤에 as전치사구가 와야 한다. 또 (1f,g)에서처럼 "too ~" 뒤에 to부정사구가 와야 한다. 그러나 this와 that은 특정의 구를 수반하지 않고 단독으로 <결정사 앞의 형용사구>를 만든다. 의문사 how도 그렇게 쓰인다. 문맥에 따라서는 (1h)처럼 so, as, too도 단독으로 그렇게 쓰이기도 한다.

---

[1] 정도 부사란 형용사를 수식하는 부사로서 "정도"의 뜻을 나타낸다. very nice, extremely interesting, highly developed 등에서 very, extremely, highly와 같은 부사가 정도 부사다.

(Cf. **So good** a man he was! She was **as good** (a woman as he was).(그는 그렇게 착한 사람이었어! 그 여자 또한 그렇게 착했지.)

이들이 보통 형용사구처럼 관사 뒤의 위치에서 작은 명사구를 수식하는 것은 허용되지 않는다.

정리하면, so baffling 등 <결정사 앞의 형용사구>는 두 가지 제약이 있다. 첫째, 큰 명사구를 수식한다. 둘째, 이 형용사구가 수식하는 큰 명사구는 부정관사 명사구이다. 앞의 것을 "**큰 명사구 제약**", 뒤의 것을 "**부정관사 명사구 제약**"이라고 부르기로 한다.

<결정사 앞의 형용사구>는 아래 (4)에서와 같이 여느 형용사구처럼 관사와 명사 사이에 들어갈 수 없다. 그렇게 되면 모두 "큰 명사구"제약을 위배하게 된다. problem, man, fuss, car 등이 큰 명사가 아니므로 (4)는 모두 비문이다.

(4) a. *a ~~so baffling~~ problem

　　b. *a ~~too good~~ man

　　c. *a ~~too big~~ fuss

　　d. *a ~~that small~~ car

　　e. *a ~~that big~~ deal

　　f. *~~A how big~~ company

다음 (5)와 (6)은 "부정명사구 제약"을 위배하기 때문에 비문이다. 정관사가 이끄는 한정명사구 앞에 이 형용사구 수식어가 올 수 없다. 또 복수 명사구나 불가산 명사구 앞에도 이 형용사구가 쓰일 수 없다. 그러한 명사들은 부정관사가 붙을 수 없는 명사들이기 때문이다.

(5) a. *so baffling ~~the problem~~

　　b. *so baffling ~~problems~~ (as these diseases)

　　c. *too good ~~people to do such a horrible thing~~.

(6) a. *~~It's~~ so nice ~~weather~~ today.

　　b. *~~It's~~ so nice ~~a weather today~~.

(6b)는 이 제약은 지키지만 불가산 명사인 weather 앞에 부정관사를 붙였기 때문에 비문이다. (6a)는 <결정사 앞의 형용사구> so nice가 "부정관사 명사구 제약"을 위배하여 비문이 된 것이고, (6b)는 성립할 수 없는 큰 명사구 *a weather 때문에 비문이다.

그런데 (5)와 (6)은 so, too를 such로 대치하면, (5a)를 제외하고, 모두 정문이 된다.

(7)　a. *such baffling the problem

　　b. such baffling problems (as these diseases) ((이 병처럼) 그렇게 당황스러운 문제들)

　　c. such good people (that they can't do such a thing) (그런 짓을 할 수 없을 만큼 그토록 착한 사람들)

　　d. It's such nice weather today. (오늘은 정말 좋은 날씨로구나.)

Such는 부사가 아니고 형용사다. 그리고 such는 단독으로 형용사구를 이루어 큰 명사구를 수식한다. (7b)에서 such는 복수 큰 명사구 baffling problems를 수식하고 (7c)에서 such는 역시 큰 명사구 good people을 수식한다. (7d)에서는 nice weather가 불가산의 큰 명사구이다. such는 가산이든 불가산이든 큰 명사를 수식할 수 있다. 이렇게 해서 (7b~d)는 다 정문이다.

그러나 (7a)는 such가 올 수 있는 위치가 아닌 곳에 있기 때문에 비문이다. baffling the problem은 큰 명사구가 아니다. (그 세 단어의 연결은 큰 명사구가 아닐 뿐만 아니라 구 자체가 성립하지 않는다.) 그러므로 such가 그 앞에 올 수 없다. such가 일어날 수 있는 위치는 오직 큰 명사구 앞의 위치뿐이다. such [baffling problems], such [nice weather] 뿐만 아니라 such problems, such people, such weather도 정문이다. problems, people, weather 등이 각기 하나의 명사로 이루어진 큰 명사구이므로 그 앞 위치에 such가 올 수 있다. 나아가서 such [a baffling problem], such [a good person] 등도 정문이다. a baffling problem, a good person 등은 다 큰 명사구이기 때문에 그 앞 위치에 such가 올 수 있다. 그러나 *such the baffling problem, *such the good person, *such the problem, *such the person

등은 다 비문이다. such는 정관사가 이끄는 큰 명사구 앞에는 올 수 없다. such가 일어날 수 있는 위치는 부정관사가 이끄는 큰 명사구의 앞 위치이다.

불가산 명사 weather와 가산 명사 person을 예로 다음과 같이 such와 so의 용법을 정리할 수 있다.

(8) a. [such [weather]] (형용사구 such가 큰 명사구 weather를 수식함.)

      b. [such [nice weather]] (형용사구 such가 큰 명사구 nice weather를 수식함.)

      c. *[such [a nice weather]] (불가산 명사 weather에 a가 붙어 *a nice weather가 비문임. 비문인 큰 명사구에 such가 붙으니 전체가 비문임.)

      d. *[such [the nice weather]] (the nice weather는 정문의 큰 명사구이지만 such는 한정명사구를 수식할 수 없으므로 비문임.)

(9) a. *[[so nice] weather] (형용사구 so nice가 "부정명사구 제약"을 위배했음.)

      b. *[[so nice] a weather] (불가산 명사 weather에 a가 붙었으므로 비문임.)

      c. *[[so] weather]] (부사 so는 명사(구)를 수식할 수 없음.)

(10) a. *[such [(nice) person]] (person 또는 nice person은 큰 명사구가 아님.)

      b. [such [(nice) people]] (형용사구 such가 큰 명사구 people 또는 nice people을 수식하여 정문임.)

      c. [such [a nice person] (형용사 such가 큰 명사구 a nice person을 수식함.)

      d. [such [a person]] (형용사 such가 큰 명사구 a person을 수식함.)

(11) a. *[so nice [person]] (가산명사 person은 단독으로 큰 명사구가 될 수 없음. 형용사구 so nice가 "큰 명사구 제약"을 위배했음.)

      b. *[so [nice person]] (nice person은 큰 명사구가 아님. so는 명사구를 수식할 수 없음.)

      c. *[[so nice] people]] (so nice가 "부정관사 제약"을 지키지 않아 비문임.)

      d. *[so [person]] (부사 so가 명사를 수식할 수 없음. person은 명사구도 아님.)

      e. *[so [a person]] (a person은 큰 명사구이나 형용사 부사인 so는 그것을 수식할 수 없음.)

      f. [[so nice] [a person]] (결정사 앞의 형용사구 so nice가 부정관사가 이끄는 큰 명사구를 수식하고 있음.)

      g. *[[so nice] [the person]] (so nice는 한정명사구 the person을 수식할 수 없음.)

(12) *such*의 어휘적, 통사적 속성

① *such*의 범주는 형용사이다.

② *such*는 단독으로 형용사구를 이룬다.

③ 형용사구 *such*는 큰 명사구를 수식한다(="큰 명사구 제약").

④ *such*는 정관사가 이끄는 한정명사구를 제외한 모든 큰 명사구를 수식할 수 있다(="한정명사구 제약").

(13) *so*의 어휘적, 통사적 속성

① *so*의 범주는 부사다.

② <*so*+형용사>는 큰 명사구를 수식한다(="큰 명사구 제약").

③ <*so*+형용사>는 오직 부정관사가 이끄는 큰 명사구만을 수식한다(="부정관사 제약").

such는 형용사 단독으로 형용사구를 이루어 오직 큰 형용사구만을 수식하는 점이 모든 다른 형용사와 구별된다. 부사 so가 형용사를 수식하여 형용사구를 이루는 것까지는 모든 다른 부사와 같으나 그렇게 이루어진 형용사구가 반드시 큰 명사구를 수식한다는 것이 특이하다. "큰 명사구 제약"을 지키는 점에서 such와 so는 같다. 그러나 such는 한정명사구가 아닌 모든 큰 명사구를 수식할 수 있으나 (="한정명사구 제약") so는 오직 {a/an}이 있는 부정명사구만을 수식한다(="부정관사 명사구 제약"). so의 "부정관사 명사구 제약" 때문에 ~~*so nice weather, *so surprising information, *so wonderful furniture~~ 등등은 비문이고 such는 정관사가 이끄는 큰 명사구만 아니면 어떤 명사구라도 수식할 수 있으므로 such nice weather, such surprising information, such wonderful furniture 등등은 정문이다. so를 사용하려면 부정관사가 들어가도록 해야 한다. so nice a stretch of weather, so surprising a piece of information, so wonderful an item of furniture 등등은 정문이다.

(14) a. *all* <u>such (baffling) problems</u> (모든 그러한 당황스런 문제들)

b. *several* <u>such (serious) problems</u> (몇 가지 그러한 심각한 문제들)

c. *Both* <u>such types of errors</u> are most often understood to occur during DNA synthesis as a result of mistakes made by DNA polymerases. (두 가지 그러한 유형의 결함은 DNA 폴리메리아재 때문에 생기는 오류의 결과로 일어나는 것으로 흔히 알려져 있다.)

<such+큰 명사구> 형식의 큰 명사구가 복수일 때 이 큰 명사구 앞에 all, several, both 등 양화사가 올 수 있다. 양화사는 복수의 큰 명사구 앞에 붙어 양화사 명사구를 이룬다. 단수의 큰 명사구 앞에는 양화가가 올 수 없다. *several [so baffling a problem]

감탄문, 또는 의문문에 쓰이는 what은 such의 용법과 같고 how는 so의 용법과 같다.

(15) a. **What** *a nice day* it is! (참 좋은 {날이로구나/날씨로구나}!)

　　 b. **What** *nice weather* it was! (얼마나 좋은 날씨였는지!)

　　 c. **What** *baffling problems* they are! (그것들이 얼마나 어려운 문제였는지!)

　　 d. *What the nice day it was!

(16) a. **How** nice a day it is! (야! 오늘 얼마나 좋은 날씨냐!)

　　 b. *How nice weather it was!

　　 c. *How baffling problems they are!

(17) a. **What** *a nice day* was it then? (그땐 얼마나 좋은 날이었나?)

　　 b. **How** *nice weather* is it there? (거긴 얼마나 좋은 날씨인가?)

감탄문에서 what 또는 how기 이끄는 큰 명사구가 문두에 온다. what은 (15d)의 the nice day처럼 정관사가 이끄는 명사구만 빼고 모든 큰 명사 앞에 올 수 있다. a nice day와 같은 부정명사구, nice weather와 같은 불가산명사구, baffling problems와 같은 복수의 가산명사구 앞에 what이 나온다. 이 감탄문의 what은 통사적 성격과 분포 면에서 형용사 such와 꼭 같다.

how는 오로지 (16a)에서처럼 부정관사가 이끄는 큰 명사구 앞에 오는 것만 허용된다. 부정관사가 붙을 수 없는 불가산명사나 복수 명사구 앞에는 올 수 없다. 감탄문의 how는 부사 so의 분포와 같다.

Wh의문문도 감탄문과 같은 제약을 받는다.

지금까지의 논의를 정리하여 결정사 앞에 오는 형용사구가 명사구를 수식하는 구조를 다음 나무그림으로 나타낼 수 있다.

(18) a.

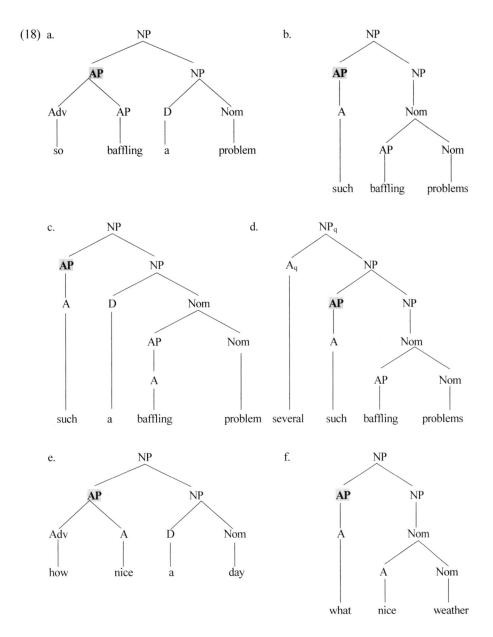

부사 so는 형용사와 더불어, 그리고 형용사 such는 단독으로 형용사구 **AP**를 이룬다. 이 AP는 큰 명사구(NP)를 수식하는 특별한 형용사구다. (18a)에서 so가 baffling과 결합하여 AP를 이루어 NP "a problem"을 수식하고 (b)에서는 단독으로

AP가 되는 such가 큰 명사구 "baffling problems"를 수식한다. (c)에서는 such가 큰 명사구 "a baffling problem"을 수식한다. (d)는 양화사(Quantifier Adjective, A_q) several이 큰 명사구 "such baffling problems"과 결합하여 **양화사 큰 명사구** (Quantifier NP, NP_q)를 이루는 것을 보여준다.

(e)와 (f)는 감탄문의 문두에 나타나는 NP의 구조다. (e)는 부사 how와 형용사 nice가--so와 같은 방식으로--AP를 형성하여 NP를 수식하는 것을 보여준다. (f)는 형용사 what이 단독으로 AP를 형성하고 이것이 큰 명사구 "nice weather"를 수식한다. "a nice day"나 "nice weather"는 정문의 NP이기 때문에 what이 수식하여 감탄문, 의문문을 만들 수 있다. ("~~a nice weather~~"는 비문의 NP이기 때문에 what이 붙은 "~~what a nice weather~~"도 비문이다.)

4.2 서술 수식어 (Predicative Modifiers)

서술 수식어란 부사처럼 동사구를 수식하는 형용사이다. 다음 (1)에서 그 예를 볼 수 있다.

(1) a. They *tasted* the food items blindfolded.
　　　　(그들은 {눈가리개를 하고/눈을 가리고} 음식을 맛보았다.)
　　b. He *left* the room upset. (그는 화가 나서 방을 나갔다.)
(2) a. He *pushed* the door open. (그는 문을 밀어서 열었다.)
　　b. He *left* the window closed. (그는 창문을 닫아 두었다.)

(1)에서 blindfolded, upset 등은 (2)에서 서술 보어로 쓰이고 있는 open, closed와는 기능이 다르다.

(2)의 동사들은 제2장에서 검토한 바 있는 V^{21}에 속한다. (결과 타동사와 묘사 타동사에 대해서는 2.5.2.2절 ② 참조.)

보어인 open과 closed는 각각 목적어인 the door와 the window의 상황을 서술하고 있다. 그러나 (1)의 blindfolded나 upset은 목적어 the food items나 the room과는

직접 관계가 없다. 이 형용사는 목적어의 상태를 서술하는 것이 아니고 문장 전체의 의미를 수식하고 있다. 즉 blindfolded는 그들이 음식을 맛볼 때 어떤 모습을 하고 맛보았는가를 나타내고 upset은 그가 방을 나갈 때 어떤 모습으로 나갔는가를 나타낸다. 이 형용사의 의미상 주어는 각각 주어인 They와 He이다. 이 때문에 (1) 의 blindfolded, upset은 각각 문장의 동사구 "tasted the food items"와 "left the room"을 수식하는 기능을 수행한다. 형용사가 동사구를 수식하는 특이한 구문이다.

그리고 이 형용사가 보어가 아니고 수식어이기 때문에 어순이 비교적 자유스러워 다음과 같이 문두에 나올 수도 있다.

(3)　a. Blindfolded, they tasted the food items. (눈가리개를 한 채 그들은 음식을 맛보았다.)

　　 b. Upset, he left the room. (화가 나서 그는 방을 떠났다.)

이와는 대조적으로 어순이 고정되어 있는 목적격 보어는 반드시 목적어 뒤의 위치에 와야 한다. 그 위치를 벗어나면 비문이 초래된다.

(4)　a. *Open, he pushed the door. ⟺ He *pushed* the door open.

　　 b. *Closed, he left the window. ⟺ He *left* the window closed.

　　 c. *Raw, they ate the steak. ⟺ They ate the steak raw.

　　 d. *Mad, you drive me. ⟺ You drive me mad.

이런 서술 수식어는 타동사뿐만 아니라 자동사도 수식할 수 있다. 아래 (5a-e)에 자동사들이, 그 이하는 타동사들이 나온다.

(5)　a. She *came running* barefoot(ed). (그녀는 맨발로 뛰어나왔다.)

　　 b. He came back from the meeting empty-handed. (그는 그 모임에 갔다가 빈손으로 돌아왔다.)

　　 c. We *come* here empty-handed and leave here empty-handed. (우리는 여기 빈손으로 와서 빈손으로 떠난다.)

　　 d. You would be considered rude if you *showed up* at the party empty-handed. (빈손으로 파티에 나타나면 무례한 사람으로 취급될 거다.)

e. *Dying* young is truly tragic, but at least these people made their mark on society before checking out early. (젊어서 죽는 것은 진정 비극이다. 그러나 이 사람들은 일찍 떠났지만 (그러기 전에) 사회에 족적을 남겼다.)

f. The two elderly sisters in their 90s fought off an armed robber **barehanded**. (90대의 두 할머니 자매가 무장 강도를 맨손으로 싸워서 쫓았다.)

g. Even the inexperienced wine tasters could tell the difference between red and white wine **blindfolded**. (경험이 없는 와인 감식가도 눈을 가린 채 레드와인과 화이트와인의 차이를 구별해낼 수 있었다.)

h. Eating your dinner **blindfolded** may be the key to gaining control over your portion sizes. (저녁식사를 눈을 가린 채 하는 것이 먹는 양을 조절하는 능력의 관건이 될 수 있다.)

i. **Furious,** he stormed out of the room. (길길이 화가 나 그는 방을 뛰쳐나갔다.)

j. Scientists did extensive studies and oddly enough found that when our vision is disrupted our sense of taste is completely thrown off! When **blindfolded,** subjects often confuse stimuli and are unable to differentiate the taste of Parmesan cheese and vomit! There are several reasons for this. (과학자들은 폭넓은 연구를 수행했는데 이상하게도 우리의 시각이 차단되면 미각이 완전히 빗나간 다는 것을 발견했다. 눈가리개를 했을 때 실험대상자들은 자주 자극대상을 혼동하고 (심지어) 파메산 치즈와 구토물의 차이를 구별할 수도 없다! 이에 대한 이유가 몇 가지 있다.)

(5j)에서 blindfolded는 When they are blindfolded에서 they are를 생략한 결과이므로 서술 수식어가 아니다. 그러나 When까지 생략할 수도 있으므로 그렇게 되었을 때는 위의 (3) 또는 (5i)와 같이 문두에 서술 수식어가 나오는 구문이 될 수 있다.

자동사를 수식하는 서술 수식어도 자동사의 보어와는 뚜렷이 구별된다.

(6) a. By December 2009, Steve Jobs's life was much like it was before he *got* sick. (2009년 12월까지만 해도 스티브 잡스의 생활은 그가 병들기 전과 대체로 비슷했다.)

b. How does your brain *become* tired? (뇌는 어떻게 피로해지는가?)

c. My mom wasn't **feeling** *very good*. She kept *getting* **dizzier and weaker** and I *got* very much **worried about her.** (우리 엄마는 건강이 매우 좋지 않았다. 엄마는 점점 더 어지럽고 쇠약해져 가고 있었고 나는 걱정이 아주 많아졌다.)

feel good, get sick, get dizzier and weaker, become tired 등은 모두 <(어떤)과정의 결과>를 나타낸다. get과 become은 결과 동사이다. 대조적으로 (5a-e)의 barefoot, barehanded, empty-handed, young 등은 <과정의 결과>를 나타내지 않는다. die young이 죽는 결과로 젊어졌다거나, come running barefoot이 달려온 결과 맨발이 되었다는 뜻이 아니다. 그 형용사들은 상황이 어떻게 진행되고 있는지를 묘사하는 수식어들이다.[2]

결과 타동사의 보어, 묘사 타동사의 보어, 그리고 서술 수식어의 구조적 차이를 나무그림으로 나타내면 다음과 같다.

(7) a. 서술 수식어   b. 결과 타동사의 보어

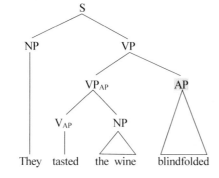
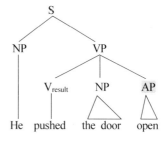

---

[2] Aim high!(목표를 높이 두라!) The eagle is flying high in the air. (독수리가 공중 높이 날고 있다.) Buy low and sell high.(낮은 값으로 사서 높은 값으로 팔라.) The helicopter circled low over the building.(헬리콥터가 그 빌딩 상공을 낮게 선회했다.) 등에서 보는 high와 low는 겉모양으로 서술수식어처럼 보이지만 그것은 서술수식어가 아니고 단순한 부사이다. 동사를 수식하는 이 부사는 문두에 나타날 수 없다. *~~High the eagle is flying in the air.~~ *~~Low the helicopter circled over the building.~~는 비문이다.

c. 묘사 타동사의 보어

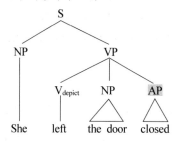

(7a)에서 V_AP는 서술 수식어를 취하는 동사범주를 가리킨다. V는 서술 수식어를 취하지 않고 동사구를 이루고 V_AP는 반드시 서술 수식어를 취하여 동사구를 이룬다. 예를 들어, taste가 서술 수식어 없이 동사구를 이루는 V이면 "They tasted the wine."과 같은 문장이 형성된다. taste가 V_AP일 경우에 서술 수식어가 들어가 "They tasted the wine *blindfolded*."와 같은 문장이 형성된다.

push, leave 등의 동사들도 두 가지 다른 구조의 동사구를 형성할 수 있다. 보어 없이 동사구를 이루는 단순 타동사 V로 쓰이면 He pushed the door. She left the window.와 같은 문장을 형성하고, 보어가 필요한 V_result와 V_depict로 쓰이면 각각 (7b)와 (7c)의 구문을 형성하게 된다.

아직 일반화된 영어표현이라고 볼 수는 없으나 최근에 "think new", "think creative", "think big" 같은 표현이 상업적, 또는 정치적 캐치프레이즈로 나타나는 예를 가끔 볼 수 있는데 이는 think가 서술 수식어를 취하는 동사로도 쓰이는 용법이 새로 생겨나고 있는 현상으로 볼 수 있다. "Economist Brian Easton also used the term "**think big**" in describing economic strategies.(경제학자 브라이언 이스턴도 경제 전략을 기술할 때 "크게 생각하다"라는 용어를 사용했다.)" "**Think Creative When It Comes To Strategy**(전략의 문제라면 창의적으로 생각하라)" 등 사례에서 big은 "in a big way(큰 방식으로)", "on a big scale(큰 규모로)" 등의 뜻으로, creative는 "creatively", "in a creative manner(창의적으로)" 등의 뜻으로 해석된다.

4.3 형용사 유형의 윤곽

형용사는 그 보어와 주어의 형태와 성질에 따라 다음과 같은 유형으로 분류할
수 있다. 아래 예문에서 밑줄 친 부분이 형용사의 보어이다.

① to부정사 보어를 취하는 형용사

(1) a. We are willing *to leave tomorrow*. (우리는 내일 {떠날 용의가 있다/떠나려고
     한다}.)
     b. They are certain *to stay here*. (그들은 여기 머물 것이 확실하다.)
     c. He is tough *to attack*. (그는 공격하기 어렵다./그를 공격하기가 어렵다.)

② 전치사구 보어를 취하는 형용사

(2) a. They were afraid *of losing the election*. (그들은 선거에 질까봐 두려워했다.)
     b. He is {good/hopeless} *at arithmetic*. (그는 {계산에 밝나/계산이 엉망이다}.)
     c. I'm not comfortable *with this machine*. (난 이 기계에 편하지 않다.)

③ 절 보어를 요구하는 형용사

(3) a. I'm happy *that you've come home safe*. (난 네가 집에 안전하게 돌아온 것이
     기쁘다.)
     b. She is insistent *that I should never give in.* (그는 내가 절대 굴복해서는
     안 된다고 고집한다.)
     c. I'm not sure *whether we should go this way.* (난 우리가 이 길을 가야하는지
     확신이 안 선다.)
     d. We were surprised *what a persuasive speech he made.* (우리는 그가 얼마나
     설득력 있는 연설을 했는지 놀랐다.)
     (Cf. They seemed to be surprised at how strongly we felt about the issue.)

④ (외치)절 주어를 요구하는 형용사

외치절 주어를 요구하는 외치절 동사 유형이 있는 것처럼 (제2장 2.5.3절 ③ 참조), 외치절 주어를 요구하는 형용사 유형이 있다. true, interesting 등이 이 유형에 속한다.

(4) a. *That the unemployment rate dropped to 8.2% in November* is simply not **true**. (실업률이 11월에 8.2%로 떨어졌다는 것은 단적으로 말해 사실이 아니다.)

    b. It is not **true** *that the unemployment rate dropped to 8.2% in November.* (실업률이 11월에 8.2%로 떨어졌다는 것은 사실이 아니다.)

    c. *That he has come back* is very **interesting**. (그가 돌아왔다는 것이 매우 흥미롭다.)

    d. It is very **interesting** *that he has come back*. (그가 돌아왔다는 것이 매우 흥미롭다.)

그리고 to부정사 보어를 취하는 형용사는 다음과 세 가지 하위 유형으로 분류된다.

① 통제 형용사 (Control Adjectives)

(5) a. She is always **willing** *to help you*. (그녀는 언제나 너를 기꺼이 도와줄 것이다.)

    b. We are **eager** *to stay here*. (우리는 여기에 {머물기를 열망한다/꼭 머물고 싶다}.)

② 상승 형용사(Raising Adjectives)

(6) a. She is **likely** to attack somebody again. (그는 다시 누군가를 공격할 가능성이 있다/아마 누군가를 다시 공역할 것이다.)

    b. They are **certain** *to leave tomorrow*. (그들은 {내일 떠날 가능성이 확실하다/

확실히 내일 떠날 것이다}.)

③ *Tough* 형용사 (*Tough* Adjectives)

(7) a. She is **easy** *to talk to*. (그는 {이야기하기 쉽다/말하기 쉬운 상대다/그녀에게
     이야기하는 것이 쉽다}.)
   b. This book is **difficult** *to read*. (이 책은 읽기 어렵다.)

동사에 **통제 동사**와 **상승 동사**가 있듯이 형용사에도 **통제 형용사**와 **상승 형용사**가
있다. 주어가 **보통 주어**인 형용사가 통제 형용사이고 주어가 **상승 주어**인 형용사가
상승 형용사이다.
  <쉬움, 어려움>을 의미하는 형용사 easy, difficult, tough, hard 등은 통제 형용사
도 아니고 상승 형용사도 아니다. 이 형용사들은 나름대로의 특이한 성질을 가지
고 있어서 별도로 구분하고 "**Tough** 형용사"라고 부른다.

4.3.1 통제 형용사와 상승 형용사

이 두 유형의 구문적, 의미적 차이는 주어에서 나타난다. 통제 형용사의 주어는
보통 주어이고 상승 형용사의 주어는 상승 주어이다.
  위 예문 (5a)와 (5b)에서 She와 We는 보통 주어다. 이 보통주어가 각각 to부정사
보어 "to help you"와 "to stay here"의 의미상 주어가 된다. (5a)에서 "(무엇인가를)
기꺼이 할 용의가 있는 사람이 그녀이고 너를 도와주는 사람이 그녀다." (5b)에서
도 "열렬히 원하는 사람이 우리이고 여기 머무는 사람도 우리다." "She"와 "We"
는 문법적으로나 의미적으로나 각각 "is wiling"과 "are eager"의 주어이면서 동시
에 to부정사 보어 "to help you"와 "to stay here"의 의미상 주어의 역할을 하고
있다. 주어 She와 We는 보통 주어이고 willing과 eager는 통제 형용사다.
  반면에 (6a)와 (6b)에서 "She"가 의미적으로 "is likely"의 주어가 아니고, "They"
가 의미적으로 "are certain"의 주어가 아니다. 의미적으로 그것들은 각각 to부정사

보어 "to attack somebody again"과 "to leave tomorrow"의 주어이다. "(is) likely {가능성이 있다/개연성이 있다/가능하다}"라는 서술어는 "상황, 사태, 사건 등"이 그 주체가 될 수 있다. (의지를 가진) 사람은 그 주체가 될 수 없다. "are certain(확실하다)"의 경우에도 어떤 사태나 상황이 확실할 수 있는 것이지 사람이 확실할 수는 없다. She나 They는 문법적으로 "is likely"나 "are certain"의 주어일 뿐 의미적으로는 각각 그 to 부정사 보어의 주어이다. She와 They는 상승 주어이고 likely와 certain은 상승 형용사에 속한다.

통제 형용사와 상승 형용사는 (역시 동사의 경우와 같이) to부정사 보어가 능동태로 나타날 때와 피동태로 나타날 때 그 차이가 드러난다.

(1) a. She is willing *to attack somebody again.*
(그녀는 누군가를 다시 공격할 용의가 있다.)
b. Somebody is willing *to be attacked by her again.*
(누군가가 다시 그녀의 공격을 받을 용의가 있다.)
(2) a. She is likely *to attack somebody again.*
(그녀는 다시 누군가를 공격할 가능성이 있다.)
b. Somebody is likely *to be attacked by her* again.
(누군가가 다시 그녀의 공격을 받을 가능성이 있다.)

통제 형용사의 경우에 to부정사 보어가 능동태인 (1a)와 피동태인 (1b)는 서로 뜻이 다르다. 그녀가 누군가를 공격할 뜻이 있다는 (1a)와 누군가가 그녀의 공격을 받고 싶어 한다는 (1b)는 다른 뜻이다. 반면에 상승 형용사의 경우에 (2a)와 (2b) 사이에는 의미차이가 없다. 그녀가 누군가를 다시 공격할 가능성이 있다는 (2a)나 누군가가 그녀의 공격을 받을 가능성이 있다는 (2b)나 같은 상황이다.

능동태와 피동태는 주어가 바뀌는 상황인데, 보통 주어를 가지는 통제 형용사의 경우에 주어는 그 의미상 주어이기도 하므로 주어가 바뀌면 문장의 의미도 바뀌기 마련이다. 이와 달리 상승 형용사의 주어는 의미상 형용사의 주어가 아니므로 주어가 바뀌어도 형용사의 의미적 주체가 바뀌는 결과가 오지 않는다. (2a)와 (2b) 사이에는 능동과 피동의 차이 말고는 별다른 의미차이가 없다. 누가 누구를 공격할 것이라는 사태에 대하여 그 가능성을 전망하는 점에서 두 문장 사이에 아무 차이가 없다. 이렇게 의미 해석상 차이가 나는 것은 통제 형용사와 상승 형용사의 서로 다른 의미적 특성에서 오는 자연스러운 결과이다.

둘째로, 허사 there나 it는 상승 형용사의 주어가 될 수 있으나 통제형용사의 주어가 될 수 없다. 상승 형용사의 경우에 to부정사 보어의 의미상 주어가 될 수 있는 것이면 무엇이든 주어자리에 올 수 있다.

(3) a. *There* is likely to be a pond in the garden. (그 정원에 연못이 하나 있을 가능성이 있다.)

   b. *It* is likely to rain tomorrow. (내일 비가 올 가능성이 있다.)

(4) a. *There is willing to be a pond in the garden.

   b. *It is willing to rain tomorrow.

"*There* is a pond in the garden."과 "*It* rains tomorrow."가 정문인 것과 같은 이유로 (3)은 정문이다. 허사 There가 "is a pond in the garden"의 주어가 될 수 있는 것과 같이 (3a)의 "to be a pond in the garden"의 의미상 주어가 될 수 있고, 허사 It이 rains의 주어가 되는 것과 같이 (3b)의 "to rain tomorrow"의 의미상 주어가 된다. 이는 모두 likely가 상승 형용사이기 때문이다.

그러나 통제 형용사 willing의 주어는 보통 주어이어야 한다. 허사 there나 it은 willing 의 주어 자리에 올 수 없으므로 (4)는 비문이다.

(5) 통제 형용사의 어휘 속성
   ① to부정사 보어를 취한다.
   ② 주어가 보통주어이다.
   ③ 보통주어가 to부정사의 의미상 주어로 해석된다.

(6) 상승 형용사의 어휘 속성
   ① to부정사 보어를 취한다.
   ② 주어가 상승주어이다.
   ③ 상승주어가 to부정사의 의미상 주어로 해석된다.

아래에 통제 형용사들의 용례들을 검토한다.

(7)　a. I'll be **happy** *to help* you when you have any problem. (무슨 문제라도 있으면 기꺼이 도와드리겠습니다.)

　　b. The miracle is not that we do this work but that we are **happy** *to do it*. --Mother Theresa (기적은 우리가 이 일을 한다는 것이 아니라 우리가 이 일을 해서 행복하다는 것이다.)

　　c. It was raining very hard and we were **anxious** *to get home early*. (비가 매우 세차게 오고 있어서 우리는 집에 일찍 도착하고 싶었다.)

　　d. Whether you want a promotion at your current job or want to have the best product or best service business of your kind, you must be **willing** *to go above and beyond*.[3] In order to be successful, you must be **willing** *to help others*. (현재의 직장에서 승진을 원하든지 또는 최상의 제품이나 최고의 서비스 비지너스를 가지기를 원하든지, 당신은 꼭 해야 되 일을 초월해서 기꺼이 봉사할 용의가 있어야 한다. 성공하기 위해서는 다른 사람들을 도와 줄 용의가 있어야 한다.)

　　e. So, why are {atheists/fundamentalists/Communist governments} so **eager** *to stifle free speech*? (그러면, 왜 {무신론자들/근본주의자들/공산주의 정부들}은 그렇게 자유언론을 억압하려고 열을 올리나?)

　　f. We are so **glad** *to hear you had a great first time experience here at Springfield Ford*! Please let us know if you need anything else. (스프링필드 포드에 처음 방문하셨을 때 좋은 경험을 하셨다고 하니 우리는 너무도 기쁩니다. 그 밖에 필요한 것이 있으면 저희들에게 알려 주십시오.)

　　g. "Israel is **ready** *to resume peace talks immediately without any preconditions whatsoever*," he said. (이스라엘은 어떠한 사전조건도 없이 즉시 평화회담을

---

[3] go above and beyond는 "go above and beyond the call of duty(맡은 바 책임을 초월하여 더 많은 일을 하다)"의 뜻으로 쓰였다. (i) The award recognizes people who *go above and beyond the call of duty* to improve the dignity of older people being looked after in care. (그 상은 . . . 보호 대상자 노인들의 품위를 더 올려주기 위하여 책임과 의무를 초월하여 봉사하는 사람들을 인정해주는 상이다.) (ii) All businesses, whether big or small, should go to the trouble of learning those little things that customers *value above and beyond the basic product or service*. (모든 기업은 대기업이든 소기업이든 고객들이 기본적인 제품이나 서비스보다 더 가치가 있다고 평가하는 그 조그만 것들이 무엇인지 알아내려는 수고를 아끼지 말아야 한다.)

재개할 준비가 되어 있다"고 그는 말했다.)

h. Apple CEO was {reluctant/unwilling} *to take legal action against Samsung*. (애플 CEO는 마지못해 상성에 법적 조치를 취했다.)

i. Still, I am **free** *to choose*, even if I can neither be immune from the consequences of my wrong choices nor avoid accountability. (그래도 나는 선택의 자유가 있다. 비록 나는 나의 잘못된 선택의 결과에 면역될 수도 없고 책임을 피할 수도 없지만.)

j. You are **welcome** *to visit us at any time*. (언제든지 우리를 방문하시는 것을 환영합니다/언제든지 우리를 방문해 주십시오.)

k. Our guests are **welcome** *to use this room*. (우리 손님들이 이 방을 사용하는 것을 환영합니다/(우리는) 손님들이 이 방을 사용하도록 권유합니다.)

l. Some have been **puzzled** *to tell* how the shore became so regularly paved. (어떻게 해변이 그렇게 규칙적으로 다듬어졌는지 알 수 없어 머리를 갸우뚱하는 사람들이 있었다.)

m. Are you **puzzled** *to count your work hours and money*? (근무시간과 돈을 계산하는 것을 어떻게 하는지 몰라 혼란스러운가요?)

n. I was **astonished** *to find* that our village publication is being used as a political tool by them. (나는 우리 마을 출판물이 그들에게 정치도구로 이용되고 있는 것을 발견하고 깜짝 놀랐다.)

(7a-b)에서 to부정사 보어를 거느리는 통제형용사 "happy"는 보어 없이 단독으로 쓰이는 "happy"와 뜻이 다르다. "I'll be happy to help you."의 "happy"는 "무엇인가를 기꺼이 할 용의가 있고 그것을 하게 되면 그로써 기쁘다 또는 행복하다"는 뜻이다. "I'll be happy."의 "happy"는 "사람의 심리상태의 하나인 기쁨을 경험하다"는 뜻이다.

통제 형용사에 비하면 상승 형용사는 그리 많지 않다. 상승 형용사들은 가능성을 의미하는 공통점이 있다.

(8)　a. Typhoons are **apt** *to be more common in September*. (태풍은 9월에 더욱 많은 경향이 있다.)

b. Young people are **apt** _to take risks_. (젊은 사람들은 모험을 감수하는 성향이 있다.)

c. She is **apt** _to take offense easily_. (그녀는 쉽게 공세를 취하는 경향이 있다.)

d. You are **liable** _to fail_ unless you work harder. (더 열심히 일하지 않으면 실패할 것이다.)

e. It is {**liable**/**bound**} to rain soon. (곧 비가 {올 듯하다/올 것이 확실하다}.)

f. Such a foolish business plan is **bound** _to fail_. (그렇게 어리석은 사업계획은 {반드시 실패한다/실패하게 되어 있다}.)

g. If you don't plan then you are **bound** _to fail_. (계획하지 않으면 {(반드시) 실패한다/실패하기 마련이다}.)

h. She is {**sure**/**certain**} to make it. (그녀는 확실히 성공할 것이다.)

i. She is **unlikely** to make it. (그는 성공하지 못할 것이다.)

j. The maximum and minimum temperature are **likely** to stay between 32 and 25 degree celsius, said the official. (최고 온도와 최저 온도가 섭씨 32도와 25도 사이에 머물 것이다.)

k. One of the doctors treating Gabrielle Giffords tells Channel 4 News she is 100 per cent **certain** _to survive_. (가브리엘 기포즈를 치료하는 의사 중의 한 사람이 그녀는 100퍼센트 확실히 살아남을 것이라고 채널4 뉴스에게 말한다.)

이 상승 형용사들이 대체로 어떤 사태가 일어날 가능성을 표현하는 데 사용된다. 그래서 that절을 사용해서 다음과 같이 말할 수도 있다.

(9) a. It is **certain** that she will survive. ⇔ She is **certain** to survive.

b. It is {**likely**/**unlikely**} that she will make it. ⇔ She is {**likely**/**unlikely**} to make it.

certain, likely, unlikely 등은 (8)에서와 같이 상승 형용사로 쓰일 수도 있고 (9)에서처럼 that절을 주어로 하는 구문으로 쓰일 수도 있다.

probable, improbable, possible, impossible 등도 가능성이나 개연성을 나타내기는 likely나 unlikely와 같은데 이들은 상승 형용사로 쓰일 수 없다.

(10) a. It is **probable** that she will survive. (그녀가 살아남을 개연성이 있다.)

   b. It is {improbable/impossible} that she will survive. (그녀가 살아남을 {개연성/가능성}이 없다.)

(11) a. ~~*She is probable to survive.~~

   b. ~~*She is {improbable/impossible} to survive.~~

사태의 가능성이나 개연성을 말하는 태도에 차이가 있을 수 있다. 말하는 사람의 개인적인 평가나 판단을 개입하여 말할 수도 있고 개인적인 희망사항을 배제하고 객관적인 확률에만 초점을 두고 말할 수도 있다. 이와 같은 태도의 차이가 likely/certain과 probable/possible 사이의 의미차이에 관련되어 있다.[4]

likely/certain 등은 상황이 일어날 가능성에 대하여 말하는 사람의 개인적인 추측, 평가, 판단이 개입된다. (9a)의 경우 이 말을 하는 사람이 그녀가 살아남을 가능성이 100퍼센트에 가깝다고 생각한다. 그녀의 생존가능성에 대한 확신은 말하는 사람의 확신이다. 말하는 사람의 희망과 기대가 배어있다.

대조적으로 probable, possible 등은 개인적인 추측이나 평가보다는 상황에 대한 객관직인 전망 또는 확률을 표현한다. (10a)를 말하는 사람은 그녀의 생존가능성에 대한 확률을 객관적으로 말하고 있다. 확률(probability)은 사태의 가능성을 수학적으로 또는 논리적으로 계산한 것이다. 그것은 개인적인 희망사항이나 기대감이 개입될 수 없고 개인적인 평가가 가미된 가능성(likelihood)이 아니다. 아래 예문에서 likely/unlikely와 probable/improbable의 차이를 구체적으로 엿볼 수 있다.

(12) a. Moody's views the maintenance of the Aaa- into 2014 as {unlikely/ ~~*improbable~~}. The only scenario that would likely lead to its temporary maintenance would be if the method adopted to achieve debt stabilization involved a large, immediate fiscal shock — such as would occur if the so-called "fiscal cliff" actually materialized (무디스는 Aaa- 등급을 2014년까지 유지하는 것은 가능하지 않다고 본다. 그 등급을 일시적으로(라도) 유지할 수 있는 유일한 시나리오는 채무 안정화를 성취하기 위해 채택된

---

[4] 이 부분은 Anna Wierzbicka의 *The Semantics of Grammar* (pp.56-59)를 참고하였다.

방법이--소위 "재정 절벽"이 실제로 실현되면 일어날 수 있는 것과 같은--대규모의 즉각적인 재정 충격을 포함하는 경우일 것이다.)

b. Nevertheless, food security will need to be monitored closely even beyond the outlook period because improvements are {unlikely/*improbable} to be sustained. Causal factors including impacts of conflict, poor rains in the eastern sector, reduced acreage and poor macroeconomic fundamentals will not be mitigated by one or two average seasons. (그럼에도 불구하고, 개선점들은 지속될 가능성이 희박하기 때문에 식량 안전은 그 전망의 기간을 지나서까지도 면밀히 모니터할 필요가 있을 것이다. 갈등의 충격, 동부지역의 부족한 강우량, 줄어든 경작지, 그리고 빈약한 거시경제 펀드멘탈 등 인과적 요인들은 한 두 해의 평균작으로 완화될 일이 아니다.)

c. Most {likely/*probable} scenario, August ‒ December, 2012 (2012년 8월-12월의 가장 그럴 듯한 시나리오)

(13) a. Jayden Haslam, Lutz and Whitener combined to lift the Wranglers to an {improbable/*unlikely} 30-24 lead with just seconds left in the half, but a 30-foot buzzer-beater from Kemmerer closed the gap to three at the intermission. (제이든 하스램과 러트와 화이트너가 힘을 합쳐 전반전을 몇 초 남겨 놓고 랭글러 팀을 있을 법 하지 않은 30대 24의 리드에 올려놓았지만 케머러의 30 피트 짜리 킥이 버저 직전에 터져 점수 차이는 3점으로 좁혀진 채 인터미션에 들어갔다.)

b. I don't remember what my score was on the fifth hole at the Rip Van Winkle Country Club. I remember the view back up the fairway as the sun put a glow on clouds disappearing behind the mountain ridge. I remember my son making an improbable 30-foot downhill putt, and when he let out a yelp, I remember a fish jumping in a nearby pond. I remembered why I played golf. (나는 립 반 윙클 컨트리클럽 5번 홀에서 내 스코어가 무엇이었는지 기억하지 못한다. (하지만) 나는 해가 산마루 뒤로 사라지는 구름을 붉은 빛으로 물들이는 광경이 페어웨이의 배경이 되는 것을 기억한다. 나는 내 아들이 그 있을 법하지 않은 30 피트 내리막 퍼트를 성공시킨 것을 기억한다. 그리고 그가 환성을 내질렀을 때 바로 옆 연못에서 고기 한 마리가 뛰어올랐던 것을 기억한다. (그리고 그때) 나는 내가 왜 골프를 치는지를 기억했다.)

c. The "Annals of {Improbable/*Unlikely} Research" (AIR) is often described as the "Mad Magazine of Science". ("Annals of Improbable Research (있을 법하지 않은 연구 연보)" (AIR)은 흔히 "미친 과학 잡지"로 묘사된다.)

경제전망이란 보는 사람의 주관적인 평가라는 점에 동의한다면 (12a-b)의 문맥에서 likely가 적절하다고 할 것이다. 만약 (12a)의 문맥에서 improbable은 썼다면, 경제를 전망하는 사람이 누구든지 관계없이 경제전망은 언제 어디서나 정확히 수학적 확률과 일치하는 동일한 결과가 나온다는 생각을 반영한 것이다. 그러나 경제가 그런 식으로 단순할 수 없고 반드시 주관적 판단이 작용하는 여지가 있다는 생각이라면 likely가 옳은 선택이다.

아무리 정교한 통계학적 계산을 한다고 해도 경제전망이란 보는 사람의 주관적 판단이 개입되기 마련이고 아무리 과학적으로 식량생산과 소비를 관찰하고 분석하더라도 주관적 평가가 들어가지 않을 수 없을 것이다. (12b)의 문맥에서 이런 생각에 토대를 두고 improbable보다는 unlikely가 선택된 것이다.

(12c)의 문맥에서 시나리오란 경제적 전망을 말하는 것이다. 바라보는 사람의 시각 차이에 따라 다른 그림이 나올 수 있다. 드라마나 소설과 같은 픽션도 그러하다. 이야기하는 사람의 생각에 따라 이야기는 항상 달라질 수 있는 것이 픽션이다. 따라서 an improbable story, improbable fiction보다는 an unlikely story, unlikely fiction이 정상적인 표현이다.

(13)은 improbable이 적절한 문맥이다. (a)와 (b)는 운동경기의 문맥으로 확률적으로 거의 일어날 수 없는 경우를 improbable이 표현하고 있다. (a)에서는 두 팀의 시합의 전반전 경기 결과가 30대 24의 스코아가 나오는 것은 확률이 0에 가깝다는 생각이 깔려있다. 이에 대해서는 보는 사람마다 다른 결과를 예상하는 것은 허용되지 않는다는 뜻이다. 만약에 보는 사람에 따라 다른 결과가 나오는 것을 허용하는 상황이라면 improbable보다 unlikely가 적절한 선택이 될 것이다. (b)에서도 30 피트 거리의 내리막 퍼트가 성공하는 확률은 0에 가깝다는 생각이 전제되어 있다. 따라서 unlikely보다는 improbable이 정곡을 찌르는 표현이다.

(c) "unlikely research"라고 하면 "거의 발견하기 어려운 연구, 또는 무슨 이유에서인지는 몰라도 과학자들이 좀처럼 하려고 하지 않는 연구, 결과적으로 있을

수 없다고 판단되는 연구"를 의미할 것이다. "improbable research"는 "일어날 확률이 거의 0인 연구"를 가리키며 보는 사람의 주관적 판단을 배제한다. 그래서 unlikely research는 매우 드물지만 실제 학계에서 있을 수 있는 연구가 될 것이고 improbable research는 실제 학계에는 없는 픽션의 세계에서만 있을 수 있는 연구가 될 것이다.

certain과 possible도 의미적 차이 때문에 certain은 상승 형용사가 되고 possible은 상승 형용사가 되지 않는다. possible은 사태의 가능성을 개관적으로 또는 논리적으로 보고 말할 때 사용된다. 이에 비해 certain은 사태가 일어날 가능성에 대해 보는 사람의 개인적인 추측이나 판단이 작용할 때 사용한다. "It is certain that she will come."은 그가 올 가능성에 대하여 말하는 사람의 주관적 견해가 실린 표현이다. 따라서 certain이 상승 형용사로 사용되어 "She is **certain** to come."이 가능하다. 그러나 It is possible that she will come.은 그가 올 가능성을 객관적으로 진술하고 있다. 따라서 possible은 상승 형용사가 될 수 없다. *~~She is possible to come.~~[5]

probable/possible 등이 to부정사 보어를 취할 수 없는 현상은 to부정사 보어의 함축된 의미와도 관련이 있다. 즉 to부정사는 미래의 사태에 대한 기대감을 암시하는 경향이 있는데 이는 eager와 같은 통제형용사는 물론 likely/certain과 같은 상승 형용사의 의미와 조화를 이루지만 미래의 상황에 대한 객관적인 확률에 초점을 두는 probable/possible 등의 형용사의 의미와는 잘 맞지 않는다. 이 때문에 He is eager to help us.나 She is likely to help us.같은 문장은 자연스러우나 *~~She is probable to help us.~~나 *~~She is possible to help us.~~같은 것은 비문이 된다. likely는 미래의 전망에 대한 개인적인 평가를 암시하기 때문에 to부정사 보어와 잘 어울리고 상승주어를 허용한다. 그러나 개인적인 희망사항을 배제하고 객관적인 확률에 초점을 두는 probable/impossible은 to부정사 보어와 맞지 않으며 상승주어를 허용

---

[5] 상승 주어와 상승 형용사가 결합하여 문장을 이루면 그 주어에 대하여 말할 수 있는 문맥이 될 수 있다. 가령 "It is {certain/likely} that Mary will come."이라고 말하면 Mary가 that 절 안에 "묻혀"있으나, 그 대신 "Mary is {certain/likely} to come."이라고 말하면 Mary를 본동사의 주어자리에 올려놓음으로써 Mary의 존재를 부각시켜 화자가 Mary의 성향, 의향, 태도 등에 대하여 말할 수 있게 된다. 이것을 허용하는 것은 certain, likely 등 상승 형용사의 의미적 특징이다.

하지 않는다.

통제 형용사 중에는 아래 (14)처럼 to부정사 보어의 의미상 주어를 나타내는 for전치사구가 허용되는 것이 있고 (15)처럼 그것이 허용되지 않는 것이 있다.

(14) "for전치사구"를 허용하는 통제 형용사들
   a. They are {willing/eager/reluctant/keen/ready} to go out.
   b. They are {willing/eager/reluctant/keen/ready} for us to go out.
(15) "for전치사구"를 허용하지 않는 통제 형용사들
   a. You were {afraid/annoyed/disposed/inclined/prone/ satisfied/worried/welcome...} to go out.
   b. *~~You were {afraid/annoyed/disposed/inclined/prone/satisfied/worried/welcome...} for us to go out.~~

이 차이는 willing/eager 류의 형용사와 afraid/annoyed 류의 형용사의 의미차이에서 발생한다. 후자 afraid/annoyed 류는 **심리서술어**(psychological predicate)라고 부르는 특별한 형용사들이다. 사람의 심리상태를 표현하는 이 심리서술어의 특징은 그 서술어의 주어와 그 서술어의 to부정사 보어의 의미상 주어가 항상 동일하다는 점이다.6 이 특징을 "동일 주어 제약"이라고 부르기로 한다. (15a)는 동일 주어 제약을 지키기 때문에 정문이다. 즉 to부정사 보어 "to go out"의 의미상 주어가 afraid/annoyed의 주어 "You"로 해석될 수 있기 때문에 정문이다. 그런데 (15b)는

---

6 가령 우리말에서 "나는 외출하고 싶었다." 또는 "나는 외출하기 싫었다."와 같은 표현에서 "~고 싶다"와 "~기 싫다"와 같은 서술어가 심리서술어이다. 이 서술어가 올바로 쓰이려면 "~고 싶다" 또는 "~기 싫다"의 주체와 "~"에 해당하는 동사의 주체가 반드시 같아야 한다. 가령 "외출하기 싫었다."고 말할 때 "외출하는 사람"과 "(그것을 하기) 싫은 사람"이 같은 사람이어야 하고 "외출하고 싶었다."고 말할 때에도 "외출하는 사람"과 "(그렇게 하고) 싶은 사람"이 같은 사람이어야 한다. "나는 외출하기 싫었다."고 하면 외출하는 사람도 "나"이고 그렇게 하기 싫은 사람도 "나"이다. 또 "그는 외출하기 싫었다."고 하면 외출하는 사람도 "그"이고 그렇게 하기 싫은 사람도 "그"이다. 만약에 그 두 주체가 다르게 나타나면 비문이 발생한다. "*~~나는 그가 외출하기 싫었다.~~"고 한다든가 "*~~그는 내가 외출하기 싫었다.~~"고 한다든가 "*~~나는 그가 외출하고 싶었다.~~"고 한다든가 "*그는 내가 외출하고 싶었다."고 한다든가 하는 것은 모두 비문이다.
이렇게 "~고 싶다"와 "~기 싫다"와 같은 서술어는 서술어 자체의 주체 (즉 "(~고) 싶은 사람" 또는 "(~기) 싫은 사람")과 그 동사 보어인 "~"의 주체 (즉 "~하는 사람")이 반드시 동일해야 한다. 이를 "동일 주어의 제약"이라고 하는데 심리서술어는 반드시 이 제약을 지켜야 한다.

심리서술어의 동일 주어 제약을 지키지 않아 비문이다. "were afraid"의 주어는 "You"이고 "to go out"의 주어는 "us"이어서 동일 주어 제약을 위배하고 있다.

심리서술어가 아닌 "willing, eager, reluctant, keen" 등은 "동일 주어의 제약"을 지키지 않아도 된다. 예를 들어 "용의가 있다, 적극적인 의지가 있다" 등의 뜻을 가진 willing의 대상이 되는 하나의 상황의 주체가 willing의 주체와 같은 사람일 수도 있고 다른 사람일 수도 있다. They were willing to go out.하면 그 둘이 같은 사람이고 They were willing for us to go out.하면 그 둘이 서로 다른 사람인데 두 경우 모두 자연스럽다. "열광적이다, 열렬히 원하다" 등의 뜻을 가진 eager, 그리고 이와 비슷한 뜻을 가진 keen과 이와 반대의 뜻을 가진 reluctant 등등의 경우에도 마찬가지다. 이 통제 형용사들의 경우 동일 주어의 제약은 필수조건이 아니다.

이와 같이 통제 형용사는 뜻에 따라 "동일 주어의 제약"이 필수조건인 것도 있고 그렇지 않은 것도 있다. 이에 대해 상승 형용사는 "동일 주어의 제약"이 필수조건이다. for전치사구가 들어가면 이 제약을 어기게 되어 무조건 비문이 초래된다.

(16) *She is {apt/bound/likely/certain/sure/liable/due} for us to go out.

가령 "She is apt to go out."라고 말할 때 "to go out"의 의미상 주어를 "is apt"의 표면적 주어로 상승시켜─상승 주어를 만들어─"She"를 부각시키는 효과를 얻는다. 그런데 "for us"를 추가하여 "to go out"의 표면적 주어를 제공하는 것은 상승 주어의 효과를 파괴하는 결과가 된다. 이것이 (18)이 비문인 이유이다. 상승 주어는 "for 전치사구 주어"를 허용하지 않는다.[7]

---

[7] 상승 동사도 for 전치사구 주어를 허용하지 않는다. *She {continues/seems/...} for us to support them.에서 to support us의 의미상 주어 she와 us 둘이 겹쳐져 충돌이 일어나기 때문이다. 대조적으로 통제 동사는 for 전치사구 주어를 허용할 수 있다. She {wished/preferred/...} for us to impress her friend.(그녀는 우리가 자기 친구를 감명시켜 주기를 {바랬다/좋아했다/...}) 여기서는 She는 본동사의 주어이고 for us는 to부정사의 주어이므로 주어의 충돌이 일어나지 않는다. 그러나 통제동사라고 해서 다 for 전치사구 주어를 허용하는 것은 아니다. 예를 들어 try는 통제동사이지만 for 전치사구 주어를 허용하지 않는다. *She {tried/...} for us to impress her friend. 이는 try의 특별한 의미 때문이다. "무슨 일을 하려고 노력하다"라는 행위는 노력 하는 사람과 그 무슨 일을 하는 사람이 같은 사람일 때 성립한다.

4.3.2 *Tough* 형용사

Tough 형용사의 특징은 다음 세 가지로 요약된다. 첫째, 형용사가 취하는 to부정사 보어 안에서 동사 또는 전치사의 목적어가 나타나지 않아야 한다. 다시 말해 to부정사 보어 안에 **간격**(NP gap)이 있어야 한다.[8]

(1) a. The book is {tough/easy} *to read* _____. (그 책은 읽기 어렵다/쉽다.)
  b. *~~The book is {tough/easy} to read it.~~

(2) a. She is {tough/easy}to talk with _____. (그는 더불어 이야기하기 {어렵다/쉽다}.(=이야기하기 {어려운/쉬운} 상대다.))
  b. *~~He is {tough/easy} to talk with~~ them.

(3) a. Kind words can be short and **easy to speak** but their echoes are truly endless.--Mother Theresa (친절한 말은 짧고 말하기 쉬울 수 있다. 하지만 그 말의 반향은 진정 끝이 없다.--마더 테레사)
  b. *~~Kind words can be short and **easy to speak** them but their echoes are truly endless.~~

(a)문장에서와 같이 명사구 간격(NP gap)이 있어야 정문이 된다. 만약에 명사구 간격이 없으면−즉 목적어가 나타나면--(b)와 같은 비문이 발생한다.

그러한 간격은 다른 형용사의 경우에는 허용되지 않는다.

(3) a. He is {likely/certain} to accept *our proposal*. (그는 우리의 제의를 {받아들일 것이다/확실히 받아들일 것이다.})
  b. *~~Our proposal is {likely/certain} to accept~~ _____.

(4) a. She is {willing/eager} to talk with *them*. (그는 기꺼이 그들과 이야기하고 할 뜻이 있다.)
  b. *~~They are {willing/eager} to talk with~~ _____.

(3b)와 (4b)는 to부정사 보어 안에 간격이 있기 때문에 비문이다. 따라서 (1~2)에

---

[8] **간격**에 대해서는 제1장 7절 참조.

서와 같이 to부정사 보어 안에 명사구 간격이 있는 것은 *Tough* 형용사 구문 특유의 중요한 특징이다. 그리고 그 명사구 간격의 지시는 항상 Tough 형용사의 주어의 지시와 같다. 다시 말해, Tough 형용사의 to부정사 보어 안에 있는 명사구 간격은 Tough 형용사의 주어와 같은 사물 또는 인물로 해석된다. 가령 (1a)에서 타동사 read의 목적어는 반드시 주어 The book과 동일한 책으로 해석된다.

둘째, *Tough* 형용사 구문은 "허사 주어 It 구문"으로의 전환이 가능하다. 즉 아래 예문에서 보는 바와 같이 주어 He, She 대신 허사 It을 놓고 He, She는 각각 him, her로 바꾸어 attack과 to 다음 위치에 놓으면 "허사 주어 It 구문"이 성립한다.

(5) a. He is **tough** to attack. ⇔ It is **tough** to attack him. (그를 공격하는 것이 어렵다.)
   b. She is **easy** to talk to. ⇔ It is **easy** to talk to her. (그녀에게 이야기하기가 쉽다.)

통제 형용사와 상승 형용사의 경우에 이런 구문은 가능하지 않다.

(6) a. *~~It is apt to attack somebody~~.
   b. *~~It is eager to talk to them~~.

이 현상에서 *Tough* 형용사의 주어는 반드시 보통주어이어야 함을 확인할 수 있다. 허사를 목적어로 취할 수 있는 타동사나 타전치사는 있을 수가 없기 때문이다.

셋째, *Tough* 형용사는 "a **tough** guy *to attack*(공격하기 어려운 사람)", "an **easy** person *to talk to*(이야기하기 쉬운 사람)"처럼 명사 앞에 오고 to부정사가 명사 뒤에 오는 수식어 구문의 형성이 가능하다. 그러나 apt, eager는 그것이 불가능하다.

(7) a. He is a **tough** guy *to attack*. (그는 공격하기 어려운 사람이다.)
   b. She is an **easy** person *to talk to*. (그녀는 이야기하기 쉬운 사람이다.)
   c. She is an **appalling** person *to go out with*. (그녀는 데이트하기에 무서운 사람이다.)

(그는 같이 외출하기 형편없이 나쁜 사람이다.)

(8)   a. *She is an apt guy to attack somebody.
      b. *She is an eager person to talk to them.

이렇게 *Tough* 형용사가 명사 앞에 오는 수식어 구문은 한 단계 더 발전하여
to부정사까지 명사 앞 위치에 오는 것도 종종 볼 수 있다.

(9)   a. He is not {an **easy**/a **tough**} boss *to please*. (그는 기쁘게 해주기 {쉬운/어려
      운} 상관이 아니다.) ⟺ He is {an **easy**/a **tough**} *to please* boss. (그는 기쁘게
      해주기 {쉬운/어려운} 상관이 아니다.)
      b. In this *easy to follow* video, the Random Acts of Kindness Foundation
      explains how to teach the "Complimenting Others" Lesson to 3rd graders and
      inspire them with kindness education. (이 따라 하기 쉬운 비디오에서 「임의의
      친절 행동 재단」은 "칭찬하기" 레슨을 초등학교 3학년 아동들에게 가르치
      는 방법과 그들을 친절교육으로 감동시키는 방법을 설명한다.)

(9a)에서 easy/tough가 boss의 수식어가 되면서 to please가 형용사를 따라나가
"easy to please"가 수식어가 되었다. (b)에서 "easy to follow"는 video를 수식한다.
보통은 this **easy** <u>video</u> *to follow*라고 하는 것인데 여기서는 to부정사까지 명사
앞으로 나와 있다.[9]
　넷째, *Tough* 형용사 구문에는 "for 전치사구 주어"가 자연스럽게 추가될 수 있다.

(10)   a. She is {tough/hard/difficult/easy/pleasant/unpleasant ...} to talk with.
       (그녀는 같이 이야기하기(가) {어렵다/쉽다/즐겁다/불편하다 ...}.)

---

[9] The park offers plenty of solitude, interpretive displays and programs, and **easy to challenging**
hiking trails. (공원은 충분한 고독감, 해석적 전시물과 프로그램들, 그리고 도전하기 쉬운
하이킹 오솔길들을 제공한다.)과 특이한 예도 있다. "easy to challenging"이 특이하다. 보통은
"easy hiking trails to challenge"라고 할 것을 to부정사를 hiking trails 앞으로 보내면서 to
challenge를 challenging으로 바꾸어 놓은 것이다. "challenging" 자체가 "어렵다"는 뜻을 가진
형용사이기 때문에 이렇게 섞여든 것이다. 말하자면 "easy to challenge hiking trails"과
"challenging hiking trails"이 하나로 융합된 모습이다. 그러나 이런 수식어 구문은 아직은 일
반화되지 않았다. 이보다는 "easy hiking trails to challenge"가 정통적이다.

b. She is {tough/hard/difficult/easy/pleasant/unpleasant...} *for us* to talk with.
(그녀는 우리가 같이 이야기하기(가) {어렵다/쉽다/즐겁다/불편하다 ...}.)

　　이는 Tough 형용사 구문의 특성에서 오는 결과이다. 이 구문의 주어는 상승 주어도 아니고 통제 주어도 아니며 보통 주어다. (10a)에서 "She"는 "to talk with" 의 의미상 주어가 아니다. 거기서는 그 to부정사 보어의 주어가 누구인지 밝혀져 있지 않은 상태인데 그것이 누구인지 밝힌 것이 (b)이다.
　　Tough 형용사의 특징을 다음과 같이 정리할 수 있다.

(11) ① "쉽다/어렵다" 또는 그와 유사한 뜻을 가진다.
　　　② to부정사 보어를 취한다.
　　　③ to부정사 보어 안에 반드시 명사구 **간격(Gap)**이 있어야 한다.
　　　④ 명사구 간격의 지시는 주어의 지시와 같다.
　　　⑤ to부정사의 의미상 주어가 되는 for 전치사구가 올 수 있다.

　　그리고 *Tough* 형용사들이 전형적으로 "쉽다/어렵다"의 뜻이지만 꼭 그 뜻이라 고는 할 수 없는 것들도 이 구문에 사용되는 것을 볼 수 있다. good, bad, nice, awful, pleasant, unpleasant, wonderful, convenient, inconvenient, ready 등등이 그러 하다.

(12) a. She is {nice/wonderful/pleasant} to talk about. (그는 화제로 삼기 {좋다/훌륭 하다/유쾌하다}.)
　　　b. She is {appalling/terrible/outrageous/atrocious} to go out with. (그는 데이트 하기가 {무섭다/형편없다/터무니없다/잔혹하다}.)

　　(12a)에는 "좋다/훌륭하다/유쾌하다" 등의 뜻을 가진 형용사들이, (b)에는 대체 로 "무섭다"는 뜻을 가진 여러 형용사들이 tough 형용사로 나타나고 있는데 이 형용사 다음에 오는 to 부정사 "to talk about"과 "to go out with" 안에 목적어가 결여된-즉 명사구 간격이 있는--타전치사 about과 with이 있다. 만약 간격이 없으

면 모두 비문이 될 것이다. 즉 *~~She is nice to talk about {her/him}~~. *~~She is appalling to go out with {her/him}~~. 등은 모두 비문이다. 그리고 간격이 없을 때 허사 주어가 와 다음과 같은 정문이 될 수 있다. "It is {nice/~} to talk about her." "It is {appling/~} to go out with. 등. 이는 모두 (12)가 Tough 구문임을 말해준다.

"쉽다/어렵다" 뿐만 아니라 "좋다/나쁘다"는 뜻과 직접 간접으로 연결되는 많은 형용사들이 에 쓰인다.

(13) a. What foods are **best** *to eat* when you are sick? (무슨 음식이 아플 때 먹기에 제일 좋은가?)

b. Is chicken noodle soup really **good** *to eat* when you have a cold? (치킨 누들 수프가 감기 걸렸을 때 정말로 먹기 좋은가?)

c. The woman saw that the tree had fruit that was **good** *to eat*, **nice** *to look at*, and desirable for making someone wise. So she took some of the fruit and ate it. (여자는 그 나무가 먹기 좋고 보기 좋고 사람을 현명하게 만드는 데 필요한 열매를 가지고 있다고 생각했다. 그래서 그녀는 그 과일을 따서 먹었다.)

d. The vehicle concept is not only **pleasant** *to watch* but *to drive* as well. (그 자동차 컨셉은 바라보기에 유쾌할 뿐만 아니라 운전하기에도 유쾌하다.)

e. The Metro Rail promises to make the city <u>a more **convenient and efficient** place *to live* and *work in*</u>. (메트로 레일은 도시를 살고 일하기에 더욱 편리하고 효율적인 곳으로 만들겠다고 약속한다.)

f. How hot should chicken be when **ready** to eat? (닭고기는 먹을 준비가 되었을 때 얼마나 뜨거워야 하나?)

(13a~c)는 nice 등이 *Tough* 형용사이듯이 good도 그러함을 보여준다. eat 다음에 명사구 간격이 있다. (d)에서 "to watch but to drive"가 *Tough* 형용사 pleasant의 to부정사 보어이다. watch와 drive는 타동사이며 그 뒤에 명사구 간격이 있다. (e)에서 to부정사 to live and work in이 convenient and efficient의 보어다. 이 두 형용사가 place를 수식하고 있다.[10]

---

10 수식어 구문이 아닌 "The place is more convenient and efficient to live and work in.(그

(f)에서 "(when) **ready** to eat"는 "(when) chicken is **ready** to eat(닭고기가 먹을 준비가 되어 있다.)"의 줄임이다. *Tough* 형용사로 쓰인 ready가 명사구 간격이 있는 to부정사 보어 "to eat"을 거느리고 있다. 그러나 ready가 Tough 형용사가 아닌 다른 뜻으로도 쓰일 수 있다. 가령 "You can help children get **ready** to read very early.(매우 일찍 어린이들이 (글) 읽을 준비를 하는 것을 도와줄 수 있다.)"에서 ready는 통제 형용사이며 read는 자동사이고 to 부정사 보어 안에 간격은 없다. Children are **ready** to read.(아이들이 (글) 읽을 준비가 되어 있다.)에서 ready는 통제 형용사이고 (to) read는 자동사이며 read의 주어는 본동사의 주어 Children이 통제한다. 그러나 eat도 자동사로 쓰일 수 있어서 "The children are **ready** *to eat* now.(아이들이 이제 식사할 준비가 되었다.)" 또는 "The chicken are **ready** *to eat*.(병아리들이 (모이를) 먹을 준비가 되어 있다.)"라고 하면 ready는 통제 형용사이다. 그러나 "The chicken is **ready** for us to eat.(닭고기는 우리가 먹을 준비가 되었다.)"에서 ready는 *Tough* 형용사다. 그러나 ready가 통제형용사인 "*~~The chicken are ready for us to eat now.~~*(병아리들은 이제 우리가 모이를 먹을 준비가 되었다.)"는 "병아리"와 "우리"가 to eat의 주어로 충돌을 일으켜 비문이 된다.

4.3.3 전치사구 보어를 거느리는 형용사

동사가 전치사구 보어를 취하듯이 형용사도 전치사구 보어를 취할 수 있다. 많은 형용사들이 그 의미에 따라 다양한 전치사를 보어로 취할 수 있다.

형용사들은 기본적으로 1항 술어의 의미를 가지지만 전치사구 보어를 거느리면서 2항 술어로 사용될 수 있다. 가령 "He is **happy** all the time.(그는 언제나 행복하다.)"의 happy는 1항 술어이다. 그런데 happy가 about 전치사구 보어를 취하여 "He is **happy** *about the outcome* now.(그는 이제 그 결과에 {기뻐하고 있다/만족한다}.)고 하면 happy (about)은 2항 술어이다. 아래에서 이런 2할 술어 형용사의 몇 가지 용례들을 알아본다.

곳은 살고 일하기에 더욱 편리하고 효율적이다.)" 참조.

(i) of 전치사구 보어를 거느리는 형용사들

(1) a. Cowboys are frequently secretly **fond** *of each other*.
     (카우보이들은 자주 몰래 서로를 좋아한다.)

   b. I'm not **afraid** *of challenges*. (난 도전을 두려워하지 않는다.)

   c. Question: Which is correct, "I'm **sure** of that." or "I'm **sure** for that."?
      (질문: "I'm sure of that."과 "I'm sure for that." 둘 중 어느 것이 맞나?")
      Answer: "I'm **sure** *of that*." is correct. (답: "I'm sure of that."이 맞다.)

   d. David is apparently a robot, or, you know, a gynecologist who's **aware** *of*
      all the horrible ways pregnancy can go wrong. (데이빗은 로봇 같다. 아니면,
      임신이 잘 못 될 수 있는 그 모든 무서운 과정들을 알고 있는 산(부인)과
      의사 같단 말이야.)

   e. Therefore no one will be declared righteous in his sight by observing the
      law; rather, through the law we become **conscious** *of sin*. (그러므로 아무도
      그 법을 준수함으로써 스스로 정의로워지는 일은 없을 것이다. 그 보다는
      오히려 그 법을 통하여 우리는 죄를 의식하게 된다.)

   f. To be **ignorant** *of what occurred before you were born* is to remain always
      a child. (태어나기 전에 일어난 일을 모르는 것은 항상 어린애의 상태로 있
      는 것과 같다.)

   g. I'm {**sick/tired**} *of being manipulated by people*. (난 사람들에게 조종당하는
      {것이 지겹다/데에 지쳤다}.)

   h. She looks **assured** *of being elected CEO next year*. (그는 내년에 CEO로
      선출될 자신이 있는 것처럼 보인다.)

   i. Internet marketing tools list compiled by Marketer's Black Book is now
      provided **free** *of charge* online. (마케터 블랙 북에 의해 수집 편찬된 인터넷
      마케팅 도구 리스트가 이제 온라인에서 무료로 제공된다.)

(1a)의 fond나 (1b)의 afraid는 2항 술어가 되는 것이 특히 투명하여 각각 "They
like each other."나 "I don't **fear** challenges."에서의 타동사 like나 fear와 같은 의미
를 나타낸다.[11]

---

[11] afraid는 to부정사 보어를 취할 수도 있다. "I'm afraid *to say* that he will be fired.(안 됐지만
아마도 그는 해고될 거다.)" 또는 바로 that절 보어를 취할 수도 있다. "I'm afraid *that he*

(i)의 "free of charge (무료로/무비용으로)"는 형용사 관용구로서 (is) provided의 보어로 쓰이고 있다.[12]

(ii) about 전치사구 보어를 거느리는 형용사들

(2) a. Why should you be **concerned** *about air pollution*? (왜 공기오염에 관심을 가져야 하는가?)

b. 14,000 Things to be **Happy** About. (14,000 가지 행복한 일/행복하게 느껴야 할 14,000가지 일/기뻐해야 할 일 14,000 가지.)

c. We are **pleased** *about the release of SF ‐ Karu*. (우리는 SF "카루"의 개봉을 기쁘게 생각한다.)

d. Customers feel **delighted** *about free trial versions*. (고객들은 무료 시험 버전에 대해 호감을 느낀다.)

e. I am angry about everything! Everything irritates me and upsets me, to the point that I'm never happy. (나는 모든 것에 화가 난다. 모든 것이 나를 짜증나게 만들고 나를 화나게 만든다. 내가 결코 행복하지 않다는 정도로.)

f. I am very {**optimistic/pessimistic**} *about the future of the department*. (나는 과의 미래에 {낙관적/비관적}이다.)

(2b)의 "to be happy about"은 앞에 있는 명사 14,000 things를 수식한다. "We are **happy** *about 14.000 things*.(우리는 14,000 가지 일에 {기뻐한다/행복해 한다}.)" 라고 하면 happy가 about 전치사구 보어를 거느리는 것이 더 뚜렷하게 보인다.

---

will be fired.(그가 해고될지도 모르겠다.)") 그러나 fond는 이렇게는 쓰이지 않는다. *~~*I am fond to say ~, *~~I am fond that~~* ~ 등은 비문이다. 그 이하 of 전치사구 보어를 거느리는 형용사 aware, conscious, ignorant 등 "알다/모르다"를 의미하는 인지형용사들도 that절 보어를 취할 수 있으나 to 부정사 보어는 취할 수 없다. I aware that ~ vs. *~~I am aware to say~~* ~, I am conscious that ~ vs. *~~I am conscious to say~~* ~, I am ignorant that ~ vs. *~~I am ignorant to say~~* ~ 등등.

[12] 다른 예로 They are available *free of charge* at any community center.(그것들은 커뮤니티 센터에 가면 무료로 얻을 수 있다.) 같은 것을 들 수 있는데 이때 *free of charge*는 단순히 available을 수식하는 부사이다. 같은 관점에서 예문 (1h)의 *free of charge*도 부사로 볼 수도 있다. 그러나 The concert is free of charge.(그 콘서트는 무료다.) Shopping bags are no longer free of charge these days.(요즘 쇼핑백은 더 이상 무료가 아니다.) 등에서 free of charge는 분명히 형용사다.

(iii) at 전치사구 보어를 거느리는 형용사들

(3) a. *What* are some things that you are **good** *at*? And what are *some things that
you are not so* **good** *at*? (당신이 잘 하는 것들이 무엇인가? 그리고 그리
잘 하지 못 하는 것들은 무엇인가?)

b. Are you **good** *at swimming*? (수영을 잘 하는가?)

c. She was **angry** *at me* for forgetting her birthday. (그녀는 자기 생일 잊어버린
일로 나에게 화를 냈다.)

d. Why were many northerners **surprised** *at the outcome of the Battle of Bull
Run*? (왜 많은 북부사람들이 불 런의 전투의 결과에 놀랐는가?)

e. "I have always been **delighted** *at the prospect of a new day, a fresh try,*
one more start, with perhaps a bit of magic waiting somewhere behind the
morning..." Joseph Priestley (나는 아침의 뒤 어딘가에서 요술과도 같은 기
다림으로, 하나의 새로운 시도, 또 한 번의 시작을 하는, 하루의 새 날의
전망에 항상 기뻐했다.--조셉 프리스틀리)

감정표현을 나타내는 angry, delighted, surprised 등은 at 이외에 다른 전치사들
을 서느릴 수노 있다. She was **angry** {at/with} me. Many people are **angry**
{about/over} the tax increase. They feel **delighted** {at/about/by} the prospect. They
were surprised {at/about/with/by} the outcome. at은 범위를 좁혀 구체적인 대상을
지목하고, about은 느슨하게 잡은 목표를 나타내고, with는 상호관계에서 오는 감
정을 암시하고, by는 감정의 원인제공자를 부각시키는 경향이 있다. angry at이나
angry with는 사람 또는 사태에 대하여 나쁜 감정을 표시하는 같은 뜻이지만 angry
about/over는 어떤 문제를 놓고 감정표시를 할 때 사용한다.

(iv) to 전치사구 보어를 거느리는 형용사들

(4) a. What tradition in other countries is **similar** *to the siesta*? (다른 나라의 무슨
전통이 시에스타와 비슷한가?)

b. The course outline is a draft plan and **subject** *to change*. (코스 윤곽은 시안이
고 (그래서) 수정될 수 있다.)

c. All rooms are $100 a night, **subject** *to availability*. (모든 방(값)은 일박에

100 달러이고 이용가능성의 조건에 따른다.)

d. Food and beverage items are **subject** *to availability*. Goods sold are not refundable. No foreign currency will be accepted on domestic flights. (음식과 음료수들은 재고(유무)의 조건에 따릅니다. 판매된 상품은 반품이 가능하지 않습니다. 외환은 국내선에서는 받지 않습니다.)

d. During the typhon, many buildings along the beach were **subjected** *to 40 kilometer-per-hour winds*. (태풍이 부는 동안 해변의 많은 건물들이 시속 40 킬로의 바람에 노출되었다.)

(v) with 전치사구 보어를 거느리는 형용사들

(5) a. Do you ever get **bored** *with eating out* all the time? (항상 외식을 하는 데 대해 지겹게 느낀 적이 있는가?)

c. **Angry** *with big banks*, an ice cream store owner opened a bank of his own. (대형 은행에 화가 난 나머지 한 아이스크림 가게 주인이 자기 소유의 은행을 개점했다.)

d. Harry is profoundly **disappointed** *with Dark Knight Rises*! (해리는 『Dark Knight Rises(어두운 기사 일어나다)』에 깊이 실망하고 있다.)

e. Are you too much **distressed** with your hair loss problem? (머리털이 빠지는 문제로 너무 고민이 많으십니까?)

f. The doctrine that mental states are **identical** *with physical states* was defended in antiquity by Lucretius and in the early modern era by Hobbes. (상태는 육체적 상태와 동일하다는 이론은 고대에는 루크레티우스에 의하여 그리고 근대에는 홉브스에 의하여 옹호되었다.)

g. I don't think silence is **equivalent** *with approval*. But I do think the argument that it is, is a subtle manipulation to control other people and make them get involved in things they'd rather just stay out of. (나는 침묵이 동의와 같다고 생각하지 않는다. 그 둘이 같다고 주장하는 것은 다른 사람들을 조종하여 그들이 관여하고 싶지 않은 문제에 끼어들게 만드는 교묘한 조작행위라고 생각한다.)

(vi) by 전치사구 보어를 거느리는 형용사들

(6) a. Why are so many people so **fascinated** *by celebrities in the news*? (왜 그렇게 많은 사람들이 뉴스에 나오는 유명 인사들에 그렇게 열광하는가?)

b. I can't hide that I was really **impressed** *by the way the platform is engineered.* (나는 플랫폼이 교묘하게 설계된 방식에 정말 감동 받았다는 것을 감출 수 없다.)

c. Lauren looked **amused** *by Frankie's antics.* (로렌은 프랜키의 익살스런 행동에 재미있어 하는 듯이 보였다.)

d. I was "born a woman and have been **distressed** *by all the needs and notions of my kind* ...."--Edna St. Vincent Millay (나는 "여자로 태어나 나 특유의 그 모든 필요한 것들과 개념들에 괴로워했다."--에드나 성 빈센트 밀레이)

(vii) from 전치사구 보어를 거느리는 형용사들

(7) a. Decaf is coffee **free** *from caffeine.* (디캐프란 카페인이 없는 커피이다.)

b. Why are sales of 'free from' foods rising? Last year £230 million was spent on products like *gluten free* bread and *lactose free* milk in the UK. But only one adult in 50 actually has an allergy. (왜 "프리 프롬(free from)" 음식의 판매량이 증가하고 있나? 작년에 2천300백만 파운드가 글루텐 프리 빵과 락토스 프리 우유와 같은 제품에 소비되었다. 그러나 실제로 앨러지가 있는 사람은 50명 중 한 사람밖에 안 된다.)

c. We've become increasingly **disconnected** *from family, friends, neighbors, and the democratic process.* (우리는 가정에서부터, 친구로부터, 그리고 민주주의 절차에서 점차로 단절되어 왔다.)

d. "Americans are increasingly **alienated** *from society and each other*," the new book by Robert Putnam concludes. ("미국사람들은 사회와 서로서로로부터 점차로 더 소외되어 간다."고 로버트 푸트냄의 새 저서가 결론을 내린다.)

e. Cuba does not agree that economics can be **separated** *from politics*, and understands that they always go together. (쿠바는 경제가 정치에서 분리될 수 있다는 데 동의하지 않으며, 그 둘은 항상 같이 간다고 이해한다.)

f. Not to know at large of things **remote** *from use*, obscure and subtle, but to know That which before us lies in daily life, is the prime wisdom.--John Milton (잘 사용하지 않는, 불분명하고, 미묘한 것들에 대해 대충 아는 것보

다 우리 앞 일상에 있는 것을 아는 것이 중요한 지혜이다.--존 밀턴)

g. I laugh, I love, I hope, I try,

I hurt, I need, I fear, I cry.

And I know you do the same things too.

So we're really not that **different**...me and you.

(그러니 우린 정말 그렇게 다르지 않아...나와 너.)

(a) free from은 앞에 나온 free of와 같다. "~에서 해방되었다"는 것은 "~이 없다"는 뜻이다.

(b) 'free from'은 (a)의 "coffee <u>free from caffeine</u>(카페인을 제거하여 그것이 없는 커피)"와 같은 표현에서 나온 것이다. free와 from을 붙여 마치 한 단어처럼 사용하고 있다. 그러나 이는 아직 한 단어가 된 것은 아니어서 따옴표를 한 것이다. 그리고 free를 마치 접미사처럼 명사에 붙여서 "caffeine-free(카페인 없는)", "fat-free(기름을 뺀)", "lactos-free(락토스 없는)" 등의 합성 형용사(compound adjective)가 만들어지기도 한다.

(f) "remote from use"는 앞에 있는 things를 수식한다. "사용에서 멀다, 멀리 떨어지다"는 말은 "잘 사용하지 않다 보니 거의 없어지다"는 뜻이다.

(g)에서의 different 다음에는 from each other가 생략되었다.

(viii) for 전치사구 보어를 거느리는 형용사들

(8) a. Business leaders hit back at Obama after he says the wealthy aren't **responsible** *for their own success.* (부유한 사람들은 자기들이 잘 해서 성공한 것이 아니라고 오바마가 말한 후에 비지너스 지도자들은 그를 {비난/비판}한다.)

b. "For from the least to the greatest of them, everyone is **greedy** *for unjust gain*; and from prophet to priest, everyone deals falsely."--Jeremiah (최악에서부터 최고까지 모든 사람은 부정한 이득에 욕심을 낸다. 예언자에서부터 사제에 이르기까지, 모든 사람들은 허위의 거래를 한다.)

c. Is coffee **bad** or **good** *for your health*? (커피는 건강에 나쁜가, 좋은가?)

(ix) in 전치사구 보어를 거느리는 형용사들

(9)　a. Gabby Douglas' parents say that she is **rooted** *in faith.* (개비 더글러스의 부모는 그녀는 신앙심에 뿌리를 내리고 있다고 말한다.)

　　b. We have been **engaged** *in an ongoing dialog with the advanced, organized section of our class in the UK.* (우리는 영국의 우리 계급의 진보적이고 조직적인 계층과의 계속적인 대화에 종사해 왔다.)

　　c. How can I feel more **confident** *in situations that make me feel unsafe?*(어떻게 나는 나를 안전하지 않게 느끼게 만드는 상황에 좀 더 자신감을 느낄 수 있는가?)

4.3.4 that절 보어를 취하는 형용사들

전치사구 보어를 거느리는 형용사들은 대체로 that절 보어를 거느릴 수 있는 또 하나의 용법이 있다.

(1)　a. I am {sure/certain/confident} that your dream will come true. (나는 너의 꿈이 실현될 것을 확신한다.)

　　b. We were really {happy/glad/pleased} that you dealt with it yourself. (우리는 네가 스스로 그 문제를 처리한 데 대해 정말 기쁘다.)

　　c. We are **happy** *that you have invited our company, Rhodes International, to take part in the bidding for your proposed project regarding the construction of a new wing in your office headquarters.* (우리는 선생님의 사무실 본부의 새 동의 건설에 대한 선생님의 제안된 프로젝트의 입찰에 응하도록 우리 회사를 초청해 주신 것을 기쁘게 생각합니다.)

　　d. To be sure, we do feel **certain** *about a lot of our beliefs.* We are, for example, **certain** *that we live in a physical world external to our mind.* We are **certain** *that we have or have had parents.* We are **certain** *that we will die someday.* It would be hard seriously to doubt any one of these beliefs. (분명히, 우리는 우리가 가진 많은 신념에 대하여 정말 확실하다고 생각한다. 우리는 우리가 우리 마음 밖의 물리적 세계에 살고 있다고 확신한다. 우리는 우리에게 부모가 있거나 있었다고 확신한다. 우리는 우리가 언젠가는 죽을 것이라고

확신한다. 이런 신념 중의 어느 하나라도 심각하게 의심을 한다는 것은 어려운 일이다.)

glad, happy, pleased, sorry 등이 that절 보어를 바로 취하는 대신 to부정사 보어를 취하기도 한다.

(2) a. I am {happy/glad/pleased} *to inform* you that we have decided to accept your proposal. (우리가 귀하의 제안을 수락하기로 결정했음을 알려 드리게 되어 기쁩니다./알려드리는 바입니다.)
   b. We are sorry *to inform* you that we cannot deliver the auditing forms you requested from us. (요청하신 오디션 양식을 보내드릴 수 없음을 알려드립니다.)

happy, pleased 등은 좋은 소식을 알려줄 때 사용하고 sorry는 좋은 소식이 아닐 때 사용한다.

4.3.5 외치 that절을 보어로 취하는 형용사들

아래 예문에 나오는 certain, likely, improbable 등 형용사들은 that절 주어를 취할 수도 있고, 허사 주어 It을 하용하고 that절을 외치시키는 구문을 형성할 수도 있다.

(3) a. It is {certain/uncertain} that the train will arrive on time.
   b. It is uncertain whether the new method is more effective than the standard therapy. (새로운 방법이 표준 치료법보다 더 효과적인지는 불확실하다.)
   c. In my estimation, it is not plausible that the original intelligent agent is a natural entity. (나의 평가로는 원초의 지능적 작인이 자연적 실체라는 것은 {그럴듯하지 않다/개연성이 없다}.)
   d. It is improbable that they will return to farming as a sole source of income. (그들이 유일한 수입원으로 농업에 돌아올 것이라는 것은 있을 법하지 않다.)

i. This study addresses the question of whether it is **plausible** that fair trade will have a positive impact on conflict prevention. (이 연구는 공정무역이 갈등의 예방에 긍정적인 영향을 미칠 것이라는 것이 {개연성이 있는가/그럴 듯한가} 하는 문제를 다룬다.)

어떤 사태가 일어날 가능성 또는 확률의 정도를 의미하는 형용사들을 가장 확실한 것에서부터 불가능한 것까지 차례로 나열하면 다음과 같다. certain, likely, plausible, probable, implausible, improbable, unlikely, uncertain, impossible.[13]
끝으로, 수가 많지는 않지만 명사구 보어를 거느리는 형용사도 있다.

(4)   a. In my view, his proposal is **worth** *examining carefully*. (제 의견으로는 그의 제안은 찬찬히 검토해 볼만한 가치가 있습니다.)

b. The restaurant is certainly **worth** *a visit*. (그 레스토랑은 확실히 한 번 가볼 만한 가치가 있다.)

c. Zuckerberg's Facebook stake is **worth** *at least $16 billion*. (주커버그의 페이스북 주 보유분은 적어도 160억 달러의 가치가 있다.)

d. A bird in the hand is **worth** *two in the bush*. (손 안에 새 한 마리는 숲속의 새 두 마리의 가치가 있다.)

d. You are **due** *$500* this month. (이번 달에 500달러를 내야 합니다.)

e. Five hundred dollars is **due** (*to*) *him*. (오백 달러가 그가 낼 돈이다.)

f. He is {just **like**/**unlike**} *his father*. (그는 {꼭 자기 아버지를 닮았다/자기 아버지를 안 닮았다.})

---

[13] 확실성 또는 불확실성을 나타내는 표현들은 이 외에도 그 정도에 따라 여러 가지가 있다. (i) 긍정적인 판단(affirmative judgement)을 나타내는 표현들: It is certain(확실하다), It is decidedly so(결정적으로 그렇다), Without a doubt(의심의 여지가 없다), Yes; definitely(그렇다 정말 확실히), You may rely on it(믿어도 좋다), As I see it, yes(내가 보기에 그렇다), Most likely(상당한 개연성이 있다), Outlook good(전망이 좋다), Yes(그렇다), Signs point to yes(조짐으로 보아 그렇다). (ii) 판단유보(non-committal)에 해당하는 표현들: Reply hazy, try again(안개속이다, 다시 해보라), Ask again later(다음에 다시 문의하라), Better not tell you now(지금 말하지 않는 것이 더 좋겠다), Cannot predict now(지금 예측할 수 없음), Concentrate and ask again(집중해서 다시 문의하라). (iii) 부정적 판단(negative judgment)에 해당하는 것: Don't count on it(믿지 말 것, 신뢰하지 말 것), My reply is no(내 대답은 "아니"다), My sources say no(내 정보에 의하면 "아니"다), Outlook not so good(전망 그렇게 좋지 않음), Very doubtful(매우 의심스러움).

g. He was **busy** *throwing away useless books* all day yesterday. (그는 쓸데없는
책들을 내다버리느라고 어제 하루 종일 바빴다.)

worth는 명사구 또는 ing분사를 보어로 취하고 due와 like/unlike는 명사구 보어를
거느린다. 마치 타동사나 타전치사가 목적어를 취하듯이 이 형용사는 명사구 보어
를 취한다. 이런 의미에서 이 형용사들은 **타형용사**(transitive adjective)라고 부를
수 있다. worth와 달리 due는 (e)예문이 보여주는 바와 같이 "돈을 낼 사람 또는
빚을 진 사람"이 보어 자리에 올 수도 있다. busy는 반드시 ing 분사만 보어로 취할
수 있다. She was busy doing homework. vs. *~~She was busy homework~~*. 따라서 busy
는 worth와도 다르고, due, like 등과도 다른 특이한 형용사 유형라고 볼 수도 있다.

4.4 맺는 말

형용사가 서술어가 되려면 연결동사 be 동사의 보어가 되어야 한다. 따라서
형용사가 술어가 되는 문장은 모두 be가 본동사인 구문이다. be 동사는 통사적으
로 필수요소이지만 의미적으로 무내용한 것이어서 형용사의 유형 분류에는 아무
역할도 하지 않는다.

형용사 유형의 기준은 동사의 유형의 기준과 유사하나 다른 점들도 있다. 주어
가 보통 주어인가, 통제 주어인가에 따라 **통제 형용사**와 **상승 형용사**로 나누어지는
것은 동사의 경우와 같다. 그러나 형용사가 직접목적어를 취하지 않기 때문에
통제/상승 타동사에 해당하는 형용사 유형은 없다. 그 대신 동사 유형에는 없는
Tough 형용사의 유형이 있다.

형용사가 전치사구 보어를 거느릴 수 있고 that절 보어를 거느릴 수 있는 점은
동사와 같다. 전치사구 보어의 선택은 어느 정도는 형용사의 의미에 따라 정해질
수 있으나 의미만으로 무슨 전치사가 오는지 확실하게 예측하는 것이 가능하지는
않아 이에 대해 규칙성을 세우는 데 한계가 있다. 따라서 개별적인 형용사의 어휘
적 속성으로 다루어야 한다.

제5장

명사의 성질과 유형
가산성과 불가산성

셀 수 있는가 없는가를 기준으로 명사를 **가산명사**와 **불가산명사**로 분류한다. book, girl, pebble 등은 셀 수 있는 명사라고 해서 가산명사이고 paper, meat, water 등은 셀 수 없다고 하여 불가산명사라고 한다. 이런 예들은 가산성과 불가산성의 차이가 분명한 듯하다. 그러나 그 차이가 불투명해 보이는 경우들도 있다. 예컨대 information(정보)이나 furniture(가구)가 불가산명사인 이유가 무엇인지 얼른 머리에 들어오지 않는다. *~~an information~~이나 *~~many informations~~는 비문이다. 그런가 하면 waste(낭비)가 가산명사인 이유가 무엇인지도 쉽사리 머리에 들어오지 않는다. It is <u>a</u> total *waste* of time.(그것은 전적으로 시간낭비다.)이 정문이고 *~~It is~~ total waste ~~of time~~.은 비문이다.

왜 vegetable은 가산명사이고 fruit은 불가산명사일까? Rain은 가산명사일까, 불가산명사일까? Snow는? 복수 rains나 snows는 무엇인가? a back pain(허리통증), a headache(두통), a stomachache(복통) 등은 가산명사로 쓰이는데 heartburn(배앓이, 가슴앓이, 배탈), arthritis(관절염), pneumonia(폐렴) 등은 왜 불가산명사로만 쓰이는가?

Study는 가산명사로 흔히 쓰이는데 research는 왜 가산명사로 쓰이지 않는가? This is {a careful study/*~~careful study~~} of the causes of Alzheimer's disease.(이것은 알츠하이머병의 원인에 관한 주의 깊은 연구이다.) She conducts {research/*~~a research~~} into the causes of Alzheimer's disease.(그는 알츠하이머병의 원인을 규명

하는 연구를 수행한다.)

명사의 수에 대한 이와 같은 의문점과 궁금증은 한두 가지가 아닐 것이다. 이런 상황에서 명사를 가산명사와 불가산명사로 기계적으로 분류하고 dog, book, waste 등은 가산명사에 속하고, information, furniture, research 등은 불가산 명사에 속하는 것이니 그렇게 익히라고만 하는 것은 별 도움이 되지 않는다. 명사의 수의 개념을 확실히 이해하기 위해서는 다양한 용례를 가지고 새로운 각도에서 차근차근 기본부터 검토할 필요가 있다.

그런데 서두에서부터 강조해 둘 사항이 있다. 첫째, 가산명사와 불가산 명사의 구분은 고정불변한 것이 아니라 문맥과 의미에 따라 가변적이다. 명사는 문맥과 의미에 따라 불가산명사로도 쓰이고 가산명사로도 쓰일 가능성이 열려 있다.

둘째, 영어 명사의 셈법은 수학적 계산법과 일치하지 않는다. 만약 그것이 산술적 개념과 일치한다면, 명사의 수가 영문법의 한 가지 중요한 문제로 거론될 필요조차 없을 것이다. 가산과 불가산의 구분은 영어 특유의 의미적 성질로서 영어 고유의 사고방식으로 이해하지 않으면 안 될 부분들이 있다.

5.1 명사 가산성의 조건: 원자적 개체 (Atomic Individuals)와 내재적 경계 (Inherent Bounds)

가산명사와 불가산명사의 근본적 차이는 **개체화**(individuation)의 가능성 여부에서 온다. 가령 가산명사 "apple"은 개체화의 가능성이 있어서 개별적으로 낱개의 사과로 이해될 수 있다. 낱개의 사과 하나는 단수 명사이고 낱개의 사과가 둘 이상이면 복수의 사과가 된다. 대조적으로 불가산명사 "water"는 개체화될 수가 없어 개별적으로 낱개의 물로 이해될 수 없다. 물은 전체적으로 적고 많은 양으로 인식될 수 있으나 낱개의 물이 둘 이상 모여 복수의 물로 인식되는 것이 아니다.[1]

---

[1] 물방울(a drop of water 또는 a water drop)은 낱개로 인식될 수 있다. 물방울들(drops of water, water drops)이 모여 실개천이 되고 실개천들이 모여 강이 될 수 있다. 그러나 이때 낱개로

"apple"을 개체화가 가능한 사물로 인식할 수 있는 것은 복수의 사과들이 모두 사과라는 동일한 **원자**(atom)들로 이루어져 있다고 인식되기 때문이다.[2] 즉 "ten apples"는 10개의 사과 즉 10개의 동일한 원자로 이루어진 무리이다. 이 무리는 더 작은 무리들로 나눌 수 있고 가장 작게 나누면 한 개의 사과로 이루어진 10개의 무리가 된다. 그것을 더 나누게 되면 사과의 모양과 크기가 파괴되어 더 이상 사과라고 할 수 없게 되기 때문에 사과 10개의무리를 10개의 사과로 나눌 수 있는 것이 사과의 무리를 나눌 수 있는 한계이다. 이와 같이 하나의 사물을 하나의 원자로 이해할 수 있을 때 우리는 그것을 **원자적 개체**라고 부른다. 한 사물이 원자적 개체로 이해될 수 있을 때 가산명사가 된다.[3]

그러나 "water"는 개체될 수 없다. 사과 한 개를 더 나누면 더 이상 온전한 사과가 아니지만 물은 계속 나누어도 여전히 물이다. 낱개의 물이란 상상할 수가 없고 낱개의 물이 모여 복수의 물이 된다는 것도 생각할 수 없다. 물은 원자적 개체가 아니기 때문이다. 이런 성질을 가진 것이 불가산명사가 된다.

사과가 원자적 개체가 되는 것은 그것이 **고유의 형태와 성질과 크기를 가지고 있기 때문이다.** 다시 말하면 원자적 개체인 사과는 사과 고유의 **내재적 경계**가 있다. 그것 때문에 사과는 사과가 아닌 모든 다른 사물들과 구별될 수 있다. 단수의 사과는 하나의 사과 원자이고 복수의 사과는 **사과 원자들의 집단**이라고 말할 수 있다. 이런 집단은 **동질 집단**(homogeneous aggregate)이라고 부른다.

복수 가산명사가 "동일한" 원자들로 이루어져 있다고 말할 때 "동일하다"는 것은 두 가지 다른 의미가 있다. 첫째, 그것은 글자 그대로 "동일한" 사물이라는 뜻이다. 동일한 사물 두 개 이상을 복수 가산명사로 표현한다. 한 마리의 참새는 단수 명사 sparrow로, 두 마리 이상의 참새들은 복수 명사 sparrows로 표현한다.

인식되는 것은 물의 방울이지 물 자체가 아니다. 물방울은 개체화될 수 있으나 물은 개체화 될 수 없다. 불가산명사의 양을 표현하는 방식에 대해 곧 다루게 된다.

[2] 이 부분은 주로 Huddleston & Pullum (2002)의 설명을 참고하였다. (그 책 335쪽 참조)

[3] 여기서 "원자적"이라는 개념은 화학이나 물리학에서 말하는 "원자" 개념과는 전혀 다르다. 화학적으로 물이나 모래는 원자가 아닐 뿐만 아니라 원소도 아니다. 물은 산소와 수소 원소로 되어있는 화합물이고 모래는 규소 등 여러 원소들로 이루어져 있는 작은 암석 알맹이다. 사과나 책이 화학적으로 원소가 아님은 더 말할 나위가 없고 원자는 더더욱 아니다. 영어특유의 수의 논리를 설명하기 위하여 "원자"라는 용어를 편의상 쓰고 있을 뿐이다. 여기서 "원자"는 물리학의 개념이 아니라 영어토박이의 상식적(folklore) 개념이다.

이 때 복수 명사 sparrows는 "동일한" 참새 원자들의 집안을 뜻한다.

둘째, "동일한 원자"는 "동일한 종류"의 사물이라는 뜻도 된다. 가령 참새 한 마리와 비둘기 두 마리의 집단은 동일한 사물은 아니지만 동일한 종류의 사물의 집단으로 인식될 수 있다. 참새도 새의 한 종류이고 비둘기도 새의 한 종류이므로 그 집단을 "세 마리의 새"라는 복수명사로 표현할 수 있다. 그 집단은 동일한 새의 원자들로 구성된 동질집단이다. 그 집단은 <복수의 새> "birds"가 되는 것이다.

사자, 쥐, 개구리, 도마뱀 등은 서로 "동일한 사물"은 아니지만 "동일한 종류"의 사물들로 구성된 무리를 이룰 수 있다. 사자도 동물이고 쥐도 동물이고, 개구리와 도마뱀도 동물이므로 animals는 같은 종류의 사물 동물 원자들로 이루어진 동질 집단이다.

이와 같이 모든 가산명사의 공통적인 특징은 그 사물이 원자적으로 개체화될 수 있다는 점이다. 개체화될 수 있기 때문에 그 개수를 낱개로 셀 수 있게 되는 것이다. 이런 의미에서 단수 가산명사는 **원자적 개체(atomic individuals)"**이고, 복수 가산명사는 **원자적 동질 집단(atomic homogeneous aggregate)**이라고 정의할 수 있다. 복수명사는 반드시 동일한 사물 또는 동일한 종류의 사물들로 이루어진 무리 즉 원자(들)로만 이루어진 동질 집단이다. 복수 animals는 animal 원자로만 이루어진 동질 집단이다. 동물이 아닌 장미나 돌이 섞이면 그것은 animals가 아니다.

불가산명사는 원자적 개체가 아니기 때문에 개체화가 불가능하다. 그렇기 때문에 그것을 낱개로 나눌 수 없고 둘 이상 모아 복수를 만들 수 없다. 물 자체가 그대로 동질집단으로 느껴질 뿐 그 집단을 나누고 나누어서 "물의 원자"의 수준으로까지 분리시키는 것이 불가능하다. 물은 그 형상과 성질은 있지만 그 크기를 정할 수가 없다. 그 때문에 물은 사과나 비둘기처럼 그 **내재적 경계를 정할 수가 없다.** 물에는 가산명사의 셈법이 적용될 수 없다. 그와 같은 것이 불가산명사이다.

5.2 추상명사 (Abstract Noun): 개체화 불가능성

　일정한 시공간 속에 존재하는 실체를 나타내는 명사가 **구상명사**(concrete noun)이다. 구상명사는 전형적인 가산명사이다. 이에 비해 **추상명사**는 시공간 속에 실재하는 사물이 아니다. 시공간 속에 존재하지 않는 추상명사는 눈에 보이는 것도 아니고 귀에 들리는 것도 아니며 손으로 만질 수 없다. 추상명사는 추상적 개념, 상황, 상태 등을 나타내는 전형적인 불가산 명사이다. happiness(행복), beauty(아름다움), justice(정의), honesty(정직), diligence(근면)와 같은 추상명사는 사과나 개나 자동차와 같은 구상명사처럼 일정한 형상과 성질을 갖춘, 현실세계에 존재하는 일정한 크기의 물리적 실체가 아니다.

　구상명사는 사물 자체를 가리키고 추상명사는 사물의 **속성**(properties)을 나타낸다. 이 때문에 구상명사는 **지시표현**(referring expression)이 될 수 있으나 추상명사는 **지시표현**이 될 수 없다.[4] 예를 들어 "There was an apple on the table. I ate

---

[4] **지시**(reference, referent)의 개념에 대해서는 제6장에서 좀 더 자세히 다루게 되므로 여기서는 추상명사와 구상명사의 차이를 이해하는 범위에서 간략하게 그 개념(의 용법)만을 소개한다. 하나의 명사가 현실 세계에 존재하는 사물(=사람 또는 물건)을 **가리킬** 때 그 사물을 그 명사의 **지시**(referent)라고 한다. 그리고 그 언어표현이 그 사물을 **지시한다**(refer)고 말한다. 예를 들어, "There was a man with a small kid looking for Mary.(조그만 아이와 함께 온 어떤 사람이 메리를 찾고 있었다.)"라는 발화에는 세 인물이 등장한다. 한 사람의 남자, 조그만 한 아이, 그리고 이름이 메리인 한 여자 이렇게 세 사람이다. 이때 명사구 "a man"이 그 남자를 지시하고 명사구 "a small kid"이 그 조그만 아이를 지시하며 고유명사 "Mary"가 이름이 Mary인 그 여자를 지시한다. 그리고 명사구 "a man"의 지시는 그 남자이며 명사구 "a small kid"의 지시는 그 사람이 데리고 온 그 조그만 아이이며 고유명사 "Mary"의 지시는 그 남자가 찾고 있었던 그 여자이다. 이런 상황에서 "Mary"와 "a man"과 "a small kid"을 **지시표현**이라고 한다. "There"와 같은 허사, "was"나 "looking for"같은 동사, "with"와 같은 전치사, "not"과 같은 부정어 등은 누군가를 또는 무엇인가를 지시하는 표현이 아니다. 그래서 그 표현들은 지시표현이 아니다. 명사구는 흔히 지시표현으로 사용되지만 명사구라고 해서 항상 지시표현인 것은 아니다. 문맥에 따라 명사구도 지시표현이 아닐 수 있다. 가령 "John is a man, not a kid.(존은 아이가 아니고 어른이다.)"라는 발화에 a man과 a kid은 지시표현이 아니고 John만이 지시표현이다. 이 발화가 묘사하는 상황에 등장하는 인물은 오직 존이라는 남자 한 사람뿐이다. 고유명사 "John"이 바로 그 남자를 지시한다. 그러나 "a man"과 "a kid"은 어떤 어른과 어떤 아이를 지시하는 것이 아니라 이름이 존인 한 남자의 한 속성을 나타낼 뿐이다. "John is full-grown, not childish."에서 형용사 "full-grown"이나 "childish"가 **서술어**이듯이 "a man"과 "a kid"도 그 문맥에서 서술어이다. 일반적으로 the man, the kid 등 한정명사구는 항상 지시표현으로 사용되지만 a man, a kid 등 부정명사구는 문맥에 따라 지시표현으로 사용되기도 하고 서술어로 사용되기도 한다.

the apple."라는 발화에서 구상명사구 "an apple"과 "the apple"은 식탁 위에 있는 한 개의 사과, 내가 먹은 한 개의 사과를 지시하는 지시표현이다. 그것은 일정한 시공간을 차지하는, 현실에 존재하는 물리적 실체이다. 따라서 우리는 그것을 감각기관으로 직접 경험할 수 있어서 "this apple, that apple" 등의 표현으로 지목할 수도 있다. 그러나 다음 예문에 나오는 justice, honesty, diligence 등 추상명사는 사람의 머리속에서 생각하거나 느낄 수 있는 개념, 상황, 상태이다. 그것들은 시공간을 차지하는 물리적 실체가 아니기 때문에 지시표현이 될 수 없다.

(1) a. They failed to achieve <u>justice</u> for all people. (그들은 만인을 위한 정의를 달성하는 데 실패했다.)
  b. <u>Honesty</u> is the best policy. (정직은 최선의 정책이다.)
  c. Some people think that success comes from diligence while others agree that success has no link with <u>diligence</u>. (성공은 근면에서 온다고 생각하는 사람도 있고 성공은 근면과 아무 관계가 없다는 데 동의하는 사람도 있다.)
  d. <u>Diligence</u> is the mother of good luck. (근면은 행운의 어머니이다.)

justice는 <정의, 공정함>, honesty는 <(사람의 행동이나 성품이) 정직함>, diligence는 <근면함> 등 사람의 성품 또는 속성을 나타내는 표현이다. apple, car와 같은 사물을 나타내는 구상명사에 대해서는 "this apple, that apple, this car, the car over there"처럼 그 사물을 지목하면서 말할 수 있지만, 속성을 나타내는 추상명사는 지시표현이 될 수 없어 "이 정의, 저 정의, 이 정직함, 저 정직함, 이 근면함, 저 근면함" 하는 식으로 지목할 수 없다. 지시표현이 될 없는 추상명사는 개체화 할 수 없다. 개체화할 수 없는 추상명사는 수로 계산할 수 없다. 그러므로 추상명사는 반드시 불가산명사가 된다. 따라서 *one beauty(한 개의 아름다움), *two beauties(두 개의 아름다움), *three justices(세 개의 정의), *four honesties(네 개의 정직), *five diligences(다섯 개의 근면) 하는 식으로 추상명사를 헤아리는 것은 불가능하다.
  구상명사와 추상명사의 차이를 다음 표로 요약할 수 있다.

성질 종류	지시 (referent)	개체화 가능성 Individualizable or Not?	복수 가능성 Plural or Not?	가산성 Countable or Not?	예
구상명사	Yes	Yes	Yes	Yes	apple, book, car, kid, man 등등.
추상명사	No	No	No	No	happiness, beauty, justice 등등

이와 같이 추상명사는 지시표현이 아니고 개체화 가능성이 없으며 복수 형태로 나타날 수 없는 전형적인 불가산명사이다. 그러나 추상명사라 할지라도 의미가 바뀌고 문맥이 달라지면 구상명사로 바뀔 수 있다. 실제로 표에 나타난 세 가지 예 beauty, justice, happiness는 모두 구상명사로 사용될 가능성이 있다. "She was one of the great *beauties* of her time.(그녀는 당시 대단한 미인 중의 한 사람이었다.)"에서 beauty는 <미인>의 뜻으로 가산명사로 쓰였고 "She is *a justice* of the state supreme court.(그녀는 주대법원 판사이다.)"에서 justice는 <법관, 판사>의 뜻으로 역시 가산의 구상명사이다. 드물지만 happiness도 "I wish you *every happiness*.(나는 당신이 행복하기를 빕니다.)"와 같은 문맥에서 <행복한 경험>의 뜻을 가진 구상명사로 쓰인다.

추상명사와 구상명사의 개념적 차이를 잘 이해하는 것이 중요하지만 추상명사는 문맥에 따라서는 언제나 가산의 구상명사가 될 수 있는 가능성이 있다는 것을 이해하는 것도 중요하다. 추상명사는 불가산명사로 사용될 때와 가산명사로 사용될 때 의미의 차이가 있다. 이 점을 염두에 두고 다음 몇 가지 추상명사들의 용법을 살펴본다.

(i) Ambiguity, (ii) Analysis, (iii) Attack, (iv) Comfort, (v) Cuisine, (vi) Culture, (vii) Development, (viii) Difficulty, (ix) Injustice, (x) Influence, (xi) Innovation, (xii) Life, (xiii) Rape, (xiv) Rebellion, (xv) Society, (xvi) Structure, (xvii) Temperature. (xviii) Act, action, activity, behavior 등 행동, 행위를 표현하는 명사, (xiv) Disease, ache, pain 등 질병, 통증을 표현하는 명사, (xx) Language와 literature, (xxi) Pleasure, displeasure, fun 등 즐거움을 표현하는 명사, (xxii) Research, study, inquiry, investigation, work 등 연구, 조사와 관련된 명사, (xxiii) Smile, laughter, grin 등 웃음, 얼굴표정 등과 관련된 명사, (xxiv) Success와 failure.

(i) Ambiguity

불가산명사 ambiguity는 <모호성, 애매성, 중의성> 등을 의미하는 개념자체이고 가산명사 ambiguities는 구체성을 띠어 특정 상황에서 실제로 일어난 <중의적인 표현, 중의적인 발언, 애매한 표현> 등을 의미하게 된다.

(2) a. The problem of *ambiguity* arises when the system produces more than one interlingua representation for a single input sentence. (시스템이 하나의 입력 문장에 대하여 하나 이상의 중간언어 표상을 만들어낼 때 중의성의 문제가 일어난다.)

b. Why is Gatsby's moral *ambiguity* significant to the work as a whole? (왜 갯츠비의 도덕적 모호성이 작품 전체에 중요한가?)

c. Language *ambiguities* hinder development of education research and sometimes misrepresent its findings to both the education community and to the general public. (언어 모호성의 사례들은 교육학연구의 발전을 저해하고 때로는 교육학계와 일반 대중에게 그 연구결과를 오해하게 만든다.)

d. There are some *ambiguities* in his accounts. (그의 해명에 몇 가지 애매한 점들이 있다.)

(a)는 문제의 성격을 표현하고 (b)에서는 갯츠비의 성격을 말하는 상황이므로 추상명사 ambiguity가 적절하다. 이에 비해 (c-d)에서는 <중의적인 표현, 애매한 사항, 모호성의 사례>의 뜻으로 가산명사 ambiguities가 쓰였다.

(ii) Analysis

"analysis(분석)"을 하나의 개념으로 생각하면 추상적 불가산명사다. 그러나 그것이 분석이라는 과정 또는 활동을 구체적으로 가리키면 가산명사가 된다. 또 그러한 분석의 결과를 정리한 보고서나 논문을 가리킬 때에도 analysis는 가산명사이다.

(3) a. The complexity of the system defies *analysis*. (그 시스템의 복합성은 분석을 불가능하게 한다/그 시스템은 너무 복합적이어서 분석을 할 수가 없다.)

b. *Analysis* is the process of breaking a complex topic or substance into smaller parts to gain a better understanding of it. (분석이란 복합적인 문제 또는 물질을 더 잘 이해하기 위하여 그것을 더 작은 부분으로 나누는 과정이다.)

c. Find original *analysis*, case studies, analyst research, and technology news on business trends, strategy, innovation, tools and technologies. (독창적 분석, 사례연구, 분석자 연구, 그리고 기업경향, 전략, 혁신, 도구와 기술 등을 다루는 기술계 뉴스를 찾아보라.)

d. This chapter uses sensitivity *analysis* to examine the specific effects of social values. (이 장은 민감성 분석을 사용하여 사회적 가치들의 구체적 효과를 검토한다.)

e. They did *a* detailed *analysis* of the chance of success of the project. (그들은 그 프로젝트의 성공 가능성에 대해 자세한 분석을 했다.)

f. Monte Carlo methods have been usually carried out for *analyses* of uncertainty problems where no analytical expression is available. (분석적 표현이 없는 경우에 불확실성 문제들을 분석하기 위하여 의례 몬테칼로 방법이 사용되었다.)

g. They published *an analysis* of the main innovative financing options. (그들은 주요 혁신적 재정 선택에 대한 분석결과를 (책으로) 출판했다.)

(a-d)의 analysis는 일반적 개념으로서의 분석을 의미하는 불가산명사이고 그 이하에서 구체적인 분석사례를 의미한다. (a) defies analysis (분석을 거부한다)의 문맥에서 analysis는 어느 특정의 분석 사례를 가리키지 않고 분석 그 자체를 가리킨다. (b)의 analysis 역시 일반적인 방법론의 하나로서의 분석이다. 현실적 구체성보다는 일반적인 개념의 수준에서 본 분석이다. (c)의 analysis에 "독창적"이라는 수식어가 붙어 있을 뿐 일반적 개념 수준에서 본 분석을 말한다.[5] (d)의 sensitivity

---

[5] analyst research는 연구 자체를 일반적으로 가리키는 analysis와 같은 차원의 불가산명사이며, news는 관용적 표현으로 굳어진 명사로서 불가산명사이다. (*This* news *is* really shocking.) trends는 새로운 방향으로 가는 변화를 구체적으로 지칭한다. tools는 형상이 일정한 사물들을 지칭하는 가산명사이고 technologies는 기술 활동을 구체적으로 지칭하는 가산명사이다.

analysis는 (c)의 analysis와 같이 일반적 개념으로 이해되는 한 가지 방법(론)이다. (e)에서 analysis는 특정의 분석 작업을 지시하는 지시표현으로서 가산의 구상명사이다. (f)에서 다수의 불확실성의 문제들이 있고 그에 대한 분석 또한 다수이므로 복수의 가산명사 analyses로 표현된 것이다. (g)의 an analysis는 분석결과를 정리한 <한 편의 보고서>로서 가산명사이다.

(iii) Attack

Attack은 공격의 행동을 보편적으로 의미할 수도 있고 공격의 구체적인 사례를 지시할 수도 있다. 보편적 의미의 추상명사 attack은 지시표현이 될 수 없고 구체적 사례를 의미하는 구상명사 attack은 지시표현이 될 수 있다.

(4) a. We must always be alert to *surprise attack*. (우리는 기습공격에 대하여 항상 경계태세를 갖추고 있어야 한다.)

   b. The enemy started *a frontal attack* early in the morning. (적은 아침 일찍 정면 공격을 개시했다.)

   c. The refuge camp came under *attack* very early in the morning. (난민촌은 아주 이른 아침 일찍 공격을 받았다.)

(a)에서 surprise attack은 개념적 차원이어서 지시표현이 아니고 (b)에서 a frontal attack은 구체적인 공격의 한 사례를 가리키는 지시표현이다. 아직 발생하지 않은, 언제 있을지도 모르는 기습공격은 지시표현이 될 수 없는 추상명사이고 아침 일찍 있었던 적의 정면공격은 구상명사이다.

(c)에서 "be under attack"은 관용어이다. under 다음에는 반드시 무관사 명사가 와야 한다. 비슷한 용법으로 be under control, be under construction 등이 있다. Don't worry. Everything *is under control*.(걱정하지 마시오. 모든 것이 잘 통제되고 있어요/잘 되어가고 있어요/정상적으로 움직이고 있어요.) A new freeway *is under construction*.(새 고속도로 공사가 진행 중이다.)

(iv) Comfort

Comfort을 불가산명사로 쓰면 넓은 뜻의 편안함을 뜻하고 가산명사로 쓰면 편안함의 구체적인 사례가 되어 편안한 말이나 일을 뜻한다.

(5)   a. If you're looking for *comfort*, convenience and one of the best offerings of free amenities in the Big Apple, this is the place for you. (빅애플(=뉴욕)에서 편안함, 편리함, 그리고 최상의 무료 시설을 찾고 있다면, 여기가 바로 당신을 위한 그 장소다.)

      b. It is *a comfort* to know he is experiencing that light. (그가 그 빛을 경험하고 있다는 것을 알게 되니 위안이 된다.)

      c. It's *a comfort* to know that if your child can't come up with her own insolent remarks, clothing manufacturers are there to help. (당신의 아이가 자신의 거만한 말을 따라가지 못 한다면(=자기가 예쁘다고 주제넘은 말만 하고 다닌다면) 의복제조업자들이 (그녀를) 도와줄 수 있다는 것을 알게 되면 위안이 될 것입니다.)

(a)의 불가산명사 comfort는 넓은 의미에서의 편안함, 구체화되지 않은 일반적인 의미에서의 편안함 즉 추상명사 confort이다. (b-c)의 가산명사구 a comfort는 개별적으로 구체화된 편안한 느낌이나 편안한 일을 의미한다.

(v) Cuisine

Cuisine은 우리말의 "요리"와 마찬가지로 요리법을 의미하기도 하고 특정 요리법으로 요리한 음식을 의미하기도 한다. Chinese cuisine은 중국식 요리법을 의미할 수도 있고 중국음식을 의미할 수도 있다. 어느 의미로 해석하든 불가산명사로도 쓰이고 가산명사로도 쓰인다. 요리법 cuisine이 불가산명사로 쓰이면 특정국가나 지방의 요리기술을 전체적으로 지칭하고 가산명사로 쓰이면 여러 가지 요리방식을 개별적으로 지칭한다.

(6)　a. Louisiana Creole **cuisine** is a style of cooking originating in Louisiana, originating mainly in the Creole area of the state (the Greater New Orleans and river plantation areas) that blends African, French, Spanish, Caribbean and American **influences**. (루이지애나 크레올 요리는 루이지애나에서 유래된 요리스타일로서 주로 크레올 지역 (뉴 올레안 지역과 강 플랜테이션 지역)에서 유래되었는데 아프리카, 프랑스, 스페인, 캐리비안, 미국의 영향들을 혼합한 것이다.)[6]

　　 b. La Thai Uptown offers traditional and contemporary Thai **cuisine**. (라타이 업타운은 전통적인 타이 요리와 현대의 타이 요리를 제공한다.)

　　 c. Food is an integral part of India's culture, with **cuisines** differing according to community, region, and state. (음식은 통합된 인도문화의 일부이며 지역사회, 지방, 주에 따라 다양한 요리 방식들이 있다.)

　　(a)의 불가산명사 cuisine은 요리법을 포괄적으로 의미하고, (b)의 traditional Thai cuisine과 contemporary Thai cuisine은 전통타이음식과 현대타이음식을 각각 포괄적으로 의미한다. (c)에서는 가산명사구 cuisines를 사용함으로써 지역에 따라 다양한 특색이 있는 요리방식들이 있음을 나타낸다. 대체로 요리방식은 민족이나 지역에 따라 오랜 전통이 있고 상당한 보편성을 띠게 마련이므로 일반적 의미가 강하게 나타나기 때문이다.

(vi) Culture

　　음악, 미술, 문학 등의 활동을 포괄적으로 가리키는 <문화>의 뜻으로 culture는 불가산명사 추상명사이고 일정한 역사와 전통, 가치체계를 가지고 특정 지역에 살고 있는 사람들의 공동체를 뜻할 때 culture는 가산명사이다.

(7)　a. American *culture* today is defined by its strong liberties and unique popular culture. (오늘의 미국문화는 대단히 분방한 자유행위와 독특한 대중문화에 의해 정의된다.)

　　 b. This is the second and final part of a groundbreaking report on today's youth

---

[6] "Influences"에 대해서는 아래 (ix) 참조.

culture by David Kupelian. (이것은 오늘날의 청년문화에 대한 데이비드 쿠프리언의 혁신적인 보도의 제2부 최종회이다.)

c. A pop icon is a celebrity, character, or object whose exposure in *pop culture* constitutes a defining characteristic of a given society or era. (팝 아이콘이란 대중문화에 등장하여 한 사회 또는 한 시대의 성격을 규정하는 유명인사, 인물 또는 물건이다.)

d. Many people from different <u>cultures</u> participated in the meeting. (여러 다른 문화권에서 온 많은 사람들이 그 모임에 참여했다.)

e. The community is <u>a relatively conservative culture</u> (그 사회는 비교적 보수적 문화(권)이다.)

f. Four types of *family cultures* ‑ the Faithful, the Engaged Progressives, the Detached and the American Dreamers ‑ are molding the next generation of Americans, according to a three-year study by the University of Virginia's Institute for Advanced Studies in Culture. (버지니아 대학교 고등문화연구원의 3년에 걸친 한 연구결과에 의하면 "신념 형", "활동적 진보 형", "소극적 초연 형", "아메리칸 드림 형" 등 네 가지 유형의 가정문화가 차세대 미국사람들을 만들어가고 있다.)

(a~c)에서 불가산 추상명사 culture가 쓰였다. American culture(미국문화), youth culture(청소년문화), pop(ular) culture(대중문화)는 각기 포괄적 개념으로서의 문화이다. (d~f)에서 <개별적인 지역적 또는 사회적 문화권의 사람들, 그들 고유의 가치체계와 전통>을 의미하는 가산명사 a culture, cultures가 쓰였다.

(vii) Development

Development가 불가산 추상명사로 쓰이면 <개발, 발전, 전개> 등을 일반적으로 의미하고 가산명사로 쓰이면 개발, 발전의 사례 즉 <주택개발사업, 연구개발 사업, 사태의 진전 상황> 등을 의미한다.

(8) a. This company spends more money on research and *development* than on recruitment. (이 회사는 신규채용보다 연구개발에 더 많은 돈을 쓴다.)

b. The section is responsible for the *development* of more advanced mobile telephone services. (그 부서는 더욱 진보된 이동전화 서비스의 개발을 책임지고 있다.)

c. These *developments* were especially strong in Germany and Japan. In the USA there were also *some important developments* in design theory and methodology. (이 발전(사례들)은 독일과 일본에서 특히 강하다. 미국에서도 디자인 이론과 방법론에서 몇 가지 중요한 발전사례들이 있었다.)

d. New *developments* at the Donghae Rocket Test Site (동해 로켓시험장에서의 새로운 사태진전/건설사업)

(a)에서는 개방된 의미에서의 불특정 개발이고 (b)에서는 특정분야 즉 이동전화 서비스의 개발이라는 차이가 있지만 둘 다 development (개발)에 대한 일반적인 언급이다. (c-d)에서 가산명사 developments는 특정 분야에서 이루어진 발전의 양상을 의미한다. (c)에서 developments는 새로이 전개된 양상이나 이론적 돌파구 등 구체적인 이론발전의 사례들을 가리키고 (d)의 developments는 로켓발사 시험장에서 새롭게 진전된 공사현황을 지시한다.

(viii) Difficulty

불가산 추상명사 difficulty는 현실에 존재하는 사물이 아니다. 그것은 주어진 상황의 한 속성을—상황의 어려움을--나타내는 추상명사이다. 반면에 가산명사 difficulties는 특정 시공간에서 일어나는 어려운 문제나 상황을 지시한다.

(9) a. Did you have any *difficulty* (in) explaining your behavior? (당신의 행위를 설명하는 데 어려움이 있었는가?)

b. I had some *difficulty* reading from a distance.(나는 좀 멀리 떨어져서 글을 읽는 데 좀 어려움이 있었다.)

c. Early symptoms of presbyopia include *difficulty* reading very small letters such as on medicine bottles or reading in poor light situations. (노안의 초기 증상은 약병 같은 곳에 있는 작은 글자를 읽는 데 어려움이 있거나 불이 희미한 상황에서 (글을) 읽는 데 어려움이 있음을 포함한다.)

d. We are experiencing technical *difficulties* now. (우리는 지금 기술적인 문제를 경험하고 있다(=기술적인 문제가 일어나고 있다).)

e. The country had to overcome many economic *difficulties*. (그 나라는 많은 경제문제들(=경제적 어려움)을 극복해야 했다.)

f. Can foster carers help children resolve their emotional and behavioral *difficulties*? (양육자들이 아이들을 도와 그들의 정서(장애)문제와 행동(장애)문제들을 해결해 줄 수 있는가?)

g. They have been unable to resolve their *difficulties*. (그들은 견해 차이를 해소할 수 없었다.)

(a)와 (b)는 불가산명사 difficulty가 "have difficulty (in) ~ing(~을 하는 데 어려움이 있다)"의 문형에 쓰인 예이다. difficulty 대신 trouble을 쓸 수도 있다. "We had trouble getting out of the house.(우리는 그 집을 빠져나오는 데 어려움이 있었다.)" (c)에서 difficulty 다음에도 in이 생략되었다. 불가산명사 difficulty는 내가 처해 있는 상황 또는 문제의 한 속성을 나타낸다. (d-f)에서 가산명사로 쓰인 difficulties 는 <기술적인 문제들>, <경제적 난관 또는 문제들>을 의미한다. (g)의 difficulties 는 <의견의 차이, 일치되지 않는 견해, 이견>을 의미한다. 그것들은 모두 실제로 일어났던 구체적인 상황이다.

(ix) Influence

불가산 influence는 일반적 영향을 의미하고 가산명사구 an influence나 influences 는 영향력을 행사하는 사물, 인물, 사건, 상황 등을 지시한다.

(10) a. *Influence* means change-creating change in some way. Change can be in an attitude; it can be in a perception; or a behavior. But in all instances, we can't lay claim to *influence* until we can demonstrate that we've changed someone. (영향이란 변화를 창조하는 변화를 의미한다. 변화는 태도에 있을 수 있고 인식 속에 있을 수 있고 행동에 있을 수 있다. 그러나 모든 경우에 우리가 누군가를 변화시켰다는 것을 증명할 수 있을 때까지는 영향을 끼쳤다고 말할 수 없다.)

b. Hemingway cited Dostoyevsky as *a major influence* on his work. (헤밍웨이
는 자기 작품에 중요한 영향을 끼친 작가로 도스토옙스키를 꼽았다.)

c. Our cuisine is best described as New American cuisine with *a European
influence* and a strong emphasis on fresh, seasonal ingredients. (우리의 요리
는 유럽풍의 영향력과 함께 신선하고 계절에 맞는 재료를 특별히 강조하는
새로운 미국 요리라고 기술될 수 있다.)[7]

(a)의 내용은 influence에 관한 일반적인 언급이다. 영향이란 무엇인가를 정의하
는 이런 문맥에서 influence를 불가산명사로 사용하는 것은 매우 자연스럽다. 대조
적으로 (b)와 (c)는 특정 분야에서의 영향(력)의 사례를 구체적으로 언급하는 문맥
이다. (b)의 a major influence는 영향을 준 소설가 또는 그 소설가의 작품세계를
구체적으로 가리키고 (c)의 a European influence는 유럽식 요리법의 영향이다. 이
는 둘 다 영향력 행사의 실제 사례에 해당하기 때문에 가산명사를 사용해야 할
문맥이다. 만약 (b)와 (c)에서 "major influence"라고 하거나, European influence라
고 무관사 부정명사구로 말하는 것은 부자연스럽다. 도스토예브스키를 거명하면
서 헤밍웨이에게 구체적으로 영향을 준 작가의 예를 들고 있는 (b)의 문맥에서
불가산명사를 써서 보편적인 영향을 운운한다면 앞뒤가 맞지 않으며 자기식당의
요리에 끼친 유럽의 영향력을 구체적으로 말하는 (c)의 문맥에서 무관사의 추상
명사구를 쓴다면 역시 앞뒤가 맞지 않는 말이 될 것이다.

(x) Injustice

불가산명사 injustice, justice는 보편적 의미에서의 불의, 정의를 의미하는 추상
명사이고 가산복수명사 injustices는 불의가 저질러진 사건, 사례들을 의미하는 구
상명사이다.

(11) a. Fighting racial *injustice* is our task. (인종적 불의와 싸우는 것이 우리의 과업

---

[7] "cuisine"에 대해서 앞의 (v)의 설명 참조. "Our cuisine(우리 요리)"는 불가산명사구 "New
American cuisine(새로운 미국식 요리법)"에 맞추어 "우리 식당의 요리법"으로 해석할 수도
있고 "우리 식당에서 내는 음식"으로 해석할 수도 있다.

이다.)

b. If you have suffered from *injustice* by the law, by police, by judges, by government officials, if crimes committed against you were never solved or *justice* was never made and was denied, write to us to publish your story at our website. (만약 당신이 법에 의해, 경찰에 의한, 법관에 의한, 또는 정부 관리에 의한 불의를 당했으면, 당신에게 저질러진 범죄가 결코 풀리지 않았거나 정의가 실현되지 않았고 거부되었다면, 우리에게 편지를 보내서 우리의 웹사이트에 당신의 이야기를 올리도록 하십시오.)

c. The 2010 Oscars are almost upon us, so we take a look back at previous Academy Awards *injustices*. (2010년도 오스카상이 거의 우리에게 가까이 닥아 왔다. 그래서 우리는 아카데미상의 부정 사례들을 되돌아본다.)

d. This paper discusses three broad categories of economic *injustices* and they include child labor, sweatshop and misleading advertisements. (이 논문은 경제적 불의의 세 가지 넓은 범주에 대하여 논의한다. 그것은 어린이 노동, 착취를 일삼는 공장, 그리고 오해를 초래하는 광고행위를 포함한다.)

투쟁하는 행위의 대상은 불의이고 면밀히 조사하고 검토하는 행위의 대상은 불의가 저질러진 사건사례들이다. 이것이 거꾸로 되어 만약에 "Fighting racial injustices is our task."라고 말한다면 사건과 싸운다는 말이 되어 어색하고 "We take a look at previous injustice."라고 하면 우리가 불의를 들여다본다는 말이 되어 부자연스럽다. 불의의 사건사례는 싸움의 대상이 아니고 불의라는 속성은 조사의 대상이 아니다.

(xi) Innovation

추상명사 innovation은 <혁신의 개념>이고 구상명사 innovation은 <혁신적 아이디어가 현실에 구현된 제품 또는 창조물>을 의미한다.

(12) a. But something is rotten in Cupertino. The lust is gone, the magic has been exhausted. *Innovation* may be alive and well at Apple, but the excitement is gone. (그러나 쿠퍼티노에는 무언가 썩은 냄새가 난다. 갈망이 사라졌고 마

술은 바닥이 났다. 애플에 혁신은 건재할지 모르지만 그 흥분감은 사라졌다.)[8]

b. I often feel that when *an innovation* is successful, I can't imagine life without it. (나는 어떤 혁신신제품이 성공적일 때 그것이 없는 삶은 상상할 수 없다는 생각을 자주 한다.)

c. Earlier this year, a panel of academicians from the University of Pennsylvania's Wharton School collectively came up with a list of what they felt were the top 30 *innovations* of the last 30 years. (올해 초 펜실바니아 대학교 와튼 경영대학의 한 학자 패널이 지난 30년의 30가지 기술혁신(제품)의 목록을 내놓았다.)

(a)에서 불가산 추상명사 Innovation은 기술개혁, 기술혁신 등 개념 전체를 보편적으로 일컫는다. (b-c)에 쓰인 가산 구상명사 an innovation, innovations는 특정의 시공간에 존재하는 혁신의 성과물 즉 기술혁신을 통한 신제품을 의미한다.

(xii) Life

life는 <생명, 생명체, 생활, 인생> 등의 뜻으로 쓰이는데, 이를 각각 추상적,

---

[8] 2010년 초에 펜실베이니아 대학교 경영대학원이 선정한 혁신기술 30개는 다음과 같다. 1. Internet, broadband, WWW (인터넷, 브로드밴드, WWW) (browser and html) 2. PC/laptop computers 3. Mobile phones 4. E-mail 5. DNA testing and sequencing/Human genome mapping (DNA 검사와 서열/인간 게놈 지도) 6. Magnetic Resonance Imaging (MRI) 7. Microprocessors (마이크로프로세서) 8. Fiber optics (섬유광학) 9. Office software (spreadsheets, word processors) 10. Non-invasive laser/robotic surgery (laparoscopy) (개복하지 않는 레이저/로봇 수술 (라파로스카피) 11. Open source software and services (공개 자원 소프트웨어 서비스 (e.g., Linux, Wikipedia) 12. Light emitting diodes (광 발사 이극진공관) 13. Liquid crystal display (LCD) 14. GPS (=Global Position System (지구 위치 시스템)) 15. Online shopping/e-commerce/auctions (온라인 쇼핑/전자상업/경매) (e.g. eBay) 16. Media file compression (미디어 파일 압축) (jpeg, mpeg, mp3) 17. Microfinance (마이크로 금융) 18. Photovoltaic Solar Energy (광기전성 태양 에너지) 19. Large scale wind turbines (대규모 풍력 터빈) 20. Social networking via the Internet (인터넷을 통한 사회 네트워킹) 21. Graphic user interface (그래픽 사용자 인터페이스) (GUI) 22. Digital photography/videography (디지털 사진/비디오그라피) 23. RFID and applications (=Radio Frequency Identification) (무선 주파수 식별)과 응용 (e.g. EZ Pass) 24. Genetically modified plants (유전자 변형 식물) 25. Bio fuels (바이오 연료) 26. Bar codes and scanners (바코드와 스캐너) 27. ATMs (automated-Teller Machines (자동은행기계(현금지급기)) 28. Stents (스텐트) 29. SRAM flash memory (정적 램 (Static-RAM) 플레쉬 메모리) 30. Anti retroviral treatment for AIDS (항 레트로바이러스 에이즈 치료).

일반적 개념으로 보는가, 구체적인 개별적 사례로 보는가에 따라 불가산명사가 되고 가산명사가 된다. "생명"은 살아 있는 모든 것들의 속성으로서의 생명이기도 하고 한 사람 한 사람의 생명을 의미하기도 한다. 전자는 추상적 불가산 명사 life이고 후자는 가산명사 life이다. 아래 (a-f)는 모두 불가산명사 life이다.

(13) a. The book analyzes the issues of the conception and evolution of *life* on earth. (이 책은 지구상의 생명의 시작과 진화의 문제를 분석한다.)

   b. That day I walked around the city in utter amazement at the miracle of *life* on earth, as if I had just been born into this world. --Eckart Tolle--(그날 나는 지상의 생명의 기적에 완전히 놀라서 시내를 돌아다녔다. 마치 내가 이 세상에 막 태어난 것 같이 느끼면서.)

   c. Is there intelligent *life* on Mars? (화성에 지능을 가진 생명(체)가 있는가?)

   d. It is a political lobby group defending the right to *life* from conception to natural death. (그것은 생명의 잉태에서 자연사까지 생명의 권리를 지키는 정치적 로비단체이다.)

   e. Plant *life* in Afghanistan is sparse but diverse. (아프가니스탄의 식물은 드물지만 다양하다.)

   f. On healthy reefs, coral reef plants are inconspicuous and appear heavily outnumbered by an abundance of animal *life*. (건강한 암초 위에서는 산호암 초식물은 눈에 잘 띄지 않으며 풍부한 동물생명에 비해 수적으로 크게 열세인 것처럼 보인다.)

대조적으로 다음 예문에서 life는 가산명사로서 생명, 목숨의 뜻이다.

(14) a. The terrorist suicidal bombing claimed twelve *lives*. (그 테러리스트의 자살 폭탄이 12명의 생명을 빼앗았다.)

   b. You saved my *life*. (너는 내 생명을 구했다.)

   c. And I would have stayed up with you all night Had I known how to save *a life*. (그리고 나는 밤새껏 너와 함께 지냈을 것이다. 만약 내가 생명을 구하는 방법을 알았다면.)

life가 <생활>을 의미하는 경우에도 불가산명사 life는 <삶의 경험이나 활동>을 일반적으로 언급할 때 사용하고 가산명사 a life, lives는 <특정의 사회활동, 상황, 직업 등과 관련된 삶의 일정 부분 또는 기간>을 지시한다.

(15) a. Some local students are getting a glimpse at what *college life* is like. (인근의 학생들은 대학생활이 무엇인지 대강 알아볼 것이다.)

   b. Still, if you look over the following images with those restrictions in mind, one can still get some idea of *life* in North Korea in 2008. (그 제약을 염두에 두고 다음의 이미지들을 훑어보면 2008년의 북한에서의 생활에 대하여 어느 정도 알 수 있게 될 것이다.)

   c. For most entrepreneurs, their *working lives* and *personal lives* are so intertwined, it's hard to separate them. (대부분의 사업가들의 경우, 근무생활과 개인생활이 뒤얽혀있기 때문에 그 둘을 분리하기가 어렵다.)

   d. It's not a matter of quantity, it's a matter of what works for you at the present time in your life. *A healthy sex life* takes time and effort. It takes flexibility and forgiveness. (그것은 양의 문제가 아니다. 그것은 당신 인생의 현시점에서 무엇이 당신에게 맞느냐이다. 건강한 성생활은 시간과 노력을 필요로 한다. 그것은 융통성과 관대함을 필요로 한다.)

   e. Can Science Blogging Enhance Your *Research Life*? (과학 블로그는 당신의 연구생활을 증진시킬 수 있는가?)

(a)의 college life는 특정인의 특정의 생활이 아니라 대학에서 일어나는 대학인들의 일반적인 활동과 경험을 지시한다. (b)의 life도 어느 특정인의 생활모습이 아니라 그 지역에서 볼 수 있는 사람들의 일반적인 생활(=일상 활동과 경험)을 말한다. 그러므로 이 둘은 추상적인 불가산명사다. 대조적으로 (c)의 working lives는 기업인들의 생활에서 근무와 관련된 부분들 (또는 시간적으로 말하면 그 기간들)을 지시하고 personal lives는 개인적인 일과 관련된 부분들을 가리킨다. 그러므로 그것들은 가산명사다. (d)의 a sex life는 한 사람의 생활을 나누어 그중 성과 관련된 부분만을 구체적으로 지시하기 때문에 가산명사다. (e)의 research life도 어떤 사람의 생활 중 연구와 관련된 부분만을 지시하기 때문에 가산명사가 된다.

(16) a. He repeatedly decried a "crisis" in *religious life* following the Second Vatican Council (1962-65), related in part to what Rodé regarded as excessively liberalizing currents in some communities. (그는 제2 바티칸 회의 (1962-1965) 이후에 일어난 종교생활의 위기에 대하여 반복적으로 비판했으며, 그것은 로데가 몇몇 구역에서 나타나는 과도한 자유주의적 풍조라고 간주한 그것과 부분적으로 관련되어 있었다.)

   b. *A religious life* is a life focused on the belief in, and worship of, a higher power. Read tips to lead *a rewarding religious life*. (종교적 생활이란 더 높은 힘에 대한 믿음과 숭배에 초점을 두는 생활이다. 보람있는 종교적 생활을 영위하는 (데 필요한) 조언들을 읽으라.)

   c. Some people argue that *city life* is better than *country life*. However, the authenticity of this statement is dubious. (어떤 사람들은 도시생활이 시골생활보다 좋다고 주장한다. 그러나 이 진술의 근거는 의심스럽다.)

   d. How to Live *a Country Life*. Join the social life of the countryside whole-heartedly. There is no point in trying to hold onto your city ways if you want to live *a country life*. (시골생활을 (잘) 하는 방법. 시골의 사회생활에 온 마음으로 참여하라. 시골생활 하기를 원한다면서 도시생활의 방식에 집착하는 것은 전혀 의미가 없다.)

(16a)는 종교적 생활에 대해 일반적으로 언급하고 있으므로 불가산명사 life가 맞고, (b)는 한 사람의 경우를 놓고 종교생활을 구체적으로 말하고 있으므로 가산명사 a life가 맞다. (c)는 도시생활과 시골생활의 장단점을 보편적으로 논하는 문맥이므로 불가산명사 city life, country life가 적절하고 (d)는 시골생활을 선택한 한 사람의 경우를 구체적으로 논의하는 문맥이므로 가산명사 a country life가 적절하다.

(xiii) Rape

구상명사 rape는 강간의 <사례>를 지시하고 불가산명사 rape는 강간의 <행위 자체>를 지시한다.

(17) a. They approve abortion only in case of *rape* or incest.

(그들은 강간 또는 근친상간의 경우에만 낙태를 인정한다.)

b. Most of *rapes* went unreported.

(대다수의 강간사례는 보도되지 않은 채 넘어갔다.)

(xiv) Rebellion

Rebellion(반항, 배신)이 사람의 태도나 행위를 일반적으로 일컬을 때는 불가산 명사로 쓰고 어느 특정인 또는 특정 집단의 행동으로 구체화될 때는 가산명사로 쓰인다.

(18) a. *Rebellion without Reason* (이유 없는 반항)

b. Of course, when a youngster has been "converted" to new loyalties and beliefs, maintained by unconscious rage and *rebellion* (and perhaps the desire for revenge), he may or may not right away want to come back over to your side. (물론 아이가 이미 새로운 충성심과 신념으로 "개종"되어 무의식적 분노와 반항 (그리고 아마도 복수심)으로 그것을 유지하고 있을 때는 귀하의 편으로 (쉽게) 돌아오고 싶어 하지 않을 수도 있다.)

c. A survey concluded that nearly 3/4 of children born with a strong-willed temperament exhibited some degree of *rebellion* during their teen years. (한 연구조사는 강한 의지의 성격을 가지고 태어난 아이들의 거의 4분의 3이 10대의 나이에 어느 정도의 반항을 보인다고 결론을 내렸다.)

d. Prices fuel a *rebellion*: drivers tired of paying more for premium gasoline switch to regular. (가격이 반란에 기름을 붓는다. 프레미엄 휘발유에 더 많은 돈을 쓰는 데 지친 운전자들이 보통 휘발유로 바꾼다.)

(a~c)에서 rebellion은 청소년의 반항(teenage rebellion)을 일반적으로 지칭하는 추상명사로 쓰였다. (d)에서 rebellion은 자동차 운전자들이 더 이상 프레미엄 휘발유를 쓰지 않게 된 추세를 "반란"으로 묘사했는데 이것은 사람들의 욕구변화로 촉발된 한 행동의 사례를 구체적으로 가리키는 점에서 가산명사다.

(xv) Society

society가 <조직화된 사람들의 큰 집단>을 일반적으로 지시할 때는 불가산의 추상명사이고 특정의 사회집단을 개별적으로 지시하면 가산의 구상명사가 된다.

(19) a. How world religions have adapted to {*modern society*/*~~a modern society~~*}?
    (세계의 종교들은 어떻게 현대사회에 적응해 왔는가?)

  b. *Society* has a right to expect people to obey the law.
    (사회는 사람들이 법을 지켜줄 것을 기대할 권리가 있다.)

  c. Shades of the Leviathan hung over *Russian society* from then on. (그때부터 레비아탄의 그림자가 러시아 사회 위에 드리워졌다.)

  d. Britain is {*a multi-racial society*/*~~multi-racial society~~*}.
    (영국은 다인종 사회이다.)

  e. Their ideal is to construct *a more just and humane society*.
    (그들의 이상은 보다 정의롭고 인간적인 사회를 건설하는 것이다.)

  f. They wish to live in *more just and humane society*.
    (그들은 보다 정의롭고 인간적인 사회에 살기를 원한다.)

  g. They are going to organize *an academic society* in order to strengthen their influence. (그들은 자기들의 영향력을 강화하기 위하여 학회를 조직하려고 한다.)

(a-c)의 society는 사람들의 집단을 보편적으로 지시하는 불가산 추산명사로 쓰였다. (a)에서 a modern society는 현대에 사는 특정의 인간집단을 의미할 수 있으나 그러한 집단을 <현대사회>라고 하지는 않는다. 현대사회는 보편적 인간집단이다. (b)에서 society는 보사람들의 집단을 일반적으로 일컫는 불가산명사이다. (c)의 <러시아 사회>란 어느 시대에 러시아에 살고 있는 또는 있었던 사람들의 집단을 일반적으로 지시한다.

(d~e)에서 가산의 구상명사 society가 쓰였다. (d)의 a multi-racial society는 특정 지역에 특정의 역사와 전통을 가진 사람들의 집단을 구체적으로 지시하고 (e)의 "a more just and humane society"는 이 문맥에 등장한 특정의 사람들이 꿈꾸는 특정의 이상사회를 개별적으로 지시한다. 두 경우 모두 보편적 사회를 일반적으

로 일컫는 포괄적 용어가 아니다.

(g)의 가산명사 society는 특별한 의미를 갖는다. an academic society는 학술단체를 뜻한다. The Royal Society of Geography (왕립 지리 학회), The Linguistic Society of Korea (한국 언어학회) 등과 같은 학회명칭에 쓰이는 분명한 하나의 조직을 뜻하는 가산명사이다.

(xvi) Structure

불가산명사 structure는 개념적으로 생각할 수 있는 추상적 존재이고 가산명사 structure는 경험적으로 관찰할 수 있는 구조물, 현실에 존재하는 물리적 실체이다.

(20) a. We're going to cover basics like atomic *structure* and bonding between atoms. (우리는 원자 구조와 원자들 간의 결합과 가튼 기본개념들을 다루려고 한다.)

b. Obviously, not all plants look the same. They have different flowers, stems, and even root *structures*. (분명히 모든 식물이 같은 모양인 것은 아니다. 그것들은 다른 꽃, 다른 줄기 심지어는 다른 뿌리 구조를 가지고 있다.)

(a)의 불가산명사 structure는 원자구조라는 개념을 의미하고 (b)의 가산명사 structures는 뿌리의 내부와 외부의 생김새를 가리킨다. 어느 한 원자의 구조라면 구상명사가 될 수 있으나 모든 물질의 원자구조를 보편적으로 지칭한다면 그것은 추사명사이다. 뿌리의 생김새는 육안으로도 관찰할 수 있는 물체의 모양이므로 지시표현이 될 수 있는 구상명사이다.

(xvii) Temperature

temperature는 pressure, weather, precipitation(강수) 등과 같은 수준에서 불가산 추상명사로 사용된다. 그것은 추상적인 개념으로서의 온도를 말하므로 불가산명사이나 특정의 온도를 나타내는 수치를 가리킬 경우에는 가산명사가 된다.

(21) a. How would weather and **temperature** affect the water content of the body? (기후와 온도는 신체의 수분에 어떻게 영향을 미치는가?)

b. Wines are best served at **room temperature**. (와인은 실내온도로 마시는 것이 가장 좋다.)

c. **High temperatures** on Wednesday range from the 40s and 50s across the northern Rockies to the 80s and 90s for southern Arizona into central and southern Californi a. (수요일 최고기온은 북부 록키산맥지역에서 40도와 50도에서부터 남부 애리조나에서 중부와 남부 캘리포니아에 이르는 지역에서는 80도와 90도까지 된다.)

d. I have **a temperature**. (열이 있다.)

e. I'll have to take your **temperature**. (열을 재어보아야겠다.)

(a-b)에서 temperature는 추상적인 개념이지만 그 이하에서 그것은 추상적인 개념이 아니고 구체적인 숫자들이다. (c)에서 high temperatures는 40에서부터 90까지의 많은 숫자들을 가리키고 (d) a temperature는 정상 체온 섭씨 37도 이상의 어떤 숫자를 가리킨다. (e)의 temperature도 체온을 의미하므로 역시 숫자다. 따라서 모두 가산명사이다.

일기예보의 high temperatures와 low temperatures는 흔히 "highs"와 "lows"로 줄여쓴다. "**Lows** will range from between the 30s and 50s across the Northwest to the 70s and 80s in the deserts. **Highs** will range from between 70 and 81 degrees near Canadian border to between 90 and 115 degrees across the lower elevations of the Southwest.(최저기온은 북서부지역에서 30도와 50도 사이에서부터 시작하여 사막지역에서 70도와 80도 사이에 이르는 분포가 될 것이다. 최고기온은 캐나다 국경인근에서 70도와 81도 사이에서 시작하여 남서부 저지대의 90도와 115도 사이에 이를 것이다.)" Highs와 lows는 "He talks about the **highs** and **lows** of life as a documentary photographer.(그는 다큐멘타리 사진작가로서의 삶의 행복한 때와 어려울 때에 대해 이야기 한다.)"에서처럼 <좋은 부분과 나쁜 부분>의 뜻으로도 쓰인다. 이들은 모두 가산명사이다.

(xviii) Act, action, activity, behavior 등 행동 또는 행위를 의미하는 명사

불가산명사 action은 보편적 행동을 의미하고 가산명사 an action, actions는 특정 상황에서 특정인(들)의 행동을 의미한다.

(22) a. Government promises *action*, not just tough talk, on terror. (정부는 테러에 대하여 단순히 강경한 말만이 아니라, 행동을 하겠다고 약속한다.)

b. Forward this message to others who might take *action*. (이 메시지를 조처를 취할 수 있는 다른 사람들에게 전달해 주시오.)

c. *Urgent action* is needed to prevent more deaths in Haiti. (헤이티에서 더 많은 죽음을 막기 위하여 당장 행동이 필요하다.)

d. Philosophy of *action* is chiefly concerned with *human action*, ... The theory of *action* is pertinent to legal and ethical questions concerning freedom, intention, belief, responsibility, and others. (행동철학은 주로 인간행동을 다룬다. . . . 행동이론은 자유, 의도, 신념, 책임 등에 관한 법적, 윤리적 문제들에 관여한다.)

e. They are as such beyond the frame of a theory of *human action* that refers only to the provision of the means. (그것은 그대로는 수단의 제공만을 참조하는 인간행동 이론의 틀의 범위를 넘어선다.)

f. The United States says it has no intention of initiating *military action* against Venezuela in response to threats by the country's president. (미국은 베네주엘라 대통령의 위협에 대항하여 베네주엘라에 군사행동을 개시할 의사가 없다고 말하고 있다.)

g. Servants of God should be diligent in their *actions* and not be lazy, because this sin makes a person selfish and dislike work. (하느님의 종들은 행동이 부지런해야 하고 게을러서는 안 된다. 게으른 죄는 사람을 이기적으로 만들고 일을 싫어하게 만들기 때문이다.)

h. Supporting our troops while opposing their *actions* may seem contradictory. (그들의 행동에 대항하면서 우리 군대를 지지하는 것은 모순인 것처럼 보일지 모른다.)

(a-f)에 추상적인 불가산명사 action이 쓰였다. (a) 정부의 약속의 내용을 구체적

으로 밝히는 문맥이 아니고, 말이 아닌, 행동을 하겠다는 의사표현을 하는 문맥이므로 일반적인 언급으로서의 추상명사 action이 적절하다. (b)의 take action은 '조처를 취하다'는 뜻을 가진 관용구로서 무조건 불가산명사 action을 쓰게 되어 있기도 하지만 뜻으로 보아서도 모든 종류의 조처에 두루 쓰이는 일반적 의미가 뚜렷하므로 불가산명사 action이 어울린다. (c) 긴급하다는 것 이외에는 아무런 구체적인 내용이 없는 행동으로는 불가산명사action이 제격이다. (d) 인간행동을 철학적으로 다루는 것이라면 어떤 특정인이나 특정 사회의 행동이 아니라 보편적인 의미에서의 인간행동이 될 것이므로 불가산명사 human action이어야 한다. (e) 군사(적) 행동이란 군사작전에 의한 전투행위 등을 뜻하는 포괄적인 용어이다. 구체적으로 어떤 행동이 될지는 전혀 암시가 없는 일반적 의미이다. (g) their actions는 하느님의 종들이 일상생활에서 종사하는 여러 가지 행동들을 의미한다. 그들만의 행동이지 전 인류에 보편적으로 적용되는 행동을 의미하지 않는다. 따라서 복수의 가산명사 actions가 쓰였다. (h) their actions는 우리 군대의 행동에 국한된, 구체적인 행동의 사례들이다.

(23) a. Arthritis can interfere with daily living *activities*. Physical limitations make daily living *activities* more difficult. (관절염은 일상생활의 활동에 지장을 일으킬 수 있다. 신체적 제한 때문에 일상생활의 활동이 더 어렵게 된다.)

　b. The State adds the sport to the list of *recreational activities* considered hazardous. (주는 그 스포츠를 위험하다고 간주되는 여가활동의 리스트에 추가한다.)

　c. A student on condition of anonymity told us that the place is a hub for all sorts of *illegal activities*. (그 장소는 모든 종류의 불법 활동의 온상이라고 한 학생이 익명의 조건으로 우리에게 말했다.)

　d. I think this is a great example of how *activity* breeds *activity*, and it reminded me that social networks and niche communities are as susceptible to becoming stagnant as normal WordPress blogs can be. (나는 이것이 어떻게 활동이 활동을 낳는가를 보여주는 좋은 예라고 생각한다. 그리고 그것은 소셜 네트워크와 니취 커뮤니티도 정상적인 워드프레스 블로그들처럼 쉽게 정체될 수 있다는 것을 나에게 상기시켜 주었다.)

e. The Journal publishes articles focusing on the behavioral features of diet and *physical activity*. (이 저널은 다이어트와 신체활동의 행동 특징에 초점을 맞춘 논문들을 출판한다.)

activity는 "활동"을 의미한다. "행위"나 "행동"을 의미하는 action과 다르다. 복수 가산명사 activities는 활동의 구체적인 사례들을 의미할 때 쓰고 불가산명사 activity는 "활동"에 대하여 보편적으로 언급할 때 사용한다. (a)의 activities는 구체적으로 관절염 환자들의 일상의 활동을 의미한다. (b)는 여가를 즐기는 활동, (c)는 학생들이 자주 저지르는 불법 활동을 의미하기 때문에 둘 다 시공간적으로 한정되어 있다. (d)의 불가산명사 activity는 범위를 정하지 않은 매우 광범위한 활동을 일반적으로 가리킨다. (e)의 physical activity(신체활동) 역시 보편적 언급이다. 이 학술지의 논문들이 다루는 신체활동의 영역을 가능한 한 넓은 범위로 열어놓기 위한 표현방법이다. 그 범위를 구체적으로 제한할 이유가 없다는 의도가 들어 있다.

동사 act와 같은 형태인 명사 act는 가산명사로만 쓰이는 것이 action, activity와 다르다. 추상적 불가산명사로는 쓰이지 않는 만큼 그 뜻도 더욱 구체적이고 개별적인 행동에 국한된다. 보편적, 일반적 의미의 행동에는 쓰이지 않는다.

(24) a. So ended that mutiny, by the brave *act* of a brave man. (그 반란은 한 용감한 사람의 용감한 행동에 의하여 그렇게 끝났다.)

b. It is *a brave act* of valor to contemn death, but where life is more terrible than death, it is then the truest valor to dare to live. (죽음을 경멸하는 것은 용기 있는 행동이지만, 삶이 죽음보다 더 무서운 곳에서는 감히 살려고 하는 것이 정말 진정한 용기이다.)

c. The unlawful *acts* alleged to be at the heart of this supposed conspiracy were unlawful payments. (이 음모 혐의의 중심에 있다고 주장된 불법행위는 불법적인 지불이었다.)

d. The California attorney general's office yesterday found the anti-poverty organization ACORN guilty of no *criminal acts*. (캘리포니아 검찰총장실은 어제 그 반 빈곤 조직 ACORN이 범죄행위가 없는 것으로 판단했다.)

e. It is an **act** of violence against children. (그것은 아이들에 대한 폭력행위다.)

f. We were grateful for *her many acts of kindness*. (우리는 그녀의 많은 친절한 행위에 감사했다.)

g. It was clearly demonstrated to me that *random acts of kindness* do still exist here in our wonderful city. (무조건적인 친절한 행동이 여기 우리 훌륭한 고장에 아직도 존재한다는 것이 명백하게 증명되었다고 나는 생각한다.)

h. History is full of *acts* of folly by politicians. (역사는 정치가들의 어리석은 행동들로 가득 차 있다.)

the brave act of a brave man에서 act는 어떤 용감한 사람이 수행한 어떤 용감한 행동의 구체적인 사례를 가리킨다. 그 이하에 나오는 unlawful acts, criminal acts, an act of violence, an act of folly 등도 구체적이고 개별적인 행동에 대한 언급이다. acts 대신 actions를 쓰더라도 문법적 하자는 없지만 의미상 부자연스러워질 수 있다. 가령 (d)에서 criminal acts 대신 criminal actions라고 했다면 특정인의 특정 범죄행위 보다는 어느 정도 일반화된 범죄의 행동을 의미하게 되어 이 문맥에 맞지 않는다. 검찰, 경찰 등 사법기관은 범죄적 행동을 보편적으로 다루는 곳이 아니고 구체적인 범죄행위를 수사하고 처벌하는 곳이기 때문이다. criminal acts는 사법기관의 소관사항이고 criminal actions는 사회학, 법학, 심리학 등 학문의 연구대상이라고 할 수 있다. 그러나 문맥에 따라서는 별다른 차미차이가 없는 경우도 있다. 가령 His first official {act/action} as President was to sign the bill.에서 act, action 둘 다 자연스럽다. 여기서는 행동의 범위가 대통령의 공식적 집무행위로 충분히 좁혀져 있기 때문에 official action도 official act 만큼 구체성이 뚜렷하다.

(25) I look forward to your {action/activity/act/behavior} from now on!

문맥에 따라 적당한 명사가 선택된다. (i) 내가 상대방이 곧 취할 다음 단계의 조처에 관심을 가지고 있는 경우라면 action이 적절하다. (ii) 앞으로 실천에 옮기겠다고 말한 바 있는 상대방의 활동계획에 기대를 가지고 있는 문맥이라면

activity가 적절하다. (iii) 내가 아무리 사소한 것이라도 상대방의 일거수일투족에 비상한 관심을 가지고 있다면 act가 적당하다. (iv) action과 act가 행동 자체를 가리킨다면 behavior는 행동하는 방식을 가리킨다. 그래서 behavior는 good behavior, bad behavior 등 어떻게 행동하는가를 나타낼 때 잘 쓰인다. I look forward to your good behavior from now on.라고 하면 상대방의 잘못을 지적한 한 다음에 앞으로는 잘 하기를 바란다는 뜻으로 해석될 수 있는 자연스런 문장이 되지만 behavior에 아무런 수식어가 없이 I look forward to your behavior from now on.라고만 말하면 이것이 무슨 뜻인지 매우 막연하다.

그리고 behavior는 인간의 행동뿐만 아니라 동물의 행동, 더 나아가서, 기계 등 무생물의 "행동"--즉 "작용"도 나타낼 수 있는 점에서 action이나 act와 다르다.

(26) a. Animal behaviorism is the scientific study of {*animal behavior*/*human action} and involves investigating everything animals do. (동물 행동 연구는 동물의 행동을 과학적으로 연구하는 것이며 동물이 하는 모든 것을 연구하는 것을 포함한다.)

b. Analyzing the biological and cultural development of {human sexual behavior/*human sexual action}. (인간 성행위의 생물학적 문화적 발달을 분석하기.)

c. The Kinsey Reports are two books on {*human sexual behavior*/*human sexual action}, *Sexual Behavior in the Human Male* (1948) and *Sexual Behavior in the Human Female* (1953), by Dr. Alfred Kinsey, Wardell Pomeroy and others and published by Saunders. (킨제이 보고서는 알프레드 킨제이 박사, 워델 포머레이 등에 의해 집필되었고 손더즈 출판사에서 출간된 인간 성행위에 관한 두 권의 책, 즉 『인간수컷(=남자)의 성행위』(1948)와 『인간암컷(=여자)의 성행위』(1953)이다.)

d. {*behavior*/*action} of aluminum in solid propellant combustion. (고체 추진제 연소 과정에서 알루미늄의 작용)

이와 같이 behavior는 인간뿐 아니라 동물의 행동 심지어 무생물의 행동까지도 표현할 수 있다. 무생물의 행동에 action은 쓰이지 않는다. (c)에서 킨제이 보고서의 제목에 나오는 the human male과 the human female이라는 표현은 사람의 행동을 동물과 같은 차원에서 보고 있음을 암시한다. 이런 생각을 가진 사람들에게는 behavior가 자연스럽다. 보통 상식적으로 말한다면 Women's Sexual Behavior, Sexual Behavior in Men 등으로 표현했을 것이다. (d)에서 말하는 "행동"은 인간의 행동이 아니라 무생물의 "행동"이므로 action을 쓸 수 없다.

(xix) Disease, ache, pain 등 질병, 통증을 표현하는 명사

Disease는 질병 전체를 보편적으로 지시하면 가산명사이고 특정 질병의 발병사례를 개별적으로 지시하면 가산명사가 된다.

(27) a. The rapid spread of *disease* is one of the most serious problems in this area.
(질병의 급속한 확산은 이 지역의 가장 심각한 문제 중의 하나다.)
b. Contagious *diseases* that pose a health risk to people have always existed.
(사람들에게 건강의 위험이 되는 전염병들은 항상 존재해 왔다.)

(a)는 어떤 특정의 질병을 개별적으로 문제 삼고 있지 않다. 질병 전체를 일반적으로 문제 삼고 있어 불가산명사 disease가 쓰였다. 반면에 (b)는 여러 가지 전염병을 문제 삼고 있어서 가산명사 diseases가 쓰였다.

그러나 arthritis(관절염), rheumatism(류머티즘), stomach ulcer(위궤양), liver cancer(간암), tuberculosis(폐결핵), meningitis(뇌막염) 등 병명은 불가산명사로만 쓰인다. 이들은 의학전문용어로서 보편성을 띠고 있고 특정 환자의 발병 사례를 가리키는 것이 아니고 병적 현상 전체를 일반적으로 가리키기 때문이다.

이와 달리 stomachache(배탈), headache(두통), heart ache(가슴앓이) 등 흔히 앓는 가벼운 병은 가산명사로 쓰인다. ache(동통, 아픔, 통증)가 아픔 그 자체를 지시하면 불가산명사로 쓰이지만 구체적인 통증의 사례를 지시하면 가산명사가 되기 때문이다. I have *a headache*.(머리가 아프다.) I got *a head ache*.(두통이 생겼다.) I have *a stomach ache*.(복통이 있다/배가 아프다.) *Backaches* are really painful.(허리통증은 정말 고통스럽다.) 등등. 이와 같은 차원에서 cold(감기)도 가산명사로 쓰인다.

(28) a. He got/caught *a (common) cold.* (그는 감기에 걸렸다.)

　　b. She suffered from *a bad cold.* (그녀는 심한 감기에 걸렸다.)

　　c. It is very difficult to prevent *colds* because the viruses that cause *colds* are common and highly infectious. (감기를 일으키는 바이러스는 아무데나 있고 전염성이 매우 강해서 감기를 예방하는 것은 매우 어렵다.)

　　d. *The common cold* [9] usually causes a runny nose, nasal congestion, and sneezing. You may also have a sore throat, cough, headache, or other symptoms. (감기는 보통 코 흘림, 코 막힘, 그리고 재치기를 일으킨다. 또한 목이 아프고 머리가 아프며 그 외 다른 증세도 있다.)

　　e. Healthy adults who reach for common painkillers to ease the twinges of everyday *aches and pains* could be setting themselves up for a heart attack or stroke, according to recent research. (최근의 연구에 따르면, 일상의 통증들의 고통을 완화시키려고 진정제에 손을 뻗는 건강한 성인들은 심장마비나 뇌졸중에 걸릴 조건을 스스로 만들고 있을 수 있다.)

(a~d)에서 cold(감기)는 가산명사로 쓰이고 있다. 이에 비해 influenza(독감)는 의학전문용어로 간주되어 불가산명사로 쓰인다. 그 줄임이 flu도 불가산명사다. I got {*flu.*/*a flu*}.(독감에 걸렸다.)

ache와 같은 뜻을 가진 pain도 문맥에 따라 불가산 또는 가산명사로 쓰인다.

(29) a. *Pain* is a feeling triggered in the nervous system. *Pain* may be sharp or dull. It may come and go, or it may be constant. You may feel *pain* in one area of your body, such as your back, abdomen or chest or you may feel *pain* all over, such as when your muscles ache from the flu. (통증은 신경계통에서 촉발되는 하나의 느낌이다. 통증은 날카로울 수도 있고 둔할 수도 있다. 통증은 있다가 없어질 수도 있고 한동안 지속될 수도 있다. 허리, 배, 또는 가슴과 같은 신체의 한 부분에서 통증을 느낄 수도 있고 독감 때문에 근육이 아플 때처럼 온 몸에 통증을 느낄 수도 있다.)

　　b. So, every now and then I'm getting *a weird pain* in my pelvis.

---

[9] 정관사가 붙은 "The common cold"는 감기를 총칭하는 총칭명사구(generic NP)이다. 총칭명사구에 대해서는 제6장에서 자세 다룸.

(가끔씩 나는 골반에 이상한 통증을 느낀다.)

c. My little sister won't leave me alone. She's *a real pain* in the neck. (내 꼬마 동생은 나를 혼자 놔두질 않는다. 진짜 성가신 아이다.)

(a)에서 pain은 불가산명사로 쓰여 통증을 일반적으로 지칭하고 있고 (b)에서는 가산명사로 쓰여 통증의 사례를 개별적으로 지시하고 있다. 그러나 pain이 back pain, neck pain 등과 같이 질병의 명칭으로 취급되면 항상 불가산명사로 나타난다.

(30) a. *Back pain* can be divided anatomically: *neck pain*, *middle back pain*, *lower back pain* or *tailbone pain*. (허리통증은 해부학적으로 다음과 같이 분류될 수 있다. 목통증, 중간허리통증, 아래허리통증 또는 꼬리뼈통증.)

b. If you've ever had *neck pain*, you know how aggravating it can be. (목통증 경험이 있다면 그것이 얼마나 짜증스러운지를 알 것이다.)

c. *Back pain* is the most common reason for people to miss work or to go to the doctor. It can occur suddenly due to an injury, or slowly due to bad posture, obesity or lack of exercise. Surgery is seldom necessary to treat *a backache*, with only about 20 percent of *back pain* related to serious causes, such as a herniated disk. (허리통증은 사람들이 결근하거나 의사한테 가는 가장 흔히 있는 이유이다. 그것은 부상 때문에 갑자기 나타날 수도 있고 나쁜 자세, 비만, 또는 운동부족 때문에 서서히 나타날 수도 있다. 허리통증을 치료하기 위해 수술이 꼭 필요한 경우는 드물다. 디스크 헤르니아와 같은 심각한 원인에 의한 허리통증은 약 20퍼센트에 불과하다.)

fever도 양면을 가지고 있다. 일상에서 열이 난다고 말할 때 가산명사로 쓰여 열이 나는 증상의 구체적인 사례를 가리킨다. 그러나 체온보다 높은 열을 지시하거나 scarlet fever, rheumatic fever 등 의학적 병명으로 쓰일 때는 불가산명사가 된다.

(31) a. Do you have *a fever*? (열이 있어요?)

b. She was running *a fever* so I kept her home from school. (그녀는 열이 났으

므로 나는 그녀를 학교에 오지 말고 집에서 쉬게 했다.)

c. She developed _a fever_. (그녀는 열이 났다.)

d. Review the symptoms of _scarlet fever_, which includes a red, sand papery rash,[10] _fever_, and sore throat. (성홍열의 증상을 복습하라. 성홍열 증상은 샌드페이퍼 같은 붉은 발진, 열, 인후 통증 등을 포함한다.)

e. She died of complications from _rheumatic fever_ in 1950 when she was 34 and I'd just turned 3. (그녀 나이 34세였고 내가 막 세살이 되었던 1950년에 그녀는 류머티스열의 합병증으로 죽었다.)

(15d-e)의 fever가 그렇게 쓰였다. 또 (d)의 fever는 열의 증상을 일반적으로 지칭하고 있으므로 불가산명사다. sore throat도 같은 이유로 불가산이다.

(xx) Literature와 Language

문학 전체를 일반적으로 가리킬 때 literature는 불가산명사다. 민족이나 지역별로 말할 때도 English literature(영문학), American literature(미국 문학), Korean literature(한국 문학) 등으로 쓰고, 시대별로 문학을 나누어 말할 때에도 18th century German literature(18세기 독일 문학), Great Authors of 19th Century Literature(19세기 문학의 위대한 작가들) 등과 같이 불가산명사로 표현한다. 문학은 세계문학 전체를 지칭할 때는 물론 지역별 또는 시대별로 나누어서 지칭할 때도 그 보편성으로 말미암아 무관사의 불가산명사로 쓰는 것이 정상이다. *the English literature, *the Korean literature, *the 18th century German literature 등은 정관사가 있어서 모두 비문이다.

(32) a. What is _literature_? Why do we read it? Why is _literature_ important? (문학이란 무엇인가? 왜 우리는 그것을 읽는가? 왜 문학은 중요한가?)

b. You write in order to change the world, knowing perfectly well that you probably can't, but also knowing that _literature_ is indispensable to the world. (James Baldwin) (우리는 세상을 바꾸기 위하여 글을 쓴다. 아마도 우리가

---

[10] rash(부스럼, 발진)은 형상, 성질, 크기 등이 일정하고 내재적 경계가 뚜렷한 사물로 인식되기 때문에 가산명사로 쓰인다.

그렇게 할 수 없을 거라는 것을 완벽하게 잘 알면서, 하지만 또 문학은 세상에 없어서는 안 되는 것이라는 것을 알면서. (제임스 볼드윈))

c. We have over 30 lessons on the major authors in *19th century American literature* including Henry Wadsworth Longfellow, Washington Irving, Edgar Allen Poe, Mark Twain, Ambrose Bierce, Emily Dickinson, Walt Whitman, ... (우리는 헨리 워즈워스 롱펠로우, 워싱턴 어빙, 에드가 앨런 포우, 마크 트웨인, 앰브로우즈 비어스, 에밀리 디킨슨, 월트 휘트먼 . . . 등을 포함하여 19세기 미국 문학의 주요 작가들에 대하여 30 개가 넘는 레슨을 가지고 있다.)

d. The IAAS Board remains committed to introducing new and diverse *literatures* and multicultural literary resources into the public discourse. (IAAS 이사회는 새롭고 다양한 문학과 다문화적 문학 자원을 대중의 담화에 소개하는 일에 여전히 공헌하고 있다.)

(a-c)에서 불가산명사 literature는 우리가 보통 문학이라고 부르는 그것을 의미한다. 이때는 당연히 무관사 불가산명사로 쓰인다. 그러나 간혹 특정의 독특한 성질을 가진 문학, 예컨대, 흑인문학, 소수민족문학, 여성문학, 게이와 레즈비언 문학 등 특수한 계통의 문학을 지칭할 때 (d)에서처럼 복수 literatures의 사용이 가능하다. 그러나 일반적으로 말하는 문학을 말할 때는 어디까지나 불가산명사 literature를 사용하는 것이 정상적이다.

이에 비해 language는 불가산명사와 가산명사로서의 사용이 뚜렷이 구별된다. 불가산명사 language는 세계의 모든 언어들을 포괄하는 보편적 차원에서의 언어를 의미한다. 그러한 언어는 사실상 현실세계에 존재하지 않는 것이며 추상적 개념의 차원에서 생각할 수 있는 존재이기 때문에 불가산 추상명사로 취급된다. 가산명사 a language 또는 languages는 사람들이 일상에서 사용하는 언어들, 즉 라틴어, 범어, 영어, 불어, 중국어, 스와힐리어, 파슈토어, 에스키모어, 나바호어 등등 실존하는 언어들을 지칭한다. (멸종된 언어들도 포함해서.)

(33) a. The scientific study of *language* is called linguistics.
(언어의 과학적 연구를 언어학이라고 한다.)

b. Since _language_ and _languages_ became an object of study by ancient grammarians, the term has had many and different definitions. ((보편)언어와 (개별)언어가 고대의 문법가들의 연구대상이 된 이후 그 용어는 여러 다른 정의를 가지게 되었다.)

c. Kennedy's work is a very useful collection of the facts about _the English language_ and its history. (케네디의 연구는 영어와 영어의 역사에 대한 사실들을 수집해놓은 매우 유용한 자료이다.)

d. _A History of the English Language_ (영어의 역사), _Introduction to the English Language_ (영어 입문), _Growth and Structure of the English Language_ (영어의 성장과 구조)

  (a)는 linguistics가 개별언어들을 연구하는 학문이 아니라 보편적 차원에서 언어를 연구하는 학문이라는 것을 분명히 하기 위해 불가산명사 language를 썼다. (b)에서 language를 연구하는 것과 languages를 연구하는 것은 같지 않다는 것을 명시적으로 표현되어 있다. (c)와 (d)는 가산명사로서의 language의 용법을 보여준다. language가 개별언어들 중의 하나인 영어에 한정될 때 정관사가 필수적이다. language를 빼고 English만 써도 된다. 그러나 이 경우에 English는 고유명사이므로 정관사를 붙여서는 안 된다. The Structure of **English** (영어의 구조), Dictionary of American English on Historical Principles (역사적 원리에 토대를 둔 미국영어사전), Current English (현대영어), Development of Modern English (현대영어의 발달) 등의 저서명에 나오는 English는 (그 앞에 수식어가 붙든 안 붙든) 고유명사이므로 반드시 무관사이어야 한다. *A History of ~~the English~~, *Development of ~~the Modern American English~~ 등처럼 언어명칭으로 쓰인 English, Korean, French에 정관사가 붙으면 비문이다. 반대로 나라말을 나타내는 language는 가산명사이므로 *A History of ~~English Language~~, *Introduction to ~~Korean Language~~처럼 관사가 안 붙으면 비문이 된다. A History of English, A History of the English Language라고 해야 한다. 이것은 모두 가산명사이기 때문이다.

  (xxi) Pleasure, displeasure, fun

pleasure, displeasure를 불가산명사로 쓰면 일반적으로 말하는 기쁨, 불쾌함을 나타내고 가산명사로 쓰면 그것이 구체화되어 기쁜 일, 불쾌한 일을 의미한다. 아래 (35)의 fun의 용법과 비교해보라.

(34) a. Love takes *no pleasure* in other people's sins but delights in the truth. (Bible)
(사랑은 다른 사람들의 죄에서 기쁨을 취하지 않고 진리에서 즐거움을 얻는다. (성경))

b. Life is made up of small *pleasures*. Happiness is made up of those tiny successes. The big ones come too infrequently. And if you don't collect all these tiny successes, the big ones don't really mean anything. (Norman Lear)
(인생은 작은 즐거움들로 이루어져 있다. 행복은 조그만 성공적인 일들로 이루어져 있다. 큰 것들은 너무 희귀하게 온다. 이 조그만 성공적인 일들을 모두 모으지 않으면 큰 것들은 사실 아무 의미도 없다. (노먼 리어))

c. It's been such *a pleasure* working with you. (그대와 같이 일하는 것이 대단히 큰 즐거움이었습니다.)

d. He voices *displeasure* over his new, reduced role. (그는 자기의 새로운, 줄어든 역할에 대해 불쾌함을 표현한다.)

(35) a. Yesterday I posted about Family Day, where we try to have {*fun*/*a fun*} together as a family, often for free or without spending much money.... (어제 나는 가정의 날에 대하여 글을 올렸다. 가정의 날에 우리는 한 가족으로 함께 재미있게 놀도록 노력한다. 그것은 흔히 무료로 또는 많은 돈을 쓰지 않고도 할 수 있는 일이다.)

b. She is wonderful *fun* to be with. (그녀는 같이 있기에 정말 재미있는 사람이다./그녀와 같이 있으면 유쾌하고 즐겁다.)

c. *Vending Machines* is a *fun* book by Christopher Salyers that shows vending machines from around the world. (『자판기』는 전 세계의 자판기들을 보여주는, 크리스토퍼 샐러즈가 지은 재미있는 책이다.)

d. Visiting the museum was a *fun* and rewarding experience. (그 박물관을 방문하는 것은 재미있고 보람있는 경험이었다.)

have fun (재미있게 놀다)에서, fun이 가산명사가 되는 일은 없으니 *have a fun 이라고 하면 비문이다. pleasure(즐거움, 쾌락)에 대하여 추상적으로 언급할 수도 있고 즐거움의 개별적 사례로 언급할 수도 있다. 이에 비해 fun은 "재미" 그 자체를 의미하고 개별적 사례로 구체화되어 "재미있는 일"을 의미하지 않기 때문에 가산명사로는 쓰이지 않는다. (c-d)에서 fun은 "재미를 주는, 즐거움을 주는" 등의 뜻을 가진 형용사다. a fun book, a fun experience에서 부정관사는 book, experience에 붙는 것이다. (형용사형 funny도 있어 "a funny book(우스꽝스런 책, 이상한 책, 웃기는 책)", "a funny experience(우스운 경험)" 등으로 말할 수 있으나 funny는 fun과 뜻이 다르다. "a fun book"은 재미있는 이야기를 다룬 유익한 책일 수 있지만 "a funny book"은 단순히 웃음을 자아내는 우스운 책이다. 가령 (c)의 주어 "She"를 "a fun person"이라고 해도 되지만 "a funny person"이라고 하면 다른 뜻이 된다. 전자는 같이 있으면 즐거운 사람이고 후자는 그저 우스운 사람일 뿐이다.)

(xxii) Research, study, inquiry, investigation, work 등 연구와 조사와 관련된 명사들

연구와 조사와 관련된 명사들은 추상적 개념이냐 구체적 활동이냐에 따라 불가산명사와 가산명사의 문맥에 다양하게 사용될 수 있다.

<질문, 연구, 탐구, 조사> 등의 뜻을 가진 inquiry는 그 주체와 대상이 뚜렷한 구체적인 활동인 경우에 가산명사로 쓰이고 일반적인 의미의 연구 또는 탐구인 경우에는 불가산 추상명사로 쓰인다.

(36) a. She refused to answer *inquiries* from the media about her marriage. (그녀는 자기의 결혼에 관한 미디어의 질문에 대답하기를 거부했다.)

b. Growing fury among farmers over proposed cuts to water rights has forced the Gillard government to call *a parliamentary inquiry* into the economic impact of plans to save the river system. (물의 권리에 대한 감축 문제 때문에 농부들 가운데 분노가 커져가고 있는데 이로 말미암아 질라드 정부는 부득이 하천 시스템을 살리는 계획의 경제적 영향에 관한 국회 조사를 요청하게 되었다.)

c. *An Inquiry into Meaning and Truth* by Bertrand Russell (버트런드 럿셀 저

『의미와 진리의 연구』)

d. Scientific *inquiry* refers to the diverse ways in which scientists study the natural world and propose explanations based on the evidence derived from their work. *Inquiry* also refers to the activities of students in which they develop knowledge and understanding of scientific ideas, as well as an understanding of how scientists study the natural world. (과학연구란 과학자가 자연세계를 연구하여 그 연구활동에서 나온 증거에 토대를 둔 설명을 제시하는 다양한 방법을 가리킨다. 연구란 또 학생들이 과학의 개념들에 대한 지식과 이해를 증진시키고, 과학자가 자연세계를 어떻게 연구하는지에 대한 이해를 증진시키는 학생들의 활동을 가리킨다.)

(a)의 inquiries는 기자들이 그녀에게 하는 구체적인 질문들이다. (b)에서도 정부가 요청한 하나의 국회조사활동이므로 구체성이 뚜렷하다. (c)의 An Inquiry는 이 책의 저자인 버트런드 럿셀의 연구활동 또는 연구결과물을 지시한다. 구체성과 개별성이 뚜렷한 가산명사의 용법이다. inquiry가 of 전치사구 보어를 취하면 탐구의 대상을 평범하게 표현하고 into 전치사구 보어를 취하면 <(미지의 영역으로) 깊이 파고들어간다>는 어감을 나타낸다.

(d)에는 불가산명사 Inquiry가 쓰였다. 여기서 Inquiry는 연구의 주체나 대상을 구체적으로 밝히지 않는, 밝힐 필요가 없는 <보편적인 연구 또는 탐구>를 의미한다. 이때 탐구는 어느 특정인의 탐구도 아니고 어떤 특정 주제에 관한 연구도 아니다. 이 불가산의 추상명사 inquiry는 추상명사 research와 같은 뜻이다. (inquiry는 연구 활동의 뜻으로 study나 research와 같이 불가산명사로도, 가산명사로도 쓰이지만 가산명사로 쓰이더라도 연구성과물이나 연구과제의 뜻이 없는 것이 study와 다르다.)

<학술연구>의 뜻을 나타내는 전형적인 명사 study와 research는 불가산명사로도, 가산명사로도 쓰인다. 불가산명사 study와 research는 일반적 개념으로서의 연구 활동에 초점을 두고 가산명사 study는 보고서, 논문, 저서 등 연구성과물 또는 개별적인 연구 프로젝트를 지칭한다. 그러나 research는 연구성과물, 연구과제의 뜻이 없기 때문에 가산명사로 쓰이지 않는다.

(37) a. In my Ph.D. paper, I performed {*a study*/*~~study~~} of the Russian local discussion boards. (박사학위논문에서 나는 러시아의 지역 토론 위원회에 관한 연구를 수행했다.)

b. {Recent *studies* suggest/*~~Recent study~~ suggests} that calcium metabolism and other components of dairy products may contribute to weight reduction in animal and human models. (유제품의 칼슘 대사 작용과 다른 성분들이 동물과 인간의 실험 모델에서 체중감량에 도움이 될 수 있을 것이라는 제안을 최근의 연구들이 내놓고 있다.)

(38) a. {*Recent research*/*~~A Recent research~~} done by UK psychology professor Thomas Zentall suggests that human and animal behavior is more similar than biologists may think. (영국의 심리학 교수 토머스 젠탈에 의해 수행된 최근 연구에 의하면 인간행동과 동물행동은 생물학자들이 생각하는 것보다 더 비슷하다고 한다.)

b. Based on the heroin and blood levels found in Cobain's body, {*preliminary research*/*~~a preliminary research~~} indicates Kurt Cobain would have been almost immediately incapacitated. (코베인의 몸에서 발견된 헤로인과 혈액 수준에 근거를 두고, 커트 코베인은 거의 즉시 몸을 쓸 수 없었을 것이라는 예비 조사의 지적이 있다.)

c. {*Research*/*~~a Research~~}at MIT aims to develop innovative solutions to the world's most daunting challenges. (엠아이티 대학(에서)의 연구는 세계의 가장 어려운 도전들에 대해 혁신적 해결방안을 개발하는 것을 목표로 한다.)

d. The Center for the Study of Language and Information (CSLI) is devoted to *research* in the emerging science of information, computing, and cognition. (언어정보연구소(CSLI)는 새로이 대두되고 있는 정보, 계산, 인지의 과학의 연구에 공헌한다.)

e. *Research* has shown that the majority of people believe that luck plays an important part in their lives. About 60% of the people questioned thought themselves lucky in everything from health to personal relationship to money. They also expected to be fortunate in the future and thought that their luck was connected to their own abilities. The 20% of people who felt they were unfortunate, believed their bad luck would continue. They were rather pessimistic. It was very noticeable that the lucky people were outgoing while the unlucky people often suffered from shyness, and it may be that the lucky people are remembering successful events and putting to the back of their minds those that did not work out well. (사람들 중의 다수가 운은 자기의 삶에 중요한 역할을 한다고 생각한다는 연구결과가 있었다. 설문 대상자의 약 60%가 자기는 건강에서부터 개인관계에서부터 돈에 이르는 모든 문제에서 운이 좋다고 생각했다. 그들은 미래에도 운이 좋을 것으로 기대했고 그 운이 자신의 능력과 관계있다고 생각했다. 자신이 운이 나쁘다고 생각하는 사람들의 20%는 자신의 나쁜 운이 (미래에도) 계속될 것이라고 생각했다. 그들은 상당히 비관적이었다. 운이 좋은 사람들은 외향적이고 운이 나쁜 사람들은 소극성 때문에 자주 고통 받는다는 것은 매우 주목할 만하다. 그리고 운이 좋은 사람들은 성공적인 일들은 기억하고 잘 안 되었던 일들은 마음 뒤에 젖혀놓는지도 모른다.)

(a)에서 performed(수행하다)의 목적어로는 연구 활동을 의미하는 가산명사 a study가 맞다. 연구 개념을 일반적으로 가리키는 추상명사 study는 그러한 활동의 대상이 될 수 없다. (b) suggest(암시하다, 제시하다)의 주어로는 연구 결과(물)들 즉 (복수)가산명사 studies가 적절하다. 추상명사 study는 거기에 맞지 않는다. (c) 연구 활동을 나타내는 불가산명사 study가 쓰였다. of 전치사구에 의해 연구의 대상이 한정되어 있으므로 정관사가 필요하다. (이런 정관사의 용법에 대해서는 제6장 참조.)

(38)의 예문들은 기본적으로 research가 "연구작업"을 뜻하는 추상명사로 쓰이는 것을 보여준다.[11]

Work은 <일, 작업, 노동> 등의 뜻으로 쓰이면 추상명사 research나 study와 같은 차원에서 추상적인 불가산명사가 되고 일의 성과물 즉 <(예술)작품>의 뜻으로 쓰이면 구체적인 가산명사가 된다.

---

[11] research가 단수 가산명사로 쓰이는 일은 없지만 간혹 고어투의 격식적 문체에서 복수로 쓰이는 일이 있다. *Marine Geophysical Researches* 『해양 지구물리학 연구』. His *researches* established many important results in electromagnetic theory, including some which are now so taken for granted that Faraday's name is unfortunately not even thought of. (그의 연구는 전자기 이론 분야에서 많은 중요한 결과를 수립했다. 그 중 어떤 것은 오늘날 너무도 당연한 것으로 취급된 나머지 불행히도 파라데이의 이름이 언급조차 되지 않는다.)

(39) a. She started *work* as a copy writer for a TV station. (그는 한 TV 방송국의 카피라이터로 일을 시작했다.)

   b. He goes to the swimming pool after *work*. (그는 일은 마친 후에 수영장에 간다.)

   c. I have a lot of *work* to do tonight. (나는 오늘밤에 할 일이 많다.)

(40) a. I think this painting is *a great work*. (나는 이 그림이 위대한 작품이라고 생각한다.)

   b. the complete *works* of {Charles Dickens/Shakespeare/T. S. Eliot} (찰스 디킨즈/셰익스피어/T. S. 엘리엇 전집)

   c. Which Beatles song describes your life? Peace, love, and happiness aren't the only recurring themes in the Beatles' *work*. (어느 비틀즈 노래가 당신의 삶을 기술하는가? 평화, 사랑, 행복만이 비틀즈의 작품에서 반복되는 유일한 주제는 아니다.)

(39a-b)의 work은 "직장에서 하는 일"이고 (c)의 work은 매우 넓은 의미에서 <작업>이다. 이것은 모두 불가산명사다. 그러나 (40a)의 work은 <미술작품>, (b)의 works는 소설, 희곡, 시 등 <문학작품들>, (c)의 work은 <음악작품(=작곡, 노래)>으로서 지시표현이며 개체화될 수 있어 그 수량을 계산할 수 있는 가산명사이다.

(41) a. "*An investigation* is underway to determine the exact cause of the accident," said the police. ("사고의 정확한 원인을 규명하기 위해 조사가 진행 중입니다" 하고 경찰이 말했다.)

   b. The following discovery may stir an air of excitement in *cancer investigations*. (다음 발견은 암 연구(분야)에서 흥분의 분위기를 불러 일으킬 것이다.)

   c. *Crime scene investigation* is the meeting point of science, logic and law. (범죄 현장조사는 과학과 논리와 법이 만나는 곳이다.)

   d. Drug trial victims will likely die of cancer, *investigation* concludes. (약 시험 사용의 희생자들은 암으로 죽을 확률이 크다는 연구조사의 결론이 나왔다.)

(a)의 가산명사 investigation은 경찰이 현재 벌이고 있는 수사활동의 사례를 지시한다. (b)의 복수가산명사 investigations는 암연구자들의 연구활동의 사례들을 가리킨다. 두 경우 모두 구체적인 상황이다. (c-d)와 같은 문맥에서 불특정 조사 또는 연구를 보편적으로 지칭할 때는 무관사의 불가산명사 investigation을 사용할 수 있다. (c)는 범죄현장조사에 대한 일반적 언급이고 (d)는 불특정 연구조사팀의 연구조사의 활동에 대한 일반적 언급이다.

이상 <연구>에 관한 다섯 가지 명사의 용법을 요약하여 아래 표로 정리할 수 있다.

명사＼의미	연구 활동	연구 과제	연구 성과물	학술적	예술적
investigation	YES 가산/불가산	NO	NO	YES/NO	NO
inquiry	YES 가산/불가산	NO	NO	YES	NO
study	YES 가산/불가산	YES 가산	YES 가산	YES	NO
research	YES 가산/불가산	NO	NO	YES	NO
work	YES 가산/불가산	NO	YES 가산	YES	YES

모두 연구 활동의 의미로 쓰이고 연구 활동 자체를 일반적으로 지시하면 불가산명사이고 연구 활동의 사례를 개별적으로 지시하면 가산명사이다.

investigation과 inquiry는 연구 과제, 연구 성과물의 의미가 없다. investigation은 학술적 연구가 아닌 기타의 연구 활동에도 쓰이지만 예술 활동에 쓰이지는 않는다. 예술 활동과 성과물의 의미를 갖는 것은 work 하나뿐이다.

연구 과제의 뜻을 갖는 것은 study 뿐이며 그 뜻으로 사용되면 가산명사로 나타난다.

연구 성과물의 뜻을 갖는 것은 study와 work이고 work은 학술적 성과물과 예술적 성과물에 두루 쓰이나 study는 학술적 성과물에만 쓰인다.

research는 연구 과제의 뜻도 없고 연구 성과물의 뜻도 없으나 study에는 그 두 뜻이 다 있다. 이 뜻은 가산명사로 나타난다.

Work은 연구 성과물의 뜻은 있으나 연구 과제의 뜻은 없다.

(xxiii) success와 failure

불가산명사 success는 원하는 바를 성취하거나 높은 지위에 올라가는 행위 또는 그 상황을, failure는 그렇게 하지 못하는 행위 또는 상황을 일반적으로 일컫는다. 둘 다 행위 또는 상황을 일반적으로 지칭하는 추상명사이다. 그런데 failure가 가산명사로 쓰이면 <실패, 장애, 고장 등의 구체적인 사례>를 의미하는 구상명사가 된다. 성공과 실패 자체는 불가산명사로, 성공과 실패의 사례는 가산명사로 나타난다.

(42) a. Discipline is the foundation upon which all *success* is built. Lack of discipline inevitably leads to *failure*. (훈육이 모든 성공의 기초이다. 훈육의 결핍은 반드시 실패로 이어진다.)

b. He suffered from <u>kidney *failure*</u>. (그는 신장 기능 부전을 앓았다.)

c. Approximately 15% of acute <u>renal *failures*</u> are caused by myoglobin. (급성 신장부전의 약 15%가 마이오글로빈에 의해 발생된다.)

d. The first officer had received his training on engine *failures* almost a year earlier. (제일 조종사는 거의 1년 앞서서 엔진 고장에 대한 훈련을 받았었다.)

e. Some days ago I posted information about *a* Southwest Airlines engine *failure* at Dallas. (며칠 전에 나는 사우스웨스트 항공사의 한 엔진 고장 사건에 관한 정보를 올렸다.)

(a)에서 success와 failure는 성공과 실패 자체를 지시한다. (b)의 문맥에서 kidney failure는 병명을 일반적으로 지칭하는 추상명사이다. (병명에 대해서는 (xix) Disease 쪽 참고.) (c)의 renal failures는 신장부전이라는 질병의 사례들을 가리키고 (d)의 engine failures는 엔진고장의 사례들을 가리킨다. (e)의 a Southwest Airline engine failure는 사우스웨스트 항공에서 일어났던 엔진고장의 한 사례를 가리킨다.

5.3 질량명사 (Mass Noun): 비원자적 물질 (Non-atomic Physical Substance)

water, sugar, hydrogen, oxygen, soil, flour, wood, cotton, rubber 등과 같은 명사는 제품의 원료가 되는 물질이기 때문에 **질량명사**(mass noun)라고 부른다. oxygen과 hydrogen은 물의 원료가 되는 물질이고, sugar, flour, water는 과자의 재료가 되는 물질이고, wood는 집을 짓는 재료이다. rubber는 신발을, cotton은 옷을, plastic은 갖가지 도구나 그릇을 만드는 원료가 되는 물질이다. 물질명사는 추상명사와 같이 개체화될 수 없으므로 불가산명사복수가 된다. 그러나 물질명사는 구상명사와 같이 사물을 지시하는 지시표현이 될 수 있다. 질량명사를 구상명사와 추상명사와 각각 비교하여 차이점을 정리하면 다음 표와 같다.

성질 종류	개체화 가능성 Individualizable or Not?	가산 가능성 Countable or Not?	지시표현 가능성 Referent or Not?	예
구상명사	Yes	Yes	Yes	apple, book, car, kid, man 등등.
추상명사	No	No	No	happiness, beauty, justice 등등
질량명사	No	No	Yes	water, sugar, oxygen, soil, rubber 등등

그러나 불가산 질량명사들은 추상명사와 같이 문맥이 바뀌어 구체성을 띠게 되면 언제나 **가산명사로 변신**할 수 있다. 질량명사가 물질의 종류나 유형을 구체적으로 지칭하거나 그 재료로 만들어진 제품이나 상품을 의미하게 되면 그것은 비원자적 물질이 아니라 **원자적 개체**로 이해될 수가 있다. 그러면 그것은 가산명사로 쓰이게 된다. 이렇게 질량명사는 양면성이 있다.

(1)　a. The fascinating history of _synthetic_ **rubber** started with an idea patented 100 years ago--and is far from over yet. (합성고무의 흥미진진한 역사는 100년 전에 특허 받은 한 아이디어와 더불어 출발했다. 그리고 그 역사는 아직 끝나지 않았다.)

　　　b. _Synthetic_ **rubbers** _are_ made by the polymerization of a single monomer. (합성고무는 하나의 단량체의 중합반응으로 만들어진다.)

c. . . . *synthetic* rubbers *are* made in the chemical plants, using the raw materials mostly from the petroleum industry. (합성 고무는 대부분 석유산업에서 나오는 원료를 사용하여 화학공장에서 만들어진다.)

(1a)의 synthetic rubber는 합성고무를 보편적으로 지칭하는 불가산 질량명사다. 이와 대조적으로 (b)와 (c)의 synthetic rubbers는 합성고무 제품의 유형들을 구체적으로 지칭하는 가산명사다. 고무 rubber는 비원자적 물질로서 불가산 질량명사로 쓰이는 것이 기본이다. 그런데 이것이 공업제품으로서 고무의 한 유형을 지칭하게 되면 구체화되고 개체화될 수 있어 가산명사로 변신할 수 있다.

다음은 water와 coffee가 가산명사로 쓰이는 예들이다.

(2) a. When sold in groceries or supermarkets, *bottled* waters all *look* like the same. However, there are important differences: all bottles don't contain the same product. (식료품점이나 수퍼마켓에서 (병에 담아 파는) 생수는 모두 같은 것처럼 보인다. 그러나 중요한 차이점들이 있다. 모든 병이 다 같은 제품을 담고 있는 것은 아니다.)

b. Since most *bottled* waters *are* hard, they tend to darken the color of the tea. (대부분의 생수들은 경수이기 때문에 차의 색갈을 어둡게 하는 경향이 있다.)

(3) a. We'd like *three* coffees, please. (커피 석잔 주문합니다.)

b. This store carries *many kinds of* coffees. (이 가게는 많은 종류의 (=여러 가지 브랜드의) 커피를 취급한다.)

c. He was looking for *a coffee* that he could afford to drink as much as he liked every day. (그는 매일 얼마든지 마음대로 마실 수 있는 (싼) 커피 브랜드를 찾고 있었다.)

d. The specialty-coffee community is kind of small, and especially in my little corner of it in New York City, many of us know each other, at least on sight. So when I go out for **a coffee** in the five boroughs, there's a good chance I'll know the person making my espresso and, as such, there's a good chance they won't charge me for it. (전문커피 애호가 사회는 좀 규모가 작은 편이다. 특히 내가 사는 뉴욕시의 한 구석에서 우리들은 서로를 알고 지낸다.

적어도 보면 아는 사이다. 그래서 내가 커피 한 잔을 하기 위해 밖으로 나갈 때 내에스프레소를 만드는 사람을 내가 알 가능성이 크고 그러다 보니 나한테 커피 값을 안 받을 가능성도 크다.)

e. The popular trend towards _flavored_ **coffees** originated in the United States during the 1970's. (풍미가 있는 커피를 선호하는 대중적 경향은 1970년대 미국에서 시작되었다.)

f. _Our flavored_ **coffees** also _exhibit_ these coffee characteristics—culminating a complex taste profile. (우리의 풍미 커피 역시 이 커피 특징들을 보여주는데 최종적으로는 복합적인 맛의 프로파일까지 올라간다.)

g. _Cooperative Coffees_ **is** a green _coffee_ importing cooperative, comprised of 23 community-based coffee roasters in the USA and Canada. (<코오퍼라티브 커피즈>는 그린 커피 수입 협동 매점으로서 미국과 캐나다에 있는 23개 지역 기반의 커피 볶음 전문점으로 구성되어 있다.)

(2)는 본래 질량명사인 water가 "제품"의 뜻으로 원자적 개체가 되어 가산명사로 변신한 용례들을 보여준다. bottled waters는 공장에서 제조한 제품 또는 상품을 의미한다.

coffee는 "커피 음료", "커피원두", 또는 "커피분말"을 의미할 때는 기본적으로 불가산명사이다. 이 때 커피는 수를 따질 수 없고 양을 측정할 수 있을 뿐이다. 즉 직접 숫자로 셀 수 없어 a cup of coffee, two cups of coffee 또는 one can of coffee, two bushels of coffee(커피 두 자루)처럼 cup, can, bushel 등의 가산명사를 매개로 하여 그 양을 측정하는 것이 정상적이다. (불가산명사를 직접 숫자로 셀 수 없을 때 동원하는 대표적인 방법이 이렇게 **부분구문**(partitive construction)이라고 부르는 <숫자+단위명사+of+불가산명사>의 패턴이다. 이 구문에 대해서는 뒤에서 자세히 다룬다.)

그러나 coffee가 식당에서 고객이 주문하는 1인분의 커피, 2인분의 커피 등 serving의 뜻으로 쓰일 수 있다. 이렇게 되면 coffee는 원자적 개체로 인식될 수 있어서 가산명사가 된다. a coffee, two coffees, three coffees 등의 표현이 가능하고 이들은 각각 a cup of coffee, two cups of coffee, a serving of coffee(1인분의 커피), two servings of coffee(2인분의 커피), three servings of coffee 등과 같은 뜻이다.

(3a)가 이 용법이다.

그리고 coffee가 특정의 상표가 붙은 커피 제품을 의미할 수 있다. 이렇게 의미가 달라질 때 coffee는 가산명사로 취급된다. 여기서 coffees나 a coffee는 특정 상표의 커피를 뜻한다. (3b-f)의 coffees 또는 a coffee는 모두 이 용법의 가산명사로 쓰였다. 복수 coffees는 복수동사와, 단수 coffee는 단수동사와 일치한다.

그러나 (3g)의 coffees는 이와는 다른 용법이다. 단수동사 is는 주어 Cooperative Coffees가 단수임을 말해준다. 그렇다고 Coffees가 단수명사로 쓰인 것은 아니고 복수명사 coffees가 회사 명칭의 일부로 쓰인 것일 뿐이다. 회사 명칭은 형태가 복수이든 단수이든 언제나 단수다.

질량명사가 가산명사로 변신하는 것은 모든 종류의 음식 명사에 공통적 현상이다. two fried **chickens**는 two servings of fried chicken의 뜻, three **cokes**는 three glasses of coke의 뜻, five **ice creams**는 five servings of ice cream(5인분의 아이스크림) 또는 five cones of ice cream(다섯 개의 아이스크림 콘) 또는 five scoops of ice cream(아이스크림 다섯 스쿠프(=국자)) 등의 뜻으로 해석될 수 있다.

식재료인 질량명사 meat도 기본적으로 불가산명사지만 문맥에 따라 가산명사로 쓰일 수 있다.

(4) a. Mutton is **meat** which is harvested from a mature sheep, so it tends to be tough, with a more complex flavor than lamb, **meat** from younger sheep. (Mutton(양고기)은 다 자란 양에서 수확한 고기다. 그래서 어린 양에서 나온 lamb보다 더 복합적인 맛이 있고 질긴 경향이 있다.)

   b. . . . those who enjoy a daily diet of 50g of processed **meats** had a 42 percent higher risk of heart disease. . . . (50그램의 가공 처리된 고기를 매일 먹는 사람들은 심장병에 걸릴 위험이 42 퍼센트 더 높았다.)

(a)에서 meat은 meat의 기본용법으로 (양)고기에 대한 일반적 언급이다. (mutton과 lamb도 불가산 질량명사다.) 그러나 (b)에서처럼 고기의 유형 또는 종류를 가리킬 때 meat는 가산명사가 될 수 있다. 여기서 복수명사 processed meats는 가공 처리된 고기에 여러 가지 종류가 있음을 나타낸다.

세 가지 음식 hamburger, beefsteak, ham을 비교해보기로 한다.

hamburger는 세 가지 뜻이 있다. 첫째, 잘게 다지거나 갈아놓은 소고기를 의미한다. 둘째, 그것을 손바닥 크기로 둥글납작하게 만든 일종의 "고기 떡 patty"를 의미한다. 첫 번째 의미의 hamburger는, meat나 pork가 불가산명사인 것과 같은 이유로 불가산명사다. 두 번째 의미의 hamburger는 형상이 어느 정도 일정하고 경계가 분명하여 개체화가 가능한 것으로 느껴진다. 이것은, 예를 들면, apple과도 확실히 구별될 수 있고 bun (납작하고 도톰한 빵)과도 확연히 구별된다. 또 sausage나 hot dog과도 분명히 구별된다. 그렇게 구별되는 것은 hamburger 특유의 일정한 형상과 크기가 결정되어 있기 때문일 것이다. 그래서 hamburger는 apple, bun, hot dog 등이 셀 수 있는 명사인 것과 같은 이유로 가산명사가 된다. 셋째, 이 "고기 떡"에다 토마토, 양상추, 오이지 등 몇 가지 채소를 차곡차곡 쌓고 이를 bun에 끼워 넣어 샌드위치로 만들면 인기 있는 패스트푸드의 하나인 hamburger 또는 줄여서 또는 줄여서 burger가 되는데 그것은 (두 번째 뜻의 hamburger와 같은 이유로) 가산명사가 된다.[12]

(5) a. I'd like *a* hamburger and a medium coke/*~~I'd like hamburger and a medium coke~~. (햄버거 하나하고 중간 크기 콜라 한 잔을 하겠습니다. (패스트푸드 식당에서 음식을 주문할 때))

b. Grilled hot dogs and hamburgers are a surefire hit with kids of all ages. (석쇠에 구운 핫도그와 햄버거는 모든 나이의 아이들에게 확실한 히트 음식이다.)

c. Steak Burgers are made from all ground steak trimmings and no fillers. (스테이크 버거는 전부 갈아 만든 스테이크 고명으로 만들어지고 속이 없다.)

---

[12] hamburger의 어원은 Hamburg steak(함박스테이크)에서 시작되었다. Hamburg steak는 독일의 Hamburg 지방 사람들이 즐겨먹던 음식이었다. 19세기 중엽 이 지역 사람들이 미국으로 이민가면서 이 요리도 함께 가게 되었고 그 후 미국 전역에 퍼지게 되었는데, 그 과정에서 Hamburg의 독일어 형용사형인 Hamburger가 대신 들어가 hamburger steak가 되었고 나중에 steak는 떨어져나가고 hamburger가 요리명칭으로 정착되었다. 그 뒤 다시 더 줄여 ham을 떼어버리고 burger도 쓰이게도 되었다. 또 내용물에 따라 cheeseburger (치즈버거), crab burger (게살 버거), tofu burger (두부 버거), chicken burger (닭고기 버거) 등이 나왔고 우리나라에서는 불고기 버거, 김치 버거 등도 생겼다.

d. Our natural beef **burgers** are famous for their quality and flavor. (우리 식당의 자연산 소고기 버거는 그 질과 맛으로 유명하다.)

e. **Burgers** are served on a sesame bun, unless noted otherwise. (버거는, 따로 말이 없으면, 깨를 뿌린 빵 위에 얹어 내놓는다.)

f. Our turkey **burgers** are well-balanced mix of premium quality ground, dark and light meat. (우리 식당의 터키 버거는 최상품의 검고 가벼운 고기를 갈아서 섞어 만든 균형이 잘 맞는 음식이다.)

g. I always keep a good supply of **hamburger** on hand. (나는 항상 상당한 양의 햄버거를 준비해두고 있다.)

hamburger, burger가 가산명사로 쓰이고 있다. (5a)에서 보는 것처럼 무관사 물질명사가 되면 식자재의 하나인 햄버거를 의미하게 된다. 가산명사 hamburger는 샌드위치인 햄버거이고 불가산명사 hamburger는 햄버거를 만드는 재료이다. (g)에서만 불가산의 질량명사 hamburger가 쓰이고 있다. ((5a)의 a coke는 앞에 나온 a coffee, three waters 등과 같은 용법이다.)

Hamburger와는 달리 beefsteak과 ham은 일정한 형상과 크기가 정해져 있다고 보기 어렵다. 고기 조각 또는 고기 덩어리일 뿐이다. 따라서 beefsteak와 ham은 기본적으로 불가산명사로 쓰이는 것이 자연스럽다.

(6) a. Marinate the **beefsteak** in kalamansi (lemon) juice, garlic, ginger, soy sauce and pepper for 30 minutes. (비프스테이크를 칼라만시 레몬 주스, 마늘, 생강, 간장, 고추에 30분 동안 매리네이트하라.)

b. In Republic of Macedonia the dish is called Shnitzla. It is a piece of **beef steak** seasoned with salt and black pepper, breaded and fried. (마케도니아 공화국에서 그 요리는 슈니츨라라고 불린다. 그것은 소금과 후추로 양념을 하고 빵부스러기를 묻혀서 프라이한 비프스테이크 조각이다.)

c. Grilled prawns, Molly salad, navy bean soup, burger made from steak trimmings, **Porterhouse steak**, cottage fries, tri-tip, **sirloin pepper steak**, bone-in prime rib, London broil, apple pie a la mode. ((석쇠에) 구운 새우, 몰리 샐러드, 강낭콩 수프, 스테이크 고명으로 만든 햄버거, 포터하우스 스

테이크, 카티지 (감자) 프라이, 안심 후추 스테이크, 뼈가 든 상등품 갈비, 런던 브로일 스테이크, 아이스크림을 곁들인 애플파이.)

d. For my father and many of his generation, the ultimate dinner out was always **a hefty steak**, preferably **a porterhouse**. (아버지에게 그리고 많은 그 연세의 분들에게, 최고의 저녁 외식은 언제나 큼직한 스테이크, 그것도 포터하우스 스테이크였다.)

e. The menu, she wrote, is "scored in the key of beef, which is all Eastern prime -- **steaks**, roasts, short ribs, brisket, sirloin tips, etc." (메뉴는 "소고기 부문에서 (높은) 점수를 따고 있는데 모두 이스턴 최상등품으로 스테이크, 로스(트), 갈비살, 가슴살, 서로인 팁 등등이라"고 그녀는 썼다.)

f. And it's always expertly cooked, like all the **steaks** here. (그리고 여기 모든 스테이크처럼, 그것은 항상 전문적으로 요리된다.)

g. Table 5 ordered *two* **beers** and *two* **beefsteaks**. (5번 테이블 (손님)이 맥주 둘(=두 잔)하고 비프스테이크 둘을 시켰다.)

요리로서의 beefsteak는 기본적으로 불가산명사지만 특정의 스테이크를 구체적으로 시칭하면 가산명사가 될 수 있다. 그리고 steak는 hamburger처럼 식재료로서의 뜻도 있다. (6a-b)에 beefsteak가 소고기의 뜻이다. (c)에 나열된 다른 메뉴와 함께 포터하우스 스테이크와 페퍼스테이크는 그 종류의 스테이크를 일반적으로 가리키므로 불가산명사다. (d-g)에 나오는 스테이크는 모두 구체적 문맥이 주어진 특정의 스테이크 요리를 가리킨다. (g)의 two beers는 two glasses of beer의 뜻으로 앞에서 언급한 waters, a coke 등과 같은 용법이다.

Ham도 steak와 비슷하게 쓰인다.

(7) a. Can you tell me how much **ham** to buy for a party? Is there a rule as to how much **ham** per person? (파티 한 번을 하기 위해 얼마나 많은 햄을 사야 하는지 알려 주실 수 있습니까? 1인당 얼마의 햄이 필요한지에 대하여 규칙이 있는가요?)

b. Our **hams** are cured by a formula our family has used for over 100 years. We use real green hickory to smoke our **hams**, bacon and sausage. (우리

햄은 우리 집안에서 100년 이상 사용해온 조리법으로 가공된 것이다. 우리
는 우리의 햄과 베이컨과 소시지를 훈제하는 데에 진짜 친환경 히커리를
사용한다.)

c. . . . baked **hams** are mostly large-to-huge, and while many of us love **ham**,
it's a rare treat because we usually need either a holiday or a big buffet dinner
to justify baking one. (구운 햄은 대부분 크기가 대에서 특대이다. 많은 사람
들이 햄을 좋아하지만 명절날이나 큰 뷔페 잔칫날이 아니면 햄을 굽는 일이
잘 없기 때문에 그것은 매우 드문 대접이 된다.)

d. **Ham** and eggs *is* my favorite breakfast. (햄 앤드 에그는 내가 좋아하는 조반
(메뉴)이다.)

(a)에 불가산 질량명사 ham이 있다. 그것은 고기 자체를 의미한다. 그 나머지
예문에 쓰인 복수명사 hams는 특정의 환경에서 구체화된 햄의 종류 또는 햄으로
만든 요리의 종류들을 가리키는 가산명사들이다. (d)의 ham and eggs는 (두 가지
의 음식을 의미하는 것이 아니고) 햄과 달걀로 된 하나의 메뉴이므로 단수다.
아래 예에서 hot dog, sausage, bun 등이 가산명사로 쓰인다.

(8) a. *A* Chicago-style **hot dog** is *a* steamed, boiled or grilled all-beef *hot dog* on
a poppy seed **bun**, originating from the city of Chicago, Illinois. (시카고 식
핫도그는 찌거나, 삶거나, 구운 소고기 핫도그를 양귀비 씨를 뿌린 빵 위에
올려놓은 것이다. 이것은 일리노이 주 시카고에서 처음 시작된 것이다.)

b. *A* **sausage** is a food made from ground meat, both beef and pork. (소시지는
소고기와 돼지고기를 갈아 만든 음식이다.)

c. German **sausages** are famous around the world. (독일 소시지는 전 세계적으
로 유명하다.)

d. These sweet, sweet, delicious breakfast links are made from bacon, eggs,
cheese, other **sausages**, hash browns, buttered toast & syrup! (이 맛좋고 맛
있는, 정말 맛있는 아침식사용 링크스는 베이컨, 달걀, 치즈, 다른 소시지들,
해시브라운, 버터 바른 토스트와 시럽으로 만들어진다.)

e. If you're thinking the ideal dinner is **sausage** and peppers, or anything with
bacon is better, then you may need to rethink your food choices. (이상적인

저녁식사가 소시지와 고추라고, 또는 무엇이든 베이컨과 같이 먹으면 더 좋다고 생각하고 있다면 당신은 자신의 음식 선택을 다시 생각할 필요가 있을지 모른다.)

bacon은 형상이 일정하지도 않고 크기가 있는 정해져 있는 것도 아니어서 개별화하기 어렵고 따라서 기본적으로 불가산명사로 쓰인다. 이런 의미에서 bacon은 bread와 같다. 이 둘은 양으로 계산하거나 다른 가산명사 loaf, piece, slice 등을 매개로 수를 셀 수밖에 없다. a **loaf** of bread (한 덩어리의 빵), two **pieces** of bread (빵 두 조각), a piece of bacon (한 조각의 베이컨), two **slices** of bacon (베이컨 두 조각), three **stripes** of bacon (베이컨 세 조각) 등등.

그러나 bacon도 다른 질량명사와 마찬가지로 그 종류를 유형별로 분류할 때는 가산명사로 쓰이는 경우가 있다.

(9) American <u>bacons</u> include varieties smoked with hickory or corncobs and flavorings such as red pepper, molasses, and occasionally cinnamon. (미국 베이컨은 히코리나 옥수수 속대로, 그리고 빨간 고추, 당밀, 가끔 개피와 같은 풍미로 훈제한 다양한 종류들을 포함한다.)

이 경우 캐나다 베이컨, 영국 베이컨, 아일랜드 베이컨 하는 식으로 국가별로 베이컨을 분류하고 있는데 이런 문맥에서 bacon은 가산명사다.

bread도 이런 용법으로 쓰일 수 있다. 아래 (10)에서 seasoned breads는 빵의 한 유형으로서 <양념한 빵>을 말한다.

(10) In 2001, Subway added seasoned <u>breads</u> and a line of specialty items to its menu and in 2003, most Subway markets switched their beverage contracts. . . (2001년에 서브웨이는 양념한 빵과 일련의 특별품목들을 메뉴에 추가했고 2003년에는 대부분의 서브웨이 시장들이 음료 계약을 . . .로 바꾸었다.)

sugar도 개수보다는 양으로 재는 것이 정상이어서 불가산 질량명사로 쓰이는 것이 기본 용법이다. 그러나 그것이 상품 또는 제품의 유형으로서 개체화되는 것이 가능할 경우에 가산명사로 쓰일 수 있다. 아래 (a)만 제외하고 모두 가산명사로 쓰였다. (b)의 sugars는 설탕 상품의 브랜드들을 의미하고, (c)에서는 이 실험에 사용하는 설탕의 유형이 여러 가지임을 알 수 있다. (d)와 (e)에서는 설탕을 요리용, 의료용 등으로 분류하고 그것들이 가산명사로 인식되고 있다.

(11) a. Please don't put <u>much sugar</u> in my coffee. (커피에 설탕을 많이 넣지 마세요.)
　　 b. We sell ten different <u>sugars</u>. (우리는 열 가지의 다른 브랜드의 설탕을 판매한다.)
　　 c. In this experiment I am going to investigate the fermentation of different <u>sugars</u> by yeast.(이 실험에서 나는 다른 종류의 당들이 누룩에 의해 어떻게 발효되는지를 연구하려고 한다.)
　　 d. Different culinary <u>sugars</u> have different densities due to differences in particle size and inclusion of moisture. (요리용 설탕들은 입자 크기와 습기 함유량의 차이로 말미암아 농도가 다 다르다.)
　　 e. Those <u>sugars</u> are manufactured exclusively for a medicinal purpose. (저 설탕들은 오직 의료 목적으로만 제조된다.)

Fish, Fruit, Vegetables

가산명사 fish는 규칙명사이기도 하고 불규칙명사이기도 하여 두 가지 복수형이 통용된다. 규칙명사로서 복수형은 fishes이고 불규칙명사로서 복수형은 fish이다.

(12) a. A fish is swimming in the pond. (물고기 한 마리가 연못에서 헤엄치고 있다.)
　　 b. Fishes are swimming in the pond. (물고기들이 연못에서 헤엄치고 있다.)
　　 c. Fish <u>are</u> swimming in the pond. (물고기들이 연못에서 헤엄치고 있다.)
　　 d. *Fish is swimming in the pond.

(a)의 A fish는 가산명사의 단수이고 (b)의 Fishes는 fish의 규칙적인 복수형이며 (c)의 Fish는 fish의 불규칙 복수형이다. 그러나 (d)에서는 단수동사 is의 주어가 단수명사이어야 되는데 Fish는 단수명사가 아니다. 단수의 가산명사는 관사 없이

나타날 수 없다. (d)를 (a)로 고치든지 (c)로 고치면 정문이 된다. (d)의 Fish가 불가산명사로서 먹는 생선살을 의미할 수도 있으나 그것은 의미상 불가능하다.

아래와 같이 fish가 음식으로서의 생선을 의미하면 불가산 질량명사로 쓰일 수 있다.

(13) a. Fish must be eaten with great care. (생선은 아주 조심스럽게 먹어야 한다.)

b. This dish was introduced to us as "soul food." With its carrots, turnips, and potatoes, cabbage with bits of bacon, and a steamed piece of fish placed atop, drizzled with horseradish sauce, it certainly stirred that most ethereal region. (이 요리는 우리에게 "소울 푸드"로서 소개되었다. 당근, 순무, 감자, 그리고 베이컨 조각을 넣은 캐비지를 곁들이고 찐 생선 한 조각을 위에 올려놓고 양고추냉이 소스를 뿌려놓은 것으로서, 그 요리는 가장 영묘한 그 지역을 확실히 흥분시켰다.)

Fruit도 fish와 같이 규칙적 복수형과 불규칙 복수형이 공존한다.

(14) a. . . . up to 100 fruit *are* harvested a year.
(최대 100개의 과일이 일 년에 수확된다.)

b. Quickly baked summer fruit *are* delicious.
(빨리 구은 여름 과일은 맛이 좋다.)

c. . . .bright blue fruit *are* rare except in warm climates.
(맑은 푸른 색 과일은 무더운 기후를 제외하고 희귀하다.)

d. Experts tell us that eating five to nine servings of fruits and vegetables every day is very important for maintaining our good health. (전문가들은 우리에게 매일 5 내지 9 그릇의 과일과 채소를 먹는 것이 건강을 유지하는 데 매우 중요하다고 말한다.)

e. A fig is a fruit that starts with an F. (무화과(fig)가 F로 시작되는 과일이다.)

f. Why is fruit considered an important food source? (왜 과일이 중요한 음식원으로 간주되는가?)

g. I try to eat at least one piece of fruit a day. (하루 적어도 한 조각의 과일은 먹으려고 노력한다.)

h. Put a bowl of **fruit** in sight instead of a bowl of jellybeans. (한 그릇의 젤리빈 과자 대신 한 그릇의 과일을 잘 보이는 곳에 두어라.)

(a-c)에 불규칙 복수형 fruit이 쓰였고 (d)에 규칙적 복수형 fruits가 쓰였다. (f-h) 의 fruit은 불가산 질량명사로 쓰인 예이다. 이때 fruit은 어느 특정의 과일을 개별 적으로 가리키지 않고 불가산명사 fish나 meat과 같이 음식으로서의 과일을 말한 다.

이에 비해 vegetable은 가산명사로서 항상 규칙적이다. 위 (14d)에 그 복수형이 나왔고, 아래에 단수형과 복수형의 용례를 보인다.

(15) a. They would encourage everybody to grow at least <u>one</u> **vegetable**. (그들은 모든 사람이 적어도 하나의 채소를 길러 보기를 권장한다.)

b. A great deal of satisfaction comes from producing your own fresh garden **vegetables**. (스스로 가꾼 신선한 밭 채소를 생산하는 데에서 커다란 만족감 이 온다.)

vegetable은 fish나 fruit처럼 음식으로서의 불가산명사의 용례는 없다. 그런데 개별적으로 채소에 따라 질량명사로 쓰이는 예를 종종 볼 수 있다.

(16) a. Drop <u>a piece of raw carrot</u> and <u>a green vegetable</u> (broccoli, green bean or asparagus) into boiling water. Boil for 15 seconds. (한 조각의 생 당근과 초록 속채소 하나 (브로콜리, 그린빈 또는 아스파라가스)를 끓는 물 속에 떨어뜨 려 넣는다. 약 15초 동안 끓인다.)

b. Investigate the effect of salt solution on <u>a piece of potato</u>. (소금 용액이 한 조각의 감자에 미치는 효과를 조사하라.)

c. The diet consisted of <u>four portions of **vegetables**</u>, <u>one piece of fruit</u>, two pints of semi skimmed milk and either a cup of hot Bovril, a diet soft drink or green tea. (그 다이어트는 네 부분의 채소, 한 조각의 과일, 2 파인트의 반 탈지유 그리고 한 컵의 더운 보브릴 또는 다이어트 소프트 드링크 또는 녹 차로 구성되었다.)

carrot과 potato가 각각 불가산명사 질량명사로 쓰였다. 감자나 당근 같은 "덩어리 채소"는 조각을 내어 쓸 수 있어서 불가산의 질량명사로 쓰이는 것을 볼 수 있다. 그러나 vegetable은 이렇게는 쓰이지 않는다. a piece of fish나 a piece of fruit은 흔히 쓰이지만 ~~a piece of vegetable~~은 쓰이지 않는다. fish, fruit은 불가산명사로 쓰일 수도 있지만 vegetable은 가산명사로만 쓰이기 때문이다.

(c)에서 vegetables는 부분구문의 용법에 맞지 않는 것이므로 주의를 요한다. 원래 portion은 part과 비슷한 뜻으로 부분구문에 쓰일 수 있다. a portion of land(한 부분의 땅=a part of land), two portions of chicken(2인분의 닭고기=two shares of chicken) 등과 같이 부분 명사 portion이 나타나고 of 다음에는 불가산명사가 오는 부분구문이 가능하다. 그러나 (c)의 "four portions of vegetables"는 부분구문이 아니다. of 다음에 복수 가산명사 vegetables가 오는 것은 부분구문이 아니다. 그것은 a bowl of apples(사과가 담긴 사발), a jar of sweets(사탕단지, 과자를 담아두는 단지)처럼 단순한 명사구이고 of 구는 수식어 기능을 할 뿐이다. 아래 그러한 용례를 보인다.

(17) a. The US Apple Association has commended the Obama Administration for promoting healthy eating by placing large <u>bowls of apples</u> throughout the White House. (미국사과협회는 사과가 담긴 커다란 그릇들을 백악관 곳곳에 놓아둠으로써 건강한 음식 먹기를 홍보해주는 오바마 행정부를 칭찬했다.)

   b. Instructive video on how to paint <u>a bowl of apples</u>, using the wet-into-wet technique with oil paint. (오일 페인트를 가지고 웻 인투 웻 기법을 사용하여 사과가 담긴 과일사발을 그리는 방법에 대한 강의 비디오.)

   c. <u>A bowl of apples</u> beside a computer. (컴퓨터 옆에 있는 사과가 담긴 과일사발)

   d. <u>This giant sweet shop jar of retro sweets</u> is a fantastic gift. <u>Jars of sweets</u> have a wow factor. (복고풍의 사탕을 담은 이 거대한 사탕가게 단지는 환상적인 선물이다. 사탕단지는 탄성을 자아내게 하는 요인이 있다.)

Time과 Times

몇 초, 몇 분, 몇 시간, 며칠, 몇 주, 몇 개월, 몇 년 등의 단위로 측정하는 "시간"

의 뜻으로 쓰는 time은 불가산명사이다. 개별적인 시간 단위인 second, minute, hour, week, month, year 등은 가산명사이지만--a second, two seconds, three minutes, four hours, five years 등등--이를 총체적으로 인식하는 시간이라는 개념인 time은 셀 수 없다. 오직 양으로 생각할 수 있을 뿐이다.

(18) (a) <u>Time</u> went on and not a single man remembered anything about the incident. (시간이 계속 흘러갔고 단 한 사람도 그 일에 대해 아무 것도 기억하지 않았다.)

   (b) The political significance of freedom has changed over <u>time</u>. (자유의 정치적 의미는 시간이 흐르면서 변해왔다.)

   (c) a ten month period of <u>time</u>. . . , (10개월의 시간)

(a), (b)의 time(시간)은 한 시간일 수도 있고 십년일 수도 있고 백년일 수도 있다. 그것은 구체적으로 측정할 수 없는 (또는 측정할 필요가 없는) 막연한 의미의 총체적 시간개념이다. 이런 의미에서 time은 불가산명사이다. (c)의 time도 마찬가지이지만 이것을 month라는 가산명사를 사용해 측정한 경우이다. a glass of water 처럼 불가산명사인 water를 가산명사 glass를 이용해 세는 식과 같다.

대조적으로 "(역사의 한) 시대, 때, (인생의 한) 시절" 등의 뜻으로 되면 time은 가산명사이다. a time 또는 times로 쓰인다. 그것은 형상이 뚜렷한 구체적인 "시점" 또는 "시기"이기 때문이다. 그것을 한 시점으로 볼 수도 있고 복수의 시점들의 연속으로 볼 수 도 있으므로 단수로도, 복수로도 쓰인다.

(19) (a) a hard time(어려운 때), hard times(어려운 시절), modern times(현대), old times(옛날, 지나간 시절), the time of the Pharaoh(파라오의 시대), the time(s) of the French Revolution(프랑스 혁명의 시대), Greek times(그리스 시대), Roman times(로마 시대), ancient times(고대), Medieval times(중세), the Three Nation times(삼국 시대), the times of Shilla(신라 시대) 등등.

   (b) In 1928 the family moved to Brooklyn, experiencing there the hard **times** of the depression. (1928년에 그 가족은 브룩클린으로 이사를 갔고 거기서 대공황의 어려운 시절을 경험했다.)

(c) Our CEO predicted tougher **times** ahead for the first quarter. (우리 CEO는 앞으로 1사분기는 더 어려운 시기가 될 것이라고 예측했다.)

(d) **Times** have changed, and no one wants to spend so many hours in the kitchen. (시대가 변했다. 그래서 아무도 부엌에서 그렇게 많은 시간을 보내기를 원하지 않는다.)

시기나 시절은 일정한 시간간격을 뜻하기 때문에 그것을 하나로 보면 단수명사 time이 되고 한 시대를 여러 작은 시대의 합으로 보면 복수 times가 된다. 로마시대, 중세시대, 또는 삼국시대 등은 각각 여러 작은 시대들로 이루어져 있는 것이라고 보기 때문에 복수 times로 표현한다. (또는 삼국시대를 신라, 고구려, 백제 시대의 합으로 인식하면 복수가 된다.) 그러나 파라오가 지배한 시대는 하나의 시대로 보아 단수 time이 된다. 또 프랑스 혁명은 그 전체를 하나의 역사적 사건으로 보면 단수 time이 되지만 연결된 사건들로 보면 복수 times로 표현할 수 있다.

일정한 시간에 일어난 일상 활동의 한 토막을 가리킬 경우 time은 가산명사이다. a good time, a bad time, a difficult time, a fantastic time, good times, bad times 등.

(20) (a) Thanks for the meal. We both had a really good **time**. (식사 감사했습니다 (=잘 먹었습니다.) 정말 즐거운 시간이었습니다.)

(b) I'd rather have **bad times** with you, than **good times** with someone else. (다른 사람과 좋은 시간을 가지기보다는 차라리 당신과 나쁜 시간을 가지는 것이 더 좋아요.)

(c) *A Time to Love and A Time to Die* (사랑할 때와 죽을 때)

여기에 쓰인 가산 명사 time은 우리 삶, 일상의 활동 또는 경험의 한 부분을 뜻한다. 이와 비슷한 의미의 experience도 가산 명사임을 참고할 만하다. Visiting the Indian village was a new experience for me. (그 인디안 마을을 방문하는 것은 나에게 새로운 경험이었다.) Reaching the top of Mt. Whitney was a memorable experience. (휫트니 산 정상에 오른 것은 기억에 남을 만한 경험이었다.) 이 experience는 "경험한 일이나 사건"을 의미하니까 가산명사가 된다. 그러나

experience의 뜻이 "지식이나 기술"이 되면 불가산명사가 된다. He has considerable experience/*a considerable experience in fishing and hunting. (그는 낚시와 사냥에 대해 상당한 경험(=지식)을 가지고 있다.)

(21) (a) Even so, at peak **times**, prepare to wait for a seat or table to become available. (그래도 피크 시간대에는 자리나 테이블이 나올 때까지 기다릴 준비를 하라.)

(b) KAL announces new departure **times** for two flights to London. (KAL이 두 개의 런던행 항공편의 새 출발시간을 공고하다.)

이 문맥에서 times는 행위 또는 활동이 일어나는 특정의 시각을 구체적으로 가리킨다. (a)에서는 peak times가 정오부터 점심시간 중의 가장 붐비는 시간대 예컨대 12시 10분부터 12시 40분 사이의 30분을 가리킨다면 그것은 분 단위로 30개의 시간들, 초단위로 1800개의 시간들을 가리킨다고 할 수 있다. 그것은 명백하게 복수의 시간들이다. (b)의 departure times는 시간표에 나타나는 시간들을 가리킨다. 가령 출발시간이 매주 수요일 오후 4시 30분과 매주 금요일 매주 저녁 8시라면 이는 두 개의 시간이 되므로 복수 times가 된다. 항공편의 출발시간을 알리는 시간표에 기록된 숫자들이 departure time이니 그것은 분명히 가산명사다. 항공편이 10개 있으면 10개의 다른 숫자, 100개 있으면 100개의 다른 숫자들이 그 표에 있다.

departure times대신 departures라고 하면 departure를 가산명사로 쓰는 용례가 된다. 가산명사 departure는 일정한 목적지로 가는 특정의 비행기가 일정한 시간에 출발하는 일, 사건(event)을 가리킨다. 그런 일이 한 번 있으면 one departure, 50번 있으면 fifty departures다. "The airline has about fifty **departures** from here every day. (그 항공사는 매일 여기서 약 50회의 비행기 출발편이 있다.)"

arrival(도착편)도 같은 방식으로 사용된다. "도착"을 추상적으로(=일반적으로) 가리키면 불가산 명사가 되어 *arrival* times, *arrival* terminals, We have one hour before *arrival*. 시간표상의 도착 시간을 가리키면 가산명사가 된다. Arrivals at Terminal 2 at Manchester Airport.

비슷한 문맥에서 flights를 사용할 수 있다. "There are more than 1,100 flights arriving and departing daily. (매일 1,100회의 항공편이 도착하고 출발한다.)" 항공 사별로 Flight 002, Flight 201, Flight 723 등등 1,100개 항공편이 있다는 뜻이다. 이런 식으로 flight가 "항공편"을 뜻하면 가산명사가 된다. 그러나 flight가 단순히 "비행"을 뜻하면 불가산명사다. "Supersonic flight is achieved when an aircraft is capable of traveling faster than the speed of sound.(항공기가 음속보다 빨리 날 수 있을 때 초음속 비행이 이루어진다.)"

곧 무슨 일을 해야 할 때가 되었다는 것을 표현할 때는 쓰는 time은 불가산명사 이다.

(22) (a) It's time for a change. (이제 (새로운) 변화를 해야 할 때다/새롭게 변화해야 한다.)
  (b) It is time for us to go to work. (우리가 출근해야 할 시간이다/출근해야 한다.)
  (c) Once again, it's time for us to come together ‒ this time in Las Vegas ‒ to learn, collaborate, network and have fun. (배우고 협력하고 네트워크 하고 재미있는 시간을 가지기 위하여 다시 한 번 우리 같이 모일 때입니다. 이번에는 라스베이거스에서.)

이 때 time은 어느 시점을 정확히 지칭하기보다는 사람에 따라 달라질 수 있는 시간을 일반적으로 가리키고 있다. (a)는 "우리는 변화해야 하고 그것도 지금 이 때 해야 한다"는 뜻으로 time은 "now"와 같은 뜻이다. "이제"는 상황에 따라, 사람 에 따라 다른 시간이다. (b)도 요는 "우리는 이제 출근해야 한다"는 말이다. time이 어느 한 시각을 가리키고 있지 않다. 이 time은 앞에 나온 예에서와 같이 구체적인 한 시점을 가리키는 가산명사 time과는 다른 뜻이다.

5.4 혼합 집단 명사

Furniture, information 등 **혼합 집단**을 지시하는 명사들을 **혼합 집단 명사**라고 부른다. 이 유형은 항상 불가산명사이다. 혼합 집단 명사가 불가산명사인 이유를 밝히는 것이 이 절의 주요목적이다. 먼저 혼합집단이 무엇인지를 밝혀야 한다. **혼합 집단**이란 여러 가지 사물, 즉 이질적인 구성요소들이 무작위로 섞여 있는 집단을 말한다. 가령 아래 표에 있는 물건들을 A, B, C, D 줄별로 또는 I, II, III, IV 칸별로 선택하여 집단으로 만들면 모두 혼합집단의 예가 된다.

(1) 혼합집단

	I	II	III	IV	공통점
A	식탁	소파	옷장	침대	<가구>
B	트렁크	포장상자	손가방	수트케이스	<수화물>
C	밀가루	채소	쇠고기	과일	<식품>
D	총	수류탄	칼	지뢰	<무기>
공통점	없음	없음	없음	없음	

A줄 {식탁, 소파, 옷장, 침대}이나 B줄 {트렁크, 포장상자, 손가방, 수트케이스}이 혼합집단이다. C줄과 D줄도 물론 혼합집단이다. 또 I칸 {식탁, 트렁크, 밀가루, 총}이나 II칸 {소파, 포장상자, 채소, 수류탄}도 혼합집단이다. III칸과 IV칸 역시 혼합집단이다. 그 뿐 아니라 줄이나 칸에 구애되지 않고 무작위로 골라도 역시 혼합집단이 된다. 가령 {지뢰, 쇠고기, 포장상자, 식탁} 또는 {총, 채소, 손가방} 또는 {밀가루, 침대}도 혼합집단이다. 이 모든 집단은 서로 아무 연관성도 없어 보이는 여러 가지 물건들로 구성되어 있다. 여러 가지 물건들이 그저 뒤섞여 있다는 뜻에서 혼합집단이다.[13]

그런데 이 혼합집단들 중에서 A, B, C, D집단은 특별한 집단이다. 다른 집단들

---

[13] 다만 같은 것을 반복적으로 선택한다든가 한 가지만 선택한다면 혼합집단이 되지 않는다. 가령 {손가방, 손가방, 손가방}, {총, 총, 총, 총}등은 혼합집단이 아니며, {과일}, {식탁} 등도 혼합집단이 아니다. 앞의 것은 같은 것들로 구성되어 있어서 혼합집단이 아니고 뒤의 것은 집단이 아니어서 혼합집단이 아니다. (앞의 것은 **동질집단**이라고 부르려고 하는데, 이에 대해서 아래에서 곧 다시 언급하게 된다.))

과 달리 이 집단들의 구성요소들은 각각 하나의 공통점을 가지고 있다. A의 구성요소들은 모두 <가구>이고, B는 <수화물>, C는 <식품>, D는 <무기>이다. 각 집단마다 집단전체를 지칭하는 하나의 포괄어 (cover-term)가 존재한다. 그 포괄어는 바로 각 집단의 구성원들의 공통점을 나타내는 명사이다. 혼합집단 A를 가리키는 포괄어는 furniture, B를 가리키는 포괄어는 baggage, C를 가리키는 포괄어는 groceries, D를 가리키는 포괄어는 arms이다. 이 포괄어가 **혼합 집단 명사(Mixed Group Noun)**가 된다.

    (2)   혼합 집단 명사
        (A) {table, sofa, wardrobe, bed, . . .} = **furniture** (단수형태 혼합집단명사)
        (B) {trunk, packing box, bag, suitcase, . . .} = **baggage** (단수형태 혼합집단명사)
        (C) {flour, vegetable, beef, fruit, . . .} = **groceries** (복수형태 혼합집단명사)
        (D) {gun, dagger, grenade, mine, . . .} = **arms** (복수형태 혼합집단명사)

혼합집단명사 furniture는 table, sofa, wardrobe, bed 등으로 구성되는 집합을 가리키며 baggage는 trunk, packing box, bag, suitcase 등으로 구성되는 집합을 가리킨다. Groceries는 flour, vegetable, beef, fruit 등으로 구성된 집합이고 arms는 gun, dagger, grenade, mine 등으로 구성된 집합인데 그 집합이 각기 혼합집단이다. 혼합집단이 아니면 furniture가 될 수 없고, baggage가 될 수 없다. 혼합집단이 아니면 groceries가 아니며 혼합집단이 아니면 arms가 아니다.

table 하나만으로 furniture가 될 수 없고 sofa가 여러 개 있다고 해서 furniture라고 하지 않는다. 반드시 두 가지 이상의 "가구"가 혼합집단을 이루어야 furniture가 된다. 하나의 침대, 한 개의 옷장, 하나의 식탁은 furniture가 될 수 없다. 또 두 개나 세 개의 식탁만으로 된 집단을 furniture라고 하지 않는다. 그 역시 혼합집단이 아니기 때문이다. 혼합집단이라도 식탁과 컴퓨터, 옷장과 그림, 침대와 소파와 자동차 등과 같은 혼합집단은 furniture가 아니다. 집단의 모든 구성요소들이 공통의 기능 즉 가구의 기능을 공유하고 있어야 furniture가 된다.

그런데 (C) groceries와 (D) arms는 복수어미가 반드시 붙는데 반하여 (A) furniture와 (B) baggage에는 복수어미가 붙어서는 안 된다. 다시 말하면, groceries

와 arms는 반드시 복수형태로만 존재하고 baggage와 furniture는 반드시 단수형태로만 존재한다. 아래 예문이 이 차이를 보여준다.

(3) a. Our *baggage* {was/*were} missing. (우리 짐이 없어졌다.)

　　 b. *Our baggages were missing.

(4) a. There {is/*are} a lot of luxury *furniture* in this room. (이 방에 많은 호화 가구가 있다.)

　　 b. *There are a lot of luxury furnitures in this room.

(5) a. We get {*groceries* /*grocery} at the grocery. (우리는 그 식료품점에서 식료품을 산 다.)

　　 b. Groceries {are/*is} getting more expensive. (식료품이 점점 더 비싸진다.)

(6) a. A Farewell to {*Arms* /*Arm} (E. Hemingway) (무기여 잘 있거라 (E. 헤밍웨이))

　　 b. No *arms* {were/*was} laid down on the day. (그 날 무기가 내려놓아지지 않았다./무장해제가 되지 않았다.)

furniture, baggage 등 **단수형 혼합집단명사**는 복수어미가 붙을 수 없고 반드시 단수로 취급된다. 반면에 grocieris, arms 등 복수형 혼합집단명사는 반드시 복수어미가 붙어야 하고 단수로 나타날 수 없다. 두 유형의 특징들을 정리하면 아래 표와 같다.[14]

(7) 단수형 혼합집단명사와 복수형 혼합집단명사

유형 기준	형태상 복수인가 단수인가?	복수어미가 붙어야 하는가?	혼합집단 인가?	의미상 복수인가?	예
단수형 혼합집단 명사	단수	No	Yes	Yes	furniture, baggage 등
복수형 혼합집단 명사	복수	Yes	Yes	Yes	groceries, arms 등

복수형 혼합집단명사는 <복수만의 명사>를 다루는 5.5절에서 따로 다루게 되

---

14 단수 grocery는 "grocery store"의 뜻이고 단수 arm은 <팔>의 뜻이다. 그런데 복수 arms는 <팔>의 뜻으로 해석될 수도 있고 <무기>의 뜻으로도 해석될 수 있다.

고 여기서는 단수형 혼합집단명사만을 가지고 혼합집단명사의 성질에 대하여 논의한다. (앞으로는 단수형/복수형의 언급이 없이 "혼합집단명사"라고 할 때 그것은 "단수형 혼합집단"을 가리키는 것으로 한다.)

　Furniture는 하나의 혼합집단을 지칭하는 포괄어 (cover term)로서 혼합집단의 구성요소 하나하나를 지시하지는 않는다. 이 점이 포괄적인 의미를 가진 가산명사와 다른 점이다. 대부분의 포괄적 가산명사는 집단을 지칭할 뿐만 아니라 그 집단의 구성요소 각각을 지칭할 수도 있다. 가령 tool은 혼합집단 {knife, fork, hammer . . .} 전체를 지칭할 수도 있고 그 구성원 하나하나를 지칭할 수도 있다. 이 세 도구들의 집단을 총칭하여 "그 집단은 도구다 The group is a tool."라고 말할 수도 있고 그 집단의 구성요소를 각각 지칭하여 "knife는 도구다 The knife is a tool," "fork는 도구다 The fork is a tool," "hammer는 도구다 The hammer is a tool"라고 말할 수도 있다. 다시 말하면, "칼이 도구이고 포크가 도구이고 망치가 도구다. 그러므로 칼과 포크와 망치로 이루어지는 집단도 도구이다"라고 말할 수 있다.

　그러나 혼합집단명사의 경우에 이런 논리가 성립하지 않는다. 가령 침대와 옷장과 식탁으로 구성되는 집단이 furniture이지만 그 집단의 구성원 하나하나는 furniture가 아니다. 하나의 침대는 furniture가 아니고 하나의 옷장은 furniture가 아니며 하나의 식탁은 furniture가 아니다. 오직 그것들로 구성되는 혼합집단만이 furniture가 될 수 있다.

　얼핏 tool도 furniture처럼 혼합집단명사처럼 보일지도 모른다. 가령 내 연장통 toolbox에 망치, 칼, 드라이버, 톱, 집게, 가위 등이 들어 있다면 이 연장들이 tools를 이룰 터인데 이때 tools는 개념상 혼합집단이지만 furniture와 다른 점은 tool은 반드시 집단일 필요가 없다는 사실이다. 하나의 hammer도 tool이고 하나의 knife도 tool이며 하나의 screwdriver도 tool이다. tool이 되기 위해 두 가지 이상의 도구가 집단을 이루어야 할 필요가 없다. 이 때문에 tool은 혼합집단명사가 아니다.

　가산명사 tool과 불가산 혼합집단명사 furniture의 차이를 아래 그림으로 나타낼 수 있다.

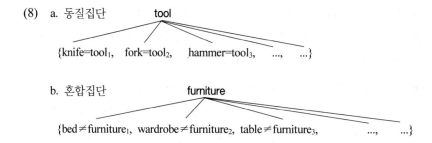

(8) a. 동질집단

{knife=tool$_1$,   fork=tool$_2$,   hammer=tool$_3$,   ...,   ...}

b. 혼합집단

{bed≠furniture$_1$, wardrobe≠furniture$_2$, table≠furniture$_3$,   ...,   ...}

나무그림 (8a)는 동질집단의 복수 tools는 knife=tool$_1$, fork=tool$_2$, hammer=tool$_3$ 등으로 이루어져 있음을 나타낸다. 즉 tools는 tool인 knife와 tool인 fork와 tool인 hammer 등으로 이루어졌다.

(8b)는 혼합집단명사 furniture는 bed≠furniture$_1$, wardrobe≠furniture$_2$, table≠furniture$_3$ 등으로 이루어져 있음을 나타낸다. 즉 furniture는 bed과 wardrobe와 table 등으로 이루어져 있으나 bed 하나는 furniture가 아니고 wardrobe 하나는 furniture가 아니며 table 하나도 furniture가 아니다. 이런 의미에서 tools는 **동질집단**이고 furniture는 **혼합집단**이다.

복수명사 tools는 칼, 포크, 망치 등으로 이루어진 동질집단을 일컫는 포괄어이고 불가산명사 furniture는 침대, 옷장, 식탁 등으로 이루어진 혼합집단을 일컫는 포괄어이다. 따라서 집합 {knife, fork, hammer, ...}는 동질집단 {tool$_1$, tool$_2$, tool$_3$, ...}으로 재해석될 수 있다. 반면에 furniture의 경우에는 구성요소 각각은 furniture가 아니다. 그것은 하나의 집합 {bed, wardrobe, table, ...}로 존재하지만 furniture들로 구성된 동질집단은 존재하지 않는다. 그 집합은 복수 furnitures도 될 수 없고 단수 a furniture도 될 수 없다. 다음 예문들이 이 차이를 드러내준다.

(9) a. A knife and a fork and a hammer are tools/a tool.

b *A bed and a wardrobe and a table are furnitures/a furniture.

(10) a. They are tools.

b. *They are furnitures.

(11) a. They are a tool.

b. *They are a furniture.

(12) a. *~~They are tool~~.

b. They are furniture.

혼합집단명사 furniture는 구성요소에 초점을 두어 복수로 해석되는 것도 불가능하고 집단 전체에 초점을 두어 단수로 해석되는 것도 불가능하다. 이렇게 단수의 개념이 완전히 배제된 혼합집단 {bed, wardrobe, table, ...}의 정체성을 표현하는 방법은 불가산명사 furniture를 그대로 사용하는 (12b) 뿐이다. 가산명사 tool의 정체성을 표현하는 방식은 복수로 말하는 (10a)와 단수로 말하는 (11a)가 모두 가능하다.

직접 숫자로 셀 수 있는 가산명사들이 집단을 형성하면 그 집단은 같은 것들로 이루어진 집단 즉 **동질 집단**이 된다. 가령 table의 집단은 table들만으로 구성된 집단이고 sofa의 집단은 sofa들만으로 구성된 집단이다. 그것은 복수의 table이고 복수의 sofa다. 복수의 table은 같은 table들로 구성되어있는 동질집단이므로 구성요소들의 수로써 그 크기를 잴 수 있다. two tables는 두 개의 table로 구성된 작은 동질집단이고 two hundred tables는 이백 개의 table로 구성되어 있는 큰 동질집단이다. 가산명사 sofa도 역시 그러하다.

이렇게 동질집단을 이룰 수 있는 명사만이 셀 수 있는 것이다. 그런데 furniture와 같은 혼합집단명사는 동질집단이 아니기 때문에 그 크기를 수로써 직접 셀 수가 없다. 가령 20 개의 물품 한 가지씩으로 구성된 furniture 집단 A와 한 가지의 물품 10 개와 또 다른 물품 10 개로 구성된 furniture 집단 B가 있다면 A와 B는 크기가 같다고 할 수 있을까? 같다고 해도 이상하고 다르다고 해도 이상하다. 크기는 같지만 내용이 다르고, 내용은 달라도 크기는 같다고 말할 수는 있다. 그러나 우리가 일상적으로 한 집단의 크기를 수로 측정할 때는 그 집단의 구성내용이 같다는 조건이 전제되어 있다. 이 조건이 충족되지 않을 때는 집단의 크기를 수로 측정하여 다른 집단들과 비교하는 것은 의미가 없다. 혼합집단명사가 바로 그러한 경우이고 이것이 곧 혼합집단명사가가산명사가 될 수 없는 이유이다.

이런 혼합집단명사를 숫자로 직접 세는 방법이 없기 때문에, water, sand 등 질량명사의 크기를 측정할 때와 같이, 적당한 가산명사를 매개로 하여 간접적으로 세는 방식을 이용한다. furniture, baggage의 경우에 piece, item 등을 사용하여 one piece of furniture, twenty items of furniture, three pieces of baggage 하는 식의 셈법이 나온 것이다.

(13) a. How many **pieces of luggage** can international travelers bring? (국제선 여행 객은 몇 개의 수하물을 가지고 갈 수 있습니까?)

Most airlines allow passengers to take **two pieces of checked luggage** and one carry on bag plus a personal item for free. (대부분의 항공사는 탑승객에 게 체크인된 수하물 두 개와 휴대용 가방 하나 플러스 개인용품을 무료로 가지고 들어가는 것을 허용한다.)

b. We recommend that you attach a personal tag to **every article of baggage**, showing your name, phone number and number of the flight. (우리는 모든 수하물에 개인꼬리표를 부쳐서 귀하의 성명, 전화번호, 항공편 번호를 보여 주시기를 추천합니다.)

c. . . . six **items/articles/pieces of dinnerware** that featured in a recent issue of a food and entertainment magazine. . . . (. . . 한 음식연예 잡지의 최근 호에 나왔던/실렸던/선보였던 여섯 개의 식기류 . . . .)

d. Baosteel Group, as the global partner, presented 2010 **pieces of tableware** made of "antibacterial" material to World Expo Shanghai, . . . (베이오스틸 그룹은, 글로벌 파트너로서, "항박테리아" 재료로 만들어진 2010년도 식탁 용 식기류를 상해 세계박람회에 출품하였다.)

e. Other **articles of cutlery**, for example, hair clippers, butcher's or kitchen cleavers. (다른 (식탁용) 철물, 예를 들어, 머리핀, 정육점이나 부엌용 큰칼.)

f. What **items of clothing and footwear** may I purchase without owing sales and use taxes? (어떤 의복과 신발품목들을 판매세와 사용세를 내지 않고 구입할 수 있는가?)

g. It is important to think about how many **pieces of crockery** you need to get hold of. (얼마나 많은 도자기를 보유할 필요가 있는지 생각하는 것이 중요 하다.)

h. Many **items of sports equipment** and musical instruments are not defined as baggage and therefore separate charges and restrictions apply. (많은 스포

츠 장비와 악기들이 수화물로 간주되지 않는다. 그러므로 별도의 요금과 제한이 적용된다.)

i. Models with just as many unidentified parameters as pieces of information are referred to as *just-identified models*, and can be solved, but cannot be testified statistically. (정보의 수만큼 미지의 변수를 가진/정보의 수와 미지 변수의 수가 같은 모델은 "꼭 맞게 확인된 모델"이라고 한다. 그것은 해결될 수 있으나 통계적으로 증명될 수 없다.)

위 예문들은 item, piece, article 등을 이용하여 불가산 혼합집단명사를 세는 여러 가지 방식들을 보여준다. (a)에서 보는 바와 같이 이 셋 중 어느 것을 사용해도 좋다.

이와 같은 셈법은 혼합집단명사의 이질적인 구성요소들을 획일적으로 동질화함으로 가능해지는 것이라고 할 수 있다. 말하자면, 혼합집단을 강제로 동질집단으로 바꿈으로써 셀 수 있는 조건을 갖추게 한 것이다. 여러 개의 상이한 물품들을 piece 또는 item이라는 동일단위들로 바꾸고 그것으로 그 집단의 구성요소들의 수를 세는 것이다.

"We have very little furniture. We don't have a kitchen table or a dining room table," she said.

혼합 집단 furniture의 각 구성요소를 가산명사 furniture piece 또는 piece of furniture로 재해석하여 furniture를 furniture pieces 또는 pieces of furniture의 동일 집단으로 통합한 것이다. 혼합 집단 {bed, wardrobe, bed}이 있을 때 이것을 **유사 동질 집단**(quasi-homogeneous group) {piece of furniture$_1$, piece of furniture$_2$, piece of furniture$_3$}으로 바꾸는 것이다. 그러면 이 동질 집단을 three pieces of furniture라고 부를 수 있게 된다. 이 집단의 구성요소들에 대해서는 A bed is a piece of furniture. A wardrobe is a piece of furniture. A table is a piece of furniture.라고 말할 수 있게 되고 혼합집단 전체에 대해서는 They are pieces of furniture.라고 할 수 있게 된다. 이와 같이 불가산의 혼합집단명사를 유사 동일 집단으로 이해하

고 이를 일종의 가산명사로 환산함으로써 혼합 집단 명사의 셈법이 가능해진다. 아래 그림이 이 방식을 나타낸다.

(14) 유사동질집단(quasi-homogeneous group)

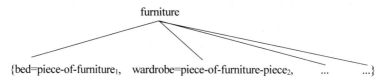

그러면 piece의 수를 셈으로써 furniture의 크기를 잴 수 있게 된다. 이것이 (13)에서 보는 것과 같은 혼합집단명사의 셈법이다. 이와 같이 **부분 명사 구문 (partitive noun constructions)**을 이용하는 방식은 혼합 집단 명사 뿐만 아니라 모든 불가산 명사를 세는 가장 일반적인 셈법이다. (부분 명사 구문에 대해서는 아래 5.7에서 자세히 다룬다.)

질량명사는 그 자체로 집단이 아니지만 이 역시 부분구문을 이용하여 동질 집단으로 바꿀 수 있다. 예컨대 water를 glasses of water로 환원하여 동질 집단으로 바꾸면 glass를 단위로 water를 셀 수 있게 된다.

(15)

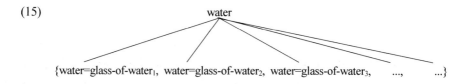

이와 관련 하여 **집합 명사(collective nouns)**가 혼합 집단 명사와 어떻게 다른지, 공통점이 있는지 검토할 필요가 있다. 아래 예문을 바탕으로 집합 명사 team의 정체성을 아래 그림 (10)으로 나타낼 수 있다.

(16) a. John is a team member and Bill is a team member and Frank is a team member.
   b. Then John and Bill and Frank are a team.(=They are a team.)

(17) a. *John is a team.

b. *Bill is a team.

c. *Frank is a team.

(18)

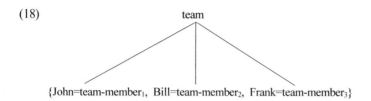

$$\{John=team\text{-}member_1,\ Bill=team\text{-}member_2,\ Frank=team\text{-}member_3\}$$

　여기서 집합 명사 team의 구성원들 john과 Bill과 Frank는 team member들의 동질 집단으로 통일된다. 세 사람의 team member로 통일되는 동일 집단은 집합명사 team으로 명명된다. 일반적으로 집단 명사란 X member들의 동일 집단에서 X에 해당하는 명사이다.

　다른 예로 구성원이 Bob, Mary, Ann인 집합명사 family의 정체성은 아래와 같다.

(19)

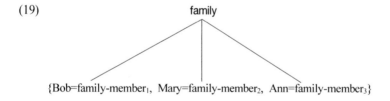

$$\{Bob=family\text{-}member_1,\ Mary=family\text{-}member_2,\ Ann=family\text{-}member_3\}$$

(20) a. Bob is a family member₁ and Mary is a family member₂ and Ann is a family member₃.

b. Then Bob and Mary and Ann are a family.(=They are a family.)

(21) a. *Bob is a family.

b. *Mary is a family.

c. *Ann is a family.

　이제 동질 집단이냐 이질 집단이냐의 기준으로 가산명사 그리고 불가산명사인 질량명사, 혼합 집단 명사, 집합 명사 등 모두 네 가지의 명사들의 차이점과 유사점을 다음과 같이 정리할 수 있다.

(22) a. 가산명사의 복수는 가산명사들의 동질 집단이다.

b. 불가산명사는 동질 집단이 아니다.

c. 혼합 집단 명사 X는 <mix-unit of X>들의 유사 동질 집단으로 재해석될 수 있다.

d. 질량 명사 Z는 <mass-unit of Z>들의 유사 동질 집단으로 재해석될 수 있다.

e. 집합 명사 Y는 Y-member들의 유사 동질 집단으로 재해석될 수 있다. 단, mix-unit은 혼합 집단을 세는 데 쓰는 piece, item, article 등의 유사 단위 (quasi-unit)를 가리키고, mass-unit은 질량 명사를 셀 때 사용하는 glass, cup, bushel, sack 등을 가리킨다. Y-member는 집합 명사의 구성요소를 가리킨다.

예를 들어, 혼합 집단 명사 clothing은 유사 단위 item을 선택하여 동질 집단 $\{item of clothing_1, item of clothing_2, item of clothing_3,...\}$로 재해석될 수 있고 질량 명사 water는 유사 단위 glass를 선택한다면 $\{glass of water_1, glass of water_2, glass of water_3,...\}$라는 동질 집단으로 재해석될 수 있다. 그러면 clothing은 one item of clothing, two items of clothing으로 셀 수 있고 water는 one glass of water, two glasses of water 등으로 셀 수 있게 된다.

그리고 집합 명사 역시 같은 방식으로 셀 수 있다. 가령 staff은 동질 집단 $\{staff\text{-}member_1, staff\text{-}member_2, staff\text{-}member_3,...\}$로 재해석되면 one member of staff, two members of staff, all members of staff 등으로 셀 수 있다.

이상의 혼합 집단 명사의 성질에 관한 지금까지의 논의에서 셀 수 있다는 것은 동질 집단으로 인식될 수 있는 것이어야 한다는 것이 밝혀진다. 근본적으로 명사의 가산성이란 개체화의 가능성에서 오는 것이다. 명사를 숫자로 직접 세려면 그 사물을 낱개로 개체화할 수 있어야 한다. 그런데 그 사물이 개체화될 수 있기 위해서는 그 사물들이 복수로 모였을 때 그것이 동질 집단으로 인식될 수 있어야 한다. 복수의 가산 명사는 그 자체가 동질 집단이다. 그러므로 가산명사는 직접 숫자로 셀 수 있다. 불가산명사는 그 자체가 동질 집단이 아니므로 직접 숫자로 셀 수 없다. 그러나 그것이 유사 동질 집단으로 재해석될 수 있으면 숫자로 셀 수 있게 된다. 가산성의 근거는 동질 집단의 성질에 있다. 이를 **가산성의 동질집단의 조건**이라고 부르기로 한다.

(23) 가산성의 동질집단의 조건:

　　　한 집단의 크기를 직접 숫자로 재는 셈법이 성립하려면 그 집단은 동질 집단
　　　이거나 적어도 유사 동질 집단이어야 한다.

　숫자로 직접 셀 수 있는 것은 원칙적으로 동질 집단이다. 집단의 구성요소들이
같은 것들일 때 그 구성요소들의 수로써 그 집단의 크기를 잴 수 있다. 이것이
셈법의 기본이다. 가산명사의 경우 복수의 가산명사는 그대로 동질 집단을 이루
기 때문에 이 셈법에 따라 직접 셀 수 있다. 복수의 사과 apples는 사과들로만
이루어진 동질 집단이기 때문에 one apple, two apples, thirty apples 등으로 바로
셀 수 있다.

　그러나 불가산명사인 혼합 집단 명사의 경우에는 그 집단의 구성요들이 동질
집단이 아니기 때문에 가산명사의 셈법이 그대로 적용될 수 없다. 이때는 혼합
집단 명사의 의미에 맞는 적당한 가산명사를 단위로 선택하여 그 혼합 집단을
이 가산명사 단위들의 집단으로 바꾼 다음에 그 가산명사 단위들의 수로써 혼합
집단의 크기를 잰다.

　질량 명사와 집합 명사의 경우 역시 그 자체로서 동질 집단이 아니므로 유사
동일 집단으로 재해석한 다음에 비로소 숫자로 셀 수 있다.

　혼합 집단 명사를 세는 또 하나의 방법은 **합성어**(compounds)를 이용하는 방식
이다. <혼합 집단 명사+가산명사 단위>의 형식으로 합성어를 만들어 혼합 집단
명사의 수를 세는 방법이다. 즉 부분구문 ten items of baggage 대신, 합성어 ten
baggage items를 쓸 수 있다.

(24) a. How many **baggage items** can you check in? (얼마나 많은 수화물을 체크인
　　　할 수 있습니까?)

　　b. . . . thereby keeping the high import duties on those **footwear items** in place.
　　　(그렇게 함으로써 그들 신발품목들에 대한 높은 수입관세를 유지한다. … .)

　　c. For South Africa, this benefit took effect in March 2001 for **apparel items**
　　　and . . . (남아프리카의 경우, 이 혜택이 2001년 3월에 의복류들에 대하여
　　　발효되었다.)

d. Based on your letter and the catalog you furnished, the **cutlery articles** are all made of pewter and . . . . (귀하가 제공한 귀하의 서신과 목록에 따르면, 식탁용 철물용품들은 주석으로 만들어지고 . . . .)

e. In recent years there has been a decline in buying **dinnerware sets** as most customers thought of it as a trend of the past. (대부분의 고객들이 식탁용 식기류 세트를 사는 것을 지나간 시대의 유행으로 생각하면서 근년에 와서 식탁용 식기류 세트의 판매고가 하락했다.)

이하에서 몇 가지 혼합 집단 명사의 예를 살펴보기로 한다.

(i) baggage, luggage

baggage는 여행자가 휴대품을 넣어 가지고 다니는 suitcases, trunks, bags, purses 등으로 구성된다. baggage, luggage는 **혼합 집단 명사**의 두 조건을 충족시킨다. 첫째 그것은 이질적 집단이다. 둘째 그 집단의 구성원은 소지품이나 휴대품을 넣어 가지고 다니는 기능을 공유한다.

(25) a. **Luggage** is any number of bags, cases and containers which hold a traveller's articles during transit. (수화물이란 이동 중에 여행자의 휴대품을 넣는 복수의 가방, 트렁크, 상자들을 말한다.)

b. International arriving passengers must claim their **luggage** before clearing U.S. Customs. (국제선 도착 승객은 미국 세관수속을 하기 전에 자기의 수화물을 찾아야 한다.)

c. Passengers are allowed to carry a limited number of smaller bags with them in the vehicle, these are known as hand **luggage** (more commonly referred to as carry-on(s) in North America). . . . (탑승객들은 제한된 수의 작은 가방을 가지고 기내에 들어가는 것이 허용된다. 이것을 수하물이라고 한다. (북아메리카에서 더 흔히 쓰는 말로는 캐리온이라고 한다.))

트렁크 하나는 baggage가 아니다. 손가방 한 개만으로도 baggage가 될 수 없다. 포장한 상자 한 개만으로도 baggage를 이룰 수 없다. 이들 중 어느 것이든 두 가지 또는 세 가지가 집단을 이룰 때 그것이 baggage가 될 수 있다. 그때 그 무리의 구성요소는 서로 다른 개체들이고 그것들은 모두 수하물의 기능을 공유하고 있는 이질집단이다.

(ii) Information

"정보"란 어떤 대상 (사람, 사물, 조직, 사건 등)에 대해 사람들이 알고 있는 것(=지식)들이다. 복수의 사실들로 구성된 <이질적 집단>이다. 아래에 적은 다섯 개의 진술은 각기 지구에 관한 사실이다.

> (26) a. 그것은 둥글다
> b. 그것은 나이가 37억년이다
> c. 그것은 자전한다
> d. 거기에는 많은 생물이 살고 있다
> e. 거기에는 공기와 물이 있다

이 다섯 개의 사실들의 집단은 지구에 관한 "information"이라고 할 수 있다. 이 집단의 구성요소는 서로 다른 사실로서 이질적 집단이 되고 모든 구성요소들은 지구의 한 속성에 관한 정보의 일부라는 공통점을 공유하고 있다. 따라서 information은 **혼합집단명사**이다.

다음 (27)은 사실들의 이질적 집단이기는 하나 information이 될 수 없다.

> (27) a. 그 집은 커피를 판다
> b. 그 집은 도넛을 판다
> c. 그 집은 학교정문 앞에 있다
> d. 그 집의 이름은 "스타 도넛"이다
> e. 서울은 한국의 수도이다

(27a-d)는 이질집단으로 어느 학교 정문 앞에 있는 도넛과 커피를 파는 가게 "스타 도넛"에 관한 정보가 될 수 있다. 그러나 (27e)는 "스타 도넛"에 관한 정보

가 아니다. 이질집단 (27)은 모든 구성요소들이 공유하는 공통점이 없으므로 혼합집단명사가 될 수 없다.

(27)은 그저 다섯 가지 상이한 사실(fact)들의 집단이다. 즉 다섯 개의 fact 원자들로 구성된 <동질적 집단>이다. 그러므로 fact는 가산명사이다. (27)을 five different facts라고 할 수도 있고 some information on the Star Doughnuts store and a fact about Seoul이라고 할 수도 있겠다. 두 가지 이질적 요소가 결합되어 있으나 그 둘 사이에 아무런 공통점이 없어 (27) 전체로서는 혼합집단명사가 될 수 없다.

information은 하나의 공통점을 공유하는 상이한 사실들의 집단이다. 가산 복수명사 facts는 <사실>이라는 원자들의 <동질적 집단>이다. 이질적 집단인 information은 불가산명사가 되고 동질적 집단인 facts의 한 구성원인 fact는 가산명사가 된다.

다음 예문에서 information을 detail, trick, strategy 등과 비교해 보라.

(28) There are angles, strategies, tricks, details, and little-known *bits of* **information** that the travel industry would like to keep quiet. (여행산업계가 침묵을 지키고 싶어 하는 시각, 전략, 요령, 세부사항들이 있고 잘 알려지지 않은 소수의 정보가 있다.)

angles(각도, 시각), strategies(전략), tricks(요령), details(세부사항) 등은 모두 가산명사로서 복수형이 쓰이고 있다. angle은 여기서 여행을 바라보는 시각을 의미한다. 여행에 대해 열 사람이 각기 다른 견해를 가지고 있다면 열 개의 서로 다른 견해가 있고 열 개의 서로 다른 시각이 있을 것이다. 따라서 <view 견해>나 <angle 시각>은 가산명사가 된다. 같은 이유로 <(여행) 전략 strategy>, <(여행) 요령 trick>, <(여행의) 구체적 세부사항 detail> 등도 가산명사들이다. 그러나 information은 혼합집단명사이고 이 불가산명사를 양으로 계산하는 방법은 반드시 <bits of ~> 형식의 부분구문을 이용하는 것뿐이다. bits 외에 여러 가지 부분명사가 쓰인다. <u>pieces</u> of information, <u>parts</u> of information, <u>a large portion</u> of information(큰 부분의 정보), <u>portions</u> of information(접의 부분들), <u>bite sized</u>

<u>portions</u> of information for the independent visitor to Italy (독립적으로 이태리를 방문하는 사람을 위한 한 입에 먹기 좋도록 만들어 놓은/이용하기 쉽게 해 둔 (여행)정보) 등 여러 가지가 쓰인다.

(iii) Stationery (문방구, 문구류)

ballpoint pens, pencils, envelopes, notebooks, paper, clipboard 등등은 모두 글쓰기에 사용되는 도구나 재료들이다. 이들을 한 무리로 묶으면 혼합집단이 되고 각각은 필기용품(writing supplies)이라는 기능적 속성을 공유하고 있으므로 그 혼합집단은 stationery이라는 **혼합집단명사가 된다.** (stationery는 필기구 등은 배제하고 종이류만 의미하기도 한다. 아래 (a)에서 stationery는 문방구 전체를 의미하고 그 이하에서는 종이류만을 의미한다.)

(29) a. Products on show at the fair include artist's <u>supplies</u>, children's **stationery** & <u>school supplies</u>, computer peripherals & related accessories, consumables for office equipment, gift **stationery**, office equipment, paper & printing products and writing equipment. (박람회에 전시된 제품들은 미술 용품, 아동 문방구와 학교용품, 컴퓨터 주변기기와 관련 액세서리, 사무실 장비용 소모품, 선물용 문구류, 사무실 장비, 종이와 인쇄 제품, 그리고 필기 장비를 포함한다.)

b. Of all the things you need to do, buy and organize in preparation for your wedding, **wedding stationery** <u>*is*</u> something that must be planned ahead. (결혼식을 준비하기 위해 할 일들, 살 물건들, 조직할 일들 등 모든 일들 중에서도 결혼식 문구류는 반드시 미리 계획을 세워야 할 일이다.)

c. <u>A piece of **postal stationery**</u> *is* a stationery item, such as an envelope, letter sheet, post card, lettercard, aérogramme or wrapper, with an amount of postage preprinted on it. (우편 문구란 봉투, 편지지, 엽서, 편지카드, 항공엽서, 포장지 등의 문구류를 말하는데 그 위에는 일정액의 우편요금이 미리 인쇄되어 있다.)

d. <u>The first official **postal stationery** *were* the 1838 embossed letter sheets of New South Wales.</u> <u>These</u> were followed by the <u>Mulready **stationery**</u> that *was* issued by Britain at the same time as the Penny Black in 1840.((세계)최초의 공식적인 편지 종이는 뉴 사우스 웨일즈의 1838년의 돋을새김 편지지였다. 그 다음에는 1840년 페니 블랙과 동시에 영국에서 발행된 멀레디 편지지가 그 뒤를 이었다.)

(a)에 나오는 school supplies는 stationery보다 범위가 넓다. school supplies에는 각종 문방구는 물론 school bags, backpacks, lunch boxes, maps, compasses, bookmarks, protractors(각도기), set-squares(삼각자), pencil boxes, water bottles, blackboard chalk 등 학교생활과 수업시간에 쓰이는 모든 물건들이 포함된다. 명사 supplies는 복수로만 쓰이는 명사로서 food supplies (식량보급), fuel supplies (유류 보급), medical supplies (의료 기기) 등으로 쓰인다. ("복수만의 명사"는 아래 5.5 참조.)

(28d)의 첫 문장의 주어는 were 뒤에 나오는 the 1838 embossed letter sheets of New South Wales이다. 앞에 나와 있는 The first official postal stationery는 were 의 주어가 아니고 그 보어이다. 주어와 동사의 어순이 도치되어 있다. 둘째 문장 의 주어 These는 앞 문장의 주어 the 1838 letter sheets를 가리킨다. 관계절의 단수 동사 was는 선행사인 혼합집단명사 the Mulready stationery와 수의 일치를 이룬 다.

(iv) Jewelry와 Jewel

Jewel은 gem, diamond, emerald, ruby 등과 같이 보석 하나하나를 개별적으로 지시하는 가산명사다. diamond ring, ruby necklace, emerald bracelet등도 하나하나 개별적으로 가리킬 수 있고 셀 수도 있어 가산명사다.

그러나 Jewelry는 보석이나 귀금속으로 만든 여러 가지 장신구들을 포괄적으로 지시한다. 하나의 보석을 jewelry라고 하지 않고, 다이아몬드 반지 두 개나 여러 개라도 jewelry라고 하지 않는다. jewelry가 되려면 이질적 집단이 되어야 하고 그 집단의 구성요소는 모두 귀금속 장신구라는 공통의 기능이 있어야 한다. 따라 서 jewelry는 **혼합집단명사다.**

(30) a. **Jewellery** *is* a personal ornament, such as a necklace, ring, or bracelet, made

from gemstones, precious metals or other materials. (주얼리(=장신구류)는 보석 또는 귀금속으로 만든 목걸이, 반지, 팔지와 같은 개인 장신구이다.)

  b. <u>Most American and European gold jewelry</u> *is* made of an alloy of gold, the purity of which is stated in karats, indicated by a number followed by the letter K. (대부분의 미국과 유럽의 금 장신구류는 합금으로 만들어지는데 금의 순도는 카라트로 나타내며 그것은 K자 다음의 숫자로 표시한다.)

그러나 가산명사인 jewl은 이렇게 쓰일 수 없다.

(31) a. The stone could be {a jewel/*jewel}. (그 돌이 보석일 수 있다.)

  b. The only way to produce low priced {jewels/*jewl} is to compromise on quality; mass production helps to a certain extent. (저가의 보석을 만드는 유일한 방법은 질을 가지고 절충하는 것뿐이다/질을 떨어뜨리는 것이다. 대량생산이 어느 정도 도움이 된다.)

  c. It was clear that Robert Marsham was planting for future generations. His efforts were once described as creating 'A jewel made out of a wilderness'. (로버트 마샴은 미래의 세대를 위하여 식목을 하고 있는 것이 명백했다. 그의 노력은 "황무지로 만들어진 보석"을 창조하는 일로 표현된 적이 있었다.)

  d. Can you say that Incheon is really **a jewel of a** city? (인천이 정말로 보석처럼 아름다운 도시라고 말할 수 있나?)

가산명사 jewel은 복수로 쓰이지 않는 한 무관사로 쓰일 수 없다. (c-d)에서 jewl은 "귀중한 것, 아름다운 것" 등 비유적 의미로 쓰인 것이다. (d)의 a jewel of a city는 a jewel of a housekeeper (대단히 훌륭한 가정부), a jewel of a car (보석처럼 아름다운 차)과 같은 관용적 표현이다. 부정관사가 두 번 나오는 "a jewel of a ~"는 일종의 숙어로서 사람이나 사물에 최고의 찬사를 보낼 때 쓴다.[15]

---

[15] jewel과 jewelry의 차이는 우리말의 "보석"과 "보석류"와 차이와 거의 일치하는 것 같다. 보석은 한 개, 두 개, 세 개 하는 식으로 셀 수 있으나 보석류는 그런 식으로 세는 것이 어색하다. "보석"은 가산명사이고 "보석류"는 불가산명사라고 할 수 있겠다.

(v) Equipment와 Appliances

Equipment는 climbing equipment(등산장비), 잠수장비(diving equipment), 월동장비, 전투장비(combat equipment), 운송장비(transportation equipment), 중장비(heavy equipment) 등 취미, 생산, 건설, 전투 등의 활동에 사용되는 의복, 도구, 기계 등을 집합적으로 일컫는 명사이다. 예컨대 암벽 등반 장비 rock climbing equipment는 로프, 알루미늄 고리, 등산화, 등산복, 헬멧, 각종 너트 등등 등산과 암벽등반에 사용되는 갖가지 서로 다른 물건들로 구성되는 <혼합집단>이다. 밧줄 한 다발, 헬멧 하나, 지팡이 하나, 또는 구두 한 켤레를 두고 장비라고 하지 않는다. 그런 것들이 반드시 집단을 이루고 암벽등반용으로 사용될 때 climbing equipment이 된다. 따라서 equipment는 혼합집단명사다.

(32) a. A wide range of **equipment** is used during rock climbing. The most popular types of climbing **equipment** are briefly described in this article. (록 클라이밍을 하는 동안에 넓은 범위의 장비가 사용된다.)

b. Heavy **equipment** was brought in to tunnel through the mountain. (터널을 뚫어 산을 통과하기 위해 중장비가 동원되었다.)

c. The fundamental item of <u>diving **equipment**</u> used by divers is scuba **equipment**, such as the aqualung or rebreather. There are *other important pieces of* **equipment** that make diving safer, more convenient or more efficient. (잠수부가 사용하는 가장 중요한 잠수장비는 수중허파나 산소 호흡기와 같은 스쿠바 장비이다. 그 외에도 잠수를 더욱 안전하고 편리하고 효과적이도록 하는 다른 중요한 장비들이 또 있다.)

e. <u>Medical **equipment**</u> is designed to aid in the diagnosis, monitoring or treatment of medical conditions. (의료장비는 (나쁜)건강상태를 진단하거나 추적하거나 치료하는 것을 도와주기 위해 고안된다(=만들어진다/설계된다.))

f. We'll help you purchase new or used <u>cardiology **equipment**</u>, including <u>electrocardiographs (ECGs)</u>, <u>ultrasound systems</u>, <u>stress test treadmills</u>, <u>defibrillators</u>, and <u>patient monitors</u> to fit both your budget and your patients' needs. (우리는 귀하의 예산과 환자의 요구에 맞도록 귀하께서 신품 또는 중고품 심장내과 장비를 구입하는 것을 도와드립니다. 전자심전계, 초음파

시스템, 스트레스 테스트 달리기 기구, 심장 세동 제거기, 환자 모니터 등을 포함합니다.)

g. . . . is a free medical directory designed to provide a central location for anyone to easily locate medical <u>supplies</u>, <u>medical suppliers</u>, <u>medical products</u> and <u>pre-owned medical **equipment**</u>. (. . .는 누구라도 의료물품, 의료품공급업체, 의료제품, 중고품 의료장비를 쉽게 찾을 수 있도록 하나의 중심적 위치를 제공하기 위하여 디자인된 무료의 의료업체 명부이다.)

위에서 equipment는 모두 단수로, 무관사로 쓰인 불가산명사다. 특히 (c)에 나오는 pieces of equipment는 이 명사가 불가산명사라는 확실한 증거다. 잠수장비든 의료장비든 equipment라고 하면 일단 갖가지의 도구나 의복으로 구성되어 있어야 한다. 의료용 기구, 기계, 도구들이 집단을 이룰 때 의료장비가 될 수 있다. 하나의 도구나 기계를 장비라고 하지 않는다. 따라서 불가산명사 equipment 앞에 부정관사가 붙은 *This backpack is a climbing equipment.(이 백팩은 등산장비다.) *This hydraulic shovel is a heavy equipment.(이 포클레인은 중장비다.) *This machine is a medical equipment.(이 기계는 의료장비다.) 등은 모두 비문이다. (f)에서 의료장비에 포함되는 개별 의료기구들은 모두 복수의 가산명사로 쓰였음에 유의하라. ((g)에서 "공급품"을 의미하는 supplies는 "복수만의 명사"다.)

이와 대조적으로 appliance(기구, 용품)는 집단을 이룰 필요가 없다. 하나의 도구라도 appliance가 될 수 있다. 하나는 an appliance, 둘 이상은 복수 appliances가 된다. 즉 이 명사는 tool이나 instrument와 같은 종류의 가산명사다. This dishwasher is a kitchen appliance.(이 디시와셔는 주방가전제품이다.) This TV set is a household appliance.(이 TV는 가전제품이다.) The endoscope is a medical appliance.(내시경은 의료기구이다.)

(33) a. More News on Medical **Appliances** & **Equipment**: Latest News, Top Stories. (의료기기와 장비에 관한 더 많은 새소식: 최신의 뉴스, 최고의 이야기들.)

b. Home **appliances** make life easier, but what's really going on inside them? (가전기기들은 생활을 더 쉽게 만든다. 하지만 그 속에서 진짜 무슨 일이

일어나고 있는가?)

c. AJWilson is the authority on kitchen and home **appliances**. Visit our homepage to take advantage of our wide selection of affordable **appliances**. (에이제이윌슨은 주방기기와 가전기기의 권위입니다넓은 범위의. 값이 저렴한 우리의 가전기기들의 넓은 선택범위를 이용하기 위하여 우리의 홈페이지를 방문하십시오.)

(a)에서 appliance는 복수로 equipment는 단수로 나타나 두 명사의 차이를 극명하게 보여준다. appliance는 가산명사, equipment는 혼합집단명사다. 의료장비의 예를 다시 들면, endoscopes(내시경), cardiographs(심전계), electrocardiographs(전자심전계) 등 대형기기에서부터 surgical forceps (수술용 핀셋), surgical messes(수술용 메스) 등 작은 도구에 이르기까지 각기 medical appliance이고, 이들 기기들이 하나의 집단을 이루면 medical equipment(의료장비)라는 불가산 혼합집단명사가 된다.

Equipment와 비슷한 혼합집단명사로 **gear**를 들 수 있다. 이것은 주로 의류장비를 뜻하므로 rock climbing gear, combat gear, protection gear(보호장비) 등으로 쓰인다. appliance와 비슷한 가산명사는 instrument가 있으며 medical appliances대신 medical instruments를 쓸 수 있다.

(vi) Hardware, Silverware, Crockery

컴퓨터 시대인 오늘날에 hardware는 software에 대비되는 용어로 많이 쓰이고 있지만 그 원래 뜻은 "철물"이다. Hardware store(철물점)에서 망치, 톱, 삽, 괭이 등 목수일이나 들일을 할 때 쓰는 각종 철물을 판다. hammer나 saw는 그 모양과 경계가 일정한 가산명사다. 그러나 이들 도구들의 집단을 가리키는 hardware는 혼합집단명사다.

Silverware도 knives, forks, spoons 등으로 구성된 불가산의 혼합집단명사다. 그 구성요소인 knife나 fork는 모두 가산명사다. Silverware와 뜻이 비슷한 cutlery도 불가산명사다.

(34) a. All silverware *comes* beautifully gift boxed and can be delivered to you. (모든 은제품은 아름답게 장식한 선물상자에 넣어서 나오고 여러분에게 배달될 수 있습니다.) Comes beautifully gift boxed.comes beautifully packaged in a decorative gift box Made From Fine Bone China & Comes Beautifully Giftboxed[16]

b. Our silverware *is* manufactured in Sheffield and Birmingham by well known companies such as Carrs of Sheffield. (우리 은제품은 셰필드와 버밍검에서 Carrs of Shefield와 같은 유명 회사들에 의해 제조됩니다.)

c. As silverware *is* a valuable item all orders over £50 are despatched. . . . (은제품은 귀중품이므로 50파운드 이상의 모든 주문은 . . . 로 배송됩니다.)

그러나 아래 예문이 보여주는 바와 같이 silverware의 구성요소인 plates, dishes, 양념통(cruets, pourers, shakers, mills)은 모두 가산명사다.

(35) a. This attractive octagonal Georgian style <u>cruet</u> set has *a salt pourer* and *a pepper shaker*. (이 매혹적인 8각형 조지아 식 양념통 세트는 한 개의 소금통과 한 개의 후추통을 가지고 있다.)

b. A selection of hallmarked sterling silver **cruets** and salt & pepper **mills**. . . . (검증각인이 붙은 순은제 양념병과 소금병과 후추병들의 선정품. . . .)

Silverware 이외에 dishes, bowls, cups, jugs 등으로 이루어지는 혼합집단을 의미하는 earthenware와 crockery도 혼합집단명사이다.

(vii) Underwear

Underwear(속옷, 내의)는 불가산명사다. 위에 입는 undershirt(미국영어), vest(영국영어), T-shirt 등등과 아래에 입는 underpants, panties, shorts, pantihose 등등으로

---

[16] gift boxed는 gift와 box가 결합된 복합동사 gift box(선물상자에 넣다)의 피동형이고 이를 beautifully가 수식한다. comes beautifully packaged in a decorative gift box(장식용 선물상자에 넣어 아름답게 포장해서 나오다)의 뜻이다. 완전히 한 단어가 되어 giftbox로 쓰기도 한다. Made From Fine Bone China & Comes Beautifully Giftboxed. 자동사 comes가 beautifully boxed를 보어로 취한다. (come의 용법에 대해서는 제2장 2.5.1.2절 참조.)

구성된 속옷들을 전체적으로 지칭할 때 혼합집단명사 underwear를 쓴다. 복수 *~~underwears~~나 단수 *~~an underwear~~는 허용되지 않는다.

속옷의 집합체인 underwear는 불가산명사지만 그 집합체의 구성요소들은 모두 가산명사다. an undershirt, two undershirts, a vest, three vests, a T-shirt, a lot of T-shirts 등 다 가능하다.

그런데 아래 입는 underpants, panties, shorts 등은 복수형태만 쓴다. 단수 *~~a pant~~, *~~a panty~~ 등은 쓰이지 않는다. 그 이유는 반드시 두 다리 또는 두 발이 들어갈 옷이기 때문이다. 이와 같이 복수형태로만 쓰이는 <2열 명사(bipartite nouns)>--둘로 나누어진 명사--는 이 외에도 많이 있다. a pair of glasses, a pair of spectacles, two pairs of gloves 등등. 이에 대해서는 아래에서 따로 다룬다.

그런데 pantyhose는 children이나 people처럼 복수명사로만 쓰인다. 따라서 *<u>Many pantyhoses</u>라든가 *<u>a pantyhose</u>는 비문이다. Many pantyhose, a pair of pantyhose가 올바른 표현이다. "*Pantyhose* <u>cover</u> the whole bottom half of the torso whereas nylon *stockings* <u>cover</u> just the legs. (팬티스타킹은 하반신 전체를 덮고 나일론 스타킹은 다리만 덮는다.)" [17]

---

[17] Pantyhose는 뜻으로는 stockings, panties, shorts 등과 같은 두 갈래 명사의 계열인 것 같지만 복수어미가 붙을 수 없기 때문에 형태상으로는 두 갈래 명사가 아니다. (*pantyhoses 라는 단어는 존재하지 않는다.) 그러나 pantyhose는 항상 복수로만 쓰이기 때문에 cattle, children 등과 같은 계열의 불규칙 복수명사라고 해야 할 것이다. Pantyhose는 어원적으로 <panty>와 <hose>의 합성어다. hose '아래 입는 내의'가 불규칙 복수명사였으므로 pantyhose도 불규칙 복수명사가 된 것이다. (꽃에 물을 주는 hose나 소방 hose의 뜻일 때는 물론 가산명사다.) 그런데 hose가 속에 입는 내의의 뜻으로는 불가산명사가 되는 것은 아마도 옛날에는 hose가 천의 조각들이 아니었나 하는 추측을 하게 한다. 근대에 와서 "hose"라는 속옷은 없어지게 되었고 따라서 그 단어 자체도 쓰이지 않게 되었으나 합성어 pantyhose에 그 흔적이 남게 되었다. 합성어 pantyhose는 의미적으로 panties, pants, shorts 등과 같이 <두 갈래> 명사의 계열이고 형태적으로는 불규칙 복수명사이다. Pantyhose cover the whole bottom half of the torso whereas nylon stockings cover just the legs. (팬티호즈(=팬티스타킹)은 하반신 전체를 덮고 나일론 스타킹은 다리만 덮는다.) *Many pantyhoses라든가 *a pantyhose는 비문이다. 그 대신 Many children이라고 하듯 Many pantyhose 라고 쓰고 a pair of stockings라고 하듯 a pair of pantyhose로 쓴다.

5.5 복수만의 명사 (Plural-Only Nouns)

그 뜻으로 말미암아 단수로는 쓰이지 않고 오직 복수로만 쓰이는 명사들이 있다. 그런 명사들을 "**복수만의 명사**"라고 부르기로 한다. 복수만의 명사에는 다음 세 가지 종류가 있다.

(A) 두 갈래 명사: pants, eyeglasses 등.

(B) 복수형 혼합 집단 명사: groceries, arms 등.

(C) 기타 복수만의 명사: 위의 두 유형에 속하지 않는 복수만의 명사들로서 savings, thanks 등.

5.5.1 두 갈래 명사

trousers(바지), pants(바지), panties(팬티, 팬츠), shorts(짧은 바지, 운동용 반바지), underpants(아래 입는 내의, 속옷), trunks (남자용 수영팬츠, 운동복) 등 옷은 반드시 두 갈래가 한 벌이 되고 socks, stockings, shoes, sneakers, gloves 등 발에 신고 손에 끼는 것들도 두 갈래가 한 벌이 되고 옷 이외 eyeglasses, spectacles, binoculars 등 안경 종류와 scissors(가위), forceps(핀셋), pincers(족집게), pliers(집게), tweezers(족집게) 등 도구들도 두 갈래 또는 양 날개가 합쳐서 하나를 이룬다. 이와 같이 두 갈래로 이루어진 물건을 나타내는 명사를 두 갈래 명사라고 한다. 이 두 갈래 명사는 반드시 복수형으로만 쓰이기 때문에 **복수만의 명사**에 속한다. 단수형 pant, stocking, shoe 등은 독립적으로 문장에 나타나는 일이 없다. (다만 **trouser** buttons(바지단추), **trouser** cuffs(바짓단)처럼 합성어에 나타날 때는 단수형이 쓰인다. 합성어에 대해서 아래에서 좀 더 자세히 알아본다.)

두 갈래 명사를 셀 때는 a pair of panties(팬티 한 벌), two pairs of trunks(두 벌의 트렁크), three pairs of glasses(세 개의 안경), four pairs of scissors(네 개의 가위, 가위 네 벌), five pairs of socks(양말 다섯 켤레)처럼 보통 가산명사 pair를 매개로 하여 센다.

그러나 드물게 복수형 scissors, tweezers 또는 단수형 a tweezer가 나타나는 경우도 있다.

(1) a. I have never had a pair of tweezers in my life that was worth a damn. Now I do and I appreciate it very much. The most used tool in our house!!! I need more. One for my backpack, one for a house we're building in the mountains, one for my desk, one for the glove box in the car, and one for each of my grown children. (나는 가질 만한 가치가 있는 족집게를 평생 가져본 적이 없었다. 지금은 하나 가지고 있는데 아주 고맙게 잘 쓰고 있다. 우리 집에서 가장 많이 쓰이는 도구! 나는 그것이 좀 더 필요하다. 배낭에 하나, 우리가 지금 산속에 짓고 있는 집에 하나, 내 책상 위에 하나, 자동차의 글로브박스 안에 하나, 그리고 내 큰 아이들한테 각각 하나씩.)

　　b. I have looked for a good pair of tweezers for 15 years. Last night a friend showed me a pair you made. He was sure proud of them and so am I. (나는 15년 동안 좋은 족집게를 찾고 있었다. 어제 밤에 한 친구가 나에게 귀하가 만든 족집게를 보여주었다. 그 친구는 그것에 대해 확실히 자부심을 가지고 있었고 지금 나도 그러하다.)

　　c. I favor a shorter tweezer with a good finger placement. Also, a more pointed tweezer has the risk of tearing flesh. (나는 좋은 손가락 자리가 있는 짧은 족집게를 좋아한다. 그리고 끝이 뾰족한 족집게는 살을 찢을 위험이 있다.)

　　d. If you want to be a perfectly groomed man, it's time you learned the right way to use tweezers. (모양이 완벽하게 단정한 사람이 되기를 원한다면 족집게를 사용하는 올바른 방법을 배워야 할 때다.)[18]

(1a-b)에 두 갈래 명사를 세는 방식의 표준형이라고 할 수 있는 a (good) pair of tweezers가 나타난다. two pairs of tweezers, three pairs of glasses 등 부분명사 pair를 써서 센다. (a)에 나오는 여러 개의 one은 모두 단수 명사구 a pair (of tweezers)를 가리키는 대명사다. 그런데 (b)에 나타난 them은 tweezers를 직접 가리

---

[18] it's time you learned. . .의 과거형 learned는 과거를 의미하는 것이 아니다. 이것은 가정법(subjunctive)의 용법으로서 "의무, 필연성" 등을 나타낸다. 조동사를 사용한 it's time you should learn. . .과 비슷한 뜻이다.

키는데 이는 표준형이라고 할 수는 없다. (c-d)에서도 비표준형의 용법이 보인다. pair없이 그냥 단수 a tweezer와 복수 tweezers가 둘 다 쓰이고 있다. 이렇게 a pair of ~를 받는 대명사가 완전히 통일되지 않는 것처럼 보이지만 역시 표준형은 (a) 에서 보는 바와 같이 "a apir of ~"는 단수 명사구이며 그것을 받는 대명사는 it 또는 one이다.

scissors는 단수 *a scissor로 쓰이는 경우가 잘 발견되지 않는다. a scissor는 a half scissor(양날 중의 하나)를 의미할 수 있으나 일반적으로 널리 쓰인다고 볼 수 없다.

앞에서 trousers가 합성어의 일부로 쓰이면 *trousers buttons이 아니라 trouser button이 된다고 지적하였다. 이는 단어와 단어가 결합해 합성어를 형성할 때 결합되는 단어는 원형을 써야 한다는 **합성어 형성의 한 원칙에 따라 그렇게 된**다.

(2) a. a two-*door* car (한 대의 투도어 자동차/문 두 개짜리 차)

  b. two four-*door* sedans (문 네 개짜리 세단 두 대)

  c. three kitchen towel *racks* (세 개의 부엌수건 걸이)

  d. a *house keeper* management system (가정부 관리 시스템)

(3) a. *a two-doors car

  b. *two four doors sedans

  c. *a kitchen towels rack

  d. *a houses keepers management system,*a house keepers management system
    *a houses keeper management system 등등

two와 door가 결합하여 명사구를 형성할 때는 two doors가 되지만 이 두 단어가 합성어를 형성할 때는 원형이 쓰여 two-door가 된다. 의미상 복수가 쓰여야 할 문맥이더라도 원형이 아닌 것은 합성어 형성에 쓸 수 없다. (3a-b)는 복수형 doors 때문에, (c)는 복수형 towels 때문에, (d)는 복수형 houses와 keepers 때문에 다 비문이다. 그러나 (2b-c)에서 보듯이 합성어의 핵심어는 복수형이 될 수 있다. 명사 합성어는 <수식어 명사+핵심어 명사>의 패턴을 따른다. 이때 수식어 명사는 반드시 원형이어야 한다.

두 갈래 명사도 이 원칙에 따라 수식어 위치에서는 복수어미가 없는 원형이 쓰인다. eyeglass frames(안경 테), eyeglass lenses(안경 렌즈), eyeglass experts(안경 전문가) 등등으로 쓰이는 것이 통례다. 그런데 eyeglasses의 경우 eyeglass frame 대신 eyeglasses frame도 쓰이는 예를 발견할 수 있다.

(4) Buy Cheap **Eyeglasses** Frames – Fashion **Eyeglass** Frames Online
     (싼 안경태를 사십시오. 패션 안경 태를 온라인으로.)

위는 어떤 안경점의 안경태 광고문인데 eyeglasses frames와 eyeglass frames 둘 다를 함께 쓰고 있다. 또 eyeglasses Customers, eyeglasses sale 등에서도 복수형이 쓰이는 것을 볼 수 있다. 이렇게 합성어 수식어 위치에 eyeglass대신 eyeglasses가 쓰이는 현상은 복수형 eyeglasses가 "원형"으로 굳어가고 있다는 것을 말해준다.

5.5.2 복수형 혼합 집단 명사

의미상으로는 혼합집단명사의 조건을 충족하면서 복수 어미 -s가 붙어 복수로만 쓰이는 명사들이 복수형 혼합집단명사이다. 자주 사용하는 몇 가지 예들을 다음에 열거한다.

(5) a. groceries: 국수, 고기, 채소, 쌀, 밀가루, 올리브오일, 과일, 통조림 스프, 커피 등등 갖가지 종류의 식료품들의 혼합집단.
     b. arms: 소총, 기관총, 수류탄, 대검, 야포, 화염방사기 등등 인마살상용 갖가지 종류의 무기들의 혼합집단.
     c. clothes: 속옷, 겉옷, 양복, 셔츠, 바지, 조끼, 치마, 블라우스, 수영복, 군복 등등 갖가지 옷들의 혼합집단.
     d. dishes: 접시, 사발, 냄비, 주걱, 공기, 대접 등등 갖가지 종류의 설거지의 집단.[19]

---

[19] dishes는 I will wash the dishes. (내가 설거지를 하겠다.)와 같은 문맥에 쓰이는데 여기서 dishes는 접시만을 의미하는 것이 아니다. 접시뿐만 아니라 식사 후에 나오는 모든 종류의 그릇, 수저, 냄비 등의 집단을 지칭한다.

e. valuables: 현금, 수표, 보석, 중요한 서류, 골동품 등등 갖가지 종류의 귀중 품들의 혼합집단.

f. refreshments: 회의중 또는 휴식시간에 제공되는 가벼운 다과와 간식들의 혼합집단.

g. supplies: 특정의 목적을 위해 사용되는 음식, 장비, 연료 등의 갖가지 물자의 혼합집단.

h. contents: 속에 들어 있는 것들(=내용물)의 혼합집단.

i. goods: 공산품, 농산품 등 갖가지 제품들 또는 상품들의 혼합집단.

j. spoils: 전쟁의 결과로 얻은 잡다한 물건들의 혼합집단.

단수 형태가 되면 혼합 집단 명사가 아니며 뜻도 다르다. grocery는 가게, arm은 팔, cloth는 천, dish는 접시, refreshment는 원기회복, supply는 공급, content는 내용, good은 선 또는 착함을 의미한다. 이들 중에 단순한 가산 명사도 있고 불가산 명사도 있지만, 복수어미가 붙지 않은 것은 혼합 집단 명사가 아니다. (cloth는 "천, 옷감"의 뜻으로는 불가산명사지만, 특정 용도의 천이 되면 가산명사가 된다. tablecloth (테이블클로스), washcloth(수건, 행주) 등은 모두 가산명사다. "A place setting is put on a tablecloth for each person.(한 벌의 식기가 각자의 테이블클로스 위에 놓여진다.)")

복수형 혼합 집단 명사는 복수이므로 복수동사와 일치한다. 이 점은 furniture, information 등 단수형 혼합 집단 명사와 다른 점이다.

(6) a. Why {are/*is} _grocieries_ so expensive these days?
   (요즘 식료품이 왜 그렇게 비싼가?)

b. Why {are/*is} _clothes_ so expensive in New Zealand?
   (뉴질랜드에서는 옷이 왜 그렇게 비싼가?)

c. Attendance at the meal or when _refreshments_ {are/*is} provided is important to the NASA to ensure the attendees' full participation in essential discussions and speeches concerning the purpose of the conference. (회의의 목적에 관한 필수적인 토론과 연설을 확보하기 위하여 식사 시간 또는 간식이 제공될 때 같이 참석하는 것은 NASA에 중요하다.)

d. She fears the worst, particularly if Mona finds out that the *spoils* have been restored. (그녀는 특히 모나가 전리품이 회수되었다는 것을 알게 될 경우에 최악의 사태가 올 것을 우려한다.)

e. Light *refreshments* will be served during intermission in the Dining Room. (가벼운 간식과 음료를 인터미션 때 식당에서 대접합니다.)

f. There will be a 15 minute intermission for *refreshments* between Act 1 and Act 2. (1막과 2막 사이에 가벼운 간식을 들기 위한 15분간의 인터미션이 있을 것이다.)

이 점에서는 보통 다른 가산명사와 아무런 차이도 없으나 단수가 존재하지 않는다는 것이 보통의 가산명사와 다르다. 그래서 하나의 사물을 지칭하는 명사로 쓰일 수 없다. 즉 이 명사는 <This is an X.> 문맥의 X위치에 올 수 없다.

(7) a. *This is {a cloth/a grocery/a valuable/a refreshment/a supply/a content. . .}

이런 면에서 복수형 혼합 집단 명사가 불가산명사의 성질이 있기는 하지만 셈법에 있어서는 불가산명사와 달라 불가산명사를 세는 것과 같은 방식으로 셀 수가 없다.

(8) *a piece of arms, *two pieces of clothes, *three items of valuables, *four articles of contents, *five pieces of groceries 등등.

an item of ~, two pieces of ~등과 같은 부분구문은 불가산명사를 셀 때 쓰는데 clothes, arms 등 복수형 혼합 집단 명사는 적어도 형식상 복수 가산명사이며 불가산명사가 아니므로 부분구문에 쓸 수 없다. (8)이 비문인 이유는 *a piece of apples, *two items of books 등이 비문인 것과 같은 이유다.

clothes의 경우에 확실한 불가산명사인 clothing을 쓰면 이 문제가 해소된다.

(9) a. How many **items of clothing** do you have for your kids? (당신 아이들에게 입힐 옷이 몇 가지나 있습니까?)

b. How many **pieces of clothing** do you have in your wardrobe? (당시의 옷장에 몇 벌의 옷이 있습니까?)

c. He rang a few more **pieces of clothing** up, then held up a pair of pants. (그는 몇 가지 옷을 더 계산기에 값을 입력하더니 바지 한 벌을 들어 올렸다.)

d. Nine **Items of Women's Clothing** Hated by Men. (남자들이 싫어하는 아홉 가지의 여자들의 옷)

또 다른 방법으로는 합성어를 이용하여 셀 수 있다. item, piece, article 등의 가산명사를 혼합 집단 명사의 뒤에 놓는 <혼합 집단 명사+item>의 패턴을 사용하여 수를 셀 수 있다.

(10) a. Top 10 **Grocery Items** You Can't Live Without (없이는 살 수 없는 톱 10 식료품)

b. What are the best **grocery items** to buy in bulk? (무엇이 대량으로 사기에 가장 좋은 식료품 품목들인가?) (Cf. grocery prices, grocery stores)

c. Women's **clothing items** are on sale this week. (이번 주에 여성 의류들이 {세일이다/특가판매 중이다}.)

(11) a. *a ~~groceries item, *two groceies items~~

b. a grocery item, two grocery items

합성어 안에서 수식어 위치에 있는 명사는 원형을 써야 하는 원칙을 위배한 (11a)는 비문이다. (Cf. two *door* cars(투 도어 차) vs. *~~two doors cars~~*)

그런데 다른 여러 혼합 집단 명사의 경우에 부분구문과 합성어를 이용하는 셈법에 복수형이 그대로 쓰이는 예를 볼 수 있다. clothes, arms 등 몇몇 복수형 혼합 집단 명사들이 이런 환경에 나타나고 있다.

(12) a. A: I was just reading "French wardrobe" thread and that inspired me to ask you, how many **pieces of clothes** you have in your wardrobe? (나는 막 French wardrob 옷을 읽고 있었는데 그것이 나로 하여금 당신은 옷장에 몇 벌의 옷이 있는가라는 질문을 하게 만들었다.)

B: I've no idea how *much* clothes I have ... gotta count them some day soon ... but I would say that I have less than I want and more than I have room for. (얼마나 많은 옷이 있는지 모르겠다 ... 언젠가는 세어 봐야겠지만 ... 글쎄 아마도 내가 원하는 것보다는 적을 거고 내가 보관할 공간보다는 더 많을 거야.)

(9)에서 본 것과 같이 items of clothing, pieces of clothing 등이 원칙이지만 그 대신 items of clothes, pieces of clothes가 쓰이는 것이 현실이다. 또 합성어의원칙대로 하면 clothing items이 되어야 하지만 그 대신 clothes items도 쓰이고 있다.

(13) a. A children's fashion brand, Bul Dog, has released look-alike items of clothes, bags, beds and accessories so that a child and a dog can match. (어린이의 유행 브랜드 불독은 아이와 개가 매치될 수 있도록 비슷하게 생긴 옷, 가방, 침대, 악세서리들을 내놓았다.)

b. Below is a listing of the top 10 dorky clothes items that everyone should be aware of. (모든 사람들이 알아야 가장 멋없는 옷 열 가지의 리스트는 아래와 같다.)

더 나아가 복수형 혼합 집단 명사 arms의 경우에는 선택의 여지도 없이 복수형 arms만 쓰인다.

(14) a. We're carrying out a programme of treatment conservation for the 2,845 pieces of {arms/*arm} and armour currently on display. (우리는 현재 전시중인 2,845개의 무기와 갑옷류에 대하여 취급 보존 프로그램을 운영하고 있다.)

b. 190,000 pieces of {arms/*arm} missing in Iraq. (190,000 점의 무기가 이라크에서 분실.)

여기서 arms는 이미 원형으로 굳어졌고 clothes도 원형으로 굳어져 가고 있음을 엿볼 수 있다. 아래와 같은 합성어 용례에서도 arms와 clothes가 수식어 위치에 자연스럽게 나타나고 있다.

(15) a. This part of the globalissues.org web site looks into the issue of **arms control** around the world. (globalissues.org 웹사이트의 이 부분은 전 세계의 무기통제의 문제를 들여다보고 있다.)

　　 b. The superpowers seek to control the nuclear **arms race** and nuclear testing. (초강대국들이 핵무기경쟁과 핵실험을 통제하려고 한다.)

　　 c. A **clothes dryer** can be found in just about every house in the United States, and millions more of them are manufactured each year. (의복드라이어가 미국의 거의 모든 집에서 볼 수 있고 매년 수백만 대 이상 제조되고 있다.)

　　 e. **Clothes Sizes** are given in centimeters and inches for conversion purposes. (의복사이즈는 환산목적상 센티미터와 인치로 주어진다.)

　　 d. Clothesdir is a directory of **clothing resources** and **clothes suppliers**. (클로즈디르는 의복 자료와 의복 공급자의 인명부다.)

*arm race, *arm control 등은 전혀 사용되지 않는 것으로 보아 arms는 확실히 원형으로 자리를 잡았다고 말할 수 있다. clothes도 원형의 위치에 거의 다 가 있다고 할 수 있으나 (15d)의 clothing resources와 같은 합성어가 쓰이고 있는 상황이므로 clothes는 아직은 clothing과 경쟁하고 있다고 볼 수 있다.

복수형 혼합 집단 명사 refreshments도 clothes의 상황과 비슷하다. 거의 원형으로 굳어지고 있다.

(16) a. {Light **refreshments** *mean*/*Light refreshment means} snacks and soft drinks. (가벼운 간식이란 스낵과 소프트 드링크를 의미한다.)

　　 b. In this case, two kids immediately get up when they learn there {*are* no such **refreshments**/*is no such refreshement} at the meeting. (이 경우에 두 아이는 그 모임에 그런 간식이 없다는 것을 알고는 즉시 일어난다.)

　　 c. Some families do not consume alcohol and {the **refreshments** that *are* served /*the refreshment that is served} will follow suit. (몇 가정은 술을 소비하지 않는다. 나오는 가벼운 간식도 그 뒤를 따를 것이다.)

　　 d. In addition, {*many* light **refreshments**/*much light refreshment} with local characteristics {*have*/*has} been created making use of particular local products and customs. (그리고, 지방특산물과 관습을 활용하여 지방의 특색

을 띠는 많은 가벼운 간식들이 새로 만들어졌다.)

e. A mini bar which is stocked with <u>many refreshments/*much refreshment</u> is a constant feature of every room at Century Hotel Pattaya in Pattaya. (많은 간식과 음료로 채워진 미니바는 파타야의 센추리호텔파타야의 모든 방의 변함없는 특징이다.)

g. <u>Most refreshments</u> served at receptions in this manner will be mass produced and delight guests with offerings such as. . . . (이 방식으로 리셉션에서 제공되는 대부분의 간식류는 대량생산될 것이며 . . . 와 같은 선물로 손님들을 기쁘게 한다.)

h. All the ladies took various <u>items of refreshments/*items of refreshement</u> and when added together, we had a wonderful spread. (모든 부인들이 여러 가지 간식들을 집었고 그것들을 합해놓으니 훌륭한 음식상이 되었다.)

i. . . . . related to the supply of office supplies and different <u>refreshments items</u> (sugar, powdered milk, tea bag, etc). (사무실 용품과 여러 가지 다른 간식용 식품들 (설탕, 분유, 티백, 등)

j. This room has a super-king bedded room. It has a {<u>refreshments tray/*refreshment tray</u>}, fire/smoke alarm, television with remote control. (이 방은 수퍼킹사이즈 침대가 있는 방이다. 간식음료 쟁반, 화재/연기 경보기, 리모트 콘트롤이 있는 텔레비전이 있다.)

　

(16a-g)는 refreshments가 반드시 복수동사와 일치할 뿐만 아니라 복수명사 앞에만 올 수 있는 many 또는 most가 쓰이고 있으며 이 문맥에서 단수 refreshment가 쓰이는 일이 없다는 것을 보여준다. refreshments가 복수형 혼합집단명사임이 명백하다.

그리고 (h-j)에서는 refreshments가 복수형태 그대로 부분구문에 쓰이고 또 합성어의 수식어 위치에도 복수 형태로 쓰이는 것으로 보아 복수형 refreshments가 원형으로 쓰이고 있음 알 수 있다.

그러나 이것이 아직도 완전히 원형으로 굳어진 것은 아니어서 아래와 같이 합성어 수식어 위치에 단수가 쓰이는 것을 볼 수 있다.

(17) a. How many **refreshment stands** were there? (몇 개의 간식음료대가 있는가?)

b. Listed on the following pages are frequently requested **refreshment items**. (다음 페이지에 열거하는 것은 (많은 사람들이) 빈번히 찾는 간식류다.)

c. Most non-alcoholic **refreshment selections** for a wedding reception will center around punch, colas or juices or a favorite recipe that has been served at weddings for many years. (대부분의 비알콜성 간식 종류들은 오랜 세월동안 결혼식에 제공되어 온 펀치, 콜라, 주스 또는 사람들이 선호하는 레시피 등을 주종으로 할 것이다.)

만약 refreshments가 완전히 한 단어로 굳어졌다면 refreshment stands 대신 refreshments stands만 쓰일 것이다. 그러나 현재로서는 둘 다 허용된다.

명사 content는 불가산, 가산으로 다 쓰인다. 불가산명사로는 "책, 영화, 연설 등의 (표현 또는 형식이 담고 있는) 내용"을 말하는데 결국 그 책, 영화, 또는 연설의 취지, 사상, 의미 등을 의미한다. 가산명사로는 "상자, 서랍, 봉투 등의 용기 (container)에 들어 있는 물건들, 또는 그릇으로 인식되는 방이나 건물 안에 들어 있는 내용물"을 의미한다.

그런데 content가 가산명사로 쓰일 때 그것은 복수형의 혼합집단명사 contents 가 된다. the **contents** of the drawer(책상서랍의 내용물, 서랍 안에 들어있는 것들), the **contents** of the package(소포 속에 들어있는 것들), the **contents** of the museum (그 박물관의 전시물들을 포함하여 사무용 가구 등 모든 시설물 등 박물관 건물의 모든 내용물) 등에서 내용물들은 혼합집단이다. 책 앞머리에 나오는 Table of Contents(목차)도 이 contents의 용례다. 여기서 contents는 책을 하나의 그릇으로 보고 그 안에 들어 있는 모든 것들, 즉 장과 절의 제목, 참고문헌, 주 등은 물론 그림이나 표 등등 책과 관련된 모든 것을 가리킨다. 그것은 분명히 하나의 혼합집 단이다.

영화나 연극도 책과 같이 하나의 그릇으로 생각할 수 있다. the **movie's** contents (영화의 내용), the **variety** show's contents (그 버라이어티 쇼의 내용)처럼 복수명사 contents를 쓸 수 있다. 이때 내용은 영화 안에 들어 있는 모든 것을 의미한다. 영화의 줄거리와 의미는 물론 영화의 스탭과 캐스트, 제작배경, 흥행성과 등등을 합친 영화의 모든 것을 의미한다. "내용"의 범위를 줄여서 영화의 줄거리나 의미만을 가리킨다면 the movie's content라고 불가산명사 content를 써서 나타낼 수 있다.

최근에는 인터넷의 포털사이트나 웹사이트에 포함된 내용물을 가리키는 용어로 content와 contents를 흔히 쓴다. 웹사이트의 취지, 요지, 의미만을 가리킬 때는 불가산명사 content를 사용할 것이고 그것을 포함하여 웹사이트의 내용물 모든 것들을 가리킬 때는 contents를 사용할 것이다. 이 단어의 외연을 더욱 확장하여 인터넷 관련 컴퓨터 소프트웨어에 담긴 내용 일체를 contents로 표현한다. 이렇게 해서 **content providers**(콘텐츠 프로바이더)와 **content markets**(콘텐츠 시장)이 생겼고 **content industries**(콘텐츠 산업)이 성업 중이다. 이들 합성어에 쓰인 content는 불가산명사 content가 아니고 합성어 형성의 원칙에 따라 복수형 혼합집단명사 contents가 원형으로 나타난 것이다. 이 경우에 영어로는 반드시 content를 써야 하지만 우리말로는 "콘텐츠"라고 하는 것이 현실적이다. contents가 단독으로 나올 때나 합성어 수식어 위치에 나올 때나 "콘텐츠" 하나만을 쓰기로 하면 될 것이다.[20]

(18) a. How much frozen blue ice would it take to keep the **contents** of an ice chest below 40 degrees Fahrenheit? (얼음상자의 내용물을 화씨 40도 이하로 유지하는 데 얼마나 많은 냉동 블루 아이스가 필요하겠는가?)

b. Website **contents** can vary considerably. (웹사이트 내용물은 상당히 다양할 수 있다.)

c. Finally, the most important thing of all is to have quality **content** on a website. Visitors come to a site with a purpose in mind. **Content** should meet the needs of target traffic, and be interesting as well. A boring site does not draw repeat visits. (마지막으로, 가장 중요한 것은 웹사이트에는 질이 우수한 내용을 담는 것이다. 방문자는 목적을 가지고 사이트에 온다. 내용이 목표방문의 필요성을 충족시켜 주어야 하고 내용이 또한 흥미로워야 한다. 재미없는

---

[20] 일본, 한국 등 동남아에서 Contents Market Research Reports, Korea Contents Network 같은 표현을 종종 볼 수 있는데 이것은 표준용법이라고 볼 수 없다. 표준어법으로는 Content Market Research Reports, Korea Content Network라고 하는 것이 정상이다. (그러나 contents 가 이미 하나의 원형으로 쓰이게 되었다고 주장하면 'contents market'라고 할 수 있다.)

사이트는 재방문을 이끌어내지 못 한다.)

d. **Content providers** are generally perceived to be Web sites that supply different types of online information . . .that is regularly updated. (콘텐트 포로바이더란 . . . 규칙적으로 업데이트되는 여러 가지 유형의 온라인 정보를 공급하는 웹사이트라고 일반적으로 인식된다.)

e. Guidelines for **content providers**. (콘텐트 프로바이더를 위한 지침서)

f. MIPTV is the world's leading **content market**. (엠아이피티비는 세계적인 콘텐츠 시장의 선두주자다.)

g. The **content industry** is an umbrella term that encompasses companies owning and providing mass media and media metadata. (콘텐트 산업은 매스미디어와 미디어 상위데이터를 소유하고 제공하는 모든 회사들을 포함하는 포괄적 용어다.)

h. This report examines the future for Australia's digital **content industries**. (이 보고서는 오스트렐리아의 디지털 콘텐트 산업의 미래를 검토한다.)

(18a-b)의 contents는 복수형 혼합집단명사로서 웹사이트의 모든 내용물이고 (c)의 content는 불가산명사로서 웹사이드의 의미내용이다. (d) 이하에는 수식어 위치에 contents의 원형이 나타나는 여러 가지 합성어의 용례들을 보여준다.

혼합 집단 명사 valuables(귀중품), leftovers(남은 것들, 나머지), goods(상품, 물품)도 흥미로운 변수를 보인다.

(19) a. Protect your **valuables** with <u>valuable items insurance</u> from Travelers. (트래블러즈(보험회사)의 귀중품 보험으로 당신의 귀중품들을 보호하십시오.)

b. Sometimes I even use the **leftovers** as a base for a quick dessert. (때로는 나는 먹고 남은 것들을 (금방 해먹을 수 있는) 간단한 디저트를 만들기 위한 베이스로 사용하기까지 한다.)

c. This is a perfect dinner to serve to guests . . . and the **leftovers** and bones make a fabulous broth. (이것은 손님들에게 대접할 완벽한 디너이고 그 나머지와 뼈는 멋진 고깃국이 된다.)

d. Cooks aren't the only ones who create **leftovers**. Gardeners end up with them, too. (요리사들만이 남은 것을 창조하는 유일한 사람이 아니다. 정원사들도

역시 그것을 하는 것으로 끝낸다.)

e. Don't discard <u>leftover seeds</u>; store them right and many will germinate. (쓰고 남은 씨를 버리지 말라. 그것을 저장해두면 많은 씨가 싹이 튼다.)

f. Consumer **goods** are defined as any tangible movable item, with the exception of: [1] goods sold by way of execution or otherwise by authority of law; [2] water and gas where they are not put up for sale in a limited volume or set quantity; [3] electricity. (From the rules framing the sale of consumer goods in the European Union (EU)) (소비자 상품이란 모든 유형의 동산으로 정의된다. 다음 예외가 적용된다. [1] 강제집행 또는 기타 법에 의하여 판매되는 상품, [2] 제한된 부피 또는 규정된 양으로 판매되지 않는 물과 공기, [3] 전기.)

g. What happens when you post **goods issue** after delivery? How does the inventory get reduced after the delivery? (양도 후에 상품발송장을 부치면 무슨 일이 일어나는가? 상품의 양도 후에 품목이 어떻게 줄어드는가?)

h. **Goods** receipt and **Goods** issue (상품 접수와 상품 발송)

(19a)에서 valuables가 혼합 집단 명사이다. "valuable items"는 <명사+명사>의 합성어로 볼 수도 있고 형용사 valuable이 명사 items를 수식하는 명사구의 구조로 볼 수도 있다. 어느 쪽으로 분석해도 같은 결과가 나오고 의미도 같다. 밑줄 친 부분을 valuable insurance라고 표현할 수도 있으나 이것은 "귀중한 보험"의 뜻으로 오해될 소지가 있고 그렇다고 valuables insurance라고 하면 합성어 규칙을 어기게 된다. 이 두 가지 문제를 동시에 해결하는 방법으로 명사구 valuable items를 쓴 것이다.

(b-e) 명사 leftovers(남은 것)의 경우에도 형용사형 leftover(쓰다 남은)가 존재한다. (e)의 leftover seeds에서 leftover는 명사 수식어가 아니라 형용사이다.

(f-h) goods(상품)는 완전히 하나의 단어로 굳어진 경우이다. 이 뜻으로 단수형은 전혀 쓰이는 일이 없다. "good"에 <상품>의 뜻은 없다. goods train (화물열차=freight train), goods wagon (화차=freight wagon) 등으로 goods은 하나의 온전한 단어로 사용되어 왔다.

복수형 혼합 집단 명사들은 진화 과정의 진행 중에 있다고 말할 수 있다. 변화의 정도에 따라 대강 아래와 같이 세 부류로 나누어 볼 수 있다.

첫째, 복수형이 완전히 한 단어로 자리 잡은 경우다. groceries, arms, contents, goods 등이 여기에 속한다. 단수형 grocery, arm, content. good은 복수형이 갖는 의미를 갖고 있지 않다.

둘째, 복수형이 아직 한 단어로서 완전히 자리 잡지 못 한 경우다. 이 때문에 때로는 단수형이 쓰이기도 한다. refreshments가 여기에 속한다.

셋째, 복수형과 별도로 불가산명사가 존재하여 복수형과 단수의 불가산명사가 공존한다. clothes와 clothing의 경우가 이 부류이다.

옷을 지시하는 의복 명사들 중에는 불가산명사, 가산명사, 두 갈래 명사, 단수형 혼합집단명사, 복수형 혼합집단명사 등 여러 종류의 명사들이 있다. 흔히 접하는 몇몇 의복 명사들을 유형별로 알아본다.

옷＼구분	불가산명사	가산명사	두 갈래 명사	단수형 혼합집단명사	복수형 혼합집단명사	
T-shirt	No	Yes				
skirt	No	Yes				
garment	No	Yes				
undergarment	No	Yes				
suit	No	Yes				
swim suit	No	Yes				
binkini	No	Yes				
nightgown	No	Yes				
pants	No	Yes	Yes			
trousers	No	Yes	Yes			
jeans	No	Yes	Yes			
shorts	No	Yes	Yes			
clothes	No	Yes			Yes	
clothing	Yes	No		Yes		
underwear	Yes	No		Yes		
nightwear	Yes	No		Yes		
pantyhose	Yes	No		Yes		
apparel	Yes	No		Yes		

(i) 가산명사에 속하는 의복 명사

T-shirt, skirt, nightgown, garment, undergarment, suit, swim suit, space suit, bikini 등은 각기 그 형상이 일정하고 옷가지 하나씩 개별적 동질성이 있으며 복수의 무리를 이루면 원자적 동질집단을 이룰 수 있다. 가산명사가 될 조건을 모두 갖추고 있다.

정장 suit는 상의와 바지와 조끼가 한 세트를 이루어야 한다. 아무 옷이나 섞어서 suit가 되는 것이 아니고 일정한 배합이 되어야 suit이 된다. 따라서 suit는 이질적 집단이 아니다. 정해진 특별한 옷들로 형성되는 한 집합이 suit이므로 이것은 혼합 집단 명사가 아니고 가산명사가 된다.

(20) a. A suit is a set of garments with matching pieces, including at least a coat and trousers. (정장이란 적어도 상의와 바지를 포함하여 어울리는 부분을 가진 의복의 세트이다.)

b. A space suit is a complex system of garments and equipment designed to keep a person alive and comfortable in the harsh environment. (우주복은 (우주라는) 혹독한 환경에서 사람을 생존하게 하고 편안하게 해주기 위해 고안된 의복과 장비의 복합적 시스템이다.)

c. American diplomats going forward, Clinton said, are as likely to wear *cargo pants* as *a pinstriped suit*. (진취적인 미국 외교관들은 정장 못지않게 작업복 건빵 바지를 입게 될 것이라고 클린턴이 말했다.)

c. Swimsuits are particular sets of suits that girls wear when they swim. (수영복은 여자들이 수영할 때 입는 특정의 옷의 세트이다.)

정장 suit이든 우주복 space suit이든 수영복 swimsuit이든 suit는 모두 가산명사이다. 여자 수영복의 하나인 bikini 역시 특정 옷의 세트를 의미하는 가산명사이다. Cf. They were wearing the same white bikinis and showed off their long limbs. (그들은 같은 흰색 비키니를 입고 있었고 긴 팔다리를 뽐내고 있었다.)

Garment가 불특정의 옷을 지시하는 것은 clothing과 비슷하나 반드시 집단을 가리키는 것은 아닌 점이 clothing과 다르다. 아무 옷가지 하나라도 garment일 수 있지만 옷가지 하나가 clothing이 될 수 없다. a garment, two garments, three garments 등 단수와 복수 표현이 가능하다. 따라서 garment는 가산명사이다. 접두사 under가 붙은 undergarment 역시 garment와 같이 가산명사다. underwear는 불가산 집단명사지만 undergarment는 가산명사다.

(21) *Undergarments* or *underwear* are clothes worn under other clothes, often next to the skin. They keep outer *garments* from being soiled by perspiration, urine, and other discharges; shape the body; and provide support for parts of it. In cold weather, long *underwear* sometimes is worn to provide additional warmth. Some *undergarments* are intended for erotic effect. Special types of *undergarments* have religious significance. Some items of *clothing* are designed as *underwear*, while others, such as *T-shirts* and certain types of *shorts*, are appropriate both as *undergarments* and as outer *clothing*. If made of suitable material, some *undergarments* can serve as *nightwear* or *swimsuits*. (Undergarments(내의) 또는 underwear(내의)는 다른 옷 아래, 흔히 피부에 닿게, 입는 옷이다. 내의는 겉옷이 땀, 오줌 또는 기타 배설물에 의해 젖지 않도록 해주고, 몸의 모양을 만들어주며, 신체부위들을 받쳐주기도 한다. 추운 날씨에는 긴 내의를 입어 온기를 좀 더 제공할 수 있다. 에로틱 효과를 (내기) 위해서 입는 내의들도 있다. 종교적 의미를 가지는 특별한 유형의 내의들도 있다. 내의로만 디자인되는 옷들도 있고 티셔츠와 몇 가지 유형의 짧은 바지처럼 속옷과 겉옷 양쪽에 다 맞는 것들도 있다. 적당한 재질로 만들어지면 잠옷이나 수영복으로 입을 수도 있다.)

(ii) 불가산 혼합집단명사에 속하는 의복 명사

Clothing은 의복을 일반적으로 지칭하는 명사이다. 어느 특정 옷가지를 가리키지 않고, 불특정 다수의 옷들의 집단을 무차별적으로 지칭하는 용어이다. 복수형태가 존재하지 않고 단수로 쓰일 수도 없다. *clothings/*a clothing. 따라서 clothing은 불가산 혼합집단명사에 속한다.

같은 의미에서 underwear도 혼합집단명사이다. 상체에 입는 undershirt(미국영어), vest(영국영어), T-shirt 등과 하체에 입는 underpants, panties, shorts, pantihose

등으로 구성된 속옷들을 집단적으로 지칭하는 것이 underwear이다. 복수 *~~underwears~~나 단수 *~~an underwear~~가 쓰일 수 없다. 속옷의 혼합집단인 underwear 는 불가산명사이나 그 집단의 구성요소들 각각은 모두 가산명사이다. an undershirt (런닝 셔츠 한 벌), two undershirts (런닝 셔츠 두벌), a vest, three vests, a T-shirt, a lot of T-shirts 등 단수와 복수로 쓰일 수 있다.

Clothing과 underwear는 an {item/piece/article} of clothing, two pieces of underwear 등 질량명사와 같이 가산명사를 매개로 하여 수량을 헤아린다.

Apparel은 clothing과 같이 여러 가지 옷의 혼합집단을 지시하는 혼합집단명사 다. 가령 golf shirts (골프 셔츠), golf shorts and pants (골프 반바지와 긴 바지), golf jackets (골프 상의), golf sweaters (골프 스웨터), golf hats and headwear (골프 모자와 기타 머리 보호 장구), golf socks (글프 양말) 등 골프와 관련된 의복과 장구들 몇 가지가 집단을 이룬 것을 golf apparel (골프복)라고 부른다. 이 중 어느 하나만을 놓고 apparel이라고 할 수 없다. apparel이 혼합 집단 명사이기 때문이다.

(iv) 두 갈래 명사에 속하는 의복 명사

Pants, jeans, trousers, shorts 등 하의계통의 옷은 두 갈래 명사이다.

(iii) 복수형 혼합집단명사에 속하는 의복 명사

Clothes가 유일한 예이다. Clothes에 대해서는 앞에서 자세히 다루었다. (5.4절 참조.)

5.5.3 기타 복수만의 명사

두 갈래 명사도 아니고 혼합집단명사도 아닌 복수만의 명사들 중 자주 사용하 는 것들 몇 가지만 골라 여기서 다룬다. (i) thanks, apologies, congratulations, condolences, (ii) rains와 snows, (iii) accommodations, (iv) beginnings, (v) belongings, (vi) communications, (vii) customs, (viii) folks, (viii) savings, (ix) surroundings.

(i) thanks, apologies, congratulations, condolences

이들은 감사의 말, 사과의 말, 축하의 말, 위로의 말 등 인사말에 속하는 표현들이다.

명사 thank가 실제로 문장에 나타나는 것은 복수형 thanks뿐이고 단수 명사 thank는 문장에 사용되는 일이 없다.

(22) a. "Thanks, Bill." (고마워, 빌)

    b. "Many thanks for the information." (그것을 알려주어서 정말 고맙다.)

    c. "I would like to extend my deepest {thanks/*thank} to you all." (여러분 모두에게 심심한 감사를 드립니다.)

    d. {Thanks are/*Thank is} due to Professor Hurlbut for a critical reading of this paper. (이 논문을 비판적으로 읽어주신 헐벗 교수님께 감사드립니다.)

    e. New York Jets Offer Words of Praise and {Thanks/*Thank} to the Troops (뉴욕 젯츠가 칭송과 감사의 말을 군에 드리다.)

    f. A thank you letter or letter of {thanks/*thank} is a letter that is used when one party wishes to express appreciation to another party. There are two main types of thank you letters: business thank you letters and personal thank you letters. (감사편지란—thank you letter라고도 하고 letter of thanks라고도 하는데--한 쪽이 다른 쪽에게 감사를 표시하려고 할 때 사용되는 편지다. 사업상의 감사장과 개인적인 감사장 등 두 가지 주요 유형의 감사의 편지가 있다.)

이런 문맥에 단수 thank는 올 수 없다. thanks는 복수만의 명사이다. (f)의 "thank you"는 letter 앞에서 letter를 수식한다. 감사장은 "a letter of thanks" 대신 좀 더 편안하게 "a <u>thank you</u> letter"라고 해도 좋다. (그러나 *a letter of thank you는 쓰이지 않는다. "thank you"는 수식어로만 쓸 수 있다.)

사과의 말을 할 때 사용하는 apologies 또한 복수만의 명사다.

(23) a. "Please accept my {apologies/*apology} for any offense today's Garfield may have created. It was unintentional and regrettable." ("오늘의 가필드가 저질렀을지도 모르는 무례함에 대하여 사과드립니다. 그것은 고의가 아니었으며 유감스러운 것이었습니다.")

b. {Apologies are/*Apology is} accepted as they are given. Smiling as you apologize to your boyfriend tells him the result you expect. (사과의 말은 주어지는 대로 받아들여진다. 남자친구에게 사과할 때 미소 짓는 것은 당신이 기대하는 결과를 그에게 알려 주는 것이다.)

congratulations(축하의 말), condolences(위로의 말, 애도의 말씀) 등도 복수만의 명사이다.

(24) a. **Congratulations** on your 10th Wedding Anniversary! (10회 결혼기념일을 축하합니다!)

b. It wasn't until later that night, when she was opening her **congratulations** cards, that the family realized many were missing. (가족들이 많은 카드들이 없어졌다는 것을 깨달은 것은 그날 저녁 늦게 그녀가 축하카드들을 열고 있었을 때였다.)

e. I expressed to President Lee once again the **condolences** of all Americans for the tragic Cheonan incident, and indicated to him that we stand foursquare behind him.--President Obama (저는 이대통령에게 비극적인 천안함 사태에 대하여 다시 한 번 모든 미국사람들의 애도의 말씀을 드렸으며, 우리는 그를 굳건히 지지한다는 것을 명백히 했습니다.)

f. Please accept my **condolences** on the death of your brother Nigel. (선생님의 형님 니겔의 별세에 대하여 심심한 애도의 말씀을 드립니다.)

g. I send **condolences** to our neighbors on the other side of the globe. (저는 지구 저 쪽 편의 이웃들에게 애도의 말씀을 드린다.)

감사, 사과, 축하, 애도 등의 행위는 반드시 말로 표현할 때 비로소 그 행위가 성립한다. Bill에게 마음속으로 아무리 깊은 감사의 마음을 가지고 있더라도 내가 바로 Bill에게 (22a)와 같은 발화를 하지 않는 한, 나는 Bill에게 감사의 행위를 수행한 것이 아니다.[21]

---

[21] 언어(철)학자들은 이런 현상을 언어행위(speech act)라고 부른다. 언어를 통하지 않고는 수행할 수 없는 인간의 행위를 언어행위라고 한다. 결혼예식장에서 주례가 성혼선언을 할 때, 새로 건조한 선박의 진수식에서 샴페인 병을 깨뜨리면서 배의 이름을 선언할 때, 또는 판사

그런데 이런 언어행위에 사용하는 명사가 복수만의 명사로 쓰이게 된 것은 단수형의 불가산 추상명사로써는 구체적인 행위를 나타낼 수 없기 때문일 것이다.

가 법정에서 피고에게 형을 선고할 때 화자는 언어행위를 수행한다. 이런 행위는 반드시 구두로 선언해야 성립할 수 있다. 선언하지 않는 한 그 행위는 성립하지 않는다. 가령 법정에서 판사가 구두로 형을 선고할 때 판결이 완성된다. 판사의 판결 언어행위 없이는 재판이 성립할 수 없다. 일상에서 사람들이 수행하는 전형적인 언어행위의 예로 "약속"을 들 수 있다. 가령 "I promise to be there in an hour.(한 시간 후에 거기에 가기로 약속한다)"라고 내가 청자에게 말한다면 하나의 약속의 행위가 성립한다. 약속의 행위가 성립하기 위해서 두 가지 조건이 충족되어야 한다. 첫째, 내가 청자에게 말해야 한다. 둘째, 현재시제로 말해야 한다. "He promises to be there in an hour." "I promised to be there in an hour." 등은 약속이 아니다. 주어가 1인칭이 아니면 약속행위가 될 수 없고 시제가 현재가 아니면 약속이 될 수 없다. 이런 문장은 상황을 전달하는 진술문이다. 약속과 진술(statement)은 다른 종류의 언어행위다. 진술은 참인지 참이 아닌지 따질 수 있는 서술문이다. 참인 진술을 참말이라고 하고 참이 아닌 진술을 거짓말이라고 할 때, 참말과 거짓말은 그 말이 사실이냐 아니냐에 달렸다. 가령 까마귀를 보고 "저 새는 검다"고 하면 참말이고 "저 새는 희다"고 하면 거짓말이 된다. 백조를 보고 "저 새는 희다"고 하면 참말이고 "저 새는 검다"고 하면 거짓말이다. 그러나 약속의 행위는 이런 식으로 참말, 거짓말을 따질 수 없다. 가령 지금 내가 독자 한 분에게 "내일 12시에 백운대에 오면 1억을 주겠다"고 말했다면 나는 하나의 약속의 행위를 수행한 것이다. 나의 이 말이 참인지 거짓인지를 따질 수 있을까? 내가 그런 약속을 한 사실이 있으면 참말이 되고 그런 사실이 없으면 거짓이 된다고 할 수 있을까? 만약 그렇다면 내가 하는 모든 약속은 다 참말이 될 것이다. 그러면 나는 정직하고 신용이 있는 사람으로 평가 되는가? 그렇게 되지는 않는다. 내가 한 약속을 두고 참이냐 거짓이냐를 따지는 것은 무의미하다. 그 약속이 성실한 약속인지 불성실한 약속인지를 따지는 것이 의미가 있다. 가령 내가 독자에게 1억을 줄 의사가 없으면서 "내일 12시에 백운대에 오면 1억을 주겠다"고 약속했다면 나는 불성실한 약속을 한 것이다. 약속의 성실성 다음에 따질 수 있는 것은 약속을 지켰느냐 어겼느냐이다. 만약에 그 독자가 정해진 시각에 정해진 장소에 갔지만 내가 나타나지도 않았고 따라서 1억을 주지 않았다면 나는 약속을 어긴 것이다. 약속할 때부터 1억을 줄 의사가 없었다면 불성실한 약속을 한 것이고 동시에 약속을 어긴 것이다. 약속할 때는 1억을 줄 의사가 확실히 있었는데 1억을 주지 않았다면 성실한 약속을 했으나 약속을 지키지 않은 것이다. 성실한 약속이거나 불성실한 약속이거나 그 약속이 참인지 거짓인지 구별하는 것은 의미가 없다. 또 성실한 약속은 참이고 불성실한 약속은 거짓이라고 말할 수도 없다. 사실대로 말한 진술이 참이 되는데 만약에 내가 약속한 것이 사실일 때 그것을 참이라고 한다면 내가 하는 모든 약속은 성실하든 불성실하든 다 참이 된다. 일상에서 "거짓 약속"이란 말을 쓰기도 하는데 이때 "거짓"은 "참이 아닌 거짓"이란 뜻이 아니라 "불성실함"의 뜻이다. 이 때문에 약속의 행위를 대상으로 참인지 거짓인지를 따지는 것은 무의미하다고 하는 것이다. 약속은 참도 아니고 거짓도 아니다. 약속한 것을 이행하지 않았다면 그 약속을 한 사람은 믿을 수 없는 사람으로 낙인이 찍힐 것이다. 인사(greeting), 감사(thanking), 질문(question), 비방(slandering), 칭찬(praising), 격려(encouraging), 이간질(coming between two), 축하(congratulating) 등등 이런저런 언어행위들을 수행하면서 일상을 살고 있다. 언어행위의 문제는 20세기 초중엽 영국의 일상 언어 철학자(ordinary language philosopher)들에 의해 그 중요성이 대두되었는데 이 문제는 언어의 의미를 참이냐 거짓이냐의 2분법적 진리치(truth value)를 기준으로 정의하려고 하는 분석철학자들에게 충격적인 영향력으로 작용하면서 논리학, 윤리학, 심리학, 법철학 등의 여러 분야에 깊은 영향을 주고 있다.

그리고 감사, 축하, 위로 등의 언어행위는 한 마디 말로 끝나는 일회성 행위가 아니라 같은 말을 여러 번 반복하는 행위인데 아마도 이것이 둘째 이유일 것이다.

condolences는 단독으로 쓸 때는 복수만의 명사지만 합성어에서는 원형을 쓴다. a condolence letter (애도의 편지, 애도사), condolence messages (애도의 말씀, 애도사) 등 합성어에서는 합성어 형성 원칙에 따라 원형이 쓰인다.

> (25) a. Here you'll find plenty of examples of *condolence* message samples.(여기 애도사 샘플의 예들이 많이 있다.)
>
> b. Writing a *condolence* message or sympathy card is sometimes difficult for people, because we don't know what to say exactly. (애도사 또는 위로(의 말을 전하는) 카드를 쓰는 것은 때로 사람들에게 어렵다. 정확히 무어라고 말을 해야할지 모르기 때문이다.)

그러나 thanks와 congratulations 등은 congratulations card (축하카드), thanks note (감사편지) 등 합성어를 형성할 때도 복수형태가 그대로 쓰이고 있으므로 복수형이 원형으로 인식되고 있다고 보아야 한다. 이와 달리 condolences는 아직 원형으로 인식되고 있지 않는 것으로 보아야 한다.

(ii) rains, snows

Rain과 snow는 첫째, "We got 100 millimeters of **rain**.(100미리의 비가 왔다.)" "We all went inside when the **rain** began to fall.(비가 떨어지기 시작하자 우리는 모두 안으로 들어갔다.) "The **snow** is melting under the sun.(눈이 햇빛에 녹고 있다.)" "We had lot of **snow** last year.(작년에 눈이 많이 왔다.)"에서처럼 water, flour, sand 등과 같이 질량명사로서 불가산명사로 쓰인다.

둘째, "A **heavy rain** fell.(강한 비가 왔다.)" "A **light snow** was falling.(가벼운 눈이 내리고 있었다.)" "The local farmers hoping for a wet weekend: 'We need **a good rain**.'" (비오는 주말을 기대하는 지방 농부들: 우리는 한줄기 (좋은) 비가 필요하다.) "After **a good rain** she'll stomp in the mud puddles."(비가 온 뒤에 그녀는 진흙덩이 속에서 발을 구를 것이다.) "The past week of **spring rains** has coaxed many of the bulb flowers into bloom.(지난주의 봄비가 많은 구근화초들이 꽃을 활짝 피우도록 재촉했다.)" "The torrential rains kill dozens in India.(인도에서 폭우가 여러 명을 죽이다.)" "Heavy snows spoil weekend holiday plans in the West.(서부에서 심한 눈이 주말 휴일 계획을 망치다.)" 등에서처럼 rain과 snow가 가산명사로 쓰이면 비나 눈이 오는 경우(occasion) 또는 상황(situation)을 지시한다. 결국 그것은 가산명사 rainfall(강우)와 snowfall(강설)과 같은 뜻으로 사용된다.

그러나 rain과 snow가 복수만의 명사로 쓰이면 특별한 의미를 나타내게 된다. 복수만의 명사 rains는 <장맛비, 우기에 오는 많은 비>의 뜻을, 복수만의 명사 snows는 <특정 시기에 내리는 많은 눈> 또는 <도로, 들, 산에 두껍게 쌓인 눈>의 뜻을 나타낸다.

(26) a. When the rains fail to arrive on time, Mumbai suffers.(비가 제때에 도착하지 않으면 뭄바이는 고통스럽다.)

b. The annual monsoon rains have come heavy and early to India. (매년 오는 몬순 폭우가 심하게 그리고 일찍 인도에 왔다.)

c. The first snows of winter have paralysed Tokyo as thousands of young Japanese attend traditional coming-of-age ceremonies. (수 천 명의 일본 젊은 이들이 전통적인 성인식에 참여하는 가운데 겨울 첫눈이 도쿄를 마비시켰다.)

d. The Snows of Kilimanjaro (킬리만자로의 눈)

(26a-b)의 "the rains"는 우기에 오는 많은 비를 가리키고 (c)의 snows는 겨울철에 오는 많은 눈을 가리킨다. 이 문맥에서 복수명사구 the rains, the snows를 불가산명사구 the rain, the snow, 또는 부정명사구 a rain, a snow로 대치할 수 없다. 불가산명사 rain은 <물>과 같은 차원의 물질명사이고 snow 역시 <가루>나 <모래>와 같은 차원의 물질명사이다. 그러나 (26)과 같은 문맥에 나오는 복수만의 명사 rains나 snows는 그러한 물질명사가 아니다. 그것은 뚜렷한 형상과 명백한 특성을 가진 하나의 역동적인 자연현상—occasion(경우), situation(상황), event(사건), weather event(기후변화에 의해 발생되는 사건)—이기 때문에 가산명사의 성질을 지닌다. 이는 storm(폭풍우), thunderstorm(뇌우), rainstorm(폭풍우), snowstorm

(눈폭풍), typhoon(태풍), hurricane(허리케인), tornado(토네이도) 등 자연현상을 지시하는 명사들이 가산명사가 되는 것과 같다. 다만 이 명사들은 아래 예문이 보여주는 바와 같이 완전한 가산명사로서 단수 또는 복수로 자유로이 쓰일 수 있는 점이 복수만의 명사 rains, snows와 다르다.

(27) a. Fifteen hours before it arrived in Ontario, *a violent storm* was tossing pedestrians in the air in Minneapolis and collapsing buildings in northern Indiana.(그것이 온타리오에 도착하기 열다섯 시간 전에 미네아폴리스에서는 강렬한 폭풍우가 길가는 행인을 공중에 날리고 있었고 북부 인디애나에서는 건물을 무너뜨리고 있었다.)

b. They were caught in *the storms*.(그들은 폭풍우에 갇혔다.)

c. Thunder and lightning occur naturally as part of *a thunderstorm*. Whenever you hear thunder there is the danger of a lightning strike.(천둥과 번개는 뇌우의 일부로 자연적으로 일어난다. 천둥소리를 들을 때마다 벼락이 떨어질 위험이 있다.)

d. Why is my dog afraid of *thunderstorms*?

e. *The thunderstorms* were fearful but soothing. (천둥은 한편은 무서웠지만 한편은 마음을 편안하게 해 주었다.)

f. How many *typhoons* hit the philippines every year? (매년 몇 개의 태풍이 필리핀을 때리는가?/필리핀에 상륙하는가?)

g. Yes, there are *hurricanes* every year in the Caribbean. Yes, these big *storms* sometimes hit land and disrupt vacations. No, you should not let *hurricanes* prevent you from taking a Caribbean trip, even during the height of hurricane season! (그렇습니다. 카리브지역에는 매년 허리케인이 있습니다. 그렇습니다. 이 큰 폭풍우가 이따금 육지를 때리고 휴가를 망치는 수도 있습니다. 그렇지 않습니다. 허리케인 때문에 카리브 여행을 접는 일이 있어서는 안 됩니다. 비록 허리케인 계절의 한가운데라도.)

storm, thunderstorm, typhoon, hurricane 등은 자연의 조화로 일어나는 사건들로서 그 빈도수를 계산하고 통계를 낼 수도 있는 대상이다. 복수만의 명사 rains와 snows는 의미상 이들 명사와 같은 점이 있으나 단수로 나타날 수 없고 오직 복수로만 쓰이는 문법적인 특징을 가진다.

(26d)의 "The Snows"는 산에 쌓인 눈—여기서는 정상에 쌓인 만년설—을 지시한다. 이 복수만의 명사 snows는 언덕이나 길에 쌓인 눈을 의미하지만 결국 눈이 쌓여 형성된 언덕이나 땅, 눈이 쌓인 길바닥 등과 비슷한 뜻을 가진다. 불가산명사 snow에는 이런 의미가 없다. 따라서 "The Snow of Kilimanjaro"는 <킬리만자로 산에서 가져온 눈>, <킬리만자로 특유의 눈> 등을 지시할 수 있으나 "The Snows of Kilimanjaro"과 같이 <킬리만자로 산 정상에 쌓여 얼어붙은 눈>을 지시할 수 없다.

(iii) accommodations

accommodations는 호텔, 병원, 기숙사 등의 숙식시설, 때로는 숙박시설을 의미한다.

(28) a. Yosemite **accommodations** range from unheated canvas tents to heated cabins. (요세미티의 숙식시설은 온방시설이 없는 천막에서부터 온방이 되는 통나무집에 이르기까지 다양하다.)

b. The largest online **accommodation directory** listing **accommodations** with links to their websites. (웹사이트 링크와 더불어 숙식시설들의 목록을 보여주는 최대의 온라인 숙식시설 명부.)

c. Florida Hospital's Patient Bill of Rights states: "A patient has the right to impartial access to medical treatment or **accommodations**, regardless of race, national origin, religion, handicap, or source of payment." (플로리다 병원의 환자권리장전은 다음과 같이 말한다. "환자는 인종, 국적, 종교, 장애, 또는 자금출처에 구애됨이 없이 의료행위 또는 입원시설에 공평하게 접근을 할 권리가 있다.")

d. Online booking for hotels, youth hostels, and bed and breakfast **accommodations** at world heritage destinations. (세계의 유명한 여행목적지에 있는 호텔, 유스호스텔, 베드 앤드 브렉퍼스트 숙식시설을 위한 온라인 부킹.)

e. The invitation includes airfares, but not hotel **accommodations**. (그 초청은

항공요금을 포함하지만, 호텔 숙식은 포함하지 않는다.)

(b)의 "accommodation directory"에서 보는 것처럼 합성어에서는 원형이 쓰인다. 복수만의 명사 accomodations는 미국영어의 용법이다. 이것은 room and board (숙박과 식사, 숙식)를 포함한다. 영국영어에서는 이 단어를 불가산명사로 쓰는데 이는 보통 숙박만을 의미한다. "수용"의 뜻으로는 불가산명사 accommodation을 쓰는데 이는 미국, 영국영어에서 같다.

(29) a. Find and compare holiday **accommodation**, holiday apartments, cottages and other types of holiday rental accross Australia. (공휴일 숙박, 공휴일 아파트, 간이숙소, 다른 유형의 공휴일 대여시설을 찾아 비교하라.)

b. After China there, **accommodation** was less frequent and more expensive, but camping was easier. (중국 다음에, 수용시설이 자주 눈에 띄지 않았고 값도 더 비쌌지만 캠핑은 그보다는 쉬웠다.)

c. We went to Phrang Nga because that was the nearest **accomodation** but stronger riders could head east through Thap Put to Ao Luk. (우리는 프랑응 아에 갔다. 거기가 가장 가까운 (저전거) 수용시설이 있는 곳이었기 때문이다. 하지만 좀 더 힘이 센 사이클리스트들은 동쪽으로 방향을 돌려 탑푸트를 통과하여 아오룩으로 갔다.)

(a-b)는 영국영어이다. (c)의 accommodation은 자전거를 세워 놓는 장소를 의미하는 것으로 영미 공통이다.

(iv) beginnings

복수만의 명사 beginnings는 단순히 <시작>이 아니라 <시작단계에 특징적으로 나타나는 조짐 또는 과정>을 의미한다.

(30) a. The **beginnings** of Dada correspond to the outbreak of World War I. (다다의 초기단계는 제1차 세계대전의 발발과 일치한다.)

b. The modern women's movement had its real **beginnings** however in Betty

Friedan's *The Feminine Mystique* (1963). . . .(그러나 현대 여성운동의 진정한 시작은 베티 프레이던의 <여성적 비결>이었다.)

c. New **beginnings** are exciting because they afford opportunities to put forth fresh impressions. They allow you to digest the mistakes you've made in the past and avoid repeating them. New **beginnings** also build character. You'll make new mistakes, to be certain. These mistakes, like those of the past, can be processed, allowing you to move forward with new lessons learned. (새로운 시작은 신선한 인상을 발산할 기회를 주기 때문에 대단히 흥미롭다. 새로운 시작은 과거에 범한 잘못을 소화시키도록 해주고 그것을 반복하는 것을 피하게 해준다. 새로운 시작은 또한 인성을 기른다. 새로운 잘못들은 또 저질을 것이다. 이 잘못들 덕분에, 과거의 잘못들처럼, 당신은 처리과정을 거칠 수 있고 새로 배운 교훈을 가지고 앞으로 나아갈 수 있다.)

단수 beginning에는 이런 뜻이 없다. <조짐>의 뜻을 가진 beginnings가 복수만의 명사로 쓰이는 것은 아마도 시작의 발단이나 조짐은 의례 복수의 상태로 나타나기 마련이기 때문이 아닌가 한다. 우리말 "시작"은 문맥에 따라 단수 beginning을 의미할 수도 있고 복수명사 beginnings를 의미할 수도 있다.[22]

(v) belongings

소지품은 잡동사니와 같이 혼합집단이지만 복수 어미가 붙기 때문에 혼합집단명사가 아니고 복수만의 명사이다.

(31) a. A treasure trove of Michael Jackson's **belongings** is to go under the hammer

---

[22] 물론 글자 그대로 "이야기, 활동, 과정 등의 첫 부분"이라는 뜻으로 beginning(시작)은 가산명사다. 아래 예문에서처럼 가산명사 beginning은 단수일 경우 반드시 관사가 붙어야 한다.
a. Is there *a beginning* of space time? (공간 시간의 시작이 있는가?)
b. This was *the real beginning* of modern science. There is no math in Aristotle's Physics. There is nothing but math in modern physics books. (이것이 현대과학의 진정한 시작이었다. 아리스토텔레스의 물리학에는 수학이 없다. 현대 물리학에는 수학이외에 아무것도 없다.)
c. At *the beginning* of the ceremony, the Dalai Lama asked that a small table in front of his seat be removed. (식의 벽두에 달라이라마는 자기 자리 앞에 있는 조그만 테이블을 치워달라고 요청했다.)

later this year. (마이클 잭슨의 소지품의 수집물이 금년 말에 경매에 부쳐질 것이다.)

b. Please Keep Your **Belongings** with You at All Times. (소지품을 항상 몸에 지니십시오.)

c. Among the valuable pieces of **belongings** American homeowners have, there is no greater fascination noted than those for upholstered items. (미국 주택소 유주들이 가지고 있는 귀중한 소유물 가운데, 실내장식용 물건들보다 더 큰 매력이 표현되는 것은 없다.)

(vi) Communications

불가산명사 communication은 넓은 의미에서 <통신, 소통, 교신> 등을 의미하고 가산명사 communication은 <message>와 같은 의미를 나타내며 복수만의 명사 communications는 구체적으로 <(전자전기)공학적인 통신체계, 수단, 절차>를 의미한다.

(32) a. There was a serious breakdown in **communication** between the leaders in our group. (우리 그룹의 지도자들 사이에 심각한 의사소통의 단절이 있었다.)

b. We have **a communication** from the headquarter. (본부에서 메시지가 왔다.)

c. A {communications/*communication} satellite or comsat is an artificial satellite sent to space for the purpose of telecommunications. (통신위성 또는 콤샛이란 장거리통신의 목적으로 우주에 보내진 인공위성이다.)

d. Satellite **communications** *play* a vital role in the global **telecommunications** system. Approximately 2,000 artificial satellites orbiting Earth relay analog and digital signals carrying voice, video, and data to and from one or many locations worldwide. (위성 통신은 지구의 글로벌 텔레커뮤니케이션 체계에서 중대한 역할을 수행한다. 지구 궤도를 돌고 있는 약 2000개의 인공위성이 음성, 비디오, 데이터를 운반하는 아날로그와 디지털 신호를 전 세계의 많은 지역과 지역을 연결한다.)

(a)에서 불가산명사 communication이, (b)에서 가산명사 communication이 쓰였

다. (c, d)에는 복수만의 명사 communications가 쓰였다. 이 복수만의 명사는 흔히 합성어에 쓰인다. 합성어 telecommunications system에서 원형이 쓰이지 않는 것으로 보아 이 communications는 이미 하나의 단어로 굳어졌음을 알 수 있다.

(vii) Compliments

Compliment는 가산명사로서 칭찬 등 덕담 또는 그러한 행위를 나타내지만 복수만의 명사로서 특별한 뜻을 지닌다. Compliments는 "(with 또는 by) compliments of ~"의 패턴에 쓰여 <호의나 혜택의 제공자>를 밝힐 때 쓴다. (a)는 가산명사, (b-c)가 복수만의 명사이다.

> (33) a. When I called you an idealist, I meant it as *a compliment*. (내가 당신을 이상주의자라고 했을 때 나는 그것을 칭찬의 뜻으로 말한 것이었다.)
>
>   b. This article is made available to you with **compliments** of FSG Social Impact Advisors. (이 논문은 FSG의 사회영향자문위원회의 호의로 여러분에게 제공됩니다.) [FSG=Foundation Strategy Group]
>
>   c. Also on staff by **compliments** of the Oswego Police Department is a Liasion Officer. (또한 부원에는 오즈웨고 경찰서의 {호의로/주선으로} 한 사람의 연락책임자가 있다.)

(viii) customs

복수만의 명사 customs는 단수명사에는 없는 <관세, 세관>의 의미를 나타낸다.

> (34) a. U.S. **Customs** *has* published a useful brochure called "Pets and Wildlife". (미국 세관은 "애완동물과 야생"이라는 유용한 브로슈어를 만들었다.)
>
>   b. The crew told us that no one could deplane because "**customs** *was* holding the plane." ("세관이 비행기를 억류하고 있었기 때문에" 아무도 비행기에서 내릴 수 없다고 승무원이 우리에게 말했다.)
>
>   c. The **Customs** *has* seized large quantities of smuggled heroin. (세관은 대량의 밀수 헤로인을 포착했다.)
>
>   d. UK **Customs** *use* intimidation tactics on British holidaying pensioners. (영국

영어) (영국세관은 휴가 가는 (자비)학생들에게 위협전술을 사용한다.)

e. UK **Customs** *check* for laptop porn. (영국 세관은 랩탑 컴퓨터 포르노를 조사한다.)

f. It didn't take us a long time to clear **customs** at the airport. (공항에서 세관검사를 통과하는 많은 시간이 걸리지 않았다.)

g. **customs** duties(관세), **customs** officer(세관원), **Customs** Service (관세청)

주어-동사 일치에 있어 미국영어와 영국영어의 차이를 보인다. (a-c)에서 보는 바와 같이 미국영어에서는 customs가 단수 동사와 일치하고 (d-e)에서 보는 것처럼 영국영어는 복수 동사와 일치한다.

(g)에서 보는 바와 같이 customs는 합성어를 형성할 때 원형 custom을 쓰지 않는다. 이로써 이 복수만의 명사 customs는 이미 원형으로 굳어지고 있음을 알 수 있다.

(ix) folks

복수만의 명사 folks는 people과 비슷한 뜻으로 쓰이고 특히 집안사람들 또는 부모를 가리키기도 한다. (b)와 같이 편한 사이에서 2인칭복수 호칭으로도 쓰인다.

(35) a. Her **folks** are pretty smart. (그 집안사람들은 꽤 똑똑하다.)

b. See you again, **folks**. (다시 보세, 친구들.)

(x) humanities

단수 추상명사 humanity(인간성, 인류)가 복수만의 명사로 쓰이면 <인문학, 인문학 과목>의 의미를 가진다.

(36) a. The New York Council for the **Humanities** will feature a special screening of acclaimed film "Summer Sun Winter Moon" on Saturday, November 6, 2010 at the National Hispanic Cultural Center. (뉴욕 인문학 평의회는 2010

년 11월 6일 토요일 국립 히스패닉 문화센터에서 (많은 사람들의) 찬사를 받은 영화 "여름 해 겨울 달"의 특별 상영 행사를 가진다.)

b. While the scientific study of language is known as linguistics and is a social science, the study of languages is still central to the **humanities**. ((보편)언어의 과학적 연구는 언어학(이라는 학문)으로 알려져 있고 또 그것은 하나의 사회과학이지만, (개별)언어들의 연구는 여전히 인문학의 중심이다.)

c. The number of students choosing majors in the **humanities** has plummeted. (인문학 전공을 선택하는 학생들의 수가 급격히 감소했다.)

d. Kant defined the essence of the **humanities** in four questions: What can I know? What should I do? What may I hope for? What is man? (칸트는 다음 네 가지 질문에서 인문학의 본질을 정의했다. 나는 무엇을 알 수 있는가? 나는 무엇을 해야 하는가? 나는 무엇을 희망할 수 있는가? 인간이란 무엇인가?)

e. When you ask economists to weigh in on an issue, the chances are good that we will ultimately get around to a basic question: "Is it worth it?" Support for the **humanities** is more than worth it. It is essential. (경제학자들에게 문제를 평가하라고 하면, 결국 "그것이 할 만한 (경제적) 가치가 있는가?"라는 기본적인 질문에 도달하게 될 가능성이 크다. 인문학을 지지하는 것은 할 만한 가치가 있는 것 이상의 가치가 있다. 그것은 본질적이다.)

(xi) Lodgings

(37) a. His **lodgings** are just outside the main gate. (그의 숙소는 정문 바로 밖에 있다.)

b. **Lodgings** are very hard for newcomers to find near the campus these days. (요즘은 새로 오는 사람들이 캠퍼스 가까이에 하숙을 구하기가 매우 어렵다.)

복수만의 명사 lodgings는 임시로 머무는 셋방, 하숙 등을 의미한다. 이것이 복수명사로 쓰이는 것은 보통 <하숙>이나 <셋방>은 침실, 부엌 등 복수의 시설로 이루어져 있다는 암묵적 전제가 있기 때문이다. 그러나 이것이 복수 형태라고 해서 반드시 복수의 시설을 의미하지는 않는다. 단수인지 복수인지는 문맥이 결정한다. 가령 위 (k)의 lodgings는 복수의 newcomers를 위한 것이니 복수의 하숙집이다. 그러나 (j)의 His lodgings는 His가 하숙생이라면 단수일 것이고 His가 하숙집주인이라면 lodgings가 복수일 가능성도 있다.[23]

(xii) Proceedings

가산명사 proceeding은 a court proceeding(법원절차), divorce proceedings(이혼수속절차), bankruptcy proceedings(파산절차) 등 <절차>를 의미하고 복수만의 명사 proceedings는 <학술발표회 자료집, 발표논문집, 논문초록집> 등을 의미한다.

> (38) a. In academia, **proceedings** are the collection of academic papers that are published in the context of an academic conference. (학계에서 프로시딩즈(발표논문집)란 학술회의의 환경에서 출판되는 학술논문들의 모음을 이름이다.)
>
> b. The Organizing Committee decided not to publish the **proceedings** of the conference. (조직위원회가 학술발표논문집을 출판하지 않기로 결정했다.)

(xiii) Rankings

Ranking은 등급 자체를 의미하고 복수만의 명사 rankings는 등급에 따라 배열된 우수선수와 팀의 명단 또는 학교, 기업체 등 모범적인 단체들의 명단을 가리킨다. Rankings는 때로는 명단에 포함된 선수, 팀 등 구성원들을 지시할 수도 있다.

> (39) a. She is the first in the world figure skating {rankings/*ranking}. (그녀는 세계 피겨 스케이팅 랭킹 1위이다.)
>
> b. Germany failed to reach the No.1 {ranking/*rankings} in women's world soccer. (독일은 여자 세계 축구에서 제1위 위치를 성취하는 데 실패했다.)
>
> c. Germany, even after winning Euro 2013, lost ground to the No. 1-ranked

---

[23] lodging이 불가산명사로 쓰일 수도 있다. She was given free lodging in return for working in the kitchen.(부엌에서 일을 해주는 대가로 잠자리는 무료로 주어졌다.) 복수만의 명사 lodgings은 하숙비 또는 집세를 내고 거주하는 하숙집 또는 셋방을 의미하고 불가산명사로 쓰이면 잠자리, 숙소 등을 의미한다. lodgings와 같은 뜻으로 lodging houses를 쓸 수 있다.

United States team in the FIFA women's soccer **rankings**, which were updated
Friday. (독일은 유로2013에서 우승한 뒤에도 FIFA 여자 축구 랭킹 1위인
미국 팀에 뒤처졌다.)

d. FIFA Women's World **Rankings** *are* based on every international match a
team ever played, dating back to 1971, the first FIFA-recognized women's
international between France and the Netherlands. (The men's ranking system
considers only matches in the last four years.) (FIFA 여자축구 랭킹은 FIFA
가 인정하는 최초의 국제시합인 프랑스-네덜란드전이 있었던 1971년 이후
부터의 모든 국제 시합에 토대를 둔다. (남자 축구 랭킹은 지난 4년간의
경기만 고려한다.)

(a)에서 ranking은 문맥에 맞지 않는다. 첫째 ranking(등급, 계급), 둘째 랭킹 등
많은 등급이 있으나 등급은 명단이 아니므로 그 안에 순서는 없다. 따라서 "No.
1 in the ranking"은 말이 안 된다. (b)에서는 독일이 첫째 랭킹을 차지하는데 실패
했다고 해야 말이 된다. "No.1 rankings(첫째 명단)을 차지한다"고 말하는 것은
비정상이다. (c-d)의 문맥에서도 rankings(명단)이 적절하다.

등급리스트에 초점을 두면 ranking을 쓰고 등급리스트에 올라 있는 사항에 초
점을 맞추면 rankings를 쓴다. The Academic **Ranking** of World Universities
(ARWU), The Official World Golf **Ranking**, 2013 NCAA Football **Rankings**, Times
Higher Education World University **Rankings** (THE) 등등.

(xiii) Savings

saving은 <절약, 저축의 행위 또는 그 결과>를 의미하고 (e.g. "It is a great saving
for us to shop here.(여기서 물건을 사는 것이 우리에게 큰 절약이 된다.)") 복수만
의 명사 savings는 <저금한 돈>을 의미한다.

(40) a. His parents lost life **savings** when the war broke out. (전쟁이 터지자 그의
부모는 평생 저축한 돈을 잃어버렸다.)

b. **Savings** are a crucial weapon in the Fight Against Poverty. (모아둔 돈은
빈곤과의 싸움에서 중요한 무기다.)

c. I opened a **savings** account[24] in this bank. (이 은행에 예금구좌를 개설했다.)

(ix) Surroundings

surroundings는 동사 surround(둘러싸다)에서 파생된 것이지만 <환경>이라는 새로운 의미를 지니면서 완전히 한 단어로 굳어졌다. environment(환경)와 같은 뜻이다.

(41) a. Overcoming fear of unfamiliar **surroundings** (낯선 환경에 대한 두려움을 극복하기.)

b. The new surroundings were very challenging for the immigrants.

5.6 단수만의 명사

복수로만 쓰이는 명사가 있는가 하면 오직 단수로만 쓰이는 명사들도 있다. The moon, the sun, 그리고 the earth는 우리가 사는 세계에 오직 하나뿐인 존재이다. 그래서 이들은 오직 단수명사로 표현한다. 이런 단수만의 명사들은 단수의 가산명사인 이상 반드시 관사가 있어야 한다. 의미와 문맥에 따라 부정명사구로도 나타나고 한정명사구로도 나타날 수 있다.

단수만의 명사는 명사별로 특정 의미를 지닌다. 따라서 의미가 바뀌면 단수만의 명사의 성질이 없어지고 평범한 가산명사가 되어 복수로도 나타날 수 있다.

(i) 오직 하나뿐인 존재: 하늘과 땅과 바다

ground, air, sea는 하나뿐인 지구의 일부이므로 역시 하나뿐인 존재로 인식된다. 이런 의미에서 이들은 단수만의 명사이다.

(1) a. I was so scared I didn't know what to do as **the earth** shook so violently.

---

[24] savings account(예금구좌)와 같은 합성어에서 savings가 쓰이는 것으로 보아 savings는 이미 원형이 되었다고 볼 수 있다. *a saving account는 비문이다.

(땅이 아주 심하게 흔들렸을 때 나는 너무도 무서워 어찌 할 바를 몰랐다.)

b. Last night my cellphone was dropped to **the ground** badly by a mistake. (어제 밤에 실수로 내 휴대전화기가 땅바닥에 세게 떨어졌다)

c. This appears to be a classic saucer-shaped object sitting on **the ground** on a tiny, isolated island. (이것은 어느 작은 외딴 섬의 땅에 앉아 있는 고전적인 비행접시 모양의 물체처럼 보인다.)

d. Instead, you are solely responsible for keeping every plane on **the ground** and in **the air** away from trouble. (당신만이 지상과 공중에 있는 모든 비행기가 문제에 빠지지 않도록 할 책임이 있다.)

e. You control traffic on **the ground** and in **the air** by issuing commands. (당신은 명령을 내보냄으로써 지상과 공중의 교통을 통제한다.)

f. I have never seen **the sea**. (나는 바다를 한 번도 본 적이 없다.)

g. **The sea** covers about three quarters of the earth's surface. (바다는 지구표면의 약 4분의3을 덮고 있다.)

h. They decided to leave the city and go back to {**the land/the country**}. (그들은 도시를 떠나 {농촌/전원/시골/촌/지방}으로 돌아가기로 결정했다.)

(1)에서 오직 하나뿐인 지구 earth는 항상 단수명사로 쓰인다. (b~e)에서 ground, land는 모두 지구표면과 연결된 땅을 가리킨다. 그때 그것은 단 하나로 이해될 수 있다. 이 명사들은 이 문맥에서는 오로지 단수로만 쓰인다.

그러나 "land"가 일정한 구획으로 한정된 지역(area)을 가리킬 수도 있다. 그때 그것은 가산명사이다. "He was the most powerful politician in the **land**.(그는 그 땅(=지역)에서 가장 강력한 정치인이었다.)"에서 land는 '나라'의 뜻으로 단수도 되고 복수도 되는 구상명사이다. "I have always wanted to see the foreign **lands** in the Far East.(나는 항상 극동의 낯선 나라들을 보고 싶어 했다.)" a **land** of illusion (환상의 땅, 환상의 나라), a **land** of hope (희망의 나라) 등에서 "land"는 가산명사이고 같은 맥락에서 "ground"도 이런 뜻으로 쓸 수 있다. "We'll have to stay on **a camping ground** for the night.(우리는 그날 밤을 캠핑장에서 보내야 할 것이다.)" "Birds return to their wintering **grounds** each fall.(새들은 매년 가을 그들의 겨울터전으로 돌아온다.)"

(d-e)의 air는 "공중"의 뜻이다. 허공으로 연결되는 공중은 우리에게 오직 하나 뿐이다. air와 같은 뜻을 가진 sky 역시 단수만의 명사이다.

(2)　a. The sun shines in **the sky**. (하늘에 해가 비친다.)

　　b. Why is the **sky** blue? Learn how light scattering makes **the sky** look blue. (왜 하늘이 푸른가? 어떻게 빛의 흩어짐이 하늘을 푸르게 보이게 하는지 배운다.)

　　c. The birds flew into **the gray skies**. (새들이 회색빛 하늘로 날아갔다.)

　　d. Oh, give me a home where the buffalo roam
　　　Where the deer and the antelope play
　　　Where seldom is heard a discouraging word
　　　And the **skies** are not cloudy all day.
　　　(들소가 노닐고 사슴과 영양이 노는 곳
　　　실망의 말은 없고
　　　하늘이 하루 종일 흐리지 않는 곳
　　　아, 그곳에 나에게 집을 짓게 해 주오.)

지구가 하나면 땅도 하나이고 하늘도 하나라는 의미에서 sky는 단수만의 명사다. 위 (2a-b)의 sky는 그러한 용법이다.

그러나 지상에 여러 개의 영토가 있고 많은 지역이 있듯이 하늘에도 여러 개의 하늘이 있다고 생각할 수 있다. 그러한 의미에서는 sky는 복수가 될 수 있다. (c-d)의 sky는 그러한 의미를 가진 가산명사이다. (c)의 "the gray skies"는 새들이 날아간 그쪽 하늘을 가리키고 (d)의 "the skies"는 내가 집을 짓고 살고 싶은 그 곳의 하늘을 가리킨다. (다른 곳의 하늘들은 흐리더라도 그 곳의 하늘만은 온 종일 흐리지 않기를 바란다.)

같은 맥락에서 sea 또한 단수만의 명사로 쓰일 경우도 있고 복수로 쓰일 경우도 있다.

(3)　a. I have never seen {the sea/the seas}.

　　b. There was a young man walking down a deserted beach just before dawn.

In the distance he saw a frail old man. As he approached the old man, he saw him picking up stranded starfish and throwing them back into **the sea**. (해가 막 뜨기 전에 한 젊은이가 사람이 아무도 없는 해변을 걸어가고 있었다. 그는 멀리 한 약한 노인을 보았다. 그 노인에게 가까이 갔을 때 그는 그 노인이 모래에 갇힌 불가사리들을 집어서 바다로 던져넣어 주고 있는 것을 보았다.)

c. Prime Minister Vladimir Putin braved <u>rough seas</u> to help scientists study whales off Russia's Pacific coast on Wednesday but was rebuked by environmentalists for allowing oil exploration nearby. (지난 수요일 블라디미르 푸틴 수상은 과학자들이 러시아 태평양 해안의 고래를 연구하는 데 도움을 주기 위해 거친 바다를 헤치고 들어갔으나 그 근처에 석유탐사를 허용한 이유로 환경주의자들의 비난을 받았다.)

d. The term "high seas" means all parts of **the sea** that are not included in **the territorial sea** or in the internal waters of a State. The high seas being open to all nations, no State may validly purport to subject any part of them to its sovereignty. (공해 (또는 외양)라는 용어는 영해 또는 한 국가의 내해에 포함되지 않는 바다의 모든 부분들을 의미한다. 공해는 모든 국가에 개방되어 있으므로 어떤 국가가 그 어떤 부분도 국가 주권에 귀속시킬 수 없다.)

(3a)에서 the sea를 쓰면 바다를 한 번도 본 적이 없는 사람의 발언이 된다. the sea는 the earth나 the ground와 같은 차원에서 단수만의 명사로 쓰일 수 있기 때문이다. (b) the sea가 이 뜻으로 쓰였다.

그리고 the seas를 쓰면 두 가지 뜻을 나타낼 수 있다. 하나는 the sea를 쓴 경우와 큰 차이 없이 바다를 한 번도 본 적이 없다는 뜻이고 또 하나는 지금 언급하고 있는 특정의 해역을 한 번도 본적이 없다는 뜻이다. (c)와 (d)에서도 seas는 <해역>의 뜻으로 쓰였다.

아래와 같은 예문에서 beach, seaside, seashore 등이 단수만의 명사로 쓰인다. 이는 the sea, the land와 같은 차원에서 이해할 수 있다.

(4) a. The Victorians loved to be beside the seaside/seashore/*seasides/*seashores.
      (빅토리아 시대 사람들은 해변에 {사는 것/가는 것}을 좋아했다.)

  b. We are going to the beach. (우리는 해변으로 간다.)

  c. The historical argument for 'the Beaches' as a name turns out to be at least
     as strong as the historical argument for 'the Beach'. "Pluralists" hold that
     since the area had four distinct beach areas, using the singular term is illogical.
     Those preferring the singular term "Beach" hold that the term has historically
     referred to the area as the four distinct beach areas merged. (명칭으로 the
     Beaches가 맞다는 역사적인 논점은 the Beach가 맞다는 주장에 못지않게
     강하다. 복수론자들은 그 지역이 네 개의 다른 해변지역을 가지고 있기 때
     문에 단수를 쓰는 것은 비논리적이라고 주장한다. 단수 Beach를 선호하는
     사람들은 역사적으로 그 (단수)명칭이 네 개의 상이한 지역이 하나로 통합
     된 지역을 가리켜왔다고 주장한다.)

beach는 seaside와 뜻이 다르다. 우선 seaside와 seashore는 beach보다 훨씬 더
넓은 지역을 가리킨다. 따라서 seaside(안)에 여러 개의 beach가 있다고 말하는
것은 자연스럽지만 역으로 beach에 여러 개의 seashore가 있다고 말하는 것은 이
상하다. 수영하러 beach에 간다고 말하고 seaside에 살고 싶어한다고 말하는 것이
자연스럽지만 seaside나 seashore에 수영하러 가고 beach에 살고 싶어한다고 말하
는 것은 대단히 부자연스럽다. beach는 물놀이 하기에 적단한 곳이고 seaside나
seashore는 마을, 도시, 또는 항만을 건설할 만한 곳이다. 결국 seaside와 seashore
는 부분으로 나누어 생각하기 보다는 하나의 큰 덩어리로, 전체가 하나로 인식되
는 것이 보통이다. 이 때문에 seaside와 seashore는 단수로만 쓰이는 것이 자연스럽
다. 이에 비해 beach는 상황에 따라 여러 개로 나누어 생각할 수도 있고 여러 부분
들이 하나로 이해될 수도 있다. beach는 보통 가산명사들과 같은 성질을 가진다.

 Seaside가 단수만의 명사로 쓰이는 것은 ground, land, earth 등이 단수만의 명사
로 쓰이는 것과 같은 차원에서 이해할 수 있다. 땅은 개인 또는 공공 소유의 경작
지나 주거지를 의미할 때는 얼마든지 복수화될 수 있는 개념이지만 지구와 연결
된 하나의 개념으로 이해할 때 땅은 단 하나뿐인 단수의 개념이다. 앞의 경우
ground나 land는 보통의 가산명사다. 뒤의 경우에 ground나 land는 단수만의 명사

가 된다. earth도 같은 차원에서 이해할 수 있다.

(ii) 과거와 현재와 미래

시간이란 개체화하여 복수로 존재할 수 있는 물건이 아니다. 오직 전체적으로 하나의 현재, 하나의 과거, 하나의 미래가 존재할 뿐이다. 그것은 세계의 모든 사람들이 공유하는 하나의 시간으로 통한다. 이 때문에 present와 past와 future는 복수형이 존재하지 않는 단수만의 명사다. 정관사가 붙으면 특정상황에서의 시간 대를 가리키고 무관사로 나타나면 보편적, 추상적 시간을 가리킨다.

(5) a. What we perceive as **present** is the vivid fringe of memory tinged with anticipation. (우리가 현재라고 인식하는 것은 기대감으로 물든 기억의 생생한 끝자락이다.) – Alfred North Whitehead

   b. People like us, who believe in physics, know that the distinction between **past, present, and future** is only a stubbornly persistent illusion. (물리학을 믿는 우리같은 사람들은 과거와 현재와 미래의 구별이란 고집스럽게도 끈 질긴 착각일 뿐이라는 것을 알고 있다.) - Albert Einstein

   c. There **is no present** or **future**, only **the past**, happening over and over again, now. (현재나 미래는 없고 오직 과거만 있다. 과거가 다시 반복해서 지금 일어나고 있다.) – Eugene O'Neill

   d. There's no present. There's only **the immediate future** and **the recent past**. (현재는 없다. 가까운 미래와 최근의 과거가 있을 뿐이다.) – George Carlin

   e. You shouldn't chase after **the past** or place expectations on **the future**. What is past is left behind. **The future** is as yet unreached. Whatever quality is present you clearly see right there, right there. – Buddha
   (과거를 붙잡으려고 쫓아가서는 안 되고 미래에 기대를 걸어서도 안 된다. 과거는 지나가고 없다. 미래는 아직 오지 않았다. 현재가 무엇이든지 바로 거기에서, 바로 거기에서 그것을 똑똑히 보라.)

   f. There's no time like **the present**. (현재와 같은 시간은 없다.) – Common saying

   g. There is another path available to North Korea. If they choose to fulfill their international obligations and commitments to the international community, they will have the chance to offer their people lives of growing opportunity instead of crushing poverty -- **a future** of greater security and greater respect; **a future** that includes the prosperity and opportunity available to citizens on this end of the Korean Peninsula. (북한에게 선택 가능한 다른 길이 있습니다. 북한이 국제사회에 대한 국제적 의무와 약속을 충족시키려는 선택을 한다면, 북한은 재기불능의 비참한 빈곤 대신 성장과 기회의 생활을 국민에게 제공할 기회를 가지게 될 것입니다. 그것은 더 넓은 범위의 안전과 더 많은 존경을 받는 미래, 한반도의 이쪽의 시민들에게는 번영과 기회를 포함하는 미래가 될 것입니다.) - President Barack Obama

h. The final dissolution of the Soviet Union in December 1991 has given me the opportunity to round off the historical narrative and to turn this book into a retrospective analysis of a political structure which has already receded into **the past**, but which leaves behind a legacy which will long influence all **our futures**. (1991년 12월 소련의 최종적인 와해는 그 역사적 내러티브를 다듬어서 마무리하고 이 책을 이미 과거로 후퇴해버린, 그러나 우리의 앞날에 오래도록 영향을 미치게 될 유산을 남겨두고 사라진 한 정치구조에 대한 회고적 분석으로 변형시킬 기회를 나에게 주었다.) - Geoffrey Hosking

(a)는 보편적 의미에서의 "현재"를 정의하고 있다. 따라서 present가 무관사 명사구로 나타난다. (b)에서도 무관사의 past, present, future가 추상적, 보편적 시간의 개념을 의미한다. (c)의 the past는 보통 사람들이 생각하는 그 "과거"를 가리킨다. (d-f)에서 the furure, the present, the past 역시 보통 사람들이 인식하는 그 "미래", 그 "현재", 그 "과거"를 말한다. 그것은 각기 전체가 하나로 연결된 시간이다. 이상에서 present, past, future는 모두 단수만의 명사로 쓰인 것이다.

그러나 (g-h)의 future는 앞의 future들과 달리 단수 또는 복수로 쓰이는 가산명사로서 시간적 개념의 미래라기보다 "앞으로 올 세상, 미래의 세계, 장래" 등을 지시한다. "a future situation" 또는 "future situations"과 비슷한 표현이다.

(iii) 경동사와 함께 쓰이는 단수만의 파생명사
명사 중에는 동사의 한 파생적 의미를 지니고 명사로 쓰이는 것이 있다. 가령 동사 wash에서 명사 wash가 파생된다. 이런 파생명사(deverbal noun)는 일반적으로 구체화된 일회성 동작을 나타낸다. 이 때문에 이 파생명사는 단수만의 명사가 되는 경향이 있고 대개 have, make, give, take 등과 같은 이른 바 **경동사**(light verb)의 목적어가 되어 숙어를 이루게 된다. 동사 wash는 넓은 의미에서 "씻다"인데 이것이 명사화되고 have와 결합하여 "have a wash"라는 동사구 숙어가 되면 "얼굴, 손 등을 씻다"라는 뜻으로 구체적으로 축소된다. 이 동사구에서 명사 wash가 의미내용을 거의 다 나타내고 동사 have는 의미내용이 거의 없다고 하여 이런 동사를 **경동사**라고 부른다.

(6)　a. I need to **have a wash** before dinner. (저녁식사 하기 전에 (손, 얼굴, 몸을) 씻을 필요가 있다/좀 씻어야겠다.)

　　b. She **has a desperate need** for attention and people to tell her she's pretty. (그녀는 주목을 받을 필요가 절실하고 자기가 예쁘다고 말해줄 사람들이 절실히 필요하다.)

　　c. I **had a quarrel** with my best friend and we have not been talking since then. (나는 내 제일 친한 친구와 다투었고 그 이후 우리는 서로 이야기 하지 않고 있다.)

　　d. We **have no quarrel** with the findings of the committee. (그 위원회의 조사결과에 대하여 다툴 생각이 없다/이의를 달지 않겠다.)

　　e. It's Time We **Have A Talk** About Where Babies Go (아기들이 어디로 가는지 우리가 이야기 할 때다.)

　　f. Should science and faith **have a chat**? I'm not sure why the past couple of years have seen such increased attention to the "war" between science and faith. (과학과 신앙이 대화를 해야 하는가? 나는 지난 2년 동안 과학과 신앙 사이의 전쟁에 대한 관심이 왜 그렇게 증가했는지 이유를 모르겠다.)

　　g. Therefore, if you're feeling stressed out or upset, consider allowing yourself to **have a good cry**. It's okay. (그러므로 짜증이 나거나 화가 치밀면 실컷 울어버리는 것도 고려해 보라. 그것은 괜찮다.)

　　h. It's therapeutic to **have a good cry**. (실컷 우는 것은 치료제가 된다.)

(7)　a. Montmorency **gave a cry** of joy -- the cry of a stern warrior who sees enemy given over to his hands (몬모렌시는 기쁨의 소리를 질렀다 — 적이 자기 손아귀에 들어오는 것을 보는 전사의 외침과도 같은 외침을.)

b. Thanks, I **gave it a try**, but no luck. Anyone have any other ideas? (감사합니다. 그것은 시도해보았지만 운이 없었어요. 누구 다른 좋은 생각 없어요>)

c. This **gave me a good laugh**. (이것은 나를 크게 웃게 만들었다/이것 때문에 나는 크게 한 바탕 웃었다.)

d. The whole country **gave a sigh of relief** as forward Lionel Messi was trained this morning along with the rest of the team a day before a defining match against the Germans. (독일팀과의 결정적인 시합을 앞두고 포워드인 리오넬 메시가 오늘 아침 팀 동료들과 함께 연습을 할 수 있게 되자 온 나라가 안도의 숨을 내쉬었다.)

e. The next RICS President **gave a talk** on global construction outlook in Tianjin. (차기 RICS 회장이 티안진에서 세계건설업전망에 대하여 연설을 했다.)

f. Our adorable Victoria Bear is ready for Spring dressed in her rose velvet dress and matching hat. **Give her hand a squeeze** and her head sways and mouth moves while singing "Tomorrow." She's just the right bear to get rid of those winter blues and bring a smile to everyone's face. (우리의 귀여운 빅토리아 곰은 장미비치 벨벳 옷을 입고 그것에 어울리는 모자를 쓰고 봄단장 준비를 끝냈다. 그녀의 손을 꼭 잡아 보시라. 그러면 "내일" 노래를 부르면서 그녀의 머리가 흔들리고 입이 움직인다. 그녀는 그 겨울우울증을 날려버리고 모든 사람들의 얼굴에 미소를 가져다주는 바로 그 곰이다.)

g. Come on, **give us a grin**. (자, 자! 우리를 보고 한 번 웃어주세요.)

h. The study aims to **give an account of** modern attitudes towards democracy. (이 연구는 민주주의에 대한 현대인의 태도를 설명하는 것을 목적으로 한다.)

i. Well, somebody had to **give him a good kick** up the arse. (글쎄, 누군가가 그의 궁둥이를 힘껏 걷어차 주어야 했다.)

j. I wanted to **give him a biiiiiiiig hug** and comfort him somehow. (나는 그를 힘~껏 꼭 안아주고 싶었다.)

(8) a. John and Mary became the darlings of Canada's team at the Vancouver Games when Mary went down to rinkside to **give him a long kiss** after he won the 500 gold. (존이 500 미터 금메달을 따자 메리가 링크사이드로 내려가 그에게 긴 키스를 했을 때 존과 메리는 뱅쿠버 대회에서 캐나다 팀의

사랑의 주인공이 되었다.)

l. Dr. James Hansen and his wife Anniek **made a personal appeal** to Barack and Michelle Obama. (제임스 한센 박사와 그의 부인은 버락 오바마와 미셸 오바마에게 개인적인 호소를 했다.)

m. Singaporean leader Lee Kuan Yew once **made a comment** about how difficult it is to get a dial tone in Manila. (싱가포르의 지도자 리콴유가 한번은 마닐라에서 전화통화음을 듣는 것이 얼마나 어려운지 논평을 한 적이 있다.)

n. A year ago, the need arose for me to **make a public protest** at a meeting of the State Board of Regents. (일년 전에 주 이사회의 한 회의에서 내가 공개적인 항의를 할 필요성이 생긴 일이 있었다.)

o. Today the US government **made a move** toward software freedom when it issued amendments to its regulations to allow individuals in some of the affected countries more privileges. (영향을 받은 그 몇 나라들에게 더 많은 권리를 부여하기 위하여 미국정부가 그 규정의 수정을 발표했을 때 오늘 미국 정부는 소프트웨어 자유를 위한 한 조처를 취했다.)

(9) a. An autumn day is either the very best or very worst time to **take a stroll** through your old neighborhood. (가을날은 이웃동내를 거닐기에 가장 좋은 때이거나 가장 나쁜 때이다.)

b. Let's **take a walk** for a while after lunch. (점심 먹고 잠시 산보하자.)

c. You'd better **take a rest** now. (이제 휴식을 하는 게 좋겠다.)

d. Let's **take a five minute break.** (5분간 휴식을 하자.)

(iv) 형용사 수식어가 붙거나 of 전치사구 보어가 붙는 단수만의 명사들

이 단수만의 명사는 명사 자체만으로는 충분한 의미를 나타낼 수 없기 때문에 앞에 형용사 수식어가 붙거나 뒤에 of 전치사구 보어가 오는 것이 특징이다. 단 한번 일어나는 상태, 상황, 행동 등을 의미하는 것은 다른 단수만의 명사들과 같다.

(10) a. There was *a note of happiness* in her voice. (그의 음성에 행복감이 있었다.)

b. "It is a miracle that the two survived," said Gericke, with *a note of sadness* in his voice. "They are doing very well without the horns. That's why the buffalo and elephant are separate from them." ("그 두 마리가 살아남았다는 것이 기적이다. 뿔 없이도 잘 지내고 있다. 그것이 들소와 코끼리를 떼어놓는 이유다." 하고 게리케는 목소리에 애조를 띠운 채 말했다.)

    c. He had struck *a discordant note* at a sensitive moment. (그는 민감한 순간에 불협화음을 내었다.)

(11) a. She has *a comforting manner of speaking*. (그녀는 사람을 편하게 하는 말솜씨가 있다.)

    b. He works *in a quick manner*. (그는 신속하게 일을 한다.)

    c. Many of our colleagues want to learn *the manner in which we approach the problem*. (많은 우리 동료(학자/기업가)들이 우리가 그 문제에 접근하는 방식을 배우기를 원한다.)

(12) a. The problem is not *a lack of money*, but *a lack of energy and will*. (문제는 돈이 없는 것이 아니라 에너지와 의지가 없는 것이다.)

    b. There is *a lack of people* who are willing to go into the unknown territory. (미지의 영역으로 기꺼이 들어가려고 하는 사람들이 없다.)

(13) a. Is there *a point for all this trouble*? (이렇게 힘들게 수고할 이유가 있는가?)

    b. What's *the point of calling for a meeting* if you know nobody will show up? (아무도 나타나지 않을 것을 알면서 모임을 소집하는 이유가 뭐냐/무엇 하러 모임을 소집하나?)

    c. There is *no point in getting mad* because you're only hurting yourself. The person that you are mad at don't know and the rest of the world don't care. (화내는 것은 아무 소용이 없다. (왜냐면 그것은) 당신 스스로에게 상처만 줄 뿐이다. 당신이 화내는 당사자는 (정작 당신이 화내는 줄도, 왜 화내는지도) 모르고 그 나머지 세상 사람들은 (당신이 화를 내든 말든) 아무 관심이 없다.)

    <어조, 분위기, 느낌> 등의 뜻을 가진 단수만의 명사 "note"에 붙는 형용사 수식어 또는 of 전치사구가 어떤 느낌, 어떤 어조인지를 나타낸다. "manner"는 <방식, 방법>의 뜻을 나타내는데 흔히 in 전치사와 함께 쓰여 <~하는 방식으로, ~한 방식으로>의 뜻을 나타낸다. lack의 필수적인 보어 of 전치사구는 무엇이 없는지를 나타낸다. point는 흔히 "a point for 명사" 또는 "a point in ~ing"의 패턴으로 쓰인다. ~ing가 쓰이는 경우 in을 생략할 수 있다. "There's no point complaining.(불평

해봐야 소용없다.)" 이때는 point 대신 use를 써서 "There is *no use* complaining.라고 해도 같은 뜻이다.

5.7 집합명사 (Collective Noun)

집합명사는 사람 또는 물건의 집단을 의미한다. 집합명사는 형태상 단수로 나타나지만 의미적으로 단수로도 쓰이고 복수로도 쓰인다. 집단을 하나의 단위로 보면 단수가 되어 단수동사와 일치하고, 집단의 구성원들에 초점을 맞추어 말하면 복수가 되어 복수동사와 일치한다. 그것은 문맥에 따라 결정된다.

(1) a. His family {is/are} moving to Oakland next year. (그의 가족은 내년에 오클랜드로 이사를 간다.)

  b. His family {is/*are} much bigger than ours. (그의 가족은 우리 가족보다 훨씬 더 크다.)

  c. Not all his family {*was/were} happy about the news. (그 집의 모든 식구들이 다 그 소식에 기뻐하지는 않았다.)

(1a)의 문맥에서는 family가 한 가족 즉 하나의 집단으로 해석되면 단수가 되고 가족 구성원들을 의미하면 복수가 된다. 어느 쪽으로 해석해도 좋다. 그러나 (b)의 문맥은 가족 또는 가정의 크기를 비교하고 있으므로 단수 family가 맞고 (c)의 문맥은 가족 구성원들이 주어가 되어야 하므로 복수 family가 맞다.

그런데 집합명사는 복수어미를 취하여 보통명사의 복수처럼 쓰일 수도 있다.

(2) a. Consumers are buying more efficient cars and trucks, and families are making their homes more energy-efficient. (소비자들은 좀 더 잘 가는 자동차와 트럭을 사고 있고 가족들은 자기 집을 좀 더 에너지 효율적인 집으로 만들고 있다.)

  b. I've talked to shrimpers and fishermen who don't know how they're going to support their **families** this year. (올해에 어떻게 가족들을 먹여 살릴지 모르(겠다고 하)는 새우잡이들과 어부들과 나는 이야기 했다.)

c. Happy **families** are all alike; every unhappy **family** is unhappy in its own way. (Leo Tolstoy, *Anna Karenina*) (행복한 가정들은 다 비슷하다. 불행한 가정은 모두 각기 자기 방식대로 불행하다/행복한 가정은 행복한 이유가 있고 불행한 가정은 불행한 이유가 있다.)

a family는 한 집안, 한 가정을 의미하고 families는 복수의 가정을 의미한다. 어느 것이든 가정의 구성원을 의미하지는 않는다. 따라서 단수도 되고 복수도 될 수 있는 이 family는 사실상 가산명사다. 대부분의 집합명사가 이와 같이 문맥에 따라 가산명사로도 쓰일 수 있다. 그와 같은 가산 집합명사의 용례들을 좀 더 살펴본다.

(3) a. The **Committee** {*consists*/*~~consist~~*} of five members and meets five to six times a year for approximately one and one half hours. (위원회는 다섯 명의 회원으로 구성되고 매년 5회 내지 6회 약 한 시간 반 동안의 모임을 가진다.)

b. Rush Limbaugh called it a 'bailout.' The Republican Study **Committee**, with its 114 members in the House, called it a 'shakedown.' (러쉬 림보는 그것을 '기업구제'라고 불렀다. 하원에 114명의 위원을 가지고 있는 공화당 연구위원회는 그것을 '주머니 뒤지기'라고 불렀다.)

c. Mr. Memoli asked the **committee** their opinion on switching the AISTech Town Hall Forum to Wednesday afternoon for AISTech 2011, which the ESTC found appealing. (메몰리 씨는 AISTech 타운 홀 포럼을 AISTech 2011의 수요일 오후 세션으로 바꾸는 것에 대하여 위원회에게 그들의 의견을 물었다.)

d. The **crew** {were/*~~was~~*} informed of {their/*~~its~~*} legal rights to obtain the money. (선원들은 그 돈을 받을 권리를 통보 받았다.)

e. The Bulgarian **crew** on board St James Park is expected to be substituted in the next few days. (성 제임스 파크 호에 탑승한 불가리아 선원은 다음 며칠 안으로 교체될 것으로 기대된다.)

f. Big ships have small **crews** (12-30 sailors). (큰 배들이 소수의 승무원들을

가지고 있다 (12-30 명의 선원).)

g. Using a small crew, he shot part-time over a year instead of full-time for several weeks in order to ease scheduling problems for people who work at other jobs. (다른 일들을 하는 사람들을 가지고 일정을 조정하는 어려움을 해결하기 위하여 그는 몇 주 동안을 풀타임으로 촬영 작업을 하는 대신 작은 팀을 사용하여 일 년 이상을 파트타임으로 촬영 작업을 했다.)

h. And if their hybrid of hip-hop, rock, funk, soul and even Spanish-language rhymes wasn't enough to distinguish Group 1 Crew on its highly anticipated debut, their impassioned message of hope and encouragement can't help but set them apart. . . (만약 힙업, 록, 펑크, 그리고 스페인어의 운까지 섞는 <그룹 1 크루>의 하이브리드 성격이 높은 관심을 예고했던 데뷔 연주회에서 그들이 출중했음을 보여주는 데 충분하지 않았다면, 그들이 내놓는 희망과 격려의 열정 메시지는 그 그룹이 다른 그룹들과 분명히 다르다는 것을 보여주지 않을 수 없다.)

i. Rebel **armies** have swept through the diamond fields of Sierra Leone intimidating local populations . . . . (반군들이 지역주민들을 협박하면서 시에라리온의 다이아몬드 광산을 휩쓸었다.)

j. The Persian **army** of 50,000 soldiers supposedly perished in a sandstorm in ancient Egypt 2500 years ago. (2500년 전에 고대 이집트에서 오만 병사의 페르시아 군대가 모래폭풍 속에 사라졌다.)

k. Once you know what your **audience** wants, you can figure out how to "sell" the benefits of your topic to them. (일단 청중이 원하는 것이 무엇인지를 알고 나면, 당신의 화제의 혜택을 그들에게 "파는" 방법이 무엇인지 알아낼 수 있다.)

l. The **audience** were truly participatory ‐ on Twitter and in person! (청중은 진정으로 참여하려는 의향을 보였다. 트위터에서 그리고 본인들 직접 스스로.)

m. And in recent weeks, Hollywood's remake of "The Karate Kid" has topped the box office, wowing **audiences** with its seemingly magical martial arts techniques. (최근 몇 주 동안 "가라테 키드"의 할리우드 리메이크가 박스오피스 1위를 달리면서 얼핏 마술처럼 보이는 무술 기술을 가지고 관중들을 열광시키고 있다.)

(3a)는 '위원회(committee)'의 구성에 관한 문맥이고 (b)는 114명의 위원수를 가진 위원회의 활동에 관한 문맥이므로 committee가 단수로 쓰였다. (c)의 문맥에서는 위원들의 의견을 묻고 있으므로 committee가 복수로 쓰였다. (d)에서 돈을 받을 권리를 가지는 것은 선원들이므로 crew가 복수이고 (e)에서는 선원 전체가 일제히 교체된다는 뜻이므로 단수의 crew가 적당하다. (f)에서는 배가 복수이므로 배에 소속된 승무원 집단도 복수이며 (g)에서는 영화촬영 팀 하나를 이야기하고 있으므로 crew가 단수이다. (h)에서 Group 1 Crew의 단수 crew는 데뷔 연주회를 수행하는 하나의 단위로서의 <그룹> 자체를 의미하고 복수 crew는 <그룹 멤버들>을 의미한다. (i)의 armies도 crews와 같은 용법이다. 다수의 반군 집단이 연루되어 있음을 암시한다. (j)의 단수 army는 단수, 복수 어느 쪽으로 해석해도 좋다. 본동사 perished가 과거형이므로 주어가 단수인지 복수인지 구별되지 않는다. (k)의 audience는 구성원들 전부를 하나의 단위로 보아 단수로 쓰인 것이다. 그러나 그것은 내용상 복수이므로 복수대명사 them으로 받았다. 단수 주어에 단수 동사 wants가 일치하고 있지만 그 주어가 내용적으로 복수의 사람들이므로 them으로 받아야 한다. (l)의 audience는 복수로 쓰였다. 복수의 청중구성원들을 가리킨다. (m)과 (n)은 형태적으로 단수와 복수로 쓰일 수 있음을 보여준다. an audience는 여러 명의 청중들로 구성된 하나의 집단을 의미하고 audiences는 그러한 청중의 집단이 여럿 있음을 말한다.

그러나 집합명사 livestock은 복수형태로 나타날 수 없다는 점에서 예외적이다.

(4) a. All in all, livestock is an efficient resource. (전체적으로 보아 가축은 유효한 자원이다.)

b. Castro's livestock is Cuba's laughingstock. (카스트로의 가축은 쿠바의 웃음거리다.)

c. In which country does livestock outnumber people? (어느 나라에서 가축 수가 사람 수보다 더 많은가?)

d. In a country where livestock outnumber people by an order of 16 to one, animal welfare is no small matter. (16대1의 비율로 가축의 수가 사람의 수를 능가하는 나라에서 동물의 건강은 작은 문제가 아니다.)

e. As with <u>all</u> **livestock**, alcapas warrant careful attention to their health. (모든 가축들의 경우와 마찬가지로, 알카파는 그 건강에 조심스럽게 주의해 주어야 한다.)

f. About 80 percent of the land is devoted to **livestock**, and there are 12 million head of cattle in Uruguay, which means each head of cattle enjoys 15,000 square meters, a size equivalent to two football fields. (국토의 약 80 퍼센트가 가축에게 바쳐지고 있다. 그리고 우루과이에는 천이백만 마리의 소가 있으니 소 한 마리가 각기 15,000 평방미터를 차지하고 있다는 것을 의미하는데, 이것은 축구장 두 개에 해당하는 크기이다.)

g. **Livestock** <u>are</u> one of the most significant contributors to today's most serious environmental problems," senior UN Food and Agriculture Organization (FAO) official Henning Steinfeld said. ("가축이 오늘의 가장 심각한 환경문제를 일으키는 가장 중요한 요인들 중의 하나"라고 UN 식량농업기구의 관리 헤닝 스타인펠트가 말했다.)

h. More than 20,000 families are at the risk of going hungry, as temperatures reaching as low as -50 degrees centigrade have killed nearly <u>two million head of livestock</u> in Mongolia. (영하 50도까지 떨어지는 기온이 몽골에서 2백만 마리의 가축을 죽이자 2만 가옥 이상이 기아의 위험에 처해 있다.)

i. One third of the Asian nation's population leads nomadic lives and depend entirely on **livestock** for a living. (아시아 인구의 3분의 1이 유목민 생활을 하고 있고 생계를 전적으로 가축에 의존하고 있다.)

(a)-(c)에서는 가축 전체를 한 단위로 보아 livestock이 단수로 쓰여 단수동사와 일치하고 그 이하는 가축들의 구성원들을 지시하는 복수명사로 쓰여 복수동사와 일치한다. 그러나 복수형태 *~~livestocks~~는 존재하지 않으므로 이것은 불가산 집합명사라고 할 수 있다.[25]

고유명칭 중에도 집합명사들이 있는데 CNN, BBC 등은 항상 단수형태로만 나

---

[25] livestock(가축)은 poultry(가금류)와 뜻이 비슷한 면이 있으나 문법적으로 서로 다르다. poultry는 people이나 cattle처럼 복수로만 쓰이는 복수만의 명사이다. 또 poultry는 집합명사가 아니므로 단수 동사와 일치할 수 없다. "*~~Poultry is~~ . . . ."은 비문이다. poultry는 그 자체가 복수이므로 *~~poultries~~라는 복수 형태는 존재하지 않는다.

타나지만 the Boy Scouts같이 복수형태로만 나타나는 것들도 있다.

(5) a. The **BBC** _is_ preparing to send an army of some 400 staff to cover this year's Glastonbury festival. (BBC는 올해의 글래스턴베리 축제를 취재하기 위해 약 400명의 스태프 진용을 보낼 준비를 하고 있다.)

b. What's the name of the song the **BBC** _are_ using for their promo for the 6 Nations rugby at the moment? (BBC가 6개국럭비대회의 홍보에 사용하고 있는 노래 이름이 무엇이죠?)

c. **CNN** _is_ seeking to bring its brand to life beyond the TV, PC and cellphone screens by forming a division devoted to event marketing. (CNN은 이벤트 마케팅을 전문으로 하는 지국을 형성하여 TV, PC, 그리고 휴대전화를 넘어 그 브랜드에 생명을 불어넣으려고 하고 있다.)

d. American media, **CNN** _are_ deceiving American people on Tibet. (미국의 미디어 CNN은 티베트에 관하여 미국 사람들을 속이고 있다.)

e. **England** _was_ not given Frank Lampard's apparent goal against Germany in Sunday's World Cup match, leaving England fans furious and World Cup fans clamoring for the implementation of instant replay. (영국은 일요일 벌어진 월드컵 대회에서 독일을 상대로 얻은 프랭크 램퍼드의 확실해 보이는 골을 골로 인정받지 못하자 영국 팬들은 격분했으며 월드컵 팬들은 현장의 비디오 판독 시스템을 도입해야 된다고 강력하게 주장했다.)

f. **Brazil** _are_ through, 3-0 over Chile. (브라질이 3대 0으로 칠레를 누르고 통과하다.)

g. Please note, you are searching the second edition online, but **Oxford** _have_ now published a third print edition. (귀하께서는 제2판을 온라인 버전을 찾고 계십니다. 하지만 옥스퍼드 출판사는 제3판을 출판했습니다.)

(a)의 BBC(=British Broadcasting Cooperation)는 BBC방송국을, (b)의 BBC는 BBC 방송국 직원들을 지시한다. (c)의 CNN(=Cable News Network)은 CNN방송국, (d)의 CNN은 그 방송국에 종사하는 사람들을 지시한다. (e)와 (f)의 England, Brazil, Chile등은 각각 영국, 브라질, 칠레 국가대표 축구팀 선수들을 지시한다. (g)의 Oxford는 옥스퍼드 대학출판사 직원들을 가리킨다.

이들 고유명사는 집단 전체를 한 단위로 볼 때는 단수로, 집단의 구성원들을 가리킬 때는 복수로 취급된다. 그러나 각 방송국이나 국가대표팀은 오직 하나이므로 BBCs, CNNs, Englands 등 복수 형태로 나타나는 일은 없다. 이들 고유명사는 불가산 집합명사이다.[26]

다음의 고유명칭 집합명사들은 복수의 형태로만 나타난다.

(6) a. The **Boy Scouts** of America *is* proud to support the ShelterBox. (미국 보이스카우트 연맹은 자랑스럽게 셀터박스를 지지한다.)

b. "The **Girl Scouts** *have* always been in the forefront of modern events," she said. ("걸스카우트 대원들은 오늘날의 사태에서 항상 앞장서왔다." 하고 그녀는 말했다.)

보이스카우트나 걸스카우트의 뜻으로 단수형태 Scout는 허용되지 않고 복수형태 Scouts만 사용된다. 이것이 집합명사이므로 (6a)처럼 단체를 의미하면 단수가되고 (b)처럼 단원들을 의미하면 복수가 된다. The American Baptist <u>Churches</u> (미국침례교), Primitive <u>Baptists</u>(원시 침례교)와 같은 경우도 이 부류에 속한다.

5.8 부분 명사 구문 (Partitive Noun Constructions)

부분 명사 구문—줄여서, **부분구문**—이란 다음과 같은 예문들을 두고 일컬음이다.

(1) a. some of the people (그 사람들 중 몇몇)

b. many of her objections (그의 반대의견 중 많은 것들)

---

[26] 국가의 명칭이 불가산 집합명사로 쓰여 그 나라국민을 가리키는 예는 없다. 또 Korea나 China가 한국인 또는 중국인의 뜻으로 쓰여 복수로 취급되는 일이 없다. 그 뜻으로는 Korean(s), Chinese가 별도의 단어로 존재하기 때문이다. The Republic of Korea, The People's Republic of China 등의 경우에도 가산 단수명사 Republic에 따라 단수명사로만 쓰인다. 다만 The United States of America의 경우에도 그 형태는 복수이지만 하나의 국가명칭으로서 단수명사로만 쓰인다.

c. three pounds of the sugar (3 파운드의 그 설탕/그 설탕 3파운드)

이 구문은 <N₁+of+결정사+N₂>의 틀로 되어 있는데 의미적으로 N₂가 "전체"를 나타내고 N₁이 "부분"을 나타낸다. 부분을 의미하는 이 N₁을 "**부분 명사**(partitive noun)"라고 부른다. Some과 many는 some people, many books에서 수식어로 쓰이지만 여기서는 (1c)의 pounds와 마찬가지로 명사로 쓰인 것이다. (a)는 the people을 전체로 보고 그중의 일부인 some(몇몇 사람들)이 부분이다. (b)는 "그의 반대의 견들"이 전체이고 그 중의 일부인 많은 의견들을 many가 나타낸다. (c)에서는 the sugar(특정의 설탕)을 전체로 볼 때 그 중 "3 파운드의 설탕"이 부분이다.

불가산명사를 셀 수 있게 해 주는 다음과 같은 예들도 부분구문에 속한다.

(2) a. a piece of paper (종이 한 장/한 장의 종이)
     b. two items of furniture (두 점의 가구/가구 두 점)

종이를 "전체"로 보고 그 중의 한 조각을 "부분"으로 보는 표현 방식이 "a piece of paper 한 장의 종이"다. 가구 "전체"가 furniture items로 보고 그 전체의 "일부"가 two items라고 보는 표현이다.

그런데 (1)의 부분구문에는 N₂ 앞에 관사가 있고 (2)의 부분구문에는 그것이 없다. 만약에 (1)에서 관사를 빼고 (2)에 관사를 넣으면 아래 보는 것과 같은 비문이 생긴다.

(3) a. *some of people
     b. *many of objections
     c. three pounds of sugar
(4) a. *a piece of the paper
     b. *two items of the furniture

(1a-b)에서는 N₂ 앞의 정관사가 필수적이어서 그것을 빼면 비문이 된다. 반대로 (2)에서는 N₂ 앞에 정관사를 넣으면 비문이 된다.

그리고 (1c)는 N₂ 앞의 관사를 없애도 여전히 정문((3c))이 된다. 여기서는 N₁자리에 항상 측정하는 데 사용하는 pound과 같은 **단위 명사**(measure noun)가 나타난다. 이에 비해 (2)의 N₁자리에는 단위 명사를 대신할 수 있는 cup, glass 등이 온다.

이렇게 정관사의 유무와 관련하여 세 가지 부분구문의 유형이 있음을 알 수 있다.[27] 첫째, (1a-b)처럼 정관사가 필수요소이고 <N₁+of+정관사+N₂>의 틀로 되어 있는 구문이다. Some, many, part, two, three 등의 명사가 N₁위치에 온다. "Some of the people", "two of her successive attempts (그의 시도 중의 두 가지)"에서 the people과 her successive attempts가 "전체"가 되고, some과 two가 각각 "부분"을 나타낸다.

둘째, (2)처럼 <관사 또는 수사+N₁+of+N₂>의 틀로 되어 있는 구문이다. 여기서 N₁은 cup, piece, glass 등의 의사 측정 단위(pseudo-measure noun)명사이고 N₂는

---

[27] 학자들은 N₂ 앞에 정관사가 오는 것은 부분구문이라고 하고 정관사가 없는 것은 의사 부분구문(pseudo-partitive constructions)이라고 하여 두 가지의 부분구문으로 구분한다. 그 근거를 다음과 같이 설명한다.

(1) a. <u>A lot of the leftover fried chicken</u> has been thrown away. (부분구문)
b. A lot has been thrown away <u>of the leftover fried chicken</u>.
(2) a. <u>A lot of leftover fried chicken</u> has been eaten. (의사 부분구문)
b. *<s>A lot has been eaten</s> of leftover fried chicken.
(3) a. <u>How many pounds of those apples</u> did you buy? (부분구문)
b. How many pounds did you buy <u>of those apples</u>?
(4) a. <u>How many pounds of apples</u> did you buy? (의사 부분구문)
b. *<s>How many pounds did you buy</s> of apples?

부분구문에서는 of전치사구를 문미에 놓을 수 있다. 이렇게 된 구문을 "명사구로부터 외치(extraposition from NP)" 구문이라고 부르는데 이것은 전치사구에 적용되는 매우 일반적인 현상이다. A number of stories about Watergate soon appeared.에서 전치사구 about Watergate를 문미로 옮기면 외치구문이 성립한다. A number of stories soon appeared about Watergate. 그런데 이런 외치 현상이 의사 부분구문에서는 적용되지 않는다. 즉 (1a)에서 부분구문 a lot of the leftover fried chicken에서부터 전치사구 of the leftover fried chicken을 외치시킬 수 있으나 (2a)의 의사 부분구문 a lot of leftover fried chicken에서는 of leftover fried chicken을 외치시킬 수 없다. (3)과 (4)에서도 같은 현상이 일어난다. How many pounds of apples에서는 of apples를 외치시킬 수 없다. 이 현상에서 부분구문 a lot of the leftover fried chicken에서는 "of the leftover fried chicken"이 전치사구임에 틀림없지만 의사 부분구문 a lot of leftover fried chicken에서는 "of leftover fried chicken"이 전치사구를 형성하지 않는다는 것을 알 수 있다. 의사 부분구문에서는 오히려 "a lot of"가 구성성분이 되고 leftover fried chicken은 명사구라고 볼 수 있다. 그러면 명사구로부터 전치사구를 문미로 이동시키는 것이 외치인데 (2b)에서는--(3b)와 (4b)에서도--전치사구가 아닌 명사구를 문미로 이동시켰기 때문에 비문이 되는 것이라고 설명할 수 있다.

무관사 명사구이다. paper, coffee 등과 같은 불가산명사를 셀 때 사용하는 구문이다. N_2인 paper가 "전체"의 범위를 정하고 N_1인 piece가 그 "전체"의 "일부"를 가리키는 것이라고 볼 수 있다.

셋째, (3c)처럼 <수사+N_1+of+(정관사)+N_2>의 틀로 되어 있는데 N_1이 pound, inch 등 측정 단위 명사이고 N_2 앞에 정관사는 올 수도 있고 오지 않을 수도 있다. 이 경우에는 N_2 앞에 관사가 올 수도 있고 오지 않을 수도 있다. 이 구문도 <부분 N_1-전체N_2>의 의미관계를 나타낸다. "A pint of beer (한 파인트의 맥주)"는 맥주가 "전체"이고 그 중 한 파인트가 "부분"이다.

이와 같이 형식적으로 세 가지 유형으로 구분할 수 있으나 여기서는 그렇게 세분하는 대신 이를 총칭하여 하나의 부분구문으로 규정하기로 한다. 따라서 <NP_1+of+NP_2>의 틀로 되어 있는 명사구에서 NP_1의 핵심어가 some, many, one, two, piece, inch 등과 같은 **부분 명사**이면 모두 부분구문이라 일컫는다. 이하에서 이 부분구문을 의미별로 몇 가지로 나누어 그 용법을 검토하기로 한다. 특히 주어와 본동사의 수의 일치에 유의할 필요가 있다. 각 예문에서 부분구문을 밑줄로, 부분명사는 볼드체로 표시한다.

5.8.1 수사 또는 양사 부분 명사

이 부분구문은 N_1위치에 수사 또는 양사가 오는 구문이다.

(5) a. <u>**One** of two shareholder proposals</u> on the proxy ballot won 51% of the vote, a rare majority win for shareholders. (대리인 투표에 관한 두 건의 주주 제안 중의 하나가 51%의 다수표를 획득하였다. 이것은 주주들에게는 드물게 있는 과반수 승리였다.)

b. <u>**Two** of the eight Iranian officials</u> targeted by Washington with sanctions for alleged human rights abuses on Saturday mocked the moves against them by US President Barack Obama as a "joke." (위싱턴 정부가 인권남용 제재의 경우로 지목한 여덟 명의 이란 관리들 중 두 사람이 자기들에 대한 버락 오바마 미국 대통령의 언행을 "농담"이라며 조롱했다.)

c. There {*were*/*was} <u>three of us</u> in our marriage: Me, Katie and Jordan. (우리의 결혼에는 우리 셋이 있었다. 나와 케티와 조던.)

d. The <u>three of us</u> traveled the whole path together. (우리 셋이 전 행로를 같이 여행했다.)

e. Here {*is*/*are} <u>some of my more recent work</u>. (여기 나의 좀 더 최근의 작품이 얼마간 있다.)

f. {<u>Several/Some</u>} <u>of us</u> {*were*/*was} of different faith or belief. (우리들 중 몇몇은 신앙 또는 신념이 달랐다.)

g. {*Is*/*Are} <u>a little of James Cameron's mom</u> in 'Avatar'? (<아바타> 안에 제임스 캐머론의 엄마가 조금이라도 (들어) 있는가?/캐머런 감독의 어머니의 성품의 어떤 부분이 영화 <아바타>에 반영되어 있는가?)

h. ... this generation ... has had to re-establish, both within and without, <u>a little of that which constitutes the dignity of life and death</u>. (Albert Camus 노벨상 수상 연설문에서) (이 세대는, 안에서 그리고 밖에서, 삶과 죽음의 존엄성을 구성하는 요소 중 약간을 다시 수립해야 했다. (알베르 까뮈))

(5a-d)에서는 one, two 등 수사가 부분 명사 N₁로 쓰였다. one of two shareholder proposals에서는 two shareholder proposals가 전체, one이 그 전체의 일부를 가리킨다. two of us, three of us에서도 us는 전체이고 two나 three는 그 전체의 일부를 의미한다.

그 이하에서는 양사 some, a little 등이 N₁이 위치에 쓰였다. Some은 수를 의미할 수도 있고 양을 의미할 수도 있다. 수를 의미할 때는 several과 같이 복수로 쓰여 복수동사와 일치한다. Some이 양을 의미하면 단수가 되므로 단수동사와 일치한다. (e)에서 some은 작품의 양을 말하기 때문에 단수동사와 일치하고 (f)에서는 Several이나 some은 수를 뜻하므로 복수동사와 일치한다. a little은 항상 양을 의미하므로 단수로만 쓰인다.

5.8.2 측정 명사 부분구문 (Measure Noun Partitive Constructions)

무게, 부피, 길이, 시간 등을 측정하는 단위가 부분명사 N₁으로 쓰인다. 단수 측정명사는 단수동사와, 복수 측정명사는 복수동사와 일치한다.

(6)   a. A pint of beer *is* better for you after a workout than water, say scientists. (운동을 한 후 당신에게 일 파인트의 맥주가 물보다 더 좋다고 과학자들은 말한다.)

        b. During the England-USA match on June 12 nine million pints of beer *were* served, bringing in revenue of around 42 million euros, . . . (6월 12일 영국 대 미국의 (축구) 시합 때 구백만 파인트의 맥주가 팔렸고 약 4천2백만 유로의 수입을 올렸다.)

        c. Three million pints of North Star *were* sold in the latter half of 2007. (3백만 파인트의 노스스타가 2007년 후반기에 팔렸다.)

        d. When Thrift Books was formed 6 years ago we found that millions of tons of used books *were* routinely being sent to landfills across the country. (6년 전에 <절약 책 운동>이 형성되었을 때 우리는 수백만 톤의 헌 책들이 쓰레기 매립지로 정기적으로 보내지고 있다는 것을 알게 되었다.)

        e. The first 30 days of subscription *is* included in the purchase price. (최초 30일 간의 구독은 구매가격에 포함된다.)

        f. About 12 cups of sugar *equals* 2 pounds. (약 12 컵의 설탕이 2 파운드의 설탕과 같다.)

        g. Nearly 81.3 million tons of paper and paperboard waste *was* generated in the U.S. in 1994. (1994년 미국에서 거의 8천1백3십만 톤의 종이와 판지 쓰레기가 나왔다.)

        h. How can 6 pounds of gasoline create 19 pounds of carbon dioxide? (어떻게 6 파운드의 휘발유가 19 파운드의 이산화탄소를 만들어낼 수 있는가?)

(6e-g)는 문맥에 따라서 복수의 측정명사가 단수로 취급되는 경우가 있음을 보여준다. (e)에서 the first 30 days는 형태가 복수인데도 30일이라는 시간을 하나의 기간으로 인식될 때는 의미적 고려사항이 형태에 우선(override)하여 '30 days'가 단수로 재해석될 수 있다. (f)의 주어 About 12 cups of sugar는 설탕 12 컵이라는 복수의 개념은 없어지고 설탕 12컵의 양에 초점이 맞추어진 것이다. (g)에서도 '8천1백3십만 파운드'라는 복수는 배경으로 물러가고 대량의 쓰레기 즉 불가산의

단수가 전면에 클로즈업된 것이다.

이런 복수명사가 단수로 재해석되는 현상은 선택사항이지 필수사항은 아니다. 가령 복수에 초점을 두면 복수동사와 일치하는 것은 항상 가능하다. About 12 **cups** of sugar *equal* 2 pounds. Nearly 81.3 million **tons** of paper and paperboard waste *were* generated . . . . 또 반대로 (b-d)에서 복수명사의 주어가 단수로 재해석될 수도 있다. (b) nine million pints of beer *was* served . . . , (c) Three million pints of North Star *was* sold . . . , (d) millions of tons of used books *was* . . . .

(6a)와 같은 경우는 N_1과 N_2 둘 다 단수이므로 재해석의 가능성은 없다. (h)의 동사 can은 주어의 수가 단수든 복수든 항상 can이므로 재해석의 여부가 불투명하다. 의미적으로 can을 단수동사로 해석할 수도 있고 복수동사로 해석할 수도 있다.

5.8.3 용기 명사 부분구문 (Container Noun Partitive Constructions)

다음은 물건을 담는 그릇을 의미하는 명사가 N_1에 쓰이는 경우이다.

(7) a. Their research has shown that a glass of beer *is* far better at rehydrating the body after exercise than water. (그들의 연구는 운동후 몸을 재수화하는 데 물보다 한 잔의 맥주가 훨씬 더 좋다는 것을 보여주었다.)

    b. How many glasses of coke or cans of coke *are* bad for you? (몇 잔의 코카콜라 또는 몇 캔의 코카콜라가 당신 건강에 나쁜가?)

    c. I'm sorry but 2-3 glasses a day *is* bad for you. (미안하지만 하루에 두 잔 내지 석잔의 코카콜라는 당신 건강에 나쁘다.)

    d. How much *does* a box of chocolates weigh? (초콜렛 한 상자는 무게가 얼마나 나가나?)

    e. But you can also get great deals on 1 kilo boxes (2.2 pounds) of various chocolates: one box is 10 euros while three boxes *is* only 20 euros! (그러나 여러 가지 초콜렛 일 키로(2.2 파운드) 들이 한 상자에 대해 큰 할인혜택을 받을 수 있다. 한 박스가 10 유로인데 3 박스는 단 20 유로이다.)

그릇을 의미하는 용기 명사가 측정명사처럼 쓰여 수나 양을 나타낸다. (7a-c)에서 액체를 담는 glass, can이, (d-e)에서 고체류의 물건을 담는 box가 쓰였다. 측정명사의 경우와 같이 여기서도 수의 재해석 현상이 나타난다. (c)의 2-3 glasses (of coke) 그리고 (e)의 three boxes (of chocolates)가 단수로 재해석되어 있다. 각각 복수의 용기명사가 단수의 양으로 취급되었다. (b)에서는 glasses of coke나 cans of coke가 복수로 쓰였으나 (c)에서는 2-3 glasses (of coke)가 단수의 양으로 재해석되었다. (b)는 수에 초점을 둔 평범한 질문이고 (c)는 양에 초점을 둠으로써 너무 많은 양의 코카콜라를 마시면 건강에 나쁘다는 것을 강조하려는 의도가 숨어 있다.

5.8.4 많은 양 또는 수를 나타내는 부분구문

a lot of ~, lots of ~, a number of ~등은 많은 양을 나타내는 부분 구분에 쓰인다.

(8) a. There {*was*/*were} a lot of fried chicken on the table. (식탁 위에 많은 프라이드치킨이 있었다.)

　　b. There {*were*/*was} a lot of mashed potatoes in a big bowl. (커다란 그릇에 많은 으깬 감자가 들어 있었다.)

　　c. Lots of money {*was*/*were} spent, and the idea never went anyplace. (많은 돈이 쓰였지만, 그 아이디어는 전혀 성공하지 못 했다.)

　　d. There {*are*/*is} a lot of reasons. One reason is the simple competition of ideas. Lots of things have to be proposed in order for a few things to be selected. (많은 이유들이 있다. (그 중) 한 가지 이유는 아이디어들의 경쟁 (때문)이다. 몇 가지가 선택되기 유해서는 많은 것들이 제안되어야 한다.)

　　e. All of you criticizing her for her comment that lots of money {*makes*/*make} her happy are haters! You all are just jealous! (많은 돈이 자기를 행복하게 한다는 말을 했다고 그녀를 비판하는 당신들은 모두 사람을 미워하는 사람들이다. 당신들은 그저 질투하고 있는 거다.)

　　f. Lots of money {*doesn't*/*don't} motivate smart people. (많은 돈이 머리 좋은 사람들에게 동기부여를 하지 못 한다/머리 좋은 사람들에게 동기유발 효과

가 없다.)

g. There {*is*/*are*} surely <u>lots of money</u> to be made on Adsense. (애드센스에서 확실히 많은 돈이 만들어질 것이다/많은 돈을 벌 것이다.)

h. Making <u>lots of money</u> *is* the obvious goal of most people who decide to enter the world of trading. (많은 돈을 버는 것은 무역의 세계에 들어가기로 결심하는 사람들 대부분의 명백한 목표다.)

i. It means that <u>lots of the people</u> at whom the book is directed *are* prepared to buy it. (그것은 그 책이 향하고 있는 많은 사람들이 그것을 살 준비가 되어 있다는 것을 의미한다.)

j. Well, <u>a lot of my favorites</u> *are* crossover in some way or another. (내가 좋아하는 것들 중 많은 것들이 이런저런 방식으로 크로스오버다.)

k. <u>A lot of our land</u> *is* used to grow crops for export. (우리 땅의 많은 부분이 (수출 목적의 곡물을 재배하는 데 사용된다.)

l. <u>A lot of the leftover fried chicken</u> {*has*/*~~have~~*} been thrown away. (먹다 남은 많은 프라이드치킨이 버려졌다.)

m. <u>A lot of fallen apples</u> {*have*/*~~has~~*} been thrown away. (많은 떨어진 사과들이 버려졌다.)

n. <u>Much of the leftover fried chicken</u> {*has*/*~~have~~*} been thrown away.

o. <u>Many (of) fallen apples</u> {*have*/*~~has~~*} been thrown away.

부분 명사구 주어 <a lot of N₂>는 N₂가 본동사와 일치한다. 형태상 단수인 a lot은 수의 일치에 직접적인 역할을 하지 않는다. lot 자체는 수적으로 중립이다. N₂가 단수이면 lot도 단수가 되고 N₂가 복수이면 lot도 복수가 된다. (8a)에서 N₂ "fried chicken"이 불가산명사이기 때문에 a lot이 단수가 되어 동사 was와 일치한다. (b)에서는 N₂가 복수명사구 mashed potatoes이므로 a lot이 복수가 되어 복수동사 were와 일치한다.

(c-h)에서 "lots of ~"의 lots 역시 수 중립적이다. "lots of money"는 단수, "lots of things"는 복수이다.

(i) 이하에서는 N₂앞에 정관사가 오는 예들을 보여주는데 이때도 부분구문의 수는 N₂의 수가 결정한다.

"다수, 다량, 대량"을 나타내는 부분구문 명사에는 lot 외에 a number of ~, numbers of ~, plenty of ~, heaps of ~, a heap of ~, piles of ~, a pile of ~ 등 여러 가지가 있다.

(9) a. <u>A large number of people</u> {have/*~~has~~} turned out for the demonstration. (많은 사람들이 그 시위에 가담하려고 몰려 나왔다.)

b. Why {are/*~~is~~} <u>a huge number of</u> {honey bees/*~~honey bee~~} congregating on my property? (왜 엄청나게 수많은 벌들이 내 땅에 모이고 있나?)

c. If <u>this number of people</u> {come/*~~comes~~} next time, we will have to rent another room. (다음에도 이렇게 많은 사람들이 온다면 방을 하나 더 세를 내야 할 것이다.)

d. <u>Any number of</u> {suggestions/*~~suggestion~~} {are/*~~is~~} welcome and will be taken into consideration. (많은 제안이 다 환영이고 (모두) 고려의 대상이 될 것이다.)

e. Conflicts in the south undermined the fragile survival strategies of <u>large numbers of people</u>. (남부지방의 갈등사례들은 많은 사람들의 (그러지 않아도) 취약한 생존 전략들을 위태롭게 만들었다.)

f. We still have {<u>plenty of time</u>/*~~a plenty of time~~} before the final. (학기말 시험 전에 아직 많은 시간이 있다.)

g. Make sure your diet includes {<u>plenty of fresh fruit and vegetables</u>}. (당신의 식단이 충분한 양의 신선한 과일과 채소를 포함할 것을 확실히 하라.)

h. Does a foreign visitor have to carry <u>a certain amount of money</u> to enter the U.S.? (외국인 방문자가 미국에 입국하려면 일정액의 돈을 가지고 있어야 하는가?)

i. Atkins Diet allowed to eat <u>any amount of proteins and fats</u>, including animal fats. (애트킨즈 다이어트는 동물 지방을 포함하여 {단백질과 지방을 얼마든지 먹어도 좋다고 했다/임의의 양의 단백질과 지방을 먹는 것을 허용했다}.))

j. I encourage you to try these things and let me know how it goes after <u>a couple of</u> {months/*~~month~~} {have/has} passed. (나는 당신이 꼭 이것을 해 보시기를 바랍니다. 그리고 두어 달이 지난 뒤에 (상황이) 어떻게 되고 있는지를 나에게 알려 주십시오.)

a great number of ~, a large number of ~ 등과 같이 number 앞에 huge, great 등 대단히 많음을 나타내는 형용사들이 올 수 있다. 이 부분명사구문은 반드시 복수동사와 일치한다. 그리고 of 다음의 명사 N_2는 반드시 복수이어야 한다. 또 다시 말하지만 number, couple, plenty는 형식적으로 단수지만 그것은 구문 전체의 수를 결정하는 데는 결과적으로 아무 역할도 하지 않는다. 항상 N_2의 복수 명사에 따라 전체가 복수가 될 뿐이다. (9c)의 this number of ~처럼 this 또는 that이 와서 "이렇게 많은 ~" "저렇게 많은 ~"을 의미한다. (d)의 Any number of ~는 a great number of ~와 같은 뜻을 가진 관용구로 익혀야 할 표현이다. (e)는 a number of ~ 대신 복수 numbers of ~도 쓰인다는 것을 보여준다.

(f-g)의 plenty에는 두 가지 유의할 사항이 있다. 첫째, number와 달리 plenty 앞에는 부정관사가 쓰이지 않고 복수 plenties도 쓰이지 않는다. number는 가산명사지만 plenty는 불가산명사이기 때문이다. 둘째, plenty 자체는 불가산이지만 plenty of는 불가산과 가산명사에 두루 쓰인다. (f)에서는 N_2가 불가산명사이고 (g)에서는 그것이 가산명사이다. (h-i)의 amount는 양을 뜻한다. N_2는 불가산명사 또는 가산명사 둘 다 허용된다.

(j)는 회화체에 흔히 쓰이는 "두엇"의 뜻을 가진 a couple of ~의 예다. a number of ~와 마찬가지로 N_2는 반드시 복수명사다. 그러나 전체명사구 a couple of months는 복수는 물론 단수로도 취급될 수 있다.

number 앞에 정관사가 오는 "*the* number of ~"는 전혀 다른 뜻을 가진 다른 구문이다. 이때 number는 "많다"는 뜻은 없고 단순히 <수>의 뜻으로 쓰인다. 이렇게 되면 그것은 반드시 단수동사와 일치한다.

(10) a. Yet, **the number** of people defining themselves as traditional {*has*/*~~have~~*} dropped from 42% to 35%. (그러나 자기를 전통적이라고 정의하는 사람들의 수가 42%에서 35%로 떨어졌다.)

b. In the realm of Western civilization, there {*has*/*~~have~~*} been an increase in **the number** of people who identify themselves as secular humanists. (서구 문명권에서 자칭 세속적 휴머니스트라고 하는 사람들 수가 증가해 왔다.)

c. **The number** of Internet users in Russia grew 17.8 percent in one year. (러시아

에서 인터넷을 사용하는 사람들의 수가 한 해에 17.8 퍼센트 증가했다.)

    d. In addition, the figures suggested that **the number** of people aged 85 or over grew by 6% to 1,243,000. (그리고 그 통계숫자는 85세 이상 된 사람들의 수가 6% 증가하여 1,243,000명으로 늘어났다는 것을 의미했다.)

    e. **The number** of Internet users exceeded 1 billion people, the report of the UN Conference on Trade and Development says. (인터넷 사용자의 수가 10억 명을 넘었다고 UN 무역개발위원회의 보고서가 말한다.)

    (10a-b)에서 본동사가 단수동사이므로 주어가 단수명사구 the number일 수밖에 없다. 문맥상으로도 "많은 사람들이 떨어졌다"거나 "많은 사람들이 증가했다"고 하는 것은 말이 안 된다. (c-f)의 경우 과거형 본동사는 수가 중립적이어서 그것만으로 주어가 단수인지 복수인지 구별되지 않지만 문맥상으로 보아 the number가 주어임이 명백하다. "늘어난다"는 동사는 "수"를 주어로 취해야 한다.

    그러나 정관사가 있다고 number가 무조건 <수>의 뜻이 되는 것은 아니다. 아래 (11a)에서처럼 "a large number of ~"가 최상급으로 쓰이게 되면 자동적으로 정관사가 와야 하는 경우도 있고, 또 (b)처럼 문맥상 이유로 부정관사 "a large number of people"대신 정관 **the** large number of people을 사용해야 할 때도 있다.

    (11) a. Rice is the staple food for {**the largest** number of people/*a largest number of people} on Earth. (쌀은 지구상에 가장 많은 사람들의 주식이다.)

        b. Apple is also apologizing to **the large numbers of people** who simply couldn't get through yesterday. (또한 애플사는 어제 통신이 안 되었던 (그) 많은 사람들에게도 사과하고 있다.)

    여기 (11b)에서는 (아마도) 통신이 안 되었던 많은 사람들에 대한 언급이 앞 문맥에 있었는데 이 자리에서 "그 많은 사람들"을 다시 언급하게 되었기 때문에 정관사 사용이 필요하게 된 것이다.

    load, pile, heap, ton 등은 많은 수 또는 양을 강조하거나 과장해서 표현할 때 쓴다. 역시 lot과 같이 <a load of N_2>, <loads of N_2>의 패턴으로 사용되는데 N_2위

치에는 가산명사 또는 불가산명사가 자유로이 나타난다. 아래 (12a)에서는 N₂가 가산명사이고 그 이하에서는 N₂가 모두 불가산명사다.

(12) a. She seems to have read **a load** of astrology books. (그녀는 점성술 책을 엄청 많이 읽은 모양이다.)

    b. We've got **loads** of money. (우리는 돈은 얼마든지 있다.)

    c. You're in **a heap** of trouble.

      (너는 큰일 났다(=문제의 더미 속에 빠져 있다).)

    d. We have **heaps** of homework tonight. (우린 오늘 밤에 할 숙제가 엄청 많다.)

    e. How can you make **heaps** of money from the stock market while keeping risks to the minimum? (위험(부담)을 최소화하면서 어떻게 증권시장에서 떼돈을 벌 수 있는가?)

    f. Navigator Utilities will save you **heaps** of time and frustration in finding your way around.(내비게이터 유틸리티는 길을 찾아가는데 엄청나게 많은 시간을 절약하게 해 주고 좌절감에 빠지지 않게도 해 줄 것이다.)

    g. In reality, the rogue bag would float into a sewer, follow the storm drain to the ocean, then make its way to the so-called Great Pacific Garbage Patch --**a heap** of debris floating in the Pacific that's twice the size of Texas, according to marine biologists. (해양생물학자들에 의하면, 현실에서는 그 떠돌이 플라스틱 백은 하수도로 떠내려가 폭우 배수구를 따라 바다로 흘러들어가고 결국은 이른바 "태평양 대 쓰레기 반점(=섬)"을 향하여 가게 될 것이다. 그 "쓰레기 반점"은 태평양에 떠있는 쓰레기 더미인데 그 크기가 텍사스주의 두 배다.)

    h. City officials destroyed **tons** of new *clothing* and *footwear* seized in raids on counterfeit label operations. (시청 관리들이 가짜 상표 단속에서 압수된 수 톤 분량의 새 옷과 신발을 파괴했다.)

  주어-동사의 수의 일치현상에 대해서는 어휘적 특수성이 작용하므로 주의할 필요가 있다.

(13) a. There {*are*/*is} **tons** of ways to make extra money, but most college students

are simply too lazy to take advantage of them. (여유 돈을 버는 방법이 수 없이 많이 있지만 대부분의 대학생들은 너무 게을러서 그것을 이용할 수가 없다.)

b. Do a good turn daily: there {*are*/*is} <u>tons of ways</u> to help out your community. (매일 남을 도와주는 좋은 일을 하라. 사회를 도우는 방법은 수 없이 많이 있다.)

c. There {*are*/*is} <u>a ton of sites</u> that offer free eBooks on the Web. (웹에는 무료 e북을 제공하는 많은 사이트들이 있다.) (=There *are* <u>a lot of sites</u>. . . .)

d. There {*are*/*is} <u>heaps of books</u> on Star Wars, so where do you start? (스타워즈에 관한 책들이 엄청나게 많은데 어디서 시작하나?) =(There *are* <u>lots of books</u>. . . .)

e. Of course there *are* <u>heaps of private reasons</u>, such as wanting to make another £500 a year for oneself, . . . ; but such reasons as these are not sufficient for the destruction of a building which is at once pretty and romantic. (물론, 저절로 매년 500 파운드씩을 더 벌기를 원한다든가 하는 수많은 개인적 이유들이 있을 것이다. 그러나 이런 이유들은 아름답고 낭만적인 건물 하나를 파괴해도 좋은 충분한 이유가 될 수 없다.)

f. <u>Piles of papers or things</u> are organized and people can find anything quickly in those piles. (논문들이나 기타 많은 물건들이 정리되어 있으면 그 더미 가운데서 무엇이든 빨리 찾을 수 있다.)

g. There {*is*/*are} <u>a heap of books</u> in the garage. (차고에 책 무더기가 있다.)

h. What {*is*/*are} <u>a pile of rocks</u> called, at the base of a cliff? (절벽 밑바닥에 있는 암석 무더기는 무엇이라고 하는가?)

i. Sitting on my desk {*is*/*are} <u>a tall pile of proposals</u> from the early 1990s. (내 책상 위에는 1990년대 초반부터 나온 제안서들의 무더기가 높다랗게 쌓여 있다.)

(13a-c)에서 보는 바와 같이 <tons of N_2>나 <a ton of N_2>의 용법은 <lots of N_2>나 <a lot of N_2>의 용법과 같다. tons나 a ton은 수 중립적이고 전체 명사구의 수는 N_2의 수에 따른다. N_2가 가산명사이면 반드시 복수이어야 하고 따라서 tons

이든 a ton이든 반드시 복수동사와 일치한다.

그러나 heap과 pile의 용법은 좀 다르다. 먼저 <heaps of N₂>와 <piles of N₂>가 "대량"의 뜻으로 항상 복수로 쓰이는 점은 lots이나 tons와 같다. 그런데 a heap과 a pile이 a lot과 a ton과 다르다. (g-i)에서 볼 수 있듯이 <a heap of N₂>와 <a pile of N₂>는 heap과 pile이 핵심어이기 때문에 N₂와 관계없이 항상 단수로만 쓰인다는 점에 유의해야 한다. (그렇더라도 의미상 "무더기"나 "더미"가 그 자체로서 "많다"는 뜻을 비유적으로 나타내고 있으므로 결국 "대량"의 뜻을 나타내는 점에서는 a heap과 a pile도 a lot이나 a ton과 같다.)

5.8.5 적은 양 또는 수를 나타내는 부분구문

<소수>, <소량>을 나타내는 부분구문으로는 a bit of ~, bits of ~, a grain of ~, grains of ~, a touch of ~, a trace of ~, traces of ~, a hint of ~, a drop of ~, drops of ~ 등이 있다.

a lot of ~, lots of ~ 등의 경우와는 달리 이 구문에서는 N₁이 핵심어가 되고 이것이 동사와 일치한다.

(14) a. Remember the old adage "A little bit of knowledge *is* a dangerous thing?"
(조금 아는 것은 위험한 것이라는 옛말 기억해?)

b. What bits of evidence {*oppose*/*~~opposes~~*} Lamarck's theory of evolution?
(무슨 증거들이 라마르크의 진화론에 반대되는가?/라마르크의 진화론에 반증이 되는 무슨 조그만 증거들이 있는가?)

c. *There's* a grain of truth in what she says but it's greatly exaggerated. (그녀가 하는 말에 {진실도 아주 조금은 있지만/진실이 전혀 없는 것은 아니지만} 그것이 크게 과장되어 있다.)

d. To see a World in a grain of sand,
And Heaven in a wild Flower,
Hold Infinity in the palm of your hand,
And Eternity in an hour. -- William Blake, *Auguries of Innocence* --

(모래 한 알 안에 한 세계를 보고,

들꽃 한 송이 안에 천국을 보고,

너의 손바닥 안에서 무한을 잡고,

한 시간 속에서 영원을 붙잡기 위하여. (윌리암 블레이크, "청정의 징조"))

e. **How many grains of rice** {are/*is} in a cup? **A grain of rice** *weighs* between 20 and 30 mg. A cup of rice weighs about 217,724 mg. (한 컵 안에 얼마나 많은 쌀알이 들어 있나? 한 컵에 약 7,200 개의 쌀알이 있다. 쌀 한 톨이 20내지 30 밀리그램이다. 쌀 한 컵은 약 217,724 밀리그램이다.)

f. You seem to have a *touch* of flu. (감기 기운이 좀 있는 것 같다.)

g. There was a *touch* of sarcasm in his tone. (그의 말투에 좀 비꼬는 분위기가 있었다.)

h. The leaves have somewhat bitter flavor with a *hint* of garlic. (그 잎이 약간의 마늘 풍미와 함께 좀 쓴 맛을 가지고 있다.)

i. He speaks French with a *trace* of an accent. (그가 말하는 불어에는 조금 악센트가 있다.)

j. Without a *trace* of irony I can say I have been blessed with brilliant enemies. I owe them a great debt, because they redoubled my energies and drove me in new directions. Edward. O. Wilson (나는 두뇌가 명석한 적들 때문에 축복을 받았다고 말할 수 있다. 나의 이 말에는 아무런 아이러니도 없다. 나는 그들에게 큰 빚을 졌다. 그들은 나의 에너지를 거듭 배가시켜 주었고 나를 새로운 방향으로 가게 해 주었다.--에드와드 O. 윌슨)

k. South Korea's defence minister said Monday that *traces* of an explosive widely used in torpedoes were found on the remains of a warship that sunk on March 26. (3월 26일 침몰한 전함의 잔해에서 어뢰에 널리 사용되는 폭약의 흔적이 발견되었다고 한국의 국방장관이 월요일에 말했다.)

l. Sharks can smell blood in the water from far away. Some of them can smell **a drop of blood** in **a million drops of sea water**! (상어는 물속의 피를 멀리서 냄새를 맡을 수 있다. 그 중 어떤 것은 바닷물 백만 방울 가운데 섞인 한 방울의 피 냄새를 맡을 수 있다.)

m. **The drops of rain** *make* a hole in the stone, not by violence, but by oft falling. (빗방울은 돌에 구멍을 뚫는다. 힘으로 뚫는 것이 아니라, 자주 떨어짐으로써 뚫는다.)

a bit of N_2는 단수, bits of N_2는 복수 부분명사구이다. 이하 grain, trace, drop 등의 경우에도 그러하다. touch와 hint는 단수로만 쓰이는 명사이다. *~~touches of~~ ~, *~~hints of~~ ~ 등은 쓰이지 않는다.

5.8.6 "나머지"의 뜻을 가진 Remainder와 Rest

Remainder와 rest가 부분구문을 형성할 경우에 N_2위치에 반드시 한정명사구가 오는 점이 특징이다.

   (15) a. {The remainder of the money/*~~The remainder of money~~} {*was*/*~~were~~} donated to charity. (그 돈의 나머지는 자선사업에 기부했다.)
   b. {The rest of the students/*~~The rest of students~~} {*rent*/*~~rents~~} apartments near campus. (그 나머지 학생들은 캠퍼스 인근의 아파트에 세를 내어 산다.)

The remainder of <u>money</u>, the rest of <u>students</u>처럼 무관사 N_2가 오면 비문이다. Remainder와 rest는 lot처럼 "수 중립적"이고 부분구문의 수는 N_2의 수에 따른다. (a)에서 "The remainder of the money"의 money가 단수이므로 전체가 단수가 되고 (b)의 "The rest of the students"는 students가 복수이므로 전체가 복수가 된다.

5.8.7 집합명사 부분구문

집합명사 부분구문은 집합명사가 N_1위치에 쓰이는 부분구문이다. 단수 또는 복수로 해석될 수 있는 것이 집합명사인데 부분구문에서도 그렇게 된다.

   (16) a. <u>A large **group** of cows</u> *is* a herd. (소들의 큰 집단이 herd(소떼)이다.)
   b. The more homogeneous <u>a **group** of people</u> *are* in their thinking, the narrower the range of ideas that the group will openly consider. (한 집단의 사람들의 사고방식이 동질적이면 동질적일수록 그 집단이 공개적으로 고려하는 아이디어의 범위가 그 만큼 더 좁아질 것이다.)

c. A small **herd of cows** enclosed tightly in a thorn bush enclosure *lists* into sleep. (가시나무 숲 울타리에 둘러싸여 있는 조그만 소떼가 드러누워 잠자고 있다.)

d. A **flock** of ravens or crows *is* called a murder, as in, "a murder of crows." (까마귀나 까치 떼는 "murder"라고 불린다. a murder of crows(까마귀 떼)에서와 같이.)

e. A **flock of hens** *was* housed in cages in an environmentally controlled room. (한 암탉 떼가 환경적으로 통제된 방 안의 닭장에 수용되었다.)

f. At the time a **lock of sparrows** *was* flying above the tree. (그때 참새 떼가 나무 위로 날아가고 있었다.)

g. What does it mean when a **herd of cows** *are* lying down? (소들이 누워 있으면 그것은 무엇을 의미하는가?)

h. There *were* a **big flock of sparrows** around all the time. (큰 떼의 참새들이 항상 주위에 있었다.)

i. There *are* a **flock of chickens** and I want to get as much large eggs as possible. (한 무리의 닭들이 있다. 나는 가능한 한 많은 달걀을 얻고 싶다.)

j. **Flocks of over fifty hens** *were* unusual before chicken feed was invented. (병아리 사료가 발명되기 전에는 오십 마리 이상의 닭 떼는 흔하지 않았다.)

k. Have you ever noticed that **herds of grazing animals** all *face* the same way? (풀을 뜯는 동물들은 모두 같은 방향을 향하고 있다는 것을 주목한 적이 있는가?)

group이 (a)에서는 단수로, (b)에는 복수로 쓰였다. 소나 말의 떼는 herd, 닭이나 새의 떼는 flock이다. 이것은 모두 집합명사로서 전체를 하나의 무리로 인식하면 단수가 되고 무리의 구성원들을 가리키면 복수가 된다. 해당 동사의 뜻에 따라 (c~f)에서 단수로, (g~i)에서는 복수로 쓰였다. (j,k)에서는 N_1, N_2 둘 다 복수여서 동사가 어느 것과 일치하는지 형식적으로는 구별되지 않으나 서술어의 의미를 고려하면 분명해진다. (j)에서는 이례적인 것은 닭들이 아니라 닭의 떼들이니 N_1과 일치하고 (k)에서는 같은 쪽을 바라보고 있는 것은 떼들이 아니라 소들이니 N_2와 일치한다고 할 것이다.

5.8.8 종류의 부분 명사 구문 (*kind/sort/type* partitive noun constructions)

kind of ~, sort of ~, type of ~ 등 종류를 가리키는 표현들은 다른 부분구문에는 없는 특이한 성질들을 가지고 있다.

> (17) a. That is **a very strange sort** *of dog*.
>   b. That is **a kind** *of very strange dog*.

가산명사인 sort 또는 kind가 N_1위치에 있고 N_2위치에 구문의 핵심어 명사가 온다. 그런데 이 핵심어 명사가 무관사 명사구로 쓰이는 것이 특이하다. N_1위치에 있는 부분 명사구 "a very strange sort"와 "a kind"는 의미적으로 지시표현이다. 그 지시가 구체적으로 무엇인지를 각각 "of dog"과 "of very strange dog"이 밝혀준다. (a)의 "a strange sort of dog"은 <개의 속성을 가진 이상한 종류>라는 뜻이 되고 (b)의 "a kind of very strange dog"은 <이상한 개의 속성을 가진 종류>라는 뜻이 되는데 결과적으로 둘 다 같이 <이상한 개의 종류> 또는 <이상한 종류의 개>의 뜻이 된다. dog은 원래 지시표현으로 쓰이는 가산명사지만 이 문맥에서는 지시표현의 성격을 잃어버리고 "개라는 속성"을 나타내는 일종의 서술어라고 볼 수 있다. 이 때문에 N_2위치의 가산명사 dog이 무관사로 쓰인 것이다.[28] 이와 달리 N_1앞에는 문맥에 따라 다양한 결정사가 나타날 수 있다.

N_1과 N_2 둘 다 단수 또는 복수로 나타날 수 있고 N_1은 단수, N_2는 복수로 나타날 수도 있고 반대로 N_1은 복수 N_2는 단수로 나타날 수도 있다.

> (18) a. <단수 N_1 of 단수 N_2>
>
>   **What {kind/sort/type}** *of person* will the National Clandestine Service hire?

---

[28] 드물게 dog 앞에 관사가 나타나는 수가 있다. That is a very strange sort of **a dog**. 그러나 이때에도 a dog이 지시표현이 되는 것은 아니다. 가산명사로서의 dog의 본래의 성격 때문에 부정관사가 쓰인 것뿐이지 이 부정관사 때문에 무관사 dog과 다른 의미가 되는 것은 아니다. 이 부정관사는 John is a good friend.와 같은 문장에서 a good friend가 한 인물을 가리키는 지시표현이 아니라 "좋은 친구라는 하나의 속성"을 나타내는 서술로 쓰이는 것과 비슷한 경우이다. 위와 같은 경우를 제외하고는 일반적으로 N_2는 무관사로 쓰인다.

(국립비밀부는 어떤 형의 사람 (=어떤 사람)을 채용하는가?)

b. <복수 N₁ of 복수 N₂>

Do the departments inside the CIA hire **certain {types/kinds/sorts}** of *people*?
(CIA의 부서들은 어떤 특정 형의 사람들을 채용하는가?)

c. <단수 N₁ of 복수 N₂>

What {kind/sort/type} of *people* do you get along with best?
(당신은 어떤 종류/유형의 사람들 (=어떤 사람들)과 가장 잘 어울리는가?)

d. <복수 N₁ of 단수 N₂>

Philosophers distinguish between **two {kinds/sorts/types}** of *argument*: deductive and inductive. (철학자들은 두 가지 종류의 논증 즉 귀납적 논증과 연역적 논증을 구별한다.)

아래 예문 (19-20)에서처럼 <단수 N₁ of 단수 N₂>의 경우와 <복수 N₁ of 복수 N₂>의 경우에는 주어-동사 일치현상이 단순하다.

(19) a. **This type of fraud** *is* rising as the credit crunch bites. (신용위기가 닥칠 때 이 유형의 사기가 증가한다.)

b. This is **the kind of song** I wish *was* higher on my list. (이것이 나의 리스트에서 더 높은 데 있었으면 하고 바라는 그런 종류의 노래다.)

(20) a. **What types of people** *cheat* on their spouses? (어떤 유형의 사람들이 자기 배우자를 속이는가?)

b. There *are* **over 157 different types of** *dogs* recognized by the American Kennel Club. (미국 축견 클럽이 인정하는 157 종이 넘는 유형의 개들이 있다.)

c. I'm sure that there *are* **some kinds of** *fish* that *are* caught that way, like striped bass along the East Coast. (동부해안을 따라 잡히는 줄무늬 베스와 같이 그런 방식으로 잡히는 종류의 고기가 있다는 것을 확신한다.)

아래 예문처럼 <단수 N₁ of 복수 N₂>과 <복수 N₁ of 단수 N₂>의 경우에 동사가 어느 명사와 일치하느냐가 항상 문제가 된다.

(21) a. **This kind of group** of *people* {*are*/*is} more often than not scared of seeking into the mirror. (이 종류의 사람들은 보통 거울을 보는 것을 두려워한다.)

  b. **The only kind** of *rap songs* I like {*are*/*is} mostly sexually explicit. (내가 좋아하는 유일한 종류의 랩송들은 대부분 성적으로 노골적이다.)

  c. {*Are*/*Is} there **any other kind of** *games* like this? I really enjoy this game and want to see if there *are* others in this genre of games. (이것과 같은, 다른 종류의 게임이 있는가? 난 이 게임을 정말 즐기고 있고 만약 이 장르의 게임에 다른 것들이 있는지 알고 싶다.)

  d. **What kind of** *dogs* {*are*/*is} the most friendly? (어떤 종류의 개들이 제일 사람에게 잘 붙나?)

  e. **What kind of** *songs* {*suit*/*suits} my voice? (어떤 종류의 노래들이 내 음성에 맞는가?)

  f. **Two different kinds of** *argument* {*need*/*needs} to be distinguished: dummy or formal. (두 가지 다른 종류의 논항 즉 허수논항과 형식논항이 구별될 필요가 있다.)

  g. **The type** of *people* you interact with {*influences*/*influence} the consciousness level you operate in and the subject matter you engage in. (당신이 사귀는 사람들의 유형은 당신이 작용하는 의식수준과 당신이 관여하는 주제에 영향을 끼친다.)

  h. By simply choosing **the kind of** *people* you spend time with, you are literally shaping your own future. ({당신이 함께 시간을 보내는 사람들의 유형을 선택함으로써/어떤 유형의 사람들과 시간을 함께 하느냐에 따라} 당신은 당신 자신의 미래를 만들어가고 있다.)

(21a~e)에서는 주어-동사 일치가 모두 N₂와 이루어지고 (f-g)에서는 N₁과 이루어지고 있다. 이런 차이는 해당 동사의 뜻의 차이에서 기인한다. 동사의 뜻이 <종류, 유형>과 어울리면 N₁과 일치하고 그렇지 않으면 N₂와 일치한다. 가령 (a)에서 서술어 "be scared(두려워하다)"의 논항은 <종류>일 수가 없고 <사람>이어야 한다. 그러므로 "be scared..."는 N₂위치에 있는 "(group of) people"과 일치한다. (b~e)에서도 같은 이유로 각각의 동사는 N₂와 일치하고 있다.

그러나 (f)에서는 "need to be distinguished(구별될 필요가 있다)"의 제1논항은

<종류>가 되는 것이 적절하다. 따라서 동사 need는 N₁위치에 있는 "Two different kinds"와 일치한다. (g)에서도 "influence"의 제1논항은 <사람의 유형>이지 <사람> 자체가 아니다. 따라서 단수 동사 "influences"는 N₁위치에 있는 단수명사 "The type"와 일치한다.

(h)에서는 "choosing"의 제2논항을 N₁으로 볼 수도 있고 N₂로 볼 수도 있으나 선택의 대상은 <당신이 만나는 사람들>이라기보다는 <당신이 만나는 사람들의 유형>이라고 보는 것이 더 자연스럽다.

5.8.9 Part 구문의 용법

부분을 의미하는 part은 가산명사, 불가산명사 둘 다 될 수 있어서 가산명사일 때는 "a part of ~" 또는 "parts of ~"로 쓰이고 불가산명사일 때는 "part of ~"로 쓰인다.[29]

Part은 가산명사로서 <구체적인 일부>를 나타낸다. "형상이 뚜렷한 물건 조각들(pieces) 중의 하나", "어떤 장소의 일정한 구역들(sections) 중의 하나", "어떤 구성물의 구성요소들(elements) 중의 하나" 등을 의미한다. 구체적인 예는 다음과 같다.

(22) a. Typography is *a very important part* of designing. (인쇄술은 디자인의 매우 중요한 부분(=요소)이다.)

b. Communication becomes *a very important part* of our life. (소통은 우리 삶의 매우 중요한 부분(=요소)이 된다.)

c. I am so grateful for this journey and these tools. I hope they become *a part of your life* and that you experience a thriving life instead of a surviving life. (나는 이 여행과 이 도구들에 정말 감사한다. 나는 그것이 당신의 삶의

---

[29] <(a) part of ~>는 우리 한국어로 흔히 "~의 일부"로 번역되는데 "일부"라는 단어 안에 들어 있는 "하나"의 뜻 때문에 항상 부정관사를 붙여 "a part"로만 해야 하는 것이 아닌가, 다시 말하면, 가산명사로만 쓰이는 것이 아닌가 하는 오해를 낳게 하지만 사실은 그렇지 않고 part은 불가산명사로도 쓰인다.

한 부분이 되고 생존하는 삶이 아니라 번영하는 삶을 경험하기를 희망한다.)

d. The main *parts* of a story are character(s), plot and setting.

e. There are several tours to different *parts* of Northern Italy leaving you with the dilemma of which to choose. (북부 이태리의 여러 지역들로 가는 몇 가지 투어가 있는데 이는 당신을 선택의 고민에 빠지게 한다.) (이야기의 주요 부분(=성분)은 인물, 플롯, 그리고 배경이다.)

f. I like *that part* of New York. (나는 뉴욕의 그 부분(=구역)을 좋아한다.)

불가산의 무관사 부분명사구 "part of ~"는 불특정의 양을 나타내는 some과 비슷한 뜻을 갖는다. 일정한 구간이나 뚜렷한 요소로 인식되지 않고 수적으로 구별될 수 없거나 대강의 양으로만 인식될 수 있는 경우에 무관사 part이 쓰이게 된다.

(23) a. Green lost *part of* his lower right leg last June following an auto accident. (Green은 작년 6월 자동차 사고 끝에 오른 쪽 아래 다리의 일부를 잃었다.)

b. We had to walk *part* of the way until we finally got a taxi. (우리가 마침내 택시를 잡을 때 까지 우리는 길의 일부 얼마간을 걸어가야 했다.)

c. "Some day I'll be *part* of your world." (언젠가 난 너의 세계의 일부가 될 거야.)

d. This is *part* of English Vocabulary Quizzes with Images. (이것은 <이미지가 있는 영어어휘퀴즈>의 일부이다.)

e. The undercover operation was *part* of a nationwide initiative with the FBI to rid cities of child prostitution. (그 비밀 작전은 도시에서 어린이 매춘행위를 근절하려는 FBI의 전국적인 주도적 활동의 일부였다.)

(23a)의 화자는 자동차사고로 절단된 신체의 일부에 대해 정확히 말하기보다는 대강 말하는 것이 적절하다고 느끼기 때문에 대강의 양을 나타내는 불가산명사 part이 가산명사 a part보다 적절하다고 느낀다. (b)에서도 걸어간 구간에 대하여 대충 말하는 것이 자연스럽기 때문에 part이 쓰였다. (c)에서 "내가 당신의 세계의 일부가 된다"는 것은 추상적이고 포괄적인 진술이다. 어느 부분인지 정확히 말하기는 어렵다. 이것을 (32e)와 비교해 보면 그 차이를 알 수 있다. 거기서 화자는

"a part of your life"로싸 구체적으로 "이 여행과 이 도구가 당신의 삶의 한 요소가 된다"고 분명히 말하지만 여기서 화자는 "당신의 세계의 일부가 된다는" 것을 그렇게 구체적으로 말할 수 없다. (d)에서 part는 시험문항수를 정확히 말하지 않고 대강의 양만을 언급하고 있다. (e)에서 불가산명사 part를 써서 양적으로만 언급함으로써 이 작전의 다른 부분들에 대해서는 구체적으로 언급할 입장이 아님을 암시한다.[30]

다음 예에서는 "a part of ~"를 쓴 경우와 "part of ~"를 쓴 경우에 화자의 태도가 어떻게 다른지 미묘한 차이가 드러난다.

> (24) a. He also spent **a part of his childhood** in Germany, living with his maternal grandparents. (그는 그의 어린 시절의 한 부분(=시기)을 외조부모와 같이 살면서 독일에서 보냈다.)
>
> b. He spent **part of his childhood** on the streets and in an orphanage. (그는 자기 어린 시절의 한 부분을 길거리와 고아원에서 보냈다.)

(24a)에서 "a part"를 쓴 것은 주인공의 어린 시절의 기록이 비교적 정확하여 독일에서 보낸 어린 시절의 한 부분이 언제부터 언제까지인지 명확하고 구체적임을 암시한다. 대조적으로 (b)에서 "part"을 쓴 것은 기록은 명확하지 않아 그가 길거리와 고아원에서 보낸 기간이 정확이 언제였는지, 얼마 동안이나 되었는지 명확하지 않으며 대강 알 수 있을 뿐임을 짐작하게 한다.

N₂위치에 <조직체, 집단> 등을 의미하는 group, association, team 등 집합명사가 올 경우에는 <그 집단에 속한다, 그 조직에 포함된다>는 뜻을 나타낸다. 상황에 따라 part과 a part 둘 다 쓰일 수 있다.

> (25) a. The herding group was originally **part of the working group**. (몰이 개 부류는 원래 일하는 개 부류에 속했다.)

---

[30] 만약 이 문맥에서 part 대신 a part이 쓰였다면 아마도 "The operation was a part of the nationwide initiative. . . ."로 바뀔 가능성이 크다. 이 문장은 필자가 FBI의 이니시아티브 전반에 대하여 상당히 구체적으로 파악하고 있음을 암시한다. 이는 원래 문장보다 훨씬 강한 주장이다.

b. They were forced to vote on whether to remain **part of the association** or become independent. (그들은 그 협회에 계속 그대로 속해 있을 것인지 독립할 것인지를 놓고 투표를 할 수 밖에 없었다.)

c. I was **a part of the team** and wanted to remain **a part of the team**. (나는 그 팀의 일원으로 포함되어 있었고 계속 그 팀의 일원으로 남아 있기를 원했다.)

불가산명사 part이 쓰인 (25a-b)에서는 집단의 일부가 되는 방식이 포괄적이라면 가산명사구 a part이 쓰인 (c)에서는 "내"가 팀의 일부가 되는 방식이 구체적이고 개별적이다.

5.9 맺는말

영어 사용자는 모든 명사를 가산명사와 불가산명사로 나누어 생각한다. 가산명사는 단수명사로 표현되거나 복수명사로 표현되고 불가산명사는 항상 단수명사로 표현된다. 가산성의 근본적 기준은 원자적 개체의 개념이다. 원자적 개체로 이해할 수 있는 사물은 가산명사로 나타나고 원자적 개체로 이해할 수 없는 명사는 불가산명사로 나타난다. 보통명사는 원자적 개체로 이해될 수 있으므로 가산명사이고 추상명사와 질량명사는 원자적 개체로 이해될 수 없으므로 불가산명사이다.

그러나 명사의 가산성은 절대적 개념이 아니다. 그 구별은 문맥에 의존한다. 하나의 명사가 절대적으로 단수명사 또는 불가산명사로 정의되는 것이 아니라 문맥에 따라 가산명사가 되기도 하고 불가산명사가 되기도 한다. 수 구분의 문맥 의존성은 명사를 융통성 있게 사용할 수 있게 하지만, 외국어로서의 영어학습자인 우리에게 항상 문제가 될 수 있다.

영어 명사의 가산성은 수학적 개념이 아니다. 가산성의 토대가 되는 원자적 개체의 개념은 물리적, 화학적 개념과 일치하지 않는다. 그것은 영어원어민 특유의 토속적 개념이다. 그 이상도 이하도 아니다. 이 점은 우리에게 두 가지 문제점을 던진다.

첫째, 영어는 수학적이고 과학적이라는 착각에서 벗어나야 한다. 영어를 사용할 때는 항상 수를 의식해서 단수와 복수로 구분하는 것을 과학적 사고방식의 발현이라고 말하는 사람들이 있는 것 같다. 가령 방에 많은 책이 있는 상황을 묘사할 때와 책이 한 권밖에 없는 상황을 묘사할 때 영어는 이 두 상황을 구별하여 전자는 "There *are* many books in the room."이라고 하고 후자는 "There *is* a book in the room."이라고 복수 books와 단수 book을 구별하고 동사도 are와 is를 구별해서 표현하는데, 우리말에서는 "방에 많은 **책**이 <u>있다</u>."고 할 때나 "방에 **책**이 한 권 <u>있다</u>."고 할 때나 수의 구분 없이 "책"이라고만 표현하고 동사도 수의 구분 없이 "있다" 하나로만 표현한다. 이 현상을 두고 영어는 과학적이고 한국어는 비과학적이라고 할 수 있을까? 만약 그렇게 생각한다면 그런 생각이야말로 비과학적이다. 우리말에서는 "책"이라는 표현이 문맥에 따라 단수로 해석될 수도 있고 복수로 해석될 수도 있다. 꼭 구별해서 표현하고 싶으면 "많은 **책들**이 있다."라고 복수 어미 "-들"을 사용할 수 있다. "-들"은 명사뿐만 아니라 부사나 동사에도 붙일 수 있다. "**어서들** 오너라." 또는 "어서 **들어들** 오너라." "그럼 어서 **가봐들**."이라 하면 생략된 주어가 복수인 상황이다. 영어에서는 복수와 단수의 개념을 결정사 a/many, 명사 books/book, 그리고 동사 are/is를 가지고 세 번 중복적으로 표현해야 한다. 그러나 우리말에서는 한 번만 표현해도 된다. 복수는 "많은"으로, 단수는 "한 권"으로 표현하면 끝난다. 하나의 개념을 중복적으로 표현하면 과학적이고 하나의 개념을 한 번만 표현하면 비과학적이라고 하는 것은 말이 안 된다. 영어와 한국어는 수의 표현 방식이 다를 뿐이지 그것을 가지고 과학성을 운위할 수는 없다. 수의 표현에 대해 유난스럽고 대범한 차이라고 할 수도 있고 구체적이고 추상적인 차이라고 할 수도 있을지 모르나 과학적이고 비과학적인 차이는 아니다.

둘째, 우리가 영어 명사를 원활히 사용하려면 영어특유의 계산법에 익숙해야 한다. 영어를 말할 때는 항상 영어고유의 방식에 따라 수를 따질 수 있어야 한다. 영어의 토속적인 원자의 개념에 충실해야 한다. bag은 원자적 개체이고 luggage는 혼합집단이며, piece와 item은 원자적 개체이고 information과 pork는 원자적 개체일 수 없다는 것을 체득해야 하고 동일한 water와 coffee라도 생각에 따라, 문맥에 따라, 원자적 개체가 될 수도 있고 안 될 수도 있는 것이 영어이다. 명사유형의 특징을 아래 표로 요약할 수 있다.

	지시 가능성 (reference)	개체화 가능성 Individualizable or Not?	복수 가능성 Plural or Not	가산성 Countable or Not	예
구상명사	Yes	Yes	Yes	Yes	apple, book
추상명사	No	No	No	No	happiness, beauty
고유명사	Yes	Yes	No	No	London, Queen Elizabeth
질량명사	Yes	No	Yes	No	coffee, air
집합명사	Yes	Yes/No	Yes	Yes/No	family, committee
혼합집단 명사	Yes	No	Yes	No	furniture, information

제 6 장

관사의 용법

명사구에는 크게 보면 부정관사가 붙는 **부정명사구**, 정관사가 붙는 **한정명사구**, 아무 관사도 붙지 않는 **무관사 명사구** 등 3가지가 있다.

부정관사는 오직 단수의 가산명사에만 붙을 수 있으므로 부정명사구에는 **가산 단수 부정명사구** 1가지뿐이다. 예를 들어 가산 명사 book에 부정관사가 붙은 가산 단수 명사구 "a book"이 정문이지만 부정관사가 복수 명사에 붙는 가산 복수 명사구 "~~a books~~"나 부정관사가 불가산 명사에 붙는 불가산 단수 부정명사구 "*~~an~~ ~~information~~"는 모두 비문이다.

한정명사구에는 3가지 종류가 있다. 정관사가 가산 단수 명사에 붙은 "the book"과 같은 **가산 단수 한정명사구**, 정관사가 가산 복수 명사에 붙은 "the books"와 같은 **가산 복수 한정명사구**, 그리고 정관사가 불가산 명사에 붙은 "the information"과 같은 **불가산 단수 한정명사구**가 있다.[1]

무관사 명사구에는 2가지가 있다. 하나는 "books"와 같이 정관사도 부정관사도 붙지 않는 **가산 복수 무관사 명사구**이고 다른 하나는 "information"과 같은 **불가산 단수 무관사 명사구**이다.

이상 6 가지의 명사구의 종류를 아래 표로 정리할 수 있다.

---

[1] 여기서 말하는 "단수"와 "복수"는 단수 형태와 복수 형태를 의미한다. 규칙적인 복수어미 /-s/ 또는 불규칙 복수어미가 붙은 명사 형태는 복수명사, 그것이 붙지 않은 것은 단수명사이다. 이 기준에 따라 book, dog, apple, child, foot 등은 단수명사이고 books, dogs, apples, children, feet 등은 복수명사이다. 이런 의미에서 원래 복수어미가 붙을 수 없는 불가산명사 information, water, soil 등도 단수이다.

명사구의 형태		예
한정명사구	가산 단수 한정명사구	the book, the dog, the apple, the child, the foot
	가산 복수 한정명사구	the books, the dogs, the apples, the children, the feet
	불가산 단수 한정명사구	the information, the soil, the water
부정명사구	가산 단수 부정명사구	a book, a dog, an apple, a child, a foot
무관사 명사구	가산 복수 무관사 명사구	books, dogs, apples, children, feet
	불가산 단수 무관사 명사구	information, soil, water

이제 문제는 이들 6가지의 명사구가 각각 어떤 때 사용되는가 하는 것이다. 부정명사구는 어떤 때 사용되며 한정명사구는 어떤 때 사용되는가? 무관사 명사구는 어떤 경우에 사용되는가? 이것이 이 장에서 다룰 **관사 선택**의 문제이다.

관사의 기본기능은 "**가리키는**" 것이다. 예를 들어 "the book"이든 "a book"이든 그것은 무언가를 가리키는 표현인데 "the"가 가리키는 것과 "a"가 가리키는 것의 차이가 무엇인가 하는 것이 문제이다. 그런데 그것이 무엇을 가리키는지는 **문맥**에 따라 다르다. 관사의 선택은 **문맥**에 의존한다. 관사 선택의 원리를 이해하기 위해서는 **문맥**과 "**가리키는 관계**"를 먼저 이해해야 한다. <현대 영문법>의 용어로 문맥은 **담화문맥**이라 하고 "가리키는 관계"는 **지시(관계)**라고 한다. 1.1절에서 담화문맥과 지시의 개념을 소개한 다음 1.2절에서 이를 바탕으로 관사 선택의 원리를 제시한다.

2절부터 7절까지 관사의 선택과 관련된 6가지의 개별적인 과제를 검토하고 모든 관사 선택의 문제들이 원칙적으로 **지시공유의 조건**에 따라 설명될 수 있음을 보여준다. 8절에서는 문학, 과학, 실용문 등 다양한 문체에서 지시공유의 조건이 적용되는 실례들을 알아본다.

6.1 관사 선택의 원리

6.1.1 담화문맥(Context of Discourse)과 지시(Reference)

"**지시하다**(refer), **지시**(referent 또는 reference)"는 원래 의미론의 전문용어이지

만 보통상식의 차원에서 **"가리키다, 가리키는 사물, 또는 가리킴"**의 의미로 이해해도 좋다.[2] 예를 들어 다음 예문에서 대명사 *he* 또는 *she*가 누구를 **가리키는지** 물어볼 때 **지시**의 개념이 문제의 중심에 있다.

---

[2] **지시**는 명사 표현의 의미를 정의하는 한 가지 방식이다. 보통 사전에서 명사의 의미를 정의하는 방법은 그 명사의 **어의(sense)**를 밝히는 것이다. 한 명사의 의미를 다른 명사들과 다른 단어들을 이용하여 정의한다. 가령 "책이란 종이에 글을 인쇄하여 제본한 것이다"라고 정의할 수 있다면 이는 "종이" "글" "인쇄하다" "제본하다" 등의 단어들을 이용하여 "책"의 어의를 제시함으로써 "책"을 정의한 것이다. 그러나 이런 "책"의 정의는 "종이" "글" "인쇄" "제본" 등의 의미가 정의되지 않고서는 완전하다고 할 수 없다. 이 정의가 완전한 "책"의 정의가 되기 위해서는 "종이"를 정의해야 하고 "글"을 정의해야 하고 "인쇄"도 정의해야 하고 "제본하다"도 정의해야 한다. 그래서 "종이"를 "펄프로 만든 얇고 평평한 물체로 그 위에 글을 쓰는 용도로 쓰인다"고 정의한다면 다시 "펄프"를 정의해야 하고 "얇다", "평평하다", "물체", "글", "용도", "쓰인다" 등도 정의해야 한다. "펄프"는 "종이를 만드는 원료"라고 다시 정의해야 한다. 이런 식으로 한 표현을 다른 표현으로 정의하는 방식은 꼬리에 꼬리를 물고 무한히 반복될 뿐만 아니라 그것은 결국 **순환론**에 빠질 수밖에 없다. "책"을 정의하려면 "글"을 정의해야 하고 "글"을 정의하려면 "책"을 정의하지 않을 수 없게 되어 결국 "글"을 "책"으로 정의하고 "책"을 "글"로 정의하는 악순환에 빠지게 된다. 또 "종이"는 "펄프"로 정의하고 "펄프"는 "종이"로 정의하게 되는 순환론에 부딪친다. 책의 정의는 이렇게 악순환을 계속할 뿐 완전한 정의에 이르지 못한다. 그러한 악순환에 빠지지 않고 명사 표현의 의미를 정의하는 한 가지 방법이 **지시**의 개념을 이용하는 것이다. "책"이 **지시하는** 실물을 보여줌으로써 (또는 그림을 그려 보여줌으로써) "책"의 의미를 정의하는 방식이다. 가령 woodpecker의 정의에 딱따구리 삽화를 곁들인다든가 octagon의 정의에 팔각형의 도형을 제시하는 방식이다. 그러나 지시의 정의방식에도 한계가 있다. 이 방식은 유의어의 경우에 어려움이 있다. 가령 안과 의사를 의미하는 oculist, ophthalmologist, optometrist, eye doctor 등은 모두 동일한 지시를 가진다고 할 것이다. 따라서 지시의 정의 방식대로 하면 그 네 단어는 동일한 지시를 가지므로 모두 동일한 의미를 가진다고 정의해야 할 것이다. 그러나 그 네 단어의 의미가 꼭 같다고 할 수는 없다. oculist는 고어풍이고 ophthalmologist와 optometrist는 의학 전문용어이다. 전자는 위중한 안과질환을 취급하고 후자는 보통 눈병을 치료해주며 eye doctor는 일상용어에 속한다. 모두 다 같이 안과 의사를 의미하기는 하나 그 네 표현의 의미가 완전히 같다고 볼 수 없다. 지시 방식의 한계를 보여주는 고전적인 예로 <금성>을 의미하는 the morning star(샛별), the evening star(저녁별), Venus(금성)의 예가 있다. 이 세 표현의 지시는 모두 <금성>이므로 지시의 정의 방식대로는 그 의미가 모두 같다고 해야 할 것이다. 그러나 어감이 각각 다른 이 세 표현을 완전히 같은 의미라고 볼 수 없다. 가령 "그녀의 눈은 샛별처럼 빛난다."고 말하는 것은 자연스럽지만 "그녀의 눈은 저녁별처럼 빛난다."거나 "그녀의 눈은 금성처럼 빛난다."고 말하는 것은 매우 이상하다. 만약 그 세 표현이 완전히 같은 의미라면 이런 차이가 발생하지 않아야 할 것이다. 이런 현상은 언어표현의 의미를 지시만으로 정의하는 방식에도 한계가 있다는 것을 보여준다. 결국 어의 방식만으로도 한계가 있고 지시의 방식만으로도 한계가 있어서 서로의 약점을 보완하면서 두 방식을 같이 이용하는 수밖에 없다. 그리고 표현에 따라서는 두 방식 중 어느 하나가 더 편리한 때도 있다. he나 she같은 대명사나 here, there, now, then과 같은 단어들은 각기 어의가 있기는 하나 그보다는 누구를, 무엇을, 어디를, 언제를 지시하는가가 주요의미이다. 그러므로 이들을 정의할 때는 지시의 방식이 유리하다. 관사의 기능도 기본적으로 사물을 지시하는 것이므로 관사의 의미를 정의하는 데에도 지시의 방식이 유용하다.

(1)   a. When he got there, John realized everybody had left. (거기 도착했을 때 존은 모두 떠났다는 것을 알았다.)

       b. When John got there, he realized that everybody had left. (존이 거기 도착했을 때 (그는) 모두 떠났다는 것을 알았다.)

       c. Mary believed that she was the smartest in her class. (메리는 자기가 반에서 제일 똑똑하다고 생각했다.)

(1a)의 문맥에서 "he"는 "John"을 가리키고 "she"는 "Mary"를 가리킨다고 보통 말한다. 이를 의미론의 용어로 정확히 말하면 "가리키다" 대신 **지시하다(refer to)**를 사용하여 "he"는 어떤 남자를 **지시하고** "John"도 어떤 남자를 **지시하는데** (1a)의 문맥에서 그 두 사람은 동일인물이라고 한다. "he"의 **지시**와 "John"의 **지시**가 동일하다. 즉 "he"와 "John"은 **동지시(co-reference)**의 관계에 있다. "he"라는 단어가 "John"이라는 단어를 지시하는 것이 아니라–단어가 단어를 지시하는 것이 아니라--"he"는 한 인물을 지시하고 "John"도 한 인물을 지시한다.

문맥이 바뀌면 지시관계가 달라진다. 즉 다음과 같은 문맥에서는 지시관계가 (1)의 경우와 다르게 나타난다.

(2)   a. He realized that everybody had left when John got there. (존이 거기 도착했을 때 그는 모두 떠났다는 것을 알았다.)

       b. She believed that Mary was the smartest in her class. (그녀는 메리가 반에서 제일 똑똑하다고 생각했다.)

(2)에서는 "He"와 "John"이 같은 사람을 **지시하지 않고** "She"와 "Mary"가 같은 사람을 **지시하지 않는다.** "He"의 지시와 "John"의 지시가 동일인이 아니고 "She"의 지시와 "Mary"의 지시가 동일인이 아니다.

(1a)의 문맥에서 대명사 "he"와 고유명사 "John"의 **지시**를 다음과 같이 그림으로 나타낼 수 있다.

<그림 1>

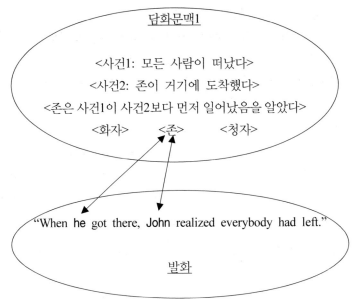

아래의 타원은 발화 (1a)를 나타내고 위의 타원은 이 발화의 **담화문맥**(context of discourse)을 나타낸다.[3] 발화 (1a)는 오직 이 담화문맥을 배경으로 의미를 가진다. 담화문맥의 범위 안에서 화자(話者 speaker, addressor, writer)와 청자(聽者 hearer, addressee, reader)는 의사소통을 할 수 있다. 발화는 담화문맥을 전제하고, 담화문맥이 있는 곳에 발화가 있고 발화가 있는 곳에 담화문맥이 있다. 사람들은 각자의 생각을 배경으로 말을 한다. 이를 두고 각자 자신의 현실세계 속에서 말을 한다고 말해도 좋고, 각자가 자신의 (주변)상황을 머리(=마음, 생각) 속에 가지고 다니면서(=염두에 두고) 대화에 참여한다고 말해도 좋다. 그와 같이 대화자가 처

---

3 "담화문맥"에 관해서는 James R. Hurford, Rendan Heaseley, Michael B. Smith 공저, *Semantics: A Coursebook* (Second Edition) (Cambridge University Press, 2007년), p.56-64를 참조하였다. 그 책에서 담화문맥은 발화의 상황에 직접적으로 관련되는 사항들만을 포함하고 간접적으로 관련되는 현실세계의 일체의 사항들까지 포괄할 때는 "담화우주 (universe of discourse)"라는 용어를 사용한다. Hurford 등은 담화우주란 "the particular world, real or imaginary (or part real, part imaginary), that the speaker is talking about at the time of utterance (화자가 발화시에 이야기하는 실제 또는 상상의 특정의 세계 (또는 부분적으로 실재의 세계, 또는 부분적으로 상상의 세계)"라고 정의하고 있다. 우리는 이 장에서 담화우주와 담화문맥을 구별하지 않고 한데 묶어 담화문맥이라고 부른다.

해 있는 배경상황이 담화문맥이다. 담화문맥에는 발화의 내용과 관련되는 모든 **사물**과 **사람**들과 **사건**들이 포함된다. 우리가 살고 있는 세계는 무수한 사물과 사건들이 혼재하는, 무한히 넓은 세계인데 담화문맥은 그 세계의 (조그만) 한 부분이다. (2a)의 담화문맥에는 <존>, <사람들>과 같은 사물(things)과 <사람들이 도착하고> <떠나는> 상황(situations)이 있고 발화에는 "John"이나 "he"나 "got"이나 "left"와 같은 단어(words)가 있고 "When he got there, John realized everybody had left."와 같은 문장이 있다. 담화문맥 안에 단어나 문장은 없고 발화에 사물이나 상황은 없으나 발화와 담화문맥은 **지시**(reference) 관계에 의해 연결되어 있다. <그림 1>에서 단어 "he"와 <존> 사이에, 그리고 "John"과 <존> 사이에 지시의 관계가 성립한다. 이때 "he"의 **지시**(referent)는 <존>이고 하고 "John"의 **지시**도 <존>이다. 이런 지시의 관계를 **양방향 화살표**로 표시했다. "he"가 "John"을 지시하거나 "John"이 "he"를 지시하는 것이 아니고 "he"가 <존>을 지시하고 "John"이 <존>을 지시한다.

말과 (생각 속의) 실제세계가 (체계적으로) 연결되어 있어서 사람들은 말을 가지고 세계에 대하여 말할 수 있고 사람들끼리 공감대를 형성하고 의사소통을 할 수 있다. 언어세계와 현실세계의 구성요소들이 일정하게 연결되어 있는 방식이 **지시**(reference)이다. 언어세계의 한 표현과 현실세계의 한 사물 사이에 일대일의 대응관계가 있을 때, **그 표현─단어 또는 구─은 그 사물을 지시한다**고 말한다. 한 언어표현이 실제세계의 어느 부분과 일정한 관계를 맺고 있기 때문에 그 언어표현이 일정한 **의미**를 가지게 된다.

담화문맥이란 보통 상식적인 차원에서 말하는 "문맥"보다 범위가 훨씬 더 넓다. 보통 "문맥"이라고 하면 문장의 범위 안에서의 전후관계 또는 단락 안에서의 전후관계를 말하지만 담화문맥은 그러한 전후관계를 초월하여 담화의 배경이 되는 상황자체를 말한다. 그러므로 한 언어 표현의 담화문맥을 고려한다는 것은 "누가 (=화자 speaker, 필자 writer) 누구(=청자 hearer, 독자 reader)에게 무슨 말(=내용)을 언제, 어디에서 말하고 있으며 어떤 사건과 사물들이 관련되어 있는가"를 전체적으로 고려하는 것을 말한다.

대명사가 **지시하고** 고유명사가 **지시하듯이** 부정명사구도 **지시하고** 한정명사구도 **지시한다.** 다음 예에서 부정명사구 "a book"과 한정명사구 "the book"이 무엇을 지시하는지를 <그림 2>로 나타내었다.

(3) "I ordered a book yesterday and the book has just arrived."

<그림 2>

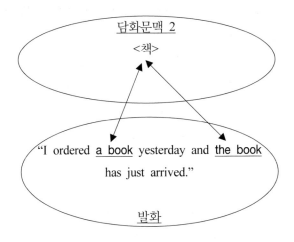

담화문맥 2에는 <책> 외에도 <주문이라는 과정(process)>, <도착이라는 사건 (event)>, <어제>와 <지금 막>이라는 시간 개념 등 더 많은 사항들이 포함되어 있으나 현재 관심사인 <책>에 초점을 두기 위해 그것만 나타내었다.

"a book"은 담화문맥 2에 있는 어느 <책> 한 권을 **지시한다.** "the book"도 그러하다.[4]

---

[4] 이렇게 담화문맥에 지시가 존재하는 "a book", "the book"과 같은 명사표현을 **지시표현** (referring expression)이라고 한다. I, you, she, he 등 대명사들도 지시표현이고 John Masefield, Barak Obama, Mary Jean King, the Taj Mahal, London, Paris, the Mississippi 등 고유명사들도 지시표현이다. 이들은 각각 특정의 인물, 사물, 지형지물을 지시한다.
모든 명사(구)가 다 지시표현인 것은 아니다. 특히 부정명사구는 문맥에 따라 지시표현이 되기도 하고 안 되기도 한다.
(a) John met a nice boy.   (a') John is a nice boy.
(b) John was born in a large city.   (b') Shanghai is a large city.
(a)의 "a nice boy"는 존이 만난 실존인물일 터이므로 지시표현이다. 그러나 (b')의 "a nice boy"는 지시표현이 아니다. 이 "a nice boy"는 주어 John의 속성을 기술하는 서술어다. (b')는 "친절한 소년이 한사람 있는데 John이 바로 그 소년이다"라는 뜻이 아니다. 그러한 뜻을 표현 하려면 "John is the nice boy."라고 해야 한다. 이때 "the nice boy"는 지시표현이다. 이 문장은

(3a)에서 "the book"은 <(내가 어제 주문했더니 지금 막 도착한) 그 책>을 지시한다. 이때 <그 책>이 "the book"의 **지시**(referent)이다.[5] <책>에서 "book"으로 가는 방향의 화살표는 <책>이라는 사물이 "book"이라는 단어로 표현된다는 것을 나타내고 "book"에서 책으로 가는 화살표는 "book"은 <책>을 지시한다(=의미한다)는 것을 나타낸다. 지시의 화살표가 표현과 표현을 연결하는 일은 없다.[6] "the book"이 "a book"을 지시한다고 말하는 것은 "**지시**"의 뜻에 맞지 않는다. the book은 현실세계에 존재하는 어떤 책을 지시하는 것이지 a book이라는 언어표현을 지시하는 것이 아니다. 한 언어표현이 다른 언어표현을 지시할 수 없다. 언어표현은 실제 세계에 있는 사물을 지시한다.

"The nice boy is John."이라고 어순을 바꾸어도 같은 뜻이 된다. 이때 "is"는 "is equal to"의 뜻이다. "A is B."나 "B is A"나 같은 뜻이다. 즉 A=B는 B=A와 같다. 그러나 (a′)를 어순을 바꾸어 "*A nice boy is John."라고 하면 비문이 된다. "a nice boy"가 지시표현이 아니고 서술어이기 때문이다. 그래서 "John is a nice boy."뿐만 아니라 "John is nice." 등 에서 "is"는 "is equal to"의 뜻이 아니다.

(b)의 "a large city"는 John이 태어난 어느 대도시이다. 그러나 (b′)의 "a large city"는 상하이의 속성을 설명하는 서술어이지 지시표현이 아니다. "*A large city is Shanghai."가 성립하지 않는다.

한정명사구는 대체로 지시표현이지만 문맥에 따라서는 지시표현이 아닐 수도 있다. 가령 "The first person to reach the summit will win the prize. (정상에 최초로 도달하는 사람이 그 상을 탈 것이다.)"에서 한정명사구 "The first person to reach the summit"은 특정의 인물을 지시하지 않는다. 그 명사구가 말하는 인물은 현재 존재하지 않으며 미래에 존재할 수도 있고 존재하지 않을 수도 있다. 그러므로 그 한정명사구는 지시표현이 아니다. 이 문장은 사실상 "If a person reaches the summit, he will win the prize."와 같은 뜻으로 상을 탈 조건을 제시하는 조건문과 같은 뜻이다.

[5] 영어 용어로는 referent와 reference가 구별되지만 우리말 용어 "지시"는 중의적이다. 문맥에 따라 "referent"의 뜻으로도 "reference"의 뜻으로도 사용한다. "referent"를 "지시물"이라고 구별해서 말하기도 하지만 우리는 여기서 "referent"도 "지시"라고 하기로 한다. 물건을 지시할 때는 "지시물"이라고 하는 것은 좋지만 "사람"을 지시할 때 "지시물"이라고 하는 것이 어색해서이다.

[6] 특수한 상황에서 언어표현이 언어표현을 지시하는 경우가 있다. 가령 The word book is a noun.같은 문장에서 word는 book을 가리키는데 이때는 word도 표현이고 book도 표현이다. 또 Book is shorter than notebook.에서 Book과 notebook은 어떤 "책"이나 어떤 "노트북"을 말하는 것이 아니고 그 단어 자체를 이름이다. book은 book을, notebook은 notebook을 가리킨다. 즉 언어표현이 언어표현을 지시한다. 이것은 "메타언어(metalanguage)"라고 부르는 특수한 언어사용법의 하나이다. 보통 일상의 언어사용에서는 언어표현은 사물을 지시하는 것이지, 이런 식으로 언어표현이 언어표현을 지시하는 일은 없다. 일상언어로 "The book is longer than the notebook."는 말이 전혀 안 되는 것은 아니지만, 보통 일상의 상황에서 책의 길이와 노트북컴퓨터의 길이를 비교하는 일은 잘 없기 때문에 무언가 대단히 어색하다.

그런데 만약에 (4) 대신 부정명사구와 한정명사구의 어순을 바꾸어 "I ordered the book yesterday and a book has just arrived."라거나 "I ordered the book yesterday and the book has just arrived."라거나 "I ordered a book yesterday and a book has just arrived."라고 말한다면 어떻게 될까? 이들 모두 문법적으로 완벽한 영어 문장이지만 담화문맥2와는 상관없는 문장들이다. 그것들은 <내가 어제 책을 주문했는데 책이 막 도착했다>는 상황과는 관계없는 표현들이다. 한정명사구와 부정명사구의 위치가 바뀌면 의미가 바뀐다. 담화문맥2의 상황을 표현하기 위해서는 부정명사구와 한정명사구가 오직 (4)에서와 같이 부정명사구가 먼저 오고 한정명사구가 뒤에 나타나지 않으면 안 된다. 왜 그래야만 되는가? 이런 질문이 관사 용법의 문제이다.

6.1.2 지시공유의 조건: 한정명사구와 부정명사구의 용법

화자가 어떤 사물을 대화에 등장시키려고 할 때 그것을 한정 명사구로 표현할 것인가, 부정명사구로 표현할 것인가 하는 관사 선택의 문제에 부딪친다. 관사 선택의 가장 전형적인 경우가 위에서 본 (4)와 같은 발화에 나타난다. (4)의 화자는 <한 권의 책>을 대화에 등장시키면서 먼저 부정명사구 "a book"을 사용하고 그 책이 다시 나올 때 한정명사구 "the book"을 사용했다.

화자의 담화문맥에는 그 <한 권의 책>이 이미 등장했다. 그러나 청자의 담화문맥에는 아직 그것이 없다. 그때 화자는 그 <한 권의 책>을 부정명사구로 표현한다. 이렇게 해서 **초출(初出)의 부정명사구** "a book"이 발화에 출현한다. 그런데 화자가 그 책을 다시 언급하는 그 다음 순간에는 청자의 담화문맥에도 그것이 있다. 그러면 화자는 한정명사구를 사용한다. **중출(重出)의 한정명사구** "the book"이 나타난다. 이와 같이 한 사물이 대화에 최초로 등장할 때 초출의 부정명사구로 나타나고 그것이 다시 등장하면 한정명사구로 나타나는 것이 전형적인 관사 선택이다.

다음과 같은 두 사람의 대화에서도 전형적인 관사 선택의 예를 볼 수 있다.

<상황1> 어제 영화 「위대한 갯츠비」를 본 Ann과 실험실에서 하루 종일 공부한 Bill 이 아침에 만나 어제 각기 무엇을 했는지 서로 이야기 하고 있다.

(4) a. Ann: I saw __a movie__ yesterday. (나 어제 영화 봤어.)

   b. Bill: I was working all day in my lab. Was __the movie__ good?

      (난 온 종일 실험실에서 일했어. 영화 좋았어?)

   c. Ann: Yes, it was. I liked it very much.

Ann은 <한 편의 영화>를 대화에 등장시킬 때 초출의 부정명사구 "a movie"를 사용했고 Bill은 그 <한 편의 영화>가 다시 등장한다고 판단하여 중출의 한정명사구 "the movie"를 사용했다. 이때 먼저 등장한 초출의 부정명사구 "a movie"를 중출의 한정명사구 "the movie"의 **선행사**(antecedent)라고 한다.

(3)의 경우에 화자는 <한 권의 책>의 존재가 청자한테 생소할 것이라고 생각하여 부정명사구를 사용했고 그 다음에는 그것이 생소하지 않은 것이라고 생각하여 한정명사구를 사용했다. (4)의 경우에도 Ann은 자기가 말하려는 <한 편의 영화>가 Bill한테 생소한 존재라고 생각하여 부정명사구를 사용했고 Bill은 그 <한 편의 영화>는 Ann에게 당연히 친숙한 존재일 것이므로 그 영화를 한정명사구로 표현했다.

이와 같이 상대방에게 생소한 사물이 초출의 부정명사구로 대화에 최초로 등장할 때 그 명사구의 지시는 화자의 담화문맥에는 있으나 청자의 담화문맥에는 아직 없다. 그 뒤 그것이 **중출의 한정명사구**로 다시 나타날 때는 그 명사구의 지시가 화자의 담화문맥에도 있고 청자의 담화문맥에도 있다. 즉 중출의 한정명사구가 나타나는 상황은 그 한정명사구의 지시가 화자와 청자가 공유하는 담화문맥에 존재하는 상황이다.

그러나 초출이라고 하여 반드시 부정명사구로만 나타나는 것은 아니다. 초출의 부정명사구만 있는 것이 아니라 **초출의 한정명사구**도 있다. 아래와 같은 대화에서 그 예를 볼 수 있다.

<상황 2> Ann이 「위대한 갯츠비」를 보려고 어느 멀티플렉스 영화관에 갔다. 그녀는 「위대한 갯츠비」를 상영하는 영화관이 제8관임을 확인하고 로비에서 잠시 기다리다 상영시간에 맞추어 제8관으로 이동했다. 그런데 제8관 출입문 앞에서 영화를 보고 나오는 친구 Peter를 만났다.

(5) a. Ann: Hi, Peter! Did you enjoy <u>the movie</u>? (영화 재미있었어?)

  b. Peter: Yes, I did, Ann. (그래, 좋았어.)

Ann이 같은 영화를 (4)에서는 부정명사구로 표현했으나 (5)에서는 한정명사구로 표현하고 있다. Ann의 대화상대와 대화상황이 (4)의 상황과 다르기 때문이다. <상황1>에서는 Ann이 대화에 처음 도입한 "a movie"의 지시「위대한 갯츠비」가 상대방 Bill에게 생소한 것이었다. 그러나 <상황2>에서 역시 처음 도입하는 "the movie"의 지시「위대한 갯츠비」는 상대방 Peter가 막 보고나온 영화이다. 따라서 그것은 Peter에게 생소한 존재가 아니다. <상황2>에서 Ann과 Peter가 대화를 시작했을 때 이미 두 사람은「위대한 갯츠비」가 존재하는 담화문맥을 공유하고 있었다. 이런 경우에는 대화에 처음 등장하는 것이라도 한정명사구로 나타난다. 이렇게 **초출의 한정명사구**가 출현할 수 있다. Ann과 Peter가 공유한 담화문맥을 아래와 같은 그림으로 나타낼 수 있다.

<그림 3>

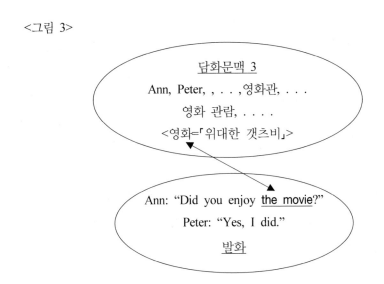

Ann과 Peter가 공유한 담화문맥 안에「위대한 갯츠비」가 있기 때문에―그리고 그 영화 외에 다른 영화는 없기 때문에--Ann이 그 영화를 한정명사구 "the movie"로 표현했고 같은 담화문맥을 공유하는 Peter는 그 명사구의 **지시**가「위대한 갯츠

비」라는 것을 인지할 수 있다.

만약 <상황 2>에서 Ann이 <영화>가 대화에 처음으로 등장했다고 하여 다음과 같이 초출의 부정명사구를 사용했다면 대화는 비정상적인 방향으로 흘러갔을 것이다.

(6) a. Ann: Hi, Peter! Did you enjoy <u>a movie</u>? (너 영화 좋아했어?)
     b. Peter: . . . .

Peter는 말문이 막히고 대화는 일단 중단되었을 가능성이 있다. (6a)와 같이 초출의 부정명사구 "a movie"를 사용하는 것은 Ann이 보려고 하는 영화 『위대한 갯츠비』가 Peter의 담화문맥에 존재하지 않는다고 판단할 때 가능하다. 그러나 사실은 Peter의 담화문맥에 『위대한 갯츠비』가 존재하므로 Ann의 판단은 실제의 <상황2>와 맞지 않는다. 상황에 맞지 않는 말을 하는 Ann을 Peter는 이해할 수 없다. 『위대한 갯츠비』를 보고나온 Peter에게 그 영화가 좋더냐고 물었다면 대화가 자연스럽게 진행되었겠지만 엉뚱하게도 Ann은 Peter에게 과거에 영화를 좋아했느냐고 묻고 있으니 Peter는 할 말을 잊고 어리둥절할 수밖에 없다. "the movie"와 "a movie"의 차이는 그렇게 크다. 올바른 관사의 선택은 대화가 자연스럽게 흘러가게 하고 잘못된 관사의 선택은 의사소통의 중단을 초래한다.

이렇게 대화에 처음 등장하는 사물이라고 해서 무조건 부정명사구로 표현되는 것은 아니다. "초출은 부정명사구, 중출은 한정명사구"라는 공식은 가장 전형적인 상황에나 적용될 수 있을 뿐 일반적인 규칙이 될 수는 없다.

관사는 담화문맥과 화자의 상황판단에 따라 선택된다. 관사 선택의 원리는 다음과 같다.

(7) 관사 선택의 원리
① 지시공유의 조건 (The Condition of Reference Sharing, CRS)
   화자와 청자가 공유하는 담화문맥에서 작은 명사구의 지시가 유일한 실체로 존재하고 화자와 청자가 그 명사구의 지시에 대해 공감대를 형성할 때 그 명사구는 지시공유의 조건을 지킨다.

② **관사의 선택**

　화자는 한 사물이 지시공유의 조건을 지킨다고 판단하면 한정명사구로, 지키지 않는다고 판단하면 부정명사구로 표현한다.

　대화 (4)에서 Ann이 발화할 때 작은 명사구 "movie"의 지시인 영화 「위대한 갯츠비」는 화자 Ann의 담화문맥에만 있고 청자 Bill의 담화문맥에는 없었다. 즉 그 영화는 화자와 청자가 공유하는 담화문맥에 유일한 실체로 존재하지 않았으며 그에 대해 화자와 청자가 공감대를 형성하지 않았다. 화자 Ann은 「위대한 갯츠비」가 지시공유의 조건을 지키지 않는다고 판단했다. 따라서 그녀는 그 작은 명사구 "movie"를 부정명사구 "a movie"로 표현했다. **초출의 부정명사구**는 이런 과정을 통해 대화에 출현한다.

　그런데 대화 (5)에서 Ann이 발화할 때는 자신의 담화문맥은 물론 Peter의 담화문맥에도 영화 「위대한 갯츠비」가 유일한 실체로 존재하고 있었다. 그 영화 이외에 또 다른 영화는 없다. 두 사람은 그 영화에 대해 공감대를 형성하고 있다. 이로써 Ann은 그 <영화>가 지시공유의 조건을 지킨다고 판단하고 그것을 한정명사구로 표현했다. **중출의 한정명사구**는 이런 과정을 통해 대화에 출현한다.

　대화 (4)의 담화문맥은 아래와 같이 나타낼 수 있다.

<그림 4>

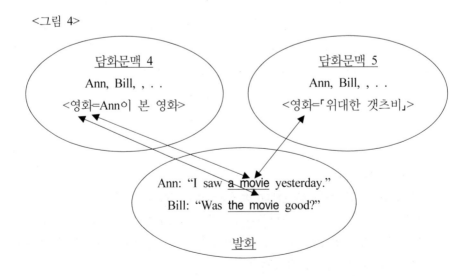

<상황 1>에서 Ann은 자기가 언급하려 하는 "movie"의 지시가 영화 「위대한 갯츠비」라는 사실을 상대방 Bill이 알지 못한다고 판단한다. 즉 자기의 담화문맥(=담화문맥5)에는 영화 「위대한 갯츠비」가 있지만 Bill의 담화문맥(=담화문맥4)에는 그것이 없다. 거기에는 단순히 <영화>만 존재한다. 무슨 영화인지는 알 수 없고 Ann이 보았다는 영화 한 편이 존재할 뿐이다. Ann과 Bill은 서로 다른 문맥에 있다.

담화문맥 4에는 Ann이 본 영화가 있고 담화문맥 5에는 「위대한 갯츠비」가 있다. Ann이 "I saw a movie yesterday."를 발화했을 때 자기는 담화문맥5에 있고 Bill은 담화문맥 4에 있었다. Ann은 그 시점에서 작은 명사구 "movie"의 지시에 대하여 Bill과 담화문맥을 공유하지 않았다. Ann과 Bill은 Ann이 언급하는 그 영화의 지시에 대하여 공감대가 형성되지 않았다. 따라서 Ann은 작은 명사구 "movie"가 지시공유의 조건을 지키지 않는다고 판단하고 그것을 부정명사구 "a movie"로 표현했다.

그런데 Bill이 "Was the movie good?"을 발화했을 때 Ann과 Bill은 담화문맥 4를 공유한다. 그때 "the movie"의 지시는 <Ann이 본 영화>이다. Ann에게 "movie"의 지시는 원래 「위대한 갯츠비」이지만 "Was the movie good?"이라는 Bill의 발화를 듣고 그는 잠시 이 생각을 유보하고 Bill의 담화문맥에 공감하여 <Ann이 본 영화> 다시 말해 <자기가 본 영화>가 "movie"의 지시가 된다. 그렇게 되어 Bill과 Ann은 하나의 담화문맥을 공유할 수 있다. (Ann의 입장에서는 <Ann이 본 영화>와 위대한 갯츠비」는 동일한 것이므로 자기 본래의 생각을 잠시 유보한다고 해서 사실상 달라지는 것은 없다.)

Ann이 언급하는 "movie"의 지시가 자기에게는 「위대한 갯츠비」이지만 상대방 Bill에게는 임의의 영화 한 편이다. 그래서 그들은 담화문맥을 공유하지 않는다. 따라서 Ann은 부정명사구 "a movie"를 사용한다. Bill이 언급하는 "movie"의 지시는 <Ann이 본 영화>이고 그것은 Bill에게도 그러하다. 그들은 이 시점에서 담화문맥을 공유하고 있다. 따라서 Bill은 한정명사구 "the movie"를 사용한다.

종합하면, Ann이 발화할 때 자기는 <담화문맥 5>에 있고 Bill은 <담화문맥 4>에 있다. 그런데 Bill이 발화할 때는 자기도 <담화문맥 4>에 있고 Ann도 그 담화문맥에 있다. Ann은 원래 <담화문맥 5>에 있다가 Bill과 대화를 시작할 때 <담화문맥 4>로 이동한다. 그러나 Bill은 처음부터 끝까지 <담화문맥 4>에 있다.

대화 (5)에서 Ann이 발화할 때 「위대한 갯츠비」는 자신의 담화문맥에도 있고 Peter의 담화문맥에도 있었다. Ann은 「위대한 갯츠비」라는 영화가 청자 Peter와 자신이 공유하는 담화문맥 안에 유일한 실체로 존재하고 있었다고 판단했다. 「위대한 갯츠비」가 상영 중인 제8관에 Ann은 들어가고 Peter는 나오고 있는 상황에서 화자 Ann이 언급한 <영화>는 Peter가 막 보고나온 영화 「위대한 갯츠비」 이외에 다른 영화일 수 없다. 이 상황에서 Ann은 「위대한 갯츠비」가 지시공유의 조건을 지킨다고 판단했고 따라서 그녀는 그 영화를 한정명사구로 표현했다.

한 문장 안에서 초출의 부정명사구 "a book"과 중출의 한정명사구 "the book"이 출현하는 예문 (3)에도 관사 선택의 원리가 그대로 적용된다. 화자가 어제 책을 한 권 주문했다고 말하는 순간에 그 책은 청자의 담화문맥에 아직 없다. 따라서 화자는 그 <책>이 지시공유의 조건을 지키지 않는다고 판단하므로 부정명사구를 사용한다. 그러나 책이 도착했다고 말하는 그 다음 순간에 화자는 청자의 담화문맥에도 그 책이 있다고 판단했다. 지시공유의 조건에 따라 한정명사구를 사용한다.

「위대한 갯츠비」가 유일한 실체로 존재하는 담화문맥을 Ann과 Peter가 공유하는 상황에서 Ann이 초출의 부정명사구 "a movie"를 사용한 것이 대화 (6)이다. Ann의 말을 듣고 Peter는 자기들이 공유하는 담화문맥에 없는 또 하나의 영화를 Ann이 도입했다고 생각할 수밖에 없지만 그것이 어느 영화인지 알 길이 없는 Peter로서는 Ann의 발화를 이해할 수 없다. 한정명사구를 사용할 상황에서 부정명사구를 사용하면 곧바로 소통은 단절되고 대화는 중단된다.

다음은 초출의 한정명사구를 잘못 사용한 또 다른 예를 보여준다.

<상황3> Tom이 영화를 보러 어느 영화관에 들어가다 영화를 보고나오는 친구 Carl을 만났다. 그런데 이 영화관에서는 지나간 명화 두 편 「제3의 사나이」와 「콰이강의 다리」를 함께 연속적으로 상영해주고 있었다.

(8) a. Tom: Hi, Peter! Did you enjoy **the movie**? (영화 재미있었어?)
     b. Carl: . . . .

Tom이 초출의 단수 한정명사구를 사용했기 때문에 문제가 생겼다. Carl의 담화문맥에는 두 편의 영화가 존재하고 있어서 Tom이 언급한 "the movie"의 지시가 그 두 편 중 어느 것인지 Carl은 알 수가 없다. "the movie"의 지시는 Carl과 Tom이 공유하는 담화문맥에 유일한 실체로 존재하고 있지 않다. 그 <한 편의 영화>는 지시공유의 조건을 지키지 않는다. 따라서 한정명사구를 사용할 수 없는 상황임에도 Tom이 초출의 한정명사구를 사용했기 때문에 Carl은 Tom의 발화를 이해할 수 없다.

그런데 이 상황에서 만약 Tom이 복수 한정명사구 "the movies"를 사용했다면 대화는 순조롭게 진행되었을 것이다.

(9) a. Tom: Hi, Peter! Did you enjoy **the movies**? (영화 재미있었어?)
　　 b. Carl: Yes, I did, Tom.

초출의 복수 한정명사구 "the movies"는 Tom과 Carl 두 사람이 공유하는 담화문맥에 유일한 실체로 존재하는 두 편의 영화를 지시할 수 있다. 따라서 Carl은 그 지시를 인지하는 데 아무 어려움이 없다.

지금까지 살펴본 예에서는 담화문맥에 등장하는 사물들은 화자와 청자가 직접 인지할 수 있는 것들이었다. 영화든 책이든, 화자와 청자가 직접 인지하는 사물들이었다. 그러나 담화문맥에는 직접 인지할 수 없는 것들, 당장 눈앞에 보이지 않거나 느껴지지 않는 사항들도 있다. 그러한 사항은 발화에 실제로 출현한 사항을 토대로 **추론과정을 통해 간접적으로 담화문맥에 등장한다**. 다음 대화에서 그러한 추론과정이 어떻게 작용하는지 볼 수 있다.

<상황 4> (이 대화는 Arthur Miller의 연극 『*Death of a Salesman* (어느 세일즈맨의 죽음)』의 시작 부분이다.) Linda와 Willy는 부부이다. 세일즈맨 윌리는 매일 차를 운전하고 돌아다니면서 일한다. 그런데 오늘은 윌리가 평소보다 너무 일찍 집에 돌아왔다. 린다가 놀란 기색으로 무슨 일이 있었느냐고 묻는다. 윌리는 고속도로를 달리던 중에 일어났던 일을 린다에게 말한다.

(10) a. Linda, *hearing Willy outside the bedroom, calls with some trepidation* (침실 밖에 윌리가 들어온 소리를 듣고 좀 놀라는 기색으로 부른다): Willy! (윌리!)

b. Willy: It's all right. I came back. (괜찮아. 나 돌아왔어요.)

c. Linda: Why? What happened? (왜요? 무슨 일이에요.) *Slight pause.* (잠간 포즈.) Did something happen, Willy? (무슨 일이 생겼어요, 여보?)

d. Willy: No, nothing happened. (아냐. 아무 일도 없었소.)

e. Linda: You didn't smash the car, did you? (차를 망가뜨린 거 아니죠, 여보?)

f. Willy, *with casual irritation* (짜증을 내면서): I said nothing happened. Didn't you hear me? 아무 일도 없었다고 했는데. 내 말 안 들렸소?)

g. Linda: Don't you feel well? (당신 어디 몸이 안 좋아요?)

h. Willy: I'm tired to the death.[7] (피곤해 죽을 지경이야.) *The flute has faded away. He sits on the bed beside her, a little numb.* (플루트 소리가 사라진다. 그는 좀 멍해져서 침대에 걸터앉는다.) I couldn't make it. I just couldn't make it, Linda. (할 수가 없었어. 나 도무지 되지가 않았어, 여보.)

i. Linda, *very carefully, delicately* (매우 조심스럽게, 섬세하게): Where were you all day? You look terrible. (당신 하루 종일 어디 있었어요? 얼굴이 아주 안 좋아 보이는데.)

j. Willy: I got as far as a little above Yonkers. I stopped for a cup of coffee. Maybe it was the coffee. (용커즈 좀 위에까지 갔지. 커피를 한 잔 하려고 차를 멈추었어. 아마도 그 커피 때문이었나 봐.)

k. Linda: What? (뭐가요?)

l. Willy, *after a pause* (잠간 말을 끊었다가): I suddenly couldn't drive any more. The car kept going off onto the shoulder, y'know? (갑자기 운전을 더 이상 할 수가 없었어. 차가 자꾸만 갓길 쪽으로 가잖아?)

m. Linda, *helpfully* (도와주려는 태도로): Oh. Maybe it was the steering again. I don't think Angelo knows the Studebaker. (아, 그건 아마도 또 그 방향장치 때문이었을 거예요. 앤젤로는 스투드베이커를 몰라요.)

---

[7] (h)의 "to the death"는 "죽을 때까지, 최후까지, 죽도록" 등의 뜻으로 쓰이는 관용구이다. If they had not been stopped, they would have fought to the death.(말리지 않았으면 죽을 때까지 싸웠을 것이다.) 관용구에 쓰이는 관사는 따로 설명을 할 것이 없다. 참고로 관사가 없는 "to death"는 "극단적으로, 너무 심하게" 등의 뜻이다. We were bored to death.(우리는 너무너무 지겨웠다.)

(l)의 "the shoulder (고속도로 갓길)", (m)의 "the steering (차의 방향 장치)", "the Studebaker(스튜드베이커)"[8] 등 세 개의 한정명사구가 추론과정을 거쳐 간접적으로 도입되는 초출의 한정명사구이다.[9]

월리가 "the shoulder"를 사용할 수 있는 이유는 린다와 공유하는 담화문맥에 그 지시가 존재하고 있다고 판단했기 때문이다. 그런데 그가 그렇게 판단할 수 있는 근거는 [고속도로(에 관한) 상식]에서 온다. 즉 그의 판단은 고속도로에는 <갓길>이 있다는 상식에 근거한 것이다. 그리고 그 상식은 먼저 담화문맥에 도입된 "the car"의 지시에서 온 것이다.[10] "the car"의 지시에서 [고속도로 상식]이 추론되고 [고속도로 상식]에서 "the shoulder"의 지시가 추론된다. 이와 같이 "the shoulder"의 지시는 두 단계의 추론과정을 거쳐 간접적으로 담화문맥에 등장한 것이다. 마찬가지로 "the steering(방향장치)"의 지시도 <자동차>에서 추론되는 [자동차 상식]을 통해 담화문맥에 등장한다. 자동차를 알면 자동차 상식이 있고 자동차 상식이 있으면 자동차 기계장치의 일부인 <방향장치>도 안다. 이와 같은 두 단계의 추론과정을 통해 담화문맥에 도입된 <방향장치>는 지시공유의 조건에 따라 한정명사구로 나타났다. "the Studebaker"의 지시 역시 <자동차>와 [자동차 상식]을 통해 월리와 린다가 공유하는 담화문맥에 등장한다.

월리와 린다가 공유하는 담화문맥을 아래 (그림 5)로 나타냈다. [자동차 상식], [고속도로 상식]과 같은 사항은 그 자체로 일종의 "작은 담화문맥"이라고 볼 수 있다. 그러한 작은 담화문맥에서 추론되는 지시는 직접 등장하는 지시와 구별하여 곡선의 화살표로 표시했다.

---

8 스튜드베이커는 한때 미국의 주요 자동차 메이커 중 하나였으나 1960년대에 문을 닫고 단종되었다.

9 (e)의 "the car"는 추론과정과는 직접적으로 관계없다. 그것은 담화문맥에 등장한 초출의 한정명사구이다. 그 차는 린다와 월리가 공유하는 담화문맥에 이미 등장해 있는, 오늘 아침에 자기 남편이 운전하고 나간 자기 집 차이다. 지시공유의 조건에 따라 초출의 한정명사구로 나타났다. (J)의 "the coffee"도 추론과정과는 무관하다. "the coffee"는 바로 앞에 도입된 초출의 부정명사구 "a cup of coffee"를 선행사로 하는 중출의 한정명사구이다. (l)의 "the car"는 (e)의 "the car"와 같은 초출의 한정명사구이다.

10 자동차를 생각하면 자동차가 다니는 도로를 연상할 수 있다는 의미에서 자동차에서 고속도로를 유추하는 것이 가능하다. 유추의 의미를 최대한 확장할 때 그러한 유추가 가능한데 실제로 관사의 의미를 이해하기 위해서는 그와 같은 융통성이 필요하다.

<그림 5> 린다와 월리가 공유하는 담화문맥

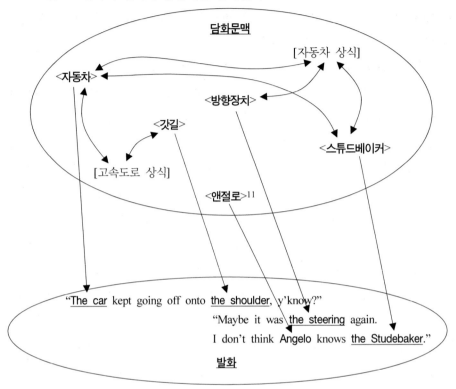

추론에 의해 간접적으로 도입되는 지시는 [ ]로 표시하고 발화에 직접 도입되는 지시는 < >로 표시했다.

추론에 의한 지시는 일상에서 흔히 일어나는 현상이다.

(11) a. He gave her *a watch*. **The price** was very, very high. (그는 그녀에게 시계를 하나 주었다. 그 가격이 매우, 매우 높은 것이었다.)

---

11 Angelo는 린다와 월리의 단골 자동차 정비업소의 정비공의 이름이다. 일반적으로 화자와 청자 둘 다 잘 아는 사람이라야 그 이름이 대화에 도입될 수 있다. 만약에 청자가 모르는 사람의 이름을 화자가 대화에 등장시켰다면 청자는 그것이 누구냐고 반드시 반문할 것이다. 인명과 같은 고유명사가 대화에 나타났다면 그 지시는 언제나 화자와 청자의 담화문맥에 존재해야 한다. 이런 의미에서 고유명사는 지시적으로 초출의 한정명사구와 같다. 그러나 고유명사의 문법적 제약으로 말미암아 고유명사에는 정관사가 붙을 수 없으니 고유명사는 무관사의 한정명사구라고 할 수 있다.

b. There was *a surgeon* in addition to two nurses there, but no one asked **the doctor** to help. (두 사람의 간호사에다 한 사람의 외과의가 있었지만 아무도 그 의사에게 도와달라고 부탁하지 않았다.)

c. **The mother** of one of my *students* e-mailed me. (내 한 제자의 어머니가 나에게 이메일을 보냈다.)

d. A friend of mine married **the daughter** of a real estate conglomerate. (내 친구 한 사람은 어느 부동산 재벌의 딸과 결혼했다.)

(11a)에서 부정명사구 "a watch"가 발화에 나타남으로써 [시계에 관한 상식]이 담화문맥에 등장한다. 그 상식 중에 <시계에는 가격이 매겨져 있다>는 정보가 포함되어 있으며 그 정보를 바탕으로, 다시 말해, 그 정보를 **선행사**로 삼아 한정명사구 "The price"가 출현한 것이다. 보통은 앞 문맥에 나타난 실제 표현이 중출의 한정명사구의 선행사가 되지만 이와 같이 앞 문맥에 나타난 표현의 의미에 포함된 정보 한 가지가 선행사의 역할을 할 수도 있다.

(b)에서는 "a surgeon"으로 말미암아 [의사에 관한 상식], 구체적으로 "The surgeon is a doctor"라는 지식이 담화문맥에 도입되고 그 지식 안에 있는 a doctor 를 선행사로 삼아 한정명사구 "the doctor"가 나타날 수 있다.

(c)의 상황에서 화자는 학생의 어머니가 누구인지 모르고 만나본 적도 없다. 그럼에도 불구하고 화자는 "The mother . . ."의 지시가 담화문맥에 등장해 있다고 보고 지시공유의 조건을 지킨다고 판단한다. 이 판단은 발화의 내용에서 추론과정을 통해 담화문맥에 등장한 [가족관계에 관한 상식]의 하나인 '학생은 어머니가 있다'는 사실에서 추론된 것이다. 이를 근거로 작은 명사구 "mother of one of my students"는 지시공유의 조건을 지킨다고 판단하고 한정명사구 "The mother . . ."로 표현한 것이다.[12]

(d)의 담화문맥에서 <내 친구(A friend of mine)>가 결혼한 사람은 <부동산 재벌의 딸>이다. 그런데 화자는 그 딸을 만나본 적도 없고 아는 사이도 아니다. 화자의

---

[12] 그 학생의 어머니가 누구인지 화자(=내)가 알고 있을 뿐만 아니라 만나본 적도 있는 경우로 (12c)를 해석할 수도 있는데 그때는 "The mother"는 단순히 초출이나 중출의 한정명사구가 된다.

담화문맥에 그 딸이 존재하지 않는다. 그럼에도 그 딸은 한정명사구로 표현되었다. 그 딸이 추론과정을 통해 간접적으로 담화문맥에 등장해 있기 때문이다. 그 딸은 [결혼 제도에 관한 상식]과 [가족관계에 관한 상식]으로부터 간접적으로 추론되는 존재이다. 즉 [결혼 상식]으로부터 '한 남자는 한 여자와 결혼한다'는 사실이 추론되고 [가족관계 상식]으로부터 '어느 부동산 재벌에게 딸이 있다'는 사실이 추론되며 이 두 사실로부터 <내 친구>가 결혼할 사람은 부동산 재벌의 딸임이 추론된다.[13] 이 과정을 아래 그림으로 나타낼 수 있다.

<그림 6>

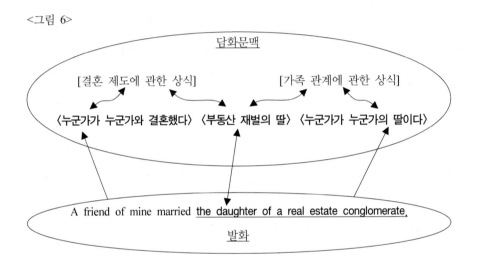

발화 (11d)의 내용으로부터 <누군가가 누군가와 결혼했다>는 사실과 <누군가가 누군가의 딸이다>라는 사실이 담화문맥에 도입된다. 그리고 그 두 사실로부터 각각 [결혼 제도에 관한 상식]과 [가족 관계에 관한 상식]이 추론된다. 그 두 사실로부터 <어느 부동산 재벌의 딸 한 사람>이 간접적으로 담화문맥에 도입된다.

---

[13] 재벌의 딸이 여럿일 경우에도 a daughter가 아니라 the daughter를 사용할 수 있다. 왜냐면 이 발화의 초점은 내 친구가 결혼한 사람이 부동산 재벌의 딸이라는 사실이다. 그 재벌의 딸이 하나인지 여럿인지, 여럿이라면 몇 번째 딸인지는 문제가 아니다. (그것이 문제일 경우에는 the first daughter, the second daughter 등으로 표현했을 것이다.) 중요한 것은 한정명사구 the daughter를 언급함으로써 화자와 청자의 담화문맥에 "(한 부동산 재벌의) 딸"의 존재가 이미 등장해 있다는 사실인데 그 사실은 가족관계의 보편성에서 추론되는 것이다. 결국 이 추론은 "daughter"라는 명사의 어의 자체에서 나오는 것이다.

그러면 화자는 작은 명사구 "daughter of a real estate conglomerate"의 지시가 지시 공유의 조건을 지킨다고 판단하고 그것을 한정명사구로 나타낼 수 있다.

상황에 따라 어떤 사물이 세상에서 유일무이의 존재라고 생각될 수 있다. 어떤 이유에서든지 화자가 그렇게 판단하는 존재가 있다면 그것은 관사 선택의 원리에 따라 반드시 한정명사구로 표현될 것이다. 최상급 형용사 수식어가 붙는 명사구가 그 한 예이다. (주어진 상황에서) 오직 하나만 존재하는 것이 최상급이니 화자는 그것이 항상 지시공유의 조건을 지킨다고 판단할 것이다. He is **the best singer** in our class. She was **the strongest wrestler** in our family. 등등. 물론 <최고의 가수>나 <최강의 씨름꾼>은 화자와 청자가 공유하는 담화문맥에서 최고, 최강이라는 뜻이다. 각기 담화문맥에서 유일무이한 존재이므로 한정명사구가 되는 것이다.

아래 (12)과 같은 예문에서처럼 first, last, top, only 등의 형용사는 최상급과 같은 의미를 나타내기 때문에 지시공유의 조건을 충족시켜 그 단어가 수식하는 작은 명사구를 한정명사구로 나타나게 한다.

(12) a. Charles V was **the last Holy Roman Emperor** to be crowned by the Pope. (찰스 5세는 교황에 의하여 왕위에 앉혀진 최후의 신성로마제국 황제였다.)

b. Who was **the first President** to have his photograph taken? (자기의 사진이 촬영된 최초의 대통령이 누구였나?)

c. Edmund Hillary and Tenzing Norgay were **the first mountain climbers** to reach **the top of Mount Everest**. (에드먼드 힐러리와 텐징 노르게이는 에베레스트 산의 정상에 도달한 최초의 등산가였다.)

d. The origin or first institution of parliament lies so far hidden in the dark ages of antiquity, that . . . . (의회의 기원 또는 최초의 수립은 고대 암흑시대에 너무나 멀리 감추어져 있어서 . . . .)

e. She was {the only survivor/the sole survivor/*an only survivor/a sole survivor/a **lone** survivor} of the accident. (그녀는 그 사고의 유일한 생존자였다.)

g. One of the youngest sole survivors was Paul Vick who on January 28, 1947, survived a China National Aviation Corporation crash when he was just 18 months old. (혼자 살아남은 가장 어린 사람 중의 한 사람은 폴 빅이었다.

그는 1947년 1월 28일 단 18 개월밖에 안 되었을 때 중국국립항공사의 비행기 추락사고에서 살아남았다.)

h. Since 1970, two-thirds of <u>lone</u> <u>survivors</u> of airline crashes have been children or flight crew. (1970년 이후 비행기 추락 사고에서 혼자 살아남은 사람들의 3분의2가 어린이이거나 승무원들이었다.)

(12a) 서양 중세사의 담화문맥에서 신성로마제국의 마지막 황제는 오직 한 사람이었으므로 작은 명사구 "last Holy Roman Emperor"가 한정명사구가 되는 것이 마땅하다. (b)의 화자는 세계에서 최초로 사진 찍힌 대통령이 누구인지는 몰라도 오직 한 사람이었음이 전제된다고 생각한다. 따라서 초출의 한정명사구 "the first President to . . ."가 정당화된다. (c) 세계의 등산 역사의 담화문맥에서 최초의 에베레스트 정상 정복자들은 유일한 존재이다. 그리고 작은 명사구 "top of Mount Everest"도 유일무이의 존재이다. (산의 정상은 오직 하나이다.) (d)의 "origin"은 "first"나 "top"과 같이 그 의미 자체가 유일성을 전제하기 때문에 흔히 한정명사구로 쓰인다.

(12e)에서 "only"는 그 의미 자체가 유일성을 전제하는 수식어이므로 이 수식어가 붙는 명사구는 대체로 한정명사구로 쓰인다. 대조적으로 sole과 lone은 only와 비슷한 뜻이지만 only와 달리 반드시 유일성을 전제하지는 않는다. sole, lone은 "대부분" 또는 "절대 다수"의 반대개념으로서 "극소수"를 암시한다. 단 하나일 수도 있지만 반드시 그럴 필요는 없고 둘 이상 여럿일 수도 있다. 이에 비해 "only"는 반드시 "단 하나"를 의미한다. 그러므로 부정명사구 "a sole survivor", "a lone survivor"는 생존자가 있었다는 것을 의미할 뿐, 생존자가 오직 한 사람이라는 뜻을 암시하지는 않는다. 즉 복수의 생존자가 있을 가능성도 있다. 그러나 only는 "오직 하나"를 의미기 때문에 부정명사구 "<u>an</u> only survivor"는 모순적인 표현이 된다. "only"는 오직 한 사람의 생존자가 있음을 의미하는데 부정관사는 생존자가 또 있을 가능성을 열어놓고 있어서 서로 모순이다. 따라서 이 경우는 유일무이의 존재임을 나타내는 한정명사구 "<u>the</u> only survivor"가 자연스럽다.

그러나 담화문맥이 달라지면 "first"와 "last"도 부정명사구에 쓰일 수 있다.

(13) a. *A First Course in Probability* (확률의 첫 코스(=기초 확률론, 확률론 입문 등))

b. For everything there is **a first time** and that's no exception at the SPORTS 'N SPOKES offices when it was decided to add **a first runner up category** to this year's SPORTS 'N SPOKES Junior Athlete of the Year award. (모든 것에는 첫 번째가 있다. 스포츠 앤드 스포크 사무실에서 올해의 스포츠 앤드 스포크 청소년 체육상에 제1 준우승 부문을 추가하기로 결정했을 때도, 그것은 예외가 아니(었)다.)

(13a)는 어느 저서의 제목이다. 이 담화문맥에서 화자(=필자)는 확률론 입문서가 오직 이 책 하나뿐이라고 전제하지 않는다. 만약에 그런 생각이었다면 제목을 "The First Course . . ."라고 했을 것이다. 한정명사구 "The First Course . . ."는 확률론을 가르치는 담화문맥에서 오직 한 권의 입문서가 있고 그것이 바로 이 책이라는 생각을 전제한다. "A First . . ."와 "The First . . ."가 의미하는 바는 전혀 다르다.

(13b)의 "a first time"은 유일무이의 첫째가 아니고, 수 없이 많은 여러 첫째들 중의 하나일 뿐이다. 아이들끼리 키대보기에서 첫째, 100 미터 경주에서 첫째, 마라톤 경주에서 첫째, 400 미터 수영에서 첫째 등등 수많은 첫째들이 있다. 그런 의미에서 "first"는 최상급이더라도 유일무이한 존재가 아니므로 부정명사구로 쓰인 것이다. "a first runner up category"도 같은 이유로 부정명사구가 어울린다. first가 runner up을 수식하면 "제1 준우승 부문"이라는 뜻이 되고 first가 category를 수식하면 "최초의 준우승 부문"이라는 뜻이 된다. 어느 쪽으로 해석하더라도 "first"는 유일한 존재가 아니고 여러 첫째들 중 하나일 뿐이다

"a last . . ."와 "the last . . ."도 그렇게 쓰일 수 있다.

(14) a. "A Last Song" is **the first song** of Samuel Barber's late song cycle *Despite and Still*, . . . ("마지막의 노래"는 새뮤얼 바버의 최근 노래 사이클 Despite and Still의 첫 번째 노래다.)

b. But we should not let this case distract us from the fact that lawsuits should be **a last resort** for people hurt by business. Suing a company is expensive, complicated, and time-consuming, and it rarely makes victims whole. (그러나 우리는 이 사건 때문에 소송이란 비지너스에서 피해를 본 사람들에게 최후의 수단이라는 사실을 잊어버려서는 안 된다. 회사를 고발하는 것은 비용이 많이 들고 복잡하고 시간이 오래 걸릴 뿐만 아니라 피해자에게 손해가 전혀 돌아가지 않게 하기도 어렵다.)

    c. Military intervention should be **the last resort** for Syria. (군사 개입은 시리아를 위한 최후의 선택이어야 한다.)

    "A Last Song"는 이 노래 말고 또 있다는 것을 암시하고, "a last resort(최후의 선택)"은 이 방법 말고 또 다른 방법이 있을 수 있다는 것을 암시한다. 그러나 "the last resort"는 군사개입이 유일한 최후의 수단임을 암시한다.

    명사의 의미 자체가 유일무이의 존재성을 전제하기 때문에 자동적으로 한정명사구가 되는 경우도 흔히 있다.

(15) Thrill-seekers from around **the world** flock to **the country** in order to participate in extreme sports. (전 세계에서 스릴 좋아하는 사람들이 익스트림 스포츠에 참여하기 위하여 그 나라에 모인다.)

    여기서 초출의 한정명사구 "the world"는 우리 모두의 담화문맥에 항상 존재하는 우리가 살고 있는 이 지구촌을 말한다. 그러나 "the country"는 반드시 그렇지는 않다. "the country"는 여기서 중출의 한정명사구로서 앞 문맥에서 이미 어떤 나라가 초출로 등장했고 그것이 여기 다시 나타난 것으로 보는 것이 자연스러운 해석이다.

    상황이 달라지면 the country나 the town도 the world와 같이 담화문맥에 상존하는 유일한 존재로 해석될 수도 있다.

(16) a. Who is the richest businessman in **the country**?
    b. Who is the richest businessman in **the town**?

(16a)에서 "the country"의 지시는 처음부터 담화문맥에 있는 것으로 볼 수 있다. 이 발화가 국내 재벌의 랭킹을 논의하는 문맥에서 나온 것이라면 "the country"는 화자와 청자의 담화문맥에 있는 그 나라가 되는 것이다. 상황에 따라 그것은 미국, 중국, 한국 등 어느 나라도 될 수 있다. (b)의 "the town"도 이와 같은 이유로 화자의 담화문맥에 있는 화자와 청자가 살고 있는 그 장소를 말한다. 화자와 청자가 자기 나라 또는 자기 타운을 주관적으로 지칭하면 "in our country", "in our town"으로 표현할 수 있는데 "the country"나 "the town"은 사실상 그와 같은 뜻이다. the country나 the town은 자기 나라나 자기 고장을 객관화한 표현이라고 할 수 있다. 주관적으로 표현하든 객관적으로 표현하든 그것은 대화자의 담화문맥에 상존하는 것이다. in the town은 화자와 청자가 자기 타운의 최고 갑부 비즈니스맨에 대하여 이야기하는 담화문맥에 쓰인 것이고, in the country나 in the world는 국가 차원 또는 세계적 차원의 담화문맥에서 사용된 것이다. 그들이 사는 도시, 그들의 나라, 그들의 세계는 각자의 담화문맥에 존재한다. 그것을 지시하는 the city, the country, the world는 초출의 한정명사구로 자연스럽게 사용될 수 있다.

우리 모두의 생태계에 유일무이의 존재인 해와 달과 지구, 하늘과 땅과 같은 보편적 존재는 담화문맥에 상존하는 실체들이므로 언제나 초출의 한정명사구로 발화에 등장할 수 있다.

(17) Simple animation of **the sun**, **earth** and **moon** moving around each other.
     (태양과 지구와 달이 서로의 주위를 도는 (것을 보여주는) 간단한 애니메이션)

이 발화는 태양과 지구와 달의 운행을 설명하는 한 애니메이션의 해설인데, the sun, the earth, the moon 모두 초출의 한정명사구이다. 태양과 지구와 달은 우리 지구인 모두가 공유하는 담화문맥에 존재하고 있기 때문이다. (the sun, <u>the</u> earth and <u>the</u> moon에서 뒤의 the 두 개를 생략한 것이다. 명사구를 나열할 때 반복되는 관사는 언제나 생략할 수 있다.)

만약 (17)의 문맥에서 the sun, the earth, the moon 등 한정명사구 대신 부정명사구를 사용해서 "Simple animation of **a sun**, **earth** and **moon**. . ."운운했다면 이상한

결과를 초래하게 될 것이다. 이 말의 화자는 해와 지구와 달을 담화문맥에 상존하는 존재로 인식하지 않고 지금 담화문맥에 처음으로 등장시키고 있다. 그는 건전한 상식을 가진 우리 지구인의 한 사람으로는 볼 수 없다.

그러나 이 경우에도 담화문맥이 달라지면 부정명사구 a sun이나 a moon도 적절한 명사구가 될 수 있다. 가령 화제가 태양계의 여러 행성에 관한 것이라면 Does this planet have a moon?이라고 말할 수 있고 화제가 천문학이라면 You can talk about another solar system where there is a sun.라고 말할 수 있다. moon이나 sun이 부정명사구로 쓰일 수 있느냐 없느냐는 화자와 청자가 공유하는 담화문맥이 어떠한가에 달렸다.[14]

---

[14] 다음 시에 나타난 "A world"가 그러한 용법의 부정명사구이다.

> And IT at last shall also die!
> Hence, measured by the eternal scale,
> It ranks but as the butterfly, −
> A world, ephemeral, fair and frail.
>
> Man, insect, earth, or distant star, −
> They differ only in degree;
> Their transient lives, or near or far,
> Are moments in eternity!
> (John L. Stoddard의 시 <The Butterfly>에서)

> (그리고 그것(=지구)도 결국 죽을 것이다!
> 영원의 자로 재면
> 그것도 나비와 같은 차원이고
> 하루살이와 같은, 아름답고 연약한 한 세계일뿐이다.
>
> 인간, 곤충, 지구, 먼 별--
> 그것들도 다 정도의 차이만 있을 뿐,
> 가까이 있거나 멀리 있거나, 그 유한한 일생은
> 영원 속의 순간들이다.)

"A world"의 지시는 우리가 사는 세상, 우리 모두의 담화문맥에 있는 이 세상이 아니다. 그것은 화자가 담화문맥에 처음으로 등장시키는 어떤 새로운 세상이다. 우리 모두의 담화문맥에 있는 세상은 "the world"이고 그것과 다른 또 하나의 세상이 "a world"이다. "나라", "세계"와 같은 보편적인 장소나 "해", "지구"와 같은 인류공동의 보편적 존재들은 언제나 바로 초출의 한정명사구로 나타날 수 있다. 그러나 개별적이고 특수한 존재는 한 권의 <책>이든 한 <나라>이든 어느 미지의 <세계>이든 언제나 부정명사구로 나타날 수 있는 가능성이 열려 있다. 그것은 화자의 담화문맥에는 존재하지만 청자(=독자)의 담화문맥에도 존재한

다음 이솝 이야기 「북풍과 해」의 첫 문장에 나오는 "the North Wind"와 "the Sun"도 초출의 한정명사구이다.

(18) **The North Wind and the Sun** were disputing which was the stronger, when a traveler came along wrapped in a warm cloak. (북풍과 해가 어느 쪽이 더 센지를 놓고 다투고 있었는데 그때 따뜻한 외투를 껴입은 한 여행자가 이쪽으로 왔다.)

의인화된 해와 북풍이 자연스럽게 초출의 한정명사구로 표현되는 이유는 the sun과 the north wind가 담화문맥에서 유일한 존재이기 때문이다. 여기서 "북풍"은 지역마다 존재하는 북풍이 아니라 지구상의 "모든" 북풍을 하나로 보는 보편적 북풍이다. 따라서 그것은 지구에 사는 우리 모두에게 하나밖에 없는 유일한 북풍이다. 이와는 대조적으로 a traveler는 초출의 부정명사구이다. 그것은 처음부터 담화문맥에 있는 존재가 아니고 이제 처음으로 등장하는 존재로서 당연히 초출의 부정명사구로 나타나야 한다. "a worm cloak"도 같은 이유로 초출의 부정명사구가 된다.

이상 특별한 명사의 유일무의의 어의로 말미암아 항상 한정명사구로 나타나는 몇 가지 경우를 알아보았으나 그 경우들도 지시공유의 조건에 따른 관사 선택의 원리를 벗어나는 것은 없다. 화자가 지시공유의 조건을 지킨다고 판단하면 한정명사구를 쓰고 그렇게 판단할 수 없으면 부정명사구를 쓴다.

관사 선택의 원리는 이렇게 간단하지만 그것이 적용되는 상황은 결코 간단하지 않다. 지시공유의 조건이 한정명사구와 부정명사구의 선택에 어떻게 작용하는지 좀 더 심층적으로 이해하려면 좀 더 다양한 상황의 담화문맥을 살펴볼 필요가 있다. 관사 선택의 문제는 담화문맥에 의존하고 담화문맥이란 결국 인간현실 그 자체이고 무한대로 열린 공간이므로 가능한 한 많은 다양한 상황을 고려해야 한다.

다고 주장할 수 없는 세계이다. 독자의 담화문맥에는 존재할 수도 있고 존재하지 않을 수도 있다. 그것이 부정명사구 "a world"의 뜻이다.

<상황 5> 여러 사람이 Kate와 Liz가 서 있는 쪽으로 걸어오고 있는데 그중에 청바지를 입은 사람이 한 사람 있다. Kate와 Liz가 함께 그 쪽을 바라보고 있다.

(19) a. Kate: Can you see **the guy in blue jeans**? (청바지 입은 저 아이 보여?)
     b. Liz: Yes. What about him? (응. 그래. 걔 왜?)

Kate와 Liz가 발화현장에 있는 <청바지 입은 아이>를 바라보고 있는 상황에서 화자 Kate는 작은 명사구 "guy in blue jeans"가 지시공유의 조건을 만족시킨다고 판단하여 그것을 한정명사구 "the guy in blue jeans"로 표현했다. 초출의 한정명사구 "the guy in blue jeans"를 대화에 도입한 것이다. Kate와 함께 그 <청바지 입은 친구>를 바라보고 있던 Liz는 그 초출의 한정명사구의 지시를 인지하는 데 어려움이 없다. Kate는 초출의 한정명사구를 성공적으로(=올바로) 사용하였다.

다음은 지시공유의 조건이 충족되지 않는 상황에서 화자가 한정명사구를 사용하면 어떤 일이 일어나는지를 보여준다.

<상황 6> Liz가 Kate와 서로 다른 방향을 보고 있다. 특히 Liz가 바라보는 쪽에는 청바지 입은 사람이 없다. 이를 제외하고 <상황 5>과 같은 상황이다.

(20) a. Kate: Can you see <u>the guy in blue jeans</u>?
     b. Liz: Well? **Which guy?** (응? 어느 아이?)
     c. Kate: Look this way. Now you can see <u>the guy in blue jeans</u>, can't you?
         (이쪽으로 봐. 청바지 입은 저 아이 보이지?)
     d. Liz: Oh, yes. What about him?

이 대화는 초출의 한정명사구 사용에 문제가 발생한 상황이다. 그리고 그 문제가 어떻게 해소되는지를 보여준다.

Kate가 (20a)를 발화한 시점에서 Liz는 <청바지 입은 아이>가 없는 곳을 바라보고 있었기 때문에 Kate가 언급한 "the guy in blue jeans"의 지시를 인지하지 못했다. 이 상황에서 Kate와 Liz는 담화문맥을 공유하고 있지 않았다. 따라서 그 시점에서 작은 명사구 "guy in blue jeans"는 지시공유의 조건을 지키지 않았으므로

Kate는 그것을 한정명사구로 표현할 수 없었다. 그런데도 Kate는 Liz가 자기가 보는 쪽을 같이 보고 있는 줄로 착각하고 "guy in blue jeans"가 지시공유의 조건을 충족시킨다고 판단하여 그것을 한정명사구로 표현한 것이다. 그러나 그것은 사실이 아니었다. 이와 같이 화자가 잘못 사용한 한정명사구의 지시는 청자가 인지할 수 없다. 그러한 상황에서 청자의 전형적인 반응이 **Which 반문**이다. (20b)의 "Which guy?"가 그것이다. Which 반문은 화자가 도입한 한정명사구의 지시를 인지하는 데 실패했으니 그것이 무엇인지 밝혀달라는 청자의 요청이다. Which 반문을 받고 사태를 파악한 Kate는 (20c)를 발화함으로써 문제를 해결하고 그때부터 두 사람은 다시 담화문맥을 공유하게 된다. 같은 작은 명사구 "guy in blue jeans"를 같은 한정명사구로 표현했으나 (20a)의 발화시점에서는 의사소통에 실패했고 (20c)의 발화시점에서는 의사소통에 성공했다.

> <상황 7> Mary와 Nancy는 Mary가 어제 주문한 책이 오늘 도착한 것을 화제로 인터넷 쇼핑의 편리함과 신속함에 대해 이야기 하고 이어서 그 책에 대해 이야기를 한다.

(21) a. Mary: I'm impressed by online shopping. It's so convenient.
          (온라인 쇼핑 참 대단해. 그거 정말 편리해.)
     b. Nancy: I know. (맞아.)
     c. Mary: A *book that I ordered yesterday* has just arrived.
             (어제 주문한 책이 막 도착했어.)
     d. Nancy: Wow! They're so fast. (야! 정말 빠르구나.)
     e. Mary: Guess what I did with **the book**.
          (내가 그 책을 가지고 무얼 했는지 알아 맞춰봐.)
     f. Nancy: Well? (글쎄?)

(21c)를 발화하는 Mary는 자기가 어제 주문한 책이 청자 Nancy에게 생소하다고 판단했다. 그러므로 작은 명사구 "book that I ordered yesterday"는 지시공유의 조건을 만족시키지 않는다고 판단했고 따라서 그는 그것을 부정명사구로 표현했다. (21c)의 발화시점에서 Mary는 Nancy의 담화문맥이 다음 그림과 같다고 보았다.

<그림 7>

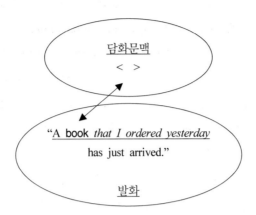

Mary는 "book that I ordered yesterday"의 지시가 Nancy의 담화문맥에 존재하지 않는다고 판단했다. (빈 각괄호 <　　>는 지시가 없음을 나타낸다.) 그 작은 명사구의 지시는 대화에 처음 등장하는 존재로서 지시공유의 조건을 충족시키지 않는다. 그러므로 Mary는 그 작은 명사구를 부정명사구 "A book that I ordered yesterday."로 표현했다.

그 다음 Mary가 (21e)를 발화하는 시점에 가면 상황이 바뀐다. 그 시점에서 작은 명사구 "book"은 앞에 도입된 부정명사구 "A book that I ordered yesterday"를 선행사로 삼아 중출의 한정명사구로 나타난다. 그 시점에서 Mary의 담화문맥은 아래와 같다.

<그림 8>

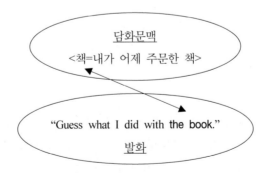

이 담화문맥은 Nancy의 담화문맥이기도 하다. Mary와 Nancy는 <메리가 어제 주문한 책>이 유일한 실체로 존재하는 담화문맥을 공유하므로 작은 명사구 "book"이 지시공유의 조건을 만족시키고 한정명사구로 나타난다.

그런데 다음과 같은 상황에서는 작은 명사구 "book that I ordered yesterday"가 처음부터 지시공유의 조건에 따라 초출의 한정명사구로 나타난다.

<상황 8> Eric과 Fred는 둘 다 독서가 취미일 뿐만 아니라 도서 수집광이기도 하다. 좋은 책이 나오면 바로 주문해서 구입하는 것이 그들이 일상에서 하는 일이다. 그들은 만나기만 하면 새로 나온 책이나 새로 구입한 책에 대해 서로 이야기한다.

(22) a. Eric: Did I tell you about my new finding? (내 새로운 발견에 대해서 말했던가?)
      b. Fred: No, I don't think you did. What's new? (아니, 안했는데. 새로 나온 거 뭐 좋은 거 있어?)
      c. Eric: *The book that I ordered yesterday* has just arrived. (내가 어제 주문한 책이 막 도착했어.)
      d. Fred: What kind of book is it? (그거 무슨 책이지?)

Eric과 Fred가 대화를 시작했을 때 책에 대한 아무런 언급도 없었다. 그러나 Eric이 새로운 것을 발견했다고 하면 그들 사이에 그것은 책 이외에 다른 것일 수 없고 그는 그 책을 주문했을 것이라는 공감대가 있다. 따라서 Eric은 발화를 시작할 때 <자기가 어제 주문한 책>이 있는 담화문맥을 Eric과 공유한다고 판단한다. 그러면 작은 명사구 "book that I ordered yesterday (내가 어제 주문한 책)"는 지시공유의 조건에 따라 한정명사구 "The book that I ordered yesterday"로 표현될 수 있다. Eric과 Fred가 공유하는 담화문맥은 다음과 같다.

<그림 9>

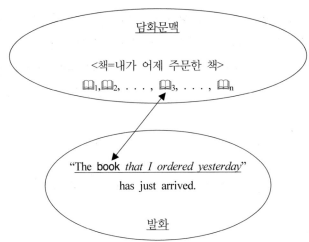

지금까지의 관사 선택의 상황에서는 지시의 개념이 현실세계에 존재하는 사물에만 적용되는 것이었다. 그러나 지시의 개념에 그러한 제한은 없다. 다음 상황과 같이 지시는 현실세계에 존재하지 않는 가상현실의 담화문맥에도 적용된다.

<상황 9> Alec과 Tom은 수학자이다. 그들이 아직 아무도 풀지 못한 어느 방정식에 대해 이야기 하고 있다.

(23) a. Alec: I want to meet <u>the genius who can solve this equation</u>.
　　　　　 (난 이 방정식을 풀 수 있는 천재를 만나고 싶다.)
　　 b. Tom: I don't think you'll meet him in the near future.
　　　　　 (난 가까운 장래에 그 천재를 만날 거라고 생각하지 않는다.)

작은 명사구 "genius who can solve this equation"의 지시는 현실에 존재하지 않는 천재이다.[15] 그 천재는 미래에 존재할 수도 있고 존재하지 않을 수도 있다. 현실에 없는, 생각 속에만 있을 수 있는 가상현실의 존재가 담화문맥에 등장할 수 있고 화자는 그것을 지시할 수 있다. <상황 9>의 문맥에서 Alec은 그러한 가상

---

[15] 이 명사구는 사실은 중의적이다. "the genius who can solve this equation"의 지시가 세상에 존재하는 어느 한 천재 수학자일 수도 있다. 그 의미는 여기서 고려하지 않았다.

의 천재가 Tom과 자기가 공유하는 담화문맥에 존재한다고 판단한다. 따라서 그는 그 천재를 (초출의) 한정명사구로 표현할 수 있다.

다음 상황은 그와 같은 가상현실의 존재가 지시공유의 조건이 지켜지지 않을 때는 어떻게 되는지 보여준다.

<상황 10> Alec은 수학자이고 Greg은 사업가이다. Greg은 수학에 관심이 없는 문외한이다. Alec은 사업에 대해서 아무 것도 모르는 문외한이다. 그러나 그들은 서로의 전문분야만 제외하고 다른 모든 문제에 대해 서로 이야기하는 친한 친구이다. 그들은 지금 각자의 희망사항을 이야기 하고 있다.

(24) a. Alec: I want to meet **a genius who can solve this equation**.
　　　　(난 이 방정식을 풀 수 있는 천재를 만나고 싶다.)
　 b. Greg: I hope to see **a billionaire who can give me anything unconditionally**.
　　　　(난 나에게 무엇이든 무조건 줄 수 있는 억만 장자를 만나고 싶다.)

Alec이 만나고 싶어 하는 천재는 상대방 Greg이 전혀 모르는 존재이다. 그러므로 작은 명사구 "genius who can solve this equation"의 지시는 Greg의 담화문맥에는 없다. 그것은 오직 Alec의 희망 속에 있는 가상의 존재일 뿐이다. 따라서 그것은 지시공유의 조건을 지키지 않는다고 판단한 Alec은 그것을 부정명사구로 표현했다. 그리고 Greg이 만나고 싶어 하는 억만 장자는 Alec이 전혀 아는 바 없는 존재이다. 따라서 작은 명사구 "millionaire who can give me anything unconditionally"의 지시는 Alec의 담화문맥에 없다. 따라서 그 작은 명사구도 지시공유의 조건에 따라 부정명사구로 나타났다.

동일한 존재라도 대화시점에서 화자와 청자가 어떻게 판단하느냐에 따라 부정명사구 또는 한정명사구로 표현될 수 있는 가능성은 항상 열려 있다.

6.2 절 보어를 거느리는 명사구의 한정성과 부정성

that절 보어를 요구하는 fact, claim, statement, proposition 등과 Wh-의문사절 보

어를 요구하는 time, reason 등이 한정명사구로 나타날 수도 있고 부정명사구로
나타날 수 있는데 이때에도 관사의 선택은 지시공유의 조건에 좌우된다.

먼저 that절 보어를 거느리는 명사들을 살펴본다.

(1) a. This emphasizes **the fact** *that the law in this area is by no means settled.*
        (이는 이 영역의 법이 전혀 해결되지 않고 있다는 사실을 강조한다.)
     b. **The fact** *that a believer is happier than a skeptic* is no more to the point
        than **the fact** *that a drunken man is happier than a sober one.* (George
        Bernard Shaw) (술 취한 사람이 정신이 말짱한 사람보다 행복하다는 사실이
        아무 의미가 없는 것과 마찬가지로 (종교를) 믿는 사람이 회의론자보다 행
        복하다는 사실은 아무 의미도 없다.--조지 버나드 쇼)
     c. He has made **the claim** *that he can send you to Mars in ten years for $500K.*
        (그는 500K 달러만 내면 10년 안에 화성에 보내줄 수 있다는 주장을 해왔다.)
     d. It stems from **the curious observation** *that we humans appear to be breaking
        Darwin's rules.* (그것은 우리 인간이 다윈의 규칙을 어기고 있는 것 같다는
        그 기묘한 관찰에서 나온다.)
     e. Annabella's belief is not sensitive to the **proposition** *that she is decent and
        upstanding.* (애너벨라의 신념은 자기가 품위있고 정직하다는 명제에 민감
        하지 않다.)

명사구 "the fact that ~", "the claim that ~", "the proposition that ~" 등 명사구에
서 "fact", "claim", "proposition"은 각각 그 보어인 that절의 내용을 지시한다. 화자
와 청자가 공유하는 담화문맥에서 그 that절의 내용이 지시공유의 조건을 지키면
한정명사구로 나타난다.

(1a)에서 <사실(fact)>의 내용은 that절의 내용인 <이 영역의 법이 해결되지 않
고 있다는 것>이다. 그런데 화자가 이 that 절의 내용이 지시공유의 조건을 지킨다
고 판단하기 때문에 그것을 한정명사구 "the fact that ~"으로 표현한 것이다. that
절의 내용이 지시공유의 조건을 지킨다는 것은 그것이 화자와 청자가 공유하는
담화문맥에 하나의 사실로 등장해 있다는 것을 의미한다. 따라서 화자와 청자는
<이 영역의 법이 청산되지 않고 있다는 것>을 사실로 받아들이고 있다. 그래서

(1a)의 화자는 <이 영역의 법이 결코 해결되지 않고 있다는 것>을 사실로 인정하고 있음을 암시한다. 흔히 "the fact that절" 구문은 that절의 내용이 사람들 사이에 기정사실로 인정될 때 사용한다.

(b)의 경우에도 화자(=필자 G. B. Shaw)는 <믿는 사람이 회의론자보다 행복하다>는 것 그리고 <술 취한 사람이 멀쩡한 사람보다 행복하다>는 것을 독자와 더불어 사실로 전제하고 있다. 즉 필자와 독자는 "fact that ~"의 내용이 사실로 전제되는 담화문맥을 공유한다. 따라서 그 작은 명사구는 지시공유의 조건에 따라 한정명사구로 나타났다.

(c)에서는 작은 명사구 "claim that ~"의 지시 즉 <500K 달러만 내면 10년 안에 화성에 보내줄 수 있다는 주장>이 담화문맥에 사실로 등장해 있다. 그 주장은 지시공유의 조건을 지킨다.

(d)에서는 "기묘한 관찰(curious observation)"의 지시(=내용)인 <인간이 다원의 규칙을 깨뜨리고 있는 것 같다는 것>은 화자와 청자가 공유하는 담화문맥에 존재한다. 그들은 그 관찰을 사실로 받아들이고 있다.

(e)에서 "명제(proposition)"의 내용(=지시)는 <그가 품위있고 정직하다는 것>이며 화자는 그것이 화자와 청자가 공유하는 담화문맥에 등장해 있다고 판단한다. 그러므로 지시공유의 조건에 따라 그 명제는 한정명사구로 표현된다.

만약에 that절 보어의 내용이 담화문맥에 등장해 있지 않다면, 그래서 화자가 그것이 지시공유의 조건을 지키지 않는다고 판단하면, 또는 그 내용을 사실로 받아들이지 않는다면 "fact that ~", "claim that ~" 등은 부정명사구로 나타난다. 그때는 화자가 that절의 내용을 잘 모르거나 그 신빙성에 대해 회의적인 경우이다.

(2)　a. There is a claim *that imbibing beer with too much bubble makes a person more likely to get wasted much quicker*, are there any truth to this? (거품이 너무 많은 맥주는 사람을 훨씬 더 빨리 취하게 한다는 주장이 있는데 이것이 정말인가요?)

　　b. He reacts to a claim *that Barney is a more hardcore traveller than Rufus*. (그는 바니가 루퍼스보다 더 열렬한 진짜 여행가라는 주장에 반발한다.)

　　c. "Ricardian Equivalence" is a claim *that tax cuts are ineffective stimulus, not that spending increases are.* ("리카도 등가"란 소비증가가 비효율적인 자극이 아니고, 세금감면이 비효율적인 자극이라는 주장이다.)

d. The Republican nominee for Senate in Missouri justified his opposition to abortion rights even in case of rape with **a claim** *that victims of "legitimate rape" have unnamed biological defenses that prevent pregnancy.* (미주리 주 공화당 상원의원 후보는 "합법적 강간"의 희생자는 임신을 방지하는 무명의 생물학적 방어력을 가지고 있다는 주장을 하면서 강간의 경우에도 낙태의 권리에 반대하는 그의 입장을 정당화했다.)

(2a)에서 화자는 that절의 내용의 진위에 대해 유보적이다. 그 내용은 담화문맥에 등장해 있지 않다. 화자는 그것이 지시공유의 조건을 지키지 않는다고 판단한다. 따라서 그것은 부정명사구 "a claim that ~"으로 나타난다.

(b)에서 <바니가 루퍼스보다 더 열렬한 골수 여행자라는 주장>이 화자와 청자가 공유하는 담화문맥에 존재하지 않는다. 화자는 그 주장이 지시공유의 조건을 지키지 않는다고 판단한다. 따라서 그는 그것을 부정명사구로 표현한다. 결국 화자의 말에는 <바니가 루퍼스보다 더 열렬한 골수 여행자라는 주장>의 신빙성에 회의적이라는 암시가 있다.

(c)의 화자는 리카도 등가의 이론에 대해 회의적이거나 유보적이다.

(d)의 화자는 본인의 의사에 반하는 진짜 강간의 경우에는 임신이 되지 않도록 하는 모종의 생리적 작용이 있다는 주장을 근거로 강간의 경우에도 낙태에는 반대하는 입장이다. 그러나 이를 전달하는 화자는 그 주장의 진위에 대해 유보적이다. 그 때문에 그는 그 주장을 부정명사구 "a claim that ~"로 나타냈다.

다음은 Wh-의문사절 보어가 쓰이는 경우이다.

(3) a. You're **the reason** *why you don't have a job.*
     (네 자신이 네가 직장이 없는 이유다.)

    b. What is **the time** *when shadows are gradually getting shorter*?
     (그림자가 점차로 짧아져가는 때가 언제인가?)

(3a)에서 작은 명사구 "reason why ~"의 내용이 화자와 청자가 공유하는 담화문맥에 전제되어 있다. <네가 직장이 없는 이유>가 있다는 것은 사실이고 그 점을 화자와 청자는 인정한다. 즉 그 사실이 화자와 청자가 공유하는 담화문맥에 있기 때문에 그것은 지시공유의 조건에 따라 한정명사구가 된다. (지시공유의 조건에 관한 한 그 이유가 <u>무엇인지</u> 아는 것은 중요하지 않다. 그 이유를 화자와 청자가 알고 있을 수도 있고 화자는 알고 청자는 모를 수도 있다. 어느 경우든, 그 이유가 무엇인지는 지시공유의 조건과는 무관하며 이유가 있다는 사실을 아는 것이 중요하다.)

Wh-의문문 (b)는 <그림자가 점점 짧아지는 때가 있다는 것>을 화자와 청자가 이미 인지하고 있는 상황에서 화자가 청자에게 할 수 있는 질문이다. 그러한 때가 있다는 사실은 화자와 청자가 공유하는 담화문맥에 있다. 이것이 작은 명사구 "time when ~"이 한정명사구로 나타나는 이유이다. 여기서도 그 때가 언제인지는 묻는 사람이 알고 싶어 하는 것이지만 그 문제 자체는 지시공유의 조건과는 무관하다. 화자가 그 때가 언제인지 알았다면 질문을 하지도 않았을 것이다. 일반적으로 화자는 모르지만 청자가 알 것이라고 생각하는 경우에 화자가 하는 질문이 Wh-의문문이다.

이 문제는 사실상 "Who is the girl?", "Where is the post office?"와 같은 일상의 Wh-의문문에서 질문의 대상인 주어가 대체로 한정명사구로 나타나는 현상과 관련된다. 그 여자가 누구냐고 묻는 질문이 성립하기 위해서는 그 여자의 존재가 화자와 청자의 담화문맥 안에 있어야하고 우체국이 어디냐는 질문이 성립하기 위해서는 화자와 청자는 우체국이 (이 근처에) 있다는 사실이 전제되어야 한다. 화자와 청자가 공유하는 담화문맥 안에 있는 존재에 대해서 화자가 그 사람의 이름이 무엇인지 알고 싶을 때 Who-의문문으로 질문을 하거나 그 우체국의 위치가 어디인지 알고 싶어 Where-의문문으로 질문하는 것은 정상적이다. 그 때문에 그 Wh-의문문의 주어는 항상 한정명사구로 나타나기 마련이다. 담화문맥에 있지도 않은 사람에 대해 그 사람의 이름이 무엇이냐고 질문할 수 없고 담화문맥에 있지도 않은 우체국에 대해 그 위치가 어디인지 질문할 수 없다. 그래서 "Who is a girl?"이나 "Where is a post office?"같이 부정명사구가 주어가 되는 Wh-의문문은 말이 안 되는 질문이다. 담화문맥에 존재하지 않는 사람이나 물건에 대해서는 그 정체성 자체를 질문할 수는 있다. 가령 "What is a girl?(여자란 무엇인가?)"이나 "What is a post office?(우체국이란 무엇인가)"와 같은 What-의문문은 정상적인 질문이 될 수 있다. "girl"이나 "post office"가 무엇인지 모르는 화자가 청자에게—"그것"이 화자와 청자의 담화문맥에 존재하지 않는 상황에서--"그것"이 무엇인지 질문하는 것은 정상적이다. 그러나 그러한 문맥에서 "그것"이 누구냐고 묻거나 "그것"이 어디 있느냐고 묻는 것은 비정상이다. 이런 이유로 어떤 존재의 정체성 자체에 대해 묻는 What-의문문의 경우에 그 대상은 부정명사구로 나타나고 그 이외의 When-의문문이나 Where-의문문의 경우에는 그 대상은 한정명사구로 나타나기 마련이다. 작은 명사구 reason why ~ 또는 time when ~이 반드시 한정명사구 the reason why ~ 또는 the time when ~으로 나타나는 것도 같은 현상이다. 어떤 상황의 동기이든 원인이든 이유를 문제 삼을 때는 그 상황의 존재가 이미 담화문맥에 있는 것이어야 하고 어떤 상황이 일어난 시간을 문제 삼을 때는 그 상황 자체는 담화문맥에 존재해 있어야 한다.

6.3 Of 전치사구 보어를 거느리는 명사의 한정성과 부정성

the destruction *of the city*(도시의 파괴), the center *of the room* (방의 중심) 등 명사가 of 전치사구 보어와 더불어 명사구를 이룰 때 그 명사구가 한정명사구가 되는 예를 흔히 볼 수 있다. 그러나 of 전치사구 보어가 있다고 해서 반드시 한정 명사구만 되는 것은 아니고 a sister *of my friend John*(내 친구 존의 누이동생)처럼 부정명사구가 될 수도 있고 removal *of the prostrate*(전립선의 제거)처럼 무관사 명사구가 될 수도 있다. 이렇게 of 전치사구를 거느리는 명사가 한정명사구도 될 수 있고 부정명사구도 될 수 있는데 그것이 어느 명사구가 되느냐는 여느 명사와 마찬가지로 지시공유의 조건이 충족되느냐 아니냐에 달렸다.

이 문제를 destruction, removal과 같은 파생명사인 경우와 center, sister와 같은, 파생명사가 아닌 경우로 나누어 살펴보기로 한다.

6.3.1 파생명사구(Derivative NPs)

파생명사는 동사에 명사 파생 어미가 첨가되어 형성되는 명사이다.[16] 타동사에서 파생되는 명사도 있고 자동사에서 파생되는 명사도 있다.

타동사에서 파생되는 파생명사의 경우에 타동사의 목적어가 of전치사구로 나타나고 주어는 속격 명사구 결정사로 나타난다. 예를 들면 The enemy's **destruction** of the city에서 destruction이 타동사 destroy에서 나온 파생명사인데 이 파생명사가 속격 명사구 결정사 The enemy's와 of전치사구 보어를 가지고 있다. 속격 명사구 결정사 The enemy's는 파괴의 주체를 나타내고, of전치사구의 the city는 파괴의 대상을 나타낸다. 이는 "The enemy **destroyed** the city."에서 주어가 The enemy이고 동사의 목적어가 the city인 것과 같은 관계이다. 다음 예에서 그와 같은 관계를 볼 수 있다.

(1) a. <u>Our</u> development *of the new system* (우리의 새 시스템 개발)
  ⇐ *We* developed *the new system*. (우리가 새 시스템을 개발했다.)
 b. <u>Their</u> explanation *of the case* (그 경우에 대한 그들의 설명)
  ⇐ *They* explained <u>the case</u>. (그들이 그 경우를 설명했다.)
 c. <u>Genghis Khan's</u> conquest *of Persia and Eastern Europe* (징기스칸의 페르시아와 동유럽의 정복)⇐*Genghis Khan* conquered *Persia and Eastern Europe*.
        (징기스칸이 페르시아와 동유럽을 정복했다)

Our, Genghis Khan's 등 파생명사구의 속격 결정사는, We, They, Ghenghis Khan 등 주어와 마찬가지로, 행위의 주체로서 행위자(agent) 의미역을 지닌다.[17] 그리고 타동사의 목적어는 파생명사의 of전치사구로 나타난다.

그런데 행위자를 by 전치사구로 나타낼 수도 있으므로 (1c)를 다음 (2a)와 같이 바꾸어 표현할 수 있다.

---

[16] happy⇒happiness, human⇒humanity, electric⇒electricity 등 형용사에서 나오는 파생명사는 여기서 다루지 않는다. 이들 추상명사는 대체로 무관사명사구로 나타난다.
[17] 의미역에 대해서는 2장 2.2.2절 참조.

(2) a. <u>the</u> conquest of Persia and Eastern Europe <u>by Genghis Khan</u>.(징기스칸의 페르시아와 동유럽의 정복)

 b. *~~conquest of Persia and Eastern Europe by Genghis Khan~~. (징기스칸의 페르시아와 동유럽의 정복)

 c. conquest of Persia and Eastern Europe.(페르시아와 동유럽의 정복)

이렇게 속격 결정사가 by전치사구로 바뀌면 파생명사가 한정명사구로 나타나야 한다. (2b)와 같이 무관사로 나타는 것은 허용되지 않는다. 그러나 (2c)처럼 by 전치사구가 없을 때는 문맥에 따라 무관사 명사구가 허용될 수도 있다. 행위의 주체를 명시적으로 나타내는 by전치사구가 있을 때는 한정 파생명사구로 나타나고 그것이 없을 때 무관사 파생명사로 나타날 수 있다. 아래 좀 더 적절한 예를 볼 수 있다.

(3) a. confirmation of supersymmetry (수퍼대칭의 확인)

   ⇐*Someone* confirms *sypersymmetry.* (누군가가 수퍼대칭을 확인하다.)

 b. the confirmation of the bill <u>by the House</u> (하원의 그 법안 인준)

   ⇐*The House* confirmed the bill. (하원이 그 법안을 인준했다.)

(4) a. removal *of the prostate* (전립선의 제거)

   ⇐*Someone* removes *the prostate.* (누군가가 전립선을 제거하다.)

 b. the removal of the flag <u>by the left wing demonstrators</u> (좌익 시위자대의 의한 국기의 제거)⇐*The left wing demonstrators* removed the flag.(그 좌익 시위대가 국기를 제거했다.)

(3a)와 (4a)에서 보는 바와 같이 행위의 주체가 someone, somebody, they 등 불특정인일 경우에는 파생명사가 무관사 명사구가 되고 (3b)와 (4b)에서처럼 행위의 주체가 명시적으로 밝혀진 특정인일 경우에는 한정명사구로 나타난다. 무관사 파생명사로 나타나는 경우에는 행위의 주체가 "by someone"으로 해석된다. "by someone"은 행위의 주체가 불분명하다는 것을 나타낼 뿐이므로 있으나 마나 한 것이어서 생략된 것이다. 결과적으로 행위의 주체가 "by someone"으로 해석되면 파생명사구가 무관사가 되는 것이 가능하고 행위의 주체를 명시적으로 나타내는

by 전치사구가 있으면 파생명사가 한정명사구가 되어야 한다. 그래서 by 전치사구가 표면에 나타났음에도 불구하고 파생명사가 무관사로 나타난 (2b)는 비문이 된다. by전치사구가 나타나지 않았을 경우에 무관사 파생명사구가 가능하기는 하나 (2c)의 무관사 파생명사구 "conquest of Persia and East Europe"이 부자연스러운 것은 의미적으로 적절하지 않기 때문이다. 역사적으로 정복의 대상을 명시적으로 표현하고 정복의 주체를 불특정인 by someone으로 표현하는 것은 흔히 있는 일이 아니다. 보통 정복의 역사에서 피정복자뿐만 아니라 (또는 피정복자보다는) 정복자가 누구인가가 주요관심사이다. 따라서 정복자가 누구인지를 불분명하게 말하는 (2c)가 부자연스럽게 들린다.[18]

그렇다고 해서 한정 파생명사구는 행위의 주체가 by전치사구로 명시적으로 표현된 경우에만 가능한 것은 아니다. by전치사구가 표현되어 있는데도 파생명사가 무관사로 나타나는 (2b)와 같은 것은 어떤 경우에도 허용되지 않으나 "the confirmation of the bill", "the removal of the flag"처럼 by전치사구가 나타나지 않는 한정명사구는 문맥에 따라 사용될 수 있다.

결국 파생명사가 무관사로 나타나는가 한정명사구로 나타나는가를 최종적으로 결정하는 것은 지시공유의 조건이다. 속격의 결정사가 나오는 (1)이나 정관사가 바로 나오는 (2a), (3b), (4b) 등의 경우는 행위의 주체와 대상이 명시적으로 표현되어 있다. 따라서 그 행위는 항상 화자와 청자가 공유하는 담화문맥에 유일무이의 실체로 존재하는 경우이다.[19] 또 행위의 주체가 명시적으로 표현되어 있지 않은 경우에도 담화문맥에 그 주체가 존재하고 있으면 그 명사구는 항상 지시공유의 조건을 충족시킬 수 있다. 그때도 한정 파생명사구의 출현이 가능하다.

---

[18] "the conquest of southern Poland in 1939(1939년 남부 폴랜드 정복)", "the amphibious invasion of Normandy (노르만디 상륙침공)" 등의 표현에서 한정명사구의 사용이 자연스럽다. 정복과 침공의 주체가 명확한 역사적 담화문맥에서 <정복>과 <침공>은 지시공유의 조건을 충족시키는 한정명사구로 표현하는 것이 적절하다. "the Norman conquest of England in 1066 (1066년 노르만의 영국 정복)"가 "the conquest of England by the Normans in 1066 (1066년 노르만 인에 의한 영국의 정복)"의 뜻으로 해석될 경우 한정명사구가 자연스러운 표현이 되는 것도 같은 이유에서이다.

[19] 담화문맥에 존재하더라도 그것이 유일무이의 존재가 아니면 지시공유의 조건을 지킬 수 없고 그렇게 되면 그것은 부정명사구로 나타나게 된다. 그래서 "an attempt by Barak Obama"와 같은 표현이 가능하다.

대조적으로 (2c), (3a), (4a) 등 행위의 주체가 명시적으로 밝혀져 있지 않은 경우에는 파생명사가 무관사로 나타난다. 이때는 그 행위가 화자와 청자가 공유하는 담화문맥에 존재하지 않기 때문에 파생명사구가 지시공유의 조건을 지키지 않는다. 아래 (6) 이하에서 좀 더 현실적 용례들을 가지고 이 부분을 좀 더 자세히 알아볼 것이다.

자동사에서 나오는 파생명사의 경우에는 자동사의 주어가 파생명사의 of전치사구로 나타난다.

(5) a. the **growth** of *new blood vessels* (새 혈관의 성장)
         ⇐*New blood vessels* **grow**. (새 혈관이 자란다.)
      b. the **formation** of *the solar system* (태양계의 형성)
         ⇐*The solar system* **formed**. (태양계가 형성되었다.)
      c. the **development** of *the English language* (영어의 발달(=발생))
         ⇐*The English language* **developed**. (영어가 발달했다(=생겨났다).)
      d. the **distribution** of *a population* (인구의 분포)
         ⇐*A population* **is** **distributed**. (인구가 분포되다.)
      e. the **distribution** of wealth (부의 분포)
         ⇐Wealth **is** **distributed**. (부가 분포되다.)[20]

grow, form, develop 등 자동사에서 growth, formation, development 등 파생명사

---

[20] *distribution*은 뜻이 두 가지이다. 여기서처럼 <분포>의 뜻 외에 <분배> 또는 <배급>의 뜻이 있다. <분포>의 뜻으로 쓰이면 불가산명사구이고 <분배>의 뜻으로 쓰이면 가산명사구이다. 무엇인가가 분포되어 있는 통계적 상태나 현상은 추상명사로서 불가산명사구이고 누군가가 무엇인가를 나누어주는 활동이나 행동은 구체적인 사건으로 가산명사구가 될 수 있다. 가령 "distribution of *the profits* (이윤의 분배)"라는 행위에서 분배의 주체는 회사이고 분배의 대상은 이윤이다. 이렇게 행위 주체가 뚜렷이 인식되는 뜻으로 쓰이면 한정명사구 "the distribution of the profits"로 나타날 수 있다. 그러나 분배행위의 주체가 명백하게 인식되지 않을 때는 부정명사구로 나타날 수 있다. "Communism arose as a reaction to **a distribution of wealth** in which a few lived in luxury while the masses lived in extreme poverty.(공산주의는 소수가 호화스럽게 살고 다수의 대중이 극도의 빈곤 속에 사는 부의 분배에 대한 반작용으로 일어났다.)"에서 distribution은 가산명사구이고 그것이 부정명사구 "a distribution of wealth"로 나타난 것은 분배의 주체가 구체적으로 누구인지 불분명하거나 밝힐 수 없거나 밝힐 필요가 없다고 보기 때문이다.

가 나온다. 이 경우에 항상 특정의 존재로서 명시적으로 표현되는 동사의 주어가 파생명사의 of전치사구가 된다. 따라서 of 전치사구 보어가 주어로 해석되는 파생 명사의 지시는 항상 화자와 청자가 공유하는 담화문맥에 존재하기 마련이므로 그것은 한정명사구로만 나타나게 된다. 자동사의 경우에 행위의 대상은 없으므로 파생명사의 of전치사구는 항상 행위의 주체로만 해석된다. (그러나 타동사의 경우처럼 행위의 주체가 속격 결정사로 나타나면 부자연스러운 표현이 된다. ?New blood vessels' growth, ?the solar system's formation, ?the English language's development, ?Wealth's distribution 등이 부자연스러운 이유는 각각의 경우에 속격 결정사가 행위자 의미역으로 해석될 수 없기 때문이다.[21]

그리고 (5d)와 (5e)는 파생명사의 of전치사구가 피동문의 주어에서 오는 경우가 있음을 보여준다. 실제로 파생명사 distribution 자체가 피동의 뜻을 포함하고 있다. 즉 <distribution(분포)>는 누군가가 무엇인가를 분포하는 상황이 아니라 무엇인가가 분포되어 있는 상황을 의미한다. distribution은 타동사 distribute에서 파생된 것이 아니고 피동태 <is distributed>에서 파생된 것이기 때문이다. 원래 행위의 주체를 배경으로 돌리고 행위의 대상을 주어로 나타냄으로써 행위의 대상을 부각시켜 전면에 내세우는 것이 피동문의 기능이다. 피동문의 주어에서 온 파생명사의 of 전치사구가 관심의 대상으로 부각된다.[22]

이렇게 파생명사의 of전치사구 보어가 자동사의 주어에서 오는 경우도 있고, 피동태의 주어에서 오는 경우도 있는데 어느 경우에나 그것은 관심의 대상으로 부각된다. 그러면 결국 그것이 행위 자체를 부각시키는 효과를 나타냄으로써 화자와 청자가 공유하는 담화문맥에 존재하는 상황이 된다. 따라서 그 행위를 나타내는 파생명사는 지시공유의 조건을 충족시켜 한정명사구로 나타난다. 타동사의 경우와 같이 행위의 주체가 불분명하여 무관사 명사구로 나타나는 일이 없다. 자동사 또는 피동문의 경우에 행위의 주체는 처음부터 관심의 대상이 아니기 때

---

[21] 속격 결정사가 행위자 의미역을 지닐 수 있는 경우에는 이들도 정문이 될 수도 있다. 가령 New blood vessels' growth가 어색한 것은 New blood vessels(새 혈액 세포)를 행위자(agent)로 해석할 수 없기 때문인데 세포의 성장을 세포 자신의 의지적 활동으로 볼 수 있다고 해석할 수 있다면 그것을 자연스럽게 쓸 수도 있다.

[22] growth나 formation도 이런 피동의 의미로 해석할 수도 있다. 즉 growth는 피동태 <is grown>에서, formation 역시 피동태 <is formed>에서 나온 파생명사로 볼 수도 있다.

문에 파생명사를 부정명사구로 만드는 변수가 되지 않는다. 대체로 전면에 부각된 행위의 대상이 뚜렷하다는 사실만으로 지시공유의 조건을 충족시키게 되기 때문에 한정명사구로 나타난다.

이와 같이 파생명사가 한정명사구가 되느냐 부정명사구가 되느냐는 기본적으로 지시공유의 조건에 따라 결정된다. 파생명사구가 나타내는 행위 또는 과정의 주체가 명시적으로 표현된 경우에는 그 파생명사구의 지시가 화자와 청자가 공유하는 담화문맥에 존재하는 상황이다. 그러한 상황은 지시공유의 조건이 충족되는 경우이다. 따라서 그 파생명사는 한정명사구로 나타난다. 행위의 주체가 불분명할 경우에는 그 파생명사의 지시가 화자와 청자가 동유하는 담화문맥에 존재하지 않는 상황이다. 그 경우는 지시공유의 조건이 충족되지 않는 상황이다. 따라서 그 파생명사는 부정명사구 즉 무관사 명사구가 된다.

아래 (6)은 파생명사가 한정명사구로 나타나는 예들이다. 이들 실제 예문에는 행위의 주체를 나타내는 by전치사구가 표면에 나타나지 않는다. 그럼에도 행위의 주체가 누구인지 또는 무엇인지는 문맥상 명백한 경우이다.

(6) a. **The destruction** *of coral reefs and their ecosystems* is a growing problem not only in the Galapagos Islands, but around the world. (산호암초와 그 생태계의 파괴는 갈라파고스 섬뿐만 아니라 전 세계적으로 점점 더 큰 문제가 되고 있다.)

   b. The revised half-life, which is 34 percent shorter than the previously adopted value, affects **the understanding** *of processes leading to* **the formation** *of the solar system*, and **the dating** *of some major geological events* in the mantles of Earth and other terrestrial planets in the early solar system. (수정된 반감기는—기존의 수치보다 34 퍼센트 짧다—태양계의 형성에 이르는 과정들을 이해하는 데에 영향을 끼치고, 지구의 맨틀과 초기 태양계의 다른 지구형 위성들의 몇 가지 주요 지질학적 현상들의 연대결정에 영향을 끼친다.)

   c. Senator Cantwell explains her "no" vote on **the confirmation** of Ben Bernanki for a second term as the Chairman of the Federal Reserve Bank. (캔트웰 상원의원은 벤 버냉키의 연방예비은행 의장의 재임 인준안에 대한 자기의 반대 투표에 대하여 설명한다.)

d. He did not order **the removal** of the massive American flag from Ground Zero. (그는 그 대형 미국 국기를 그라운드 제로에서 제거하라고 명령하지 않았다.)

(6a)의 필자는 산호암초와 그 생태계가 파괴되는 사태를 심각한 문제로 인식하고 있고 독자가 그에 공감하고 있다고 생각한다. 즉 산호초의 파괴행위는 필자와 독자가 공유하는 담화문맥에 존재하고 있다. 그 행위의 주체가 그 파괴행위에 가담한 자들임은 명백하다. 그러므로 작은 명사구 "destruction of coral reefs and their ecosystems (산호암초와 그 생태계를 파괴하는 행위)"는 지시공유의 조건을 지키고 따라서 그것이 한정명사구로 표현된 것이다.[23]

(6b)에 "the understanding of . . .", "the formation of . . .", "the dating of . . ." 등 세 개의 한정 파생명사구가 한정명사구로 나타나야 할 상황은 조금씩 다르지만 지시공유의 조건을 지키는 것은 모두 같다. 작은 명사구 "understanding of processes . . ." (. . . 과정을 이해하는 것)"의 지시가 무엇이냐 즉 누가 무엇을 이해하느냐는 필자와 독자가 공유하는 담화문맥에 존재한다. 지질학의 한 문제를 논의하는 이 담화문맥에서 "understanding(이해)"의 주체는 현재 이 논의에 참여하는 지질학자들이고 그들의 "그 이해"는 지시공유의 조건을 지킨다. 작은 명사구 "formation of the solar system (태양계의 형성)"의 formation은 자동사 form에서 나온 파생명사이다. 동사의 주어가 파생명사의 of 전치사구 보어가 된 경우로서 "formation(형성)"의 주체가 명시적으로 표현되어 있다. 주체가 명시적인 형성 즉 "태양계의 형성"은 필자와 독자가 공유하는 현재의 담화문맥에 존재한다. 따라서 그것은 여기서 한정명사구로 나타나야 한다. 다음 "dating of some major geological events . . . (몇 가지 주요 지질학적 사건의 연대추정)"에 대해서도 필자는 같은 판단을 하고 있다. 지질학적 사건의 연대를 추정하는 작업의 주체는 지질학자들이다. 주체가 뚜렷하고 대상이 명시적인 "dating(연대추정작업)"은 필자와 독자가 공유하는 담화문맥에 존재한다. 따라서 그것은 지시공유의 조건을 충족시

---

[23] 만약 필자가 산호초 암초의 파괴행위는 독자에게 생소한 이야기일 것이라고 판단했다면 부정명사구 "Destruction of coral reefs . . ."를 썼을 것이다. 그러나 그것은 필자와 독자의 담화문맥과 맞지 않는 생각이다.

킨다고 필자는 판단한다.

(6c)의 담화문맥은 벤 버냉키를 FRB 의장으로 선출하는 미국 정치 상황이다. 이 문맥에서 필자는 작은 명사구 "confirmation of Ben Bernanki"가 지시공유의 조건을 충족시킨다고 본다. 필자는 미국 정치 상황에 익숙한 독자가 그 인준의 주체가 누구인지에 대해 잘 알고 있다고 전제하기 때문이다. 따라서 이 작은 명사구는 지시공유의 조건을 준수하고 한정명사구로 표현되었다.

(6d)의 문맥에서 누가 무엇을 제거했는가의 문제가 밝혀진 상황에서 작은 명사구 "removal of the massive American flag"은 지시공유의 조건을 준수한다. 어느 특정인이 그 대형 국기를 제거한 그 사건을 독자가 잘 알고 있다고 필자가 판단하고 있다.

파생명사가 의미하는 행위의 대상이 밝혀져 있고 행위의 주체가 누구인지, 무엇인지 뚜렷한 경우에 그 파생명사가 한정명사구로 나타나게 되는데 이것은 결국 지시공유의 조건을 충족시키기 때문이다. 화자(=필자)가 그 대상과 주체가 뚜렷한 행위를 언급하는 상황에서는 그 행위가 충분히 구체적이고 특별한 것이어서 화자는 청자(=독자)도 그 행위의 존재를 인식하고 있다고 상정할 만하다.

파생명사구가 지시공유의 조건을 준수하지 않을 때는 반드시 부정명사구 즉 무관사 명사구로 나타난다. 불가산 파생명사구의 부정성은 무관사 명사구로 표현된다.

(7) a. <u>Confirmation of supersymmetry</u> would be a shot in the arm for M-theory and help physicists explain how each force at work in the universe arose from one super-force at the dawn of time. (수퍼대칭의 확인은 M-이론에 활력소가 될 것이고 우주에 작동중인 각 힘이 시간의 여명기에 하나의 수퍼-힘에서 어떻게 나왔는지를 물리학자들이 설명하는 데 도움을 줄 것이다.)

  b. Similarly, <u>removal of a hydrogen atom from the end of carbon of any *n*-alkane</u> gives the series of *n*-alkyl groups shown in Table 2.3. ((이와) 비슷한 방법으로, 임의의 n-알케인의 탄소의 끝에서 수소 원자 하나를 제거하면 테이블 2.3에서 보여주는 (것과 같은) n-알킬 그룹의 시리즈들이 발생한다.)

  c. <u>Surgical removal of the prostate</u>, a common treatment, carries risks of incontinence and impotence. (전립선을 외과수술로 제거하는 것은 자주 하는 보통의 치료방법으로 요실금과 임포턴스의 위험성을 수반한다.)

d. Modern petroleum refining begins by <u>fractional **distillation** of crude oil into three principal cuts</u>, according to their boiling points (bp): straight-run gasoline (bp 30-200°C), kerosene (bp 175-300°C), and heating oil, or diesel fuel (bp 275-400°C). Finally, distillation under reduced pressure yields lubricating oils and waxes, and leaves an undistillable tarry residue of asphalt. (오늘날의 석유 정유는 원유를 끓는점에 따라 직류 휘발유(끓는점 30-200°C), 석유(끓는점 175-300°C), 디젤연료(끓는점 275-400°C) 등 세 부분으로 분류증류하는 과정으로 시작된다. 마지막으로, 압력을 줄여 중류하면 윤활유와 왁스가 나오고 더 이상 증류할 수 없는 끈적끈적한 아스팔트 찌꺼기를 남긴다.

(7a)는 우주의 기원을 논의하는 담화문맥이다. 화자는 불가산의 작은 파생명사구 "confirmation of supersymmetry(수퍼대칭의 확인)"의 지시가 아직 청자의 담화문맥에 존재하지 않는다고 판단한다. 화자는 그것을 이 문맥에서 처음으로 등장시키고 있다. 화자는 <수퍼대칭>의 이론이 증명되었음을 전제하지 않으며 따라서 청자가 이미 그것을 인지하고 있다고 판단하지 않는다. 그 불가산 파생명사구는 지시공유의 조건을 충족시키지 않는다.

confirmation이 한정명사구로 나타난 (6c)의 경우에는 <인준>의 주체가 누구인지가 명백한 문맥이었으나, 이 담화문맥에서는 <확인>의 주체가 누구인지 밝혀지지 않았다. 이 차이 때문에 (6c)의 담화문맥에서는 <인준>의 절차는 독자의 담화문맥에 이미 존재한다고 생각하고 (7a)에서는 수퍼대칭 이론의 <확인> 과정이 독자의 담화문맥에 존재하지 않는다고 필자는 판단한다.

무관사 명사구 "Confirmation of supersymmetry"는 "*Someone unspecified confirms supersymmetry.*"에서 파생된 것으로 "Confirmation(확인과정)"의 주체가 불특정 다수의 인물로 이해된다. 대조적으로, (6c)의 한정명사구 "The confirmation of Bernanki"는 "*Someone specified (=the Senate) confirmed Bernanki.*"에서 파생된 것으로 "인준"의 주체가 특정존재 즉 상원이라고 상황에서 쓰인 것이다.

(7b)의 담화문맥은 어느 대학유기화학 교과서이다. "removal . . .(제거)"라는 과정의 주체 즉 수소 원자를 제거하는 사람은 불특정 다수이다. 따라서 이 책의 필자는 독자의 담화문맥에 작은 명사구 "removal of . . ."의 지시는 존재하지 않는다고 판단한다. 결국 그 작은 명사구는 지시공유의 조건을 충족시키지 않는다. 따라서 그것은 무관사로 나타난다.

(7c)의 "Surgical removal of the prostate"의 지시는 전립선을 외과수술로 제거하는 과정이다. 그 불가산의 파생명사구가 무관사 명사구로 나타난 이유 역시 지시공유의 조건을 충족시키지 않는 데에 있다. 이 문맥에 그 수술과정을 처음으로 등장시키고 있는 화자는 청자가 그것을 이미 알고 있다고 전제할 이유가 없다.

무관사 파생명사구 "**Removal** of a hydrogen atom"은 removal(제거 행위)나 "Surgical **removal** of the prostate"의 경우는 제거 행위의 주체가 문제가 되지 않는 상황으로 각각 "<u>Someone unspecific</u> removed a hydrogen atom.(불특정인 누군가가 수소원자를 제거했다.)"과 "Someone unspecific removed the prostate."에서 파생된 것으로 이해할 수 있다. 이에 비해 (6d)의 한정 파생명사구 "**The removal** of the flag"은 행위의 주체가 중요한 문제로 인식되는 상황으로 "<u>Someone Specific</u> removed the flag.(특정인 누군가가 그 기를 제거했다.)"에서 파생된 것으로 이해할 수 있다.

(7d)의 "fractional distillation of crude oil into . . ."는 문맥에 최초로 도입되는 존재로서 지시공유의 조건을 충족시키지 않는다. 분류증류의 공정은 청자가 그 존재를 인식할 정도로 충분히 구체적인 사항이 아니며 공정의 주체가 누구인지는 관심사가 아니다. 따라서 화자는 그것이 청자의 담화문맥에 존재한다고 판단하지 않는다. 이 무관사 파생명사구는 증류공정의 주체가 불특정다수인 "<u>Someone unspecific</u> distilled crude oil in a fractional manner . . ."에서 파생된 것으로 보는 것이다.

파생명사가 한정명사구로 나타난 경우는 그 파생명사가 나타내는 행동 또는 과정의 주체가 누구인지 또는 무엇인지 명백하거나 잘 알려진 상황으로서 그 사실이 중요하게 인식되는 담화문맥이다. 대조적으로 파생명사가 부정명사구로 나타난 경우는 그 과정의 주체가 불분명하거나 문제가 되지 않는 담화문맥이다.

이와 같이 과정의 주체가 누구인지, 무엇인지 밝혀져 있는 경우에는 한정명사구를 사용하고, 그것이 밝혀져 있지 않는 경우에는 부정명사구를 사용하는데 이는 지시공유의 조건과 직결된다. 그 주체가 누구인지 밝혀져 있는 행위나 과정은 그것이 불분명한 경우보다 더 구체적이고 뚜렷하여 화자와 청자가 공유하는 담화문맥에 존재할 가능성이 더 커진다. 그러니 그것은 지시공유의 조건을 충족시킬 가능성이 더 커질 수 있다. 반대로 그 주체가 누구인지 밝혀져 있지 않은 행위나 과정은 그 만큼 더 막연하고 불분명하여 그것이 화자와 청자가 공유하는 담화문맥에 존재할 가능성이 작아진다.

가산의 파생명사구 "study of ~"를 예로 이 문제를 살펴본다.[24]

(8)   a. Before beginning **a study of organic chemistry**, let's review some general ideas about atoms and bonds. Atoms consist of . . . ." (유기화학의 공부를 시작하기 전에 원자와 결합에 관한 몇 가지 일반적인 개념들을 복습하기로 하자. 원자는 . . .로 이루어져 있다.)

   b. Organic chemistry is **the study of carbon compounds**. Although **a division** into inorganic and organic chemistry occurred historically, there is no scientific reason for **the division**. . . ." (유기화학은 탄소 화합물의 연구이다. 무기화학과 유기화학의 구분이 역사적으로 일어난 일이 있었지만 그 구분을 정당화할 만한 과학적 이유가 없다(=그 구분은 과학적 근거가 없다).)

(8a)는 어느 유기화학 교과서의 첫머리에서 독자가 유기화학을 본격적으로 공부하기 전에 몇 가지 기본사항들에 대해 검토해볼 것을 저자가 독자에게 권유하고 있는 상황이다. 필자는 작은 명사구 "study of organic chemistry (유기화학의 공부)"가 아직 독자의 담화문맥에 뚜렷한 모습으로 존재하고 있지 않다고 판단한다. 따라서 필자는 그것이 지시공유의 조건을 지키지 않는다고 보고 그것을 부정명사구로 나타낸다.

---

[24] 명사 "study"는 파생어미가 없어도 동사 "study"에서 파생된 파생명사로 간주한다. 영어에는 이와 같이 동사와 명사의 형태가 같은 경우가 상당수 있다. record, turn, return, finish, cut, stop, end 등등. (8b)의 "division"은 동사 "divide"에서 파생된 명사이다. 같은 종류의 파생어로 decision⇐decide, invasion⇐invade, persuasion⇐persuade 등등.

(8b)의 문맥은 유기화학 교과서에서 유기화학을 정의하는 상황이다. 주어 Organic chemistry로 말미암아 하나의 학문(분야)가 담화문맥에 등장하게 되고 필자와 독자는 그 학문분야가 존재하는 담화문맥을 공유하고 있다. 그러면 필자는 그 분야와 등식관계에 있는 작은 명사구 "study of carbon compounds (탄소 화합물의 연구)"의 지시가 독자의 담화문맥에 존재한다고 판단하게 되고 결국 그것은 지시공유의 조건을 준수하는 한정명사구가 된다.

다음으로 attempt, plan 등의 가산의 파생명사는 of 전치사구 보어 대신 to 부정사 보어를 거느린다. 이 경우에도 행위의 주체가 불특정(다수)이냐, 특정의 주체이냐에 따라 그 행위가 담화문맥에 존재하지 않기도 하고 존재하기도 한다. 그러면 지시공유의 조건에 따라 그 파생명사가 부정명사구로 나타나기도 하고 한정명사구로 나타나기도 한다.

(9) a. *an* attempt *to open the door* ⇐ *Someone* attempted *to open the door.*

b. *their* (또는 *the*) attempt *to construct a new bridge across the river* ⇐ *They* attempted *to construct a new bridge across the river.*

(10) a. *a* plan *to develop a new town* ⇐ *Someone* planned *to develop a new town.*

b. *Mary's* (또는 Her 또는 the) plan *to marry a billionaire* ⇐ *Mary* planned *to marry a billionaire.*

부정명사구 an attempt, a plan 등은 그 행위의 주체가 불특정 다수인 동사에서 파생된 것이고 한정명사구 the attempt, their plan 등은 행위의 주체가 특정인인 동사에서 파생된 것이다. 다음 실례에서 그것을 볼 수 있다.

(11) a. The Japanese give up {their/the/an} attempt to compete with Qualcomm. (일본 사람들은 콸콤과 경쟁하려는 (그들의) 시도를 포기하다.)

b. The failed attempt by Caesar in 55AD was the first stage in the attempt to colonise Britain. The Roman invasion of Gaul and the links with the Belgae who fled to Britain provided a spring board for cross-channel contacts. (AD55년에 시저가 시도했으나 실패한 그의 시도는 그가 영국을 식민지화하려는

시도의 첫 단계였다. 로마의 골 침공과 영국으로 도망간 벨게이 족과의 연결고리는 해협을 넘는 접촉을 하기 위한 도약대가 되었다.)

c. This is **an attempt** to find out the color of anything. This is still in its infancy stage. Improvements planned for the future include speed optimizations . . . . (이것은 물체의 색을 찾아내는 시도이다. 이것은 아직 초기의 단계에 있다. 앞으로 계획된 개선방안에는 속도의 최적화. . .가 포함되어 있다.)

d. It's possible that this was **an attempt** by President Barack Obama to play both sides of the issue. Specifically, after taking a stand against copyright industries last week, **the Megaupload takedown** was **his attempt** to "honor the other side," so to speak. (이것은 이슈의 양면을 (함께) 다루려는 버락 오바마 대통령의 한 시도였을지도 모른다. 구체적으로 말하면, 지난 주 판권 산업에 반대 입장을 취한 후에, 메가업로드(에 대한) 비난(발언)은, 말하자면, "다른 쪽(의 의견)을 존중하려는" 그의 시도였다.)

(11a)에서는 누군가(=일본기업체)가 무엇인가(=시도)를 포기한다는 문맥으로 보아 파생명사 "attempt(시도)"의 주체 즉 콸컴과 경쟁하는 주체가 이 문장의 주어인 일본 기업체라는 것이 명백하다. 한정 파생명사구 "their attempt"는 지시공유의 조건을 지킨다. 여기서"their attempt"를 "the attempt"로 바꾸어도 의미차이가 없다. 일본 기업체의 시도가 유일한 실체로 담화문맥에 존재하면 그것을 한정명사구로 나타낼 수 있기 때문이다. 그러나 "an attempt"로 바꾸면 일본 기업체가 시도한 여러 시도들 중의 하나일 뿐이라는 뜻을 암시하게 된다.

(11b)의 한정 파생명사구 "The failed attempt"는 그 시도의 주체가 by 전치사구에 의해 명시되어 있고 두 번째 한정 파생명사구 "the attempt" 역시 그 주체가 앞 문맥에 나타난 시저임이 명백하다. "시저의 시도"는 화자와 청자가 공유하는 담화문맥에 유일한 실체로 존재한다. 작은 명사구 "Roman invasion of Gaul"이 한정명사구가 되는 것 또한 그 주체와 대상이 명백한 활동으로서 이 역사적 담화문맥에 존재하기 때문이다.

(11c)의 상황에서 색과 관련된 산업용 도구를 개발하는 시도는 그 주체가 불특정 다수일 뿐만 아니라 그것이 누구인지는 문제가 아니다. 그 시도는 현재의 담화문맥에 처음으로 도입되고 있다. 그 시도는 지시공유의 조건을 지키지 않는다.

(11d)에서는 attempt의 주체가 by 전치사구로서 명시되어 있는데도, (b)와는 달리, attempt가 부정명사구로 나타났다. 이 문맥에서는 시도의 주체가 뚜렷하지만 그가 시도할 수 있는 일이 여러 가지이고 그 중 어느 것이 이 문맥에 관련된 것인지 알 수 없는 상황이다. 또 그것이 어느 것인지 정확히 밝히는 것이 여기서 중요한 문제도 아니다. 즉 문제의 시도는 지시공유의 조건을 지키지 않는다. 오바마 대통령의 시도는 지금 여기서 비로소 도입된다. (한정명사구 "the Megaupload takedown"은 중출의 한정명사구일 가능성이 높다. 그 선행사는 앞 문맥에 나타났을 것이다.)

6.3.2 파생명사가 아닌 명사의 경우

동사 또는 형용사에서부터 파생되지 않은 명사들 중에도 of 전사사구 보어를 거느리는 명사들이 있다.

(12a)는 bottom(맨 아래), top(맨 위), center(중심), vicinity(근처), outskirts(주변), inside(안), outside(밖), northern part(북부), upper/lower part(상부/하부) 등 여러 가지 위치를 나타내는 명사들이 of 전치사구 보어를 거느리는 예들이다.

(12) a. the bottom *of page 10*, the top *of the building*, the center *of the room*, the vicinity *of Seoul*, the outskirts *of London*, the inside *of the house*, the outside of *the town*, the {southern/northern/upper/lower} part *of the city*, {the/a} corner *of the street* 등등.
b. the {father/mother/son/daughter/sister/brother/cousin} *of my friend John*
c. {the/a} {picture/portrait/biography} *of Queen Elizabeth*

이때 명사는 대체로 한정명사구가 되는데 그 명사의 의미가 담화문맥에 유일한 존재로 인식되기 때문이다. 가령 bottom은 가장 낮은 부분이고 top은 가장 높은 부분으로 최상급과 같이 유일무이의 의미 때문에 한정명사구가 된다. 그 나머지 명사들도 대체로 같은 이유로 한정명사구가 된다. 그러나 corner(모퉁이) 같은 것은 유일무이한 위치가 아니기 때문에 지시공유의 조건에 따라 한정명사구로 나타날 수도 있고 부정명사구로 나타날 수도 있다.

(12b)는 친족관계를 나타내는 명사들의 예들이다. 담화문맥에 따라 father와 mother는 반드시 한정명사구로 나타나야 하고 그 외에는 유일무이할 경우에는 한정명사구, 여럿일 경우에는 부정명사구로 나타날 수도 있다. *a father of John, a mother of John 등은 비문이지만 a sister of John, a brother of John 등은 정문이다. 물론 이들도 담화문맥에 따라 언제나 the sister of Joh, the brother of John으로 나타날 수 있다.

(12c)는 이른 바 "그림 명사(picture nouns)"의 예들이다. 이들은 of 전치사구로써 누구를 그렸는지, 누구에 대해서 기술했는지를 나타낸다. 이 명사는 아무 다른 명사와 같이 관사의 선택은 오직 지시공유의 조건에 따라 결정될 뿐이다. 지시공유의 조건을 충족시키는 문맥에서는 "the biography of Queen Elizabeth"가 되고 그 조건이 맞지 않는 문맥에서는 "a biography of Queen Elizabeth"가 될 것이다.

다음 (13)과 같은 경우에 of 전치사구의 의미는 문맥에 따라 다양하게 해석된다.

(13) a. {the/a} tradition of this family(이 집안의 전통)

    b. {the/a} structure of this organization(이 조직의 구조)

    c. {the/a} financial {condition/situation/status} of this company(이 회사의 재정 상태/상황/현황)

    d. The situation of contemporary art in contemporary visual culture and cultural value systems. (현대 시각 문화와 문화적 가치체계에서의 현대미술의 상황)

    e. The eco cultural system of primitive societies is of that nature because they maintain eco cultural equilibrium better than rest of the human groups. (원시사회의 생태문화체계는 그러한 성질을 지닌다. 왜냐면 그 사회는 그 나머지 인간집단들보다 생태문화적 균형을 더 잘 유지하고 있기 때문이다.)

(13a)에서 "of this family"는 "이 집안이 가지고 있는" 또는 "이 집안에 속하는" 등의 뜻이고 (b)와 (c)에서 of 전치사구도 대체로 그와 같은 뜻이다. (d)에서 "of contemporary art"는 "현대미술이 처해 있는" 또는 "현대미술이 가지고 있는" 등과 같이 뜻이 되고 (e)에서도 "of primitive societies"는 "원시 사회가 가지고 있는" 또는 "원시 사회와 관련된" 또는 "원시 사회에 속하는" 등의 뜻으로 해석된다. 딱히 한 마디로 규정하기는 어려우나 of 구의 명사가 주체가 되고 핵심어 명사는 객체가 되는 것이 공통적이다. 이는 of 구의 명사가 대상으로 해석되는 파생명사의 경우와는 뚜렷한 대조를 이룬다.

다음은 the science of organic chemistry(유기화학의 과학), the Garden of Eden(에덴 동산), the land of Shangrila(샹리라의 낙원), a mythical land of Bimini(비키니 신비의 나라), the Book of Psalms(시편) 등과 같이 of전치사구가 동격구문에 쓰이는 예들이다. 동격구문은 다음 절에서 따로 자세히 다룬다.

6.4 동격 구문(Appositive Constructions)의 한정성

동격 구문이란 명사구 다음에 하나의 명사구 또는 전치사구가 연이어 놓인 구문이다. 앞의 명사구만으로 그 내용이 불충분하여 무엇을 지시하는지 불분명한 것을 뒤의 요소가 보충 설명해 줌으로써 전체적으로 뚜렷한 **지시**를 나타낼 수 있도록 해준다. "the pitcher <u>Hyunjin Ryu</u>"처럼 연이어지는 요소가 명사구인 것을 **명사구 동격 구문** (NP Appositive Constructions)이라고 하고 "the city <u>of New York</u>"처럼 연이어 나오는 요소가 전치사구인 것을 **전치사구 동격 구문**(PP Appositive Constructions)이라고 한다. 동격구문의 한 특징은 항상 한정명사구로만 나타나는 점이다. *a pitcher Hyunjin Ryu나 *a city of Chicago는 비문이다.

6.4.1 명사구 동격 구문

다음 예문에서 "the movie star Mary Hamilton", "the 1941 film Here Comes Mr. Jordan"이 명사구 동격 구문이다.

(1) a. This is **the movie star _Mary Hamilton_**. (이분이 영화 스타 메리 해밀턴입니다.)

b. In the 1941 film _Here Comes Mr. Jordan_ it is the character _Joe Pendelton_'s inability to play "The Last Rose of Summer" on his saxophone anything other than badly, which allows him to prove that he is alive in another man's body. (1941년도 영화 『여기 미스터 조던이 온다』에서 등장인물 조 펜들턴은 "여름의 마지막 장미"를 색소폰으로 도무지 서투르게 연주를 할 수밖에 없는데 이 현상은 그가 다른 사람의 육체 속에 살아 있다는 것을 증명하게 해준다.)

구조적으로 명사구 동격구문은 두 개의 큰 명사구로 이루어지는데 앞의 명사구가 핵심어 명사구이고 뒤의 명사구가 동격 명사구이다. 아래 나무그림 (2a)가 "the movie star _Mary Hamilton_"의 구조를, (2b)가 "the 1941 film _Here Comes Mr. Jordan_"의 구조를 보여준다. 각각 NP$_1$이 핵심어 명사구이고 NP$_2$가 동격 명사구이다.

(2) a.   b.

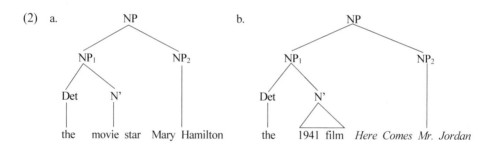

(1a)는 핵심어 명사구 "the movie star"만으로 그 지시가 결정되지 않은 것을 동격 명사구 "Mary Hamilton"이 주어짐으로써 그의 이름이 밝혀져 그 지시가 결정되는 상황이다. 그런데 고유명칭 "Mary Hamilton"의 지시는 화자와 청자가 공유하는 담화문맥에 이미 존재하고 있다. 담화문맥에 존재하는 동격 명사구 "Mary Hamilton"에 의해 그 지시가 결정되는 핵심어 명사구 "the movie star"의 지시 역시 담화문맥에 존재한다. 따라서 명사구 동격 구문 전체가 지시공유의 조건을 지키게 되어 항상 한정명사구로 나타난다.[25]

---

[25] 명사구 동격 구문 "the movie star Mary Hamilton"에서 핵심어 명사구 "the movie star"는 하나의 범주를 나타내고 동격명사구 "Mary Hamilton"은 그 범주에 속하는 한 구성원을 나타

(1b)는 "the 1941 film *Here Comes Mr. Jordan*"에서 핵심어 명사구 "the 1941 film(1941년도 영화)"라고만 그 지시가 무엇인지 불분명한 것을 동격 명사구 "Here Comes Mr. Jordan"로써 그 영화의 제목이 제공됨으로써 그 지시가 확정되는 상황이다. 담화문맥에 이미 존재하는 고유명칭 동격 명사구 *Here Comes Mr. Jordan*에 의해 지시가 결정되는 핵심어 명사구 "the 1941 film"의 지시 역시 담화 문맥에 존재한다. 따라서 동격 구문 전체가 지시공유의 조건을 지킨다.

명사구 동격 구문은 단어나 구 등 언어표현 자체를 가리키는 데 사용하기도 한다. 언어표현 자체의 범주는 모두 명사이다. 아래 예문에서 밑줄 친 부분들이 명사구 동격 구문이다.[26]

> (3) For example, the word 'book' is a noun. It occurs after the word 'the' in the phrase 'the book'. And the word 'read' is a verb. It occurs before phrase 'the book' in the phrase 'read the book'. (예를 들면, 단어 'book'은 명사이다. 그것은 'the book'이라는 구에서 단어 'the'의 뒤에 일어난다. 그리고 단어 'read'는 동사 이다. 그것은 구 'read a book'에서 구 'the book' 앞에 일어난다.)

동격 구문 the word 'book'의 지시는 동격 명사구 'book'에 의해 결정되는 핵심 어 명사구 the word의 지시와 같다. the phrase 'the book'의 지시는 핵심어 명사구 the phrase의 지시와 같고 the phrase의 지시는 동격명사구 the book에 의해 결정된 다. 또 the word 'read'의 지시는 'read'에 의해 결정되고 the phrase 'the book'의 지시는 'the book'에 의해 결정되며 the phrase 'read the book'의 지시는 'read the book'에 의해 결정된다. 각각의 경우에 결정요인이 되는 동격 명사(구)의 지시는 언제나 화자와 청자가 공유하는 담화문맥에 이미 존재하기 때문에 한정명사구로

낸다. 이 때문에 동격 구문 "the movie star Mary Hamilton"는 "Mary Hamilton is a movie star."라는 명제의 의미를 포함한다. 이 명제에서 부정명사구 "a movie star"는 한정명사구 "the movie star"의 지시의 한 속성을 나타내는 서술어이다. 명사구 동격 구문에서는 항상 이와 같이 동격명사구와 핵심어명사구 사이에 서술관계가 성립한다. 다시 말해 <영화 스타 메리 해밀턴>의 뜻은 반드시 <메리 해밀턴은 영화 스타의 속성을 지닌다>는 뜻을 포함한다.
[26] 이 경우 단어의 지시는 사물이 아니고 단어 그 자체이다. 다시 말하면 the word 'book'에서 'book'은 실제의 사물인 어느 <책> 한 권을 지시하는 것이 아니라 'book'이라는 단어 그 자체를 지시한다. 'book'이라는 단어가 명사이지 책이 명사일 수 없다.

나타난다. 그리고 핵심어 명사구의 지시는 한정 동격명사(구)에 의해 결정되기 때문에 자신도 한정명사구가 되며 결국 동격 구문 전체가 한정명사구가 된다.

6.4.2 전치사구 동격 구문

(4) As **the science** <u>of organic chemistry</u> grew in the nineteenth century, so too did the number of known compounds and the need for a systemic method of naming them. (십구 세기에 유기화학의 과학이 성장하면서, 새로 발견되는 화합물의 수가 증가했고 따라서 화합물의 명칭을 체계적으로 붙이는 방법의 필요성도 커졌다.)

아래 나무그림이 보여주는 바와 같이 구조적으로 전치사구 동격구문은 of전치사구 보어를 포함하는 큰 명사구이다.

(5)

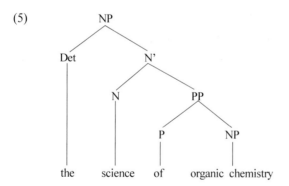

핵심어 명사 science가 전치사구 보어 "of organic chemistry"를 거느린다. 전치사구의 목적어 organic chemistry가 동격 명사구의 역할을 하여 핵심어 명사 science의 지시를 결정한다.

"organic chemistry"는 한 학문 분야로서 고유명칭이다. 고유명칭은 고유명사와 같이 한정명사구이다. 한정명사구 "organic chemistry"에 의해 지시가 결정되는 "science"도 한정명사구가 된다. 다시 말해 핵심어 명사 science만으로는 그 지시가 불분명한 것을 동격 전치사구 보어 "of organic chemistry"로써 그 내용이 보충

되어 지시적으로 완전한 명사구가 된다.

　명사구 동격구문의 경우와 같이 전치사구 동격구문에서도 핵심어 명사구가 전체적, 포괄적인 상위개념을 나타내고, 전치사구가 부분적, 사례적인 하위개념을 나타낸다. science는 포괄적인 상위개념, organic chemistry는 부분적인 하위개념이다. 따라서 "the science of organic chemistry"의 의미는 "Organic chemistry is a science."라는 명제를 포함한다. (각주 25 참조.)

(6)　a. Over the last few years, **the sport of *MMA (Mixed Martial Arts)*** has exploded from an underground activity to a mainstream, world wide phenomenon. (지난 몇 년에 걸쳐 혼합무술(의) 스포츠는 지하의 활동에서부터 주류의 전 세계적인 현상으로 (그 인기가) 폭발적으로 증가했다.)

　　b. In 1910, not only had **the city of Los Angeles** annexed Hollywood, but there were already at least 10 movie companies operating in the city. (1910년에 로스앤젤러스 시가 헐리우드를 합병했을 뿐만 아니라 시에는 이미 열 개의 영화 회사가 운영 중에 있었다.)

　　c. She was born in **the month of *April*.** (그녀는 4월(의 달)에 태어났다.)

　　d. The other princes did not desire **the title of Grand Prince** to be perpetuated in the house of Moscow. (다른 왕자들은 모스크바 가문에서 대왕자의 칭호가 영속되는 것을 원치 않았다.)

　　e. The discrepancies between different cultures are unfolded in **the activity of *translation*.** (번역 활동에서는 서로 다른 문화들 사이의 불일치현상들이 펼쳐진다.)

　　f. We have been unable to answer **the question** *of why we are here.*
　　　(우리는 왜 우리가 여기에 있는가라는 질문에 대답할 수 없(었)다.)

　"the sport of MMA"에서는 "MMA"가 핵심어 명사 "sport"를 한정하고, "the city of Los Angeles"에서는 "Los Angeles"가 "city"를 한정하고, "the month of April"에서는 "April"이 "month"를 한정하고, "the title of Grand Prince"에서는 "Grand Prince"가 "title"을 한정한다. 각기 동격 명사구가 한정명사구이므로 전체적으로 한정명사구가 된다. <범주-구성원>의 의미적 관계가 성립한다. "MMA is a sport."

"Los Angeles is a city." "April is a month." "Grand Prince is a title."

(e)의 "the activity of translation"에서는 "translation"은 한 전문분야로서 고유명칭이며 이것이 activity를 한정하므로 역시 큰 명사구 전체가 한정명사구가 된다.

(f)에서 "question"은 of 전치사구 보어를 취하는데 of의 목적어가 Wh-의문사절이 된다. "the question of why ~"는 of전치사구 동격구문이다. "우리가 여기 있다는 것"은 사실로 전제되어 있고 다만 그 이유를 문제 삼고 있는 상황이다.

6.6 역할의 무관사 명사구 (Role Bare NPs)

불가산명사구에는 부정관사가 붙을 수 없고 정관사는 문맥에 따라 붙을 수도 안 붙을 수도 있지만, 가산명사에는—단수인 경우에—반드시 부정관사가 붙든가 정관사가 붙어야 한다. 그런데 단수의 가산명사구가 무관사 명사구로 나타나는 특별한 경우가 있다. 그 가산의 단수 명사구가 <역할> 또는 <기능>의 의미를 나타낼 때 그렇게 된다. 그러한 명사구를 "역할의 무관사 명사구"라고 한다. 다음 예문 (1)에서 president, chairman, writer, editor 등이 그 예이다.

(1) a. Mr. Smith was appointed as **president** of the company. (스미스 씨는 그 회사의 사장으로 임명되었다.)

  b. We appointed him {secretary/representative/*a secretary/ *a representative}. (우리는 그를 {비서/대표}로 임명했다.)

  c. They elected her (as) {chairman/*a chairman}. (그녀를 의장으로 선출했다.)

  d. As previous **chairman** of the West Coast Medical Advisory Board and **writer/editor** for the Sun's Weekly Health Column, Dr. Dahan developed a successful management and consulting health care system for doctors throughout the United States. (서해안 의료자문기구의 의장과 선지의 주간 건강 칼럼의 집필자 겸 편집자로서 데이헌 박사는 미국 전 지역의 의사들을 위하여 성공적인 건강 보건 경영 컨설팅 시스템을 개발했다.)

(2) **The president** of this company is Mr. Brown. (이 회사의 사장은 브라운 씨이다.)

이들 역할의 무관사 명사구는 예문 (2)와 같은 문맥에 나오는 "The president"와 같은 보통의 명사구와는 의미와 용법이 다르다. (2)의 "The president"의 지시는 사장직을 수행하는 한 인물이다. 그러나 (1a)의 무관사 명사구 "president"의 지시는 사장이라는 직책 또는 직무이다. 그것은 그 인물을 가리키지 않는다. 스미스 씨가 사장에 임명되었다는 것은 그가 <사장이라는 직책>에 임명되었다는 말이다. <사장이라는 사람>에 임명되었다는 것은 말이 안 된다. 그 이하에 나오는 secretary, representative, chairman, writer, editor 등도 이런 의미의 역할의 무관사 명사구들이다.

만약에 역할의 무관사 명사구를 써야 할 자리에 한정명사구나 부정명사구를 쓰면 비문이 발생한다. 가령 (1a) 대신 "~~Mr. Smith was appointed as {a/the} president of the company.~~"는 비문이다. 이 회사의 사장은 브라운 씨라고 말하는 것은 말이 되지만 이 회사의 **사장직**이 브라운 씨라고 말하는 것은 말이 안 되는 것과 같은 이유로 이 문장은 말이 안 된다.

다음 예문에서 보는 바와 같이 traitor, informer, socialist 등은 문맥에 따라 가산 명사구로서 지시 표현이 될 수도 있고 역할의 무관사 명사구가 될 수도 있다.

(3) a. Benedict Arnold <u>became</u> **a traitor** because he did not agree with America. (베네딕트 아놀드는 아메리카와 동의하지 않았기 때문에 반역자가 되었다.)

   b. He suddenly <u>turned</u> **traitor** at a time when America needed every true man's aid. (미국이 모든 진실한 사람들의 도움이 필요했던 시점에 그는 갑자기 반역자로 돌아섰다.)

(4) a. They needed **an informer**. (그들은 밀고자가 필요했다.)

   b. The conspiracy would elevate Gravano's position in the family to underboss under Gotti, a position he held at the time he <u>turned</u> **informer**. (그 음모로 그라바노의 위치가 고티 밑의 부두목의 자리로 올라갈 예정이었다. 그 자리는 그가 밀고자로 변신했을 당시에 가지고 있던 자리였다.)

(5) a. He met **a socialist**. (그는 한 사회주의자를 만났다.)

   b. She turned **socialist** and left the party. (그녀는 사회주의자로 전향하고 그 당을 떠났다.)

위 (a) 예문에서는 a traitor, an informer, a socialist가 각각 한 사람의 배신자, 밀고자, 사회주의자를 의미하는 가산명사구이고, (b)에서는 그 역할을 의미하는 불가산 무관사 명사구이다. become red and yellow, become gray, become rich, become poor 등 그리고 become a doctor, become the president 등에서 보는 바와 같이 become은 형용사 보어도 취하고 명사 보어도 취한다. 이와 달리 turn은 주로 형용사를 보어로 취하는데 명사를 보어로 취할 때는 무관사 명사구만을 허용한다. The tree leaves are turning red and yellow. (나무 잎들이 빨갛고 노랗게 변했다.) His hair turned gray.(머리가 하얗게 쉬었다.) 등 색깔을 뜻하는 형용사가 turn (변하다, 되다)의 보어로 잘 쓰인다. 그러나 turn이 취하는 명사구 보어는 반드시 무관사 명사구이어야 한다. 이는 become과 turn의 의미차이 때문이다. become은 뜻이 두 가지다. 즉 "한 개체가 다른 개체로 된다(=변한다)"는 뜻과 "한 개체가 다른 개체의 성질을 지니게 된다"는 뜻을 가진다. "변한다"의 뜻으로는 명사구 보어가 오고 "되다"의 뜻으로는 형용사 보어가 온다. 그러나 turn은 "한 개체가 다른 개체의 성질을 지니게 된다"는 뜻만 있다. 그러므로 형용사 또는 무관사 명사구 보어만 허용한다.

(6)   a. *He suddenly turned a traitor. . . .
      b. *. . . at the time he turned an informer.[27]

다음과 같은 subject, object, complement 등 문법용어들도 문맥에 따라 역할의 무관사로 쓰일 수도 있다.

(7)   a. This word functions as **subject** of the sentence.
         (이 단어는 문장의 주어로 기능한다.)
      b. Passivization promotes the element that is **object** of the active to **subject** in the passive. (피동화는 능동문의 목적어인 요소를 피동문의 주어로 승격시킨다.)

---

[27] 참고로 "He suddenly **turned into** a traitor."는 정문이다. turn into는 "한 개체가 다른 개체로 변한다"는 뜻이므로 가산명사구 보어를 취한다. 그러나 turn into가 "성질을 지니게 된다"는 뜻은 없기 때문에 무관사 명사구 보어를 취할 수 없다. 즉 "*He suddenly turned into traitor.는 비문이다. turn into는 turn과도 다르고 become과도 다르다.

여기서 subject는 주어의 <역할 또는 "기능">을, object는 목적어의 <역할 또는 기능>을 의미하기 때문에 무관사로 쓰인 것이다. 문장을 이루는 요소들이 각기 그 문장에서 하는 <역할>이 있다. 무관사 명사 subject와 object는 그러한 의미로 쓰인다.

그러나 subject와 object가 각각 주어 역할을 수행하고 목적어 역할을 수행하는 하나의 단어 또는 구를 의미할 때는 가산명사로 쓰인다. 그때는 반드시 관사가 필요하다.

(8) a. Underline {the subject/*subject} of this sentence. (이 문장의 주어에 밑줄을 치시오.)

  b. Most of them have alternants with {a single object/*single object} and {a PP complement/*PP complement} with *to* or *for* as its head. (그 대부분은 핵심어가 to 또는 for인 전치사구 보어와 하나의 목적어를 가진 구문으로 바꾸어 쓸 수 있다.)[28]

(8a)의 문맥에서 무관사 subject를 쓸 수 없다. 주어의 기능을 하는 단어에 밑줄을 칠 수 있는 것이지 주어의 기능에 밑줄을 칠 수는 없기 때문이다. 주어의 기능이란 눈에 보이지도 않고 들리지도 않는다. 같은 이유로 (8b)에서도 무관사 object, complement는 허용되지 않는다. 하나, 둘 셀 수 있는 것은 목적어 기능을 하는 단어이지 목적어 기능이 아니다.

kitchen, bathroom 등의 가산명사구가 다음과 같은 문맥에서 역할의 무관사로 쓰일 수 있다.

(9) a. Apart from the upper levels of the elite, most people lived in communal apartments, with usually just one room for a family, and sharing kitchen, bathroom and lavatory. (엘리트 상류층을 제외하고, 대부분의 사람들은 공동아파트에서 보통 한 가정에 방 하나씩 가지고 부엌과 욕실과 화장실은

---

[28] 이 예문에서 "Most of them"은 give, buy 등의 동사를 가리킨다. 예컨대 "They gave *us a tool*." "She bought *me a car*." 등은 간접과 직접 두 개의 목적어를 가지는 경우이고 "They gave *a tool to us*." "She bought *a car for me*." 등은 한 개의 목적어와 전치사구 보어를 가지는 경우이다. 이른 바 "간접목적어 이동(Dative Shift)" 현상을 언급하고 있음.

같이 쓰고 살았다.)

    b. For sale: large three-bedroom **house** with adjoining **terrace** and **garden**. (매물: 테라스와 정원이 딸린 큰 침실 3개짜리의 가옥)

kitchen, bathroom, lavatory 등은 모두 가산명사로서 보통은 무관사로 쓰일 수 없으나, 위 (10a)와 같은 문맥에서 역할의 무관사 용법이 가능하다. 여기서 kitchen은 어느 가정의 특정의 부엌이 아니다. 이 문맥에서 kitchen은 부엌의 기능을 가리킨다. 한 주택의 일부인 부엌을 구체적으로 지칭한다면 반드시 a kitchen 또는 kitchens가 되어야 한다.

광고문 (b)에 쓰인 house, terrace, garden등도 무관사 단수명사로 쓰여서, 주거의 기능, 휴식, 여가활용, 취미 공간 등의 기능을 나타낸다.

더욱 흔히 보는 예로 go to **school**, go to **church**, went to **army**, the separation of **church** and **state**(교회와 국가의 분리, 종교와 국가의 분리) 등을 들 수 있다. school은 학교의 기능인 "수업", church는 교회의 기능인 "예배", army는 "군복무", state는 국가의 기능인 "정치적 통치"를 의미한다.

(10) a. We saw {a/the} church across the street.

        (우리는 그 길 건너편에 {교회 하나를/그 교회를) 보았다.)

      b. *We saw church across the street.

(11) a. We went to **school** everyday from Monday through Friday.

        (우리는 월요일부터 금요일까지 매일 학교에 갔다. (학교에 공부하러 갔다.))

      b. We went to **the school** everyday for a whole month. (우리는 한 달 동안 매일 그 학교에 갔다. (그 학교에 무슨 볼 일이 있어서 갔다.))

관사가 붙은 church, school은 교회라는 건물 또는 조직, 학교라는 건물 또는 기관을 의미하고 무관사의 church, school은 교회가 하는 일, 학교가 하는 일을 의미한다. 우리가 눈으로 볼 수 있는 것은 교회 건물이나 조직이지 교회의 역할이 아니기 때문에 (10b)는 말이 안 된다.

6.6 총칭의 한정명사구 (Generic Definite NPs)

문맥에 따라서는 tigers, lions 등 무관사 복수 명사구뿐만 아니라 부정명사구 "A tiger"와 한정명사구 "The tiger"가 종 전체를 보편적으로 지시하는 총칭 명사구로 사용될 수 있다.

    (1) a. Tigers are a wild beast. (호랑이는 맹수이다.)
          b. A tiger is a wild beast. (호랑이는 맹수이다.)
          c. The tiger is a wild beast. (호랑이는 맹수이다.)

(1)은 서술어 "is a wild beast"가 종의 특징을 서술하는 의미이기 때문에 주어가 총칭 명사구로 해석될 수 있으나 다음 (2)에서처럼 서술어가 종 전체에 적용될 수 없는 뜻일 때는 같은 명사구들이 총칭 명사구의 뜻으로 사용될 수 없다. 명사구가 총칭인지 개별지시인지는 담화문맥에 따라 가려질 수 있을 뿐이다.

    (2) a. They saw tigers walking over the hill.
            (우리는 호랑이들이 언덕을 넘어가는 것을 보았다.)
          b. They saw a tiger walking over the hill.
            (우리는 호랑이 한 마리가 언덕을 넘어가는 것을 보았다.)
          c. They saw the tiger walking over the hill.
            (우리는 그 호랑이가 언덕을 넘어가는 것을 보았다.)

(1c)는 중의적일 수 있다. "is a wild beast(맹수이다)"라는 서술어가 개별적으로 사용될 수도 있으므로 "The tiger"가 어떤 담화문맥에 등장한 어느 한 호랑이를 개별적으로 지시할 수도 있다. 그러나 다음 (3)과 같은 문맥에서 한정명사구는 오직 총칭의 의미만을 나타낸다. 각 예문에서 서술어가 종 전체에 적용될 수 있는 뜻으로 해석해야 자연스럽기 때문이다.

    (3) a. The lion will *be extinct* in the next decade.
            (사자는 앞으로 10년 안에 멸종될 것이다.)

b. **The Colossal Squid** *is the largest known invertebrate.*

   (거대오징어는 지금까지 알려진 무척추동물 중 가장 큰 종이다.)

c. **The Polar bear** *is the world's largest land carnivore* and also the largest bear.

   (북극곰은 세상에서 가장 큰 육지 육식동물이고 또한 가장 큰 곰이다.)

d. **The giant panda**, or **panda** is a bear native to central-western and south western China. (자이언트 판다 또는 판다는 중국 중서부와 남서부가 원산지인 곰의 한 종류이다.)

e. They tend to think that **the intern** *is an overworked and underpaid species of worker.* (그들은 인턴이란 일은 많이 하고 보수는 적게 받는 노동자 직종이라고 생각하는 듯하다.)

f. Is **the company doctor** an endangered species?

   (회사 의사는 멸종위기에 처한 종인가?)

g. The Secret Garden of the Palace is now open to **the public**.

   (비원이 이제 일반대중에게 공개되었다.)

h. Once **the public** has decided to accept something as an interesting fact, it becomes almost impossible to get **the acceptance** rescinded. The persistent interestingness and symbolic usefulness overrides any lack of factuality. (일반 대중이 무엇인가를 일단 흥미있는 사실로 받아들이면 그렇게 받아들인 것을 무효로 만드는 것은 거의 불가능하다. 그 끈질긴 흥미성과 상징적인 유용성은 사실성의 결핍을 능가한다.(=아무리 그것이 사실이 아니라고 밝혀주어도 소용이 없다.))

i. Like **the personal computer**, ubiquitous computing will produce nothing fundamentally new, but by making everything faster and easier to do, with less strain and fewer mental gymnastics, it will transform what is apparently possible. *The Computer* for the 21st Century" by Mike D. Weiser.) (PC처럼, 유비쿼터스 컴퓨팅은 근본적으로 새로운 것을 생산하지는 않을 것이다. 그러나 그 기술은 신경을 덜 쓰게 하고 정신적 유희를 덜 하면서 모든 것을 더 빠르게 하도록 해주고 더 하기 쉽게 하도록 해줌으로써 지금 가능한 것처럼 보이는 모든 것을 변형시킬 것이다.)

j. Otolaryngology or ENT is a branch of medicine that deals with **the ear, nose** and **throat** and their diseases. (이비인후과 (또는 귀코인후과)는 귀, 코, 인후와 그 병을 취급하는 의학의 한 분야다.)

(3a)를 어느 사자 한 마리에 대한 서술이라고 해석하는 것은 말이 안 된다. 사자 한 마리를 놓고 멸종의 문제를 말할 수 없다. (b), (c), (d)의 문맥도 종 전체에 관한 이야기로 보아야 자연스러운 해석이 된다.

(e)를 어느 인턴 한 사람에 대한 말이라고 볼 수 없다. 그것은 인턴이라는 범주 전체에 적용되는 말이다.

(f)의 문맥에서 한정명사구 the company doctor--회사가 종업원의 건강과 질병 예방을 위하여 채용하는 의사--는 어느 특정회사의 어느 특정의 회사의사가 아니라, 회사의사의 범주를 총칭하는 총칭명사구이다.

(g)와 (h)에서 the public은 한 국가나 사회의 일반대중, 보통사람들을 총칭하고 그 지시는 사람들의 담화문맥에 항상 존재하기 마련이다. 따라서 public은 의례 한정명사구로 쓰인다.

(i) 컴퓨터의 미래를 논의하는 이 문맥에서 the personal computer는 PC를 총칭한다. 특정 컴퓨터 한 대를 놓고 21세기의 컴퓨터를 논한다는 것은 말이 안 된다.

(j) 신체부위를 의미하는 단어들이 총칭명사로 쓰일 수 있다. the ear, the nose, the throat는 여기서 각각 **총칭명사**다. 여기서 귀와 코와 인후를 총칭명사구로 사용할 수 있는 것은 이 발화가 이비인후과의 의학적인 담화문맥이기 때문이다. (ENT 는 Ear, Nose, & Throat의 줄임.)

다음과 같은 지역 명칭도 일종의 총칭 명사구로 볼 수 있다.

(4) a. **The Arctic region** consists of a vast, ice-covered ocean, surrounded by treeless permafrost. (북극지역은 나무가 없는 동토층으로 둘러쌓인 광대한 얼음덮인 대양으로 이루어진다.)

b. Most of **the Antarctic region** is situated south of 60°S latitude parallel, and is governed in accordance with the international legal regime of the Antarctic Treaty System. (남극지역의 대부분은 남위 60도의 남쪽에 위치해 있고 남극 조약체제에 따라 지배를 받는다.)

c. The history of **the Middle East** dates back to ancient times, and throughout its history, **the Middle East** has been a major center of world affairs. (중동의 역사는 고대로 거슬러 올라가고 역사상 중동은 세계문제의 주요 중심지였다.)

d. The term 'Far East' came into use in European geopolitical discourse in the 12th century, denoting East Asia as the "farthest" of the three "easts", beyond **the Near East** and **the Middle East**. ('Far East(원동, 극동)'이라는 용어는 근동과 중동을 넘어 세 개의 동쪽 지역 중 가장 먼 동 아시아를 지칭하는 뜻으로 12세기 유럽의 지정학 담화에서부터 사용되기 시작했다.)

지역명칭으로 사용되는 한정명사구 the Arctic region, the Antarctic region, the Middle East, the Far East 등은 해당 지역을 총칭하는 일종의 총칭 명사구이다. the Middle East는 중동의 지역들의 총체를 하나의 명칭으로 일컫는 용어이고 the Arctic region은 북극지방의 모든 지역들을 하나로 총칭하는 용어이며 the Far East 는 극동의 모든 지역들을 총칭하는 용어이다. 그러한 의미에서 이런 지역명칭은 총칭의 명사구이다.

단수 명사구가 종 전체를 지시하는 것은 마치 family, army, committee 등 집합 명사가 복수 동사와 일치하는 현상을 연상하게 하지만－"All the family **are** here now." "The committee **agree** to the Government's guideline."--총칭의 한정명사구 가 복수로 쓰이는 일은 없으므로 집합명사와는 확연히 구별된다. *~~The lion are a ferocious beast~~. The polar bear 등등은 비문이다.

(5) a. <u>The polar bear</u> is not listed with a status of endangered now, this may be due in part to the foresight of the five nations that agreed to make <u>the polar bear</u> a priority, and protect them by signing the International Agreement on the Conservation of Polar Bears. (북극곰은 지금 멸종위기의 상태에 놓여있 지 않다. 이것은 아마도 북극곰을 우선순위로 정하고 북극곰 보존에 관한 국제 협약을 맺음으로써 그것을 보호하는 데 동의한 다섯 나라들의 선견지 명에 기인한다고 할 것이다.)

c. The pioneering spirit that inspired Jane and Leland Stanford to establish this university more than a century ago encourages boldness in everything we do －whether those efforts occur in <u>the library</u>, in <u>the classroom</u>, in <u>a laboratory</u>, in <u>a theater</u> or on <u>an athletic field</u>. (1세기 전에 제인과 리란드 스탠포드에게 이 대학을 설립하도록 영감을 주었던 그 개척정신은 지금 우리가 하는 모든 일에서－그 일이 도서관에서 하는 일이든, 강의실에서 하는 일이든, 실험실

에서 하는 일이든, 극장에서 하는 일이든, 운동경기장에서 하는 일이든 - 대
담성을 가지고 하도록 고무한다.)

　　h. the Greeks, the Koreans, the Chinese, the Japanese, the Americans 등.

　(a), (b)는 동물생태를 이야기하는 문맥인데 the polar bear, the giant panda는
어느 북극곰 한 마리, 어느 특정의 판다 한 마리를 지칭하는 것이 아니다. 그것은
한 종으로서의 북극곰을 총칭하고 판다를 총칭한다.

　(c)는 대학의 홈페이지에 실린 그 대학 총장의 환영사의 일부이다. 이 문맥에서
the library, the classroom은 특정의 도서관 하나, 강의실 하나를 가리키는 것이
아니다. 그것은 대학의 도서관과 강의실을 총칭적으로 가리키면서 사실상 연구와
교육을 상징한다. 이어지는 부정명사구 a laboratory, a theater, an athletic field 등
은 부정명사구로서 역시 총칭 명사구이다. 그것은 각기 이공계의 연구 활동, 공연
예술 활동, 스포츠 활동을 의미한다.

　따라서 단수의 a public이나 복수의 publics는 존재하지 않는 표현이다.

6.7　고유명칭(Proper Names)과 정관사

　고유명칭에는 한정명사구로 된 것도 있고 무관사 명사구로 된 것도 있다. The
Republic of Korea, The Mississippi River와 같이 나라의 명칭이나 강의 명칭 등
한정명사구로 된 것이 있는가 하면 Harvard University, Sunset Boulevard 등 대학
의 명칭이나 길거리의 명칭과 같이 무관사 명사구로 된 것이 있다. 그러한 차이가
어디서 오는가를 이 절에서 밝힌다.

6.7.1　고유명사의 통사적 특징

　명사를 크게 가산명사와 불가산명사로 나누어 생각하는 것이 기본적인 분류법
이지만, 분류기준을 달리 하여, **보통명사**(common noun)와 **고유명사**(proper noun)
로 나누는 분류법도 있다. man, woman, state, city 등 사람이나 사물을 범주적으로

(categorically) 지시하는 명사를 보통명사라 하고, John, Mary, California, London 등 특정의 인물 또는 사물을 개별적으로(individually) 지시하는 "고유의 명칭"을 고유명사라고 한다.29

보통명사와 고유명사의 문법적 차이는, 첫째, 보통명사에는 관사가 결합될 수 있으나 고유명사에는 관사가 결합될 수 없다. 둘째, 보통명사에는 흔히 수식어가 결합될 수 있지만 고유명사에는 수식어가 잘 오지 않는다. 원칙적으로 수식어와 고유명사는 서로 배타적이다. 이 두 가지 차이점을 아래 예들이 보여준다.

(1)   a. *the John, *a Mary, *a London, *the New York vs. the man, a girl, the city
      b. *strong John, *beautiful New York, *John of my family, *London in this country vs. the strong man, a beautiful city, the man of my family, the city in this country

이와 같이 고유명사는 통사적으로 특별한 명사다. 이 특수성 때문에 고유명사는 단독으로 큰 명사구 NP를 이룬다. (이하는 제1장에서 밝힌 명사구의 통사구조에 대한 보충설명이다. **작은 명사구 N', 큰 명사구 NP, 그리고 보어와 수식어** 등에 대하여 제1장을 참조.)

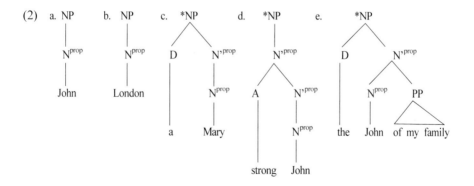

(2) a. NP   b. NP   c. *NP   d. *NP   e. *NP

---

29 man(남자)이란 사람의 한 범주를 지시하고 woman이란 사람의 또 다른 범주를 지시한다. state(주)는 지방행정자치단체의 범주이고 city는 인간주거지의 한 범주(category)이다. John 은 남자 범주에 속하는 한 개체(individual)이다. Mary, California, San Francisco 등도 각각 개체이다.

고유명사의 특수성을 다루기 위하여 고유명사에는 N^{prop}라는 어휘범주를 따로 부여한다. 그리고 보통명사에는 보통명사 N^{common}을 부여한다. 고유명사 N^{prop}는 그 앞과 뒤에 아무 것도 결합될 수 없으며 바로 **큰 명사구** NP를 형성한다. 이를 위하여 다음 규칙이 필요하다.[30]

(3) $N^{prop} \rightarrow NP$

고유명사 N^{prop}는 오로지 단독으로 NP를 형성할 뿐이다.[31] 고유명사는 N^{common}이 아니기 때문에 N'를 이룰 수 없고, 따라서 관사와 결합할 가능성이 차단된다. 이로써 (2c)의 *a Mary 같은 명사구가 발생하지 않도록 한다. 또 수식어 형용사 A와 결합할 가능성도 차단되어 (2d)의 *strong Mary와 같은 명사구도 생기지 않게 된다. 또 (2e)에서처럼 보어와 결합할 가능성도 차단되어 *John of my family 따위의 명사구도 생기지 않게 된다. 이것이 고유명사에 관사도, 수식어도, 보어도 붙을 수 없는 통사적 제약을 처리하는 방식이다.[32]

---

[30] 제1장에서 N이라고 했던 것은 이제 모두 N_{common}이 된다. 동시에 N'$_{common}$과 NP$_{common}$도 새로 도입된다. 즉 어휘범주 N_{common}이 보어와 결합하면 작은 명사구 N'$_{common}$이 되고 작은 명사구 N'$_{common}$이 수식어와 결합하면 그대로 작은 명사구 N'$_{common}$이 된다. 그리고 작은 명사구가 결정사 Det(erminer)와 결합하면 큰 명사구 NP$_{common}$이 된다. 그리고 "고유명사 어휘범주" N_{proper}, "고유명사 작은 명사구" N'$_{proper}$, "고유명사 큰 명사구" NP$_{proper}$ 등의 범주도 새로 도입된다.

[31] 명사구로 된 고유명칭도 있다. Joan of Arc(잔다르크 Jeanne D'Arc), Lion King Richard(사자왕 리차드), Peter the Great(피터 대제) 등. 고유명칭 Joan에 전치사구 보어가 결합되어 N'를 형성하고 이것이 단독으로 NP를 형성하면 고유명사구 Joan of Arc가 된다. Lion King이 합성어 고유명사이고 이것이 고유명사 Richard와 다시 합성어를 이루면 합성어 고유명사구 Lion King Richard가 된다. Peter와 the Great이 합성어 명사구를 형성한다. the Great은 형용사의 명사화 현상으로 볼 수 있다. 형용사 "Great"이 명사화 되면 the Great King을 의미한다.

[32] 의미적으로 볼 때도, 정관사나 부정관사가 고유명사에 첨가되는 것은 잉여적이다. 고유성의 의미를 가지는 고유명사에 고유성의 의미를 가지는 정관사 또는 유일성의 의미를 가지는 부정관사를 붙이는 것은 고유성 또는 유일성을 중복적으로 나타내게 된다. 즉 "the John"이라는 표현은 의미적으로 고유성을 중복적으로 표현하는 것이 되고 "a John"은 유일성의 의미를 중복적으로 표현되는 결과가 된다. 일반적으로 수식어의 의미기능은 정체성이 결정되지 않은 한 명사에 붙어 그 명사의 정체성을 좀 더 뚜렷하게 해주는 것이다. 가령 어떤 책을 놓고 "the book"이라고만 하면 어느 책을 가리키는 지 알 수 없을 때 "the blue book"이라고 하면 어느 책인지 분명히 알 수 있게 된다면, 수식어 blue가 그 책의 정체성을 결정하는 역할을 한 것이다. 그런데 고유명사는 이미 그 정체성이 결정된 사물을 의미하는 명사이기 때문에 거기에 수식어가 붙는 것은 (논리적으로) 불필요한 중복이고 의미적으로 사족이다.

6.7.2 고유명사와 고유명칭: 고유명칭의 유형

고유명사에는 관사가 결합되지 않으나 고유명칭에는 관사가 올 수 있다. "고유명칭"과 "고유명사"는 서로 다른 개념이다.[33] 예를 들면, the United States of America, the Republic of Korea, Daly City 등은 고유명칭이지만 고유명사가 아니다. 이런 고유명칭들은 보통명사 States, Republic, City가 각기 핵심어이다. 이 고유명칭들은 모두 핵심어가 보통명사인 **보통명사구**이다.[34]

고유명사와 정관사는 서로 배타적이지만, 고유명칭과 정관사는 배타적이지 않다. 정관사를 수반하는 보통명사가 고유명칭으로 쓰일 수 있기 때문이다. 보통명사가 고유성을 획득하여 고유명칭에 사용되는 상황인데, 고유명칭이 되었음에도 보통명사 본래의 속성이 남아 있어서 정관사가 올 수 있게 된다. 그러한 고유명칭에는 고유명사와 보통명사의 성질이 공존하는 셈이다. 이렇게 보통명사가 포함된 고유명칭에는 다음 네 가지 유형이 있다.

(4) a. of 전치사구 보어를 수반하는 **보통명사구 고유명칭**

the United States of America(미합중국), the Republic of Korea(대한민국), the University of Chicago(시카고 대학교), the University of Tokyo(도쿄 대학교), the Gulf of Mexico(멕시코 만), The Ministry of Education, Science and Technology(교육과학기술부), The Chamber of Commerce & Industry(상

---

[33] "고유명사"는 문법용어로서 명사의 한 종류이고, "고유명칭"은 명칭의 하나를 의미하는 의미적 용어이다. 모든 고유명사는 고유명칭으로 사용되지만 모든 고유명칭이 다 고유명사인 것은 아니다.

[34] 핵심어가 고유명사인 고유명칭들도 있다. the Netherlands, the Hague 등 특수한 지명들과 the Himalayas, the West Indies 등 지리적 명칭들이 그러한 고유명칭에 속한다. 산맥이나 도서지역의 명칭이 복수가 되는 이유는 그 의미에서 찾을 수 있다. 산맥은 다수의 산들이 모여서 이루어지고 제도는 여러 섬들로 이루어지는 것이기 때문에 복수가 된다. 마치 가문을 의미하는 the Habsburgs (합스부르크 왕가), the Burbons(부르봉 왕가), the Kennedys(케네디 가), the Johnsons(존슨 가) 등이 Habsburg 들의 무리, Burbon들의 무리, Kennedy들의 무리, Johnson들의 무리를 의미하는 것과 같은 이유다. E.g. The Habsburgs were able to hold the imperial throne almost continuously for centuries, until 1806.(합스부르크 왕가는 1806년까지 수 세기동안 거의 계속적으로 왕좌를 유지할 수 있었다.)
그러나 the Netherlands와 같은 복수형 고유명칭은 이 논리로 설명이 되지 않는다. the Hague 는 복수도 아닌데 정관사가 붙으니 역시 이 논리로 설명될 수 없다. 이들은 관사와 복수어미가 명칭의 일부로 포함된다고 볼 수밖에 없는 예외 현상이다.

공회의소)

b. 명사 또는 형용사 수식어를 수반하는 **보통명사구 고유명칭**

The Washington Post(워싱턴 포스트), The New York Times(뉴욕 타임스), The Wall Street Journal(월스트리트 저널), The San Francisco Chronicle(샌프란시스코 크로니클), The McGraw-Hill Companies, Inc.(맥그로 힐 출판사), The Atlantic Ocean(대서양), The Mississippi River(미시시피 강), The Sahara Desert(사하라 사막), The Himalaya Mountains(히말라야 산맥), The Cascade Range(캐스케이드 산맥) 등등.[35]

c. **고유명사구 고유명칭**: <보통명사+고유명사> 형식의 고유명칭

Professor Brown(브라운 교수), Prime Minister Blair(블레어 수상), President Obama(오바마 대통령), Mr. Putin(푸틴 씨), Director Johnson(존슨 이사), Lake Michigan(미시건 호), Mount Everest(에베레스트 산) 등등.

d. **합성어 고유명칭**: <고유명사+보통명사> 형식의 고유명칭

Harvard University(하버드 대학교), Cowel College(카월 대학), New York City(뉴욕 시), Forbes Street(포브즈 가), Fifth Avenue(5번가), Hudson Bay (허드선 만), Harding Park(하딩 공원), Los Angeles Times(로스엔젤레스 타임스) 등등.

이 네 가지 고유명칭의 통사구조는 각각 다음과 같이 분석된다.

(5) a. of형 보통명사구 고유명칭   b. 수식어형 보통명사구 고유명칭

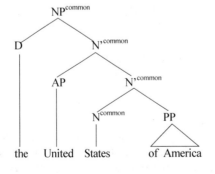 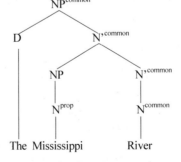

---

[35] The Coffee Beans & Tea Leaf (커피빈스 앤드 티리프), The Pacific Ocean (태평양) 등은 고유명사가 포함되지 않은 고유명칭의 예이다. 보통명사구가 그대로 고유명칭으로 사용되는 경우다.

c. 고유명사구 고유명칭　　　　　　d. 명사 합성어 고유명칭

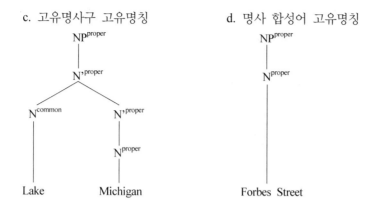

(4a)(=(5a))와 (4b)(=(5b))는 핵심어가 보통명사인 명사구의 구조이다. 핵심어 명사의 성질에 따라 of 전치사구 보어가 올 수도 있고 명사나 형용사 수식어가 올 수도 있다. (5a)와 같이 보통명사 핵심어 "States"가 전치사구 보어 "of America"를 거느리는 명칭을 **of형 보통명사구 고유명칭**(*Of*-type Common NP Proper Name)이라고 하고 (5b)와 같이 고유명사 수식어 "Mississippi"와 보통명사 핵심어 "River"가 결합하여 이루어진 명칭을 **수식어형 보통명사구 고유명칭**(Modifier Common NP Proper Name)이라고 한다. 보통명사구 고유명칭에 정관사가 오는 이유는 (통사적으로나 의미적으로) 가산의 보통명사에 정관사가 결합되는 이유와 같은 이유이다. 고유명칭은 항상 지시공유의 조건을 준수하기 때문에 이 보통명사구 고유명칭은 반드시 한정명사구로 나타난다.

(4c)(=(5c))와 (4d)(=(5d))는 둘 다 무관사 명사구지이만 무관사가 되는 이유가 서로 다르다. 보통명사가 선행하는 (5c) "Lake Michigan"은 보통명사 Lake가 수식어이고 고유명사 Michigan이 핵심어 명사이다. 따라서 이것은 구조적으로 **고유명사구**(Proper NP)이다. 핵심어가 고유명사이므로 관사의 결합이 허용되지 않는다. *~~The Lake Michigan~~, *~~The Professor Brown~~, *~~the President Obama~~ 등은 *~~The Michigan~~, *~~The Brown~~, *~~The Obama~~ 등이 비문인 것과 같은 이유로 비문이다. 이 유형을 **고유명사구 고유명칭**(Proper NP Proper Name), 줄여서 **고유명사구 명칭**(Proper NP Name)이라고 부른다.

대조적으로 고유명사가 선행하는 (4d)의 Harvard University, Forbes Street 등은 **명사 합성어**(Noun Compound)의 형식이다. 고유명사와 보통명사가 결합하여 합성

어가 된 것이다. 보통명사가 고유명칭의 일부로 흡수되어 보통명사로서의 성질이 완전히 없어진 것이다. 다시 말해, 하나의 고유명사와 하나의 보통명사가 결합하여 하나의 고유명사가 새로 형성된 것이다. 고유명사에 관사가 올 수 없는 것과 같은 이유로 이 유형의 명칭에 관사가 올 수 없다. *the Forbes Avenue, *the New York City, *the Harvard University 등은 *the Forbes, *the New York, *the Harvard 등이 비문인 이유와 같은 이유로 비문이다. 이 유형을 **명사 합성어 고유명칭**(Noun Compound Proper Name)이라고 부른다.[36]

이상 네 가지 유형의 고유명칭의 특징을 아래 표로 정리 한다.

(6) 고유명칭의 4유형

유형	통사 범주	핵심어	구조	예 (핵심어에 밑줄)
of형 보통명사구 고유명칭	한정 보통 명사구	보통명사	고유명사 of전치사구 보어를 거느리는 보통명사구	the University of Illinois, the Gulf of Mexico
수식어형 보통명사구 고유명칭			고유명사 또는 형용사 수식어를 수반하는 보통명사구	the New York Times, the Mississippi River, the Pacific Ocean
고유명사구 고유명칭	무관사 고유 명사구	고유명사	보통명사 수식어를 수반하는 고유명사구	Professor Brown, Lake Michigan, Mount Everest
명사 합성어 고유명칭			고유명사와 보통명사가 결합된 합성어 고유명사	Samsung Electronics, Forbes Street, USA Today

---

[36] 명사구와 명사 합성어는 강세의 차이로 구별된다. 수식어와 핵심어 명사가 명사구를 이룰 때는 제1강세가 핵심어 명사에 있고, 두 개의 요소가 명사 합성어를 이룰 때는 첫 번째 요소에 제1강세가 온다. 예를 들어 a blue bird (파란 새), a black board (검은 판자)는 blue, black이 각각 수식어이고 bird, board가 각각 핵심어 명사구이다. 이때는 제1강세가 각각 bird, board에 온다. 대조적으로 a bluebird (파랑새)는 blue와 bird가 결합하여 이루어진 합성어이고, a blackboard (흑판)은 black과 bird가 결합하여 이루어진 명사 합성어이다. 이때는 제1강세가 각각 첫 번째 요소인 blue, black에 온다. 비슷한 예로 명사구 the white house (흰 집)에서는 house에 제1강세가 오고 명사 합성어 the White House (백악관)에서는 White에 제1강세가 온다. 이런 강세의 차이가 보통명사구의 명칭과 명사 합성어의 명칭에도 그대로 적용된다. 가령 보통명사구 명칭 Lake Michigan에서는 Michigan에 제1강세가 떨어지고, 명사 합성어 명칭 New York City에서는 New York에 제1강세가 떨어진다. 또 보통명사구 명칭인 the United States of America, the New York Times에서는 각각 핵심어인 States, Times에 제1강세가 온다.

보통명사구 고유명칭이 한정명사구가 되는 이유는 가산명사구가 한정명사구가 되는 이유와 같다. 즉 보통명사구 고유명칭은 지시공유의 조건을 충족시키기 때문에 한정명사구가 된다. 고유명칭이 한정명사구인 이상 그것이 고유명칭이라고 해서 지시공유의 조건 이외에 다른 조건이 있어서 한정명사구가 되는 것은 아니다. 화자와 청자가 공유하는 담화문맥에 그 명칭의 지시가 존재하기 때문에 그 명칭은 한정명사구로 표현되는 것이다. 예를 들어, 미국 "the United States of America"가 한정명사구인 이유는 그 지시가 화자와 청자가 공유하는 담화문맥에 유일한 존재로 존재하고 있기 때문이다. 또 "the Gulf of Mexico"나 "the Pacific Ocean"이 한정명사구가 되는 이유도 그것이 각각 지시공유의 조건을 충족시키기 때문이다. 화자와 청자가 공유하는 담화문맥에 그 지시가 유일한 존재로 존재하고 있기 때문이다. 더 간단히 말하면, <미국>이 무엇인지 화자도 알고 청자도 아는 담화문맥에서, 오직 그러한 담화문맥에서 보통명사구 고유명칭 "the United States of America"은 사용될 수 있다. 이는 보통명사구 고유명칭 뿐만 아니라 모든 종류의 고유명칭에 적용되는 말이다.

다만 이때 담화문맥은 개인적 차원이 아니라 공적인 사회적 차원이라는 것이 보통명사 한정명사구와 다른 점이다. 고유명칭이란 기본적으로 제도적 관례(institutional convention)에 따른 것이기 때문에 그것이 일단 한 형태의 한정명사구로 정립되면 그 이외의 모든 다른 가능성이 차단된다. 예를 들어, 보통명사구 고유명칭 "the United States of America"는 미국이라는 국가 차원의 제도적 관례에 따라 하나의 고유명칭으로 수립된 것이기 때문에 이 형태 이외의 어떠한 다른 형태도 허용되지 않는다. "the Gulf of Mexico"나 "the Pacific Ocean"의 경우에도 마찬가지이다. 그것은 각기 세계 지리의 제도적 관례에 따라 결정된 것이므로 오직 그것만 통용된다. *the American United States, *the Mexican Gulf 등등 어떠한 다른 형태도 허용되지 않는다. 이런 형태는 문법적 하자는 없지만 제도적 관례상 허용되지 않는다. 문법적으로 하자가 없는 형태 중에 제도적으로 선택된 형태만 적법한 명칭으로 통용된다. 물론 문법적으로 하자가 있는 것은 고유명칭이 될 자격이 없다. 가령 *United States of America, *Gulf of Mexico, *Pacific Ocean 등 보통명사구가 무관사로 나타나는 것은 문법상 허용되지 않기 때문에 명칭으로 사용될 수 없다. 문법적으로 하자가 없다고 해서 모두 고유명칭으로 사용되는 것도 아니지만, 문법적으로 하자가 있는 것이 고유명칭으로 사용되는 일은 원천적으로 봉쇄된다.

<고유명사+보통명사>의 형식으로 이루어진 합성어 고유명칭은 가장 널리 쓰이는 명칭의 유형이다. 각급 학교와 대학과 기업체의 명칭은 물론 도시, 구역, 거리 등의 지역명칭이 이 부류에 속한다. 아래 (7)에 몇 가지 예를 들어본다. 고유명사는 밑줄, 보통명사는 이탤릭체로 표시한다.

(7) a. 학교 명칭: <u>Westlake</u> *Elementary School*, <u>Schenley</u> *High School*, <u>Cowel</u> *College*, <u>Harvard</u> *University*, <u>Stanford</u> *University*, <u>Waseda</u> *University*, <u>Southern Illinois</u> *University* 등.

b. 회사 명칭: <u>Apple</u> *Incorporation*, <u>Microsoft</u> *Corporation*, <u>Samsung</u> *Electronics*, <u>General Motors</u> *Company*, <u>Sony</u> *Corporation*, <u>IBM</u> *Corporation*, <u>Macmillan</u> *Publishers Ltd. of London*, <u>Edinburgh</u> *University Press*, 등.

c. 거리 명칭: <u>Miramar</u> *Drive*, <u>Washington</u> *Square*, <u>Kennedy</u> *Circle*, <u>Ocean</u> *Street*, <u>Sunset</u> *Boulevard*, <u>5th</u> *Avenue*, <u>19th</u> *Street* 등.

d. 시설 명칭: <u>Lincoln</u> *Park*, <u>Golden Gate</u> *Park*, <u>Half Moon Bay</u> *State Beach Campground*, <u>Yankee</u> *Stadium*, <u>Dodger</u> *Stadium*, <u>AT&T</u> *Park* 등.

e. 지명
도시: <u>Daly</u> *City*, <u>Forster</u> *City*, <u>Carson</u> *City*, <u>Manhattan</u> *Beach*, <u>Virginia</u> *Beach*, <u>Solsbury</u> *Hill*, <u>Moreno</u> *Valley* 등.

카운티: <u>Madison</u> *County*, <u>San Mateo</u> *County*, <u>Allegheny</u> *County*, <u>Orange</u> *County* 등.[37]

---

[37] 미국의 행정단위는 주마다 조금씩 다르지만 대체로는 State(주), County(카운티), City(시) 또는 Town(타운)으로 구획되어 있다. 예컨대, Pennsylvania(펜실바니아) 주에는 Allegheny (알리게니) County 등 67개의 county가 있고, Allegheny County안에는 Pittsburgh 등 130개의 municipalities(지방자치체)가 있다. 지방자치체는 인구 규모에 따라 city, borough, town 등으로 구별해 부른다. 우리나라의 동에 해당하는 행정구역은 없다. 다른 예로, California 주에는 Santa Clara County 등 58개의 County가 있고, Santa Clara County 안에 San Jose, Palo Alto 등 여러 개의 city와 town이 있다. New York 주와 뉴욕 시를 구별할 때 각각 New York State, New York City라고 한다. 그러나 Daly City나 Forster City 등 "City" 자체가 그 도시 명칭의 일부로 되어 있어서 City를 빼고 Daly나 Forster라고 할 수 없다.

우편주소는 대체로 행정구역대로 쓰지만 County는 적지 않으며 동이 없으므로 그 대신 거리명칭을 쓴다. "번지수 Street, City (또는 Town), State 우편번호, USA"의 순서로 적는다. 예: 411 Oakland Avenue, Pittsburgh, PA15234, USA (미국, 펜실베이니아 주 우편번호 15234, 피츠버그 시, 오클랜드 가 411번지) PA는 Pennsylvania의 약자. 우편번호는 5자리 숫자로 되어 있는데 주 이름에 이어서 쓴다. 미 대륙 동북단 메인 주에서 시작하여 남서쪽으로 전진하면서 서북단의 워싱턴 주를 거쳐, 하와이, 알라스카 까지 00001부터 99999까지 나간다. 얼마 전부터 5자리 숫자 다음에 하이픈을 하고 다시 4자리를 추가하여 더 세분된 우편번호를 쓰기 시작했다. San Jose, CA 95404-1001. New York, NY 10023-1002 등. (CA는 California주, NY는 New York주의 약자임.)

우편주소, 한 줄로 이어 쓴 예: 1627 E. 60th Street, Chicago, IL 60637 USA

편지봉투에 쓴 예: Mr. Thomas Johnson
　　　　　　　　55 Hayward Street
　　　　　　　　Cambridge, MA 02142-1493
　　　　　　　　U. S. A.

번지수는 1자리, 2자리, 3자리, 4자리 등 여러 가지가 있다. 반드시 거리명칭 앞에 적는다. 거리명칭에 쓰이는 명사로는 Street과 Avenue가 주종이지만, 그 외에 Boulevard, Road, Lane, Court 등등 여러 가지가 있다. 5040 Forbes Street, 4500 5th Avenue, 7777 Sunset Boulevard, 760 Mountain Road, 450 Hagar Court 등등.

영국(The United Kingdom of England and Northen Ireland)은 England, Scotland, Wales, Northen Ireland 등 네 나라로 구성되어 있다. England는 9개의 Region으로, Scotland는 33개의 Lieutenancy Areas로, Wales는 22개의 Council Areas로, 그리고 Northen Ireland는 6개의 County로 되어 있다. 그 안에 city, town, village 등이 있다.

영국식 우편주소: The Oxford Building, Cambridge CB2 2RU, UK

영국의 우편번호는 소도시와 대도시별로 다양하다. 알파벳이 먼저 오고 숫자가 뒤에 오되, 앞의 1자리, 2자리, 3자리 또는 4자리와 뒤의 3자리로 나누어져 있다. 앞자리의 알파벳 하나 또는 둘은 우체국이 있는 120여개의 도시를 가리킨다. 그 이하의 숫자와 문자는 각 시의 세분된 구역을 가리킨다. 예에서 CB2 2RU의 앞자리 CB가 캠브리지 시 우체국을 나타내는 Postcode(우편번호)이다.

캐나다 식: 15977 112 Avenue, Surrey, BC, V4N 1J1, Canada (캐나다, 브리티시 콜롬비아 도, 우편번호 V4N 1J1, 서리 시, 112번가, 15977번지) BC는 British Columbia의 약자로 캐나다의 13개의 Province중의 하나다. 우편번호는 알파벳과 숫자를 섞어 쓴다. 앞 3자리와 뒤 3자리로 되어 있는데 각각 "숫자 문자 숫자"의 순으로 붙여 쓰고 앞 3자리와 뒤 3자리 사이를 띄어 쓴다.

오스트레일리아 식: 477 Willmington Road, Port Melbourne, VIC 3207, Australia (오스트레일리아, 빅토리아 주 3207, 포트 멜 보른 시, 윌밍턴 로드 (가) 477번지) VIC는 Victoria의 약자. 오스트레일리아는 빅토리아 등 8개의 주(state 또는 territory)가 있다. 우편번호는 4자리 숫자로 되어 있다.

뉴질랜드는 Northland, Auckland, Canterbury 등 16개의 Region이 있고 그 안에 67개의 district와 city가 있다. 우편주소 예: International Studies Program, PO Box 600, Wellington

지명으로는 이외에도 Walnut Creek, Spring Valley, Rock Hill처럼 보통명사로만 이루어진 명사 합성어 명칭들도 있고 Long Beach, Pleasant Hill, West Side처럼 형용사 수식어와 보통명사로 이루어진 보통명사구 명칭들도 있다. 구조적으로 보면 관사가 붙어야 하지만 이들이 고유명칭으로 굳어지면서 보통명사의 성질을 완전히 상실하고 고유명사의 성격을 가지게 되어 무관사 고유명칭이 된 것으로 볼 수 있다.

회사명으로 무관사의 명사 합성어 유형이 널리 사용되지만 정관사를 수반하는 보통명사구 고유명칭도 많이 있다. The Coffee Beans & Tea Leaf, The McGraw-Hill Companies, Inc(머그로힐 출판사) The MIT Press(MIT 대학 출판사), The University of Chicago Press(시카고 대학 출판사) 등. 이 명칭들은 모두 보통명사들로만 이루어진 것이 특징이다. 그 때문에 이 명칭들이 보통명사구 명칭이 된다. 대조적으로 Edinburgh University Press(에든버러 대학 출판사)는 Edinburgh University가 명사 합성어 고유명칭이므로 무관사로 나타난다.

6.7.3 전형적인 지리적 명칭들

지리적 명칭은 자연 현상과 인문적 현상이 고유명사와 결합되어 나타나는 장구한 인류역사의 유산이다. 그 때문에 불규칙적인 면과 예외들이 있기 마련이어서 완전한 일반화는 어렵지만 그 구조적 뼈대는 앞 절에서 제시한 네 가지 고유명칭의 유형에서 벗어나지 않는다. the Gulf of Mexico와 같이 of형 보통명사구 명칭들, the Mediterranean Sea, the Mississippi River와 같은 수식어형 보통명사구 명칭들, San Francisco Bay, Waikiki Beach, Carson City와 같은 명사 합성어 명칭들, 그리고 Lake Michigan, Mount Everest와 같은 고유명사구 명칭들이 두루 사용된다.

(가) 산맥과 산
산맥의 명칭은 수식어형 보통명사구의 구조로 되어 있다. the Himalaya

6250, New Zealand (뉴질랜드, 웰링턴 시 6250번지, 우편함 600, 국제관계 연구 프로그램) 우편번호는 시 명칭 다음에 쓴다. 오스트레일리아와 같이 4자리 숫자로 되어 있다.

Mountains (히말라야 산맥), the Rocky Mountains (로키 산맥), the Appalachian Mountains (애팔래치아 산맥) 등등. 산맥은 많은 산들로 이루어져 있기 때문에 반드시 복수명사 Mountains이어야 한다.

Mountains를 지우고 고유명사를 복수로 나타내어 산맥의 명칭으로 사용할 수도 있다. the Himalayas, The Rockies, the Appalachians 등. 이들은 핵심어 Mountains가 고유명사 수식어 속으로 흡수된 것으로 고유명사 수식어와 보통명사 핵심어의 융합이라고 할 수 있다. 흡수되는 과정에서 Mountain은 소멸되고 복수 어미만 살아남은 것으로 보면 된다.

The Himalaya Mountains이든 the Himalayas이든 산맥명칭은 집합명사이다. 문맥에 따라 단수 또는 복수로 쓰일 수 있다. 산맥을 하나의 산악지대로 보면 단수이고, 산맥에 포함된 많은 산들을 가리키면 복수가 된다.

(1) a. The Himalaya Range or <u>Himalaya Mountains</u>, usually called <u>the Himalayas</u> or <u>Himalaya</u> for short, *is* a mountain range in Asia, separating the Indian subcontinent from the Tibetan Plateau. (히말라야 산맥은 인도 대륙과 티베트 고원을 분리시키는 아시아의 한 산맥이다.)

b. <u>The Alps</u> *does* not form an impassable barrier; <u>It</u> *has* been traversed for war and commerce, and later by pilgrims, students and tourists. (알프스 산맥은 통과할 수 없는 장벽을 형성하지 않는다. 그것은 전쟁과 상업 목적으로 지나다녔고 나중에는 순례자들, 학생들, 그리고 관광객들이 넘나들었다.)

c. Along its length, <u>the Andes</u> *is* split into several ranges, which are separated by intermediate depressions. (그 길이를 따라 안데스 산맥은 여러 개의 산맥 지역으로 나누어진다. 이들은 중간 함몰지역에 의해 분리된다.)

d. <u>The Andes</u> *is* the world's longest continental mountain range.

e. By the end of the Mesozoic era, <u>the Appalachian Mountains</u> had been eroded to an almost flat plain. It was not until the region was uplifted during the Cenozoic Era that the distinctive topography of the present formed. (중생대 말기에 이르러 아팔레이시아 산맥은 침식되어 거의 평지가 되었다. 현재의 특징적인 지형이 형성된 것은 신생대 기간 동안 그것이 융기한 뒤였다.)

(2) a. <u>The Himalayas</u>, due to their large size and expanse, *have* been a natural barrier

to the movement of people for tens of thousands of years. (히말라야 산맥은 그 큰 규모와 넓이로 말미암아 수 만 년 동안 사람들의 이동에 자연적 장벽이 되어왔다.)

b. <u>The Appalachian Mountains</u>, often called <u>the Appalachians</u>, *are* a vast system of mountains in eastern North America. (아팔레이시아 산맥은, 흔히 the Appalachians라고 불리기도 하는데, 북아메리카 주 동부에 있는 광활한 산맥시스템이다.)

c. <u>The Andes</u> *are* the result of plate tectonics processes, caused by the subduction of oceanic crust beneath the South American plate. (안데스 산맥은 남아메리카 플레이트 밑에 있는 대양 지각의 침몰로 인하여 생긴 플레이트의 지각 변동의 결과이다.)

(1)의 각 문장에서는 산맥 전체가 하나의 단위로 작용하고 있고, (2)에서는 산맥이 복수의 산들로 인식된다. 관점에 따라 어느 쪽도 가능하지만 그때그때의 문맥에 따라 달라진다. 예를 들면, 남북으로 길게 뻗은 안데스 산맥이 몇 개의 부분으로 나누어진다는 사실을 기술하는 (1c)의 문맥에서 안데스 산맥은 전체를 하나로 보아야 할 곳이다. 그런가 하면 (2c)는 안데스 산맥의 지질학적 형성을 설명하는 대목으로 여러 산들이 오랜 세월에 걸쳐 하나하나 형성된 결과가 지금의 안데스 산맥이므로 안데스 산맥을 복수의 산들로 보는 것이 이치에 맞다. 산맥 전체가 일시에 형성되었다고 말하는 것은 이치에 맞지 않는다. 그리고 산맥이 사람의 왕래에 장벽이 되는 것은 산맥 전체가 하나의 장벽이 될 수도 있고 산맥의 여러 높은 산들이 여러 개의 장벽이 될 수도 있다. (1b)의 알프스는 전자의 경우로, (2a)의 히말라야는 후자의 경우에 해당한다.

(1a)에서 보는 바와 같이 산맥의 명칭으로 Mountains 대신 Range가 쓰이는 경우가 있다. Range는 항상 단수로만 쓰인다.

(3) a. <u>The Sumatra-Java Range</u> is located in the Indian Ocean and belongs to Indonesia. (수마트라 자바 산맥은 인도양에 위치해 있고 인도네시아에 속한다.)

b. <u>The Great Dividing Range</u> is one of Australia's most important geographical features. It divides the east coast from the inland. (그레이트 디바이딩 산맥은 오스트레일리아의 가장 중요한 지리적 특징 중의 하나이다. 그것은 동부 해안을 내륙과 분리한다.)

산의 명칭은 수식어형 고유명사구의 구조로 되어 있다. Mount Kilimanjaro, Mount Fuji, Mount Rainier처럼 항상 보통명사 Mount가 핵심어 고유명사를 수식하는 구조다.

(4) a. We can also offer trips combining the ascent of <u>Kilimanjaro</u> with that of <u>Mount Kenya</u> or <u>Mount Meru</u>, a visit to Zanzibar or a safari package. (우리는 킬리만자로의 등반을 케냐 산 또는 메루 산의 등반과 결합하거나, 잔지바르 방문, 또는 사파리 패키지와 결합하는 여행을 제공할 수 있습니다.)

   b. The seriousness of <u>Mont-Blanc</u> in my opinion is at least comparable to that of <u>Rainier</u>. (몽블랑의 심각성은 내 의견으로는 적어도 레이니어 산(의 그것)과 비교될 수 있다.)

   c. <u>Mont Blanc</u> is a massif composed of many peaks and spires, each with their own routes. The massif straddles the French-Italian border. (몽블랑은 많은 봉우리와 꼭대기들로 이루어진 단층지괴로서 각 봉우리가 그 자체의 등산로를 가지고 있다. 그 단층지괴는 프랑스 이탈리아 국경에 양다리를 걸치고 서 있다.)

   d. Glacier-wrapped <u>Mont Blanc</u> rears up straight over town, and on a clear day you can see <u>the Matterhorn</u>, 40 miles away. (빙산으로 덮인 몽블랑은 마을 위를 똑바로 솟아올라 맑은 날에는 40마일 떨어져 있는 마터호른 봉을 볼 수 있다.)

   e. <u>The Matterhorn</u> is a classic peak, a sharp, isolated rock pyramid with steep narrow ridges jutting from surrounding glaciers. (마터호른은 고전적인 고봉으로서, 날카롭고 고립된 암석 피라미드인데 그 측면은 주위의 빙산에서 돌출하여 가파르고 좁다.)

Mount Kenya와 Mount Meru가 고유명사구 구조로 되어 있어 정상적인 산의 명칭이나, Kilimanjaro와 Monc Blanc은 특이한 산 명칭이다. 유명한 산은 Mount를 생략하고 완전한 고유명사가 되기도 한다. 그리고 the Matterhorn는 이유는 다르지만 역시 예외적인 현상이다. the Matterhorn은 the Matterhorn Peak의 뜻으로서 the Mississippi River를 the Mississippi라고 하는 강의 명칭의 경우와 비슷한 현상이다.

(나) 사막, 계곡, 분지, 반도, 섬 등
이들은 대체로 수식어형 보통명사구 명칭에 속한다.

(5)   a. <u>The Taklamakan Desert</u>, also known as Taklimakan, and Teklimakan, is a desert in Central Asia, in the Xinjiang Uyghur Autonomous Region of the People's Republic of China. (타클라마칸 사막은, 타클리마칸 또는 테클리마칸이라고도 하는데 중앙 아시아에 있는 사막이다. 중화인민공화국의 신장 위구르 자치지역에 있다.)

      b. <u>The Sahara Desert</u> is the largest hot desert in the world and occupies approximately ten percent of the African continent. (사하라 사막은 세계에서 가장 큰 사막이며 아프리카 대륙의 약 10 퍼센트를 차지한다.)

      c. <u>The Turpan Basin</u> has a hot and arid continental climate in which the precipitation is far less than the potential evaporation. (터판 분지는 강수량이 잠재증발보다 훨씬 적은 무덥고 건조한 대륙적 기후를 가지고 있다.)

      d. Historian Kevin Starr has referred to <u>the San Joaquin Valley</u> as "the most productive unnatural environment on Earth." (역사가 케빈 스타는 산 후오킨 계곡을 "지구상에서 가장 생산적인 부자연스런 환경"이라고 지칭한 적이 있다.)

      e. When choosing where to live, the exclusive gated community of <u>Pineapple Hill</u> in Kapalua offers residents the following amenities: . . . . (어디에 살지를 선택할 때는, 카파루아에 있는 파인애플 힐이라는 주민 전용 문이 있는 지역을 선택한다면 주민에게 다음과 같은 편의시설을 제공한다: . . . .)

      f. <u>Sherman Heights</u> *is* a neighborhood in San Diego bordered by <u>Golden Hill</u> to the north, <u>Grant Hill</u> to the east, <u>East Village</u> to the west, and <u>Logan Heights</u> to the south. (셔먼 하이츠는 북쪽으로 골든 힐, 동쪽으로 그란트 힐, 서쪽으로 이스트 빌리지, 남쪽으로 로간 하이츠와 경계를 이루는 샌디애고 인근의 도시다.)

g. **Paradise Hills** *is* a neighborhood in the southeastern area of the city of San Diego, California. It is an outlying neighborhood adjacent to the independent city of National City. (패러다이스 힐즈는 샌디애고 시의 남동쪽에 있는 한 이웃도시이다. 그것은(=그 도시는) 내셔널 시티 시의 인접 외곽지역이다.)

h. "**Solsbury Hill**" is a song by British musician Peter Gabriel, about a spiritual experience atop **Solsbury Hill** in Somerset. ("솔즈베리 힐"은 영국의 음악가 피터 개브리얼의 노래로서 서머셋의 솔즈베리 힐 꼭대기에서의 영적 체험을 노래한 것이다.)

i. The name **Capitol Hill** is often used to refer to both the historic district and to the larger neighborhood around it. (캐피털 힐이라는 명칭은 흔히 그 역사적 구역을 지칭하는 데 사용되고 또 그 지역을 둘러싼 더 큰 이웃도시를 아울러 지칭하는 데도 사용된다.)

j. **The Moorfoot Hills** *are* a range of hills south of Edinburgh in east central Scotland, UK, one of the ranges which collectively form **the Southern Uplands**. (무어풋 산맥 (또는 언덕)은 영국의 동부 중앙 스콧틀랜드에 있는 에딘버러 남쪽의 일련의 산 (또는 언덕)으로서 집단적으로 남부 고지대를 형성하는 산맥 중의 하나다.)

k. **The Malvern Hills** *were* designated an Area of Outstanding Natural Beauty (AONB) in 1959. (맬번 언덕은 1959년에 빼어난 자연 경관 지역(AONB)으로 명명되었다.)

l. **The Korean Peninsula** is a peninsula in East Asia. It extends southwards and is surrounded by the East Sea to the east, and the Yellow Sea to the west, **the Korea Strait** connecting the first two bodies of water. (한반도는 동아시아에 있는 한 반도이다. 그것은 남쪽으로 뻗어 있으며 동쪽으로 동해, 서쪽으로 황해에 둘러싸여 있고 대한해협이 그 두 수역을 연결한다.)

m. **The Monterey Peninsula** is located on the central California coast and comprises the cities of Monterey, Carmel, and Pacific Grove, and unincorporated areas of Monterey County including the resort and community of Pebble Beach. (몬터리 반도는 중부 캘리포니아에 위치해 있고 그 안에 몬터리 시, 카멜 시, 퍼시픽 그로브 시가 있으며 페블 비치 리조트 및 지역사회를 포함하는 몬터리 카운티의 자치지역들이 있다.)

n. **The Santa Cruz Islands** are a group of islands in the Pacific Ocean, part of Temotu Province of **the Solomon Islands**. (산타 크루즈 군도는 태평양에 있는 한 섬집단으로 솔로몬 군도의 테모투 도의 일부이다.)

o. **Santa Cruz Island** is one of **the Galápagos Islands** with an area of 986 square kilometres (381 sq mi) and a maximum altitude of 864 metres. (산타 크루즈 섬은 면적이 986 평방키로 (381 평방마일)이고 최고 해발 864 미터인 갈라 파고스 군도의 하나다.)

p. **The island of Maui** is the second-largest of **the Hawaiian Islands** at 727.2 square miles . . . . (마우이 섬은 면적 727.2 평방마일로서 하와이 제도에서 둘째로 큰 섬이다. . . .)

q. At one level, *the Gulag Archipelago* traces the history of the Soviet concentration camp and forced labour system from 1918 to 1956. . . . (한 차원에 서 보면, (솔제니친의)『수용소 열도』는 1918년부터 1956년 까지의 소련의 강 제수용소와 강제노동시스템의 역사를 추적한다. . . .)

r. The United Nations Commission on the Limits of the Continental Shelf (CLCS) has decided that the sea territory between **the Japanese archipelago** and Okinotorishima is part of Japan's continental shelf. The CLCS decision may be a blessing to Japan, but it can be looked upon as dubious by the rest of the world. (UN대륙붕 한계 조사위원회(CLCS)는 일본 열도와 오키노토리시마 사 이의 해역이 일본 대륙붕의 일부라고 결정했다. 그 CLCS의 결정은 일본에게는 축복일는지 몰라도 일본을 제외한 세계 모든 나라들에게는 의심스러운 결정으 로 간주될 수 있다.)

Desert, Hill(s), Heights 등이 흔히 수식어형 보통명사구 명칭에 사용된다. Hill은 단수로도 복수로도 쓰이는데 복수가 되면 산맥과 같은 뜻이 된다. 높고 큰 산(맥) 은 Mountain(s)라고 하고, Hill(s)는 흔히 낮고 작은 산(맥)의 명칭으로 쓰인다. 언 덕, 고지대 등의 뜻으로 Heights도 쓰이는데 이것은 복수로만 쓰인다. 그리고 이들 이 언덕이나 산의 뜻을 벗어나 완전한 지명으로 쓰이게 되면 무관사의 명칭이 된다. Pineapple Hill, Capitol Hill, Solsbury Hill, Paradise Hills, Sherman Heights, Logan Heights등이 그러한 예에 속한다. 그렇게 지역명칭으로 쓰이는 Hills, Heights는 (f)와 (g)에서 보는 바와 같이 복수어미에도 불구하고 반드시 단수 명사 로 쓰인다.

peninsula, straight, island, archipelago 등은 보통명사구 고유명칭을 이룬다. 복수형 islands는 복수의 섬들로 구성된 <제도> 또는 <군도>를 가리킨다. the Santa Cruz Island(산타크루즈 섬)과 the Santa Cruz Islands (산타크루즈 제도)는 두 개의 다른 지명이다. 여러 섬들이 하나로 연결되어 있는 경우에는 단수형 archipelago (열도)를 사용한다. "The island of Maui"는 공식적인 고유명칭이 아니다. 보통명사로 island가 전치사구 보어 "of Maui"를 거느리는 보통명사구의 구조이다.

(다) 바다, 만, 해협, 강, 호수, 해변, 공원

(6) a. **대양 Ocen**: the Pacific Ocean (태평양), the Atlantic Ocean (대서양), the Indian Ocean (인도양) the Arctic Ocean (북극양, 북극해), the Southern Ocean (남극양, 남극해).

 b. **해 Sea**: the Black Sea (흑해), the Red Sea (홍해), the Mediterranean Sea (지중해), the East Sea (동해), the Caribbean Sea (카리브 해), the Baltic Sea (발틱 해), the Arabian Sea (아라비아 해), the Sea of Galilee (갈릴리 해), the Sea of Cortez (코르테스 해) 등.

 c. **만 Gulf, Bay**: the Gulf of Mexico (멕시코 만), the Gulf of Aden (아덴 만), the Gulf of Tonkin (통킹 만), the Gulf of Alaska (알라스카 만), the Gulf of Oman (오만 만), the Gulf of California (캘리포니아 만), the Persian Gulf (페르시아 만), the Bay of Bengal (벵갈 만), the Bay of Biscay (비스케이 만) 등.

 d. **해협 Strait, Channel**: the English Channel (영국 해협), the Mozambique Channel (모잠비크 해협), the Strait of Dover (도버 해협), the Strait of Gibraltar (지브롤터 해협), the Strait of Hormuz (호르무즈 해협), the Bering Strait (베링 해협), the Cook Strait (쿡 해협), the Korea Strait (한국 해협), the Taiwan Strait (대만 해협) 등.

 e. **강 River**: the Mississippi River (미시시피 강), the Thames River (템즈 강) 등.

 f. **호수 Lake**: Lake Michigan (미시간 호), Lake Victoria (빅토리아 호), the Great Salt Lake (그레이트솔트 레이크 호), the Great Slave Lake (그레이트슬레이브 레이크 호) 등.

 g. **만 Bay**: San Francisco Bay (샌프란시스코 만), Hudson Bay (허드선 만), New York Bay (뉴욕 만), Prudhoe Bay (프루드호 만), Biscayne Bay (비스케

인 만) 등.

h. **해변 Beach**: Waikiki Beach (와이키키 해변), Asilomar State Beach (아실로마 주립 해변) 등.

i. **공원 Park**: Lincoln Park (링컨 공원), Central Park (센트럴 공원), Hyde Park (하이드 공원), Yosemite National Park (요세미티 국립공원), Torrey Pines State Park (토리 파인즈 주립공원) 등.

Bay, Beach, Park 등은 명사 합성어 명칭으로, Ocean, Sea, River 등은 보통명사구 명칭으로, Lake, Mount 등은 고유명사구 명칭으로 나타난다.

Gulf는 Bay보다 큰 만인데 Gulf는 보통명사구 명칭, Bay는 명사 합성어 명칭으로 쓰인다. 그 이유는 Bay 명사 합성어는 지명으로 쓰이기 때문이 아닌가 한다. 가령 San Francisco Bay, Hudson Bay 등은 일차적으로 만을 가리키지만 (거주)지역을 지칭할 수 있다. 이런 맥락에서 Green Bay와 같은 도시명칭도 생겨났다. Bay가 꼭 수역을 가리킬 경우에는 Gulf처럼 보통명사구 명칭의 형식을 취하여 the Bay of Bengal, the Bay of Biscay 등으로 쓴다. (*~~the Bengal Bay~~나 *~~the Biscay Bay~~는 쓰이지 않는다.)

Beach가 명사 합성어 유형의 명칭이 되는 것도 같은 이유다. Waikiki Beach나 Pebble Beach는 특정의 해변 백사장을 가리키는 고유명칭이면서 지명이기도 하다.

Bay, Beach, Park 등은 사람들이 거주하는 지역의 명칭으로 쓰일 수 있어서 London, Miami 등 고유명사의 도시명칭처럼 무관사의 명사 합성어로만 쓰이게 된 것이다. San Francisco Bay was traversed by watercraft since before the coming of Europeans; the indigenous peoples used their canoes to fish and clam along the shoreline. The era of sail brought ships that communicated with the rest of the world and served as early ferries and freighters within the Bay and between the Bay and inland ports such as Sacramento and Stockton. (샌프란시스코 만은 유럽 사람들이 오기 전부터 배로 건너다녔던 곳이다. 그 지역 원주민들이 해안선을 따라 고기를 잡고 조개를 잡기 위해 카누를 사용했다. 범선 시대가 오자 범선들이 세계의 다른 지역들과 소통하고 만 안에서 그리고 만과 새크라멘토와 스탁턴과 같은 내륙 항

구 사이에서 연락선과 화물선의 역할을 했다.) Measured by shoreline, **Hudson Bay** is the largest bay in the world (the largest in area being **the Bay of Bengal**). (해안선으로 측정하면 허드슨 만이 세계에서 가장 큰 만이다. (면적으로 가장 큰 것은 벵갈 만이지만.)

Park이 명사 합성어 명칭의 유형에 쓰이는 것도 비슷한 이유로 설명할 수 있다. Hyde Park, Golden Gate Park은 공원 명칭이면서 지역명칭이기도 하다.[38]

이와 대조적으로 Ocean, Sea, Gulf, River 등은 지역명칭이 되는 일이 없고, 각기 특정의 바다, 만, 강을 가리키는 고유명칭일 뿐이다. 대양, 만, 강은 주거지역이 될 수 없기 때문이다.

바다는 "대양(Ocean)"과 그보다 작은 "해(Sea)"로 나누어 명칭을 붙이는데 대체로 형용사 수식어가 붙는 보통명사구의 형태를 취한다. Sea의 경우에는 "the Sea of Okhotsk"처럼 of형 보통명사구 명칭의 유형인 것도 간혹 있다.

큰 만은 Gulf, 작은 만은 Bay라고 부른다. (인도양의 벵갈 만과 스페인의 비스케이 만은 이 규칙에 예외다.) 일반적으로 Gulf는 of형 보통명사구 명칭으로 쓰이고 Bay는 무관사의 명사 합성어 명칭으로 쓰인다.[39]

---

[38] "Golden Gate Park, located in San Francisco, California, is a large urban park consisting of 1,017 acres (412 ha) of public grounds. Configured as a rectangle, it is similar in shape but 20% larger than Central Park in New York, to which it is often compared. It is over three miles (5 km) long east to west, and about half a mile north to south. With 13 million visitors annually, Golden Gate is the third most visited city park in the United States after Central Park in New York City and Lincoln Park in Chicago.(골든 게이트 공원은 켈리포니아의 샌프란시스코에 위치해 있는데 1017 에이커(4212헥트아르)의 공공장소로 구성된 커다란 도시공원이다. 사각형의 형상으로 자주 비교되는 뉴욕의 센트럴 공원과 비슷하게 생겼으나 크기는 20% 더 크다. 길이가 동서로 3 마일(5킬로)이고 남북으로 폭이 약 반 마일이다. 연간 천삼백만 명의 방문객과 더불어 골든게이트는 뉴욕의 센트럴 공원과 시카고의 링컨 공원에 이어 미국에서 세 번째로 방문객이 많은 공원이다.") 공원명칭은 모두 무관사의 명사 합성어.

[39] "Wharf"는 "beach"와 달리 보통명사구 명칭으로 나타난다. "The Official Site of **Fisherman's Wharf**: San Francisco's Fisherman's Wharf is a world famous tourist attraction and a thriving and vibrant local neighborhood and commercial area. Home to world-class dining, shopping, hotels and endless entertainment opportunities, the Wharf is truly the place to start your San Francisco experience. (피셔맨즈 와프의 공식 웹사이트: 샌프란시스코의 피셔맨즈 와프는 세계적으로 유명한 관광 명소이고 번화하고 역동적인 상업지역이다. 와프는 세계수준급의 음식점, 가게, 호텔, 그리고 끝없는 오락의 기회의 본고장이므로 진정 당신의 샌프란시스코 체험의 출발점이 되어야 할 곳이다.)" "**The Santa Cruz Wharf** offers the best in seaside dining, shopping, and recreation. You'll find everything from handmade arts and crafts to beach

해협의 명칭은 "of 전치사구 수식어" 형과 "형용사 수식어" 형 두 가지로 쓰인다.

the Thames River(템스 강), the Mississippi River(미시시피 강) 등 강의 명칭은 수식어형 보통명사구의 유형에 속하나, River를 빼고 the Mississippi, the Nile 등으로 표현할 수도 있다. 이것은 앞에서 본 산맥의 명칭 "the Alps"나 "the Himalayas"와 같은 융합 현상이다. the Mississippi River에서 고유명사 수식어인 Mississippi가 핵심어 River로부터 강의 뜻을 흡수한 다음에 핵심어를 탈락시킨 결과라고 볼 수 있다. 산맥의 경우에는 융합된 형태에 복수 어미를 유지하나 강의 명칭은 단수이므로 융합된 형태도 단수로 나타난다.[40]

이런 융합과정이 바다의 명칭에도 제한적으로 적용될 수 있다. Ocean을 생략한 the Pacific, Sea를 생략한 the Mediterranean, the Caribbean 등은 흔히 쓰인다. 그러나 the Indian, the Black, the Red 등은 인도양, 흑해, 홍해의 뜻으로는 쓰이지 않는다. Ocean 또는 Sea를 생략하고 나면 the Black, the Red 등이 바다가 아닌 것으로 해석될 가능성이 있기 때문이다. the Atlantic은 the Pacific만큼 자주 쓰이지는 않으나 가끔 나타난다. (As a result, **the Atlantic** became and remains the major artery between Europe and the Americas.(결과적으로, 대서양이 유럽과 아메리카 대륙을 잇는 주요 간선이 되었고 지금도 여전히 그렇게 되어 있다.) 그리고 the Caribbean 등은 카리브 해뿐만 아니라 그 연안지역과 도서를 포함하는 뜻으로 쓰이기도 한다. Today, **the Caribbean** offers a more diverse and vibrant travel experience than ever before.(오늘날 카리브는 과거 어느 때보다 더욱 다양하고 역동적인 여행 경

---

apparel; outdoor fresh fish markets to fine dining; whale watching and fishing trips to kayaking. (샌타크루즈 와프는 바닷가 식사, 쇼핑, 리크리에션에서 최상의 것을 제공한다. 홈메이드 수공예품에서부터 비치 의류에 이르기까지, 야외 생선가게에서부터 고급 음식점까지, 고래 구경과 낚시여행에서부터 카약까지 모든 것이 여기 있다.)

[40] 강의 명칭이 호수 명칭처럼 명사구의 구조를 취하는 것도 볼 수 있으나 이것은 매우 드물게 나타나는 예외적 현상이다. "**River Nile** has two tributaries namely **the Blue Nile** and **the White Nile**." 그러나 관사 없이 Nile, Mississippi라고 하는 예는 발견되지 않는다. 가끔 "**The River Nile**", "**The River Amazon**" 등과 같은 강의 명칭이 사용되는 것을 볼 수 있다. "In Egypt, **the River Nile** creates a fertile green valley across the desert." 그러나 이것은 보통명사구 명칭도 아니고 고유명사구 명칭도 아니다. 이것은 구조적으로 "the movie star John Wayne"과 같은 동격 구문에 속한다. 보통명사구 the River와 고유명사 Nile이 동격구문을 이룬다. (동격 구문에 대해서는 6.4절 참조.) 이런 의미에서 호수의 경우에 "The Lake Michigan"과 같은 형태가 동격구문으로 사용될 가능성이 있다. 이것은 "Lake Michigan"에 정관사가 결합된 구조가 아니고 "The Lake"와 "Michigan"이 동격을 이루는 동격구문이다.

험을 제공한다.) 그러나 "the Mediterranean"은 이렇게 잘 쓰이지 않는다. 그 이유는 "the Mediterranean diet (지중해식 음식)", "the Mediterranean cruise (지중해 크루즈 여행)", "the Mediterranean climate (지중해 기후)" 등등 너무 여러 가지 다른 뜻으로 해석될 여지가 크기 때문에 "the Mediterranean"은 바다의 명칭으로만 사용된다.

그런데 이런 융합과정은 극히 제한된 용법이다. 신문, 회사, 학교의 명칭에는 적용되지 않는다. 가령 The New York Times가 The New York이 된다든가 the MIT Press가 the MIT가 된다든가 하는 것은 허용되지 않는다. 또 이 과정은 무관사의 고유명사구 명칭에도 적용될 수 없다. Lake Michigan을 the Michigan이라고 부를 수 없고 Mount Mckinley를 the Mckinley라고 할 수 없다.

호수는 원칙적으로 고유명사구 명칭으로 되어 있지만 예외들도 있다. 매우 드물게 Utah Lake와 같은 명사 합성어도 있고 The Great Salt Lake, The Great Bear Lake, The Great Slave Lake처럼 보통명사구 명칭들도 있다. Utah Lake같은 것은 분명한 예외이지만 "The Great Salt Lake"와 같은 명칭은 예측 가능한 예외이다. 이 호수 명칭은 보통명사들로만 이루어져 있기 때문에 구조적으로 고유명사구 명칭이 될 수 없고 보통명사구 명칭이 될 수밖에 없다. "~~Lake Great Salt~~"나 "~~Lake Great Bear~~"같은 호수 명칭은 구조적으로 있을 수 없는 명칭이다. 합법적인 고유명사구 명칭이 되려면 Lake 다음에 고유명사가 와야 되는데 Great Salt, Great Bear, Great Salve 등은 고유명사가 아니다.[41]

보통명사구 명칭은 문맥에 따라 무관사로 쓰일 수 있는 가능성이 열려 있다. 문장의 일부로 나타날 때는 정관사가 붙는 것이 보통이지만 문장의 일부가 아닌 문맥, 가령 휘장, 로고, 광고문, 현수막, 벽보 등에는 무관사로 사용되는 것이 가능하다. 이는 시간적, 공간적 경제성을 도모하거나 디자인 효과를 내기 위하여 문법

---

[41] 구조적으로 강의 명칭은 보통명사구로 되고 산의 명칭은 고유명사구로 되는 것이 사실이다. 그러나 그러한 차이가 어디에서 연유하는지는 미스터리이다. 라인 강은 보통명사구 명칭 the Rhine River이고 미시건 호는 고유명사구 명칭 Lake Michigan이다. 라인 강을 호수명칭처럼 *~~River Rhine~~이라고 할 수 없고 미시건 호를 강의 명칭처럼 *~~the Michigan Lake~~라고 할 수 없다. 왜 강과 호수의 명칭 사이에 이런 차이가 생겼을까? 명사 River와 Lake 사이에 그러한 차이를 설명할 만한 아무 구조적 실마리도 없다. 그 차이는 아마도 역사와 문화에서 찾아봐야 할 것 같으나 현재로서는 이런저런 추측을 할 수는 있을 뿐 정설은 없다.

적 제약을 약화하거나 희생시켜 정관사를 생략하는 현상이다. The Republic of Korean가 Republic of Korea로, The United States of America가 United States of America로, the University of California가 University of California로, the Center for the Study of Language and Information(언어정보 연구소)가 Center for the Study of Language and Information로 쓰이는 식이다.[42]

수식어형 보통명사구의 명칭, 예컨대, The Labour Party((영국의) 노동당)에서 정관사가 탈락하면 Labour Part가 되는데 이렇게 되면 명사 합성어 명칭과 구별이 사라진다. (영국 노동당의 로고에는 무관사 명칭이 사용되고 있다.) 그리고 The Cambridge University Press(캠브리지 대학 출판사) 대신 Cambridge University Press, The Los Angeles Times 대신 Los Angeles Times가 사용될 수 있는데, 이 두 예에서는 관사가 없는 명칭이 공식 명칭으로 되어 있다. 그러면 이것은 처음부터 고유명사 합성어의 형태를 취하는 것으로 보아야 할 것이다.

6.7.4 조직, 단체, 기관, 학교 등

인간사회의 여러 가지 조직과 단체의 명칭에 고유명칭의 유형이 모두 동원된다. 가장 흔히 볼 수 있는 유형이 보통명사구 명칭이며, 명사 합성어 명칭과 고유명사구 명칭들도 있다.

국가의 명칭은 보통명사 Republic, Kingdom, State 등이, 대학은 University,

---

[42] 무관사의 명칭은 어떤 의미에서 완전한 고유명사가 된 것으로 볼 수 있다. 그러나 이 역시 일반대중이 그렇게 받아들이면 관례로 굳어질 수 있지만 그렇지 못 하면 보통명사구 명칭으로 추락한다. 아래 예에서 Los Angeles Times가 무관사 형과 보통명사구 형 둘 다 쓰이는 것을 볼 수 있다. 당사자 스스로도 그 두 유형 사이를 오가고 있다. (a)에서는 무관사, (b)에서는 보통명사구 유형으로 썼다.
a. Legislature passes Democratic budget
   Los Angeles Times June 28, 2010:48 p.m.
   "Democrats in the California Legislature approved an austerity budget Tuesday night . . . ." (LA Times 인터넷 판 헤드라인)
b. L.A. Now is **the Los Angeles Times**' breaking news section for Southern California. It is produced by more than 80 reporters and editors in **The Times**' Metro section, . . . (L.A. Now는 남가주를 위한 로스앤젤러스 타임스의 긴급뉴스 섹션이다. 그것은 (L.A.) 타임스의 메트로 섹션의 80명 이상의 기자들과 편집자들에 의해 만들어진다. . . .)

College 등이, 그리고 연구소는 Center, Institute 등이 핵심어명사가 되는 보통명사구 유형에 속한다.

(7) a. The United States of America (also referred to as the United States, the U.S., the USA, or America) is a federal constitutional republic. . . . (미합중국은 (the United States(합중국), the U.S., the USA, 또는 아메리카라고도 부른다) 연방 입헌 공화국이다. . . .)

b. The University of Chicago, from its very inception, has been driven by a singular focus on inquiry. . . . Everything about {the/*The/*∅} University of Chicago that we recognize as distinctive flows from this commitment." (시카고 대학은 그 초창기부터 연구에 독특한 초점을 두어왔다. . . 우리가 우리만의 특징으로 인식하는 시카고 대학의 모든 것이 이 책임(감)에서 나온다.)

c. The work of the United Nations reaches every corner of the globe. Although best known for peacekeeping, peacebuilding, conflict prevention and humanitarian assistance, there are many other ways the United Nations and its System (specialized agencies, funds and programmes) affect our lives and make the world a better place. (유엔의 사업은 지구의 모든 곳에 도달한다. 평화유지, 평화구축, 갈등예방, 인도주의적 지원 등으로 가장 잘 알려져 있지만, 그 외에도 유엔과 그 시스템 (전문단체, 기금, 프로그램)이 우리의 삶에 영향을 끼치고 세계를 더 나은 장소로 만드는 많은 다른 방법들이 있다.)

d. In 2005, he was a fellow at the Center for Advanced Study in the Behavioral Sciences in Palo Alto. (2005년에 그는 팔로알토에 있는 고등 행동과학연구소의 펠로(=특별연구원)이었다.)

e. The Center for the Study of Language and Information (CSLI) is an independent research Center founded in 1983 by researchers from Stanford University, SRI International, and Xerox PAR C. (언어정보연구소는 스탠포드 대학, SRI 인터내셔날, 지락스 PARC 등의 연구자들에 의하여 1983년에 설립된 독자적인 연구소이다.)

f. The Institute of Cognitive and Brain Sciences supports research exploring the study of the mind and the biological basis of behavior and mental function.

(인지뇌과학연구소는 마음의 연구와 행동과 정신기능의 생물학적 기반을 탐구하는 연구를 지원한다.)

g. In the early 2000s, <u>the New England Journal of Medicine</u> was involved in a controversy around problems with research on the drug Vioxx. (2000년대 초에 『뉴잉글랜드 의학지』는 보익스 약에 관한 연구와 관련된 문제를 둘러싼 논쟁에 관여하게 되었다(=휩싸였다).)

신문의 명칭들은 대부분은 보통명사구의 유형이지만, USA Today, Las Vegas Sun처럼 명사 합성어도 있다.

(8) a. As of September 2009, its average weekday circulation was 582,844, according to <u>the Audit Bureau of Circulations</u>, making it the fifth largest newspaper in the country by circulation, behind <u>USA Today</u>, <u>The Wall Street Journal</u>, <u>The New York Times</u>, and <u>the Los Angeles Times</u>. (2009년 9월 현재, 발행부수감사실에 의하면, 신문의 평균 주간 발행부수가 582,844부로서 유에스에이 투데이, 월스트리트 저널, 뉴욕 타임스, 로스앤절러스 타임스의 뒤를 이어 발행부수로 국내에서 다섯 번째로 큰 신문이었다.)

b. In 1991 <u>The Washington Post</u> and <u>The New York Times</u> became sole and equal shareholders of IHT. (1991년에 와싱턴 포스트와 뉴욕 타임즈가 유일하고 평등한 아이에취티의 주주가 되었다.)

c. On Wednesday, <u>the Korea Times</u> reported on Andrea Vandom's letter to NHN regarding Anti-English Spectrum. . . . (수요일에 코리아타임즈는 반 영어 스펙트럼과 관련하여 안드레아 밴돔이 NHN에 보낸 편지에 대하여 보도했다.)

d. Here at <u>Columbia Journalism School</u> for the 2009 Pulitzer Awards, I and the other reporters have asked <u>administrator Sig Gissler</u> several questions about accepting online-only entries for prizes. (None won this year). There will be more postings on that subject later, but in the meantime, here are the prizes. (UPDATE: Our wire story, which ran a little while ago, notes the interesting nature of the Pulitzer gang gradually accepting online-only journalism as legitimate. It also notes that the financial crisis, arguably one of the biggest stories in the past year, failed to garner any nods. Not only that, <u>The Wall Street Journal</u> has not won a single Pulitzer since Murdoch bought parent company <u>Dow Jones & Co</u>. . . . .) (2009년도 퓰리처상을 위한 콜럼비아 저널리즘 대학원에서, 나와 다른 기자들이 운영책임자 지그 기슬러에게 상을 위한 온라인 전용 입력을 수락하는 문제에 대해 몇 가지 질문을 했다. (올해에는 아무도 상을 타지 못했다.) 그 문제에 대한 추후 게재가 더 있을 것이다. 수상자들은 아래와 같다. (업데이트: 방금 전에 밝혀진 우리들의 무선 이야기는 점차로 온라인 저널리즘을 합법적인 것으로 받아들이는 퓰리처 사람들의 성격을 주목한다.)

Pulitzer Prizes 2009 - journalism:

● Public Service (공공봉사 부문):

<u>Las Vegas Sun</u> - and "notably to the courageous reporting by Alexandra Berzon, for the exposure of the high death rate among construction workers on the Las Vegas Strip amid lax enforcement of regulations, leading to changes in policy and improved safety conditions." (라스베이거스 선--- "특히 알렉산드라 버전의 용기있는 보도에 수여되었다. 그는 해이된 규정적용의 분위기속의 라스베이거스 스트립의 건설노동자들의 높은 사망률을 사회에 알리는 데 공헌하였다.)

● Investigative Reporting (조사 보도):

<u>The New York Times</u> - "Awarded to David Barstow of <u>The New York Times</u> for his tenacious reporting that revealed how some retired generals, working as radio and television analysts, had been co-opted by the Pentagon . . . ." (뉴욕 타임스---퇴역 장성들이 라디오와 텔레비전 애널리스트로 일하면서 어떻게 펜타곤에 흡수되었는지를 밝힌 그의 끈질긴 보도로 뉴욕타임스의 데이비드 바스토우에게 수여되었음.)

● Explanatory Reporting (설명 보도):

<u>Los Angeles Times</u> - "Awarded to Bettina Boxall and Julie Cart of <u>the Los Angeles Times</u> for their fresh and painstaking exploration into the cost and effectiveness of attempts to combat the growing menace of wildfires across the western United States." (서부 미국 전역에 점차 커지고 있는 산불 위협과 싸우는 노력의 비용과 효과에 대하여 참신하고 고심어린 탐구를 한 공로로 로스앤젤러스 타임스의 베티나 박스올과 줄리 카트에게 수여되었음.)

- Local Reporting:

  <u>Detroit Free Press</u> – "And notably Jim Schaefer and M.L. Elrick for their uncovering of a pattern of lies by Mayor Kwame Kilpatrick that included denial of a sexual relationship with his female chief of staff, prompting an investigation of perjury that eventually led to jail terms for two officials." (쿠에임 킬패트릭 시장이 한 거짓말의 패턴을 들추어낸 데 대하여 특히 짐 셰퍼와 엠. 엘. 엘리크에게 수여되었음. 그 거짓말에는 킬패트릭 시장의 여자 보좌관과의 성관계를 부인한 것이 포함되어 있었는데 이 보도는 위증 조사를 유도했고 그 결과로 결국 그 두 관리에게 감옥형을 살게 했다.)

- Local Reporting:

  <u>East Valley Tribune</u> – "Awarded to Ryan Gabrielson and Paul Giblin… for their adroit use of limited resources to reveal, in print and online, how a popular sheriff's focus on immigration enforcement endangered investigation of violent crime and other aspects of public safety." (라이언 가브리엘선과 폴 기블린에게 수여되었음. 어떻게 한 명망있는 보안관이 이민법의 규정을 지키는 데 중점을 둔 결과 폭력죄와 공공 안전의 다른 양상을 조사하는 일을 위험스럽게 만드는지를 문헌에서 그리고 온라인에서 드러내기 위하여 제한된 자원을 기술적으로 잘 사용한 공로로 수여되었음.)

- Breaking News Photography (속보 사진):

  <u>The Miami Herald</u> – "Awarded to Patrick Farrell… for his provocative, impeccably composed images of despair after Hurricane Ike and other lethal storms caused a disaster in Haiti." (하이티에서 허리케인 아이크와 또 다른 치명적 폭풍우가 재난을 일으킨 후에 완벽하게 제작된 자극적인 절망의 이미지들을 만든 공로로 패트릭 패럴에게 수여되었음.)

- Feature Photography (특종 사진):

  <u>The New York Times</u> – "Awarded to Damon Winter… for his memorable array of pictures deftly capturing multiple facets of Barack Obama's presidential campaign." (버락 오바마의 대통령 선거전의 다방면의 양상을 솜씨있게 포착한, 기억할 만한 일련의 사진들을 제작한 공로로 데이먼 윈터에게 수여되었음.)

the Audit Bureau of Circulations는 보통명사구 명칭의 형태에 속하지만 고유명사가 하나도 없다. 조직의 명칭 중에는 이같이 보통명사들로만 이루어진 것들이 흔히 있다. the United Nations Educational, Scientific, and Cultural Organization (UNESCO), Non-Government Organizations (NGO), International Association of Universities (IAU) 등등.

The Washington Post, The Wall Street Journal, The New York Times 등에서는 정관사가 문중에서도 대문자로 나타나는 것이 특이하다. 이들은 정관사를 명칭의 일부로 삼고 있는 셈이다. The를 썼다가 the를 섰다가 하는 대신 The로 통일함으로써 아마도 명칭의 일관성을 확보한다는 생각에서 이 형태가 생긴 듯싶다. 이 부류에 속하는 고유명칭은 그다지 많지 않다.

그러나 이 "대문자 The 형의" 명칭이 객관적으로 통용되지 않고 있다는 것을 볼 수 있다. 예컨대 The Korea Times의 경우 당사자는 "대문자 The 형"을 사용하고 있으나 독자들은 이를 지키지 않는 것을 볼 수 있다. ((8c) 참조.) 이런 현상은 뉴욕 타임스의 경우에도 예외가 아니다.

(9)   After reading an article published in <u>the</u> New York Times on May 22nd about a string of suicides at the Korea Advanced Institute of Science and Technology (KAIST) I meant to share my opinion on academic/social pressure in Korea and the country's staggering suicide rate. (카이스트에서 일어난 일련의 자살사건에 관한 5월22일자 뉴욕 타임스 기사를 읽고 나는 한국에서의 학과공부/사회적 압력과 이 나라의 너무나 높은 자살률 (등 두 가지 문제)에 대하여 나의 의견을 (여러 독자들과) 나누고자 했다.)

대문자 The 형이나 무관사 형은 문법현상이라기보다는 사회심리적 현상이라고 볼 수도 있다. 그 선택의 동기는 한 조직이나 단체의 고유성, 유일성, 우수성 등에 대한 자아의식의 표현으로 볼 수 있기 때문이다. 그 표현이 그 사회의 일반대중에게 널리 받아들여지면 하나의 관례로 통용될 수 있다. 그러나 무관사 형의 명칭이 더 높은 가치인지 The/the 형의 명칭이 더 높은 가치인지는 객관적으로 정의할 수 없는 일이고 각자 나름대로 해석할 일이다.

이렇게 고유명칭과 정관사의 관계는 고정된 문법규칙에 따르기보다는 역사적 전통과 문화적인 요인에 좌우되는 면이 있다. 자연과 인공물의 명칭은 역사적 산물이기 때문이다. 이점은 우리가 앞으로 고유명칭에 사용되는 정관사의 문제를 생각할 때 항상 염두에 두고 있어야 한다.

전형적인 지리적 명칭, 기업체, 단체와 조직 등의 고유명칭들은 어원적으로 보면 보통명사 큰 명사구를 고유명칭으로 제도화한 것이다. 고유명칭의 세 가지 유형을 아래 표로 정리한다.[43]

고유명칭의 유형 / 보통명사구	관사가 있는 / 보통명사구 고유명칭	관사가 없는 / 고유명사구 고유명칭	관사가 없는 / 명사 합성어 고유명칭
{the/a} Lincoln park			Lincoln Park
{the/a} Yosemite national park			Yosemite National Park
{the/a} Waikiki beach			Waikiki Beach
{the/a} Asilomar state beach			Asilomar State Beach
{the/a} San Diego zoo	{the/The} San Diego Zoo		
{the/a} Louvre museum	{the/The} Louvre Museum		
{the/a} white house	{the/The} White House		
{the/a} Monterey aquarium	{the/The} Monterey Aquarium		
the Irish times	{the/The} Irish Times		
the New York times	The New York Times		
the Los Angeles times	{the/The} Los Angeles Times		Los Angeles Times
the white house	{the/The} White House		
the Michigan lake		Lake Michigan	
the Everest mount		Mount Everest	
the USA Today			USA Today
{the/a} university of Alaska	{the/The} University of Alaska		University of Alaska

---

43 보통명사구 고유명칭에는 of 형과 수식어 형 두 가지가 있으나 여기서는 관사의 있고 없음을 구별하는 목적에서 보면 둘 다 관사가 있는 고유명칭에 속하므로 이 둘을 하나로 합쳤다.

해변, 언덕, 공원 등 자연경관의 명칭은 무관사 명칭이고 동물원, 식물원, 박물관, 수족관, 선창 등 인공시설물의 명칭은 관사가 붙는 경향이 있다.

그러나 유명한 성당, 성 등이 거의 지명처럼 굳어져 있는 경우에 무관사 명칭이 된다. Windsor Castle, Winchester Cathedral, Westminster Abbey 등등. (St. Paul's Cathedral, St. Peter's Cathedral, St. Paul's Church 등에는 the가 붙을 수 없다. 속격 명사구 자체가 결정사이기 때문이다. 작은 명사구는 단 하나의 결정사와 함께 큰 명사구를 이루는 문법적 제약 때문에 속격 결정사 앞이나 뒤에 정관사가 오면 비문이 된다. 즉 *the St. Paul's Cathedral, *the St. Peter's Cathedral, *Paul's the Cathedral 등은 비문이다. 이들은 *the Windsor Castle 등과는 다른 이유로 비문이다. *the Windsor Castle 등은 문법적으로 허용될 수 있으나 고유명칭의 관례상 허용되지 않는 것들이고 *the St. Paul's Cathedral 등은 문법적인 하자가 있기 때문에 허용되지 않는다.)

고유명사가 포함되지 않은 명칭은 가산의 보통명사구의 형식이므로 정관사가 붙는 것이 정상이다. the White House(백악관), the Pentagon(국방성) 등.

정관사가 붙는 고유명칭은 모든 한정명사구와 같이 지시공유의 조건을 지킨다. 화자와 청자의 문맥에 그 지시가 존재하고 있어야 그런 명칭을 사용할 수 있다. 가령 the White House는 미국사람들의 담화문맥에, (나아가서 세계 사람들의 담화문맥에) 존재하는 유일한 존재인 그 건물, 즉 백악관을 지시한다. the Pentagon이 미 국방성 (건물)을 의미할 경우에 그것은 사람들의 담화문맥에 존재하는 유일한 실체이다.

일단 한정명사구가 하나의 고유명칭이 되면 그것은 원칙적으로 고유명사의 사용과 같은 방식으로 사용되게 된다. 고유명사는 그 지시가 화자와 청자가 공유하는 담화문맥에 존재할 때, 다시 말해, 지시공유의 조건을 지킬 때 사용할 수 있다. 예를 들면, John이든 Bill이든, Seoul이든 London이든, 고유명사가 대화에 등장하려면 지시공유의 조건을 지켜야 한다. John이 누구인지, London이 무엇인지 아는 사람이라야 그것을 대화에 등장시킬 수 있다. 마찬가지로 the Pentagon이든 the Unites States이든, Lake Michigan이든 Waikiki Beach이든 고유명칭이 대화에 등장하려면 지시공유의 조건을 지켜야 한다. 결국 고유명사와 고유명칭은 초출의 한정명사구와 같은 차원에서 담화에 등장할 수 있고 그 둘은 의미적으로 같은 성질이다.

6.7.5 고유명사의 보통명사화: 보통명사가 된 고유명사

앞에서 보통명사가 고유명칭으로 쓰이는 예들을 살펴보았는데 그와 반대로 고유명사가 보통명사처럼 쓰이는 현상도 있다. 고유명사가 그 고유성을 상실하여 보통명사화하면 거기에 관사가 붙을 수 있게 된다.

(10) a. **The London** (that) we know. . . . (우리가 아는 런던 . . .)

　　　b. Reading **a Shakespeare** is a prerequisite to the special lecture next week.
　　　(셰익스피어 작품 하나를 읽는 것이 다음 주 특강을 듣기 위한 필수(사항)이다.)

고유명사 London이나 Shakespeare는 여기서 모양만 고유명사이지 이미 고유명사가 아니다. 이 문맥에서 The London은 영국의 수도인 "그 도시"를 의미하는 고유명칭이라기보다, 런던의 속성들의 집합을 의미하는 보통명사이다. 그러므로 그것을 수식하는 관계절 that I know가 올 수 있다. 또 a Shakespeare는 셰익스피어의 한 작품을 가리킨다. 원래의 고유명사가 보통명사로 바뀌어 (모양만 고유명사이지) 실질적으로 보통명사나 다름없다. 그러기 때문에 관사가 붙는다.

관계절은 어떤 사물의 정체성을 결정할 수 있는 정보를 제공하는 것이 그 의미 기능이다. 가령 아래 예문 (11a)에서 관계절 that you talked about yesterday는 the man의 지시를 결정하는 데 필수적 정보를 제공한다.

(11) a. That is **the man** ({that/who}) I talked about yesterday.
　　　(저 사람이 내가 어제 말했던 그 사람이다.)

　　　b. *~~That is John Daly ({that/who}) I talked about yesterday.~~
　　　(저 사람이 내가 어제 말했던 존 데일리다.)

　　　c. *~~John Daly who you talked about yesterday is coming over here.~~
　　　(네가 어제 말했던 존 데일리가 이쪽으로 오고 있다.)

d. John Daly, <u>who you talked about yesterday</u>, is coming over here.
(존 데일리가―네가 어제 말했던 그 사람이―이쪽으로 오고 있다.)

그러나 (b), (c)에서처럼 일단 John Daly라는 고유명사를 사용하는 것은 그 고유명사의 정체성이 완전히 결정된 것을 전제한다. 이 때문에 관계절로써 다시 존 데일리의 한 속성을 설명하는 것은 불필요한 것이고 따라서 문법적으로도 허용되지 않는다. 다만 관계절 앞뒤에 커마를 붙이고 **비제한적인**(nonrestrictive) 관계절로 만들면 고유명사 다음에 붙을 수 있다. 이런 비제한적 관계절은 명사구의 정체성을 결정하는 정보를 제공하는 기능을 하지 않는다. 그것은 명사구의 정체성은 관계절이 없더라도 이미 결정되어 있고, 비제한적 관계절은 비본직적이고 추가적인 정보를 제공한다. 명사구의 정체성을 결정하는 기능을 수행하는 것은 (a)의 관계절과 같은 **제한적 관계절**(restrictive relative clause)인데 정체성이 결정된 고유명사에는 제한적 관계절이 붙을 수 없다.

그런데 (10a)에서 "The London that we know"가 정문인 것은 The London이 통사적으로 고유명사가 아니라 <보통명사화>했기 때문이다. 보통명사화된 고유명사의 예문을 몇 개 더 들어본다.

(12) a. What is the shortest Shakespeare book I can read? . . . so that I can brag to my friends that I read **one Shakespeare** & tell him that I am probably more intelligent than him now. (내가 읽을 수 있는 제일 짧은 셰익스피어 책이 무엇입니까? 셰익스피어 작품을 하나 읽었다고 내 친구들에게 자랑을 하고 내가 그 사람보다 더 똑똑하다고 말할 수 있도록 (말입니다).)

b. **The London** that became Jerusalem: The great radical, visionary and poet left the city that inspired him only once. (*The Times & the Sunday Times*, March 3, 2007) (예루살렘이 된 런던: 대단한 라디칼이며 공상가이고 시인이었던 그 사람은 그에게 영감을 불러일으켰던 그 도시를 단 한 번밖에 떠나지 않았다.)

c. **The Paris** That Awoke to Eugene Atget's Lens. (유진 아트제의 렌즈에 잠을 깨고 나타난 파리.)

d. **The London** of Oscar Wilde: Guided Walk Around Mayfair

(오스카 와일드의 런던: 메이페어 둘레길을 안내자와 함께 걷기)

(a)의 one Shakespeare는 a Shakespeare와 같이 셰익스피어의 작품 하나를 말하고 (b)의 The London은 이 문맥의 주인공인 그 시인이 살았던 당시의 런던의 속성을 의미한다. (글자 그대로 런던이 예루살렘이 된다는 것은 난센스이다.) (c)의 The Paris는 사진작가인 Atget의 카메라에 비쳤던 그 파리의 풍물을 의미한다. London과 Paris가 보통명사이기 때문에 그 다음에 제한적 관계절이 올 수 있는 것이다. (d) 19세기말의 영국의 작가 오스카 와일드와 특별히 관련된 런던(시가지의 풍물)을 말한다.

6.8 명사구의 용례 연구: 지시공유의 조건의 발현

관사 선택의 원리는 단순하나 그 용법이 복잡하다. 그것은 화자와 청자가 담화문맥을 공유하는 방식 즉 지시공유의 조건이 적용되는 상황이 다양하고 복잡한 데서 오는 결과다. 그러므로 관사의 용법에 익숙해지기 위해서는 내용적으로나 문체적으로 다양한 용례들을 면밀히 관찰하고 지시공유의 조건이 어떻게 작용하는지를 잘 살펴보아야 한다.

(i) 논저와 저서의 제목

저서와 논저의 제목은 관사의 용법을 검토하는 데 유익한 문맥을 제공한다. 거기에는 초출의 부정명사구, 초출의 한정명사구, 중출의 한정명사구, 무관사 명사구 등 모든 종류의 명사구가 나올 수 있다. 특히 초출의 한정명사구가 출현하는 제목들이 흥미롭다. 독자가 어떤 책을 집어들었다면 이미 저자와 독자 사이에 특정 담화문맥이 형성되기 때문에 그런 제목들이 가능하다. 역사의 담화문맥, 경제학의 담화문맥, 국제정치의 담화문맥, 물리학의 담화문맥, 생리학의 담화문맥, 문학의 담화문맥, 소설의 담화문맥, 희곡의 담화문맥 등등 여러 가지 담화문맥이 형성되고 그 담화문맥 속에서 저자는 저서를 통하여 독자에게 대화하게 되는데 그런 대화의 출발점이 제목이다.

(1) a. *An Inquiry into the Nature and Causes of the Wealth of Nations* (국가의 부의 본질과 원인의 탐구)

b. *A Study of History* (역사의 연구)

c. *The History of the Decline and Fall of the Roman Empire* (로마제국 흥망사)

d. *The First Socialist Society: A History of the Soviet Union From Within* (최초의 사회주의 사회: 내부에서 본 소련의 역사)

e. "Does the Inertia of a Body Depend upon Its Energy Content?" (물체의 관성은 그 에너지 내용에 의존하는가?)

f. *The Principle of Relativity* (상대성 원리)

g. "Molecular Structure of Nucleic Acids: A Structure for Deoxyribose Nucleic Acid" (핵산의 분자구조: DNA의 구조)

h. *Death of a Salesman* (어느 세일즈맨의 죽음)

i. *The Snows of Kilimanjaro* (킬리만자로의 눈)

j. *East of Eden* (에덴의 동쪽)

k. *The Old Man and the Sea* (노인과 바다)

l. *Sons and Lovers* (아들과 연인)

(a) <u>An</u> Inquiry into <u>the</u> Nature and Causes of <u>the</u> Wealth of Nations는 18세기 아담 스미스의 「국부론」의 원제다. 저자와 독자는 국가 경제를 논하는 담화문맥을 공유하고 있다.

국가 경제의 담화문맥에서 작은 명사구 "Wealth of Nations (국가의 부)"는 지시 공유의 조건을 충족시킨다. 이 담화문맥에는 개인의 부, 가정의 부, 회사의 부, 나의 부, 너의 부, 우리의 부, 그들의 부 등등 모든 다른 종류의 <부>를 배제하고 오직 <국가의 부>가 현재의 담화문맥에 존재한다. 작은 명사구 "Wealth of Nations"의 지시는 현재의 저자와 독자가 공유하는 담화문맥에 유일한 실체로 존재한다. 따라서 그것은 지시공유의 조건을 준수하여 한정명사구 "the Wealth of Nations"로 나타나야 한다. 작은 명사구 "Nature and Causes of the Wealth of Nations (국부의 본질과 원인)"의 지시도 같은 담화문맥에서 유일한 실체로 존재한다. 전쟁의 본질과 원인, 질병의 본질과 원인, 행복의 본질과 원인 등등 모든 다른 본질과 원인들을 배제하고 오직 <국부의 본질과 원인>이 현재 담화문맥에 존재한다. 그러므로 작은 명사구 "Nature and Causes of the Wealth of Nations"는 지시공유의 조건을 충족시켜 한정명사구로 나타나야 한다. 그리고 이 책은 특정 국가의 경제에 국한되지 않고 모든 국가들의 경제를 보편적으로 다루려고 하는 저자의 의도가 무관사의 부정명사구 "Nations"의 사용에서 나타난다. "Nations"의 지시는 저자와 독자가 공유하는 현재의 담화문맥에 비로소 등장한다.

초출의 부정명사구 An Inquiry는 학계에는 무수히 많은 탐구가 존재할 수 있으며 지금 여기서 저자가 제시하는 탐구는 그 많은 탐구 행위 중의 하나일 뿐임을 표현한다. 이 책의 저자는 자기의 연구가 유일한 것이라고 상정하지 않는다. 따라서 저자의 탐구행위는 독자의 담화문맥에 존재하지 않는다. 그것은 이제 담화문맥에 최초로 등장한다.[44]

(b) *A Study of History*는 도전과 응전을 역사의 동력으로 보는 아놀드 토인비의 역사책의 제목이다. 초출의 부정명사구 "A Study of History"는 (1a)의 부정명사구 "An Inquiry into . . . ."와 같은 용법이다. 작은 명사구 "Study of History"가 지시공유의 조건을 충족시키지 않으므로 부정명사구로 나타난 것이다.

여기서 "History"는 불가산의 추상 명사 명사로서 보편적인 인류역사를 가리킨다. 어느 특정 국가나 지역의 역사를 의미하면 구체화되어 한정명사구 "the history"로 표현할 수 있지만 여기서는 그 의미로 쓰이지 않았다.[45]

---

[44] 만약에 저자가 자기의 이 연구가 국가의 부를 논의하는 연구로는 유일무이한 것이라고 주장하고 싶다면 (세상에 그렇게 독선적인 경제학자는 아마 없겠지만) An Inquiry 대신 The Inquiry라고 했을 것이다. 이런 문맥에서 An Inquiry와 The Inquiry의 차이는 엄청난 것이다. 그리고 만약에 "the Wealth of Nations" 대신 "Wealth of the Nations"라고 한다면 어떤 말이 될까? 한정명사구 "the Nations"의 지시가 문제가 된다. 그 한정명사구는 저자와 독자가 공유하는 담화문맥에 특정의 나라들이 존재한다는 것을 의미하는데 실제로 그것이 어느 나라들인지 밝혀져 있지 않은 상황에서 그 한정명사구를 이해할 수 없게 된다. 그리고 부정명사구 "Wealth of the Nations"는 그 지시가 저자와 독자가 공유하는 담화문맥에 존재하지 않는다는 것을 의미한다. 그러면 the Nature and Causes의 대상이 담화문맥에 존재하지 않는다는 것을 존재가 무엇인지도 정해져 있지 않은 문제의 본질과 원인을 탐구한다는 말이 되고 만다. 따라서 "An Inquiry into the Nature and Causes of Wealth of the Nations"는 말이 안 되는 표현이다.

[45] 이 "History"를 하나의 연구 영역 또는 학과목으로서의 역사라는 의미로 볼 수도 있다. physics (물리학), sociology (사회학), economics (경제학) 등 학문 분야의 명칭은 반드시 불

(c) *The History of the Decline and Fall of the Roman Empire*는 에드워드 기본의 명저 <로마제국 쇠망사>의 원제이다.

"the Roman Empire"는 형용사 수식어를 수반하는 보통명사구 고유명칭이다. (모든 고유명칭이 다 그러하듯이) 그 지시인 <로마제국>은 역사를 논하는 저자와 독자의 담화문맥에서 유일한 존재로서 지시공유의 조건에 따라 한정명사구가 된다.

작은 명사구 "Decline and Fall of the Roman Empire"의 지시는 서양사의 담화문맥에서 유일한 사건으로서 지시공유의 조건을 지킨다. 따라서 그것은 한정명사구로 나타났다. (b)의 "History"와 달리 여기서는 특정 국가의 특정의 과거 사건의 자초지종을 의미한다. 그 사건의 진행과 결과를 보는 시각과 설명하는 방식은 천차만별이라도 그 사건의 진행과 결과 자체는 오직 하나일 뿐이다. 이런 의미에서의 "history"는 가산명사구이고 그 역사는 서양사의 담화문맥에 존재하는 유일한 실체이다. 따라서 그것은 지시공유의 조건을 준수하는 한정명사구로 표현된다.

(d) *The First Socialist Society: A History of the Soviet Union From Within*는 소련의 정치사회사를 다룬 책의 제목으로 주제목과 부제목으로 나누어져 있다. 콜론 앞이 주제목이고 뒤가 부제다.

초출의 한정명사구 The First Socialist Society는 수식어 First의 유일성의 의미 때문에 초출의 한정명사구가 될 뿐만 아니라 그 지시가 소련인 보통명사 고유명칭으로서도 한정명사구로 나타나야 한다.

"A History"는 앞에 나온 "A Study"나 "An Inquiry"와 같은 차원의 초출의 부정명사구이다. 가산명사 "history"는 역사 연구서, 역사 연구 결과물 등 구체적인 성과물을 가리킨다. 따라서 지금 저자가 제시하는 이 소련의 연구는 소련의 역사 연구 업적 중의 하나로서 여기서 처음으로 소련 역사의 담화문맥에 등장하는 것이다.

초출의 한정명사구 the Soviet Union은 the Roman Empire와 같이 보통명사구 고유명칭이다.

(e) "Does the Inertia of a Body Depend Upon Its Energy Content?"는 아인슈타인이 1905년에 물질-에너지 등가법칙 $E=mc^2$를 세상에 발표한 물리학 논문의 제목

가산 무관사 명사구이어야 한다.

이다. 이것은 이론 물리학의 담화문맥에서 이해되어야 할 사항이다.

부정명사구 "a Body"는 담화문맥에 처음으로 도입되는 <하나의 물체>이다. 작은 명사구 "Inertia of a Body"는 저자와 독자가 공유하는 이론 물리학의 담화문맥에 유일한 존재이다. 물체에 이런 관성이 따로 있고 저런 관성이 따로 있는 것이 아니다. <물체의 관성>이라는 개념은 이론 물리학의 담화문맥에서 오직 하나 뿐인 존재로서 지시공유의 조건에 따라 한정명사구로 나타난다.

(f) *The Principle of Relativity*는 1923년에 출판된 George Barker Jeffery와 Wilfrid Perrett의 저서명. "The Principle of Relativity"는 이론물리학의 담화문맥에서 사용되는 of 형 보통명사구 고유명칭이다. the theory of relativity로도 표현할 수 있는데 of 전치사구 보어에 의해 정체성이 결정되는 상대성 이론은 이론물리학의 담화문맥에서 유일한 실체이다. 비슷한 예: the law of gravity(중력의 법칙), the law of motion(운동의 법칙), the theory of employment (고용 이론) 등.[46]

(g) "Molecular Structure of Nucleic Acids: A Structure for Deoxyribose Nucleic Acid"는 왓츤(James D. Watson)과 크리크(Francis Crick)가 1953년 「네이처」에 발표한, DNA의 존재를 최초로 밝힌 논문의 제목이다. 먼저 나오는 "Structure"는 무관사로, 다음에 나오는 "Structure"는 부정명사구로 나타났다. 생화학의 정설에 속하는 보편적인 핵산 구조를 지시하는 "Molecular Structure of Nucleic Acids (핵산의 분자 구조)"는 불가산의 추상명사구이다. 그러나 부정명사구 "A Structure for DNA"는 DNA의 분자 구조를 설명하기 위하여 이 논문의 저자가 새로이 제시하는 이론 구조물을 지시하기 때문에 가산의 보통명사구이고 그 지시는 기존의 생화학 이론의 담화문맥에 아직 존재하지 않으므로 지시공유의 조건을 충족시키지 않는다. 따라서 부정명사구로 나타났다.

(h) *Death of a Salesman*은 현대 미국의 극작가 Arthur Miller의 대표작이다. 불가산명사 death는 그 주체가 명백히 밝혀져 있으면 한정명사구로 쓰이고 그렇지 않으면 무관사 부정명사구로 쓰인다. 여기서 death의 주체가 <어느 세일즈맨>으로 그 정체성이 막연하다고 보고 무관사로 쓰인 것이다. 만약 death의 지시

---

[46] 속격의 인명을 사용하여 Einstein's theory of relativity, Newton's law of motion (뉴턴의 운동 법칙), Engel's Law(엥겔의 법칙) 등으로 표현하는 경우도 있고 형용사형 고유명사를 사용하여 Malthusian Law of Population(맬서스 인구론) 등으로 표현하는 경우도 있다.

가 뚜렷한 특정인의 죽음일 경우에는 한정명사구가 될 수 있어서 "The Death of a Salesman"도 가능한 제목이다. 결국 death의 주체인 a salesman의 지시가 작자와 독자가 공유하는 담화문맥에 이미 존재하는가에 따라 무관사 부정명사구 death가 되고 한정명사구 the death가 되는데 지금 이 연극의 담화문맥에서는 아직 이야기가 시작되지 않은 시점이므로 a salesman의 지시가 담화문맥에 등장하지 않은 것으로 보기 때문에 "Death of a Salesman"이 제목이 된 것이다.

(i) *The Snows of Kilimanjaro*는 헤밍웨이의 중편소설의 제목이다. 아프리카 탄자니아에 있는 킬리만자로 산의 정상의 만년설을 소설의 제목으로 삼았다.

여기서 복수 한정명사구 "the snows"는 높은 산에 쌓인 만년설 또는 많은 눈이 쌓인 지역을 의미하는 관용적 표현으로 반드시 복수 한정명사구로만 쓰인다. 때로는 많은 눈이 오는 동절기를 의미하기도 한다. 특정 시기나 장소의 눈을 의미하는 the winter snows, the country snows 등도 반드시 복수 한정명사구로만 쓰이는 관용적 표현이다. "the spring rains", "the summer rains" 등 "rain"도 같은 용법으로 쓰인다. 이 경우 무관사 복수명사구 *Snows of Kilimanjaro는 원천봉쇄된다.

(j) *The Old Man and the Sea*는 미국 소설가 Earnest Hemingway의 대표작.

초출의 한정명사구 The Old Man은 소설장르에서 허용되는 한정명사구의 특별한 용법을 보여주는 예이다. 소설가가 주인공을 등장시킬 때 그 주인공이 이미 담화문맥에 존재하고 있어서 독자가 잘 알고 있는 것처럼 가정하고 이야기를 시작하는 것은 소설가가 즐겨 사용하는 기법이다. 그러한 문맥에서 <그 노인>은 특정인으로서 담화문맥에 등장해 있으므로 한정 명사구로 표현되어야 한다.

초출의 한정명사구 the Sea의 지시는 두 가지 해석이 가능하다. 첫째, 그것은 우리 모두의 담화문맥에 보편적으로 존재하는 그 바다를 말한다. the earth, the sky, the world와 같은 한정명사구와 같은 차원이다. 둘째, 소설의 주인공인 "노인"과 관련된 특정의 바다로 해석할 수도 있다. 그 경우에 그것은 "The Old Man"과 같은 이유로 초출의 한정명사구가 된다.

(k) *Sons and Lovers*는 현대 영국의 소설가 D. H. Lawrence의 소설이다. 무관사 복수 명사구 "Sons" 와 "Lovers"의 지시는 어느 특정의 아들들과 연인들에 국한되지 않고 세상의 모든 아들과 연인에 열려있다. 특정인을 지칭하려고 하면 "The Sons and Their Lovers"라고 했을 것이다. 이것은 담화문맥에 등장한 특정의 아들들과 그 아들들의 연인들을 지시한다. 그러나 그것은 이 소설의 내용과 맞지 않는다.

(l) *East of Eden*은 현대 미국 소설가 John Steinbeck의 장편소설이다. Eden 동산은 구약에 나오는 지명으로 카인과 아벨 형제가 살았던 곳이다.

방위를 뜻하는 east, west, south, north는 불가산명사이다. 따라서 무관사 부정명사구 또는 한정명사구로 나타날 수 있다. 지시공유의 조건에 따라 부정명사구로도 쓰이고 한정명사구로도 쓰인다. 원래 구약에는 "on the east of Eden"으로 되어 있다. "And Cain went out from the presence of the Lord, and dwelt in the land of Nod, on **the east** of Eden.(그리고 카인은 주의 곁을 떠나 에덴동산의 동쪽, 노드의 땅에 살았다.)" 구약의 한정명사구 "the east of Eden(에덴의 동쪽)"은 담화문맥에 이미 존재하는 특정지역을 가리키지만, 소설의 무관사 명사구 "East of Eden(에덴의 동쪽)"은 아직 담화문맥에 존재하지 않으므로 앞으로 세상 어디라도 될 수 있다.

(ii) 시, 소설 등 문학 작품

(2) 다음은 20세기 미국의 시인 Robert Frost의 서정시이다. 눈 내리는 겨울 저녁 무렵에 주인공이 말을 타고 시골길을 가다 숲의 눈경치를 보느라 잠시 멈춰서서 상념에 빠졌다.

Stopping by <u>Woods</u> on <u>a Snowy Evening</u>	어느 눈 오는 저녁 숲가에 서서.
₁Whose woods these are I think I know.	이것이 누구의 숲인지 나는 안다고 생각한다.
₂His house is in <u>the village</u> though;	하지만 그의 집은 마을에 있다.
₃He will not see me stopping here	그는 자기 숲이 눈으로 채워지는 것을 바라보려고
₄To watch his woods fill up with <u>snow</u>.	내가 여기 멈추어 있는 것을 알지 못할 것이다.

5My little horse must think it queer	내 작은 말은 이상하다고 생각할 것이 틀림없다,
6To stop without **a farmhouse** near	가까이에 농가도 한 채 없는데 왜 멈추는지,
7Between **the woods** and **frozen lake**	숲과 얼어붙은 호수 사이에서,
8**The darkest evening** of **the year**.	일 년 중 가장 어두운 이 저녁에.
9He gives his harness bells **a shake**	말은 마구 방울을 흔들어 본다,
10To ask if there is **some mistake**.	무슨 실수가 있는지 묻기나 하려는 듯이.
11**The only other sound's** the sweep	그것 말고 다른 소리는 오직
12of **easy wind** and **downy flake**.	편안한 바람과 폭신한 눈송이의 쓸어가는 소리뿐.
13**The woods** are lovely, dark and deep.	숲은 사랑스럽고 그윽하고 깊구나.
14But I have **promises** to keep,	하지만 나는 지켜야 할 약속이 있고
15And **miles** to go before I sleep,	잠자기 전에 십리 길을 더 가야한다,
16And **miles** to go before I sleep.	잠자기 전에 십리 길을 더 가야한다.

화자(=시인)은 제목에서 두 개의 초출 부정명사구 "a snowy evening"과 "woods"을 도입하여 어느 눈 오는 날 저녁의 숲을 처음으로 담화문맥에 등장시킨다. 그 두 명사구는 지시공유의 조건에 따라 부정명사구로 나타났다.

2행에 등장한 초출의 한정명사구 "the village"의 지시는 숲이 있고 숲의 주인이 있으면 그 주위에 마을이 있다는 상식에서 간접적으로 추론된다. 이로써 시인과 독자는 이제 <마을>이 있는 담화문맥을 공유하게 되고 작은 명사구 "village"는 지시공유의 조건을 충족시킨다.

5행의 무관사 명사구 "snow"는 처음 등장한 불가산 부정명사구이다.

7행에 초출의 부정명사구 "a farmhouse"가 도입되었다. 처음으로 담화문맥에 등장한 <농가 한 채>는 청자에게 생소한 것이고 유일한 존재가 아닐 수 있다. 지시공유의 조건에 따라 부정명사구로 나타났다.

8행의 한정명사구 the woods의 지시는 시의 제목에서 도입되어 담화문맥에 존재하고 있는 그 <숲>을 지시한다. 그것은 중출의 한정명사구이다.

8행의 초출의 한정명사구 "(the) frozen lake (얼어붙은 호수)"는 시인과 독자의 담화문맥에 포함되어 있는 숲과 마을이 있는 자연풍경에서 추론된 지시이다. 숲과 마을이 있으면 호수가 있다는 상식에서 추론된 것이다.

9행의 "the darkest evening of the year"는 최상급 형용사 수식어에 의하여 한정되는 한정명사구이다. 최상급은 항상 지시공유의 조건을 만족시킨다. 초출의 한정명사구 "the year"는 화자와 청자가 머물고 있는 담화문맥의 현재시간을 지시한다.

10행의 부정명사구 a shake는 처음으로 담화문맥에 등장했다. 청자에게 새로운 정보로서 지시공유의 조건을 충족시키지 않는다.

11행의 초출의 부정명사구 some mistake는 담화문맥에 처음 등장했다.

12행의 "The only other sound"는 유일성을 보장하는 수식어 only로 인한 초출의 한정명사구이다.

13행에 작은 명사구 "sweep of easy wind and downy flake (가벼운 바람이 지나가는 소리와 폭신한 눈송이가 떨어지는 소리)"는 of 전치사구 보어에 의해 한정된 지시를 가지게 된다. 주어인 한정명사구 "The only sound"와 등식관계에 있는 <그 소리> 역시 유일한 소리이며 따라서 그것은 화자와 청자의 담화문맥에 이미 존재하는 오직 하나뿐인 <그 소리>와 동일시되어 한정명사구로 나타난다.

14행의 중출의 한정명사구 "the woods"는 화자(=시인)와 청자(=독자)가 함께 바라보고 있는, 담화문맥에 이미 등장해 있는 그 숲이다.

15행의 부정명사구 "promises"는 처음 담화문맥에 등장하는 <약속>이다. 화자가 지켜야 할 약속이 있다는 것을 청자에게 처음으로 말해준다. 작은 명사구 "promises"는 지시공유의 조건을 충족시키지 않는다.

16행의 초출의 부정명사구 "miles (십리 길)"은 앞으로 갈 길, 미지의 여정이다. 이제 막 담화문맥에 등장한 존재로서 청자에게는 새로운 정보이다. 이야기가 끝날 때 새로운 시작이 시작된다. 시의 전체 문맥에서 보면 눈 오는 저녁 어느 숲(=미지의 세계)에서 출발하여 호수, 마을, 집, 가벼운 바람소리와 눈 내리는 소리, 내 조랑말 등이 있는 현실에 잠시 머물다가 다시 해야 할 일과 가야 할 길, 미지의 세계로 가고 있다. 그리고 시는 "deep", "keep"과 각운을 맞추면서 "sleep(잠=침묵)"으로 끝난다. (이 각운의 끝 발음 /p/는 입을 다물고 하는 발음이다.) 마치 하루

가 잠으로 끝나듯이.[47]

(3) 다음은 영국의 20세기 계관시인 John Masefield(1878‐1967)의 해양시 *Sea Fever*의 첫 번째 연이다.

Sea Fever
I must go down to the seas again, to the lonely sea and the sky,
And all I ask is a tall ship and a star to steer her by,
And the wheel's kick and the wind's song and the white sail's shaking,
And a grey mist on the sea's face, and a grey dawn breaking.
(바다열병
나는 다시 바다로 가야 한다, 그 외로운 바다와 하늘로,
내가 원하는 모든 것은 범선 한 척과 배를 운항하는 별 하나,
그리고 타륜의 반동과 바람의 노래와 흰 돛의 흔들림,
그리고 바다표면의 회색 안개, 그리고 회색의 여명.)

"the seas"는 제목 *Sea Fever*의 "그 바다"를 선행사로 나타난 중출의 한정명사구이고 "the lonely sea"는 다시 <그 바다들>을 선행사로 하는 중출의 한정명사구이다. 처음에 화자는 자기가 가보았던, 다시 가보고 싶은 그 여러 지역의 바다를 등장시키고 다음 순간에 화자는 그 중 한 바다, 외로운 바다와 하늘을 등장시킨다. 복수의 한정명사구와 단수의 한정명사구가 연이어 나오는 연유이다. 그 다음 초출의 부정명사구 a tall ship과 a star가 화자와 독자의 담화문맥에 처음으로 등장한다. 그리고 이어지는 세 개의 한정명사구 the wheel's kick, the wind's song, the white sail's shaking은 모두 이미 담화문맥에 등장한 a tall ship과 the sea에서 추론되는 존재들이다. (그 세 가지는 바다와 범선을 아는 사람에게는 "상식"이다.) 그리고 화자는 다시 두 개의 초출의 부정명사구 a grey mist on the sea's face와 a

---

[47] 각운의 형식은 aaba, bbcb, ccdc, dddd이다. know(a)‐though(a)‐here(b)‐snow(a), queer(b)‐near(b)‐lake(c)‐year(b), shake(c)‐mistake(c)‐sweep(d)‐flake(c), deep(d)‐keep(d)‐sleep(d)‐sleep(d). 마지막 연의 각운은 파격이다. 만약 마지막 연이 dded이면 완전한 정형이 된다고 말할 수 있으나 이 파격 dddd는 의미적으로 "침묵=sleep"과 어울리고 발음상 입을 닫는 침묵의 /p/와 어울려 다른 의미에서 제격이라고 할 수 있다.

grey dawn breaking을 담화문맥에 도입한다.

첫 연에서 시인은 중출의 한정명사구, 초출의 부정명사구, 중출의 한정명사, 초출의 부정명사구를 번갈아 담화문맥에 등장시켜 독자에게 익숙한 것과 새로운 것을 교차적으로 보여줌으로써 바다여행의 동경심과 긴장감을 점차로 고조시킨다. 마지막 행에서 담화문맥이 신비로운 안개에서 여명으로 이동하면서 새로운 가능성과 기대감을 갖게 한다.

(4) 다음은 20세기 미국 소설가 헤밍웨이(Ernest Hemingway)의 한 단편소설의 첫 단락이다. 화재로 초토화된 어느 타운의 광경이 묘사되고 있다. 소설의 주인공인 닉이 이 불탄 타운을 바라보고 있다. 작가가 이 주인공의 시각으로 타운을 바라보고 있다.

Big Two-Hearted River

The train went on up the track out of sight, around one of the hills of burnt timber. Nick sat down on the bundle of canvas and bedding the baggage man had pitched out of the door of the baggage car. There was no town, nothing but the rails and the burned-over country. The thirteen saloons that had lined one street of Seney had not left a trace. The foundations of the Mansion House hotel stuck up above the ground. The stone was chipped and split by the fire. It was all that was left of the town *of Seney*. Even the surface had been burned off the ground. ("대이심천(大二心川)" 어니스트 헤밍웨이. 기차가 불탄 나무의 언덕들 중 하나를 돌아 철도 위쪽으로 계속 가다가 시야에서 사라졌다. 닉은 화물칸 인부가 화물차 문 밖으로 던져놓은 캔버스와 이불 더미 위에 앉았다. 타운은 없었다. 철로와 불타버린 들판 밖에는 아무것도 없었다. 시니의 한 거리에 줄지어 서있던 열세 개의 살롱은 흔적 하나 남기지 않았다. 맨션하우스 호텔의 초석이 땅 위에 삐어져 나와 있었다. 그 돌은 화재에 불타 깨지고 갈라져 조각나 있었다. 그것이 시니 타운에 남아 있는 전부였다. 표면조차 불타 땅 위로 나와 있었다.)

첫 문장의 문두에 나타난 초출의 한정명사구 "The train"의 도입은 일상의 담화문맥이라면 허용될 수 없는 현상이다. 이는 소설 장르의 담화문맥에서 가능하고 소설가가 흔히 활용하는 기법이다. 작가는 아무 전제조건 없이 무조건 기차를 담화문맥에 등장시켜 독자가 그것을 그대로 받아들이게 함으로써 독자를 즉시 소설의 문맥 안으로 끌어들이는 효과를 발휘할 수 있다. 독자는 작가의 강요로 작가와 같은 시각을 가지게 된다.

이 소설의 초두에 등장한 <기차>에서 촉발된 일련의 추론과정의 결과로 여러 가지 사항들이 자연스럽게 담화문맥에 등장할 수 있다. 먼저 기차가 있는 곳에 철로가 있다는 상식적 추론으로 "the track (철로)"가 등장했다. 그 다음으로 "the baggage car (화물칸)"이 등장하고 동시에 "the door of the baggage car (화물칸의 문)"과 the baggage man (화물칸 인부)"가 등장했다. 그것들 모두 지시공유의 조건을 준수하여 초출의 한정명사구로 나타났다. 그렇게 해서 주인공 닉이 앉아 있는, 관계절이 붙은 작은 명사구 "bundle of canvas and bedding the baggage man had pitched out of the door of the baggage car"의 지시는 작가와 독자의 담화문맥에 존재하게 되었다.

한정명사구 "the hills of burnt timber (불탄 나무의 언덕)"의 지시는 작가(=화자)가 담화문맥에 임의로 등장시켜둔 초출의 한정명사구이다.

"the rails"는 앞서 등장한 "the track (철도)"를 선행사로 하는 중출의 한정명사구이다.

작은 명사구 "burned-over country (화재로 초토화된 마을)"은 "burnt timber"의 도입으로 이미 등장한 화재와 처음부터 담화문맥에 등장해 있는 <마을>을 선행사로 삼아 한정명사구가 된다.

작은 명사구 "thirteen saloons that had lined one street of Seney (시니의 한 거리에 줄지어 서 있던 열 세 개의 살롱)"은 타운에 관한 일반적인 상식 즉 타운의 번화한 거리에는 살롱들이 있기 마련이라는 인식을 바탕으로 작가가 독자에게 강요하는 지시이다.

작은 명사구 "trace (흔적)"의 지시는 이 대목에서 처음 등장한 것이다. 부정명사구로 나타나야 할 사항이다.

작은 명사구 "foundations of the Mansion House hotel (맨션 하우스 호텔의 기

초)"에서 the Mansion House hotel의 지시는 타운에 관한 상식에서 추론할 수 있는 사항이므로 초출의 한정명사구로 나타났고 그 호텔의 기초는 건물의 구조에 관한 일반 상식에서 추론될 수 있으므로 <맨션 하우스 호텔의 기초>는 지시공유의 조건을 준수한다. 따라서 한정명사구로 표현되었다.

the ground는 이 마을의 땅. 담화문맥 속에 전제된 땅이다.

The stone은 앞 문장의 The foundations와 동일지시이다.

the fire (화재)는 앞 문맥에 나온 the burned-over country의 지시에서 나온 것이다.

(5) 다음은 미국 20세기 여류소설가 Flannery O'Conner[48]의 단편 *Good Country People*의 한 단락이다.

Besides <u>the</u> neutral expression that she wore when she was alone, Mrs. Freeman had <u>two others, forward and reverse, that she used for all her human dealings</u>. Her forward expression was steady and driving like <u>the</u> advance of a heavy truck. Her eyes never swerved to left or right but turned as <u>the</u> story turned as if they followed <u>a yellow line</u> down the center of it. She seldom used the other expression because it was not often necessary for her to retract a statement, but when she did, her face came to <u>a complete stop</u>, there was <u>an</u> almost imperceptible movement of her black eyes. (프리먼 여사는 혼자 있을 때 짓는 중립적인 표정 이외에 두 가지 다른 표정 즉 전진적인 표정과 후진적인 표정을 가지고 있었다. 그녀의 전진적인 표정은 무거운 트럭의 전진처럼 안정적이고 직선적이었다. 그녀의 눈은 결코 왼쪽이나 오른쪽으로 궤도를 벗어나는 일이 없었고 이야기가 돌아가는 대로 따라갔다—마치 이야기의 중심이 가는 대로 황색선을 따라가는 것처럼. 그녀는 말을 취소하는 일이 잘 없었기 때문에 후진적 표정은 좀처럼 사용하지 않았다. 그러나 그 표정을 사용할 때는 그의 얼굴은 완전히 정지했고 그녀의 검은 눈에는 거의 감지할 수 없는 움직임이 있었다.)

작자는 관계절 "that she wore when she was alone (그녀가 혼자 있을 때 짓는)"

---

[48] Mary Flannery O'Connor (1925‑1964) 현대 미국의 소설가, 수필가.

과 형용사 수식어 "neutral"이 제공하는 정보를 바탕으로 독자가 작은 명사구 "neutral expression that she wore when she was alone"의 지시가 담화문맥에 존재한다고 판단하도록 유도한다. 작자는 그 작은 명사구가 지시공유의 조건을 충족시킨다고 보고 한정명사구로 표현한다. 반면에 작은 명사구 "two others, . . ., that she used for all her human dealings (그녀가 모든 인간적 교류에 사용한 두 개의 다른 것(=표정)"은 관계절 "that she used for all her human dealings"와 "two"의 정보만으로 <다른 표정>이 지시공유의 조건을 충족시키지 못한다고 보고 그 것을 부정명사구로 표현한다.

작은 명사구 "advance of a heavy truck (무거운 트럭의 전진)"은 of 전치사구 "of a heavy truck"으로써 그 지시가 뚜렷해져 독자의 담화문맥에 존재한다고 볼 수 있다. 적어도 필자의 생각으로는 그러하다. 그 작은 명사구는 지시공유의 조건을 충족시킨다.

"as the story turned. . ."에서 한정명사구 "the story"의 지시는 앞 문맥의 내용에서 추론된다. 앞 문맥의 화제는 이 단편의 주인공 Mrs. Freeman이 이야기할 때의 표정이다. 따라서 작은 명사구 "story"는 지시공유의 조건을 충족시키는 초출의 한정명사구로 표현된다.

작은 명사구 "yellow line (자동차 전용도로의 중앙에 그어놓은 황색선)"의 지시는 담화문맥에 최초로 등장한다.

"the center of it"에서 "it"은 "the story"를 지시한다. 작은 명사구 "center of the story (이야기의 중심)"은 이미 담화문맥에 있는 "the story"의 지시에서 추론되는 것이다.

중출의 한정명사구 "the other expression"의 선행사는 앞 문맥에 등장한 초출의 부정명사구 "two others"이다. 그런데 "Two others"란 "the two expressions"를 말하며 그 두 표현이란 "the forward expression"과 "the reverse expression"인데 "the other expression"은 결국 "the reverse expression"을 지시한다.

(6) 다음 글은 19세기 미국의 소설가, 수필가 마크 트웨인(Mark Twain)의 장편 *Life on the Mississippi*의 제3장이지만 독립된 작품으로도 널리 읽힌다. 아래

예문은 그 글의 첫대목이다.

Life on ***the Mississippi:*** *Frescoes from* ***the Past***
    Apparently **the river** was ready for *business*, now. But no; **the distribution** of *a population* along its banks was as calm and deliberate and time-devouring *a process* as **the discovery and exploration** had been.
    Seventy years elapsed after **the exploration** before the river's borders had *a white population* worth considering; and nearly fifty more before the river had *a commerce*. Between La Salle's opening of **the river** and **the time** when it may be said to have become **the vehicle** of anything like **a regular and active commerce**, *seven sovereigns* had occupied **the throne of England**, America had become *an independent nation*, Louis XIV. and Louis XV. had rotted and died, **the French monarchy** had gone down in **the red tempest of the Revolution**, and Napoleon was *a name that was beginning to be talked about*.
(미시시피 강연안의 생활. 지나간 시대의 프레스코 화.
    얼핏 보기에 강은 비지너스를 할 준비가 다 되어 있었던 것처럼 보였다. 그러나 사실은 그렇지 않았다. 강둑을 따라 인구가 분포된 것은, 강의 발견과 탐험이 그러했듯이, 조용하고도 신중한, 많은 시간을 잡아먹는 과정이었다.
    강의 경계지대에 상당한 규모의 백인 인구가 생겨난 것은 강의 탐험이 있은 후 칠십년이 흐른 뒤였고, 강에서 사람들이 상업을 하기까지에는 거의 오십년이 또 흘러갔다. 라살르가 강을 열었던 때부터 그것이 규칙적이고 활발한 상업의 운송수단이 될 때까지는, 일곱 번의 왕조가 영국의 왕위를 차지했고, 미국이 독립국가가 되었고, 루이 14세와 루이 15세가 망하고 죽었으며, 프랑스 군주왕정은 대혁명의 붉은 폭풍(=공포의 격동) 속에 무너졌고 나폴레옹이 인구에 회자되기 시작하는 이름이 되었다.)

    무관사 명사구 "Life on the Mississippi (미시시피 강안 지역의 생활)"는 초출의 부정명사구이다. (on the Mississippi의 on의 의미에 유의할 것. 강에 면해 있는 지역(=강안지역)을 말한다. 강(물) 위의 생활이 아님.)
    "the Mississippi"는 고유명칭 the Mississippi River의 줄임이다. 강의 명칭은 반

드시 한정명사구로 나타난다.

"the river"는 이 글의 제목에 등장한 "the Mississippi"를 선행사로 하는 중출의 한정명사구로서 지시공유의 조건을 지킨다. 이후 나타나는 "the river"는 모두 같은 용법이다.

무관사 명사구 "business"는 초출의 불가산 부정명사구이다.

"distribution"은 자동사 "distribute(분포되다)"에서 나온 파생명사이다. "the distribution of a population"은 주체가 명백한 불가산 파생명사구로서 지시공유의 조건을 준수한다. "a population"은 초출의 가산 부정명사구이다. <인구>는 여기서 최초로 담화문맥에 등장했다. 필자는 독자의 담화문맥에 인구의 분포라는 사회적 현상이 존재하고 있다고 판단한다.

"was . . . a process . . ."에서 부정명사구 a process는 주어의 속성을 기술하는 서술어이다.[49] 그것은 지시 표현이 아니다.

초출의 한정명사구 "the discovery and exploration"에서는 전치사구 보어 "of the river"가 생략되었다. 주체와 대상이 명백한 <발견과 탐험>은 지시공유의 조건을 지킨다. 그 다음 문장에 나오는 "the exploration" 역시 같은 상황이다.

Seventy years는 초출의 부정명사구이다. 70년의 세월은 담화에 처음 도입된다. 그것은 지시공유의 조건을 지키지 않는다. 미시시피 강안이 개발된 지 70년이 흘렀다는 사실은 독자에게는 새로운 정보이다. 그것이 이 글을 읽을 모든 독자들이 다 알고 있는 정보라고 생각할 근거가 없다. 부정명사구가 될 조건을 충족시킨다.

"a white population"은 담화문맥에 최초로 등장하는 초출의 가산 부정명사구이다.

작은 명사구 "time when . . ."은 보어인 when 절에 의하여 그 지시가 정의되어 지시공유의 조건을 충족시키고 초출의 한정명사구 "the time when . . ."으로 나타났다.

"the vehicle of anything like a regular and active commerce (규칙적이고 활발한 상업활동(과 같은 것)을 실어 나르는 교통수단)"이 초출의 한정명사구가 되는 것은 of 전치사구 보어에 의해 <교통수단>이 충분히 한정되기 때문이다. 즉 작은 명사구 "vehicle of anything like . . ."는 지시공유의 조건을 충족시킨다.

---

[49] 서술어 대해서는 이 장의 각주 4와 제2장 be 동사 부분 참조.

그 이하에 the throne of England, the French monarchy, the Revolution, 루이 14세, 루이 15세, 나폴레옹 등 18~19세기 서양의 역사적 사건과 인물들이 등장한다. 이들은 작가와 독자가 공유하는 담화문맥에 포함되는 사항들이다. 작가가 미시시피 강의 인문지리를 논하면서 독자와 공유하고 있다고 생각하는 역사적 배경이다. 모두 한정명사구로 표현된다.

the throne of England는 of 전치사구 보어가 throne을 한정하여 모든 다른 나라들의 왕위를 배제하고 영국의 왕위에 한정하는 역할을 한다. the French monarchy는 수식어 French가 오직 프랑스의 왕정을 지시하게 한다. 둘 다 지시공유의 조건에 따라 한정명사구가 되는 조건이 충족된다.

the red tempest of the Revolution은 전치사 동격 구문이다. 동격의 of 전치사구가 작은 명사구 red tempest(격동의 대사건)를 한정한다. the Revolution(프랑스 혁명)은 담화문맥에 등장한 사건으로 고유명사화한 한정명사구이며 이것과 동격인 red tempest 역시 한정명사구가 된다.

부정명사구 an independent nation은 지시 표현이 아니다. 주어 America의 성격을 설명하는 서술어이다. Napoleon was a name . . .에서 a name도 서술어이다. Napoleon은 지시 표현이지만 이름이 <나폴레옹>인 그 인물을 지시하는 것이 아니고 <나폴레옹>이라는 <이름>을 지시한다. "나폴레옹"이라는 이름이 인구에 회자되는 성질을 가진 이름이 되었다는 뜻이다.

(7) 다음은 전통과 창조성에 대해 논의하는 엘리엇(T. S. Eliot)의 평론 *Tradition and the Individual Talent* 의 첫대목이다. 여기서 엘리엇이 관사의 한 용법을 언급하는 것이 흥미롭다.

IN **English writing** we seldom speak of **tradition**, though we occasionally apply its name in deploring its absence. We cannot refer to "the tradition" or to "a tradition"; at most, we employ **the adjective** in saying that **the poetry** of So-and-so is "traditional" or even "too traditional." Seldom, perhaps, does **the word** appear except in **a phrase of censure**. If otherwise, it is vaguely approbative, with **the implication,** as to **the work** approved, of some pleasing archæological reconstruction. You can hardly make **the word** agreeable to **English ears** without this comfortable reference to **the reassuring science of archæology**. (전통과 개인적 재능. 영어 글쓰기에서 우리는 전통에 대해 잘 말하지 않는다. 그것이 없다고 개탄할 때 가끔씩 그 명칭을 적용하기는 하지만. 우리는 어떤 것을 "the tradition(그 전통)"이라거나 "a tradition(하나의 전통)이라고 지칭할 수 없다.[50] 기껏해야, 누구누구의 시가 "traditional(전통적)"이라거나 심지어 "too traditional(너무 전통적)"이라거나 하다고 말할 때 그 형용사형을 사용하는 정도이다. 그것도 검열의 어구를 제외하고는 좀처럼 나타나지 않는다. 그 밖에 다른 경우에 쓰인다고 해도, 그것은, 좋다고 인정받은 작품에 대하여, 그럴 듯한 고고학적인 재구성의 의미와 함께, 대충 긍정적이기는 하나 결국 불분명한 뜻을 나타낼 뿐이다. 고고학이라는 매력적인 학문에 적당히 기대지 않고는 그 단어를 영어 사용자들의 귀에 듣기 좋게 만들 수가 없다.)

추상명사 Tradition이 초출의 무관사 명사구로 담화문맥에 최초로 도입된다. 필자는 작은 명사구 "Individual Talent (개인의 재능)"의 지시가 담화문맥에 존재한다고 보고 이를 한정명사구 "the Individual Talent"로 표현했다. 사회집단의

---

[50] 필자 엘리엇은 "tradition"이 불가산 추상명사이기 때문에 보통은 무관사로 나타나는 현상을 이렇게 표현하고 있다. 그러나 이 말을 액면 그대로 받아들이면 너무 강한 주장이 된다. 뜻이 달라지면 tradition도 가산명사로 쓰일 수 있어서 한정명사구나 부정명사구로 쓰일 수 있기 때문이다. Many of today's Christmas **traditions** were celebrated centuries before the Christ Child was born.(오늘날의 크리스마스 전통축제들 중 많은 것이 아기 예수가 탄생하기 수 세기 전부터 있었다.) One of our town's time-honored **traditions** is to have an Easter egg hunt the week before Easter.(우리 마을의 오랜 전통행사 중의 하나는 부활절 전주에 부활절 달걀 사냥을 하는 것이다.) He is an outgrowth of **a reactionary anti-Marxist and anti-materialist tradition** that descends from the irrationalism of Schelling, Kierkegaard, Nietzsche and Heidegger.(그는 셸링, 키에르케고르, 니체, 하이데거의 비합리주의에서 내려오는 반동적인 반 마르크시즘적 반 유물론적 전통의 부산물이다.) 이들 예문에서와 같이 tradition이 전통적인 축제, 행사, 풍속 등의 뜻으로 쓰이면 가산명사가 될 수 있다. 본문 엘리엇의 글에 나온 tradition은 한 민족의 오랜 문화유산으로 전해 내려오는 전설이나 신념 등을 포괄적으로 지칭한다. 그때 그것은 불가산명사이다. **Tradition** held that Homer was blind, and various Ionian cities are claimed to be his birthplace, but otherwise his biography is a blank slate. (전통(적인 전설 또는 견해)에 의하면 호머는 장님이었다고 한다. 여러 이오니아의 도시들이 호머의 탄생지라는 주장이 있으나 그의 전기는 현재로 백지상태이다.) According to **tradition**, Homer was a blind poet who wandered from place to place.(전통에 의하면 호머는 여기저기를 방황했던 장님시인이었다.)

구성원인 한 개인의 재능을 그 사회의 "전통"에 대립되는 개념으로 보는 필자의 견해가 이 한정명사구 표현의 배경이다. 필자는 담화문맥에 전통이 도입됨과 동시에 그 대립 개념인 "개성"도 도입된다고 보는 것이다.

English writing은 학과목 명칭 또는 장르 명칭으로서 불가산의 부정명사구이다. 초출의 부정명사구로 담화문맥에 처음으로 등장했다.

중출의 한정명사구 the adjective는 이 글의 주제인 "tradition"의 형용사형을 말한다. tradition이 이미 담화문맥에 있으므로 그 형용사형 "traditional" 또한 담화문맥에 있고 따라서 그것을 지시하는 "adjective"가 한정명사구로 나타난다. 앞에 이미 나온 "tradition"을 선행사로 하기 때문에 중출이라고 할 수 있다.

중출의 한정명사구 the word는 "tradition"을 선행사로 하는 중출의 한정명사구이다. 앞의 "the adjective"와 같은 용법이다.

초출의 부정명사구 a phrase of censure(검열어구)는 여기서 최초로 담화문맥에 등재된다.

초출의 한정명사구 the implication ~ of some pleasing archaeological reconstruction는 뒤에 이어지는 of 전치사구 보어에 의해 지시범위가 한정된다. 필자는 "고고학적인 재구성"이라는 "함축된 의미"가 전통의 개념 안에 존재한다고 본다.

중출의 한정명사구 the word는 앞에 나온 the word와 같다.

English ears는 문맥에 처음 등장하는 초출의 부정명사구이다.

the reassuring science of archæology는 전치사구 동격 구문이다. archaeology가 science의 의미를 한정한다. (앞 6.4.2절 (4)의 "the science of organic chemistry"와 같은 성질임.)

(iii) 서문, 정의 등 진술문

(8) 다음은 John Macmurry 저 대학유기화학 교과서 *Fundamentals of Organic Chemistry (fifth edition)* 「유기화학의 근본 (제5판)」의 서문이다.

I wrote this book for **the simple reason** that I love writing. I get great satisfaction from taking **a complicated subject**, turning it around until I see it from **a new angle**, and then explaining in simple words. I write to explain chemistry to students today **the way** I wish it had been explained to me years ago.

The enthusiastic response to **the four previous editions** has been very gratifying and suggests that this book has served students well. I hope you will find that this fifth edition of *Fundamentals of Organic Chemistry* builds on <u>the strengths</u> of <u>the first four</u> and serves students even better. I have made every effort to make this fifth edition as effective, clear, and readable as possible; to show **the beauty and logic** of organic chemistry; and to make **the subject** interesting to learn.

(나는 쓰는 것을 좋아한다는 간단한 이유 하나만으로 이 책을 썼다. 나는 복잡한 주제를 택하여 문제를 새로운 각도에서 볼 수 있을 때까지 돌려놓고 쉬운 말로 설명하는 데에서 큰 만족을 얻는다. 수 년 전에 누가 나에게 이런 식으로 설명해 주었으면 얼마나 좋을까 하고 내가 아쉬워하던 그러한 방식으로 오늘의 학생들에게 화학을 설명해 주기 위해 나는 (이 책을) 쓴다.

이 책 앞의 네 차례의 개정판에 보내 주었던 열렬한 반응은 매우 만족스러운 것이었고 이 책이 학생들에게 봉사를 잘 해왔다는 것을 의미한다. 나는 독자가 이 『유기화학의 근본』 제 5판이 그 앞 네 개의 판의 장점 위에서 만들어졌다는 것을 발견하고 이 5판이 학생들에게 훨씬 더 많은 도움이 되기를 희망한다. 나는 이 5판이 가능한 한 효율적이고, 명백하고, 쉽게 읽혀질 수 있도록 모든 노력을 다 하였다. 그리고 유기화학의 아름다움과 논리를 보여주기 위해, 그리고 이 과목이 배우기가 재미있는 과목이 되도록 하기 위해 모든 노력을 다 하였다.)

the simple reason that I love writing: "simple reason(단순한 이유)"는 that 절 보어에 의해 "reason"의 지시가 결정된다. 세상의 무수히 많은 이유들 중 "내가 글쓰기를 좋아한다"는 이유, 그것이 내가 이 교과서를 쓴 이유이고 그 이유는 나와 독자의 담화문맥에 존재하고 있다(고 나는 생각한다).

만약에 "I wrote this book for **a simple reason** that I love writing."라고 말했다면

"내가 글쓰기를 좋아한다는 그 이유" 외에도 다른 이유가 또 있음을 암시한다. 이 가능성을 차단하는 것이 한정명사구 the simple reason이다.

초출의 부정명사구 a complicated subject: 새로운 정보를 제시하는, 담화문맥에 처음으로 도입되는 존재.

a new angle: 역시 처음 등장한 새로운 주제로서 초출의 부정명사구.

the way: in the way의 뜻으로 the way는 I wish 이하 that절을 보어로 갖는다. 위의 the simple reason과 같은 이유로 한정명사구가 된다. 과거에 자기가 희망했던 그 방법을 유일한 방법으로 이해하고 있다. 이 말은 자기의 방법이 유일하다는 오만한 생각을 나타내는 것이 아니라, 자기의 방법이 무엇인지를 독자에게 분명히 밝히려는 의도를 나타낸다.

초출의 한정명사구 The enthusiastic response to the four previous editions: to 전치사구 보어에 의하여 response의 정체성이 밝혀진다. 뿐만 아니라 수식어 enthusiastic은 독자들로부터 좋은 반응을 얻었음을 기정사실로 암시한다. 즉 저자는 이를 담화문맥에 이미 등장한 것으로 보고 있다. 그리고 이 책이 제5 판이라는 사실은 이 책의 제목에 표현되어 있고 그로부터 그 앞에 1, 2, 3, 4판이 있었음을 유추할 수 있고 따라서 담화문맥에 존재하는 그 네 개의 "editions"는 초출의 한정명사구로 표현된다.

the strengths: 강점들은 of 전치사구 보어 of the first four (editions)에 의해 정체성이 정해진다.

초출의 한정명사구 the beauty and logic of organic chemistry: organic chemistry가 아름다움과 논리의 주체이다. 그 주체가 아름다움과 논리의 지시범위를 한정한다. 즉 세상에 아름답고 논리적인 것들이 수없이 많겠지만 그 모든 것들을 다 배제하고 오직 유기화학의 아름다움과 논리를 지목한다. beauty와 logic은 불가산명사이므로 a beauty and logic은 원천적으로 차단된다. 부정명사구 beauty and logic of organic chemistry는 문법적으로 가능하지만, 이것은 유기화학의 아름다움과 논리를 추상적으로 일반화하는 표현이어서 필자의 의도에 맞지 않는다. 필자는 오직 유기화학만이 지니는 유일한 아름다움과 논리를 염두에 두고 말하고 있으며 필자는 그것이 필자와 독자가 공유하는 담화문맥에 존재하고 있다고 전제한다. 이런 필자의 생각은 전치사구 수식어 of organic chemistry의 **지시범위 한정**의 기능과 조화를 이룬다.

the subject: 이 책의 주제인 <유기화학>이 담화문맥에 있고 the subject는 그것을 지시하는 초출의 한정명사구이다.

(9) 다음은 미국의 어느 대학요람에서 인용했다.

> <u>The continuing depletion</u> of domestic fossil fuels may be a signal of one of the most significant long-term issues facing the United States as it enters its third century. <u>The impacts</u> of decisions made today concerning our remaining natural resources will persist for generations, beyond <u>the lifetime</u> of today's children. <u>Solar energy</u> will be <u>an important part</u> of these decisions. (미국이 그 세 번째 세기에 접어들면서, 국내 화학연료의 계속적인 고갈 현상은 미국이 직면하는 가장 중요한 장기적 과제 중의 하나임을 알리는 신호가 될 것이다. 남아있는 자연자원에 대하여 오늘 내리는 결정은 그 영향이 오늘날의 아이들의 일생을 넘어 앞으로 몇 세대에 지속적으로 미치게 될 것이다. 태양 에너지가 이 결정 사항의 중요한 부분이 될 것이다.)

"the continuing depletion of domestic fossil fuels"에서 of 전치사구 보어에 의해 <계속되는 고갈상태>가 <국내 화학연료>에 한정됨으로서 <계속되는 고갈상태>는 지시공유의 조건을 지키는 초출의 한정명사구가 된다.

작은 명사구 "impacts of decisions . . ."과 "lifetime of today's children" 역시 of전치사구 보어의 한정으로 지시공유의 조건을 충족시키고 한정명사구가 된다.

Solar energy는 문맥에 최초로 도입되는 초출의 불가산 부정명사구이고 an important part of these decisions는 초출의 가산 부정명사구이다.

(10) 다음 글은 영화배우 클린트 이스트우드가 주도하는 환경보존단체의 활동을 소개하는 책 *Big Sur and Beyond: The Legacy of The Big Sur Land Trust* (「빅서 그리고 그 너머: 빅서 토지 신탁의 유산」) *Foreword by Clint Eastwood, Robert Redford, Leon Panetta, Ted Turner*의 권두언이다.[51]

The Big Sur Land Trust has worked for twenty-five years to preserve the spectacular lands of Big Sur and the Central California Coast. This worthy organization has gained national recognition and respect--and our strong, personal support--for its outstanding conservation efforts.

The mission of the Big Sur Land Trust is to protect for the public benefit those lands in Montery County that are significant natural habitat, open space, agricultural, watershed, and recreational properties. Through the quiet and tireless efforts of its trustees, staff, and volunteers, The Big Sur Land Trust has preserved countless acres of irreplaceable lands in Big Sur and Montery County. A hundred years from now, future generations will enjoy the same spectacular views of ancient redwood forests, emerald hills, dark canyons, and the dramatic Big Sur Coast that we enjoy today. The following pages are graced with Douglas Steakley's inspiring photographs.

(빅서 토지 신탁은 빅서와 중부 캘리포니아 해안의 그 장엄한 땅들을 보존하기 위하여 지난 이십년 동안 일해 왔다. 이 훌륭한 조직은 그 탁월한 자연보호의 노력에 대하여 거국적인 인정과 존경을 받아왔다－그리고 우리의 열렬한, 개인적인 지지를 받아왔다.

빅서 토지 신탁의 임무는 중요한 자연 서식지, 공지, 농지, 분수령, 레크리에이션 시설 등으로 되어 있는 몬터리 카운티 내의 토지를 공익을 위하여 보호하는 것이다. 빅서 토지 신탁의 이사, 임원, 자원봉사자들의 조용하고 끈질긴 노력으로 신탁은 빅서와 몬터리 카운티 내의 무수히 많은 귀중한 토지들을 보존해 왔다. 백년이 지나간 다음에 미래의 세대들도 우리가 오늘 즐기고 있는 이 수 천년의 레드우드 숲, 에메랄드 색 언덕, 깊은 골짜기, 그리고 드라마틱한 빅서 해안의 그 장엄한 모습들을 그대로 즐길 (수 있을) 것이다. 다음(에 이어지는) 페이지들은 더글러스 스티클리의 감격적인 사진들로 우아함을 더하고 있다.

초출의 한정명사구 제목 The Legacy of The Big Sur Land Trust: of 전치사구 수식어에 의해 "유산"의 지시범위가 정해진다. 모든 다른 유산을 배제하고 오직

---

51 이 단체는 미국 캘리포니아 중부의 태평양 해안에 있는 빅서와 그 주변지역의 자연을 보호하기 위하여 전 지역을 매입하여 공원으로 조성하는 사업을 진행 중이다.

빅서 토지 신탁의 유산을 지시한다. 따라서 초출이지만 한정명사구로 나타난다. 이 책의 제목 "빅서와 그 너머의 땅"은 빅서 토지 신탁이 미래세대에게 남겨줄 유산이라는 뜻을 담고 있다.

The Big Sur Land Trust: 한 조직체를 지칭하는 보통명사구 고유명칭이다.

초출의 한정명사구 the spectacular lands of Big Sur and the Central California Coast는 of 전치사구 보어에 의해 한정되는 보통명사구 고유명칭이다. the Central California Coast는 보통명사구 고유명칭이다.

national recognition and respect: 불가산의 추상명사가 무관사 명사구로 쓰인 것.

The mission: of 전치사구에 의해 지시범위가 한정된다.

the public benefit: 수식어 public(공공의)이 the benefit(그 혜택)의 정체성을 결정한다.

the quiet and tireless efforts: of 전치사구가 그 정체성을 결정한다.

countless acres of irreplaceable lands: 불특정의 규모, 임의 땅을 지시하는 부정명사구.

future generations: 현재에 존재하지 않는 미래의 세대를 부정명사구로 표현하는 것.

초출의 한정명사구 the same spectacular views: 이 명사구가 한정명사구가 되는 것은 of 전치사구 보어의 내용에 의해 views의 지시범위가가 한정되기도 하지만 수식어 same 때문이기도 하다. same이 붙는 명사구는 보통 한정명사구다. 그 명사구의 지시가 항상 담화문맥에 존재하는 것으로 전제되기 때문이다. 가령 "A went to the same school.(A는 같은 학교에 다녔다)"라고 말했다면, A가 다닌 그 학교는 이 발화에 앞서 B 또는 다른 사람이 다녔음이 암시되어 있다. 그렇지 않고서는 A가 같은 학교에 다녔다는 말을 할 수 없다. 일반적으로 "같은 것을 했다"고 하면 그것이 무엇이든 그것은 담화문맥에 반드시 존재하고 있어야 한다. 이 때문에 수식어 same이 붙는 명사구는 한정명사구가 되기 마련이다.

초출의 부정명사구 ancient redwood forests, emerald hills, dark canyons: 레드우드 숲, 언덕, 골짜기 등은 그 정체성이 열려있고 따라서 처음으로 담화문맥에 도입되는 부정명사구로 표현된다.

초출의 한정명사구 the dramatic Big Sur Coast: the Big Sur Coast는 고유명칭이다. 고유명사에는 원칙적으로 형용사 수식어가 결합되지 않지만 이 고유명칭은 형태적으로는 보통명사구이기 때문에 dramatic이 붙는다.

초출의 한정명사구 The following pages: 이 글이 권두언이므로 이 페이지 다음부터 펼쳐지는 "다음 페이지들"이란 책의 본문을 가리킨다.

following, preceding, next 등 형용사는 화자와 청자가 그들의 현재 위치를 기준으로 앞이나 뒤의 어느 한 위치를 가리킨다. 다시 말하면, 그 위치는 화자와 청자 사이에 합의된 일정한 곳이다. 그 위치는 화자와 청자가 서로 잘 알고 있는 곳이다. 즉 그곳은 화자와 청자의 초월적 담화문맥에 반드시 존재하고 있다. 이 때문에 이들 형용사가 수식하는 명사구는 항상 한정명사구로 나타나게 되어 있다. *A following word. . . , *a preceding passage. . . , *a next page. . .처럼 부정명사구로 쓰이는 일은 없다. first나 last가 그 유일성의 의미 때문에 그것이 수식하는 명사구가 항상 한정명사구로 나타나는 것과 비슷한 현상이다.

(11) 다음 글은 어느 백과사전의 synthetic rubber(합성고무) 항목에서 인용했다.

> Synthetic rubber is any type of artificial elastomer, invariably a polymer. An elastomer is a material with <u>the mechanical (or material) property that it can undergo much more elastic deformation under stress than most materials and still return to its previous size without permanent deformation</u>. Synthetic rubber serves as a substitute for natural rubber in many cases, especially when improved material properties are required. (합성고무란 모든 유형의 인공탄성체로서 언제나 중합체다. 탄성체는 힘을 가하면 대부분의 물질보다 훨씬 더 큰 팽창된 변형 과정을 겪지만 영구적인 변형이 일어나지 않은 채 이전의 크기로 돌아가는 기계적인 (물질적인) 속성을 가진 물질이다. 합성고무는 많은 경우에, 특히 개선된 물질적 속성이 요구되는 경우에, 자연고무의 대체물의 역할을 한다.)

불가산 명사구 synthetic rubber(합성고무)는 초출의 부정명사구이다.

any type of artificial elastomer는 부분명사구이다. artificial elastomer(인공탄성

체) 자체는 가산명사이다.

a polymer(중합체)는 앞의 부분명사구를 부연 설명하는 서술어이다.

the mechanical property는 that절 보어를 수반하는 초출의 한정명사구이다. that 절 보어에 의하여 그 정체성이 결정된다.

두 번 나타나는 deformation(변형) 둘 다 불가산의 추상명사이다.

a substitute(대치물)는 초출의 가산 부정명사구.

many cases(많은 경우)는 초출의 가산의 부정명사구.

improved material properties(개선된 물질적 속성)는 초출의 가산 부정명사구.

(iv) 관광안내, 웹사이트 등 실용문

다음 예문 (12-14)는 Patricia Schultz의 세계관광 안내서 *1,000 Places to See Before You Die: A Traveller's Life List* (죽기 전에 보아야 할 1000 곳: 여행 자의 평생 목록)에서 인용한 것이다. 고유명칭의 용법을 보여주는 유익한 예 들이 많이 나온다.

(12)   *Poetry in Motion*
A Tour on San Francisco's Cable Cars
San Francisco, California

As clichéd but charming as the gondolas of Venice and the double-decker buses of London, San Francisco's cable cars are *a key component* of the city's unique character and the only national historic landmark that moves. With the unmistakable "ding! ding! ding!" announcing their arrival on sunny and foggy days alike, the cars are a throwback to the late 1800s, when they were the best transportation up and down the forty-three hills of America's most topographically endowed city.

The Powell-Hyde-Mason lines begin downtown below the busy high-end shopping area of Union Square and climb to the lofty neighborhood of Nob Hill, one of the city's most elegant addresses and the hilltop home to two of its most important hotels, The Ritz-Carlton, widely considered the city's (and one of the world's) best, and the landmark *Fairmont*. Rebuilt in <u>an extravagant manner</u> after <u>the 1906 earthquake</u>, this was where Tony Bennet gave his first public performance of "I Left My Heart in San Francisco," back in 1962. <u>The Powell-Hyde line</u> ends at Fisherman's Wharf, <u>the famous waterfront tourist destination</u> that still holds on to a good dose of charm. It's worth joining <u>the teeming humanity</u> just to graze on <u>take-away cracked crab</u> and <u>fish-and-chips</u> from <u>the harborside stands</u>, and gaze at <u>the spectacular views</u> of Alcatraz prison--"The Rock — and <u>the majestic 2-mile-long Golden Gate Bridge</u>, which you can also traverse for <u>an exhilarating, wind-blasted walk</u> and <u>great views</u>.

(움직이는 시. 샌프란시스코의 케이블 카 타기(=여행). 베니스의 곤돌라와 런던의 이층버스처럼 진부하지만 그래도 매력적인 샌프란시스코의 케이블카는 이 도시의 독특한 성격을 이루는 핵심적 요소이며 미국에서 하나밖에 없는 움직이는 역사적 랜드마크이다. 맑은 날이나 안개 낀 날이나 도착을 알리는 "뎅! 뎅! 뎅!" 하는 그 틀림없는 소리와 함께, 케이블카들은 1800년대 후반으로 되돌아가는 과거로의 시간여행이다. 그 당시는 케이블카가 미국에서 지형적으로 가장 복 받은 이 도시의 마흔 세 개의 언덕을 올라가고 내려오는 가장 좋은 교통수단이었다.

파우월-하이드-맨선 선은 시내 중심가에 있는 유니언 광장의 번화가의 한 높은 끝자락에서 시작하여 노브 힐의 이웃 고지대로 기어올라간다. 여기는 샌프란시스코의 가장 우아한 지역 중의 하나이고 가장 중요한 두 개의 호텔의 언덕 위의 본부가 있는 곳이다. 하나는 여기서 가장 좋은 호텔 (그리고 세계에서 가장 좋은 호텔 중의 하나)로 널리 알려진 리츠 칼턴이고 다른 하나는 이 도시의 랜드마크인 페어몬트 호텔이다. 1906년의 지진 후에 화려한 모습으로 재건축된 이 호텔은 토니 베넷가 1962년에 "I Left My Heart in San Francisco(난 내 사랑을 샌프란시스코에 두고 떠났네)"를 처음 불렀던 곳이었다. 파월-하이드 선은 그 유명한 부둣가 관광명소인 피셔맨즈 와프(=어부의 부두)에서 끝난다. 이곳은 지금도 여전히 상당한 매력을 지니고 있다. 포구의 길가 판매대에서 쪼개 놓은 게와 생선튀김 감자칩을 사먹으며 붐비는 사람들 틈에 끼어 걷는 것, 그리고 The Rock이라고 알려진 알카트라 감옥과 길이 2마일의 장엄한 골던 게이트 브리지(=금문교)의 장관을 바라보는 것은 한 번쯤 해볼 만한 가치가 있다. 금문교는 멋진 주변경치를 전망하며 강한 바람과 함께 상쾌한 기분으로 걸어서 건너갈 수도 있다.)

필자와 독자는 샌프란시스코 시내관광의 담화문맥 안에 있다. 넓게 보면 세계 관광여행의 문맥에 있다고도 할 수 있다.

초출의 부정명사구 A Tour는 이 글의 제목에 처음으로 등장하는 것이므로 초출의 부정명사구의 사용이 적절하다.[52]

초출의 한정명사구 the gondolas of Venice와 the double-decker buses of London: of 전치사구 수식어가 한정명사구의 지시범위를 한정하는 전형적인 초출의 한정명사구의 용법이다. 필자는 세계관광여행에 관심이 있는 독자라면 베니스의 곤돌라와 런던의 이층버스의 존재가 담화문맥에 이미 들어있다고 판단하고 있다. 베니스 하면 곤돌라, 런던 하면 이층버스가 연상된다고 보기 때문이다. 이런 판단이 전제되지 않았다면--필자 생각에 독자는 베니스의 곤돌라나 런던의 이층버스에 관하여 아는 바가 없고 들어본 적도 없다고 생각했다면-곤돌라나 이층버스는 이 문맥에서 분명히 초출이므로 부정명사구 gondolas of Venice, double-decker buses of London를 사용했을 것이다. 그러나 세계관광여행을 안내하는 책의 필자가 독자의 수준을 그렇게 낮게 평가하는 것은 오히려 부자연스럽다. 이것이 이 문맥에서 초출의 한정명사구 the gondolas나 the double-decker buses가 자연스럽게 읽혀지는 연유이다.

무관사 부정명사구 sunny and foggy days:

날씨에 대한 언급은 여기서 초출로서 새로운 정보이다. 이를 무관사 부정명사구로 표현한 것은 화창한 날과 안개 낀 날이 교차되는 것이 샌프란시스코 기후의 특징이라고 해도 저자는 그런 것까지 독자들이 이미 잘 알고 있는 사항으로는 판단하지 않고 있다.

중출의 한정명사구 the city's는 바로 앞에 나온 San Francisco를 지시한다.

초출의 한정명사구 the only national historic landmark는 수식어 only의 의미 때문에 한정명사구의 사용이 필수적이다.

the unmistakable "ding! ding! ding!"과 the cars는 제목에 등장한 cable cars로부터 추론되는 사항이다. 필자는 케이블카가 존재하는 담화문맥에는 그것이 운행중

---

[52] 이 글이 다루는 내용은 샌프란시스코의 케이블카를 "타고 하는 tour 여행"이다. 이 케이블카는 남산 케이블카처럼 산 정상에 올라가고 내려오는 케이블카가 아니라 여기저기를 돌아다니는 케이블카 버스라는 것을 알 수 있다. A ride on Namsan's Cable Cars(남산 케이블 카 타기)처럼 한 곳을 왕복하는 케이블카를 타는 것은 ride이고 시내버스 같은 것을 타고 하는 여행은 tour이다.

에 내는 "뎅, 뎅, 뎅" 하는 종소리도 함께 존재한다고 본 것이다.

부정명사구 a throwback은 be 동사의 보어로 쓰여 주어의 성질을 기술하는 서술어이다.

the 1800s는 1800년부터 1899년까지 백년의 기간을 표현하는 관용법이다. 10년의 기간을 표현할 때는 the 1890s(1890년대)라고 한다. 1800년대는 1800, 1801, 1802, . . . , 1899등에는 1800년이 백번 들어가고 1890년대는 1890부터 1899까지 1890년이 열 번 들어있다는 뜻으로 복수가 된다. the 1900s (1900년대), the 1700s(1700년대), the 1850s (1850년대), the 1930s(1930년대), the 1990s(1990년대) 등등.

the forty-three hills of . . .은 그 43개의 언덕들의 정체성은 of 전치사구 수식어 "of America's most topographically endowed city(=San Francisco)"로써 지시범위가 충분히 한정된다고--즉 필자와 독자가 공유하는 담화문맥에 존재한다고--보기 때문에 초출이지만 한정명사구로 쓰인 것이다.

The Powell-Hyde-Mason lines는 샌프란시스코의 케이블카 노선의 하나다. 케이블카는 일정한 line(노선)을 따라 운행된다는 상식과 함께 세 개의 고유명사 수식어가 핵심어 명사 lines(케이블카 노선)의 정체성을 결정한다. 케이블카의 상식은 담화문맥에 있고 세 개의 거리명칭 Powell가, Hyde가, Mason가는 발화시점에서 제시된다. 그 세 거리를 지나가는 이 노선이 복수의 노선임을 알 수 있다.

초출의 한정명사구 the busy high-end shopping area of Union Square: 고유명사 Union Square가 한정하는 한정명사구다. 그 쇼핑지역 shopping area은 busy, high-end, of Union Square 등 세 개의 수식어의 지시범위 한정 기능으로 담화문맥 고유의 지점으로 고정된다.

초출의 한정명사구 the lofty neighborhood of Nob Hill: 노브 힐의 높은 지대. neighborhood이 두 개의 수식어 lofty와 of Nob Hill에 의하여 유일한 지역으로 고정된다.

동격의 한정명사구 the landmark *Fairmont*: landmark의 지시는 담화문맥에 있고 그 정체성은 동격의 고유명사 "페어몬트 (호텔)"에 의하여 결정된다.

초출의 한정명사구 the 1906 earthquake: 1906년의 샌프란시스코 대지진은 담화문맥에 포함된 하나의 상식으로 간주된다. 이는 형태상 보통명사구 고유명칭과 같다.

the famous waterfront tourist destination은 바로 앞에 있는 Fisherman's Wharf를 선행사로 하는 중출의 한정명사구이다.

초출의 한정명사구 the teeming humanity: 필자는 그 부둣가에는 온 세계에서 온 사람들로 넘쳐난다는 사실을 전제하고 있다. the teeming humanity의 지시는 담화문맥에 있다고 보아야 한다.

초출의 부정명사구 take-away cracked crab과 fish-and-chips: crab(게살)은 불가산 명사이고 chips는 가산명사로서 둘 다 초출의 무관사 부정명사구이다. 필자는 이 둘을 담화문맥에 처음으로 도입시켜 두 가지 먹거리를 소개하고 있다. (만약에 이 두 먹거리가 독자들에게 잘 알려진 상식에 속한다고 판단했다면 이들 또한 한정명 사구로 표현했을 것이나 독자의 상식의 그 정도까지 된다고 보지는 않았다.)

초출의 한정명사구 the harborside stands: 관광객이 붐비는 이 포구의 길가에 가두 판매대들이 즐비할 것이라는 상식적 판단에 따라 해변의 판매대는 필자와 독자가 공유하는 담화문맥에 존재한다고 필자는 보고 있다.

the spectacular views의 지시는 of 전치사구 "of Alcatraz prison and the Golden Gate Bridge"에 의하여 그 정체성이 결정된다. 전치사구의 내용은 두 개의 고유명 칭이다.

the Golden Gate Bridge는 보통명사로만 구성된 보통명사구 고유명칭의 전형적 인 예이다.

an exhilarating, wind-blasted walk, 그리고 great views는 모두 처음 담화문맥에 등장해 새로운 정보를 제공하는 초출의 부정명사구들이다.

(13)   "<u>The man who tires of London</u> tires of life.
For there is all in London that life can afford."--Samuel Johnson

London, England

<u>A city of contrasts</u>, London is simultaneously <u>the cradle</u> of pomp, pageantry and

history and **the birthplace** of all things groundbreaking and cutting edge. Once **the immutable capital** of fish-and-chips, it's now **a cheerful chameleon**, brilliantly reinventing itself when no one is looking, then preening nonchalantly when **the global spotlight** turns its way.

The Top Ten Sights

British Museum—Unless you have a week to visit the 2.5 miles of galleries, head for **the Elgin marbles** (which once decorated the parthenon in Athens), **the Rosetta Stone**, **the Magna Carta**, and **the Egyptian mummies**.

Buckingham Palace—Official residence of **the queen**. When she's away in August and September, parts of **the 600-room landmark** (the state apartments, the throne room, and Picture Gallery) are open to the public. **The Changing of the Guard** is done on alternate days at 11:30 A.M.

Hampton Court—**Five hundred landscaped acres of garden** and **a famous maze of tall hedges** (**the key** is to turn left upon entering). For 200 years **a royal palace**: Henry VIII and five of his six wives lived here. Ows much of its present look to Sir Christopher Wren.

Hyde Park/Kensington Garden—**Hyde Park** is London's largest park, and was once **the favorite deer-hunting ground of Henry VIII**. **Well-manicured Kensington Garden** blends with Hyde, bordering **Kensington Palace**.

National Gallery—One of the world's best art collections, with works by every major European school from the 13th to the early 20th century.

St. Paul's Cathedral—**The 17-century masterpiece** of Sir Christopher Wren (who is buried in the crypt) is located in **the Wall Street-like area** called **The City**. Encircling **the great dome** (which offers **a wonderful 360-degree view** of London) is **the Whispering Gallery**—be careful what you say.

Tate Gallery—The largest repository of British art, divided into two separate museums. **The Tate Britain** houses the classics, while **the Tate Modern** (connected by a footbridge across **the Thames**) houses art from 1900 to the present.

Tower of London--Built in the 11th century by William the Conqueror, **the Tower** contains **the Crown Jewels** (including **the 530-carat Star of Africa diamond** and Queen Victoria's crown, studded with some 3,000 jewels, mostly diamonds), **the macabre Execution Row** (where Ann Boleyn, among others, met her fate), and many other exhibitions.

Victoria and Albert Museum — <u>The largest decorative arts museum</u> in the world, with works from <u>all periods</u> and <u>all corners</u> of the world. Includes the largest collection of <u>Italian sculpture</u> outside Italy, and <u>the best museum gift shop</u>.

Westminster Abbey — This English Gothic cathedral has been <u>the site of almost every British coronation since 1066</u>. <u>The Henry VII Chapel</u>, built in 1503, is one of the most beautiful in Europe. <u>The Poets Corner</u> has <u>monuments to</u> and <u>tombs of Chaucer, Thomas Hardy, Browning, and others</u>.

("런던이 지루한 사람은 삶이 지루한 사람이다. 런던에는 삶이 누릴 수 있는 모든 것이 있다."--새뮤얼 존슨. 영국의 런던. 대조의 도시 런던은 화려함과 허례와 역사의 요람지임과 동시에 획기적이고 첨단적인 모든 것의 탄생지이다. 한때 그것은 피쉬앤드칩 (감자칩 곁들인 생선튀김)의 불변의 수도였으나[53], 지금은 유쾌한 카멜리온이다. 아무도 안 보고 있을 때 런던은 찬란하게 스스로를 재창조하여, 세계적 스포트라이트가 다른 곳을 비추는 사이에 침착하게 스스로를 가다듬고 있다.

상위권 10개의 관광명소

버킹검 궁 — 여왕의 공식 관저. 8월과 9월 여왕이 출타중일 때 방 600개(국가 아파트, 왕실, 그리고 그림 갤러리)인 이 랜드마크의 일부가 일반에게 공개된다. 경호원 교대식이 격일로 오전 11시30분에 실시된다.

햄턴 궁전 — 오백 에이커의 조경 정원과 높은 담들로 둘러싸인 유명한 미로. ((수수께끼를 푸는) 열쇠는 들어가자마자 왼쪽으로 도는 것이다.) 200년 동안 왕궁이었다. 헨리8세와 그의 여섯 부인들 중 다섯이 여기서 살았다. 현재 모습의 대부분은 크리스토퍼 렌 경의 덕택이다.

하이드 파크/켄싱턴 가든 — 하이드 파크는 런던의 가장 큰 공원이며 한때 헨리 8세의 사슴 사냥터였다. 잘 손질된 켄싱턴 가든은 켄싱턴 궁과 경계를 이루며 하이드 파크와 만난다.

국립미술관 — 세계 최고의 미술품 수집 중의 하나. 13세기부터 20세기 초까지의 모든 유럽의 주요 학파의 작품들을 가지고 있다.

성 바오로 성당 — (성당지하실묘역에 묻혀 있는) 크리스토퍼 렌 경의 17세기 걸작인 이 성당은 The City라고 불리는 런던의 월스트리트 지역에 위치하고 있다. (런던의 멋진 360도 전망을 제공하는) 거대한 돔을 한 바퀴 도는 것은 속삭임의 갤러리이

---

[53] Fish and chips는 19세기 대영제국 시절이래로 영국의 대표적인 대중음식점 메뉴였다. 그런 뜻에서 "피시앤드칩스의 수도"란 (한때 잘 나가던) 대영제국(시절)의 수도를 상징한다.

다.--여기서는 말을 조심하라.

테이트 갤러리−최대의 영국 미술 전시관. 두 개의 별도의 박물관으로 나누어져 있다. 테이트 브리턴은 클래식 작품들을 소장하고 (테임즈 강을 건너가는 육교로 연결된) 테이트 모던은 1900년부터 현재까지의 미술품을 소장하고 있다.

런던 탑−11세기에 정복자 윌리엄에 의해 건립된 이 탑은 (530 카라트의 "아프리카의 별" 다이몬드와 약 3,000개의 보석이 박힌 (대부분 다이아몬드임) 빅토리아 여왕의 왕관 등) 왕관 보석들과, (앤 볼린 왕비가 그녀의 최후를 맞았던) 그 섬뜩한 사형 틀과, 그리고 기타 많은 전시물들을 보유하고 있다.

빅토리아 알버트 박물관−모든 시대, 세계 방방곡곡에서 가져온 작품들을 보유한 세계 최대의 장식미술 박물관임. 이태리 밖에서는 최대의 이태리 조각 수집과 가장 좋은 박물관 선물가게를 가지고 있다.

웨스트민스터 대사원−이 영국 고딕식 성당은 1066년 이래 거의 모든 국왕의 대관식 식 식장이었다. 헨리 7세 예배당은 1503년에 지어졌는데 유럽에서 가장 아름다운 교회 중의 하나다. 시인 코너는 초서, 토머스 하디, 브라우닝 등등의 기념비와 묘지가 있는 곳이다.)

초출의 부정명사구 A city of contrasts는 런던의 성격을 한 마디로 표현한 것으로서 이 글에서 처음 도입되는 정보를 제공한다.

the cradle, the birthplace 그리고 다음 문장의 the immutable capital city는 모두 앞에 나온 London을 선행사로 하는 중출의 한정명사구다. 각 명사구는 이어지는 of 전치사구 보어에 의해 그 정체성이 보강된다. (두 개의 형용사 groundbreaking and cutting edge가 앞에 있는 all things를 수식한다. 형용사 cutting edge는 "cutting-edge"로 쓰기도 한다.)

부정명사구 a cheerful chameleon는 주어 It(=Londdon)의 성질을 묘사하는 서술어이다. 필자는 이 부정명사구로써 런던의 양면성을 설명하는 새로운 정보를 제공한다. 이 명사구가 지시 표현이 아니라는 점에 유의할 것.

the global spotlight: 바로 앞 문장의 문맥 특히 when no one is looking을 배경으로 삼는다. "아무도 안 보는 사이에"라는 말로써 연극 무대가 담화문맥에 등장하고 무대에는 스포트라이트가 있다는 (극장에 대한)상식을 배경으로 세계무대의 스포트라이트가 한정명사구로 표현된다.

The Top Ten Sights: 최상급의 의미에 해당하는 Top Ten의 수식으로 한정명사구가 가능하다.

이 글에 많은 고유명칭이 등장하고 이를 배경으로 많은 한정명사구들이 사용되고 있다. 영국의 역사와 문화를 배경으로 이 글을 읽어야 한다. the Rosetta Stone, the Magna Carta, the Elgin marbles, the Egyptian mummies 등은 모두 서양사의 상식을 전제하는 한정명사구들이다. the parthenon 역시 같은 맥락에 있다. the Rosetta Stone(로제타 스톤)과 the Magna Carta(마그나카르타)는 보통명사의 고유명칭화의 예이고 the Elgin marbles와 the Egyptian mummies는 각각 고유명칭수식어 Elgin과 Egyptian에 의하여 정체성이 정해지는 한정명사구의 예이다.

초출의 한정명사구 the queen은 이 글의 제목 버킹검 궁으로부터 그 정체성을 추론하여 그 지시가 엘리자베스 여왕임을 알 수 있다.

the 600-room landmark: 제목에 나온 Buckingham Palace를 지시하는 중출의 한정명사구.

무관사 고유명칭Hyde Park: 보통명사가 고유명칭화한 것인데, 보통명사의 성질을 완전히 잃어버려 관사를 붙일 수 없다. 공원은 거리나 광장과 같이 지명으로 쓰이게 되면 고유명사와 같은 차원이 된다. Street은 물론 Garden, Palace 등도 그렇게 쓰인다. Kensington Garden, Kensington Palace 등이 그러한 예다.

the favorite deer-hunting ground: 보어 of Henry VIII에 의해 정체성이 정해진다. 영국역사 (특히 헨리8세의 행적)에 대한 배경지식을 전제하는 한정명사구이다.

The 17-century masterpiece: 제목 St. Paul's Cathedral을 선행사로 하는 중출의 한정명사구이다.

the Wall Street-like area called The City는 핵심어 앞 수식어 Wall Street-like와 핵심어 후 수식어 called The City에 의하여 그 지시가 충분히 밝혀졌다고 보고 초출의 한정명사구가 되었다.

the great dome은 성 바오로 성당을 선행사로 한다. 그 지시는 대성당에는 돔이 있다는 일반상식에서 추론된 것이다.

a wonderful 360-degree view of London는 이 대성당의 돔에서 런던을 360도 방향으로 조망할 수 있다는 사실을 새로운 정보로 제공하고 있다. 따라서 초출의

부정명사구이다.

the Whispering Gallery는 수식어 Whispering(속삭이는)이 한정하는 보통명사 고유명칭이다.

The Tate Britain과 the Tate Modern은 각각 The Tate Gallery Britain, The Tate Gallery Modern을 의미한다. 보통명사 고유명칭이다.

강 이름 the Thames는 the Thames River의 줄임으로 보통명사 고유명칭이다.

the Crown Jewels는 보통명사 고유명칭이다.

the 530-carat Star of Africa diamond는 두 개의 수식어 530-carat와 Star of Africa 가 diamond의 지시를 뚜렷하게 하는 초출의 한정명사구이다.

the macabre Execution Row는 수식어가 붙은 보통명사 고유명칭의 예이다.

all periods and all corners는 어느 한 시대나 지역을 지정하지 않고 모든 시대와 모든 곳을 말하려는 것이니까 부정명사구가 적절하다.

수식어 Italian으로써 이태리의 조각에 한정시키더라도 sculpture 자체가 불가산 명사이므로 Italian sculpture는 무관사이어야 한다. American literature(미국 문학), Greek mythology(그리스 신화), Indian music(인도 음악) 등도 같은 예들이다. (추상적 불가산명사에 대하여 제5장, 5.2절 참조.)

the site of almost every British coronation: 필자는 국왕 대관식이 개최된 장소는 영국역사의 담화문맥에 존재한다고 판단하고 있다. 따라서 작은 명사구 "site of ~"이 지시공유의 조건을 준수한다.

The Henry VII Chapel와 The Poets Corner 둘 다 보통명사 고유명칭의 예이다.

monuments to and tombs: 이 두 개의 무관사 부정명사구로써 필자는 시인들의 기념비와 묘가 여기 있다는 사실을 새로운 정보로 독자에게 제시하고 있다. 그것은 지시공유의 조건을 준수하지 않는다.

   (14)   "If you're bored in New York, it's your own fault." --Myrna Loy [54]

New York City

---

[54] Myrna Loy (1905 - 1993) 미국의 영화배우.

New York, U.S.A.

This is *Metropolis*. This is Gotham City. This is the one all the other cities wish
they were--"the only real city-city," as Truman Capote put it. Its skyscrapers loom
above canyonlike streets where 8 million New Yorkers go about their daily business—
walking fast, talking fast, and taking no lip, yet sharing that pride and sense of
community that was displayed so unforgetably when terrorists targeted their home
on September 11, 2001. They say it's the capital of the world . . . and maybe it is.

The Top Ten Sights

1. American Museum of Natural History--There are dinosaurs in there! Plus about
36 million other things, from moon rocks to the Brazilian Princess Topaz, the world's
largest cut gem at 21,005 carats. Don't miss the Hall of Biodiversity or the dioramas
of animal and village life. Its most recent addition, the futuristic Rose Center for Earth
and Space, is a four-story sphere encased in glass that holds the New Planetarium,
the largest and most powerful virtual reality simulator in the world, sending visitors
through the Milky Way and beyond.

2. Central Park—Laid out between 1859 and 1870 on a design by Frederick Law
Olmsted and Calvert Vaux, Central Park's 834 acres are an urban miracle, an oasis
of green surrounded by high-rise buildings. Highlights include Bethesda Fountain, the
romantic Loeb Boathouse Restaurant, the Woolman Memorial Ice Rink, the Sheep
Meadow (an enormous lawn that's blanket-to-blanket with sunbathers in summer),
the carousel with fifty-eight handcarved horses, and the Conservatory Garden, a gem
of a refuge near the park's northeast corner.

3. Empire State Building—Though not the most beautiful of New York's
skyscrapers (the Chrysler Building on 42nd Street usually wins that title), the Empire
State Building is undoubtedly its most iconic, soaring up 1,454 feet from 34th Street
and bathed at night in lighting chosen to reflect the season. Completed in 1931—two
years before King Kong made his fateful climb—it reigned as the tallest building in
the world until the Twin Towers of the World Trade Center went up in 1970 and
1972, but it's always been the city's most romantic tall building of choice as
evidenced by Cary Grant and Deborah Kerr's enduring *Affair to Remember*. Visitors
can find their own romance at the 86th floor's open-air observatory.

(--만약 뉴욕이 지루하다면 그것은 당신 잘못이다. 머나 로이-- 이것은 메트로시티(대도시)이다. 이것은 고텀 시티이다. 이것은 모든 다른 도시들이 닮고 싶어 하는 그런 도시이다. 트루먼 캐포티가 표현했듯이 "진짜 유일한 도시의 도시"이다. 뉴욕의 마천루들이 마치 계곡처럼 생긴 거리 위에 어렴풋이 나타난다. 거기에 8백만 뉴요커들이 일상의 볼일을 보느라 돌아다닌다. 뉴요커들은 빨리 걷고 빨리 말하고 말대답을 참지 못하지만, 그들은 공동체로서의 자부심과 유대감을 공유하고 있다. 2001년 9월 11일 테러리스트들이 자기들의 본부를 공격했을 때 그들은 그것을 유감 없이 보여주었으며 그것은 참으로 잊을 수 없는 일이었다. 그들은 뉴욕이 세계의 수도라고 말한다. 아마도 그것이 맞는 말일지도 모른다. ("take no lip"="won't take any back talk"(말대답을 받아들이지 않는다))

뉴욕의 10대 관광명소
1. 미국자연사박물관－거기에 공룡이 있다! 그리고 달에서 가져온 돌에서부터 21005 카라트의 브라질 산 공주 토파즈까지 3천6백만 점의 전시물이 있다. 동물과 마을생활의 디오라마관인 생명다양성관을 놓치지 말라. 미래감각적인 로즈 지구우주센터는 가장 최근에 신축된 전시관으로서 유리 상자에 들어 있는 (것 같은) 4층의 원형 건물인데 여기에 뉴 플래티네리움이 있다. 이것은 세계에서 가장 크고 강력한 가상현실 시뮬레이터이다. 여러분을 은하수로, 그리고 그보다 더 먼 우주로 보내줄 것이다.

2. 센트럴 파크－프레데릭 로 옴스테드와 칼버트 복스의 설계로 1859 년에서 1870 년 사이에 구획된 센트럴 파크의 834에이커는 도시의 기적이며 고층 빌딩들에 포위된 녹지대의 오아시스다. 이 공원의 하이라이트는 베테스타 샘, 낭만적인 롭 브트하우스 레스토랑, 울만 기념관 아이스링크, 쉽 메도우 (여름에는 일광욕을 즐기는 사람들이 펴놓은 담요들로 꽉 찬 거대한 잔디밭), 손으로 깎아만든 쉰 여덟 마리의 말이 있는 회전목마, 온실 식물원 등인데, 이 식물원은 공원 북동쪽 모서리 근처에 있는 보석 같은 휴식처다.

3. 엠파이어 스테이트 빌딩－뉴욕의 마천루 중의 가장 아름다운 것은 아니지만 (42 번가에 있는 크라이슬러 빌딩이 보통 그 타이틀을 차지한다), 엠파이어 스테이트 빌딩은 확실히 뉴욕의 가장 대표적인 상징으로서, 34번가에서 1454 피트 치솟아 있으며 밤에는 계절을 반영하기 위해 선택된 불빛 속에 쌓여 있다. 1931년에 완공되었는데－킹콩이 그 운명적인 기어오르기 (연기)를 하기 2년 전이 된다－이 빌딩은 1970년과 1972년에 세계무역센터의 쌍둥이 탑이 세워질 때까지 세계에

서 가장 높은 빌딩으로 군립했었다. 캐리 그란트와 데보라 카가 주연한 옛날 영화지만 지금도 인기 있는 *An Affair to Remember*에서 증명되듯이 예나 지금이나 이 건물은 사람들이 제일 좋아하는 뉴욕의 가장 낭만적인 고층 빌딩이다. 방문객들은 86층의 옥외 전망대에서 그들 자신의 로맨스를 발견할 수 있다.)[55]

무관사의 고유명사 Metropolis: 뉴욕 시티의 별명이다. metropolis는 수도, 중심 도시를 의미하는 보통명사인데 고유명사로 쓰이면 대도시를 상징하는 뉴욕의 별명이 된다. 1930년대 독일의 사이언스 픽션 영화 Metropolis이후 유명해졌다. 형용사형 metropolitan이 Metropolitan Opera House에 쓰였는데 이 "메트로폴리탄" 역시 뉴욕을 의미한다. (현재는 메트로폴리탄 오페라 하우스는 Lincoln Center의 일부가 되었다.)

무관사의 고유명사 Gotham City: 뉴욕의 또 다른 별명이다. 원래 그 유명한 배트맨 Batman이 활약하는 만화와 영화의 무대가 Gotham이다. 그 이전부터 Gotham City는 뉴욕의 별명으로 사용되어 왔었다. 원래 Gotham은 전설에 나오는 고대 도시의 이름으로 바이킹족이 건설했으나 나중에 영국 사람들이 빼앗았다고 한다. (뉴욕 역시 네덜란드 사람들이 개척했으나 결국 영국 사람들이 차지하게 되었다.)

초출의 한정명사구 the only real city-city: 수식어 only로 말미암아 한정명사구가 된다.

초출의 부정명사구 canyonlike streets와 8 million New Yorkers: 이 문맥에서 특정의 거리나 특정의 뉴욕사람을 염두에 두고 하는 말이 아니기 때문에 부정명사구가 적절하다.

초출의 한정명사구 the capital of the world: of 전치사구 보어에 의해 한정되고 그 지시가 담화문맥에 존재한다. New York City를 선행사로 하는 한정명사구다.

초출의 한정명사구 the Milky Way: 은하수는 우리 모두의 담화문맥에 포함되어 있는 유일무이의 존재이다. 태양, 달, 지구 등과 같은 차원이다.

1. American Museum of Natural History 미국자연사박물관

---

[55] 이 책은 Frick Museum, Lincoln Center, Museum of Modern Art, Rockefeller Center at Christmas, Statue of Liberty and Ellis Island, Times Square/42nd Street 등 일곱 군데를 합쳐 뉴욕의 10대 관광명소로 소개하고 있다.

초출의 부정명사구 moon rocks: 달에서 가져온 돌들이 전시되어 있다는 사실은 새로운 정보로서 담화문맥에 처음 도입된다.

초출의 고유명칭 the Brazilian Princess Topaz: 보통명사의 고유명칭화의 예. Topaz가 가산명사이므로 정관사가 붙는다.

the Hall of Biodiversity: 이 역시 보통명사의 고유명칭화의 예이다. 박물관에는 전시물을 보관 전시하는 "실" 또는 "관"이 여러 개 있기 마련이지만 생물다양성에 관한 전시물을 보관 또는 전시하는 (of Biodiversity) 전시실은 오직 하나가 있다.

중출의 한정명사구 or the dioramas: 이 or 대등구문은 앞에 나온 the Hall of Biodiversity를 부연 설명한다. "A or B"라는 대등구문의 한 용법으로 생소한 한정명사구 A를 먼저 제시하고 B로써 A의 다른 명칭이나 속성을 밝혀줌으로써 A의 정체성을 이해하도록 하는 데 쓰는 구문이다.

중출의 한정명사구 the futuristic Rose Center for Earth and Space: 직전의 명사구 Its most recent addition를 선행사로 하는 명사구 동격구문이다. 고유명칭화되었지만 구조상 보통명사이므로 형용사 수식어 futuristic이 붙을 수 있다.

초출의 한정명사구 the New Planetarium: 고유명칭화 된 보통명사로서 잇따라 나오는 동격 명사구 the largest and most powerful virtual reality simulator in the world가 그 정체성을 보완설명하고 있다.

2. Central Park

Central Park은 무관사 고유명칭이다. Hyde Park, Harding Park, Schenley Park 등과 같이 공원명칭은 명사 합성어 고유명칭으로 되어 있는 것이 보통인데 드물게 이 Central Park처럼 무관사의 수식어형 보통명사구 명칭도 있다. 보편적인 명사 합성어 유형의 공원명칭의 관례를 따라 보통명사구 명칭이 무관사가 되었다고 볼 수 있다. Golden Gate Park, West Lake Park 등도 이 부류에 속한다.

an urban miracle: be 동사의 보어로서 주어의 성질을 밝히는 서술어이다.

an oasis of green: 이 역시 an urban miracle과 동격으로 서술어의 기능을 하는 부정명사구.

high-rise buildings: 초출의 부정명사구.

Bethesda Fountain: 명사 합성어 형식의 무관사의 명칭이다.

그 이하에 the romantic Loeb Boathouse Restaurant 등 정관사가 붙은 고유명칭들이 네 개 나온다. 모두 보통명사 고유명칭의 예들이다. 보충설명이 필요하다고 느끼는 곳에서는 수식어, 서술어, 동격구문 등을 동원하여 독자의 이해를 돕는다. the Loeb Boathouse Restaurant는 수식어 romantic으로, the Sheep Meadow는 괄호 속에 서술어를 넣어서, 그리고 the Conservatory Garden은 서술어 기능을 하는 부정명사구를 추가하여 각각 보충설명하고 있다. 그럴 필요성이 없다고 보는 the Woolman Memorial Ice Rink는 보통명사의 고유명사화의 형식으로 충분하다고 보고 보충설명을 생략했다.

the carousel (회전목마): 담화문맥에 존재한다고 보는 초출의 한정명사구로서 뒤에 with 전치사구로서 그 정체성을 강화한다. (이 회전목마가 담화문맥에 있다고 보는 것은 이것이 세상에 널리 알려져 인지도가 높다고 보는 필자의 생각이 반영된 것이다.)

3. Empire State Building

the Empire State Building: 수식어형 보통명사구 고유명칭의 예.

the season: 4계절 중 하나하나의 계절을 가리킨다. 초출이라고 하여 부정명사구 a season으로 표현하면 오히려 어색해진다. 계절의 순환은 보통 사람들의 상식의 일부로 담화문맥에 포함되어 있어 언제나 그것을 선행사로 하는 한정명사구를 쓸 수 있다. 만약 a season이라고 했다면 그 평범한 상식을 부인하게 되어 기이한 결과를 초래하게 될 것이다.

the Twin Towers of the World Trade Center: 2001년 911 테러로 지금은 없어진 그 세계무역센터의 쌍둥이 빌딩. 보통명사구의 고유명칭의 유형에 속한다.

Affair to Remember: 원제는 *An Affair to Remember*이다. affair가 가산명사이므로 반드시 관사가 필요하다. 그러나 이 문장에서는 가산명사 앞에 결정사 기능을 하는 소유격 명사구 Cary Grant and Deborah Kerr's가 있기 때문에 부정관사가 있어서는 안 된다. 핵심어 명사(구) 앞에 오직 하나의 결정사밖에 올 수 없다는 문법제약을 지키려면 원제에 있는 부정관사를 탈락할 수밖에 없다. 만약에 원제의 An을 살리면 Cary Grant and Deborah Kerr's *an Affair to Remember*가 되는데

이렇게 되면 결정사가 두 개 붙은 것이 되어—즉 큰 명사구에 결정사가 붙은 것이 되어—*John's a book, *His the book등이 비문인 것과 같은 이유로 비문이 된다.[56]

초출의 한정명사구 the 86th floor's open-air observatory: 소유격 명사구 결정사 the 86th floor's가 붙은 한정명사구이다. 소유격 명사구는 수식어인 서수 86th 때문에 한정명사구가 되고 이 결정사가 붙은 큰 명사구 전체도 한정명사구이다.

다음 글의 필자는 불특정의 독자에게 자기가 구입한 전자오븐의 하자를 설명하고 이를 수리하는 곳을 문의하고 있다.

(18) "I have **a microwave that will be a year old on 8/23/12** and I don't have **the receipt** but wrote the date 8/23/11 on **the manual**. I was opening **the door** on it this morning and **the bottom part of the handle on the door** broke off and it is still attached at **the top**. My question is who fixes it and where?" (저는 2012년8월23일에 1년이 되는 마이크로웨이브가 하나 있는데 영수증은 없지만 사용설명서에 2011년8월23일이라는 날짜를 써두었습니다. 오늘 아침에 (그 위에 있는) 문을 열었더니 문에 붙은 손잡이의 바닥 부분이 떨어졌는데 아직 윗부분은 붙어있습니다. 제 질문은 누가 이것을 어디서 고쳐주는가 하는 것입니다.)

담화에 처음 등장한 전자오븐은 독자에게 생소한 것이다. 관계절 수식어는 그것을 구입한 때를 알려줄 뿐 독자가 그 전자오븐의 지시를 인지하는 데 결정적인 정보가 될 수 없다. 따라서 독자의 담화문맥에 그 전자오븐이 존재한다고 판단할 만한 아무 근거도 없다. 그러한 상황에서 작은 명사구 "microwave that will be a year old on 8/23/12"는 담화문맥에 최초로 등장하는 부정명사구가 되어야 한다.

그렇게 전자오븐이 담화문맥에 들어오면 전자오븐에 관한 상식과 상품구입의 관행에 관한 상식으로부터 추론될 수 있는 사항들이 초출의 한정명사구로 나타날

---

[56] 그러나 관사 An을 고유명칭에 포함시켜 *An Affair to Remember* 전체를 하나의 **작은 명사구**로 다루면 Cary Grant and Deborah Kerr's *An Affair to Remember*라고 할 수도 있다. 이것은 작은 명사구에 하나의 결정사가 붙은 것이다. 그러면 An Affair to Remember가 작은 명사구가 되고 거기에 소유격 결정사 Cary Grant and Deborah Kerr's가 결합된 것으로 보면 이는 정문이다. 그런데 관사가 붙은 "An Affair . . ."를 작은 명사구로 보는 것은 문법규칙을 어기는 것이기 때문에 이렇게 쓰이는 일은 예외적 현상이라고 할 일이다.

수 있다. the receipt(영수증)의 지시는 상품구입에 관한 일반상식에서 추론되고, the manual(사용설명서)의 지시는 제품에 관한 일반상식에서 추론된다. the door와 the handle, the bottom part of the handle on the door 등은 전자오븐의 구조와 생김 새에 대한 지식에서부터 추론될 수 있다.

다음은 프랑스 와인을 소개하는 어느 홈페이지의 서두이다.

(19) Discover **the wines of France**, their varieties, history and regions; Bordeaux, Champagne, Alsace and more. Browse through our wine recommendations based on your dishes, special occasions, vintages and cellaring. (프랑스 와인, 그 다양 한 종류와 역사와 생산지에 대하여 알아보십시오. 보르도, 샴페인, 알사스 등 등. 귀하의 요리에 따른, 그리고 특별행사, 생산년도, 저장방식 등에 따른 저희 들의 추천 품목들을 둘러보십시오.)

이 홈페이지의 필자와 독자에게 <프랑스 와인>이 어떠한 존재로 인식되는가에 따라 작은 명사구 "wines of France"가 부정명사구로 나타날 것인가, 한정명사구 로 나타날 것인가가 결정된다. 필자는 자기의 글을 읽을 독자가 이미 <프랑스 와인>이 존재하는 담화문맥을 공유하고 있다고 판단했다. 그리고 와인의 종류 또는 유형으로서의 <프랑스 와인>은 유일한 존재이다. 따라서 "wines of France" 는 지시공유의 조건을 충족시키므로 한정명사구로 나타났다.[57]

다음은 어느 대학의 홈페이지에서 인용한 것이다.

---

[57] the wines of France 대신 문맥에 따라 (the) French wines 또는 French wine이 나타날 수 있다. French wines는 국가별, 산지별, 제조원별로 분류되는 와인의 유형 또는 브랜드를 지시 하는 가산명사구이다. "Large investments, the economic upturn following World War II and a new generation of Vignerons yielded results in the 1970s and the following decades, creating the modern French wines we know today. (대규모 투자, 세계 2차 대전 이후의 경제 부흥, 그리고 새로운 세대의 포도 재배농들이 1970년대에 큰 성과를 낳아 오늘 날 우리가 아는 현대 프랑스 와인을 창조해냈다.)" 한편 불가산명사구 French wine은 하나의 물질로서의 와인 자체를 의미한다. 그렇게 되면 French wine은 무관사 명사구로 나타난다. "In 1935 numerous laws were passed to control the quality of French wine. (1935년에 프랑스 와인을 품질을 통제하기 위해 수많은 법이 통과되었다.)" "French wine originated in the 6th century BC, with the colonization of Southern Gaul by Greek settlers. (프랑스 와인은 그리스 정착민 들이 남부 골을 식민지한 시기와 때를 같이 하여 6세기에 시작되었다.)"

(20) <u>Personal experience</u> is often <u>the best teacher</u>. For that reason, we invite <u>all prospective students</u> to experience <u>the sights, sounds and history</u> of the University through <u>our campus tours program</u>. To schedule <u>a campus tour</u>, contact <u>the Admission Office</u> of <u>the school</u> you wish to attend. (개인적인 경험이 가장 좋은 선생입니다. 그 때문에 우리는 모든 예비학생들이 우리 캠퍼스 돌아보기 프로그램을 통하여 대학의 모습과 소리와 역사를 (직접) 경험해 보시기를 권유합니다. 캠퍼스 돌아보기 시간을 예약하시려면 다니고 싶으신 학교(=단과대학)의 입학관리과에 연락을 주십시오.)

"Personal experience"는 최초로 담화문맥에 등장하는 무관사의 불가산 부정명사구이다.

"the best teacher"는 초출의 최상급 한정명사구이다.

"that reason"은 앞 문장의 내용을 선행사로 하는 중출의 한정명사구이다. that은 확실한 선행사가 있음을 뚜렷이 부각시키는 관사로서 the보다 강한 표현이다.

초출의 부정명사구 "all prospective students"는 이 담화에 처음 등장하는 존재로 청자에게 소개된다.

초출의 한정명사구 "the sights, (the) sounds and (the) history of the University"는 of 전치사구 보어에 의해 한정되는 사물들로서 필자와 독자의 담화문맥에 존재한다.

초출의 한정명사구 "the Admission Office는 보통명사구 고유명칭일 뿐만 아니라 of 전치사구 보어에 의해 한정되는 명사구이다.

"the school"은 관계절 "you wish to attend"에 의해 한정되는, 필자와 독자의 담화문맥에 존재하는 그 학교(=대학)이다. 즉 그것은 독자의 마음속에 있는, 독자가 들어가고 싶어 하는 그 대학을 지시한다.

결국 한정명사구 the Admission Office of the school은 "school(단과대학)"마다 유일무이의 입학관리과가 하나씩 있음을 암시한다.

6.9 맺는 말

관사의 용법은 영어가 외국어인 우리 모두에게 항시 어려운 문제이나 모국어 사용자에게는ー다른 많은 문법문제들이 그러하듯--아무 문제도 되지 않는 것처럼 보인다. 이 아이러니는, 한 편으로, 관사의 문제는 결국 모국어 사용자 수준의 언어감각을 터득하지 않고는 해결될 수 없는 것인가 하는 의구심이 들게 하지만, 다른 한 편으로, 관사의 문제는 결국 그렇게 어려운 문제가 아닐 것이라는 희망도 갖게 한다. 삼척동자도ー영어가 모국어인 삼척동자도--관사를 잘못 사용하는 일은 없으니까. 아무튼 이렇게 관사는 어렵고도 쉬운 문제이다.

여태까지 관사의 용법을 문법 규칙의 문제로 보고 문법적으로만 해결하려고 하는 데서 어려움이 가중되었던 것도 사실이다. 관사가 구조적으로 명사구 형성 과정의 일부이고 관사의 용법이 가산명사구와 불가산명사구의 구분과 관련성이 있어서 분명히 문법 규칙으로 다루어야 할 부분들이 있지만 그보다 더 중요한 것은 관사의 용법은 의미와 문맥의 문제이며 대화에 참여하는 화자와 청자의 생각(ideas, feelings, thoughts, judgement)과 현실인식이 중요한 변수로 작용한다는 점이다. 이 점을 소홀히 생각하는 한 관사 용법의 문제는 풀리지 않는 미스터리로 남을 것이다. 이 장에서 우리는 지시공유의 조건에 따라 관사가 선택되는 원리를 다각도로 살펴보았거니와 그와 같은 관사선택의 원리는 문법적인 제약들과 의미와 문맥의 변수들을 통합하는 이론에서 비로소 설명이 가능하다는 것을 강조하고 싶다.

그리고 우리 한국의 영어학습자에게 관사 용법의 어려움은 한국어와 영어의 차이에서 오는 면이 있다는 것을 잊어서는 안 된다. 정관사 the를 우리말의 "그"와 같은 것으로 생각하고, 부정관사 "a/an"을 우리말의 "하나의"와 같은 것으로 이해하는 경향이 있는데 이것이 전적으로 틀렸다고 할 수는 없으나 결코 올바른 생각이 아니며 그 때문에 여러 가지 부작용과 오해가 생길 수 있다.[58] 정관사 "the"와

---

[58] 한국어에는 "이, 저, 그" 등 세 개의 **지시 결정사**(demonstrative determiners)가 있다. 화자가 자기 가까이에 있는 책을 가리켜 "이 책"이라고 하고 좀 멀리 떨어져 있는 책을 가리켜 "저 책"이라고 한다. "그 책"은 두 가지 용법이 있다. 첫째, 화자와 청자가 서로 떨어져 있는 상황에서 청자 쪽에 있는 책을 가리켜 "그 책"이라고 한다. 둘째, 발화의 현장에 있지 않는

우리말의 "그"는 결코 같은 것이 아니다. 예를 들어, 헤밍웨이의 소설 *The Old Man and the Sea*는 "그 노인과 그 바다"보다는 "노인과 바다"라고 번역하는 것이 제격이다. "그 노인과 그 바다"가 문법상 틀린 표현은 아니지만 원제의 뜻을 제대로 살리지 못한다. 그리고 "He is a student at this college."는 "그는 이 대학의 학생이다."라고 옮기는 것이 자연스럽고 "이 대학의 한 (사람의) 학생이다."라고 옮기면 매우 어색하다. 이 이외에도 독자 여러분은 이미 예문 곳곳에서 한정명사구와 부정명사구의 우리말 번역에서 이런 차이를 경험했을 것이다. 이런 차이는 모두 "the"와 "그"가 같은 것이 아니고 "a/an"과 "하나의"가 같은 것이 아니기 때문에 생기는 현상이다. 영어 관사는 우리말의 "그"나 "하나의"의 용법과 다른 원리, 즉 지시공유의 조건에 바탕을 둔 관사 용법의 원리에 따라 사용해야 한다.

책 (즉 화자와 청자로부터 멀리 떨어져 있을 뿐만 아니라 가시거리를 벗어난 곳에 있는 책)을 가리켜 "그 책"이라고 한다. 이와 같이 세 개의 지시 결정사를 이용하여 네 가지 다른 상황에 놓여 있는 사물을 가리킬 수 있다. 영어에는 두 개의 지시 결정사 "this"와 "that"이 있다. "this book"은 한국어의 "이 책"에 해당하고 "that book"은 "저 책"에 해당한다. 영어에는 한국어 "그 책"의 첫째 용법에 정확하게 일치하는 지시 결정사가 없다. 그 경우 "그 책"을 영어로 "the book over there"로 번역할 수 있으나 "그"와 "the"는 정확히 꼭 같은 뜻이 아니다. "그 책"의 둘째 용법에 해당하는 영어 표현은 문맥에 따라 대체로 "the book"이 될 수 있다. 한국어 "그"와 영어 "the"의 의미가 부분적으로 같은 점은 있으나 두 표현의 의미가 전체적으로 일치하는 것은 아니다. "이 책"과 "this book"은 거의 같고 "저 책"과 "that book"은 대체로 같다고 할 수 있으나 "그 책"과 "the book"은 같다고 말할 수 없다. 한국어 "그"는 지시 결정사이지만 영어 정관사 "the"는 단순한 지시 결정사가 아니다. 그 뿐만 아니라 "the"에는 한국어 지시 결정사 "그"에 없는 여러 가지 의미가 있다. 결국 영어에는 한국어 "그"에 정확하게 일치하는 지시 결정사가 없고 한국어에는 영어 정관사 "the"에 정확하게 일치하는 지시 결정사가 없다. 그런데 흔히 정관사 "the"를 대충 한국어 "그"와 같은 것으로 이해하려는 경향이 있는 것이 사실이다. 이것은 영어 한정명사구의 올바른 용법을 익히는 데에 걸림돌이 된다. 관사의 용법을 생각할 때 이 점을 염두에 두어야 한다.

■ 참고문헌

[아래에 이 책에서 언급된 문헌만 제시한다. 더욱 깊은 연구에 필요한 자료와 참고문헌은 아래 책들의 참고문헌 목록에서 구할 수 있다.]

박병수·윤혜석·홍기선『문법이론(*Grammatical Theories: GB, LFG & HPSG*)』신영어학총서 11, 한국문화사, 1999.

趙成植『셰익스피어 構文論(*Shakespeare Syntax*)』I, II 해누리, 2007.

이승환·이혜숙『變形生成文法의 理論』범한출판사, 1966. (N. Chomsky 저 *Syntactic Structures*의 편역서)

Noam Chomsky. *Syntactic Structures*, The Hague: Mouton, 1957.

Collins COBUILD *English Grammar: Helping Learners with Real English*, Harper Collins Publishers, 1997.

Rodney Huddleston & Geoffrey, K. Pullum. *The Cambridge Grammar of the English Language*, Cambridge University Press, 2002.

A. S. Hornby. *Oxford Advanced Learner's Dictionary of Current English*. 2000.

James R. Hurford, Brendan Heasley & Michael B. Smith. *Semantics: A Coursebook (Second Edition)*, Cambridge University Press, 2007.

Jong-Bok Kim & Peter Sells. *English Syntax: an Introduction*, Stanford University CSLI Publications, 2008.

Paul Roberts. *Understanding Grammar*, Harper & Row, 1954.

Ivan A. Sag, Thomas Wasow & Emily M. Bender. *Syntactic Theory: A Formal Introduction (Second Edition)*, Stanford CSLI Publications, 2003.

Anna Wierzbicka. *The Semantics of Grammar*, John Benjamins Publishing Company, 1988.

■ 용어 찾아보기

ㅌ

ㅊ

ㅍ

ㅋ

■ 단어 찾아보기

전치사구 동사